Erschienen im
Jubiläumsjahr 2002
bei Klett-Cotta

Lena Einhorn

Menschenhandel unterm Hakenkreuz

Aus dem Schwedischen
Von Wolfgang Butt

Klett-Cotta

Bildnachweis

Marcus Storchs und Judith Storch-Levys Archiv: Abb. 1, 2, 3, 6, 9, 20, 25, 29, 31, 32 und 33
SVT Bild: Abb. 4, 7, 28 und 30
Städtische Galerie im Lenbachhaus, München: Abb. 5
Riksarkivet: Abb. 8
Pressens Bild: Abb. 10, 11 und 19
Stockholms Judiska Församling: Abb. 13, 14 und 16
Kurt Masurs Archiv: Abb. 15, 17, 23 und 24
Hans Gösta Engzells Archiv: Abb. 18
Claes Palmes Archiv: Abb. 21
Marianne Löllbachs Archiv: Abb. 22
Scanpix: Abb. 26
Piroska von Gegerfelt: Abb. 12

Klett-Cotta
Die Originalausgabe erschien unter dem Titel »Handelsresande i liv. Om vilja och vankelmod i krigets skuggen« im Verlag Prisma, Stockholm

Printed in Germany
Schutzumschlag: Finken & Bumiller, Stuttgart
obere Umschlagabbildung: © SVT Bild
untere Umschlagabbildung: © Familienarchiv Marcus Storch und Judith Storch-Levy
Gesetzt aus der Adobe Garamond von Typomedia, Ostfildern
Auf säure- und holzfreiem Werkdruckpapier gedruckt und gebunden von GGP Media, Pößneck
ISBN 3-608-94010-3

Die Deutsche Bibliothek – CIP-Einheitsaufnahme
Ein Titeldatensatz für diese Publikation ist bei
Der Deutschen Bibliothek erhältlich.

Für Agneta
Und Tulla zum Gedenken

Vorwort zur deutschen Ausgabe

Dieses Buch begann als ein Film – ein Dokudrama für das Fernsehen –, bevor es nun ein Buch geworden ist. Aber eigentlich fing alles mit einem überraschenden Gespräch an, das im Februar 1995 auf der Feier des fünfundsiebzigsten Geburtstags meiner Mutter geführt wurde. Ich war bei dieser Gelegenheit neben einem mir unbekannten etwa fünfzigjährigen Mann gelandet, der sich als Marcus Storch vorstellte. Ich kannte den Mann nicht, wohl aber seinen Nachnamen – Storch, und zwar aus meiner Kindheit. In meinem Elternhaus war ich als Kind zuweilen einem älteren und etwas exzentrischen Mann mit Namen Gilel Storch begegnet. An viel mehr als daß er exzentrisch war und ausgesprochen schlecht Schwedisch sprach, obwohl er vierzig Jahre in Schweden gelebt hatte, konnte ich mich nicht erinnern. Und weil er Anfang der achtziger Jahre starb, hatte ich natürlich keine frische Erinnerung an ihn. Soweit ich wußte, war er ein lettischer Jude, der wie mein Vater in den siebziger Jahren in der schwedischen Sektion des World Jewish Congress aktiv war.

Aber die Erzählung, deren erste Fragmente ich damals, im Februar 1995, zu hören bekam, war vollkommen unglaublich: über die Verhandlungen des Juden Gilel Storch mit Reichsführer SS Heinrich Himmler, um zu versuchen, Juden vor der Vernichtung zu retten, über Himmlers Masseur Felix Kersten, der in Stockholm (!) lebte, über den mystischen Spion Edgar Klaus, und über Norbert Masur – die bittere Geschichte von Norbert und Gilel. Warum hatte mir früher niemand davon erzählt? fragte ich mich betroffen. Warum hatte ich nicht einmal etwas darüber gelesen? Es war ja eine unglaubliche Geschichte!

Dies war der Beginn einer langen Reise – die mehrere Jahre dauern und deren Durchführung zahlreiche Mühen mit sich bringen sollte. Über Storch und seine Kontakte mit der nationalsozialistischen Führung war so gut wie nichts publiziert worden, und meine Versuche, diese Geschichte zu verfolgen, führten mich in eine Reihe von Archiven – einige gut sortiert, andere, wie Storchs eigenes, anscheinend zusammengewürfelt und kaum jemals durchgesehen.

Doch wichtiger vielleicht noch als daß dies mich zu der spannenden Geschichte der hartnäckigen, frustrierenden und ganz und gar unwahrscheinlichen Versuche eines Mannes führte, ursprünglich seine Nächsten und Lieben – und nach und nach das ganze Judentum – zu retten, war die Tatsache, daß es mich zu der Erzählung davon führte, wie ein demokratisches Land, Schweden, und eine demokratische Umwelt agieren, wenn sie damit konfrontiert werden, wie eigene überkommene Vorurteile als Vorwand für Massenmord benutzt werden. Und wie sie, im Falle Schwedens, wenn die Erkenntnis, was eigentlich vorgeht, eingesunken ist, die Gratwanderung zwischen dem eigenen Überleben und der Moral angehen.

Der Film, den ich zunächst über diese Geschichte gedreht habe, das Dokudrama *Himmlers Masseur und Schwedens Extratour*, wurde zum ersten Mal im Januar 1999 im deutschen Fernsehen gezeigt. Ich bin froh, daß diese Erzählung jetzt in ausführlicherer Form einem deutschen Publikum zugänglich wird. Meine Hoffnung ist, daß es mit diesem Buch gelingt, ein Kapitel der Geschichte des Zweiten Weltkriegs lebendig werden zu lassen, das allzu lange im verborgenen existiert hat – in den Abseiten der Archive, in den lebendigen Erinnerungen der Menschen, in persönlichen Aufzeichnungen – die Erzählung vom starken Willen und von den häufig komplexen Beweggründen, die hinter den verzweifelten Versuchen lagen, Juden vor der Vernichtung zu retten.

Stockholm, am 5. Februar 2002 *Lena Einhorn*

Diese Erzählung basiert zur Gänze auf publiziertem und unpubliziertem Quellenmaterial und auf persönlichen Zeugenaussagen. In den Fällen, in denen ich Dialog in meine Erzählung einbezogen habe, ist dieser meistens exakt wiedergegeben. Zuweilen habe ich jedoch, um die Erzählung lebendiger zu machen, einen Bericht oder die Darstellung dessen, was bei einer Sitzung verhandelt wurde, in Dialogform umgeschrieben und die Milieubeschreibung etwas farbiger gestaltet. Auch in diesen Fällen folgt der Dialog jedoch treu seiner Vorlage – die Beschreibung eines Meinungsaustauschs wird in direkter Rede wiedergegeben, doch die Passagen in direkter Rede (von Begrüßungsformeln und Ähnlichem abgesehen) sind nie aus der Luft gegriffen. In den Fällen, in denen ein Dialog auf einer mündlichen Darstellung beruht, die mir gegeben wurde (mehr als bei einer schriftlichen Vorlage), kann die Gesprächswiedergabe etwas stärker dramatisiert sein, aber auch in diesen Fällen ist der Inhalt der Unterhaltung authentisch, wie von meiner Quelle wiedergegeben. Die Quellen zu den Dialogen und zu allem übrigen Material, das im Buch präsentiert wird, sind durchgehend angegeben.

Dieses Drama hat viele Akteure, und am Ende des Buchs findet sich ein Personenverzeichnis.

Lena Einhorn, 1999

Vorbemerkung des Übersetzers

Die im vorliegenden Buch häufig zitierten Bücher von Felix Kersten liegen auch in deutschen Versionen vor, die in den frühen fünfziger Jahren erschienen und kaum noch greifbar sind. Es handelt sich bei diesen deutschen Fassungen jedoch nicht um Übersetzungen eines gleichbleibenden Ausgangstextes, sondern um leicht variierende Versionen, die Kersten nach den Interessenlagen im jeweiligen Land verändert hat. Aus diesem Grund sind die Kersten-Zitate im folgenden aus der von der Verfasserin zitierten schwedischen Fassung ins Deutsche übersetzt worden und unterscheiden sich daher im Wortlaut von den gedruckten deutschen Fassungen der Bücher Kerstens.

W. B.

Die Welt ist viel zu gefährlich, um darin zu leben – nicht wegen der Menschen, die Böses tun, sondern wegen der Menschen, die danebenstehen und sie gewähren lassen.

Albert Einstein

1

Es war schon später Abend, als die große Propellermaschine auf dem Stockholmer Flugplatz Bromma landete. Spät und ziemlich verlassen. Ein milder Sommerregen empfing die Passagiere, als sie die Gangway hinabschritten. Es waren nicht mehr als zehn, sämtlich Männer, und fast alle Schweden. Seit einem Monat war es Letten nicht mehr möglich, aus Riga auszufliegen, und während der vergangenen Woche hatten auch die schwedischen Geschäftsleute in aller Eile ihre Transaktionen in Lettland abgeschlossen und das Land verlassen. Lettland gehörte jetzt zur Sowjetunion, so hatten Hitler und Stalin es abgemacht. Diese Männer waren Heimkehrer.

Es war die letzte Maschine, die an diesem Abend landete. Der schläfrige Paßbeamte stempelte zerstreut die Pässe, während die Männer vorbeiparadierten. Erst beim letzten wurde er wach. Er blickte zu dem Mann auf, der vor ihm stand: ein kleiner, etwas korpulenter Herr in den Vierzigern mit einer beginnenden Glatze. Der Mann lächelte ein wenig steif. Der Paßkontrolleur blätterte verwirrt in dem Paß. »LATVIJA« war quer über jede Seite gedruckt.

»Gilels Storchs?« fragte er und blickte auf.

»Hillel Storch«, berichtigte ihn der Mann. Russen, Letten und Deutsche schrieben seinen Namen alle anders. Aber unabhängig von der Schreibweise wollte er, daß er »Hillel« ausgesprochen wurde, wie der große jüdische Rabbi.

»Hillel Storch«, murmelte der Paßbeamte vor sich hin, während er weiterblätterte. Herr Storch war offenbar Geschäftsmann und viel auf Reisen. Allein in diesem Frühjahr war er mehrmals in Stockholm gewesen. Auf der letzten benutzten Seite des Passes war ein weiteres Geschäftsvisum eingestempelt: »Gültig für eine Einreise und Aufenthalt in SCHWEDEN vom 22. Juli 1940 bis 28. Juli 1940.« Heute war der 23. Juli. Herr Storch beabsichtigte offenbar, weiterhin seine Geschäftsreisen zwischen Riga und Stockholm zu machen, als sei nichts geschehen! Und er hatte zu diesem Zweck offensichtlich sowohl ein Ausreisevisum von den sowjetischen Behörden als auch ein Visum von der schwedischen Gesandtschaft in Riga bekommen. Der Paßbeamte blinzelte den kleinen Mann verwundert an.

»Sie reisen wohl spätestens am 28. nach Riga zurück …?« fragte er auf Deutsch.

Herr Storch streckte alle seine einhundertdreiundsechzig Zentimeter.

»Selbstverständlich«, erwiderte er forsch.

Der Paßbeamte, ein Mann mit einem leichten Hang zur Autoritätsgläubigkeit, griff zum Stempel, drückte ihn in den Paß und lächelte dem weltgewandten Mann zu, als er ihn ihm zurückreichte. Storch bedankte sich, wandte sich um und begann, seinen fünfzig Kilo schweren Koffer davonzuschleppen, der mit all der persönlichen Habe vollgestopft war, die man zu brauchen meint, wenn man ein Leben in einem neuen Land beginnt.

Viele Jahre lang sollte Gilel Storch behaupten, er sei gar nicht mit dem Flugzeug aus Riga gekommen. Sondern aus Moskau, wo er auf Geschäftsreise gewesen sei. Er sollte auch behaupten, daß es gleichzeitig ein zweites Flugzeug gegeben habe, ein Flugzeug in Riga, dessen geplanter Start exakt mit dem der Maschine aus Moskau zusammenfiel. Auch das Ziel des Flugzeugs sei dasselbe gewesen: der Flugplatz Bromma. In dieser Maschine befanden sich seine Ehefrau – Chana-Rachil, oder Anja, wie sie genannt wurde – und seine Tochter Eleonora. So war es geplant gewesen, denn so würden die Sowjets nicht entdecken können, daß die gesamte Familie zur gleichen Zeit Lettland verließ. Doch der ganze Plan, berichtete Storch, wurde zunichte. Denn als er aus Moskau kommend in Bromma landete, erfuhr er, daß die andere Maschine in Riga wegen Nebels gar nicht gestartet war.

Daß in Riga Nebel gewesen war, stimmt nicht, denn Gilel Storchs Maschine war ohne Probleme gestartet. Daß Storch seine Familie nicht aus Lettland mitnehmen konnte, trifft jedoch zu. Ebenso trifft es zu, daß dies sein Leben veränderte, und das vieler Juden.[1]

Die Familie Storch war schon lange in Lettland ansässig, einem Land, das bis zum Jahr 1918 unter fremder Herrschaft gestanden hatte. Seit mehreren Generationen waren die Storchs in Dvinsk beheimatet, einer Stadt, die ebensoviele Namen aufwies, wie sie Herrscher gehabt hatte: Dvinsk, Dünaburg, Daugavpils … Wie eine Nabe lag die Stadt im Schnittpunkt der großen Transportwege, die Ost- und Westeuropa miteinander verbanden. Die uralte Binnenwasserstraße zwischen der Ostsee und dem Schwarzen Meer führte durch die Stadt. In Dvinsk wurden die Güterzüge zwischen Moskau und Sankt Petersburg und zwischen Warschau und Moskau umgeladen. Wie so viele andere Städte, die Reisende aus aller Herren Ländern kommen und gehen sehen, wurde auch Dvinsk ein multikultureller Schmelztiegel, oder eher eine multikulturelle Schichttorte. Keine Stadt in Lettland vor dem Ersten Weltkrieg hatte ein so reiches jüdisches Leben wie Dvinsk. Keine bot Juden bessere Möglichkeiten.

Viele Jahre später sollte ein Jude aus Dvinsk, Moshe Amir (Bliach), schreiben:

> Das Dvinsk, das in der Erinnerung weiterlebt, ist die berühmte Stadt, wimmelnd von jüdischem Leben, unfaßbar gastfreundlich, brodelnd von Gemeinschaft und Aktivität.
>
> Die Einsicht, daß dieses Leben zum Verstummen gebracht worden ist, läßt einen erzittern und erbeben; sich daran zu erinnern, was die Mörder diesem kreativen Zentrum und dieser kulturellen Quelle, die nicht mehr existiert, angetan haben …[2]

Vor dem Ersten Weltkrieg lebten 130 000 Menschen in Dvinsk. Die Hälfte von ihnen waren Juden.[3]

Abraham Storch war ein junger Mann, als er Bankdirektor wurde. Der jüngste Bankdirektor in Dvinsk. Er hatte sich eben erst mit Alta, der Tochter eines Rabbis, verheiratet, als er schon zum Chef der Volksbank ernannt wurde. Abraham hatte indessen ein gutes Training als Geschäftsmann. Seit langem besaß seine Familie eine Firma, die inzwischen *A. V. Storch* hieß, nach Abraham. Die Firma handelte mit nahezu allem. Als die sowjetische Armee viele Jahre später Lettland besetzte, sollten sich Gerüchte verbreiten, denen zufolge die Familie Storch ihren Lebensunterhalt damit bestritten habe, Zwiebeln und Besen zu verkaufen – »wie so viele andere Juden auch«. Aber nichts legt den Schluß nahe, daß gerade Zwiebeln und Besen zu Abrahams Sortiment gehörten.

Im Unterschied zu ihrem Mann war Alta nicht in Lettland aufgewachsen. Sie war in Rußland geboren, wo ihr Vater und ihr Großvater Rabbiner gewesen waren. Alta legte Wert darauf, daß ihre neue Familie in russischen und deutschen Angelegenheiten gleichermaßen bewandert sein sollte wie in lettischen. Alle ihre Kinder sollten perfekt Russisch sprechen.

Während Abraham materiellen Wohlstand für die Familie produzierte, brachte Alta Kinder zur Welt. Gilel, der Älteste, wurde 1902 geboren, als Alta erst neunzehn Jahre alt war. Dann folgten in raschem Takt sechs weitere Kinder: Genija, Zenja, Mulija, Rosa, Wulf und Judith. Drei Söhne und vier Töchter. Abraham und Alta hatten einen Clan gegründet.

Die Storchs waren eine wohlhabende Familie. Und, den Erzählungen nach zu urteilen, waren sie in ihrer Heimatstadt Dvinsk recht beliebt. Abraham Storch verdiente viel Geld, aber es hieß, daß er die Hälfte, exakt die Hälfte, wohltätigen Zwecken zukommen ließ. Er war zu 50 Prozent Kapitalist und zu 50 Prozent Philanthrop.

Abraham Storch verkehrte mit Menschen aus sämtlichen Gesellschaftsschichten der Stadt, nicht nur mit Juden. Zu einem wesentlichen Teil war dies seiner Position in der Stadt zuzuschreiben. Teils waren viele seiner Angestellten Letten, teils konnte ein Jude in Lettland, wenn er wohlhabend war und ihm daran lag, auf ziemlich natürliche Art und Weise in die lettische Elite integriert werden, eine Elite, die zu dieser Zeit hauptsächlich von den sogenannten Baltendeutschen gebildet wurde, Deutschen, die seit vielen Generationen in Lettland gelebt und häufig große Landgüter besessen hatten. Zwar war ihnen ein großer Teil ihres Landbesitzes genommen worden, als Lettland selbständig wurde, aber die Baltendeutschen behielten dennoch ihre herausragende Position im Land – wenngleich sie, wie die Juden, von den Letten mit einem gewissen Mißtrauen betrachtet wurden. Für Abraham war es natürlich, nicht allein geschäftliche, sondern auch freundschaftliche Beziehungen zu Deutschen zu unterhalten. Sein Sohn Gilel sollte diese Haltung erben.

Die Storch-Kinder waren sehr ungleich. Sie waren vom Temperament her sehr verschieden und entwickelten ganz unterschiedliche Passionen: Rosa wurde früh aktive Kommunistin; Judith übernahm die Leidenschaft ihres Vaters für den Zionismus; und Gilel, ja Gilel interessierte sich für nichts so brennend wie für Geschäfte, große Geschäfte.

Dennoch waren die Bande zwischen den Geschwistern stark, vielleicht weil sie alle ihre natürliche Rolle in der Familie hatten. Alle kümmerten sich um Judith, die Jüngste. Während Gilel zu einer Art Vizepatriarch der Familie ausersehen wurde, der ihrem Vater, dem großen Abraham, am nächsten stand. Die Familie Storch war eine Familie vom alten Schlag.

Es ist schwer zu sagen, warum der älteste Sohn Gilel eine solche Leidenschaft für weitläufige Geschäfte entwickelte. Teilweise wurde er wohl durch das Beispiel seines Vaters inspiriert – auch dieser hatte ja Interesse und Tüchtigkeit im Umgang mit Geld bewiesen. Doch im Unterschied zu Abraham wurde Gilel ein Hasardeur. Diese Eigenschaft sollte sein gesamtes Leben prägen – die Bereitschaft, Risiken einzugehen, mit hohem Einsatz zu spielen. Manchmal vielleicht zu verlieren. Und dennoch an der absoluten Überzeugung festzuhalten, daß seine Geschicklichkeit die Risiken mehr als aufwiegen würde. Gilel weigerte sich schlichtweg, Hindernisse welcher Art auch immer zu akzeptieren. Nicht, daß Gilel undiplomatisch war, er besaß durchaus die Fähigkeit zu verhandeln, doch er wurde vor allem vom Willen getrieben. Gilel Storch war ein Gefühlsmensch, und seine innere Flamme brannte für zwei Dinge: die Geschäfte und die Familie. Und nicht unbedingt immer in dieser Reihenfolge.

An seinem vierundzwanzigsten Geburtstag übernimmt Gilel die Firma seines Vaters, *A. V. Storch*. Im gleichen Jahr zieht er um nach Riga. Einige Jahre später wird sein Bruder Wulf nachkommen und ihm helfen. Der zweite Bruder, Mulija, bleibt in Dvinsk und übernimmt eine Filiale der Firma. Mulija ist auch derjenige, der bei den Eltern bleiben muß und weiterhin bei ihnen wohnt, auch nachdem er geheiratet und Kinder bekommen hat.

Gilel hat sich danach gesehnt, nach Riga zu ziehen. Während des Ersten Weltkriegs waren viele Juden in Dvinsk von den Russen gezwungen worden, das Land zu verlassen, und obwohl das jüdische Leben allmählich wieder in seine Heimatstadt zurückgekehrt ist, hat sich der Schwerpunkt in Richtung der Hauptstadt verlagert. Und das gilt nicht nur für die jüdischen Aktivitäten. Riga brodelt vor Leben – »Klein Paris« wird die Stadt im Baltikum genannt. Seit der Unabhängigkeitserklärung nach dem Ersten Weltkrieg ist Lettland ein blühendes Land, kulturell und wirtschaftlich. Und die Hauptstadt Riga bietet ein Restaurant- und Theaterleben, das sich mit dem besten in Westeuropa messen kann.

Es fragt sich allerdings, wieviel von dieser Blüte die Gebrüder Storch mitbekommen, denn sie widmen ihre gesamte Zeit den Geschäften. Gilel hat nämlich eine Goldgrube entdeckt.

Lettland muß erblühen. Sein Nachbar, die Sowjetunion, hat schwere wirtschaftliche Probleme. Die Sowjetunion bezahlt ihre Staatsschulden nicht rechtzeitig zurück, und ihre Zinsen auch nicht. Wie alle Staaten gibt die Sowjetunion Staatsobligationen aus. Doch im Unterschied zu einer Staatsobligation aus einem wirtschaftlich freien Land – die in der ganzen Welt genau die Summe wert ist, auf die sie ausgestellt ist – wird eine sowjetische Staatsobligation nur zur Hälfte ihres Werts gehandelt. Die Sowjetunion gilt einfach nicht als liquide genug.

Vielleicht ist es typisch für Gilel Storch, daß er in dieser Situation enorme Möglichkeiten sieht. Er ist kein Mann, der im kleinen Format denkt, noch hat er besonders hohen Respekt vor Staatsmächten, auch nicht vor einer Großmacht wie der Sowjetunion. Er kauft also sowjetische Staatsobligationen – zum halben Preis, dem Preis, den sie nach allgemeiner Auffassung wert sind. Dann reist er in die Sowjetunion. Dort nimmt er persönlichen Kontakt zu höchsten Entscheidungsträgern in den Behörden auf und bestellt bei ihnen enorme Quantitäten Tuch, Rohphosphate und andere Chemikalien. Als es schließlich ans Bezahlen geht, präsentiert Storch – sowjetische Staatsobligationen! Was bleibt der Sowjetunion anderes übrig, als ihre eigenen Staatsobligationen zum vollen Preis zu berechnen ... Gilel Storch hat ein Papier für 50 Rubel gekauft und es für 100 Rubel verkauft.

Nachdem er auf diese Weise seine sowjetische Ware bezahlt hat, fährt Gilel zurück nach Lettland, und nicht selten weiter hinaus in die Welt, und verkauft sie. Zum vollen Preis. Gilel Storch, heißt es, verdient mit dieser Methode zwischen zwanzig und fünfzig Millionen Kronen, was in heutigen Geldwert umgerechnet ein Vielfaches dieses Betrags ausmacht.[4]

Das Erstaunliche in diesem Zusammenhang ist die Tatsache, daß die Sowjetunion sich auf einen Handel zu diesen Bedingungen einläßt. Aber dies sagt vermutlich mehr über Gilel Storch als über die Sowjetunion.

Wir wissen nicht, wer entscheidet, daß Gilel sich im Alter von fünfunddreißig Jahren mit Anja Westermann verheiratet, doch es ist kaum Gilel selbst. Es heißt, bevor er selbst die Ehe einging, wollte er dafür sorgen, daß zwei seiner Schwestern ordentlich verheiratet wurden. Aber es ist fraglich, ob Gilel Storch vorher Zeit oder Lust gehabt hat, der Gründung einer Familie auch nur einen Gedanken zu widmen. Er ist viel zu sehr von seinen Finanzgeschäften in Anspruch genommen.

Die erste Begegnung zwischen Gilel und der elf Jahre jüngeren Anja (oder Chana-Rachil, wie sie eigentlich heißt) findet in Rigas feinstem Restaurant, dem unmittelbar neben der Oper gelegenen Restaurant ›Roma‹ statt. Vermutlich haben die Eltern das Treffen arrangiert.

Anja entstammt ihrerseits einer wohlhabenden Familie; ihr Vater, Großvater und Urgroßvater sind sämtlich erfolgreiche Lederhändler und -fabrikanten, zuerst in Glasmanka (Gostin), später in Riga. Anja ist eine ehrgeizige Frau. Sie studiert am Konservatorium und träumt davon, eines Tages eine große Konzertpianistin zu werden. Sie ist auch für ihren exklusiven Geschmack bekannt. Und Gilel will imponieren. Vor der Begegnung hat er deshalb einen Kurier zum Einkaufen nach Berlin geschickt. Er will Fräulein Westermann nämlich das denkbar Beste verehren, und das ist im Riga der dreißiger Jahre trotz allem nicht immer aufzutreiben.

Anjas erste Reaktion, als sie Gilel begegnet, ist nicht ungeteilt positiv. Er ist bedeutend älter als sie und nicht gerade eine Schönheit. »Ich hatte mir nicht träumen lassen, mich mit einem glatzköpfigen Alten zu verheiraten«, sollte sie später, vielleicht nicht nur im Scherz, sagen.[5] Trotzdem ist sie gerührt von Gilels unverhohlenem Versuch, sie zu gewinnen. Ob der Diamantring, Gilels einnehmende Persönlichkeit oder die Eltern schließlich den Ausschlag geben, daß Anja sich für ihn entscheidet, wissen wir nicht. Doch am 18. Mai 1937 wird die Hochzeit gefeiert, und zwar in großem Stil. Sie wird nämlich gleichzeitig mit einer Feier der Erfolge von Anjas Schwiegervater Abraham und ihrem Bräutigam Gilel begangen. Ob Anja dabei ein Wort mitzureden hatte, ist nicht überliefert.

Einen Monat später ist Abraham tot. Die erhaltenen Fotos von der Beerdigung zeigen Tausende von Menschen, die sich um den Begräbnisplatz drängen. Das Gedränge zum Grab hin ist so groß, daß es aussieht, als fielen Menschen hinein. Auch ein Foto von der Begräbnisprozession ist erhalten. Es ist schräg von hinten aufgenommen. Man sieht die Rücken einer Menschenmasse, die sich die Straße entlangbewegt. Mitten in dieser Menschenmasse wendet ein Mann sich um, blickt zurück. Sein Gesicht ist das einzige, das man sieht. Es wirkt gequält, beinah verwirrt. Der Mann ist Gilel.

Gilel fühlt offenbar, daß von jetzt an die gesamte Verantwortung auf seinen Schultern ruht – die Verantwortung für die gesamte Familie. Er ist nicht mehr Vizepatriarch. Aus heutiger Sicht mag es unmodern, fast feudal erscheinen, daß ein Mann sich die Verantwortung für seine ganze Familie aufbürdet. Doch für Gilel Storch war es nichtsdestoweniger eine Realität. Er nahm diese Verantwortung ernst – und es war, wie sich zeigen sollte, blutiger Ernst.

Binnen zweier Jahre hat Gilel seiner jüngsten Schwester ermöglicht, nach Palästina auszuwandern, und der zweitjüngsten, zum Studium nach Paris zu gehen. Binnen eines weiteren Jahres wird Gilel Storch selbst Lettland verlassen haben. Allein.

2

Ich werde der größte Mann der Geschichte werden. Ich muß unsterblich werden, und wenn die ganze deutsche Nation dabei untergeht. | *Adolf Hitler*[1]

Man kann die Juden nur verstehen, wenn man ihr Endziel erkennt: die Welt zu beherrschen und sie dann zu vernichten ... Während sie vortäuschen, die Menschheit zu erziehen, planen sie statt dessen, sie in die Verzweiflung, in Wahnsinn und in den Untergang zu treiben. Wenn ihnen nicht Einhalt geboten wird, werden sie uns vernichten.[2]

Erst als Adolf Hitler 1921 die Macht in der Nationalsozialistischen Partei übernahm, ließ er seine Depressionen und seine Lethargie hinter sich. Seine ganze Jugend zwischen dem sechzehnten und fünfundzwanzigsten Lebensjahr hatte er in passiv träumerischer Untätigkeit verbracht. So war er schließlich nach Wien gekommen, wo er auf Parkbänken schlief, ohne auch nur einen Mantel gegen die Winterkälte zu besitzen, und mit den städtischen Armenküchen als dem einzigen festen Punkt im Dasein. Nicht, daß es dem jungen Adolf an Ehrgeiz mangelte. Nein, er hatte davon geträumt, ein weltberühmter Künstler zu werden, deshalb war er nach Wien gekommen. Als die Kunstakademie Hitler zu seiner großen Verblüffung nicht annahm, beschloß er statt dessen, ein weltberühmter Architekt zu werden. Als auch dieses ehrgeizige Ziel zunichte wurde – Hitler hatte keine Matura und wurde deswegen nicht zum Studium zugelassen –, kehrte der junge Adolf wieder zu seinem untätigen Dasein zurück. Seine grandiosen Träume verwandelten sich in Gefühle von Untauglichkeit, Depression und Haß. Seinem einzigen Freund und Zimmergenossen August Kubizek spielte Hitler etwas vor: Jeden Morgen stand er auf, wusch sich, kleidete sich an und tat so, als besuche er die Übungen an der Akademie. Kubizek war schon beim ersten Versuch an der Musikakademie angenommen worden, und da Hitler es nicht ertrug, schlechter zu sein als sein ihn bewundernder Freund, log er. Kubizek wurde allmählich mißtrauisch, weil Hitler morgens immer länger schlief. Er stellte daraufhin, wenn auch vorsichtig, Hitler zur Rede. Hitler reagierte überaus heftig. Er schrie, die Professoren an der Akademie seien »lauter alte, verkrampfte, verzopfte Staatsdiener, verständnislose Bürokraten, stupide Beamtenkreaturen!«. Und er beschloß seinen Ausbruch mit einem: »Die ganze Akademie gehört in die Luft gesprengt!«[3]

»Es gab Tage, an denen […] er mir jedes Zusammensein gründlich verleidete«, erinnerte sich Kubizek. »Mit aller Welt war er überworfen. Wohin er blickte, sah er nur Ungerechtigkeit, Haß, Feindschaft.«[4] Hitler war mißtrauisch gegenüber allem und allen. Wenn er und Kubizek in die Oper gingen, was sie zweimal in der Woche taten, weigerte sich Hitler, in der obersten Reihe zu sitzen. Dort durften nämlich Frauen sitzen, und »sie waren auf nichts anderes aus als zu flirten«.[5] Statt dessen zwang er Kubizek, mit ihm im bedeutend teureren Mittelgang zu stehen, wo Frauen keinen Zutritt hatten.

Daß Hitler haßte, war offensichtlich. Aber warum wendete sich dieser Haß mit einer solchen Intensität gegen die Juden? Zwar hat seine Schwester Paula berichtet, Adolf sei überzeugt gewesen, daß sein Scheitern als Künstler allein darauf beruhte, daß der Kunsthandel in jüdischen Händen war.[6] Doch dies reicht kaum aus als Erklärung dafür, daß Hitler knapp zwanzig Jahre später eines der makabersten Projekte der Weltgeschichte in die Wege leiten sollte: das gesamte Judentum auszurotten.

Hitler selbst hat erzählt, daß er seine erste Erfahrung von Juden als etwas Fremdem und Unangenehmem in Wien wie eine Offenbarung erlebte: »Als ich einmal so durch die innere Stadt strich, stieß ich plötzlich auf eine Erscheinung in langem Kaftan mit schwarzen Locken«, schreibt Hitler. »Ich beobachtete den Mann verstohlen und vorsichtig«, fährt er fort, doch nach einer Weile, »je länger ich in dieses fremde Gesicht starrte und forschend Zug um Zug prüfte«, stellt sich ihm die Frage: »Ist dies auch ein Deutscher?« Für Hitler wird dieses Erlebnis zu einer Art Bekehrung: »Wo immer ich ging, sah ich nun Juden, und je mehr ich sah, umso schärfer sonderten sie sich für das Auge von den anderen Menschen ab.« Aus der Begegnung mit dem kaftangekleideten Juden entwickelt sich, laut Hitler, seine Aversion gegen das jüdische Volk.[7]

Diese Erklärung ist im Grunde noch unglaublicher, es sei denn, man betrachtet Hitlers Reaktion als reinen Fremdenhaß, einen Haß auf alles, was anders ist als er selbst. Und was kann in der Kulturmetropole Wien fremder sein als ein chassidischer Jude in einer Kleidung, die dem 17. Jahrhundert entstammt? Außerdem hatte Hitlers in sozialer Hinsicht eindeutig nach unten weisende Spirale damit geendet, daß er Kubizek verlassen hatte und zu einem Obdachlosen und periodischen Bettler geworden war, der im großen und ganzen von der Wohltätigkeit reicher, hauptsächlich jüdischer Organisationen lebte. Er aß in Königswarters Suppenküche, einer jüdischen Suppenküche für die Armen. Er, der stolze Arier mit hochfliegenden Ambitionen, war so weit erniedrigt worden, daß er gezwungen war, von »Fremden« Almosen anzunehmen.

Es gibt noch eine Erklärung für Hitlers Antisemitismus, eine sehr umstrittene. Sie läuft darauf hinaus, daß Hitler bei den Juden nicht etwas sah, das gänzlich anders war oder weit außerhalb seiner selbst lag, sondern im Gegenteil etwas, das ihm allzu nahe war. Als Hitlers persönlicher Anwalt und zugleich der Generalgouverneur von Polen, Hans Frank, nach dem Krieg in Nürnberg auf seine Hinrichtung wartete, schrieb er nämlich eine sehr merkwürdige Geschichte nieder. Frank zufolge war Hitler 1930 einem Erpressungsversuch ausgesetzt, einem Erpressungsversuch, der darauf hinauslief, daß er selbst jüdischer Abstammung war. Hitler bat aus diesem Anlaß Frank darum, unter Beachtung größtmöglicher Diskretion seine Herkunft zu untersuchen. Frank lieferte seiner eigenen Darstellung nach einen Bericht ab, der folgende Darstellung enthält: Hitlers Großmutter väterlicherseits, Maria Anna Schicklgruber, »war in einem jüdischen Familienhaushalt mit Namen *Frankenberger* bedienstet, als sie ihr Kind gebar. Und dieser Frankenberger hat für seinen damals – die Sache spielt in den späten dreißiger Jahren des vorigen Jahrhunderts – etwa neunzehnjährigen Sohn, mit der Geburt beginnend, bis in das vierzehnte Lebensjahr dieses Kindes der Schicklgruber Alimente bezahlt«. Franks Bericht erzählt weiter von einem langjährigen Briefwechsel zwischen Maria Schicklgruber und den Frankenbergers, »dessen Gesamttendenz die stillschweigende gemeinsame Kenntnis der Beteiligten war, daß das uneheliche Kind der Schicklgruber unter den Frankenberger alimentenpflichtig machenden Umständen gezeugt worden war. Der Bericht endete mit der bedauerlichen Schlußfolgerung, »daß es nicht vollkommen ausgeschlossen ist, daß der Vater Hitlers demnach ein Halbjude war«.[8]

Hitler hat in seinen jungen Jahren niemanden stärker gehaßt als seinen Vater, den pedantischen und autoritären Zollinspektor Alois Schicklgruber.

Der Wahrheitsgehalt von Franks Bericht mag dahingestellt bleiben, er ist heftig angezweifelt worden (außerdem ist behauptet worden, Frank selbst sei jüdischer Abstammung!), doch es gibt andere Hinweise darauf, daß Hitler sich seines Ursprungs nicht sicher fühlte. Er konnte seinen arischen Ursprung nie mit Dokumenten beweisen, was er von anderen verlangte. Ein Mann namens Schuh, der Hitler seit 1917 kannte, hat angegeben, Hitler habe »Zeit seines Lebens unter quälenden Zweifeln gelitten: hatte er jüdisches Blut in sich oder nicht? Und er sprach oft mit uns darüber«.[9]

Letztlich bleiben alle Erklärungen für Hitlers intensiven Antisemitismus Spekulationen. Nichtsdestoweniger sind diese Spekulationen interessant. Denn wie kann man erklären, daß die inneren Dämonen eines Mannes so mächtig und so durchdringend sind, daß sie auf ein ganzes Volk übertragen werden können, auf das deutsche Volk, das einhundert Jahre zuvor die Emanzipation der Juden zugelassen hatte und auf dessen Boden die größten jüdischen Wissenschaftler, politischen Aktivisten, Geschäftsleute und Kulturpersönlichkeiten hervorgebracht worden waren?

Dennoch existierte in Deutschland ein fruchtbarer Boden für Hitlers Wahnideen. Im 19. Jahrhundert war nämlich die sogenannte *völkische* Bewegung entstanden. Es handelte sich um eine Reaktion auf die Zersplitterung Deutschlands und auf die Erfahrung der nationalen Unterlegenheit gegenüber umgebenden Nationen. Die völkische Bewegung vereinte einen neuen Nationalismus mit der Vorstellung, die Deutschen seien die Abkömmlinge einer genetisch überlegenen und edlen Rasse. Für die Theoretiker der Bewegung lag der hauptsächliche Unterschied zwischen sogenannten Ariern und Juden nicht in der Religion, sondern im Blut. Das arische Blut, die arischen Gene waren überlegen, meinte man, und außerdem intim verbunden mit der deutschen Erde. Fremdlinge, wie Juden, besudelten diese heilige deutsche Erde.

Für die völkische Bewegung war die »unterlegene« Position Deutschlands in der Welt eine vorübergehende Schwäche. Das wirkliche Deutschland, und die Inspiration für die Zukunft, waren in der germanischen Mythologie mit ihren großen Helden und Göttern zu finden. Die völkische Bewegung war keine dominierende Bewegung in Deutschland, aber sie machte starken Eindruck auf Adolf Hitler und gab ihm einen Identifikationszusammenhang. Er scheint sich sogar mit Wotan identifiziert zu haben. Wotan war ein Kriegsgott. Er war ein Fremdling und Wanderer und gleichzeitig ein fanatischer Krieger. Wotans nächste Helfer waren, der Mythologie zufolge, ein Rudel tötender Wölfe. Franz von Stuck hat in dem Gemälde »Die wilde Jagd« Wotan als einen Besessenen dargestellt, der in wildem Tempo auf seinem Pferd vorwärtsjagt, während um ihn her schreiende Menschen fallen. Wotan ist mit einem langen schwarzen Umhang bekleidet, sein Blick ist starr, er trägt einen Schnurrbart, und eine lange dunkle Haarsträhne fällt ihm in die Stirn. Wäre »Die wilde Jagd« nicht 1889 gemalt worden, würde man beim Betrachten des Bildes schwören können, daß es sich um ein Portrait Adolf Hitlers handelte. Man sagt allerdings, Hitler habe sich nach dem Vorbild dieses Gemäldes ein neues Aussehen zugelegt. Später sollte er die jungen Mitglieder der Hitlerjugend »Wolfsjunge« nennen und die SS »mein Wolfsrudel«.[10]

Krieg faszinierte Adolf Hitler, so daß er den Ausbruch des Ersten Weltkriegs als eine Befreiung erlebte. Obwohl er 1913 nach München gegangen war, um nicht österreichischen Wehrdienst leisten zu müssen, wurde er trotz seines ursprünglichen Widerwillens gegen das Tragen von Uniform von der Möglichkeit, an einem wirklichen Krieg teilnehmen zu können, plötzlich angespornt, zumal dieser Krieg, so wie er es sah, das deutsche Volk endlich zu seiner einstigen Größe zurückführen würde. Als der Krieg ausbrach, soll Adolf Hitler auf die Knie gefallen sein und zu weinen begonnen haben. Er meldete sich unmittelbar als Freiwilliger, sozusagen als Vertreter der »nationalisierten Massen«. Hitler wurde zweimal verletzt und zweimal für Tapferkeit im Feld ausgezeichnet. Dies hätte der Beginn einer radikalen Veränderung in Adolf Hitlers Leben sein können, mit neuen Zielen und einem neuen Selbstwertgefühl. Doch statt dessen sollte er wieder einmal desillusioniert werden: Der Krieg endete nicht so, wie das Schicksal – davon war Hitler überzeugt gewesen – es vorherbestimmt hatte. Die Niederlage und Kapitulation Deutschlands und den anschließenden Frieden von Versailles erlebte er als die ultimative Kränkung in seinem Leben wie im Leben Deutschlands. Denn Hitler hatte sich jetzt ganz mit der deutschen Nation zu identifizieren begonnen. Er sah sein persönliches Schicksal als untrennbar mit dem Deutschlands verbunden. Obwohl er selbst Österreicher war …

Wieder zurück in München meldete sich der Gefreite mit den angesengten Flügeln in Ermangelung einer anderen Arbeit zur Armee. Dort erhielt er den Auftrag, einige der radikalen völkischen Gruppen zu überwachen und sie bei ihren Treffen zu bespitzeln. Doch statt zum Spitzel wurde Hitler sehr schnell zum engagierten Teilnehmer. Hier fand Adolf Hitler seinesgleichen, oder besser Gleichgesinnte. Denn für Adolf Hitler gab es nicht seinesgleichen. Er war entweder alles oder nichts, Herrscher oder Bettler, und die Kraft seiner Überzeugung war so stark, daß er sie auf seine ganze Umgebung übertrug. Binnen zwei Jahren war Adolf Hitler der unbestrittene Führer der Deutschen Arbeiterpartei. Schon nach wenigen Monaten wird er der Führer genannt. Hitler hat endlich seinen Platz an der Sonne gefunden.

Die deutsche Verbitterung nach dem Ersten Weltkrieg wird sich als die perfekte Voraussetzung für die Verwirklichung der Ambitionen und Ideale eines Mannes wie Adolf Hitler erweisen. Es ist Hitlers Glück, daß Ort und Zeit seines Auftretens von der Krise geprägt sind – unter normaleren Umständen hätte ein Mann wie er sich vielleicht nie von der Parkbank erhoben.

Adolf Hitler braucht zwölf Jahre, bis er an die Macht kommt und der Führer ganz Deutschlands wird. Entscheidend für seinen Erfolg war die katastrophale Wirtschaftskrise, die im Jahre 1929 einsetzte. Nachdem dem deutschen Volk ein Großdeutschland vorgespiegelt worden war, ein deutscher Adler, der seine Schwingen über ganz Europa ausbreitete, hatte es zunächst im Ersten Weltkrieg eine demütigende Niederlage hinnehmen müssen und danach einen wirtschaftlichen Zusammenbruch erlitten, in dessen Verlauf viele ihre Arbeit verloren und alle ihre Mittel dahinschwinden sahen. Vielen Deutschen erschien der Fremdling Adolf Hitler plötzlich als Retter und Befreier, der fast wie von oben zu ihnen herabgekommen war, um sie zu erlösen. Er erschien stark, er versprach alles, er stellte ihre Ehre wieder her, und er brachte ihnen die Botschaft einer neuen und totalen »Volksgemeinschaft« – einer Gemeinschaft, die das deutsche Volk von allen anderen Menschen unterschied, die es stärkte, es aufrichtete, ihm einen Sinn gab. Und das sozial, wirtschaftlich und geistig krisengeschüttelte deutsche Volk hungerte nach Gemeinschaft und Sinn.

Adolf Hitlers Bewegung breitete sich wie ein Lauffeuer über Deutschland aus. Bei den Reichstagswahlen 1928 hatte die Nationalsozialistische Deutsche Arbeiterpartei, wie sie inzwischen hieß, nur 2,6 Prozent der Stimmen erhalten. Vier Jahre später, bei der Wahl 1932, wurde sie mit 37 Prozent der Stimmen Deutschlands stärkste Partei. Im Jahr darauf wurde Adolf Hitler zum deutschen Reichskanzler ernannt. Er war gerade deutscher Staatsangehöriger geworden.

Hitlers neue Rolle war nicht selbstverständlich. Die Nationalsozialisten waren gezwungen, in einer Koalition mit mehreren bürgerlich nationalen Parteien zu regieren, und die Koalitionspartner hegten starkes Mißtrauen gegen den österreichischen Gefreiten mit der großen Redegewandtheit. Sie trauten ihm nicht, und ihr Mißtrauen war berechtigt. Innerhalb weniger Monate hatte Hitler nicht nur seine Koalitionspartner aus der Regierung hinausmanövriert, sondern auch die Nationalsozialistische Partei zur einzig zugelassenen Partei in Deutschland gemacht.

Es ist nicht unwahrscheinlich, daß gewisse zeitgenössische Strömungen – die völkische Bewegung, die neue Rassenbiologie – dazu beitrugen, daß das deutsche Volk nicht so stark reagierte, als Hitler seinen Haß auf die Juden zu predigen begann. Und – gemessen an seinem eigenen Maßstab – begann er mit kleinen Schritten.

Seit 1920 hatten die Nazis in ihrem Parteiprogramm gefordert, daß die Juden aus Deutschlands politischem, wirtschaftlichem und kulturellem Leben entfernt werden sollten. Hitlers erste Maßnahmen als Reichskanzler galten der Verwirklichung dieser Forderungen. Aber er stieß sogleich auf Schwierigkeiten. Wer war eigentlich Jude? Der Nationalsozialistische Ärztebund hatte im November 1933 berichtet, es sei nicht gelungen, einen Labortest für jüdisches Blut zu entwickeln.[11] Mit biologischer Technik war es offenbar nicht möglich, zu bestimmen, wer Jude und wer Arier war! Hitler war gezwungen, sich auf Geburtsurkunden und Gerüchte zu verlassen …

Es dauerte noch weitere zwei Jahre, bis er sich auf das sexuelle Gebiet begab. Auf dem Reichsparteitag in Nürnberg 1935 wurde das Gesetz zum »Schutz des deutschen Blutes und der deutschen Ehre« angenommen. Diesem Gesetz zufolge durften Arier und Juden keine sexuellen Verbindungen eingehen, weder ehelich noch außerehelich. Gleichzeitig wurde ein Gesetz verkündet, das besagte, daß nur Personen arischen Blutes deutsche Reichsbürger sein konnten. Die Versuche zu definieren, wer demnach der deutschen Reichsbürgerschaft würdig war, wurden immer bizarrer. In den dreißiger Jahren gab es fast 600 000 Juden in Deutschland. Aber Hitlers Wissenschaftlern zufolge gab es insgesamt zwischen 2,5 und 3 Millionen Menschen in Deutschland, in deren Adern jüdisches Blut floß.[12] Es fragte sich nur, wer diese Menschen waren. Die Nazis hatten sich auf ein aufwendiges Riesenprojekt eingelassen.

Als Hitler zwischen 1924 und 1926 *Mein Kampf* schrieb, erklärte er, sich der Schwierigkeiten bewußt zu sein, die mit der Erreichung eines vollständig reinen arischen Deutschlands in relativ kurzer Zeit verbunden waren, und schlug deshalb ein selektives Kinderzeugungsprogramm vor, dessen Verwirklichung, effektiv betrieben, sechshundert Jahre in Anspruch nehmen würde. Doch als Reichskanzler hatte Hitler es plötzlich eilig – er bestand jetzt darauf, daß alles zu seinen Lebzeiten erreicht werden müsse (natürlich, war er doch identisch mit der deutschen Nation, ohne Hitler kein Deutschland). Es galt, sich der nichtarischen Elemente schnell und effektiv zu entledigen. Er sah ein, daß es erforderlich war, sie aus Deutschland hinauszuwerfen oder ihre Situation so unhaltbar zu machen, daß sie emigrierten.

Anfänglich agierte Hitler vollständig im Einklang mit den meisten seiner Mitarbeiter und Parteigenossen, vielleicht sogar mit den meisten Deutschen.

Eine Mehrzahl der Deutschen war inzwischen zu der Überzeugung gelangt, daß die Juden Deutschland ins Verderben gebracht hätten. Der Antisemitismus schwelte bei den meisten europäischen Völkern unter der Oberfläche, auch bei den zivilisierten Deutschen. Und wie kamen sie auch dazu, die Weisheiten ihres neuen Führers anzuzweifeln? Er, der mystische Fremde, hatte doch Deutschland wirtschaftlich und seelisch gerettet, er hatte das Land aus seiner Depression heraufgeholt. Deutschland vibrierte vor Aktivität, und alles dank diesem ihrem Führer.

Aber was Deutschland und *vielleicht* sogar Hitlers engste Mitarbeiter nicht erkannten, war, daß hier ein Serienmörder heranreifte. So wie es einen Suchtkranken nach mehr und mehr verlangt, wie ein Pädophiler langsam von der Phantasie zur Handlung übergeht, genauso war diese erste Phase, in der den Juden die bürgerlichen Rechte geraubt und sie zur Emigration gezwungen wurden, nur ein Vorgeschmack. Und vielleicht war es für Hitlers Umgebung nicht so einfach, von Anfang an die Dimension und die Konsequenzen seines Hasses zu verstehen. Vielleicht um sich zu verteidigen, vielleicht in wahrer Verwunderung äußerte Hitlers Außenminister von Ribbentrop nach dem Krieg:

> Ich kann es nicht verstehen. Wissen Sie, er war ein Vegetarier. Er konnte es nicht ertragen, von einem toten Tier zu essen, und nannte uns Leichenfresser. Ich mußte sogar vor ihm verheimlichen, wenn ich auf die Jagd ging. Er mißbilligte sowas. Wie kann nun ein solcher Mann Massenmord befehlen?[13]

Die Frage ist, was geschehen wäre, wenn die deutschen Juden vom Rest der Welt als Flüchtlinge aufgenommen worden wären. Dann wäre Hitler, zumindest vorübergehend, seiner Phantasie beraubt worden. So wie die Dinge sich jetzt entwickelten, gab es keine Möglichkeit, daß er sich, bei wachsenden Erfolgen und entsprechend gesteigerter Hybris, mit weniger als der vollständigen Verwirklichung seiner Phantasien begnügte.

Hitler besaß eine Eigenschaft, die sich als absolut notwendig für die Durchführung dieser makabren Ideen erweisen sollte: Er konnte warten, bis seine Zeit gekommen war. Das Verblüffende war, daß es ihm auf diese Weise fast ständig gelang, seine Umgebung mitzuziehen. Er gewöhnte sie an das Unfaßbare.

Adolf Hitler war mit den Juden noch nicht fertig. Aber zuerst mußte er den zweiten seiner großen Träume realisieren: den Krieg, den großen Krieg, der dem deutschen Volk, und natürlich ihm selbst, endlich »Lebensraum« geben würde. Er wußte, daß diese Reihenfolge nötig sein würde, um die erste Phantasie, die von den Juden, zu verwirklichen. Der Krieg und die »Säuberung« würden Hand in Hand gehen, das war die einzige Möglichkeit.

Die Zeit Wotans war endlich gekommen.

3

Solange Judith Storch zurückdenken konnte, hatte sie nach Palästina gehen wollen, am liebsten in ein Kibbuz. Sie war die Jüngste in der Familie, und doch sollte sie diese als erste verlassen, und noch dazu, um sehr weit entfernt zu leben. Es war früh an einem Herbsttag 1939, und Judith stand in ihrem Zimmer und leerte den Kleiderschrank. Sie wollte sich ausgiebig Zeit zum Packen nehmen, mindestens einen Monat. Sie wollte immerhin in einem anderen Land ein neues Leben beginnen.

»Judith, wie gut, daß du in einem Kibbuz arbeiten willst, phantastisch …«, war Rosas Stimme vom anderen Ende des Raums zu hören. Sie klang unzufrieden.

Judith blickte erstaunt auf. Rosa stand in der Türöffnung, lehnte sich vielmehr an den Türrahmen, und sah Judith intensiv an, während diese weiterpackte. Judith kannte Rosa besser als irgendein anderes Familienmitglied, sie waren wirklich zwei Schwestern, die sich liebten. Und hier stand Rosa und sagte, was sie zu sagen pflegte: Ein Kibbuz war der beste Ort in Palästina, an den man fahren konnte, wenn man nun unbedingt dorthin mußte.

»Warum klingst du so unzufrieden?« wollte Judith wissen.

»Aber ich sage doch, daß es gut ist, daß du in ein Kibbuz fährst!« Jetzt klang Rosa fast ärgerlich.

»Ja, das sagst du, aber du meinst es nicht. Was ist los? Du sagst doch selbst, daß der Kibbuz dem kommunistischen Ideal so nahe kommt wir nur irgend möglich.«

»Naja, ganz so sage ich das wohl nicht …« Rosas Stimme klang jetzt etwas ruhiger. »Ich sage, wenn man unbedingt Nationalist sein will, und nun unbedingt nach Palästina gehen will, dann ist der Kibbuz vielleicht gar nicht so eine dumme Idee.«

Während sie sprach, schaute sie zu Boden.

War Rosa aufgewühlt, weil sie getrennt werden würden? Sie wollte ja selbst bald nach Frankreich gehen! Es sah ihr gar nicht ähnlich, eine derartige Verärgerung zu zeigen. Judith trat zu ihrer Schwester und versuchte zu Rosa, die noch immer zu Boden blickte, aufzuschauen. Rosa räusperte sich und blickte Judith an. Sie schwiegen fünf Sekunden lang.

»Nein, weißt du, Judith …«, sagte sie schließlich. Dann lächelte sie. »Ich drücke mich vielleicht nicht ganz klar aus …«

»Nein, allerdings nicht!«

»Also, Judith, es ist so … Ich finde … Ich *will* …, daß du eine Ausbildung machst.«

Da also drückte der Schuh! Kommunistin hin oder her, Rosa wollte nicht, daß Judith hinging und den Spaten in die Hand nahm, sobald sie nach Palästina kam. Judith fing an zu lachen – laut, sehr laut für eine so zarte Person. Rosa sah ihre kleine Schwester mißbilligend an. Machte sie sich über sie lustig? Verspottete sie Rosas politische Überzeugung? Jetzt war sie wirklich verärgert! Dennoch konnte Rosa am Ende dem befreienden Lachen ihrer Schwester nicht widerstehen, und so standen sie beide da und lachten so, daß es durchs ganze Haus schallte. Und Alta, ihre Mutter, ihnen von unten zurief, sie sollten jetzt aufhören.

Es kam so, wie Rosa wollte, wie üblich, könnte man vielleicht hinzufügen. Auch wenn Rosa die Revolutionärin war und Judith dazu tendierte, sich in familiären Bahnen zu bewegen, so bemühten sie sich doch stets, nah beieinander zu bleiben, auch wenn sie, wie jetzt, in verschiedenen Teilen der Welt leben würden. Rosa würde in Straßburg ihr Chemiestudium fortsetzen. Judith würde in Jerusalem das gleiche Fach zu studieren beginnen. So sollte es sein. Dann wußten sie, wo sie einander hatten …[1]

Gilel bereitete Judiths Reise bis ins kleinste Detail vor. Sie sollte um 6.25 Uhr am 12. November in Riga den Zug nehmen. Auf dem Fahrschein, der noch existiert, hat Gilel exakt jede einzelne Abfahrtszeit notiert, um sicherzugehen, daß Judith ordnungsgemäß in Jerusalem ankommt:

Riga ab	6.25	12.11.
Königsberg an	13.40	
Königsberg ab	20.50	
Berlin an	8.32	13.11.
Berlin ab	19.40	
Wien an	9.08	14.11.
Wien ab	10.00	
Budapest an	14.00	
Budapest ab	14.45	
Bukarest an	10.15	15.11.

Nur kurze Zeit später stellte er für Rosa einen ähnlichen Reiseplan auf, allerdings in die entgegengesetzte Richtung. Rosa hatte indessen im Unterschied zu

Judith einen Reisegefährten. Sie hatte sich unmittelbar vor der Abreise mit Moisej Kagan verlobt.

Als Judith und Rosa Lettland verließen, war es dort noch ruhig. Aber die Welt ringsumher stand in Flammen. Daß zwei Jüdinnen es im November 1939 unternahmen, mit dem Zug durch Deutschland zu reisen, mag im nachhinein sonderbar erscheinen. Aber einer von ihnen sollte es das Leben retten.

Krieg ist immer. Krieg ist überall. Es gibt keinen Beginn, es gibt keinen Friedensschluß. Krieg ist Leben ... Krieg ist Urzustand. | *Adolf Hitler, 1932*[2]

Mit wachsender Verwunderung hatte ein unvorbereitetes Europa angefangen zu beobachten, wie Adolf Hitler seine Träume verwirklichte. Er begann im kleinen Maßstab, mit der Besetzung des Rheinlandes im März 1936, das dem Versailler Friedensvertrag zufolge dauerhaft entmilitarisiert bleiben sollte. Zwei Jahre später, am 13. März 1938, erfolgte der nächste Schritt: Hitler vollendete seinen Traum vom Großdeutschen Reich – und der Integrierung seiner Identitäten – durch den Anschluß seines Heimatlandes Österreich an Deutschland. Es geschah mit Hilfe gewisser Manipulationen, doch ohne allzu großen Widerstand. Es ging leicht, fast unwahrscheinlich leicht. Wie in allem anderen machte Hitler einen Schritt zur Zeit, damit sich alle gewöhnen konnten. Aber er wußte, daß er früher oder später eine Grenze erreichen würde, an der die Umwelt mit Aggression reagieren mußte. Dies war sein Ziel. Doch zunächst mußte er seine Basis so groß wie möglich machen.

Als Hitler im Herbst 1938 Tendenzen erkennen ließ, das Sudetenland besetzen zu wollen, reagierten Großbritannien und Frankreich zum ersten Mal mit Nachdruck. Sie reagierten sogar so heftig, daß die Gefahr eines Krieges während einiger Tage als akut angesehen wurde. Doch auch diesmal setzte Hitler seinen Willen durch: Er versprach, die restliche Tschechoslowakei in Frieden zu lassen, wenn er sich nur das Sudetenland aneignen durfte, und das durfte er ... Nur ein halbes Jahr später hatte Hitler auch den tschechischen Teil der Tschechoslowakei besetzt.

Als der Krieg schließlich dennoch ausbricht, hat Hitler es zuvor geschafft, die Beziehungen zwischen den europäischen Großmächten auf dramatische Weise total über den Haufen zu werfen. Die Westmächte hatten die ganze Zeit angenommen, die Sowjetunion stünde auf ihrer Seite. Aber am 23. August 1939 schließen Hitler und Stalin einen Nichtangriffspakt. Einem geheimen Zusatzprotokoll zufolge sollen die beiden Vertragspartner einander das Recht einräumen, die Grenzen des ehemaligen deutschen Kaiserreichs und des ehemaligen zaristischen Rußlands in Osteuropa wiederherzustellen.

Dem Abkommen zufolge werden Stalin und Hitler Polen teilen, und Stalin soll unter anderem im Baltikum vollkommen freie Hand haben. Und, vielleicht das Wichtigste: Die beiden Diktatoren versprechen einander, sich gegenseitig in Frieden zu lassen. Jetzt hat Hitler den Rücken vollkommen frei.

Einige Monate zuvor hat der Vorsitzende der jüdischen Gemeinde von Danzig den jungen jüdischen Aktivisten Gerhart Riegner in Genf besucht. Die beiden Männer verbringen einen warmen, sonnigen Sonntag auf dem Lande. Aber obwohl sie den Inhalt des mitgeführten Picknickkorbs genießen, sind sie mehr von ihren intensiven philosophischen und politischen Diskussionen in Anspruch genommen. Die wichtigste Frage ist natürlich, was in der nächsten Zukunft geschehen wird. Besteht vielleicht ein Anlaß, einen Krieg zu wünschen? Keiner von beiden hat eine klare Antwort. Krieg ist schrecklich, darin stimmen die beiden überein, aber wenn niemand Hitler angreift, wird er größer und größer werden. Plötzlich verstummt der jüdische Vorsitzende aus Danzig. Lange sieht er seinen jungen Freund an.

»Weißt du, was passieren wird?« sagt er schließlich. »Wir werden in diesem Krieg Millionen von Juden verlieren. Und niemand wird Hitler daran hindern, Millionen und Abermillionen Juden zu ermorden. Niemand.« Riegner schaut den älteren Mann, der solche apokalyptischen Prophezeiungen ausspricht, verwundert und erschrocken an.

Ein paar Monate später, am 1. September 1939, bricht der Zweite Weltkrieg aus, nachdem Hitler unter dem Vorwand, Danzig zu befreien, Polen angegriffen hat. Das erste Pogrom gegen Juden ereignet sich im westlichen Polen. Der Vorsitzende der jüdischen Gemeinde in Danzig ist einer der ersten Juden, die nach dem Ausbruch des Zweiten Weltkriegs getötet werden. Er wird seine Prophezeiung nie in Erfüllung gehen sehen.[3]

4

Der Ausbruch des Zweiten Weltkriegs scheint das tägliche Leben in Riga zunächst nicht nennenswert beeinflußt zu haben. Nachdem Deutschland und die Sowjetunion je von ihrer Seite aus Polen angegriffen und erobert und die Westmächte mit der Kriegserklärung an Deutschland geantwortet haben, geschieht zunächst nicht viel mehr. Zwar stellt die Sowjetunion im Oktober die Forderung, in Lettland Militärbasen unterhalten zu dürfen, und Lettland kommt dieser Forderung widerwillig nach, aber eine Besetzung scheint nicht aktuell zu sein.

Gilel und Anja Storch führen in ihrer Wohnung in der Valdemara iela 27–29 in Riga ein angenehmes Leben, zumindest nach außen hin. Wie sein Vater verkehrt Gilel mit Menschen aus den meisten Gesellschaftsschichten, vor allem jedoch mit Juden und Baltendeutschen. Dabei gehen für ihn Geschäftskontakte und Freundschaftsbeziehungen Hand in Hand. Die meisten Geschäfte werden ohne schriftlichen Vertrag abgeschlossen, ein Handschlag in einem Büro oder einem Restaurant ist in der Regel alles, dessen es bedarf, um ein Geschäft im Umfang von Hunderttausenden von Kronen zu besiegeln, in den meisten Fällen ohne jede Komplikation. Diese Menschen gehen davon aus, noch viele lukrative Jahre gemeinsam verbringen zu können. Was als Essen im Familienkreis anfängt, endet häufig mit einem Geschäftsabschluß, oder umgekehrt.

Anja findet an dieser Form des gesellschaftlichen Umgangs nicht soviel Gefallen wie ihr Mann. Sie ist eine Frau mit Stil und sie liebt stilvollen Umgang. Zwar spielen sich die Begegnungen zumeist in feinen Restaurants oder eleganten Wohnungen ab, aber mit den Gesprächsthemen kann sie sich zuweilen nur schwer anfreunden. Wenn Gilel sich wenigstens darauf beschränken könnte, ein Geschäft nach dem anderen zu diskutieren, statt ständig zwischen Apfelsinenplantagen auf Zypern, Kunstdünger in Schweden und Spielzeugherstellung in Palästina hin- und herzuspringen. Doch sie hat sich angepaßt, sie weiß, daß sie einen ungewöhnlichen und nicht gerade unkomplizierten Mann geheiratet hat. Und er, wie sie, liebt seine Tochter über alles in der Welt, vermutlich ist er deswegen auf Spielzeugherstellung in Palästina gekommen – Eleonora und Palästina, seine zwei Lieblingsobjekte. Warum sie nicht kombinieren?

Es ist unmöglich, Eleonora nicht zu lieben. Sie ist im August 1938 geboren worden, so daß Judith und Rosa beide sie vor ihrer Abreise noch gesehen haben. Mit

Eleonora werden Anjas sämtliche Zweifel weggewischt: Sie ist zufrieden mit dem Leben, das sie gewählt hat, sie fühlt sich trotz allem wohl mit ihrer neuen Familie.

Auch wenn Gilel Storchs Leben weiterzugehen scheint wie gewöhnlich, ist dies nur oberflächlich. Durch den Kriegsausbruch sind gewisse Veränderungen in seiner geschäftlichen Tätigkeit eingetreten, einige davon unzweifelhaft vorteilhafter Natur. Lettlands Handelsverbindungen sind immer stärker an die Sowjetunion geknüpft worden, und als ein neuer Handelsvertrag geschlossen werden soll, fordert die Sowjetunion die Verstaatlichung der Einkaufsorganisation. Auf diese Weise wird gewissen lettischen Unternehmen das exklusive Recht erteilt, mit der Sowjetunion Handel zu treiben. Eins dieser Unternehmen ist die Firma *A. V. Storch*, die bezüglich des Exports russischer Waren seit vielen Jahren einen hervorragenden Ruf genießt.[1]

Dennoch ist Storch beunruhigt. Er kennt die Russen inzwischen, und er traut ihnen nicht, vor allem vertraut er nicht darauf, daß sie ihn unbegrenzt weiter so Geld verdienen lassen, wie er es bisher getan hat. Und Gilel Storch verfügt jetzt über ein bedeutendes Vermögen, in Geld und Diamanten (er hat jedesmal, wenn er aus Moskau zurückgekehrt ist, Diamanten mitgebracht), aber auch in Rohmaterial.

Seit einigen Jahren ist Gilel der Rigaer Vertreter eines schwedischen Unternehmens, der *AB Förenade Superfosfatfabriker*. Er hat diesem Unternehmen bereits russisches Rohphosphat im Wert von zwei Millionen Kronen vermittelt.[2] Gilel Storch hat das Gefühl, daß es höchste Zeit wird, Diamanten und Rohmaterial ins Ausland zu schaffen. Und warum nicht nach Schweden?

In Riga lebt eine große jüdische Finanziersfamilie, die Gebrüder Hoff – zuweilen »Lettlands Rockefellers« genannt. Bernhard und David Hoff sind Freunde von Gilel. Schon im Frühjahr 1939 haben sie ihm vorgeschlagen, durch eine schwedische Gesellschaft namens *AB Östersjöprodukter*, an der sie beteiligt sind, Waren direkt aus der Sowjetunion nach Schweden zu importieren. Am 2. Oktober 1939, dem gleichen Tag, an dem die Sowjetunion Militärbasen in Lettland fordert, kauft Gilel Storch 25% des Aktienkapitals dieser schwedischen Gesellschaft. Im gleichen Herbst exportiert er mehrere hundert Tonnen Chlorkalk aus der Sowjetunion nach Schweden.[3] Andere Produkte transportiert er nach Schweden, ohne potentielle Käufer zu haben. Binnen weniger Monate lagern somit folgende Gilel Storch gehörende Waren in Stockholms Freihafen[4]:

10800 Bündel Schafsdärme
500 Tonnen Chlorkalk
125 Tonnen Methanol
135 Tonnen Formaldehyd
12 Tonnen Butylalkohol
Hunderte Tonnen Borsten und Roßhaar
Teppiche im Wert von mindestens 310000 Kronen

Außerdem hat er im Hafen von Helsingborg eine Partie von 1000 Tonnen Nephelinkonzentrat und vermutlich ebenso große Mengen Rohphosphat.

Aber Anja weiß von all dem noch nichts.

Légation de Suède *Riga, den 30. November 1939*

An
Seine Exzellenz den Herrn Minister des Äußeren

Hiermit erlaube ich mir die Anfrage, inwieweit dem lettischen Staatsangehörigen Gilels Storchs, geb. 1902, für wiederholte Einreisen nach und Aufenthalte in Schweden während dreier Monate zu geschäftlichen Zwecken ein Visum erteilt werden darf. Der Antragsteller verweist auf A. B. Östersjöprodukter, Norrlandsgatan 31, und A.B. Nyman und Schultz, Stockholm.

Vom Antragsteller ausgefüllter Fragebogen liegt bei.
[Unterschrift unleserlich]

Kgl. Ministerium d. Äußeren *Stockholm, den 5. Dezember 1939*

PM
Betr.: Angelegenheit Gilels STORCHS

Konsul Lindwall, Nyman & Schultz, erklärt auf persönliche tel. Nachfrage, daß der Antragsteller ihm nicht persönlich bekannt sei, doch treibe der Antragsteller seines Wissens recht umfassende Geschäfte in Schweden, v. a. in Chemikalien, Säuren u. ähnl. Der Antragsteller habe gegenwärtig große Lager im Freihafen, vermutlich um diesbezügliche Angelegenheiten zu klären, wünsche Antragsteller einzureisen. Geschäftlich habe Lindwall nur gute Erfahrungen mit dem Antragsteller. Inwieweit es um Aufnahme eines Wohnsitzes gehe oder nicht, konnte Lindwall nicht sagen, dazu kenne er die Verhältnisse des Antragstellers in Lettland zu wenig.

(Unterschrift unleserlich)
S[taats]s[icherheits]kontrolle angefragt

Kgl. Ministerium d. Äußeren *Stockholm, den 6. Dezember 1939*

An Kgl. Gesandtschaft in Riga

Hiermit habe ich die Ehre mitzuteilen, daß dem mit oben zitiertem Schreiben vorgelegten Antrag auf Einreisegenehmigung nicht entsprochen werden konnte, weshalb Visum für die betreffende Person von Ihnen *nicht* ausgestellt werden darf.

Im Auftrag
Engzell[5]

Es ist nicht leicht für Gilel Storch, Geschäftsreisen nach Schweden zu machen. Lange bevor die Nationalsozialisten in Deutschland an die Macht kamen und die Auswanderung der Juden einsetzte, hatte Schweden wie viele andere westliche Länder neue und sehr restriktive Einwanderungsgesetze erlassen. Viele meinten, die Restriktionen seien ein Ergebnis der Furcht vor jüdischer Einwanderung – ohne daß von einer solchen eigentlich die Rede sein konnte![6] Als das schwedische Einwanderungsgesetz von 1927 abgefaßt wurde, war Schweden immer noch hauptsächlich ein Auswanderungsland, mit einer sehr niedrigen Einwanderungsquote. Der Anlaß dafür, daß diese Gesetze dennoch durchgesetzt wurden, lag vermutlich darin, daß die neuen nationalistischen und rassenbiologischen Strömungen nicht nur Deutschland, sondern viele Länder in Westeuropa beeinflußt hatten. »Der Wert dessen, daß die Bevölkerung unseres Landes von einer selten einheitlichen, unvermischten Rasse ist, kann gar nicht hoch genug veranschlagt werden«, hieß es in der Regierungsvorlage zum schwedischen Einwanderungsgesetz von 1927.[7]

Mit der Machtübernahme durch die Nationalsozialisten in Deutschland – und ganz besonders nach dem Anschluß Österreichs 1938 und der Reichskristallnacht im selben Jahr – wächst die Nervosität in Schweden wie in den meisten Ländern des Westens zusehends. Hitler versucht, seine Juden hinauszuwerfen, und Schweden will sie nicht haben! Aber weil deutsche Staatsangehörige nicht einmal ein Visum brauchen, um nach Schweden einzureisen, gibt es keine Möglichkeit, die Juden daran zu hindern, ins Land zu kommen. Das heißt, wenn man nicht alle Deutschen daran hindern will – und das wollen ja weder Deutschland noch Schweden. Es kommt jetzt so weit, daß Schweden (und, von Schweden unabhängig, auch die Schweiz) die Deutschen bittet, eine außergewöhnliche Maßnahme zu ergreifen: Könnten nicht die deutschen Behörden die Pässe aller deutschen und österreichischen Juden kenntlich machen, damit man sie von den Pässen von Nichtjuden unterscheiden kann? Auf diese Weise wäre Schweden in der Lage, »arische« Deutsche und Österreicher ins Land zu lassen und gleichzeitig Juden fernzuhalten. Nach einem gewissen Widerstand – Deutschland will ja gerade seine Juden loswerden! – stimmen die deutschen Behörden zu, denn die Alternative wäre Visumzwang für alle Deutschen. Das Resultat des schwedischen und schweizerischen Vorstoßes ist: Allen deutschen und österreichischen Juden wird ein großes rotes J in ihre Pässe gestempelt. Im schwedischen Außenministerium ist der Eifer so groß, daß man Deutschland sogar bittet, Reisebüros, die sogenannte »Inter-Rail-Pässe« verkaufen, zu instruieren, solche nicht an »Nicht-Arier«[8] auszustellen. Für die deutschen Juden führt die schwedische Aktion dazu, daß sie jetzt jede Möglichkeit verlieren, ihre »Rassenzugehörigkeit« zu verbergen.[9]

Es ist das Schwedische Außenministerium, das Einreisevisa nach Schweden ausstellt. Und die oberste Sozialverwaltung, die für Ablehnungen zuständig ist. Sigfrid Hansson, Generaldirektor in der Sozialverwaltung und Bruder des Premierministers, ist durch die zunehmende jüdische Einwanderung dermaßen beunruhigt, daß er im September 1938 Anweisungen mit höchster Geheimhaltungsstufe an die Grenzpolizei schickt, mutmaßliche Asylsuchende bereits an der Grenze abzuweisen.[10] Der Chef der sogenannten Kontrollabteilung der Sozialverwaltung, Inspektor Robert Paulson, wird gegenüber den Paßbeamten so nachdrücklich aktiv, daß man sogar bereits erteilte Einreisebewilligungen wieder aufhebt.[11]

Je weiter die Zeit voranschreitet und je schwieriger die Situation der Juden in Europa wird, desto weniger ist man also im Westen geneigt, ihnen zu helfen. Wie der Historiker Paul Levine schreibt: »Die meisten Nationen, die ihre Grenzen schlossen, taten dies nicht, weil es ihnen total am Willen mangelte, Menschen, die sich in Not befanden, zu helfen …, sondern weil die Menschen in Not in diesem Fall Juden waren.«[12]

Gilel Storch ist Jude. Daß er in Geschäften nach Schweden kommt, spielt keine größere Rolle. Für ihn erfordert jede Geschäftsreise nach Schweden immer größere Anstrengungen. Im allgemeinen wird ihm beim ersten Versuch die Einreise verweigert. Aber weil er ein Mann ist, der nicht klein beigibt, gelingt es ihm meistens, so große Hilfstruppen zu sammeln, und dazu noch auf so hohem Niveau, daß die schwedischen Behörden ihn am Ende einreisen lassen.

Kgl. Ministerium d. Äußeren
Betr.: Angelegenheit Gilels STORCHS

… Herr Hammarberg, AB Östersjöprodukter, Norrlandsgatan 31–33, Tel. 10 82 45, erklärt auf telefonische Anfrage, daß die Firma die Geschäftsinteressen des Antragstellers in Schweden wahrnehme. Der Antragsteller habe gegenwärtig eine größere Partie chemischer Produkte im Freihafen gelagert, von der es der Firma bisher nicht gelungen sei, mehr als einen Bruchteil zu plazieren, zumindest nicht zu den vom Antragsteller genannten Preisen. Der Antragsteller beabsichtige offenbar jetzt, den Verkauf dieser Waren selbst in die Hand zu nehmen, und er könne dabei eventuell Erfolg haben, wenn er die Preise stark senke. Die Warenpartie liege jetzt im Freihafen und verursache hohe Kosten, es wäre deshalb aus Sicht des Antragstellers sehr von Vorteil, wenn er den Verkauf bei einem persönlichen Besuch bewerkstelligen könne. Der Antragsteller möchte die Partie ungern nach Riga zurückgehen lassen …

Stockholm, den 22. Januar 1940
(Unterschrift unleserlich)

SS-Kontrolle angefragt

Darunter ein handschriftlicher Zusatz:

Dir. Wingårdh kennt Storch als zuverlässigen Geschäftsmann. Vertreter des sowjetischen staatlichen Rohphosphatunternehmens. Wingårdh auch selbst an S's Besuch interessiert. Er reist zuerst nach Moskau und wollte anschließend wegen gewisser Geschäftsabschlüsse nach Schweden.

TELEGRAMM

Kgl. Ministerium d. Äußeren *Stockholm, den 29. Januar 1940*

Légation Suède Riga
Vis 15 Unser Vis 13 Storchs bewilligt einsende Kronen fünf
Cabinet

Wie zuvor gelingt es Storch auch diesmal schließlich, ein Einreisevisum zu bekommen. Und er darf seine Geschäftsreise machen. Aber die Durchführung von Storchs drittem Besuch in Schweden im Laufe des Jahres 1940 soll sich als besonders schwierig erweisen. Diesmal mischt sich nämlich Inspektor Robert Paulson vom Kontrollbüro der Sozialverwaltung in die Angelegenheit ein, und jetzt herrscht kein Zweifel mehr daran, daß man sich Storchs jüdischer Abstammung bewußt ist:

Kgl. Ministerium d. Äußeren
*Betr.: Den mosaischen lettischen Staatsangehörigen **Gilels Storchs**, geb. 1902*

Amtsinspektor Paulson von der Sozialverwaltung teilt heutigen Datums mit, daß dort vorliegenden Informationen zufolge Storchs derzeit mit den lettischen mosaischen Gebrüdern Hoff in bezug auf gewisse Geschäfte zusammenarbeiten dürfte, die u.a. ungesetzliche Valutatransaktionen umfassen. Paulson ersuchte darum, Storchs bis auf weiteres ein schwed. Einreisevisum zu verweigern.

Stockholm, Juni 1940
(Unterschrift unleserlich)

Es ist der 16. Juni 1940. Gilel Storch befindet sich in seinem Büro in der L. Smilsu iela 22 im Zentrum von Riga. Er hat es eilig, sehr eilig. Am Tag zuvor ist das eingetreten, von dem man gehofft hatte, es würde nicht geschehen: Die Sowjetunion hat Litauen besetzt. Er weiß, daß es jetzt nur noch eine Zeitfrage ist, wann Estland und Lettland das gleiche Schicksal trifft. Es besteht kein Grund, warum man Litauen nehmen und auf den Rest verzichten sollte, hat doch die Sowjetunion das Baltikum stets als einen einzigen Happen betrachtet. Gilel Storch ist oft energisch, man könnte vielleicht sogar sagen, hyperaktiv, aber so gehetzt wie jetzt hat er sich noch nie gefühlt. Er muß hier weg! Zum fünften Mal an diesem Tag greift er zum Telefon, um Sven Lundberg, den Direktor der *Förenade Superfosfatfabriker* in Helsingborg anzurufen. Direktor Lundberg ist Mitglied des Schwedischen Parlaments, und sein Wort sollte etwas zählen! Doch zum fünften Mal hört er, daß die gewünschte Verbindung nicht hergestellt werden kann.

Erst am Abend sieht Gilel seine Befürchtungen bestätigt. Die Familie sitzt beim Abendessen, und Gilel schaltet wie gewöhnlich das Radio ein, um die Nachrichten zu hören. Nach der vertrauten Erkennungsmelodie ertönt die ebenso vertraute Stimme des Nachrichtensprechers. Bei der ersten Meldung bleibt Gilel fast das Essen im Halse stecken.

»Sowjetische Truppen«, sagt die Stimme im Radio, »besetzen zur Stunde Estland und Lettland.« Jetzt reagiert Gilel hysterisch, wild schreiend läuft er in der Wohnung auf und ab. »Ich muß hier weg«, schreit er. »Ich muß hier weg!«[13] Erst als Eleonora anfängt zu brüllen, gelingt es Anja, ihren Mann zu beruhigen. Er setzt sich neben sie, atmet tief durch und blickt in die verwirrten Augen seiner Frau. Zum ersten Mal erzählt er Anja von seinen Plänen: Er will, daß sie so schnell wie möglich das Land verlassen. Es ist gefährlich für sie, zu bleiben. Er ist Geschäftsmann, erklärt er; das ertragen die Russen nicht, und sämtliche Familienmitglieder sind aktive Zionisten, das ertragen die Russen womöglich noch weniger. Gilel erklärt seiner Frau, daß er alle Hebel in Bewegung setzt, damit seine hervorragenden schwedischen Kontakte es ihnen ermöglichen können, das Land zu verlassen. Aber vielleicht ist schon alles zu spät. Er hat zu lange gewartet.

Anja wird ganz stumm. Warum hat Gilel ihr nichts gesagt? Sie kann Lettland nicht verlassen! Sie hat ihre Eltern hier und ihren Bruder Robert. Und Gilel hat seine ganze Familie. Sie können nicht einfach wegfahren. Ganz plötzlich!

Direktor Sven Lundberg ist sehr daran gelegen, daß Direktor Storch nach Schweden kommt, nicht nur um des letzteren willen. Konsul Wingårdh hat mitgeteilt, daß die letzten Lieferungen von Rohphosphat aus der Sowjetunion an die Superphosphatfabrik in Lettland noch nicht erfolgt sind. Seit Ausbruch des Krieges ist Direktor Storch eine ihrer wenigen stabilen Quellen für Rohphosphat, und in Anbetracht der jüngsten Entwicklung im Baltikum ist es dringend erforderlich, daß sie den Kontakt zu ihm wieder herstellen. Als Storch drängt, ist Direktor Lundberg deshalb mehr als willig, erneut Kontakt zum Außenministerium aufzunehmen. Er schreibt einen langen Brief an das Paßbüro des Außenministeriums und schließt ihn mit der Versicherung, er »gehe fest davon aus, daß Herr Storch nicht versucht, nach Schweden zu kommen, um hier zu bleiben, sondern daß er unter allen Umständen innerhalb der vorgeschriebenen Frist nach Riga zurückkehren wird«.

Der Empfänger des Briefs im Außenministerium hat die Worte »unter allen Umständen« dreimal unterstrichen und dann am Fuß der Seite vermerkt: »Befürwortet telef. 20.7. Mitgeteilt Anzeige gegen S. wg. Valutaschwindel.«[14]

Gilel Storch hat diesmal über einen Monat benötigt, um die Einreisegenehmigung nach Schweden zu erhalten. Daß die sowjetischen Behörden ihn hinausließen, läßt darauf schließen, daß auch ihnen, trotz allem, noch an seinen Kontakten im Ausland gelegen war. Aber Gilel Storch mußte allein reisen, etwas anderes ließen die Russen nicht zu.

5

Ein junger Mann in einer stattlichen Uniform stieg aus dem Wagen vor Felix Kerstens Wohnung in Berlin. Kersten hatte den Wagen kommen sehen und war aus der Haustür getreten.

»Heil Hitler«, rief der SS-Mann, wobei er die Hacken zusammenschlug und den rechten Arm zum Hitlergruß hob.

»Heil Hitler«, murmelte Herr Kersten zurück. Der junge SS-Mann hielt seinem Passagier die Wagentür auf, der trotz seiner erst einundvierzig Jahre lange brauchte, um einzusteigen und sich zurechtzusetzen. Felix Kersten verfügte über eine Körperfülle, der nur wenige Wagen gewachsen waren.

Berlin war eine imponierende Stadt, ganz zweifellos, dachte Kersten, während sie über die breiten Straßen in Richtung Potsdamer Platz fuhren. Es war ein schöner Frühlingstag, der 10. März 1939, und die Straßen waren voller flanierender Berliner, die, des Winters überdrüssig, endlich Hoffnung auf ein helleres Morgen schöpften. Feststimmung lag in der Luft.

Es wurde rasch deutlich, daß sie sich dem Regierungsviertel näherten. Die Anzahl der Fahnen nahm auffallend zu, und sie wurden immer größer. Nachdem sie an den langgestreckten Gebäuden in der Wilhelmstraße entlanggefahren waren – unter anderem Ribbentrops Außenministerium –, bog der Wagen nach rechts in die Albrechtstraße ein, machte eine Kehrtwendung und hielt mit einem Ruck vor der Hausnummer acht an. Sie befanden sich vor dem berüchtigten Gestapohauptquartier.

Der junge Chauffeur war noch kaum um den Wagen gelaufen, um Kerstens Tür zu öffnen, als schon zwei SS-Männer aus dem Inneren des Gebäudes kamen und an den Wagen traten. Hatten sie ihn tatsächlich erwartet? Einer der beiden SS-Leute trat auf den korpulenten Fahrgast zu, während dieser sich noch damit abmühte, dem Wagen zu entsteigen.

»Herr Kersten?« fragte er höflich. Kersten bejahte. »Sie werden erwartet«, sagte der Mann. »Wenn Sie mir bitte folgen wollen.«

Hinter den großen Türen des Gestapohauptquartiers wimmelte es von jungen Männern in Uniform. Es schien vor Aktivität zu brodeln, und doch war es fast ganz still. Das einzige Geräusch war der Klang von Absätzen auf dem Steinfußboden, und dann und wann ein paar schnelle, geflüsterte Worte. Felix Kersten kam sich deplaziert vor, wie er durch die große Eingangshalle geführt wurde. Er schien der einzige Zivilist im ganzen Gebäude zu sein. Der SS-Mann führte ihn eine mächtige Treppe mit massivem Geländer hinauf, danach noch eine weitere, und schließlich in einen langen Korridor. Plötzlich hallten ihre Schritte auf dem glänzenden Marmorboden wider. Hier waren Kersten und sein Begleiter ganz allein. Kersten empfand eine Mischung von Begeisterung und Unbehagen; zwar hielt er sich noch immer vier Monate jedes Jahr in Deutschland auf, doch seine langjährige Abwesenheit, seit er am holländischen Hof war, hatte ihn die Entwicklung in Deutschland aus einer gewissen Distanz verfolgen lassen. Jetzt schlug sie plötzlich mit unerwarteter Kraft über ihm zusammen; hier befand er sich in der Höhle des Löwen, persönlich eskortiert von einem SS-Mann. Am äußersten Ende des Korridors befanden sich zwei große Eichentüren. Sie waren am Ziel. Der SS-Mann trat an eine der Türen und klopfte. Die Tür wurde auf der Stelle von einem weiteren, offenbar ranghöheren SS-Offizier geöffnet. Kerstens Begleiter sagte schnell und kaum hörbar zu seinem Kollegen »Herr Felix Kersten«. Dann schlug er die Hacken zusammen, sagte »Heil Hitler« und war verschwunden. Felix Kersten war am Ziel seiner Reise: im Arbeitszimmer des Reichsführers der SS, Heinrich Himmler.

Der Offizier wies Kersten in einen Raum, der am ehesten einer Bibliothek glich, und bat ihn, Platz zu nehmen. Dann ließ er ihn allein. Felix Kersten hatte sich selten so hilflos gefühlt. Es war erstaunlich: Er hatte mit Herzögen und Großunternehmern verkehrt, er hatte die Würdenträger der Gesellschaft wie hilflose Kinder erlebt, er war es gewohnt, die Dinge unter Kontrolle zu haben, und doch wußte er nicht, wie er diese Situation handhaben sollte.

Fünf Minuten lang saß Felix Kersten reglos da. Dann nahm seine Neugier, und vielleicht die Abenteuerlust, überhand. Die Bücherregale waren so verlockend. Und wie stets, wenn etwas ihn lockte, sprach Kersten darauf an. Er stand auf und trat an eins der Regale. Und ihm fiel fast die Kinnlade herunter, als er die Büchersammlung des Reichsführers sah.

Ganz links im Regal stand der Koran. Kersten nahm das Buch heraus, es war eine deutsche Übersetzung mit Goldschnitt. Himmlers Interesse für den Islam war offenbar groß, denn die folgenden fünf Bücher handelten vom Islam oder waren Biographien Mohammeds. Danach folgte eine lange Reihe von Werken über Dschingis Khan, alle alphabethisch geordnet. Herr Himmler war augenscheinlich ein pedantischer Charakter – und ein Mann mit einer gewissen Vorliebe für die Führergestalten der Geschichte. Kersten hatte gehört, daß der Reichsführer der gebildetste unter den Größen der Nazipartei war. Sein Vater war Schulrektor gewesen und Informator am Bayerischen Hof und hatte ein leidenschaftliches Interesse für die Geschichte der deutschen Fürstenhäuser an den Tag gelegt. Dieses Interesse hatte der Sohn offenbar geerbt. Denn nach den Büchern über Dschingis Khan begann eine umfangreiche Abteilung über Heinrich den Vogler, den Stammvater des sächsischen Kaisergeschlechts. Die Reihe endete mit einer Serie von Werken über mittelalterliche deutsche Geschichte, und ganz am Schluß stand *Mein Kampf*. Es war, soweit Kersten sehen konnte, das einzige Buch, das vom Nationalsozialismus handelte.

Die Tür wurde plötzlich aufgerissen, der Gast wandte sich blitzschnell um und versuchte so zu tun, als sei er lediglich im Raum auf und ab gegangen. Der Mann in der Tür schien seine Verlegenheit jedoch nicht zur Kenntnis zu nehmen.

»Herr Kersten«, sagte er. »Mein Name ist Rudolf Brandt. Ich bin der Adjutant des Reichsführers. Ich kann Ihnen versichern, daß Herr Himmler Ihren Besuch schon sehnlich erwartet, er ist mehr als froh, daß Sie kommen wollten.« Der

Mann lächelte freundlich, und Kersten konnte es nicht unterlassen, zurückzulächeln. Brandt war die erste Person an diesem Morgen, die ihm ein gewisses Wohlgefühl vermittelte.

»Bitte sehr«, sagte Brandt und bedeutete Kersten mit einer Geste, ihm zu folgen.

Sie gingen zu einer weiteren massiven Holztür. Brandt klopfte an. »Herein!« hörte man von drinnen. Brandt öffnete, bat Kersten einzutreten und schloß lautlos die Tür hinter ihm. Felix Kersten stand jetzt allein, Auge in Auge einem der mächtigsten Männer Nazi-Deutschlands gegenüber, dem Chef der Gestapo und Reichsführer SS Heinrich Himmler.

»Oh, Herr Kersten, kommen Sie herein, kommen Sie. Ich bin schrecklich froh, daß Sie kommen konnten.« Der Mann vor ihm sieht genauso aus wie auf den Portraits – ein pedantischer Schulmeister mit einem einschmeichelnden Lächeln, irgendwie harmlos, beinah deplaziert. Aber die Stimme, die Kersten zum ersten Mal hört, hat eine gewisse Autorität, auch wenn ihr Besitzer im Augenblick ein wenig nachlässig zu artikulieren scheint. Sie befinden sich nicht in einem normalen Büro, sondern eher in einem Schlafzimmer. Es ist offenbar, daß der Reichsführer, wenn er dies wünscht, seine gesamte Zeit, Tage und Nächte, in diesem Gebäude verbringen kann.

»Setzen Sie sich.« Herr Himmler lächelt immer noch einschmeichelnd, aber Kersten sieht jetzt, daß er blaß ist, und für kurze Augenblicke scheint sein Gesicht sich wie in Schmerzen zu verziehen, um sich im nächsten Moment wieder zu einem Lächeln zu glätten. Kersten bleibt stehen, räuspert sich und sagt:

»Wie kann ich Ihnen helfen, Herr Himmler?« Kersten hat sich auf Ersuchen des Generaldirektors des Deutschen Kaliumsyndikats, Dr. August Diehn, und des Generaldirektors des Wintershall-Konzerns, August Rosterg, beim Reichsführer eingefunden. Die beiden sind, wie viele führende Männer der deutschen Großfinanz, seit einigen Jahren Kerstens Patienten. »Ich habe Sie nie um etwas gebeten, Herr Doktor«, hatte Diehn ein paar Tage zuvor gesagt. »Aber heute muß ich das tun. Sehen Sie, Himmler und Ley beabsichtigen anscheinend, die Kaliumindustrie zu verstaatlichen.«

»Ich habe mehrere deutsche Professoren konsultiert, aber keiner hat mir helfen können«, sagt jetzt der Mann vor ihm. »Sie geben mir schmerzstillende Spritzen, aber die bleiben ohne jede Wirkung.« Jetzt klingt der Reichsführer auf einmal jammervoll. »Herr Professor, helfen Sie mir.«

»Nicht Professor«, entgegnet Kersten. »Ich bin kein Professor.«

»Aber Sie sind ein großer Arzt. Ich habe von Ihren Fähigkeiten gehört. Was können Sie für mich tun?»

Kersten schweigt ein paar Sekunden. Dann geht er auf Himmler zu.

»Würden Sie so freundlich sein und ihre Jacke und das Hemd ausziehen und die obersten Knöpfe Ihrer Hose öffnen. Und legen Sie sich dann auf den Divan.«

Dr. Diehn hat Kersten erzählt, Himmler leide an »schlechter Verdauung« und periodisch wiederkehrenden Koliken. Diese tendieren dazu, besonders bei solchen Gelegenheiten akut zu werden, wenn Herr Himmler mit seinem Chef Adolf Hitler zusammengetroffen ist.[1]

Felix Kersten ist mit keinem gewöhnlichen Talent begabt worden. Was ihn selbst betrifft, so hat ihn dieses Talent reich gemacht, sehr reich. Was seine Patienten betrifft – von denen die große Mehrzahl dem europäischen Adel und Finanzadel angehört –, hat seine Begabung manchem von ihnen das Leben erträglich gemacht. Felix Kersten ist ein wenig wie der berühmte schwedische Gesellschaftsarzt Axel Munthe: Durch seine Fähigkeit, ein Gefühl für die Körper seiner Patienten mit einem ebenso gut entwickelten Gefühl für ihre Seelen und emotionalen Qualen zu kombinieren, hat er die Elite der Gesellschaft zu seinen ungewöhnlich abhängigen Freunden und Vertrauten gemacht. Felix Kersten verfügt über ein unerhört präzises Instrument in seinen Fingerspitzen – diagnostisch nicht weniger als therapeutisch.

Als Felix Kersten in der estnischen Stadt Dorpat, oder Tartu, aufwuchs, dachte niemand und am allerwenigsten er selbst daran, er würde eines Tages Masseur werden. Die Familie gehörte der Schicht der baltendeutschen Landbesitzer an, und es wurde allgemein erwartet, daß Felix wie sein Vater Friedrich Landwirt und Gärtnermeister werden sollte. Folglich wurde Felix mit fünfzehn Jahren auf eine Landwirtschaftsschule in Grünenfeld in Deutschland geschickt, um den Beruf zu erlernen. Es mag hart erscheinen, daß ein Fünfzehnjähriger gzwungen wird, für so lange Zeit seine Familie zu verlassen. Doch es war nicht Felix' erster Aufenthalt in einem Internat. Schon als er neun Jahre alt war, beschloß sein Vater, daß Felix, der wenig Interesse an der Schule zeigte, ein disziplinierteres

Milieu nötig hatte. Außerdem galt der Junge als »verwöhnt«. Er war »umgeben von netten, wohlmeinenden Menschen [aufgewachsen], die dieses Kind verwöhnten, so gut es ging«. Außerdem hoffte man, ein Aufenthalt fern vom Elternhaus könnte sich vielleicht heilsam auf Felix' unmäßigen Appetit auswirken. »Kuchengelage und Feste sowie die ständigen Gäste, die sein Elternhaus besuchten, sorgten dafür, daß Felix regelmäßigen und sicheren Zugang zu Kuchen und Süßigkeiten hatte, die ständig serviert wurden«, heißt es in einer Beschreibung von Kerstens Kindheit.[2] Felix Kersten war ein Genießer und sollte es bleiben. Die disziplinarischen Schwierigkeiten scheint man jedoch in den Griff bekommen zu haben. Felix blieb vier Jahre auf dem Internat in Wenden und machte 1913 seinen Abschluß mit guten Noten. Danach hieß es also: Auf nach Deutschland und zur Landwirtschaftsschule. Während er in Deutschland ist, bricht der Erste Weltkrieg aus.

Keiner in der Familie, am wenigsten Felix selbst, hatte erwartet, daß das Leben eine so abrupte Wendung nehmen könnte. Da das Zarenregime in Rußland den Baltendeutschen mißtraut, werden viele von ihnen nach Osten deportiert. Felix Kerstens Eltern landen für einige Jahre in einem kleinen Dorf am Kaspischen Meer.[3] Und ihr Sohn beginnt eine neue Karriere – in der deutschen Armee. Nachdem er unter anderem an der Schlacht um die Dardanellen und an der Schlacht um Verdun teilgenommen hat und für seinen Einsatz im Krieg ausgezeichnet worden ist, landet Felix Kersten 1918 in Finnland.[4]

Kersten, der während seines ganzen Lebens lediglich eine einzige politische Leidenschaft bekennen wird, nämlich seinen Haß auf den Bolschewismus[5], kämpft in den folgenden Monaten zunächst als deutscher Offizier in einer Division, die der weißen Seite im finnischen Bürgerkrieg beisteht. Anschließend wird er, jetzt als finnischer Offizier, seinem kürzlich selbständig gewordenen Heimatland Estland gegen die neue kommunistische Sowjetunion beistehen.

Felix Kersten brennt vor patriotischem Eifer. Doch wie sich zeigen wird, nimmt seine militärische Karriere, kaum daß sie begonnen hat, ein schmähliches Ende. Warum? Kerstens eigener Darstellung zufolge ist der Grund der, daß er, nachdem er einen ganzen Tag und eine ganze Nacht in einem wassergefüllten Schützengraben verbracht hat, von Rheumatismus befallen wurde. Er wird in ein Militärkrankenhaus in Helsinki gebracht.[6]

Zum gleichen Zeitpunkt scheint auch Kerstens zweite Versorgungsquelle zunichte zu werden: Die estnische Selbständigkeit brachte nicht nur die Befreiung von ausländischen Truppen mit sich, sie führte auch dazu, daß die baltendeutsche Gutsbesitzerklasse in großem Umfang ihre Güter verlor. Felix Kersten hat keinen Landbesitz mehr, um den er sich kümmern müßte, und jetzt sieht es also so aus, als sei auch seine militärische Karriere beendet. Doch er hat eine neue finnische Staatsbürgerschaft und einen starken Willen.

Wie so häufig tauchen Lösungen auf, wenn die Ratlosigkeit der Menschen an ihrem äußersten Punkt angelangt ist. Kersten zufolge entscheidet sich seine Zukunft endgültig während seiner Konvaleszenz im Krankenhaus in Helsinki.

Kersten hat Sympathie für den Chefarzt des Krankenhauses, einen Major Ekman, gefaßt, und der Chefarzt seinerseits hat Sympathie für den jungen ratlosen Offizier gefaßt, der plötzlich ohne Beruf dasteht. Dr. Ekman bleibt häufig noch nach der Visite und unterhält sich mit Kersten, und eines Tages während eines solchen Gesprächs verrät der Patient plötzlich, daß er einen Entschluß gefaßt hat: er will sich zum Chirurgen ausbilden. Der gute Doktor schaut Kersten ungläubig an:

»Hören Sie, junger Mann. Ich bin selbst Chirurg, und ich versichere Ihnen, es ist ein langes und mühevolles Studium. Besonders für einen Jungen wie Sie, der über keinerlei Mittel verfügt und sofort Geld verdienen muß.« Doktor Ekman kann nicht umhin zu bemerken, daß sein Patient enttäuscht aussieht. Dabei will er dem jungen Mann doch helfen.

»Darf ich einmal Ihre Hände sehen«, sagt er.

»Meine Hände?« Kersten sieht den Arzt verwundert an. Kann dieser seine Eignung für den Beruf des Chirurgen wirklich beurteilen, indem er seine Hände anschaut? Widerwillig streckt er seine rechte Hand aus, und der Arzt dreht sie um.

»Diese Hand ist für Chirurgie kaum geeignet«, murmelt Dr. Ekman. »Aber sie ist perfekt für Massage.«

»Massage!?« Sollte das ein Scherz sein? Kersten blickt Ekman an, aber dieser sieht ganz ernst aus. Massage ... Das war etwas ganz anderes als Landwirtschaft, Krieg oder Chirurgie. Kersten hatte sich wirklich einen nach herkömmlichen Begriffen etwas männlicheren Beruf vorgestellt ... Bei Massage muß er an seine Mutter denken. In seiner Kindheit hatte Kersten nämlich oft erlebt, wie Bauern und Arbeiter aus der Nachbarschaft zu ihnen kamen, um bei seiner Mutter Olga Hilfe zu suchen. Ob sie an Muskelschmerzen oder Verspannungen litten, sogar bei kleineren Frakturen schien die Kraft ihrer Hände ihnen zu helfen. Und seine Großmutter hatte die gleiche Fähigkeit gehabt. Und weil er trotz allem ein Gefühl von Vertrautheit gegenüber dem guten Dr. Ekman hat, erzählt der junge Offizier dem Arzt von seinen Kindheitserinnerungen.

»Da sehen Sie! Es ist eine Familienbegabung«, stößt Ekman hervor. »Nehmen

Sie Ihre Krücken und folgen Sie mir zur Klinik. Sie können Ihre erste Lektion direkt aus dem Leben beziehen.«

Mehrere Monate verfolgt Kersten im Krankenhaus die Arbeit der Krankengymnasten mit den verwundeten Soldaten. Allmählich beginnt er selbst, Patienten zu behandeln, und es dauert nicht lange, bis es sich in der Klinik herumgesprochen hat: Der junge estnische Offizier hat die besten Hände!

Eines Tages steht der Chefarzt neben seinem jungen Adepten und beobachtet ihn bei der Arbeit. Plötzlich murmelt er, wie zu sich selbst: »Aber Sie haben ja eine wahre Goldgrube in den Händen ...« Und er meint es buchstäblich. Dr. Ekman erkennt, vielleicht bevor Kersten selbst es getan hat, daß Kersten kein gewöhnlicher Massagetherapeut ist. Er kann reich werden mit seiner Begabung. Vielleicht sogar sehr reich.

Vermutlich ist es Ekman selbst gewesen, der Kersten bei dem damals hervorragendsten Spezialisten Finnlands in Massagetherapie, Dr. Colander, einführt, einem Schüler des berühmten Badmajew in St. Petersburg. Nach zwei Jahren sieht Colander ein, daß er dem bemerkenswert begabten jungen Mann nichts mehr beibringen kann. Und deshalb reist Kersten 1922 nach Berlin, um bei den größten Experten für manuelle Therapie und Nervenkunde in die Lehre zu gehen.[7]

So lautet in Kürze Kerstens eigene Version darüber, wie er die Karriere wechselte und Massagetherapeut wurde. Was aus Kerstens Darstellung nicht hervorgeht, ist, daß sein Abschied aus der finnischen Armee erst 1921 oder 1922 erfolgte und vermutlich nicht freiwillig war. Gewissen Quellen zufolge mußte er die Armee verlassen, nachdem ihm vorgeworfen wurde, ein Dienstzeugnis gefälscht zu haben.[8]

»Kennen Sie Dr. Koo?« Der alte Chinese – denn das ist er wohl? – blinzelt den korpulenten jungen Mann verschmitzt an. Professor Bier hat sie miteinander bekannt gemacht.

»Nein, die Ehre habe ich noch nicht gehabt«, antwortet Kersten.

»Doktor Koo ist einer von Berlins hervorragendsten manuellen Therapeuten. Sie sollten sich wirklich kennenlernen«, sagt Bier und verläßt sie, um sogleich wieder vom Gewimmel des Festes verschluckt zu werden. Kersten sieht den alten Mann erstaunt an. Er sieht nicht aus wie die Massagetherapeuten, die er bisher in Berlin kennengelernt hat. Diese Person macht eher den Eindruck, als komme sie gerade aus einem buddhistischen Kloster. Der Mann vor ihm scheint seine Gedanken gelesen zu haben, denn er sagt plötzlich: »Ich bin ein Lama, ein tibetanischer Lama.«

»Aha«, sagt Kersten, denn etwas anderes fällt ihm nicht ein. Doch der Mann hilft ihm:

»Ich habe von meinen Kollegen gehört, Sie seien ein so begabter Therapeut. Aus Finnland, nicht wahr? Haben Sie dort studiert?»

Kersten erzählt, anfänglich widerwillig, dem alten Mann von seiner Herkunft und seiner Ausbildung. Und Dr. Koo erzählt Kersten seinerseits von seinem Leben: In China geboren, wuchs er in einem Kloster im nordöstlichen Tibet auf und lernte von den Mönchen dort die uralte tibetanische Heilkunst. Koo selbst hatte die Absicht, sein Leben im Kloster zu verbringen, aber seine Lehrer hatten andere Pläne mit ihm: Im Alter von einundzwanzig Jahren wurde er nach Europa geschickt, um auch die abendländische Heilkunst zu erlernen, und dort blieb er. Nach einigen Jahren in London ließ er sich in Berlin nieder und eröffnete eine eigene Praxis. Felix Kersten ist verblüfft, als Dr. Koo ihm seine Patientenliste nennt. Die Crème de la crème von Berlin besucht diesen krummen kleinen Mann!

Einige Stunden später verlassen die beiden gemeinsam das Fest. Mitten im Tiergarten bleibt Dr. Koo stehen:

»Kommen Sie mit in meine Wohnung und massieren Sie mich nach Ihrer finnischen Methode!« Es ist ein unerwartetes Ansinnen, so spät in der Nacht. Aber Kersten hat Vertrauen zu seinem Begleiter gefaßt und begleitet ihn in seine Wohnung. Später in dieser Nacht wird Dr. Koo zu seinem jungen Kollegen sagen:

»Mein junger Freund, noch können Sie nichts. Absolut nichts. Aber Sie sind der, auf den ich seit dreißig Jahren warte. Meinem Horoskop zufolge, das erstellt wurde, als ich noch ein junger Novize in Tibet war, sollte ich genau in diesem Jahr einem jungen Mann begegnen, der nichts kann und den ich alles lehren würde. Sie sind ein Auserwählter. Wenn Sie mir versprechen, daß Sie so bleiben, wie Sie sind, verspreche ich Ihnen, daß Sie eine unschätzbare Gabe in Ihre Hände bekommen.«

Bei Dr. Koo wird Felix Kersten alles über die wahre Verbindung zwischen Körper und Seele lernen, daß viele Krankheiten auf Nervenspannungen beruhen – und behandelt werden können, indem man diese Nervenspannungen behandelt – und wie entscheidend das subjektive Erleben für den Heilungsprozeß ist. Bei Dr. Koo wird Felix Kersten sein Talent vervollkommnen.

Kersten hat noch einige wirtschaftlich schwierige Jahre vor sich. Aber er bekommt Hilfe von guten Freunden, der Familie Lüben, die in Berlin wohnt. Und die Tochter in der Familie, Elisabeth, wird seine engste Vertraute und Gehilfin. Aber nicht, wie sie vermutlich gewünscht hat, seine Geliebte.[9]

Eines Morgens, drei Jahre nach ihrer ersten Begegnung, nimmt der tibetanische Arzt seinen Schüler beiseite. Er lächelt ihn freundlich, fast aufmunternd an. Dann sagt er:

»Morgen kehre ich in mein Kloster zurück. Ich muß anfangen, mich auf meinen Tod vorzubereiten. Ich habe nur noch acht Jahre zu leben.« Kersten schaut seinen Lehrer und Freund bestürzt an:

»Aber das ist unmöglich!« stammelt er. »Das können Sie nicht tun. Wie können Sie das wissen?»

»Aus der sichersten Quelle. Das Datum wurde vor vielen Jahren in mein Horoskop geschrieben. Mein guter Freund, mein Auftrag ist abgeschlossen. Ich habe meinen Nachfolger gefunden und ausgebildet. Jetzt bin ich frei und kann zurückkehren.«

In diesem Augenblick, hat Kersten später erzählt, überkam ihn ein schreckliches Gefühl von Einsamkeit und Exil. Jetzt war er wahrlich in die Welt geworfen und wurzellos. Wie es nur ein Baltendeutscher in seiner Zeit sein konnte.

Dr. Koo übergibt Felix Kersten 1925 sein Wissen, seine Praxis, und nicht zuletzt seine Patienten. Dieser Patientenkreis wird sich nach Kerstens Übernahme radikal ausweiten. Sein Ruf als Therapeut verbreitet sich nämlich wie ein Lauffeuer in den Kreisen der europäischen Aristokratie und der Wirtschaft. Jetzt ist die Zeit gekommen, da Felix Kersten die Früchte seiner Investition in Lebensgenuß erntet. Er ist jetzt ein sehr reicher Mann.

Es ist Herzog Adolf Friedrich von Mecklenburg, der Kersten nach Holland bringen wird. Der Bruder des Herzogs, der Prinzgemahl Prinz Henrik, leidet an starken Herzbeschwerden, die nervösen Ursprungs sein sollen. Königin Wilhelmina lädt Kersten deshalb an den holländischen Hof ein, damit er ihren Mann untersucht und behandelt. Kurz nach seinem Besuch erhält Kersten von dem Prinzen einen Brief:[10]

> Hochverehrter Herr Kersten,
> Mit besonderer Freude bestätige ich, daß Ihre Massagekur mir ganz außerordentlich geholfen hat, und außerdem möchte ich Ihnen für das Wunder danken, das die Fähigkeit Ihrer Hände bei mir ausgelöst hat.
> In den letzten Jahren habe ich mich verschiedenen ärztlichen Behandlungen unterzogen, aber keine hat annäherungsweise ein so enormes Resultat gehabt wie Ihre Massage. Ich fühle mich jetzt um viele Jahre jünger und bin von allen lästigen Nervenschmerzen befreit. Aufgrund meiner Erfahrung bin ich jederzeit bereit, Ihnen als Referenz zur Verfügung zu stehen, und verbleibe mit einem nochmaligen aufrichtigen Dank
>
> *Ihr immer ergebener*
> *Heinrich*
> *Prinz der Niederlande*

Kersten wird laut eigener Angabe zum Leibmedikus am holländischen Hof ernannt. Er läßt sich, zusammen mit Elisabeth Lüben, in Holland nieder und eröffnet eine große und sehr einträgliche Privatpraxis in Den Haag. Aber gleichzeitig behält er seine deutschen Patienten, die er vier Monate im Jahr besucht. Und Felix Kerstens Bande zu Deutschland sollen bald wieder stärker werden: Als nach der Machtübernahme der Nationalsozialisten Baltendeutsche von dem neuen Regime ermuntert werden, ins »Vaterland« zurückzukehren, und dort Land angeboten bekommen, leistet Kersten dieser Aufforderung Folge. Er kauft 1934 das Gut Hartzwalde, sechsundsiebzig Kilometer von Berlin entfernt, und holt seinen Vater aus Estland dorthin. Zu diesem Zeitpunkt trifft er auch seine spätere Ehefrau, die Deutsche Irmgard Neuschäffer, und sie wird sich in Hartzwalde niederlassen. Felix Kersten mag in Holland wohnen, aber seinen engen Kontakt zu Deutschland hat er keineswegs abgebrochen.[11]

Der Reichsführer wird unter Kerstens sensiblen Fingerspitzen allmählich wie Gelee. Wo anfänglich seine Magenmuskeln den suchenden Fingern des Masseurs krampfhaft Widerstand geleistet haben, ist jetzt nichts anderes als schlaffe Nachgiebigkeit.

»Ooh, himmlisch ...«, ist Himmlers unterdrückte Stimme zu vernehmen. »Was tun Sie, Herr Professor?»

»Es sind die Nerven, Herr Reichsführer«, antwortet Kersten ruhig. »Ihr sympathisches Nervensystem. Es ist geschwächt. Vielleicht eine Kinderkrankheit …«

Mehrere Jahre später sollte Felix Kersten schreiben: »Ich hatte […] eine dunkle Vorahnung, daß es vielleicht einmal nicht nur für mich, sondern auch für andere von Vorteil werden könnte, daß der Gestapochef mein Patient war.«[12]

6

Wie gewöhnlich steigt Gilel Storch in der Nacht, in der er nach Stockholm kommt, im Carlton Hotel in der Kungsgata 57 ab. Der Portier lächelt ihm wiedererkennend zu, gibt ihm den Schlüssel zu dem Zimmer, das er immer hat, und ruft einen Träger, der Storch mit seinem schweren Koffer hilft.

»Willkommen, Herr Storch«, sagt der junge Mann in holperigem Deutsch und lächelt dem oft so großzügigen Gast zu.

Als die Tür des wohlbekannten Zimmers endlich hinter ihm geschlossen wird, spürt Storch, wie die Beine unter ihm nachgeben. Er schafft es gerade noch zum Bett. Da liegt er und zittert, unkontrolliert – Gilel Storch, ein Mann, der nie Angst hat … Er schaut sich im Zimmer um, betrachtet die Lampe, die vage bekannten Gardinen: Wird dies sein neues Zuhause werden? Der Plan ist gelungen, doch der Sieg schmeckt fad, unangenehm auf eine Weise. Was werden die Russen mit Anja und Eleonora machen, wenn sie merken, daß Gilel nicht zurückkommt? Wie kann er sie jetzt herausbekommen? Was geschieht mit der übrigen Familie? Und was geschieht in fünf Tagen, wenn sein Visum abläuft? Es dreht sich in seinem Kopf. Storch versucht, sich selbst zu beruhigen. Er darf seine geschäftlichen Kontakte nicht vernachlässigen – sie sind trotz allem seine Fahrkarte in die Zukunft –, er muß versuchen, ein paar Stunden Schlaf zu bekommen. Morgen früh hat er ein Treffen mit den Direktoren Lundberg und Wingårdh.

Am 26. Juli nimmt Stig Unger im Außenministerium durch die Sozialverwaltung ein Gesuch des lettischen Staatsangehörigen Gilel Storch entgegen. Storch bittet um Verlängerung seines Geschäftsvisums für Schweden und führt dringende geschäftliche Angelegenheiten und schwierige politische Umstände in seinem Heimatland als Gründe an. Unger schreibt fünf Tage später ein mit dem

Vermerk »Vertraulich« versehenes Promemoria. Darin hält er fest, daß die Handelsabteilung des Ministeriums nach einer Untersuchung zu dem Schluß gekommen ist, eine Verlängerung des Visums sei aus geschäftlichen Gründen nicht erforderlich. Weiter bemerkt Unger, daß man auch Storchs Argument, er habe »aus politischen Gründen Schwierigkeiten, in seine Heimat zurückzukehren«, keinen Glauben schenke. Unger erwähnt Inspektor Paulsons Verdacht bezüglich ungesetzlicher Valutatransaktionen. Das Gesuch um Verlängerung des Visums wird deshalb abgelehnt.[1]

Weitere acht Tage später beschließt die Ausländerkommission einhellig, in einem Schreiben an die Oberste Sozialverwaltung zum Ausdruck zu bringen, sie habe »nichts dagegen einzuwenden ..., daß Storch binnen fünfzehn Tagen nach Zustellung des Beschlusses das Land verlassen muß, widrigenfalls er abgeschoben werden soll«. Später am gleichen Tag, dem 8. August, faßt die Sozialverwaltung gemäß dieser Empfehlung der Ausländerkommission ihren Beschluß.[2] Gilel Storch ist jetzt illegaler Flüchtling in Schweden und erwartet die Abschiebung.

Die schönen Gardinen im Carlton Hotel beginnen Gilel auf die Nerven zu gehen. Alles fängt an, ihm auf die Nerven zu gehen. Er hat Kopfschmerzen, und sein ganzer Körper schmerzt unaufhörlich. Gilel hat außer seinen Geschäftskontakten ein paar gute Freunde in Stockholm, genauer gesagt, die Tante und den Onkel seiner Frau, Sonja und Samuel Gissin. Sie sind in den zwanziger Jahren aus Lettland gekommen und wohnen jetzt in der Dalagatan. Die Gissins können Storch dazu überreden, einen Arzt aufzusuchen.

Professor Gösta Forssell läßt Storchs »Herz, Magen und Darm« röntgen und überweist ihn an den Arzt für Innere Medizin Dr. Carl-Erik Haeggström auf Sveavägen. Dieser behandelt ihn auf Magengeschwüre. Der nächste Arzt, Dr. C. G. Danielsson in Saltsjöbaden, stellt fest, daß Gilel Storch an »Gastroenterocholie« leidet. Alle können konstatieren, daß es Gilel Storch nicht gutgeht.[3]

Aus Riga empfängt Storch jetzt Zeitungsartikel, in denen er und seine Firma als die »Geschäfts»-partner des früheren Regimes bezeichnet werden. Gleichzeitig erfährt er, daß die Polizei begonnen hat, Anja zu trakassieren und sie de facto unter Hausarrest hält.

Um den schwedischen Behörden zu beweisen, daß er nunmehr als »politischer Flüchtling« zu betrachten ist – das neue, sowjetisch gelenkte Regime hat die kürzlich geschriebenen Zeitungsartikel offenbar gebilligt –, schickt Storch diese mit dem Antrag auf politisches Asyl an die Sozialverwaltung. Er weist darauf hin, daß sein Aufenthalt in Schweden sehr kurz sein werde, da er um Einreisevisa für sich und seine Familie in die USA und nach Palästina angesucht habe und große Hoffnung hege, diese zu bekommen.[4]

Eine Woche später bekräftigt die Sozialverwaltung den früheren Abschiebungsbeschluß ... Doch fügt man am Ende des Protokolls einen neuen Vorbehalt an: »Storch darf nicht gegen seinen Willen in die Union der Sozialistischen Sowjetrepubliken oder ein anderes Land abgeschoben werden, in dem er, soweit vermutet werden kann, nicht dagegen geschützt ist, in das erstgenannte Land zurückgeschickt zu werden«.[5] Die Sozialverwaltung hat die Zeitungsartikel offensichtlich ernst genommen. Weil man zu dem Schluß gekommen ist, daß Storch, »wenn er auf freien Fuß gesetzt würde, selbst die besten Möglichkeiten haben würde, seine Ausreise aus Schweden zu regeln«, durfte er, »nach besonderer Aufforderung, so bald wie möglich die hierfür erforderlichen Schritte zu unternehmen, am 17. September 1940 die Kriminalstation verlassen. Ihm wurde zuvor die Verpflichtung auferlegt, sich zweimal wöchentlich bei der Kriminalpolizei zu melden.«[6] Gilel Storch wird jetzt also als politischer Flüchtling betrachtet, ist aber in Schweden nicht willkommen.

Der neue Vorbehalt wird Storch das Leben retten. Aber er macht es ihm nicht gerade leichter.

Der Diensteifer des Amtsinspektors Robert Paulson ist allgemein bekannt. Paulson läßt es nicht dabei bewenden, gegenüber dem Außenministerium darauf hinzuweisen, daß er Gilel Storch illegaler Valutatransaktionen verdächtigt. Er nimmt auch Kontakt zu Kriminalhauptwachtmeister Söderström auf, damit dieser eine Überwachung von Storch veranlassen kann.[7] Paulson gründet seinen Verdacht auf einen »vertraulichen Hinweis« seitens eines schwedischen Geschäftsmanns. Später meldet sich dieser »vertrauliche Gewährsmann« noch ein weiteres Mal zu Wort, und zwar bei der Polizei, mit einer Mitteilung, die folgendermaßen beginnt:

> »K. steht z.Zt. in Verbindung mit *Storch*, einem lettischen Staatsangehörigen von eindeutig jüdischer Herkunft, bekannter zweifelhafter Geschäftsmann, der seit längerer Zeit Geschäfte zwischen der Sowjetunion und Schweden vermittelt...«[8]

Storch, der erkannt hat, daß seine Zusammenarbeit mit den Gebrüdern Hoff zum Verdacht illegaler Valutageschäfte Anlaß gibt, versucht in einem Brief an das Außenministerium, seine Verbindung mit den Hoffs darzulegen.[9] Als er am 13. September von der Abteilung 6 der Kriminalpolizei zum Verhör vorgeladen wird, wird indessen recht bald klar, daß der Verdacht sich auf etwas ganz anderes richtet.[10]

Kommissar Erik Lönn führt Storch in ein Vernehmungszimmer, bittet ihn, Platz zu nehmen, und kommt, in seinem besten Deutsch, direkt zur Sache:

»Herr Storch, kennen Sie einen Herrn Samuel Gissin?« Storch schaut den Kommissar verblüfft an.

»Allerdings«, antwortet er erstaunt. »Er ist ein guter alter Freund von mir und ein Verwandter meiner Frau. Er lebt hier in Stockholm.«

»Kennen Sie auch einen Baron Fritz Vilhelm Kruuse af Verchou?»

Jetzt beginnt eine unangenehme Vorahnung sich in Storchs empfindlicher Magengrube auszubreiten.

»Ich bin kein guter Freund von Baron Kruuse …«, antwortet Storch langsam. »Aber ich habe mehrfach Kontakt mit ihm gehabt.«

»Wo?»

»In Riga … und hier …« Er *wußte* es, daß er sich auf Kruuse nicht verlassen konnte. Erst vor einer Woche hatte er an Ginzburg in Riga geschrieben, er traue ihm nicht. Er war überzeugt davon, daß Kruuse nicht einmal die Fahrkarten Stockholm – Petsamo – New York gekauft hatte.

»Haben Sie Anfang August bei dem eben genannten Herrn Gissin eine Tasche abgeholt?»

»Ja, das ist richtig«, antwortet Storch.

»Und was enthielt die Tasche?»

»Sie enthielt 19 200 Tschernowez. Sie hätte 27 800 enthalten sollen.«

»Und wo war der Rest?»

»Das weiß ich nicht. Ich kann es nur vermuten.«

»Wissen Sie, wem die Tasche gehörte?»

»Ja, sie gehörte meinem Nachbarn und guten Freund Herrn Ginzburg in Riga.«

»Und wie kam sie nach Schweden?»

»Ginzburg schickte sie mit Baron Kruuse. Sie wurde bei dessen Bruder aufbewahrt, soweit ich weiß. Dann fühlte Ginzburg sich unsicher und bat Kruuse, zu veranlassen, daß sie Herrn Gissin übergeben wurde. Aber auf dem Weg verschwand ein Teil des Geldes aus der Tasche. Kruuse sagt, es sei sein Schwager gewesen. Ich weiß es nicht.«

»Und warum holten Sie dann die Tasche ab?»

»Nun, bevor ich Riga verließ, erzählte Ginzburg mir, daß er dieses Geld mit Kruuse geschickt habe, aber daß es sich jetzt bei Gissin befinde. Er sagte weiter, wenn jemand mich anriefe mit einem Gruß von Ginzburg und mich bäte, einen gewissen Betrag aus der Tasche bei Gissin zu holen, dann sollte ich das tun.«

»Und hat jemand angerufen?»

»Ja, eine Person rief mich an …«

»Und wer?»

Storch zögert. »Es war ein Amerikaner, ein Mann, der mir aus Riga bekannt war. Er hat dort gewohnt.«

»Wie heißt er?« Storch zögert erneut. »Er heißt Rice. Aber er ist nicht mehr in Schweden. Er ist mit der *American Legion* von Petsamo aus nach Amerika gefahren.«

Der Kommissar schaut Storch lange an. »Was glauben Sie, warum Ginzburg wollte, daß Sie Rice das Geld übergeben sollten?»

»Ich glaube, Herr Kommissar, daß Herr Ginzburg vielleicht versucht, sich und seine Familie aus Lettland zu retten.«

Es ist ungewiß, ob es Storch gelang, Herrn Ginzburg und seiner Familie zu helfen. Sicher ist dagegen, daß die Aktennotiz des Außenministeriums über illegale Valutatransaktionen mehrere Jahre wie ein Damoklesschwert über Gilel Storchs Kopf schweben sollte.

7

Wenn man sich vergegenwärtigt, wie besessen Hitler von der Vorstellung von Rassenreinheit war, werden Beschlüsse, die ein halbes Jahrhundert lang verwirrt haben, plötzlich logisch.

| *George Victor, »Hitler: The Pathology of Evil«*[1]

In weniger als einem Jahr hat sich Adolf Hitler den größten Teil Europas unterworfen. Seine Armee hat – nach der Annektierung der Tschechoslowakei und dem Anschluß Österreichs – Polen, Dänemark, Norwegen, Holland, Belgien, Luxemburg und halb Frankreich besetzt. Die meisten anderen Länder sind entweder seine Alliierten oder neutral. Eigentlich hat er in Europa nur noch einen bedeutenden Feind, und das ist Großbritannien.

Das ist unbestreitbar recht geschickt manövriert von einem Führer, dessen Volk eigentlich gar keinen Krieg wollte – dessen Armee zu einem großen Teil keinen Krieg haben wollte! Wie Theo Hupfauer, die rechte Hand des Architekten und späteren Rüstungsministers Albert Speer, gesagt hat: »Keiner wollte [den Krieg]. Es war dumm – endlich hatten wir Arbeit, und es ging bergauf. Was konnte uns ein Krieg bringen?«2

Wofür es aber in der gegenwärtigen Lage Unterstützung zu geben scheint, das ist, den Krieg so rasch und so ehrenvoll wie möglich zu beenden – durch einen Angriff auf und einen Sieg über das geschwächte Großbritannien. Aber Adolf Hitler wählt diesen Weg nicht. Er wählt einen anderen. Er entscheidet sich dafür, sich gegen seinen wichtigsten Bundesgenossen zu wenden, Josef Stalin. Es ist an der Zeit, meint Hitler, daß Deutschland die Sowjetunion angreift, den Herrensitz des »jüdischen Bolschewismus«. Die deutsche Armee – und das germanische Volk – sollen sich für die gigantische und schicksalhafte Schlacht zwischen dem Guten und dem Bösen rüsten. Gleichzeitig wird man die Landgebiete erobern, die den Ariern endgültig ihren Lebensraum geben.

Dies soll sich als die strategisch destruktivste Entscheidung in Adolf Hitlers Karriere erweisen.

Man kann sich fragen, warum Hitler, anstatt zu versuchen, Großbritannien in die Knie zu zwingen und den Krieg zu beenden, sich dazu entschließt, den Koloß Sowjetunion anzugreifen, das Land mit Europas weitaus größter Armee – und weitaus größter Landfläche –, das Land, das schon Karl XII. und Napoleon gedemütigt hat. Die einfache, und vermutlich zutreffende Antwort lautet: Hitler ist nicht bereit für den Frieden. Seine Aufgabe ist nicht vollbracht.

Im Schatten des *Unternehmens Barbarossa*, des Angriffs auf die Sowjetunion und deren neue Territorien u. a. im Baltikum, wird Adolf Hitler den Traum von der Vernichtung des jüdischen Volks und anderer – in seinen Augen unterlegener – Gruppen verwirklichen. Wir wissen nicht, wann er diesen Entschluß faßt. Hat er es schon lange geplant? Oder fühlt er plötzlich, daß jetzt die Zeit gekommen ist, von der Phantasie zur Tat zu schreiten? Wie die Journalistin Gitta Sereny sagt: »Trotz zahlreicher Hitler-Biographien und psychologischer Studien wissen wir noch immer nicht, in welchem Maße Hitler intuitiv oder taktisch handelte.«[3]

Wir möchten gern glauben, daß die Entscheidung, die Vernichtung durchzuführen, »vorherbestimmt« war, daß nichts, was von anderer Seite getan worden wäre, Adolf Hitler und die Nationalsozialisten dazu hätte bringen können, diesen Plan fallenzulassen. Doch vieles deutet darauf hin, daß es eine Zeit gab, zu der die Entscheidung noch nicht getroffen war, zu der die Sache noch auf der Kippe stand. Was wir wissen, ist, daß Hitler oder zumindest seine Mitarbeiter allem Anschein nach echte Versuche unternahmen, sich der Juden durch Vertreibung zu entledigen.

Das Problem der Nazis – und das ihrer Opfer – war, daß praktisch alle Länder der Welt nach und nach ihre Grenzen für Juden schlossen.

Wir wissen nicht, ob Hitler diese Vertreibungspläne jemals als eine seriöse Methode der Lösung seiner »Judenfrage« betrachtete. Doch es besteht kein Zweifel daran, daß seine Mitarbeiter es taten. Weder Rudolf Heß noch Hermann Göring scheinen anfänglich den Gedanken an einen Massenmord an den Juden unterstützt zu haben.[4] Und Heinrich Himmler schreibt im Mai 1940 an Hitler, daß die »bolschewistischen Methoden, ein Volk physisch vernichten zu lassen, ungermanisch und unmöglich« seien. Himmler fährt fort: »Den Begriff der Juden hoffe ich, durch die Möglichkeit einer großen Auswanderung aller Juden nach Afrika oder sonst in eine Kolonie völlig auslöschen zu sehen.« »Sehr richtig«, schreibt Hitler an den Rand.[5]

Es soll Heinrich Himmler sein, der von seinem vergötterten Chef den Auftrag erhalten wird, die Vernichtung der Juden zu leiten.

»Als meine Freunde mich fragten, was mein Eindruck von Himmler sei, antwortete ich, daß ich, wenn ich ihn auf der Straße oder in einem öffentlichen Gebäude getroffen hätte, ohne zu wissen, wer er war, geglaubt hätte, er sei ein respektabler Beamter oder ein Lehrer, eventuell sogar Rektor.«[6] So beschreibt Felix Kersten die ersten Eindrücke von seinem neuen Patienten.

Auch als er Himmler besser kennenlernt, empfindet er ihn seinem Wesen nach als Lehrer. Himmler hält seinem Gast lange belehrende Monologe, in denen er vor allem versucht, die Ideen seines Führers zu erklären. Dennoch erlebt Kersten Himmler als einen freundlichen Lehrmeister, zuweilen als fast humoristisch.

Der joviale Zug bei Himmler konnte jedoch plötzlich umschlagen in etwas entschieden Dunkleres. Himmler war im Grunde, das sah Kersten ganz klar, ein sehr schwacher Mensch. Und er hatte entsetzliche Angst davor, daß diese Schwäche offenbar wurde. Er kompensierte sie deshalb zuweilen mit einer auffälligen Brutalität und mit Mißtrauen. Kersten bekam dies nie zu spüren, weil Himmler viel zu abhängig war von seinem Masseur – er nannte ihn »mein magischer Buddha« –, aber Kersten konnte ab und zu ein nahezu sadistisches Agieren bei Himmler beobachten, wenn dieser sich bedroht oder in Frage gestellt sah. Um alle seine Freunde und Feinde unter Kontrolle zu haben, hatte er eine Serie von Karteien angelegt. In diesen gab es kleine Notizen über alles, das zu wissen sich lohnte. Er hatte sogar eine Kartei über alle Geschenke, die er verteilt, und alle Dankeskarten, die er daraufhin erhalten hatte. Die Danksagungen waren wichtig, meinte Himmler, denn »an der Art und Weise, wie die Karte geschrieben ist, kann man erkennen, was für eine Person der Schreiber ist«. Zu wissen, was man verschenkt habe, sei ebenfalls wichtig, denn »erstens muß man immer wissen, wem man was geschenkt hat, damit man nicht das gleiche zweimal schenkt, und zweitens muß man darauf achten, nicht zu viel zu schenken, sonst werden die Menschen gierig«.[7] Es war für Himmler wichtig, auf den Charakter seiner Mitarbeiter zu achten. Er strebte danach, ein Deutschland wie zur Zeit der Ritter wieder zu erschaffen, in dem die SS-Männer die Reinkarnationen der Edelleute des Mittelalters sein sollten. Deshalb war nicht nur Ehre fundamental, sondern auch Rechtschaffenheit. Und der Reichsführer war sehr darauf bedacht, mit gutem Beispiel voranzugehen: Es heißt, daß er sehr genau darauf achtete, wie oft seine Schwiegermutter im SS-Wagen gefahren wurde – und stets darum bemüht war, die Benzinkosten aus eigener Tasche zu bezahlen.

Es besteht kein Zweifel, daß Heinrich Himmler aus eigener Kraft und teilweise unabhängig von Hitler ein Weltbild auf mythologischem oder quasi-mythologischem Grund errichtete. Es war kein Zufall, daß Kersten in Himmlers Bücherregal Werke über die Weltreligionen und ihre Führergestalten bemerkte. Und daneben Bücher über germanische Geschichte und Mythologie.

Der Nationalsozialismus sollte im neuen Deutschland in manchem die Religion ersetzen – in der Tat die neue Religion *werden*. Und wie in allen Religionen schuf man Symbole, Feiertage, Rituale und Märtyrer. Es war das Blut, das die Mitglieder in dieser neugermanischen und gewaltverehrenden religiösen Bewegung verband, und Himmlers SS-Männer sollten die Kriegerpriester sein, die höchste Kaste. Sie wurden deshalb – zumindest bevor die Ostfront ihren Tribut forderte – mit großer Sorgfalt ausgewählt. Ein SS-Mann mußte mindestens 175 cm groß sein und auf jeden Fall bis in die Mitte des 18. Jahrhunderts zurück rein germanische Abstammung nachweisen können. Die SS-Männer waren die neue Aristokratie, ein Adel »von Blut und Boden«, ein Elitekorps von rassischen Prachtexemplaren, das den Kern im Großdeutschen Reich der Zukunft bilden sollte.

»Vergessen Sie nie, … wir sind eine Ritterschaft, aus der man nicht austreten kann, in die man blutsmäßig aufgenommen wird und in der man drin bleibt mit Leib und Seele, solange man auf dieser Erde lebt«, sagte Himmler seinen Männern.[8]

Das Zentrum dieses neugermanischen Ritterordens war die westfälische Wewelsburg. Himmler hatte die ursprünglich mittelalterliche Festung Anfang der dreißiger Jahre für eine Summe von elf Millionen Reichsmark neu erbauen lassen. Sie wurde jetzt in der Art eines Klosters geführt, und die privilegierten SS-Mitglieder, die an den von Himmler regelmäßig organisierten Zusammenkünften teilnehmen durften, waren einer hierarchischen Rangordnung, ähnlich der in der katholischen Kirche, unterworfen. Vor jedem Treffen dieses geheimen Ordens mußten die Teilnehmer »sich zum Zwecke der Konzentration einem Ritual geistiger Übungen hingeben«, bevor man sich den Diskussionen über die großen Fragen widmete konnte, die die Aktivitäten der SS betrafen.[9] Jeder Raum der Burg sollte an Deutschlands frühere und jetzige Größe erinnern. Himmlers privater Trakt war natürlich Heinrich dem Vogler gewidmet, für dessen Reinkarnation Himmler sich hielt.[10] Der nördliche Turm war das okkulte Zentrum der Burg. Er wurde von dem großen Speisesaal beherrscht, in dessen Mitte ein großer Eichentisch stand – das Arrangement war inspiriert von König Artus und den Rittern der Tafelrunde. Um den Eichentisch herum standen zwölf Stühle für die SS-Würdenträger. An den Wänden hingen ihre Wappen. Weil die SS-Männer im Unterschied zu den Offizieren in der deutschen Wehrmacht äußerst selten adliger Herkunft waren, bekam jeder von ihnen Hilfestellung beim Entwurf eines eigenen Wappens.

Unter dem großen Speisesaal lag eine mystische kreisförmige Krypta, »Die Welt der Toten« genannt. Sie war als Tempel für tote SS-Führer gedacht. Entlang der Wände der Krypta befanden sich zwölf Fundamente, sie sollten vermutlich die Urnen mit der Asche gefallener Helden tragen.

Wie in der Artussage war der Gral, der heilige Kelch mit einigen Tropfen von Jesu Blut, für Himmler von entscheidender ritueller Bedeutung. Er glaubte, wenn er den Gral besäße, würde Deutschland ohne weiteres den Krieg gewinnen. Eine alte Legende besagte, daß dieser heilige Kelch im 13. Jahrhundert in einer Grotte in Südfrankreich versteckt worden sei. Doch wo genau, wußte niemand. Himmler ließ deshalb die Forschungsreisen des Archäologen Otto Rahn finanzieren, damit dieser nach dem Gral suchen sollte. Zu Himmlers großem Verdruß scheint der Archäologe bei der Erfüllung seines Auftrags gescheitert zu sein. Im Winter 1938/1939 erklärte Otto Rahn aus irgendeinem Grund seinen Austritt aus der SS. Zwei Monate später wurde er in Tirol tot aufgefunden, einem hartnäckigen Gerücht zufolge im Auftrag Himmlers ermordet. Heinrich Himmler konnte, seinem schüchternen Äußeren zum Trotz, äußerst rücksichtslos sein. Joseph Goebbels soll, seinem Adjutanten zufolge, über seinen Kollegen die Bemerkung gemacht haben, außer Hitler habe es niemand gegeben, der Himmler nicht insgeheim gefürchtet habe ... Himmler habe den größten Machtapparat aufgebaut, den man sich vorstellen könne.[11] Und Himmlers Biographen Roger Manvell und Heinrich Fraenkel schreiben:

> Es ist ein grundlegender Fehler, Himmler zu unterschätzen. Tatsächlich ist gerade diese Fehleinschätzung der Grund, der solchen anscheinend unbedeutenden Männern wie ihm erlaubt, in der Politik oder der Industrie große Macht zu erringen. Hinter dem randlosen Kneifer, dem kurzgestutzten, korrekten Schnurrbart, dem fliehenden, eigensinnigen Kinn und den schmalen hängenden Schultern verbarg sich ein Mann mit leidenschaftlichen Überzeugungen, dessen Einstellung zur Macht nicht darin bestand, in ihr zu schwelgen wie Göring oder seinen Ehrgeiz als Volksredner und politischer Demagoge zu erfüllen wie Goebbels, sondern um durch sie eine selbstauferlegte, messianische Mission im Dienst der germanischen Rasse zu verwirklichen.[12]

Als teutonischen Gott oder zumindest als Propheten sah Himmler seinen Chef und Führer. Durch Hitler sollten sich Himmlers nahezu religiöse Träume von der germanischen Wiedergeburt verwirklichen. Wenn Himmler der Vermittler war, so war Hitler die Kraft. Hatte Hitler gesprochen, wurden Himmlers eigene Überzeugungen, so stark sie auch gewesen sein mochten, beiseite geschoben. Felix Kersten fragte Himmler einmal, was er tun würde, falls Hitler ihm befehle, sich punkt zwölf Uhr zu erhängen. Himmler antwortete, er würde selbstverständlich dazu bereit sein, und zwar mit minutiöser Exaktheit. Als Kersten fragte, warum, erwiderte sein Patient:

»Sie haben kein Recht, so zu fragen, der Wille des Führers ist mein oberstes Gesetz. Hat er mir befohlen, es zu tun, dann weiß er auch warum, und ich habe seinen Befehl lediglich auszuführen.«[13] Für Himmler war es offenbar, daß Adolf Hitler mit einer höheren Macht in Verbindung stand.

Felix Kersten merkte bald, daß der Patient seine Krämpfe meistens bekam, wenn er zu seinem Führer gerufen worden war. Hatte Hitler einen unvorteilhaften Kommentar abgegeben, und sei er noch so klein, wurden die Krämpfe ganz unerträglich.

Wenn Heinrich Himmler sich vor seinen SS-Leuten als der Großmeister gerierte, so war er vor Adolf Hitler ein anbetender, untertäniger und nicht selten vor Schreck wie gelähmter Diener. Und mit dieser Verwandlungsnummer stand er nicht allein da.

Es ist oft gesagt worden, Hitler habe das ganze zivilisierte deutsche Volk durch Verführung hinter sich gebracht. Aber es fragt sich, ob dies nicht auch für die meisten seiner Mitarbeiter gilt. Hitler hatte eine für uns nahezu unfaßbare Fähigkeit, Menschen dazu zu bringen, sich in ihn zu verlieben. Albert Speer hat von einer kleinen Episode auf dem Obersalzberg berichtet: Eine Anzahl von Adjutanten und Mitarbeitern treten nach einer Sitzung hinaus in den Flur und sehen Hitlers Hut dort an einem Haken hängen. Sie werden ganz aufgeregt und fangen an zu kichern. Hier, ganz einsam, hängt das Kleidungsstück, das ihr Führer direkt über seinem brillanten Gehirn zu tragen pflegt! Einer nach dem anderen geht vorsichtig hin und setzt sich ehrfürchtig den Hut auf. Er rutscht ihnen über Augen und Ohren. Keiner von ihnen, zeigt sich, hat einen ebenso großen Schädel wie der Führer. Erst als Speer selbst den Hut schließlich probiert, sitzt er wie angegossen.

»Was mein Selbstvertrauen ungeheuer stärkte, wahrscheinlich auch mein Ansehen«, schreibt er nach dem Krieg an seinen Schwiegersohn Ulf.[14] Speer bekennt bereitwillig, daß zwischen ihm und Hitler ein Art Liebe war, fast eine erotische Anziehung, die »mir eine Kraft vermittelt [hat], die mich über die Grenzen meiner Möglichkeiten weit hinaustrug ... durch ihn erst habe ich eine gesteigerte Identität gefunden.«[15]

Viele von Adolf Hitlers Mitarbeitern haben ihre starken Gefühle für den Führer bezeugt. Hermann Göring bekannte, daß er jedesmal Angst bekam, wenn er sich in der Nähe des Führers befand.[16] Und der Propagandaminister Goebbels, der seine ganze manipulative Kraft in den Dienst des Führers stellte, vergötterte seinen Chef. Es gibt ein Foto aus einem Theater- oder Konzertsaal in Deutschland. In der ersten Reihe sitzt Hitler umgeben von Nazigrößen. Die Menschen im Saal schauen jedoch nicht auf die Bühne, sondern zur Seite und nach oben, offenbar zu einem der Ränge, auf dem sich etwas abspielt. Vermutlich ist es eine Huldigung des Führers, denn alle lachen herzlich, nicht zuletzt

Hitler selbst, der die Hand zum Gruß erhebt. Offenbar ist das, was dort oben stattfindet, recht auffällig und amüsant, weil es die Blicke aller auf sich zieht. Aller – außer Joseph Goebbels. Er sitzt mit den Händen zwischen den zusammengezogenen Beinen, nur seine Fußspitzen berühren den Boden, und nimmt, während Hitler abgelenkt ist, die Gelegenheit wahr, seinen Führer mit einem Blick voller unverstellter Bewunderung und Verliebtheit zu betrachten.

Hitler wurde von einer leidenschaftlichen Überzeugung getrieben – einer verzerrten, doch nichtsdestoweniger ehrlichen Überzeugung. Die Menschen um ihn herum wurden gewiß auch von Überzeugung getrieben – im Grunde. Doch was sie aus dieser Überzeugung machten und wie sie gemeinsam nach und nach Deutschland und Europa in eine Landschaft des Wahnsinns und des Alptraums verwandeln sollten, war in ebenso hohem Grad ein Resultat anderer Triebkräfte: des Opportunismus und des Ehrgeizes, aber auch der starken Gefühle, die sie für Adolf Hitler hegten. Und der Stimmung, die Hitlers innere Gespenster und Deutschlands äußere Gespenster gemeinsam in einem zuvor doch relativ besonnenen Land geschaffen hatten. Wie der Historiker Peter Padfield schreibt:

»Wir starren benommen in ein Irrenhaus, aber es ist ein kollektives Irrenhaus, und die Patienten gehen abends nach Hause und diskutieren über homöopathische Medizin oder lesen ihren Kindern Gutenachtgeschichten vor.«[17] Für Heinrich Himmler bedeuteten diese neuen Gefühle, daß er eine der makabersten Aufgaben der Weltgeschichte auf sich nahm – die Ausrottung eines ganzen Volkes von der Erde.

»Daß Himmler diesen Wandel von einem wohlerzogenen Bürger aus einer angesehenen Familie zum Mörder von Millionen Juden vollzog, bleibt für mich immer ein psychologisches Rätsel, nicht nur der Person Himmlers wegen, sondern der Arbeitsweise dieses Systems. Aber eben doch kein Rätsel, wenn man die ungeheure Beeinflussung beachtet, die der Wille Hitlers im Zusammenwirken mit dessen System auf die Führenden ausgeübt hat«, schrieb Albert Speer nach dem Krieg.[18] Hitlers Finanzminister, Lutz Schwerin von Krosigk, findet indessen, daß die Wahl Himmlers selbstverständlich war: »Hitler konnte seine politische Müllabfuhr keinem geeigneteren Mann übertragen als dem, der seine Organisation des Schreckens pedantisch aufzog und weder Gnade noch Reue kannte.«[19]

Die Organisation, die Himmler aufgebaut hatte und die auch für die praktische Durchführung der Vernichtung der Juden zuständig sein sollte, war also die SS. Ursprünglich Hitlers persönliche Leibwache von dreihundert Mann, war die SS unter Himmler so angeschwollen, daß sie fast ein Staat im Staate war. Als die Nationalsozialisten an die Macht kamen, hatte sie 50 000 Mitglieder. Im Unterschied zur deutschen Wehrmacht – die Vorläufer und eine Führung hatte, die in einem Deutschland weit vor der Machtergreifung durch die Nationalsozialisten verankert war –, war die SS direkt an die NSDAP angeschlossen, und ihre Mitglieder waren ausgewählt, um sowohl »rassisch« als auch ideologisch zu dem neuen Regime zu passen. Innerhalb der SS schuf Himmler einen eigenen Sicherheitsdienst, SD, eine eigene geheime Polizei, die Gestapo, und sogar eine eigene Armee, die Waffen-SS. Der Zweck von Himmlers »parallelem SS-Staat« war – zumindest laut Albert Speer –, daß Himmler, der sich schon 1929 den Titel Reichsführer SS zugelegt hatte, eines Tages Hitlers Nachfolger werden sollte.[20]

Mit dem Eintritt Nazi-Deutschlands in den Krieg lief die SS indessen Gefahr, gegenüber der Wehrmacht an Bedeutung zu verlieren, da diese notwendigerweise größer war. Deshalb nahm Himmler seinen neuen Auftrag mit einer gewissen Dankbarkeit an. Er würde sowohl ihn als auch seine Organisation retten. Denn in Adolf Hitlers Augen war die Vernichtung der Juden eine mindestens ebenso wichtige Mission wie der Krieg.

Angesichts der Möglichkeit, teils seine eigene Macht zu mehren, teils seinem Führer zu dienen, steht der »treue Heini« wie immer zu Diensten. Seine und seiner Organisation neue – und wie man meint, für Deutschlands »genetisches« Überleben notwendige – Aufgabe, die Vernichtung der Juden, soll mit dem Einfall in die Sowjetunion – und das bedeutet: ins Baltikum – beginnen. Als Datum für den Einfall ist der 15. Mai 1941 festgesetzt.

8

Stockholm, den 24.12.1940

Lieber Herr Jessen!
Ich bitte Sie sehr um Entschuldigung, daß ich Ihren letzten Brief nicht früher beantwortet habe. Die Ursache ist meine deprimierte Stimmung in der letzten Zeit. Man hat mir große Schwierigkeiten gemacht, bleiben zu können … Und meine Frau und Tochter sind noch nicht hier …[1]

Gilel Storch steckt in der Klemme. Am 4. Oktober hat er von den britischen Behörden Einreisevisen für seine Familie und sich selbst nach Palästina erhalten. Aber er kann Anja und Eleonora nicht aus Lettland herausholen. Es gelingt ihm auch nicht, Schweden dazu zu bringen, sie aufzunehmen, nicht einmal für den Transit in ein anderes Land.[2] Und eins weiß Gilel: Diesmal wird er nicht allein reisen.

Weil Gilel Storch Schweden noch nicht verlassen hat, wird er am 10. Dezember 1940 zum Verhör bei der Polizei vorgeladen. Im Verlauf des Verhörs versichert Storch erneut, daß er alles tun werde, um Schweden so schnell wie möglich zu verlassen, aber zunächst die Möglichkeiten eruieren müsse, seine Frau und seine Tochter aus Lettland herauszubekommen. Die Konstabler Bogefeldt und Jacobsson verschärfen daraufhin den Ton und geben ihm zu verstehen, daß sie von Storch jede Anstrengung erwarten, um das Land so schnell wie möglich verlassen zu können, was er verspricht.[3]

Gilel Storch weiß nicht, was er tun soll. Also tut er das, was er immer getan hat, wenn der Papierkrieg ihm zuwider ist: Er wendet sich an die höchstgestellte ihm zugängliche Person – in diesem Fall der Direktor der AB Förenade Superfosfatfabriker und Mitglied des Reichstags, Sven Lundberg. Zwei Tage später bekommt »E.B« in der Obersten Sozialverwaltung (vermutlich Ernst Bexelius, Chef der Ausländerabteilung des Sozialverwaltung) einen Anruf vom Staatssekretär im Sozialministerium, Tage Erlander. Bexelius schreibt später in einem Promemoria:

> PM
> Wahrscheinlich am 12. Dezember 1940 rief Staatssekretär Erlander an und teilte mit, er habe Besuch von Direktor Sven Lundberg, Reymersholm, gehabt, der über ein Gesuch seitens des früheren lettischen Staatsangehörigen Gillis [sic!] Storch um das Recht für seine Ehefrau und Tochter, nach Schweden zu kommen, sprechen wollte. Erlander erklärte, daß er sich persönlich zu der Angelegenheit nur insofern äußern wolle, als daß er bestätigte, daß Lundberg eine äußerst zuverlässige Person sei, die vom Staat bei wiederholten Gelegenheiten mit wichtigen Aufträgen betraut worden sei, unter anderem bei den letzten Handelsabkommen mit Rußland ...[4]

Eine Woche später bewilligt die Sozialverwaltung das Gesuch um Einreisegenehmigung nach Schweden für Chana-Rachil und Eleonora Storch. Svante Hellstedt, Botschaftsrat im Außenministerium, teilt der Schwedischen Botschaft in Moskau mit, daß »aufgrund spezieller Umstände« die Visa für Anja und Eleonora Storch nicht in ihre Pässe gestempelt, sondern bei ihrer Ankunft in Schweden ausgefertigt werden sollen. Auf dem Bewilligungsschreiben für das Einreisevisum hat ein Beamter des Außenministeriums mit der Hand vermerkt: »**NB**! Der Mann ist akt. Abschiebungsfall.« Anja und Eleonora dürfen nach Schweden einreisen, aber Gilel soll weiterhin abgeschoben werden![5]

Gilel fällt ein Stein vom Herzen. Doch das größte, dem Anschein nach unüberwindliche Problem bleibt bestehen: Wie sie aus Lettland, d. h. aus der Sowjetunion, herausbekommen?

Pension Belfrage am Blasieholmstorg, das kleine Hotel, das Gilel Storch jetzt zu seinem Zuhause gemacht hat, ist recht angenehm. Dies beruht nicht zuletzt auf dem Umstand, daß es dort andere Gäste in einer vergleichbaren Lage gibt, Gäste, denen er vielleicht sein Herz ausschütten kann und mit denen er seine und ihre schwierige Situation diskutieren kann.

Gilel hat ein besonderes Auge auf einen anderen Balten in der Pension geworfen, Alfred Kalm, einen Estländer. Jeden Abend essen sie am selben Tisch, und Storch hat verstanden, daß Herr Kalm, wie er selbst, Direktor ist – und außerdem Schiffsreeder. Herr Kalm ist wie Gilel ohne seine Familie nach Schweden gekommen, und wie dieser verfügt er nur über ein befristetes Aufenthaltsvisum. Alfred Kalm ist ein Mann, mit dem Storch unbedingt nähere Bekanntschaft schließen möchte.

Was er mit Kalm diskutieren möchte, kann er jedoch nicht beim Abendessen aufgreifen, weil noch weitere Gäste mit ihnen am Tisch sitzen. Aber eines Abends nach dem Essen ergibt sich eine Gelegenheit. Im angrenzenden Kaffeezimmer sitzt Kalm und liest in einem Buch. Gilel zieht einen Stuhl heran und setzt sich.

Polizei Stockholm
Kriminalabteilung
6. Abteilung

BERICHT
Dienstag, den 18. Februar 1941

Der Kriminalpolizei ist ... zur Kenntnis gebracht worden, daß Storchs bei gewissen Hotelgästen im Hotel Belfrage, Blasieholmstorg Nr. 9, wo er derzeit wohnt, den Verdacht erweckt hat, hier im Lande mit Kundschaftertätigkeit für eine fremde Macht befaßt zu sein.

Diesbezüglich sind die Personen angehört worden, bei denen besagter Verdacht aufgekommen ist, und zwar die Beamtin in der Paßstelle für Ausländer beim Kgl. Außenministerium, Fräulein *Sonia Wollert*, sowie der estnische Staatsangehörige Direktor und Schiffsreeder Alfred Kalm, und haben sich beide in der Angelegenheit folgendermaßen geäußert:

Wollert:
Sie habe bei einer Gelegenheit gehört, wie Storchs dem oben genannten Direktor Kalm erzählte, er sei als politischer Flüchtling im Lande und habe seine Ehefrau noch in den baltischen Staaten. Die Ehefrau sollte indessen bald nach Schweden kommen, was Storchs habe erwirken können, da er sich mit den in seinem Heimatland derzeit regierenden sowjetischen Behörden gut stehe. Persönlich hatte Wollert von Storchs den Eindruck gewonnen, daß dieser mystisch und in seinem Auftreten unangenehm wirke und außerdem bei seinen Versuchen, mit anderen Hotelgästen ins Gespräch zu kommen, aufdringlich sei.

Wollert wollte desgleichen betonen, daß Storchs unter den Hotelgästen umherzugehen und Gespräche zu belauschen schien, welcher Umstand zusammen mit ihrer sonstigen Meinung über Storchs der Grund dafür war, daß sie ihn verdächtigte, sowjetischer Spion zu sein.

Kalm:
Er hatte keine direkten Beweise dafür, daß Storchs von den sowjetischen Behörden für Kundschafterzwecke engagiert sei, aber er wollte eine Reihe von Umständen anführen, die ihm eigentümlich erschienen und darauf deuten könnten, daß Storchs in der einen oder anderen Hinsicht sowjetischen Interessen diene.

Storchs, der im gleichen Hotel wohne wie Kalm, Hotel Belfrage am Blasieholmstorg Nr. 9, hatte sich eines Tages mit Kalm bekannt gemacht und eine Unterhaltung über verschiedene Angelegenheiten bezüglich ihrer Emigration begonnen, u. a. waren sie auf Möglichkeiten zu sprechen gekommen, ihre Familien aus ihren früheren Heimatländern Estland und Lettland nach Schweden zu holen. Kalm habe Storchs diesbezüglich um Rat gefragt, worauf Storchs Kalm im Vertrauen den Rat gegeben habe, sich in dieser Angelegenheit an »die Russen« zu wenden und mit ihnen zu sprechen. Kalm habe sich für einen solchen Rat bedankt, weil er, wenn er zur russischen Botschaft hier in Stockholm ginge, sicher nicht wieder aus dem Gebäude herauskäme, sondern dort festgehalten würde, bis er auf irgendeinem Schiff in seine Heimat zurückgeschickt werden würde [...]

[…] Bei einer anderen Gelegenheit habe Kalm Storchs nach dem Grund gefragt, warum dieser Lettland verlassen habe. Storchs habe Kalm daraufhin erklärt, er halte sich im Lande auf, um Einkäufe für sowjetische Rechnung zu tätigen. Als Kalm weitergefragt habe, wann dieser Lettland verlassen habe, habe Storchs gesagt, er sei am 23. Juli nach Schweden gekommen und seine Ausreise sei vollkommen legal gewesen.

Da Kalm wisse, daß es nach dem 1. Juli 1940 für Esten und Letten völlig unmöglich sei, ihr Heimatland legal zu verlassen, wenn die Ausreise nicht in Absprache mit der Sowjetbehörden erfolge und der Betreffende nicht das volle Vertrauen dieser Behörden habe, könne er nicht umhin, gewisse Storchs betreffende Schlußfolgerungen zu ziehen.[6]

Was aus dem Bericht der Kriminalpolizei nicht hervorgeht, ist, daß Storchs Herrn Kalm nicht nur anbietet, ihm dabei behilflich zu sein, seine Familie herauszubekommen, sondern daß Kalm dieses Angebot annimmt, und daß Gilel Storch fast zwei Jahre lang versucht, seinem estnischen – wie er meint – »Freund« zu helfen.[7]

Im Januar 1941 wird Gilel Storch erneut von der 6. Abteilung der Kriminalpolizei vorgeladen. Wieder empfangen ihn die Polizeibeamten Bogefeldt und Jacobsson. Diesmal halten sie sich nicht lange mit Erklärungen auf, sondern teilen ihm ohne Umschweife mit, daß Gilel Storch, falls er Schweden nicht baldmöglichst verläßt, ins Gefängnis geworfen wird.[8]

9

Es ist nicht leicht für Gilel Storch, sich in den Korridoren der Staatskanzlei zurechtzufinden, und schon gar nicht in seinem gegenwärtigen erregten Zustand. Er kann jedoch nicht umhin, sich nebenbei darüber zu wundern, daß niemand ihn aufhält. Solche Regierungsgebäude hat er noch nie kennengelernt. Als er vom Hof hereinkam, lag zwar geradeaus eine kleine Anmeldung, doch niemand fragte ihn, wohin er wolle, und als er die Flure betrat, zeigte sich auch niemand, der etwas einzuwenden gehabt hätte. Storch sucht jetzt fieberhaft nach Ministeriumstafeln und Namensschildern. Er ist nie eine besonders organisierte Person, aber jetzt hat sein Agieren beinahe etwas von fieberhafter Besessenheit an sich. Plötzlich fällt sein Blickauf das Schild, nach dem er gesucht hat: SOZIAL-MINISTERIUM. Er hastet hinein. Innerhalb von dreißig Sekunden hat er die richtige Tür gefunden: *Tage Erlander, Staatssekretär*, steht auf dem Namensschild. Im gleichen Augenblick kommt ein Beamter aus einem angrenzenden Zimmer und schaut verblüfft auf den erregten Mann. Storch, der jetzt, da er endlich am Ziel ist, nicht noch aufgehalten will, wartet nicht, um zu hören, was der Mann zu sagen hat, sondern reißt die Tür auf und geht einfach hinein. Vor ihm steht ein großer Schreibtisch, und hinter dem Schreibtisch sitzt ein ebenfalls großer Mann. Der Mann sieht freundlich, und ein wenig erstaunt aus. Storch faßt einen blitzschnellen Entschluß – der Mann ist Sozialdemokrat, also müssen sie mindestens eine Sprache gemeinsam haben:

»Ja nitjego ne ponimaju! Ne ponimaju! Vy chotite posadit' menja za resjotku ... *Za resjotku!* Menja!!! Gilel Storch! V etoj svobodnoj strane!«

Der Mann vor ihm sieht immer noch erstaunt aus, aber Storch sieht ein, daß er sein Anliegen einfach nicht klar und deutlich genug vorgebracht hat, also fährt er fort:

»Ja – sjpion?! Ja tolko chotju vyvesti moju semju! Prosto bezumije!!

Gospodin Erlander, prosto bezumije!! Eto natsistov nado za resjotku! NE MENJA!!«

Storch ist völlig ausgepumpt. Außerdem ist ihm inzwischen aufgegangen, daß er nicht richtig Kontakt bekommen hat zu Gospodin Erlander. Er verstummt. Gospodin Erlander lächelt ein bißchen, aber freundlich, fast aufmunternd. Vielleicht erinnert er sich an Storch von seinen Gesprächen mit Direktor Lundberg? Dann schiebt er seinen Stuhl zurück, steht langsam auf – er ist enorm, Storch muß plötzlich den Blick um 45 Grad nach oben richten – und streckt seinem unerwarteten Gast die Hand entgegen:

»Would you like some lunch?«[1]

Obwohl Tage Erlander Sozialist ist, kann er zu Gilel Storchs Verwunderung kein Russisch. Storchs Englisch ist andererseits kärglich. Dennoch finden die beiden Männer zueinander, und dieser Kontakt soll für Storch bedeuten, daß sich die Tür zu Schweden zumindest einen Spalt breit öffnet:

Am 18. Februar 1941 beschließt die oberste Sozialverwaltung, Storch einen befristeten Fremdenpaß mit der Gültigkeitsdauer von einem Jahr und ein Aufenthaltsvisum für sechs Monate zu bewilligen. Danach soll er abgeschoben werden.[2]

In der Zwischenzeit ist die Situation für Anja immer schwieriger geworden. Storchs Firmen und Immobilien sind von dem neuen Regime verstaatlicht worden. Dennoch verlangen die Behörden, daß die früheren Besitzer Steuern und Hypothekenzinsen für die beschlagnahmten Gebäude zahlen sollen. Anjas und Gilels Möbel werden deshalb von den Behörden als Pfand beschlagnahmt. Nicht einmal ihr geliebtes Klavier darf Anja behalten. Ihr einst geliebtes Klavier, sollte man vielleicht sagen. Seit Gilels Abreise hat es unbenutzt dagestanden und Staub angesetzt. Aber als die Wohnung jetzt ganz geleert wird, zieht Anja schließlich doch mit Eleonora zu ihren Eltern in die Blaumana iela. Ihre Eltern und ihr Bruder Robert haben sich schon seit langem Sorgen um Anja gemacht und sind froh, als sie ihre Hilfe annimmt. Auch Gilels Bruder Wulf versucht alles zu tun, um seiner Schwägerin das Leben so erträglich wie möglich zu machen.[3] Anja hat ja nicht allein ihren Mann verloren, sondern auch ihre Wohnung und ihre Habe. Wer weiß, was die Sowjetbehörden sich als nächstes einfallen lassen. Etwas hat Anja jedoch behalten: eine Schachtel mit Diamanten, die Gilel bei ihr zurückgelassen hat, als er fuhr. Sie verbirgt sie unter dem Bett. Niemand, hat sie sich geschworen, wird ihr diese Diamanten rauben. Sie sind ihre Sicherheit, und ihr Schutz gegen die Schlechtigkeit der Welt.[4]

Im Januar und Februar 1941 werden die deutschen Vorbereitungen für dem Angriff auf die Sowjetunion intensiviert. Der ausgearbeitete Invasionsplan macht die Durchführung eines »Blitzkriegs« notwendig, einen Feldzug, der nur einige Monate dauert und abgeschlossen wird, solange es noch warm ist. Die deutschen Soldaten sind für einen Winterkrieg nicht ausgerüstet, und das wissen ja alle: Der Versuch, Rußland im Winter zu erobern, hat sich durch die Geschichte hindurch als schier selbstmörderisch erwiesen. Der Angriff muß im Mai eingeleitet und spätestens im Herbst abgeschlossen werden. Am 3. Februar 1941 heißt Hitler den endgültigen Plan für das »Unternehmen Barbarossa« gut.

Einige Tage zuvor hat Wulf Storch in Riga Besuch bekommen. Der Mann, der an seine Tür klopft, ist Wulf gänzlich unbekannt. Der Fremde stellt sich höflich als Lennart Nylander, schwedischer Botschaftsrat in Moskau vor, und fragt, ob er eintreten könne. Wulf ist zunächst mißtrauisch, doch das freundliche Aussehen des Mannes und seine offensichtlich ausländische Herkunft lassen ihn am Ende seine Vorsicht zurückstellen und Herrn Nylander hereinbitten.

Der Schwede sagt, er wolle sich kurz fassen, er sei nur kurzfristig zu Besuch in Riga und wolle die Gelegenheit wahrnehmen, die Familie Storch zu besuchen. Es verhalte sich nämlich so, daß er vor ungefähr einem Monat während seines Weihnachtsurlaubs in Stockholm von einem Herrn Gilel Storch aufgesucht worden sei, der sich als Flüchtling in Schweden aufhalte und, wenn er richtig verstanden habe, Wulfs Bruder sei. Allerdings, bestätigt Wulf, Gilel sei sein Bruder.

Herr Storch, fährt Herr Nylander fort, habe ihm von der schwierigen Situation erzählt, in der seine Frau und Tochter sich befänden, und gefragt, ob die Schwedische Botschaft in Moskau nicht dazu beitragen könne, ihre Ausreise zu ermöglichen, zum Beispiel durch ein Gesuch an *Narkomindel* (das Volkskommissariat für ausländische Angelegenheiten).

Jetzt wird Wulf überaus energisch. Doch, es stimmt, sagt er, nach Gilels Abreise sei die Lage Anjas und ihrer Tochter entsetzlich schwierig geworden. Wenn es Schweden wirklich möglich wäre, die Russen dazu zu bewegen, sie ausreisen zu lassen, wäre die Familie überaus dankbar!

Lennart Nylander antwortet, daß die Schwedische Botschaft in der Angelegenheit kaum eine offizielle Demarche unternehmen könne, da weder Gilel noch seine Frau und ihre Tochter schwedische Staatsangehörige seien. Doch er verspricht zu untersuchen, ob »die Botschaft in anderer Form die Aufmerksamkeit der hiesigen Behörden auf das Gesuch lenken könne, um eine Bewilligung zu erreichen«. Wulf antwortet, daß er und seine gesamte Familie dafür sehr dankbar sein würden. Herr Nylander steht auf und sagt, er habe leider in Riga noch weitere dringende Angelegenheiten zu erledigen. Wulf reicht ihm Hut und Mantel, der freundliche Fremde nickt, und ist verschwunden.

Am 3. Februar schickt Lennart Nylander aus Moskau einen Bericht an den Botschaftsrat Svante Hellstedt im Außenministerium. Darin beschreibt er seine Begegnung mit Wulf Storch und bittet darum, bei *Narkomindel* einen Vorstoß bezüglich der Ausreise für Anja und Eleonora Storch machen zu dürfen. Svante Hellstedt notiert auf dem Brief, daß der Ministerialrat im Außenministerium Gösta Engzell in den nächsten Tagen nach Moskau fahren und die Angelegenheit dort mit der Botschaft besprechen wird.[5] Gleichzeitig verlängert Hellstedt bei dieser Gelegenheit Anjas und Eleonoras Einreisevisa bis zum 15. März.[6]

Alles scheint jetzt für das »Unternehmen Barbarossa« bereit zu sein. Entlang der ausgedehnten Front sollen 136 deutsche, rumänische und ungarische Divisionen mobilisiert werden. Sie sollen in drei Heeresgruppen eingeteilt werden, die Heeresgruppen »Nord«, »Mitte« und »Süd«. Jede von ihnen soll von einer deutschen Luftflotte unterstützt werden. Die nördliche Gruppe soll das Baltikum angreifen, um dann weiter auf Leningrad vorzurücken. Die mittlere soll über Smolensk nach Moskau vorstoßen und die südliche über Kiew zur Krim und zum Kaukasus.

Gleichzeitig geht General Erwin Rommel mit zwei deutschen Panzerdivisionen in Libyens Hauptstadt Tripoli an Land. Der große Wüstenkrieg hat begonnen. Hitlers Generalstabschef Halder sollte später zynisch bemerken: »Er verstreute die Einheiten der deutschen Armee zwischen dem Nordpol und der libyschen Wüste.«[7] Hitler hat angefangen, sich von sich selbst und seinen Erfolgen verführen zu lassen. Aber ihm fehlt die Einsicht, die Alexander der Große einst mit auf seine Eroberungszüge nahm: Es ist unmöglich, so gewaltige Landgebiete zu unterwerfen und auf lange Sicht zu behalten, ohne zuerst die Bewohner auf seine Seite zu bringen. Der Schriftsteller Johannes Salminen hat geschrieben, daß genau dies »Hitler, der Narr, nicht begriff, als er in Rußland einzog, im Gegenteil, er überzog die Menschen mit Terror, die ihn hätten retten können«.[8]

Am 1. März schickt Svante Hellstedt einen Brief an die Schwedische Botschaft in Moskau: Die Einreisevisa für Chana-Rachil und Eleonora Storch werden bis zum 15. Mai 1941 verlängert.[9] Noch haben sie nämlich von den Sowjetbehörden kein Ausreisevisum bekommen.

»Sie haben die Dreistigkeit gehabt, sich, ohne uns zu fragen, ohne uns auch nur zu unterrichten, in den vollkommen sinnlosen Feldzug gegen Griechland zu stürzen!«[10] schreit ein tobender Hitler. Sein Verbündeter Mussolini, der im Herbst zuvor auf eigene Faust Griechenland angegriffen hat, steht vor einem vollständigen Fiasko. Die Briten sind den Griechen zu Hilfe gekommen, und außerdem kommt es am 27. März 1941 im benachbarten Jugoslawien zu einem Staatsstreich, einem Land, das Hitler zu seinen Verbündeten gezählt hatte. Um ihre südliche Flanke (einschließlich der rumänischen Ölfelder) zu schützen, muß die deutsche Armee den Italienern beistehen und auf dem Balkan eingreifen. Und selbst Adolf Hitler versteht in dieser Lage, daß er seine Truppen nicht allzu breit und dünn streuen kann. Deshalb entschließt er sich, sehr widerwillig, die Vorbereitungen für die »Operation Barbarossa« zu unterbrechen. Aber seine Enttäuschung und seine Wut werden in gewissem Maße dadurch aufgewogen, daß das neue Datum für die Invasion der Sowjetunion – und die Schlacht zwischen dem Guten und dem Bösen – auf den 22. Juni festgelegt wird, das gleiche Datum, an dem Napoleon einst Rußland angriff.

Am 5. Mai erreicht erneut ein Brief von Botschaftssekretär Svante Hellstedt die Botschaft in Moskau. Chana-Rachil und Eleonora Storchs Einreisevisa sind bis zum 15. Juli verlängert worden. Noch ist kein Ausreisevisum erwirkt.

Anfang Mai kommt ein Mann in die Blaumana iela Nr. 3 und klopft an. Anjas Mutter Sara Westermann macht auf. Sie kennt den Mann nicht, der sich als Lennart Nylander, schwedischer Botschaftsrat und »Freund von Gilel« vorstellt und bittet, mit Anja Storch sprechen zu dürfen. Sara Westermann ruft ihre Tochter, die an die Tür kommt. Anja kennt Nylander auch nicht, da er beim ersten Mal nur ihren Schwager Wulf besucht hat. Er stellt sich erneut vor und fragt, ob er hereinkommen darf. Anja, die mißtrauisch ist, will den Mann nicht hereinlassen, sondern bittet ihn, sein Anliegen an der Tür vorzubringen. Nylander senkt daraufhin die Stimme.

»Gilel Storch hat mich geschickt«, flüstert er. »Ich soll Ihre Diamanten mit nach Schweden nehmen. Wir sind dabei, Ihre Ausreise zu organisieren.«

Anja sieht den Unbekannten lange an. »Danke für Ihren Besuch«, sagt sie schließlich und macht ihm abrupt die Tür vor der Nase zu.[11] Dann stürzt sie ins Schlafzimmer, zieht die Schachtel unter dem Bett hervor und läuft hinunter in den Keller. Sie blickt sich um. In der Ecke steht eine alte Holzleiter, fast morsch, eine Sprosse zerbrochen. Sie ist mindestens zehn Jahre lang nicht benutzt worden. Das muß gehen. Anja weiß, daß ihr Vater in einer seiner Werkzeugkisten einen alten Bohrer liegen hat, und den sucht sie hervor. Sie hat noch nie gebohrt, aber sie hat gesehen, wie ihr Vater es tat, und am Ende findet auch sie den richtigen Handgriff, und es funktioniert. In jede Sprosse und in beide Ständer ganz oben und ganz unten bohrt sie Löcher. Am Ende ist die Leiter fast hohl. Anja holt die Schachtel, öffnet den Deckel und betrachtet die schönen Diamanten. Sie zögert noch einen Augenblick, dann nimmt sie einen nach dem anderen und läßt sie in die ausgebohrten Löcher fallen. Weil sie jeden Diamanten einzeln bedenkt, bevor sie ihn in die Aushöhlung fallenläßt, nimmt die Prozedur ziemlich viel Zeit in Anspruch. Wenn eine Sprosse voll ist, nimmt sie Sägespäne, rührt sie mit Kleister an und macht das Loch damit dicht. Als letztes streicht sie die Leiter mit einem Rest Farbe braun an. Jetzt kann niemand mehr sehen, wenn er nicht ganz genau hinsieht, daß die Leiter angebohrt ist. Anja betrachtet noch einmal ihr Werk und stellt die Leiter wieder an ihren alten Platz.

Das ist das letzte, was sie oder ein anderes Familienmitglied von den Diamanten sieht.[12]

Die Sowjetunion war kaum vorbereitet auf das, was kommen sollte. Stalin tat alles, um Hitler nicht zu provozieren, und begrenzte deshalb alle Truppenbewegungen und die Erhöhung der Verteidigungsbereitschaft auf ein Minimum. Alle Bitten seitens seiner Militärführer, angesichts der wachsenden Bedrohung Vorbereitungen treffen zu können, wurden abgelehnt. Die Lage war verzweifelt. Zwar hatte die Sowjetunion genauso viele Divisionen und mehr Panzer als die Deutschen, aber ihr Material war oft veraltet und ihre Strategien kaum geeignet für den Verteidigungskrieg, den zu führen sie gezwungen wären. Außerdem hatte Stalin selbst es geschafft, durch seine systematischen Säuberungen in den dreißiger Jahren die sowjetische Militärführung zu schwächen. Die besten Generale waren liquidiert worden.

Eine schlecht vorbereitete Sowjetunion wartet auf Hitlers Angriff.

Am Morgen des 13. Mai klopft es wieder einmal an der Tür des Hauses Blaumana iela Nr. 3. Ein Mann steht vor der Tür, als Anja öffnet, und spricht sie auf Russisch an.

»Frau Anja Storch?»

»Ja, das bin ich.«

»Ich soll Sie außer Landes bringen. Ich komme morgen früh zur gleichen Zeit wieder. Sie können Ihre Tochter mitnehmen, aber, so leid es mir tut, nichts anderes, denn dann werden Sie nicht über die Grenze gelassen. Aber vergessen Sie nicht, alle Ihre Papiere mitzunehmen, alle Ihre Papiere.«

Bevor Anja antworten kann, nickt der Mann und geht.

Exakt zur gleichen Zeit am nächsten Morgen steht er wieder vor der Tür.

»Als der Pilot an unsere Tür kam«, erinnert sich Eleonora, »war meine Großmutter Sara da. Sie nahm einen großen Schal und wickelte ihn um meine Schultern. Dann küßte sie zuerst meine Mutter und danach mich und sagte: ›Ich werde euch nie wiedersehen.‹«[13]

10

Ungefähr zur gleichen Zeit kommt ein anderer lettischer Staatsangehöriger in Schweden an. Ehemaliger lettischer Staatsangehöriger, sollte man wohl sagen. Als Edgar Klaus am Morgen des 22. Mai 1941 in Trelleborg von Bord geht, ist er sehr müde. Einem jungen Mann macht eine Odyssee zwischen Berlin und Stockholm vielleicht nicht besonders viel aus, aber Edgar Klaus ist zweiundsechzig und seit langem schon herzkrank. Eine Zugfahrt, eine Schiffsreise, und noch einmal eine Zugfahrt zehren an seinen Kräften. Doch er weiß, daß er, wenn er am Abend in Stockholm und im feinen Carlton Hotel ankommt, erst einmal verschnaufen kann. Erst einmal, denn Edgar Klaus hat viel in Stockholm zu erledigen.

Der Herr, der einige Tage später das Büro von Carl E. Palm bei der Kriminalabteilung der Stockholmer Polizei betritt, ist weltgewandt und sehr distinguiert. Er stellt sich als der deutsche Staatsangehörige Edgar Klaus vor. Er gibt an, er vertrete die deutschen Filmgesellschaften UFA und Tobis und beabsichtige, im Auftrag dieser beiden »Untersuchungen anzustellen, um den Geschmack des schwedischen Filmpublikums zu eruieren, damit die deutschen Filmgesellschaften UFA und Tobis Filme einspielen könnten, die in Zukunft erfolgreich in Schweden vorgeführt werden könnten«. Da Herr Klaus jedoch in Berlin nur ein einwöchiges Visum für Schweden erhalten hat, fällt es ihm schwer, seinen Auftrag auszuführen, weshalb er um verlängerte Aufenthaltsgenehmigung ersucht. Kriminalpolizeiintendent Palm bekommt einen sehr guten Eindruck von dem Mann und beendet seinen anschließenden Bericht mit den Worten: »Über den Antragsteller ist der Kriminalpolizei nichts Nachteiliges bekannt.«[1]

Die schwedischen Behörden wissen noch nicht, daß Edgar Klaus vom Amt Abwehr, dem Nachrichtendienst des deutschen Heeres, ausgesandt ist.

Neben Lissabon, Bern und Ankara ist Stockholm zu dieser Zeit ohne Zweifel die Stadt in der Welt, die die besten Möglichkeiten für Spionagetätigkeit bietet. Hier in Stockholm kann man erfahren, was der Feind treibt, und hier hat man, falls man es wünscht, denkbar gute Möglichkeiten, inoffizielle Kontakte mit diesem Feind herzustellen. Für das Amt Abwehr ist Stockholm ein wahres Mekka. Schwedische Behörden sind außerdem bereit, ein Auge zuzudrücken, sie unterhalten sogar selbst enge Beziehungen zu der deutschen Spionageorganisation. Dafür hat Admiral Wilhelm Canaris, der Chef des Amtes Abwehr, seit 1937 eine Übereinkunft mit den Schweden, daß die Aktivitäten des Amtes Abwehr auf schwedischem Territorium sich nie gegen schwedische Interessen richten sollen.[2] Schweden ist vor allem daran interessiert, sich aus dem Krieg herauszuhalten, fast um jeden Preis. Und das wissen die Deutschen.

Edgar Klaus hat seinen Auftrag eineinhalb Monate vor seiner Ankunft in Schweden erhalten. Von einem Bekannten, Hans-Ludwig von Lossow, war er Anfang Mai gebeten worden, an einem Treffen in einer großen Villa in der Nähe des Tiergartens in Berlin teilzunehmen. Der Besitzer der Villa, der ihn an der Tür in Empfang nahm, war ein sehr freundlicher Herr in den Fünfzigern, der sich seinem Gast als »Herr Prittwitz von Gaffron«[3] vorstellte. Daß der Mann vor Klaus nicht der Botschafter von Prittwitz und Gaffron war – wie Deutschlands ehemaliger Botschafter in New York eigentlich hieß –, war indessen eindeutig, denn dieser war unmittelbar nach der Machtergreifung durch die Nazis von seinem Posten zurückgetreten und pensioniert worden. Edgar Klaus wußte es vielleicht noch nicht, aber der Mann, der ihn eingeladen hatte, war kein anderer als der Chef des Amtes Abwehr im OKW, Admiral Wilhelm Canaris.[4]

Bei dem Treffen waren zwei weitere Personen anwesend, denen Klaus bis dahin noch nicht begegnet war. »Prittwitz von Gaffron« bat die Herren in ein Büro ins Obergeschoß, wo ihnen Getränke angeboten wurden. Nach gewissen einleitenden Höflichkeitsphrasen glitt das Gespräch rasch zu einem Edgar Klaus bekannten Thema über: der Sowjetunion. Bekannt deshalb, weil Klaus einen großen Teil seiner Jugend dort verbracht hatte. Wie viele gut ausgebildete Baltendeutsche seiner Generation war Klaus zwischen der deutschen und der russischen Kultursphäre hin- und hergependelt – Lettland war trotz allem lange unter russischer Herrschaft – und er hatte sogar einst an einer Universität tief im Inneren Rußlands Geologie studiert, in Kasan. Nach dem Studium war er in Rußland geblieben und hatte als Bankangestellter gearbeitet, zunächst in Samara und danach in St. Petersburg.

Klaus kam erst mit einunddreißig Jahren nach Lettland zurück. Dort kaufte er Güter auf – Güter, die andere Baltendeutsche aufgrund der revolutionären Stimmung im Lande abgestoßen hatten. Wo andere eine Bedrohung sahen, sah Edgar Klaus Möglichkeiten.

Nach nur wenigen Jahren war Klaus wieder in Rußland, diesmal zwangsevakuiert, da die Russen während des Ersten Weltkriegs befürchteten, daß die Baltendeutschen mit der rasch vorrückenden deutschen Armee kollaborierten. Er landete wiederum in Samara und arbeitete dort für das russische Rote Kreuz als Dolmetscher in einem Kriegsgefangenenlager. Während der folgenden drei Jahre soll Klaus in engen Kontakt mit den zukünftigen Führern der Sowjetunion gekommen sein. Und damals soll er Josef Stalin kennengelernt haben.

Es ist keine gerade Spur, die Klaus nach Berlin führt. Seit dem ersten Weltkrieg hat er in Lettland, Deutschland, Jugoslawien, erneut Lettland und schließlich Litauen gelebt, bevor er im März 1941 mit einem sogenannten Flüchtlingspaß wieder nach Deutschland kommt. Bereits im Herbst 1918 hatte er seine lettischen Ausweispapiere vernichtet, als es vorübergehend danach aussah, daß Lettland deutsch werden würde. Seitdem ist er staatenlos.

Er ist jedoch nicht besitzlos. Edgar Klaus verfügt über ein großes Vermögen in jugoslawischen Eisenerzgruben, die er mit Geld gekauft hat, zwei Millionen einhunderttausend Goldmark[5], das er 1929 für den Verkauf seiner Grundstücke in Berlin bekam, die er wiederum mit Geld bezahlte, das er für den Verkauf seines Grundbesitzes in Lettland bekommen hatte ...

Admiral Canaris erhebt nicht den Anspruch, volles Verständnis für die Person des Edgar Klaus zu haben, als er ihn in seine Villa in Tiergarten einlädt. Aber er kennt seinen Hintergrund bis in Einzelheiten. Klaus ist in einer der Akten enthalten, die von Heinrich Himmlers *Sicherheitsdienst* zusammengestellt worden sind. Darin wird er als für die Sowjetunion tätiger Agent erwähnt.[6] Gleichzeitig hat die deutsche Abwehr seit fast zwei Jahren gewisse Kontakte zu Klaus unterhalten. In der Zeit, als er sich in Kaunas in Litauen offiziell dem Verkauf deutscher Filme nach Osteuropa widmete, hat die Abwehr ihn »sowjetische Angelegenheiten« betreffend konsultiert.[7] Auch seinen Flüchtlingspaß hat Edgar Klaus durch den deutschen Botschaftssekretär in Kaunas bekommen.[8] Es ist nicht einfach, sich auf Klaus zu verstehen, und wo seine Sympathien liegen, ist nicht klar zu erkennen. Aber Admiral Canaris weiß etwas im gegebenen Zusammenhang Entscheidendes über ihn: Edgar Klaus besitzt außerordentliche Kenntnisse über die Sowjetunion und verfügt dort über beste Kontakte. Und er ist willig, behilflich zu sein.

Das Gespräch in der Villa wird rasch intensiv. Was glaubt man? Besteht die Möglichkeit, daß eine deutsche Invasion der Sowjetunion zu Stalins Sturz führen könnte? Wie stark ist der sowjetische Diktator? Und wie stark ist die sowjetische Armee – sowohl hinsichtlich ihrer Ausrüstung als auch hinsichtlich ihrer Moral?[9]

Es herrscht kein Zweifel über den Grund dafür, daß Canaris zu diesem Treffen geladen hat: Er ist besorgt wegen des bevorstehenden Bruchs mit der Sowjetunion und des Angriffs auf sie. Die Abwehr ist ja Teil der deutschen Wehrmacht, nicht der Nationalsozialistischen Partei, und wie viele Generale hat Canaris persönliche Bedenken vor Hitlers nächstem Zug.

Edgar Klaus, der zunächst nur zugehört hat, räuspert sich schließlich. Aller Blicke wenden sich ihm zu:

»Die Möglichkeiten, daß ein deutscher Angriff auf die Sowjetunion zu einem sowjetischen Zusammenbruch führen wird, sind nicht der Rede wert«, sagt Klaus ruhig. Die übrigen sind plötzlich ganz stumm, als habe die Weisheit persönlich gesprochen und jeden Kommentar überflüssig gemacht. Klaus hat unbestreitbar die Fähigkeit, Eindruck zu machen, ohne viel sagen zu müssen.

»Sie dürfen keinen Augenblick glauben, meine Herren, die Sowjetarmee, nur weil sie im Krieg gegen Finnland gewisse Schwächen gezeigt hat, sei leicht zu besiegen.« Es ist noch immer still, keiner der Deutschen sagt etwas, aber die Spannung ist so massiv, daß man sie fast mit Händen greifen kann.

»Ein deutscher Angriff auf die Sowjetunion wird katastrophale Folgen haben – für Deutschland. Ich möchte sogar soweit gehen zu behaupten, daß der Verbund mit der Sowjetunion der einzige Garant für Deutschlands Stärke ist!« Edgar Klaus lehnt sich zurück. Er hat gesprochen, und seine Gastgeber sind stumm.

Zehn Minuten später wird Klaus in einen angrenzenden Raum geführt. Dort, entdeckt er, sind bereits zwölf bis fünfzehn Männer versammelt, offenbar sämtlich hohe Militärs. Klaus erinnert sich später, daß einer von ihnen General von Manstein war, ein anderer möglicherweise von Brauchitsch.[10] Zwei Stunden lang befragen die hohen Militärs das Orakel Edgar Klaus nach der Sowjetunion.

An einem der ersten Maitage wird Klaus erneut zu »Prittwitz von Gaffron« eingeladen. Jetzt steht das »Unternehmen Barbarossa« nahe bevor. Ein weiteres intensives Gespräch über die Sowjetunion findet statt. Gegen Ende des Gesprächs wendet sich der Chef der Abwehr plötzlich an seinen Gast. Er schweigt einige Sekunden und beobachtet Klaus, wie um sich ein letztes Mal der Zuverlässigkeit des Letten zu versichern. Dann beugt er sich zu Klaus vor und sagt mit gesenkter Stimme:

»Könnten Sie, Herr Klaus, sich vorstellen, einen delikaten Auftrag auszuführen, einen sehr delikaten Auftrag?« Klaus bewegt keine Miene, so daß sein Gastgeber fortfährt:

»Trauen Sie sich zu, diskrete Kontakte mit einigen hochstehenden sowjetischen Personen im Ausland herstellen zu können? Zum Beispiel mit der Botschafterin der Sowjetunion in Schweden, Aleksandra Kollontaj.« Klaus sagt zunächst nichts. Dann nickt er leicht.

»Ein guter Vorschlag«, sagte er. »Stockholm ist eine ausgezeichnete Stadt, wenn man die Kontakte mit Vertretern der Sowjetunion vertiefen will. In Stockholm kann man schnell Resultate erzielen.«

Zwei Wochen später besteigt Edgar Klaus in Berlin den Zug nach Saßnitz. Er hat 80 000 Reichsmark und ausländische Währung sowie die Anweisung erhalten, schnellstmöglich Kontakte zur Sowjetischen Botschaft in Stockholm zu etablieren. Ob er darüber hinaus den Auftrag bekommen hat, ihre Vertreter vor einem bevorstehenden deutschen Angriff zu warnen, ist unklar. Aber es ist deutlich, daß Admiral Wilhelm Canaris beabsichtigt, einen letzten verzweifelten Versuch zu unternehmen, das »Unternehmen Barbarossa« zu verhindern – oder zumindest einen Kanal zu den Russen herzustellen, der nach dem Angriff aufrechterhalten werden kann.[11]

11

Eleonora meinte sich zu erinnern, daß der Pilot, der sie außer Landes brachte, Schwede gewesen sei, doch vermutlich waren er und das Flugzeug russisch. Es hatte einen Tumult gegeben, als sie zum Flugplatz von Riga kamen. Die sowjetischen Behörden hatten ihrer Mutter, Anja, den Paß abgenommen, und noch keiner hatte ihnen gesagt, wohin sie gebracht werden sollten. Bevor sie das Flugzeug besteigen, werden Mutter und Tochter getrennt. Als Anja fast zum Flugzeug geschleppt wird, reagiert sie hysterisch und ist davon überzeugt, daß Eleonora ihr fortgenommen worden ist. Sie erfährt nicht, daß ihre Tochter auch an Bord ist, in einem anderen Teil des Flugzeugs. Ob jemand ihr dies gesagt hat oder ob sie es nur vermutet, wissen wir nicht, aber als die Maschine in Bromma landet, ist sie der festen Überzeugung, daß sie nach Sibirien gebracht worden sind. Es ist der 14. Mai, und sie sind im letzten Augenblick herausgekommen.

»Der Beginn eines jeden Krieges ist wie das Aufstoßen eines großen Tors in einen dunklen Raum. Man weiß nicht, was hinter dem Dunkel verborgen ist«, sagt Adolf Hitler an dem Tag, an dem seine Truppen die Grenze zu einer nahezu unvorbereiteten Sowjetunion überschreiten.[1] Die deutsche Offensive ist massiv und völlig überwältigend.

Die Heeresgruppe Nord unter der Führung von Generalfeldmarschall Wilhelm von Leeb rückt ebenso schnell vor wie die anderen Gruppen. Schon nach drei bis vier Tagen ist Litauen erobert, nach einer Woche Lettland. Am 26. Juni ziehen deutsche Truppen in Dvinsk ein. Fünf Tage später marschieren sie unter dem Jubel der Bevölkerung in die lettische Hauptstadt Riga ein. Die meisten Letten sind überglücklich, die Russen los zu sein. Für die lettischen Juden – und für alle anderen Juden unter deutscher Herrschaft – soll der Alptraum erst beginnen.

Unmittelbar hinter den großen Invasionstruppen, entlang der gesamten ausgedehnten Front zur Sowjetunion, agieren vier spezielle SS-Verbände, genannt Einsatzgruppen. Diese SS-Verbände folgen den Truppen dicht auf den Fersen und bewegen sich mit diesen systematisch von Ort zu Ort. Sie haben nur einen Auftrag: Juden zu ermorden. Jedesmal, wenn ein solcher Verband an einen neuen Ort kommt, sammelt man die Juden und führt sie an speziell ausgesuchte, oft entlegene Plätze fern der Siedlungen. Dort müssen sie sich nackt ausziehen und vor frisch ausgehobene Gräben stellen. Damit die Operation so schnell und so effektiv wie möglich vonstatten geht, müssen die Juden sich unmittelbar am Rand der Gräben aufstellen, so daß sie, wenn sie erschossen werden, von der Wucht der Schüsse und aufgrund ihres Gewichts direkt in ihr Grab fallen. Nachdem auf diese Weise eine jüdische Gemeinde liquidiert worden ist, beschlagnahmen die SS-Männer das Eigentum der Mitglieder. Dies ist die Art und Weise, in der Heinrich Himmler seinen neuen Auftrag erledigt.

Der *Einsatzgruppe A* sind die baltischen Länder zugeteilt worden. Der Leiter der Gruppe, Franz W. Stahlecker, berichtet, daß seine Gruppe zwischen dem 23. Juli und dem 15. Oktober 1941 135 567 Juden liquidieren konnte, davon 80 311 in Litauen, 474 in Estland, 7620 in Weißrußland und 30 025 in Lettland.[2] Es ist ein Film erhalten, der von dem deutschen Soldaten Rudolf Wiener aufgenommen worden ist. Dieser Amateurfilm, der nur dreißig Sekunden dauert, zeigt die Ankunft eines Lastwagens mit Juden an einem entlegenen Ort. Man befindet sich dem Urheber des Films zufolge in der Nähe der lettischen Stadt Liepaja – auf Deutsch Libau. Die Juden werden vom Lastwagen gescheucht, und man sieht sie in Reihen zu einer Grube laufen. Die letzten Sekunden des Films zeigen, wie die Gruppe am Rand der Grube steht. Die Männer vor ihnen heben ihre Gewehre, sie schießen, und die Juden fallen. Dann kommt die nächste Gruppe ...

Das Recht, diesen Film zu zeigen, wird heute von Reinhard Wieners Ehefrau Henny und Sohn Volker an die Fernsehgesellschaften verkauft, die bereit sind, fünftausend Mark zu bezahlen. Das Bundesarchiv hält mit Genehmigung der Familie Wiener eine Kopie bereit. »Es handelt sich ja um exklusives Material«, sagt Volker Wiener, »das einzige in der ganzen Welt, das zeigt, wie Juden erschossen werden.«[3]

Die deutschen SS-Verbände müssen nicht allein arbeiten. In Lettland bekommen sie ungewöhnlich große Hilfe von der ortsansässigen Bevölkerung. Lettische Mördertruppen werden aufgestellt, und diese organisieren nach und nach, häufig auf eigene Faust, Pogrome und Plünderungen bei Juden. Manchmal treiben sie auch die Juden zusammen, bringen sie zur Synagoge am Ort, sperren sie dort ein und legen Feuer an das Gebäude.[4] Die Deutschen nennen dies »Selbstreinigungsaktionen«. Die *Deutsche Wochenschau* bringt im Sommer 1941 einen Bericht, in dem gezeigt wird, wie lettische Männer Juden jagen und einfangen.[5] Die Juden, die in dem Bericht der »Sowjetspionage« beschuldigt werden, werden an Haaren und Kleidern über die Straße zu wartenden Autos gezogen. Später im gleichen Film sieht man die große Synagoge in Riga brennen. Die Flammen schlagen aus den Fenstern und dem Dach. Was man nicht sieht, sind die Menschen in dem brennenden Gebäude.

Unter ihnen befindet sich Max Murduch Westermann, Lederwarenhändler und Vater von Anja Westermann, verehelichte Storch.[6]

Valentine Lasmane, die als Flüchtling aus Lettland nach Schweden gekommen ist, hat erzählt, wie es vor sich ging, wenn die Deutschen Letten anwarben, um die Säuberungsaktionen durchzuführen:

»Als die Deutschen kamen, sagte mein Vater, ich sollte Riga verlassen und aufs Land gehen«, erzählt sie. Während der sowjetischen Besetzung hatte sie als Redakteurin für die lettische Nachrichtenagentur gearbeitet, doch weil sie auch ausgebildete Lehrerin war, bewarb sie sich an einem landwirtschaftlichen Gymnasium in Malnava, nicht weit von der russischen Grenze.

»Ich kam im August 1941 dort an. Die Schule, an der ich arbeiten sollte, war schon von SS-Leuten in Besitz genommen worden. Es war ja ein Internat, und die Soldaten mußten irgendwo wohnen. Aber der Unterricht ging wie gewöhnlich weiter – auch wenn der Rektor der Schule mir sagte, ich müßte ›höflich gegenüber dem SS-Oberst sein‹. Also unterhielt ich mich häufig mit ihm, auf Deutsch. Ich konnte ja Deutsch, und ich ging davon aus, daß er und die anderen Soldaten kein Lettisch konnten. Wir waren jedenfalls nicht besonders vorsichtig, wenn wir in ihrer Nähe miteinander sprachen.«

Eines Sonntagabends werden alle deutschen Lehrer der Schule zu einem Fest bei den Deutschen eingeladen. Man hat groß aufgetischt, und der Oberst bietet großzügig Wein an. Zur gleichen Zeit, aber an einer anderen Stelle in der Schule, sind auch die Schüler zu einem Fest eingeladen. Oder eher die Jungen aus zwei Klassen.

»Die Mädchen mußten zu Hause bleiben. Es waren einfache Soldaten, Unteroffiziere und dergleichen, die die Jungen zum Fest eingeladen hatten. Wir Lehrer wußten von all dem nichts.«

Am Montagmorgen kommt Valentine in ihre Klasse. Sie findet nur eine Gruppe weinender Mädchen vor. Jungen sind keine da.

»Ich fragte: ›Was ist los?‹ Aber sie weinten nur. Schließlich schluchzte ein Mädchen: ›Wissen Sie denn nichts? Wissen Sie nicht, was passiert ist?‹ Ich versicherte ihnen, daß ich nichts gehört hatte. Und da erzählten sie: In der Nacht hatten die Soldaten die Jungen mit Wein bewirtet. Eine Flasche nach der anderen. Als sie betrunken waren, wurden sie in einen anderen Raum geführt. Da bekam jeder Junge ein Gewehr. Dann brachten die Deutschen sie zu einem Lastwagen, und gemeinsam fuhren sie in eine benachbarte Ortschaft, Karsava. Alle Juden von Karsava waren an einer Stelle versammelt worden, außerhalb des Ortes. Die Jungen erschossen sie.«

Valentine berichtet, daß von den fünfzehn Jungen, die damals dabei waren, heute keiner mehr lebt.

»Die meisten ließen sich für die deutsche Wehrmacht anwerben. Einer beging Selbstmord. Der Oberst war gar kein Deutscher. Er war Baltendeutscher und konnte perfekt Lettisch. Er hatte Klassen ausgewählt, von denen er wußte, daß die meisten Jungen elternlos waren, ihre Eltern waren während der Sowjetzeit nach Sibirien deportiert worden.«[7]

Die SS-Männer sind zwar durchaus effizient bei ihren Liquidierungsaktionen, aber dennoch sieht man nach einigen Monaten ein, daß allzu viele Juden durch die Maschen geschlüpft sind. Unmittelbar vor dem Beginn der »Operation Barbarossa« haben die Russen »feindliche Elemente«, darunter fünftausend Juden, nach Osten evakuiert. Außerdem schlossen fünfzehntausend Juden sich den zurückweichenden russischen Truppen an, und viertausend hatten Lettland schon vor der russischen Invasion verlassen.[8] Von den siebzigtausend Juden, die noch in Lettland waren, haben die Deutschen nur zwei Drittel liquidieren können. Es ist Zeit für eine neue, effizientere Strategie. Man beschließt, die Juden in Ghettos zu konzentrieren. Von dort können sie anschließend systematisch fortgebracht und ermordet werden. Diese Vorgehensweise ermöglicht es auch, daß die Juden, die »am wenigsten erwünscht« sind – die Jungen, die Alten und die Kranken – zuerst ermordet werden können. Die übrigen können unterdessen zur Zwangsarbeit herangezogen werden.

Ende Oktober wird das Ghetto in Riga eingerichtet. In der Stadt befinden sich noch 32000 Juden. Sie werden sämtlich in den Moskauer Vorstadt genannten Teil der Stadt gebracht – dort müssen sie in einigen Vierteln leben, die früher nur 5000 Menschen beherbergt haben. Dieses erste Ghetto, das sogenannte *Große Ghetto*, besteht nur kurze Zeit. Es existiert siebenunddreißig Tage.

Ende November wird gut die Hälfte der Einwohner des Ghettos, die arbeitstauglichsten unter ihnen, in ein sogenanntes *Kleines Ghetto* gebracht. In der Nacht zwischen dem 29. und 30. November gehen deutsche und lettische SS-Männer, die meisten dem Vernehmen nach betrunken,[9] in das große Ghetto. Ein Teil der Juden wird an Ort und Stelle getötet, doch die meisten werden zu einem nahegelegenen Wald gebracht, dem Rumbuliwald. In diesem Wald sind von sowjetischen Kriegsgefangenen schon große Gräber ausgehoben worden. In der bitteren Winterkälte müssen alle, Frauen, Männer und Kinder, sich nackt ausziehen. Dann treibt man sie an den Rand der Gräber, wo sie erschossen werden. Die Opfer, die als nächstes an der Reihe sind, stehen dabei und müssen zusehen.

Deutschen Dokumenten zufolge werden in dieser Nacht 10 000 Juden erschossen, jüdischen Schätzungen zufolge fast 15 000. Am nächsten Morgen ist das große Ghetto leer.

Einigen Menschen ist es mit Hilfe der jüdischen Polizei des Ghettos gelungen, aus dem Großen Ghetto in das Kleine Ghetto zu fliehen. Sie versuchen den Bewohnern dort zu erzählen, daß ihre Familien gerade ermordet worden sind. Man glaubt ihnen nicht.

Eine gute Woche später, am 8. Dezember, ist das Kleine Ghetto an der Reihe. An diesem Tag werden im Rumbuliwald 12 000 Juden ermordet. Von Rigas 40 000 Juden leben jetzt noch 4800. In ganz Lettland leben nur noch 9000 Juden.[10] Ein Jahr zuvor waren es 90 000. Lettland ist fast *judenrein.*

Eins hat Gilel Storch aus Lettland mitgebracht, und das sind gute deutsche Kontakte. Viele seiner baltendeutschen Freunde haben sich über lange Perioden in Deutschland aufgehalten oder sogar dort gelebt. Einer seiner wirklich guten Freunde ist der Bankdirektor Ottokar von Knieriem, Vertreter der Dresdner Bank und seit einiger Zeit in Stockholm tätig. Doch gerade zu dieser Zeit scheint von Knieriem sich bei der Hauptgeschäftsstelle in Berlin aufzuhalten. Am 5. Juli schreibt Gilel nämlich an von Knieriem in Berlin. Er hat ein Telegramm aus Riga erhalten, das ihn beunruhigt. Es ist am 19. Juni aufgegeben word, drei Tage vor Beginn des »Unternehmens Barbarossa«. Weil die Deutschen in der Zwischenzeit Riga eingenommen haben, kann von Knieriem ihm vielleicht helfen:

Hoch verehrter von Knieriem!
Erlauben Sie mir, Sie mit dem folgenden Wunsch zu belästigen.

Am 19. Juni erhielt ich folgende Mitteilung aus Riga: »Mulija schwer krank«. Ich entnehme ihr, daß mein Bruder Samuel, der in Dvinsk lebt, von den Bolschewiken festgenommen worden ist. Danach habe ich nichts mehr gehört. Ich hoffe, die Russen sind nicht so weit gegangen, meinen Bruder nach Rußland zu deportieren, so daß er noch die Möglichkeit hat, freigelassen zu werden. Da ich jedoch nichts Eindeutiges weiß oder in Erfahrung bringen kann, wäre ich Ihnen außerordentlich dankbar, wenn Sie mir helfen könnten, Informationen über das Schicksal meines Bruders zu bekommen. Seine frühere Adresse war Aizsargu iela 50, Dvinsk [...]

Ihr sehr ergebener
Gilel Storch[11]

Gäbe es nicht diese kleinen besorgniserregenden Hinweise aus Lettland, wäre der Sommer 1941 eine relativ glückliche Zeit für die wiedervereinte Familie Storch. Zwar ist Gilel immer noch von der Abschiebung bedroht, aber er hat trotz allem eine vorläufige Frist bekommen. Die Storchs suchen jetzt nach einer Wohnung, so daß sie das ständige Hoteldasein aufgeben können. Und Gilel kann endlich versuchen, sich wieder seinen Geschäften zu widmen. Denn das ist er mit Leib und Seele – Geschäftsmann.

Im Juli nimmt Storch Kontakt zu seinem alten Bekannten Edmund Hölzermann bei der Berlinabteilung der Pommerschen Handelskammer auf. Herr Hölzermann ist ihm schon früher behilflich gewesen, wenn es darum ging, russische Rohwaren in Deutschland zu verkaufen. Und weil Storch jetzt tonnenweise Rohwaren im Stockholmer Freihafen und in Helsingborg eingelagert hat, die ihn jeden Monat große Summen kosten, sucht er Kontakt mit Hölzermann, um zu sehen, ob dieser ihm helfen kann, einen Teil der Ware in Deutschland zu veräußern. Es geht teils um die 10800 Bündel russische Schafsdärme, aber vielleicht vor allem um die 1000 Tonnen Nephelinkonzentrat, die in Helsingborg liegen. Diese verursachen ihm viel Kopfzerbrechen. Das Nephelinkonzentrat, betont Storch, ist von ungeheurem Wert, weil man daraus Aluminium und Alkalien gewinnen kann – außerdem wird es in der Glas- und Keramikindustrie verwendet. Storch versucht verschiedene Male im Jahr 1941 und im Frühjahr 1942, schwedische oder deutsche Interessenten für diese Partie zu finden.[12] Es wird nicht klar, ob er Erfolg hat. Klar wird aber, daß Gilel Storch immer noch in erster Linie Geschäftsmann ist – ein Geschäftsmann mit wenig Skrupeln, wo und an wen er seine Waren verkauft. Die Politik dringt nur insoweit in Storchs Leben ein, als sie ihn persönlich berührt. Oder seine Familie.

12

Nach der Verlängerung seines Visums in Schweden hatte der lettischstämmige Spion Edgar Klaus sich bei Oberst Wagner, dem örtlichen Abwehr-Chef, gemeldet. Das Abwehr-Büro, das sogenannte »Büro Wagner«, lag in der Kaptensgatan 6 in Östermalm.

Zehn Agenten waren dem Abwehr-Büro in Stockholm unterstellt. Einer von ihnen hatte nach dem Mai 1941 nur eine einzige Funktion: Verbindungsmann zwischen dem neuen Spion Edgar Klaus und Berlin zu sein.[1] Dieser Mann – er hieß Werner Boening – war bei der Deutschen Botschaft »Experte in Filmfragen«. Die beiden Männer kannten sich von früher – Boening war schon in Litauen Klaus' Abwehr-Kontakt gewesen.

Boening bestellte und bezahlte Klaus' Suite im Carlton Hotel. Vermutlich war er auch der einzige, der vollen Einblick in Klaus' Auftrag hatte.[2] Die Zeit war knapp – bei Klaus' Ankunft war es nur noch ein Monat bis zum Angriff auf die Sowjetunion –, und die beiden wußten, daß Klaus mit seiner Arbeit rasch in Gang kommen mußte, wenn es ihm noch gelingen sollte, Kontakte zu sowjetischen Gesandtschaft zu etablieren. Klaus beschaffte sich ein Radio mit sehr starkem Empfänger und eine Schreibmaschine mit kyrillischen Buchstaben. Morgens und spät abends saß er vor seinem Radio und hörte ausländische, vor allem sowjetische Sender ab. Nachmittags ging er mit Werner Boening ins Kino *Saga* in der Kungsgata.

Offiziellen schwedischen Angaben zufolge mietete Klaus den Vorführungsraum im vierten Stock des *Saga*, um dort Filme zu prüfen. Hierfür sollte er zwischen 25 und 75 Öre per Filmmeter erhalten haben.[3] In Wirklichkeit verbrachte er seine Zeit im Kino damit, »russische Filme« anzuschauen und anschließend mit Boening »russische Verhältnisse« zu diskutieren. Klaus beklagte sich häufig über die schlechte Qualität der Filme.[4] Vermutlich war der Zweck dieser Kinostunden, daß Klaus sich mit dem Aussehen der Angestellten an der Sowjetischen Botschaft in Stockholm bekannt machen sollte.[5]

Trotz wiederholter Anstrengungen gelang es Klaus mehrere Wochen lang nicht, Kontakt mit der sowjetischen Gesandten Alexandra Kollontai anufzunehmen. Mitte Juni reiste Boening nach Berlin, um Bericht zu erstatten. Er kehrte mit der ausdrücklichen Order von Canaris zurück, daß Klaus seinen Auftrag unverzüglich ausführen solle. Wenn man nicht mit Frau Kollontaj selbst Kontakt aufnehmen könnte, müßte jede Anstrengung unternommen werden, statt dessen mit dem Militärattaché Nikitin oder einer anderen hochgestellten Person an der Botschaft in Verbindung zu treten.[6]

Klaus gelang es nicht, den Auftrag auszuführen. Die sowjetischen Repräsentaten zeigten keinerlei Interesse, ihn zu empfangen. Am 22. Juni griff Deutschland die Sowjetunion an. Und die Sowjetunion, die bis dahin auf seiten der Deutschen gestanden hatte, wurde jetzt mit Großbritannien verbündet. Nicht nur Admiral Canaris, auch Klaus selbst war zerknirscht. Jetzt, davon waren sie überzeugt, gab es für Deutschland keine Hoffnung mehr.

Anfang November 1941 wird Felix Kersten ins Büro von Reichsführer Himmler gerufen.

»Heute ist Himmler sehr deprimiert«, schreibt Kersten in sein Tagebuch. »Er ist gerade aus der Kanzlei des Führers gekommen.« Kersten führt seine übliche Behandlung durch, aber diesmal läßt das Ergebnis auf sich warten. Also versucht er vorsichtig, seinen Patienten zu fragen, was los ist. »Nach großem Druck und vielen Fragen von meiner Seite erzählte er mir, daß die Vernichtung der Juden geplant sei.« Kersten ist entsetzt. Und Himmler ist gequält. Es ist offensichtlich, daß er seinen neuen Auftrag vom Führer nicht mit großer Freude ausführt, was auch Himmlers enger Mitarbeiter, der SS-General Karl Wolff bestätigt hat.[7] Wolff war nämlich dabei, als Heinrich Himmler zum ersten Mal in seinem Leben einen Menschen sterben sah.

Einige Monate zuvor, im Sommer 1941, hatten Heinrich Himmler und Karl Wolff Minsk in Weißrußland besucht. Zufällig hatten sie davon gehört, daß am selben Tag eine Gruppe »jüdischer Spione und Saboteure« hingerichtet werden sollte – die *Einsatzgruppe B* hatte ja ihr Hauptquartier in Minsk. Himmler erklärte unmittelbar, daran teilnehmen zu wollen. Karl Wolff zufolge äußerte der Reichsführer, es sei gut, daß er es selbst einmal sehen könne.

Die Herren fahren zu einem großen, offenen Feld, wo zwei große Gräben ausgehoben sind. Vor jedem Graben stehen zwölf SS-Soldaten mit Gewehren. Nach einer Weile kommt ein Lastwagen mit der ersten Gruppe Juden. Himmler geht mit festen Schritten an den Rand des einen Grabens. Er will den bestmöglichen Überblick haben. Der Reichsführer steht breitbeinig, die Arme überkreuzt, da und schaut auf die Opfer hinab, die diesmal in ihr Grab geführt worden sind, bevor sie hingerichtet werden, und sich auf den Bauch legen müssen. Als das Echo der Schüsse verhallt, sieht Wolff, wie Himmler plötzlich zusammenzuckt, die Hand ans Gesicht hebt und wankt. Wolff tritt zu seinem Chef und führt ihn vom Graben fort. Himmlers Gesicht ist grün. Mit zitternden Händen zieht er ein Taschentuch hervor und wischt sich die Backe ab, auf die Gehirnsubstanz gespritzt ist. Dann erbricht Heinrich Himmler sich.[8]

Himmler sollte später sagen: »Es war die furchtbarste Aufgabe und der furchtbarste Auftrag, den eine Organisation bekommen konnte: den Auftrag, die Judenfrage zu lösen.«[9]

Daß Himmler schlecht wird, ist für ihn kein Grund, von seinem Auftrag zurückzutreten. Im Gegenteil. Der Auftrag ist vom Führer erteilt, und damit heilig. Einer von Himmlers Untergebenen erinnerte sich, daß Himmler beharrlich erklärte, daß »es sich hierbei um eine von Hitler persönlich [...] angeordnete Maßnahme handelt, die jeder Gerichtsbarkeit, insbesondere auch der SS und Polizeigerichtsbarkeit entzogen seien.«[10]

Und vielleicht entwickelte auch Heinrich Himmler im Lauf der Zeit eine gewisse Lust an seinem Auftrag. Der älteste Sohn eines der engsten Vertrauten Hitlers, Martin Bormann, hat nach dem Krieg von einem Ereignis berichtet, das sein Leben veränderte: Eines Tages während der Schulferien 1944 hatte der damals Vierzehnjährige, der ebenfalls Martin hieß, seine Familie im Berghof besucht, wo Hitler wie viele seiner Mitarbeiter Ferienwohnungen hatten. Wie so häufig während dieser Besuche machte Martin Botengänge für seinen Vater und für Hitler. An eben diesem Nachmittag war er jedoch zusammen mit seiner Mutter und seiner kleinen Schwester von Hedwig Potthast zu Kakao und Kuchen eingeladen. Fräulein Potthast war die Geliebte Heinrich Himmlers, und sie und das gemeinsame Kind des Paares hatten vom Reichsführer in der Nähe des Berghofs eine Wohnung bekommen, ein Haus »in einem verwilderten Garten«.

Nach einer Weile fragte Hedwig Potthast an diesem Nachmittag ihre Gäste, ob sie Lust hätten, etwas sehr Interessantes zu sehen: eine äußerst ausgefallene Sammlung, die Herr Himmler an einer geheimen Stelle auf dem Dachboden aufbewahrte. Die Gäste wurden natürlich neugierig, und voller Erwartung folgten Frau Bormann und ihre beiden Kinder der Gastgeberin auf den Dachboden.

»Als sie die Tür öffnete und wir hineingingen, begriffen wir zuerst gar nicht, was wir da sahen – bis sie es uns erklärte, ganz wissenschaftlich, wissen Sie.« Auf dem Dachboden befand sich eine Sammlung von Möbeln. Aber es waren nicht irgendwelche Möbel, erkannte die Familie Bormann zu ihrem Entsetzen. Diese Möbel waren aus Teilen menschlicher Körper gemacht. »Da war ein Stuhl … die Sitzfläche war ein menschliches Becken und die Beine menschliche Beine – auf menschlichen Füßen. Und dann nahm sie ein Exemplar von Hitlers *Mein Kampf* von einem Stapel … Sie zeigte uns den Einband – aus Menschenhaut, sagte sie – und erklärte uns, daß die Dachauer Häftlinge, die ihn gemacht hätten, dazu Rückenhaut verwendet hätten.«

Martin Bormann erzählt, daß er, seine Schwester und seine Mutter die Treppe hinunter- und aus dem Haus flohen. Nach diesem Besuch wußte der bis dahin vom Nationalsozialismus überzeugte Junge, daß die Gerüchte über das, was in den Konzentrationslagern vor sich ging, der Wahrheit entsprachen.[11]

Während Felix Kersten die sich verkrampfenden Magenmuskeln seines Patienten massiert, hört er zu, wie Himmler zu einem langen Verteidigungsmonolog ansetzt: Die Juden haben sich dies selbst zuzuschreiben, sagte er.

»Der Schaden, den die Juden in Jahrhunderten angerichtet haben – und die Zukunft kann nur noch schlimmer werden – ist von so durchschlagender Art, daß man darauf nur mit ihrer vollständigen Ausrottung antworten kann … Die Juden müssen für den Tod von Millionen von Menschen, für den sie verantwortlich sind, zur Rechenschaft gezogen werden.«[12] Wessen Argumente Himmler darlegt, ist schwer zu beurteilen. Ist dies seine eigene Verteidigungsrede? Oder etwas, das er von Hitler gehört hat?

Die Frage ist, was Kersten mit dieser neuen Information über die geplante Ausrottung machen soll. Er hat nämlich seit einiger Zeit eine sehr interessante Einsicht: Sein Einfluß auf den Reichsführer ist groß. Größer, als er je hat ahnen können. Sein Einfluß ist sogar so groß, daß er bei mehreren Gelegenheiten Himmler dazu gebracht hat, von seiner Loyalität gegenüber Adolf Hitler abzugehen. Es ist Kersten nämlich gelungen, Himmler zu überreden, mehrere seiner Bekannten vor dem sicheren Tod zu retten, manchmal sogar Bekannte seiner Bekannten.

Zum ersten Mal kam Kersten diese Einsicht, nachdem sein Freund und Patient Generaldirektor Rosterg ihn gebeten hatte, sich für einen seiner Vorarbeiter, der aus politischen Gründen interniert worden war, einzusetzen. Dies kam Kersten zunächst als eine fast unmögliche Aufgabe vor. Er wollte Rosterg helfen – der nicht nur ein Patient war, sondern auch derjenige, der Kersten die große Geldsumme gegeben hatte, für die er seinen Hof Hartzwalde gekauft hatte –, aber er konnte nicht sehen, welche Möglichkeiten er hatte, auf Himmler einzuwirken. Als Rosterg nicht lockerließ, entschloß sich Kersten schließlich, die Sache dem Reichsführer gegenüber zur Sprache zu bringen – während einer Behandlung, als dieser unter besonders starken Schmerzen litt.

Kersten hatte vermutet, daß Himmler wütend werden würde. Und er hatte recht. Trotz seiner horizontalen Lage protestierte der Reichsführer lautstark:

»Im Dritten Reich ist niemand unrechtmäßig eingesperrt! Das sollten Sie wissen, Herr Kersten!«

Doch Kersten gab nicht nach, und zu seiner Verblüffung merkte er: Je länger die Behandlung dauerte und je mehr es ihm gelang, Himmlers Schmerzen zu lindern, desto geringer wurde dessen Widerstandkraft. Schließlich gab Himmler nach. Der Vorarbeiter wurde freigelassen!

Für Kersten war dieses Erlebnis ungeheuer inspirierend. Er hatte nie ahnen können, daß er eine derartige Macht über eine der Größen Nazi-Deutschlands hatte. Und er wird sich nicht unwillig zeigen, diese Macht zu benutzen. Immerhin hatte der finnische Gesandte in Berlin, Kivimäki, ihm seinen Segen gegeben, die Beziehung zu Himmler aufrechtzuerhalten – Kersten ist ja finnischer Staatsangehöriger –, gerade weil diese Beziehung von Nutzen sein konnte.[13]

Innerhalb kurzer Zeit gelingt es Kersten nach eigenen Aussagen zufolge mehrere einflußreiche Holländer freizubekommen. Den früheren holländischen Oberbefehlshaber Roell hat er demnach vor einer Todesstrafe gerettet der frühere Premierminister Colijn ist Kerstens Angaben zufolge auf seine Bemühung hin aus dem Gefängnis freigelassen und unter Hausarrest gestellt worden, die Baronesse Heemstra wird vor dem Weg ins Konzentrationslager gerettet usw.[14] Meistens sind es alte Freunde und Patienten oder deren Freunde, zu deren Gunsten Kersten interveniert: Politiker, Adlige, Industrielle. Und nicht selten mit Erfolg.

Aber die Frage ist, was Kersten mit Himmlers neuer Information machen soll, der furchtbaren Information darüber, daß die Juden ausgerottet werden sollen.

Wenn es sich denn tatsächlich so verhielt, daß er diese Informationen von Himmler bekommen hat ... Denn in einem anderen seiner Erinnerungsbücher,

Gespräche mit Himmler, gibt Kersten an, daß er den ersten Hinweis auf die Ausrottungspläne keineswegs von Himmler bekommen hat – im Gegenteil, Himmler soll diesem Buch zufolge angegeben haben, die Konzentrationslager seien eine Art »Ehrenarrest« –, sondern von einem Konzentrationslagerinsassen. Und wesentlich später.

»Dann geschah es im Juli 1942, daß ich in Hartzwalde einen Mangel an Landarbeitern hatte«, schreibt Kersten in dieser zweiten Version. »Einige meiner Nachbarn hatten sich Arbeiter aus Konzentrationslagern geholt. Ich überlegte, daß ich ebenso verfahren könnte, und stellte den Antrag, einige Gefangene als Arbeitskräfte zu bekommen.«[15] Nach »einiger Zeit« erhält Kersten zehn Frauen aus dem Konzentrationslager Ravensbrück, das nicht weit von Hartzwalde entfernt liegt (in einer dritten Version schreibt er, daß die zehn Frauen erst am 27. Juni 1943 nach Hartzwalde kamen).[16] Aufgrund von Transportschwierigkeiten sollen die Frauen auch auf Kerstens Hof untergebracht werden. Sie sind keine Jüdinnen, sondern Zeugen Jehovas. Sie erzählen Kersten, welche Leiden sie haben ertragen müssen und daß viele gefoltert und getötet worden seien.

»Ich war äußerst bestürzt«, schreibt Kersten (dies ist also mindestens acht Monate, und wenn man der dritten Version glauben soll, fast zwanzig Monate nachdem er einem seiner anderen Bücher zufolge von Himmler darüber informiert worden ist, daß die Juden ausgerottet werden sollen!). »Ich mußte alles tun, was in meiner Macht stand, um die Methoden der Konzentrationslager zu bekämpfen und das Leiden der armen Gefangenen zu lindern. Ich mußte politisch Stellung beziehen. Bis dahin hatte ich mich an keiner politischen Tätigkeit beteiligen wollen.«

Kersten gibt in *Gespräche mit Himmler* an, seinen Patienten mit diesen Informationen konfrontiert zu haben, doch dieser habe alles mit einem Lachen abgetan: »Aha, Kersten, Sie fangen an, der feindlichen Propaganda auf den Leim zu gehen! In der Verbreitung solcher Gerüchte über uns ist man wirklich geschickt.«[17]

Welcher Version soll man als Leser Glauben schenken? Daß Kersten Gefangene aus Lagern als kostenlose Arbeitskräfte benutzt, ist jedoch eine Tatsache. Ebenso, daß er diesen Gefangenen einen vorübergehenden Zufluchtsort bietet.

»Wenn wir vollzählig waren, hatten wir bis zu achtzig Personen auf dem Hof«, erinnert sich Kerstens Sohn Arno. »Das Dilemma kam ja am Ende, daran kann ich mich als Kind erinnern, als die Lastwagen vorfuhren und diese Menschen aufluden. Ich war damals ungefähr vier, viereinhalb. Daran erinnere ich mich noch, wie diese Menschen weinten und verzweifelt waren und irgendwohin transportiert werden sollten. Da durften sie nicht mehr bei uns bleiben. Da sollten sie in die Lager zurückgebracht werden. Um wieder eingesperrt zu sein. Danach weiß man ja nicht, was eigentlich passiert ist.« [Gewisse Mitglieder der Zeugen Jehovas scheinen sich jedoch auch bei Kriegsende noch auf dem Hof befunden zu haben, A. d. V.] Auf die Frage, ob Kersten jemals Juden auf dem Hof gehabt habe, antwortet Arno: »Nicht, soweit ich weiß. Das glaube ich nicht. Ich habe nicht davon reden hören.«[18] Noch interveniert Kersten nicht zugunsten von Juden. Aber andererseits wissen wir nicht, wann er eigentlich davon erfährt, daß die Juden ausgerottet werden sollen.

Die Familie Kersten liebt ihren Hof. Für Felix ist er ein Ersatz für den Hof, den die Familie einst in Estland verloren hat. Und jetzt, da er nicht mehr in Holland wohnt – Kersten zufolge aufgrund eines ausdrücklichen Verbots durch Himmler –, wird Hartzwalde sein wirklicher Zufluchtsort. Während der Woche ist er entweder in seiner Wohnung in Berlin oder in Himmlers Zug nahe der Front. Die Wochenenden verbringt er, sooft er kann, in Hartzwalde. Dort wohnt seine Frau Irmgard und dort bringt sie ihre drei Söhne zur Welt. Einer von ihnen bekommt Heinrich Himmler als Patenonkel. Ein zweiter Himmlers engen Mitarbeiter Karl Wolff.

Ein Mann, der in den zwei letzten Kriegsjahren häufig in Hartzwalde wohnt, nämlich Himmlers Astrologe Wilhelm Wulff, beschreibt Kerstens Hof als »unauffälligen Treffpunkt der SS-Prominenz«. Wulff schreibt außerdem, daß Hartzwalde darüberhinaus nicht nur Lagergefangene aufnahm, sondern »ein getarntes Arbeitslager für Spezialisten und als solches eine Filiale des KZ-Lagers Ravensbrück war«.[19] Wie so viele der Personen, die sich nach dem Krieg veranlaßt sehen, ihre Nähe zur nationalsozialistischen Führung zu erklären, ist auch Wulff keineswegs ein über jeden Zweifel erhabener Zeuge.

Anfang September hat Gilel Storch nur eine Sorge: Er hat seit über zwei Monaten nichts von seiner Familie in Lettland gehört, und er schreibt deshalb an einen weiteren deutschen Bekannten, Direktor Röhsner in Troppau, um zu fragen, ob dieser etwas in Erfahrung bringen kann.[20] Knapp drei Wochen später schickt er ein Telegramm an seine Schwester Judith in Jerusalem: »Mir geht es gut mama lebt samuel verschleppt wulf arbeitet hart schicksal der anderen unbekannt.«[21] Irgendwoher hat er erfahren, daß die Mutter Alta, nachdem der zu Hause lebende Sohn Mulija, oder Samuel, wie er eigentlich heißt, verschleppt worden ist, von Dvinsk nach Riga gefahren ist, um bei einem ihrer anderen Kinder zu wohnen. Soweit er jetzt weiß, befinden sich die Geschwister Wulf und Zenja mit Familie sowie die Mutter in Riga, während Genija und ihr Mann in Dvinsk sind. Mulija und seine Frau und ihr Sohn sind immer noch verschwunden.

Elf Tage später, am 9. Oktober 1941, öffnet der schwedische Sicherheitsdienst einen von Gilel Storch an Mr. S. Fraenkel in New York gerichteten Brief. Dieser aufsehenerregende Brief findet sich im Archiv des Sicherheitsdienstes wieder:

Lieber Freund:
Schreckliche Nachrichten haben mich erreicht. Ein großer Teil der respektiertesten Letten und auch eine große Menge Juden sind von den Bolschewiken verschleppt worden. Inzwischen haben die Letten Pogrome durchgeführt, und mehrere tausend Ivrim [Hebräer = Juden, A.d.V.] sind erschossen worden und ihre Heime geplündert. Die jüdische Jugend, die zurückbleiben durfte, muß sehr hart arbeiten, und die meisten Ivrim sind gezwungen worden, ihre Häuser zu verlassen. Dünsberg ist erschossen. Sachs aus Chevak ist mit seiner ganzen Familie ermordet worden. Emilianov und Spaade haben Selbstmord begangen. Petrewitz und Alfred Birsnik sind verschleppt, die meisten Anwälte sind verschleppt. Adolf Feldhun verschleppt, Robert Hoff verschleppt, erschossen, heißt es, doch dies ist nicht sicher. Jakov und sein Schwiegervater, Dozent Pulvermacher, sind im Gefängnis, was die anderen Brüder angeht, weiß man nichts Sicheres. Kvesis lebt, Chaside ein Bruder verschleppt, vielleicht nicht mehr am leben, und der andere Bruder arbeitet furchtbar hart. Professor Mintz verschleppt, Paul Mintz lebt nicht mehr. Einer der Brüder Nurok ist tot, der andere verschleppt. Dubin verschleppt. Finkelstein verschleppt, Kalman Misroch [unleserlich], Isak Misroch lebt. Alexander verschleppt, was die anderen betrifft, unsicher. In mehreren kleinen Städten sind alle Ivrim getötet worden. Die Menschen in Slobadke sind alle tot, heißt es, und dort ist die Lage noch schlimmer. Der Vorsitzende des jüdischen Rates ist Kaufer aus Sassenhof. In der Übergangsperiode sollen 10 000 Männer ermordet worden sein. Die Situation für die Lebenden ist katastrophal.

Es ist unmöglich, Briefe oder Telegramme zu schicken, und weil die meisten Menschen nicht in ihren Häusern leben dürfen oder kein Telefon haben, ist es fast unmöglich, direkt etwas in Erfahrung zu bringen.

Dein Hil[22]

Eine der Forderungen, die Adolf Hitler an Heinrich Himmler stellte, als er ihm den Auftrag gab, die Vernichtung der Juden zu organisieren, war, daß keine Information nach außen dringen durfte. Heinrich Himmler hat diesen Geheimhaltungsauftrag mit Glanz gemeistert. Aber zweieinhalb Monate nach dem Einmarsch der Deutschen in Riga weiß Gilel Storch, was geschieht. Und der schwedische Sicherheitsdienst weiß es auch.

13

Adolf Hitler war nicht der erste in der Welt, der Juden verfolgt und terrorisiert hat. Er war auch nicht der erste, der sie ermordet hat. Hitlers historische »Innovation« bestand darin, daß er beabsichtigte, ein für allemal und auf systematische Weise »die Judenfrage« zu lösen. Zu diesem Zweck nahm er eine ganz neue Technologie in Gebrauch, eine Technologie, die es ihm erlaubte, seinen emotional bedingten Antisemitismus in eine neue und revolutionäre Völkermordoperation zu verwandeln.

Schon als die *Einsatzgruppen* im Spätsommer 1941 ihre Säuberungsaktionen begannen, wußten die Nazis, daß Erschießungen keine besonders effektive Methode waren, um große Mengen von Menschen umzubringen. Im gleichen Sommer bat deshalb Heinrich Himmler seinen Kollegen Rudolf Höß, den Lagerkommandanten von Auschwitz, das Lager für die Tötung von Juden in großem Maßstab herzurichten. Die ersten Experimente mit dem Gas Zyklon B werden im September desselben Jahres an russischen Kriegsgefangenen in Auschwitz durchgeführt. Das erste Vernichtungslager, das in regelmäßigen Betrieb genommen wird, ist jedoch Chelmno in Polen. Dort werden Juden vom Dezember 1941 an hingerichtet. Mit Hilfe von Autoabgasen.

Wie so häufig bei Aktionen der Nazis und Adolf Hitlers zu beobachten, experimentierte man zunächst, bevor ein umfassender Plan festgelegt und ins Werk gesetzt wurde. Was die Vernichtung der Juden betraf, kam der Augenblick für die Festlegung des großen Plans im Januar 1942. Zwei Monate zuvor hatte Heinrich Himmlers »rechte Hand«, Reinhard Heydrich, fünfzehn hohe Beamte und Offiziere zu einem Treffen in einer Villa am Wannsee eingeladen. Das Treffen sollte, wie Heydrich in seiner Einladung schrieb, davon handeln, wie »die Endlösung der europäischen Judenfrage« praktisch durchzuführen sei.

Reinhard Heydrich, Himmlers »Kronprinz«, lebte in einer symbiotischen oder gegenseitig machtverstärkenden Beziehung zu seinem Chef. Die beiden waren, trotz gegenseitigen Mißtrauens, unzertrennlich. Heydrich, der Himmlers Forderung danach, wie ein perfektes Exemplar der arischen Rasse aussehen sollte, entsprach (und dennoch wahrscheinlich wie Hitler den Verdacht hegte, selbst Vierteljude zu sein), war ein eiskalter und brillanter Mann. Er war groß, gut aussehend, eitel und ehrgeizig, zugleich ein virtuoser Violinist und ein ebensolcher Fechter. Heydrich war auch ein genialer Organisator. Walter Schellenberg, einem anderen von Himmlers engen Mitarbeitern, zufolge war Reinhard Heydrich »die verborgene Achse, um die sich das Nazi-Regime drehte [...] Heydrich war geradezu der Meister der Marionetten des Dritten Reiches«.[1] Vieles deutet darauf hin, daß Heydrich die Absicht verfolgte, Himmler eines Tages zu entthronen, vielleicht sogar Adolf Hitler.

Bis auf weiteres hatte Heydrich indessen die praktische Durchführung der Judenvernichtung zu regeln. Und mit brennendem Eifer nahm er sich dieses Auftrags an. Der Hauptzweck der Einberufung einer großen Konferenz war für Heydrich nach der Zeugenaussage eines anderen großen Nazi-Henkers, Adolf Eichmann, nicht nur die Schaffung einer stromlinienförmigen Organisation, sondern auch »ohne Zweifel, die Ausweitung seiner Autorität und Dominanz«.[2]

Die Besprechung war von Heydrich für den 9. Dezember angesetzt worden, aber nachdem am 7. Dezember Japan Pearl Harbour angegriffen und die USA Japan den Krieg erklärt hatten, woraufhin Deutschland den USA den Krieg erklärt hatte, wurde die Wannseekonferenz um gut einen Monat verschoben. Es war jedoch nie die Rede davon, angesichts der veränderten Kriegssituation der »Endlösung« geringere Priorität zu geben.

Die Wannseekonferenz bedeutete den letzten Schritt im Zuge der Verwirklichung von Hitlers Mordphantasie. Heydrich betonte bei dieser Besprechung, daß die Verantwortung für die Durchführung der »Endlösung« einzig und ausschließlich bei seinem Chef Heinrich Himmler lag. Himmler stand nicht nur Heydrich selbst zur Verfügung, sondern die ganze Waffen-SS, der Sicherheitsdienst (SD), die Gestapo und das SS-Wirtschafts- und Verwaltungshauptamt unter Oswald Pohl. Von diesem Tag an wandelte sich die Vernichtung zu einer industriellen Massenmordoperation, und die Mordwaffe hieß Gas.

Das vielleicht Absurdeste ist, daß diese neue, umfassende Mordoperation zu einem Zeitpunkt initiiert und mit höchster Priorität vorangetrieben wird – und damit einen großen Teil von Deutschlands technologischem und organisatorischem Können absorbieren darf, von reiner Arbeitskraft ganz zu schweigen –, als alle Kräfte dringend gebraucht würden, um einer militärischen Katastrophe im Osten entgegenzuwirken. Der russische Winter hat nämlich eingesetzt, und die deutsche Armee verfügt nicht einmal über warme Wintermäntel.

14

Unter normalen Umständen bleibt Felix Kersten nach beendeter Behandlung nicht in Himmlers Büro. Er sitzt zwar gern noch eine Weile im Zimmer des Reichsführers und unterhält sich mit ihm, doch im allgemeinen geht er direkt nach Hause in seine Berliner Wohnung, nachdem er Himmler verlassen hat. Eines Tages, als er seinen Mantel anzieht und auf dem Weg hinaus ist, wird er jedoch von einer bekannten Stimme zurückgehalten:

»Herr Kersten, haben Sie einen Augenblick Zeit?»

Kersten dreht sich um und blickt zu dem hochgewachsenen Mann auf, der vor ihm steht. Er erschauert unwillkürlich.

»Natürlich, Herr Heydrich. Womit kann ich Ihnen dienen?« Himmler hatte dafür gesorgt, daß viele seiner Mitarbeiter, und potentielle Feinde, seinen tüchtigen Masseur konsultierten. Er hatte das Gefühl, sie auf diese Weise unter Aufsicht zu haben. Es war ja trotz allem so leicht, mit diesem magischen Heiler vertraut zu werden. Reinhard Heydrich hatte Himmlers Angebot indessen abgelehnt, so daß Kersten ihn bisher hauptsächlich aus der Distanz wahrnehmen konnte.

»Wenn Sie die Möglichkeit haben, Herr Kersten, würde ich Sie gern zu einem Gespräch treffen. Wann haben Sie Zeit?»

Es gab nur eine Art und Weise, diese Situation anzugehen: mit unerschütterlicher Ruhe. Und einer Prise Neugier.

»Jederzeit.«

»Gut! Was sagen Sie zu heute abend? In meinem Büro. Sagen wir, um neun? Dann kann ich Sie zu einer Kleinigkeit zu essen einladen.«

»Neun Uhr paßt mir ausgezeichnet.«

Reinhard Heydrichs Büro ist eines Führers würdig. Das konstatiert Felix Kersten auf den ersten Blick. In der Mitte des Raums steht ein großer Eichentisch, dahinter sitzt der Obergruppenführer persönlich, und auf dem Tisch stehen drei Fotos: eins von Heydrichs Frau Lina und ihren Kindern. Eins von Himmler. Eins von Hitler. Die Fotos, fühlt Kersten, sind eine Kulisse. Er befindet sich jetzt in Reinhard Heydrichs Königreich.

»Willkommen, Herr Kersten. Sie sind pünktlich.« Heydrich ist aufgestanden und bietet Kersten einen Stuhl an, vor dem Schreibtisch, aber ein Stück davon entfernt. Es ist offenbar, daß es sich nicht um eine Unterhaltung zwischen Ebenbürtigen handelt.

Als sie sich setzen, sieht Kersten, wie Heydrich fast unmerklich auf einen Knopf unter dem Schreibtisch drückt. Kersten räuspert sich.

»Mein lieber Herr Heydrich. Wenn Sie wünschen, daß wir uns ungestört unterhalten, würde ich es vorziehen, Sie nach Hartzwalde einzuladen.«

Heydrich blickt seinen Gast erstaunt an.

»Wieso? Können wir nicht hier ebenso gut miteinander sprechen?»

»Doch, nur mit dem Unterschied, daß in Hartzwalde ich derjenige sein würde, der auf den Knopf drückt.«

Kersten meint einen Schatten von Anerkennung – oder vielleicht nur Respekt? – in Heydrichs Augen wahrnehmen zu können. Der Mann ihm gegenüber schweigt einige Sekunden lang. Dann lächelt er plötzlich breit, und drückt wieder auf den Knopf.

»Sie scheinen mit Abhöranlagen sehr vertraut zu sein, und in politischen Angelegenheit gut informiert.«

Kersten schüttelt den Kopf. »Nein, was Politik betrifft, bin ich weder besonders informiert noch interessiert.« Jetzt sieht Heydrich beinahe ironisch aus.

»Wie schade ... abgesehen davon, daß ich Ihnen das nicht glaube.« Er lehnt sich ein wenig im Stuhl zurück und mustert seinen Gast.

»Jetzt verhält es sich indessen so, daß Sie den Reichsführer behandeln, einen der größten Männer des Reiches – der Welt!« Kersten sagt nichts, sondern wartet darauf, daß Heydrich fortfährt. »Und häufig betrachten große Männer, wenn ein Arzt sie von Schmerzen befreit, diesen als einen Retter. Sie werden empfänglich für seine Ansichten. Es wäre also besser, wenn Sie gut informiert und in der Lage wären zu beurteilen, welche Ansichten sie ihm vermitteln sollen.«

Einen Augenblick sind beide still. Dann beugt Heydrich sich wieder vor:

»Ich glaube, Herr Kersten, Sie sollten daran interessiert sein, unsere Berichte über Finnland ... und Holland ... zu lesen – zwei Länder, die Ihnen sehr am

Herzen liegen, wie ich weiß –, um beurteilen zu können, wie *wir* die Lage in diesen Ländern einschätzen ...«

Kersten spürt plötzlich, daß der Stuhl ihm unbequem wird.

»Ich meine als Vergleich zu Ihren anderen, eventuellen Informationsquellen ... Wir könnten Ihnen sehr behilflich sein.« Jetzt klingt Heydrichs Stimme fast vertraulich.

»Wenn Menschen an Sie herantreten und Sie bitten, Dinge beim Reichsführer zur Sprache zu bringen – Sie bitten, ihnen auf die eine oder andere Weise zu helfen –, dann wäre es gut, wenn Sie sich eine wirklich objektive Auffassung über diese Menschen bilden könnten. Bevor Sie zum Reichsführer gehen. Es ist immer peinlich, seine Auffassung im nachhinein revidieren zu müssen, nicht wahr? Ich bin überzeugt davon, daß es schwer für Sie sein muß, notwendige Fakten über diese Menschen und ihre Interessen zu sammeln. Dabei sind wir Ihnen gern behilflich. Was Sie dann mit dieser Information tun, ist selbstverständlich Ihre Sache.«

Kersten ist sich nicht sicher, aber er findet, daß Heydrich beinah freundlich aussieht.

»Die einzige Gegenleistung, um die ich Sie bitte, falls Sie dieses Material benutzen«, fährt der Mann hinter dem Schreibtisch fort, wäre, wenn Sie dem Reichsführer gegenüber erwähnten, daß *ich* Ihnen geholfen habe, damit ihm klar ist, daß ich mit einer Person, die er so hoch schätzt, loyal zusammenarbeite.«

Einen Augenblick ist es still. Kersten entschließt sich, den Stier bei den Hörnern zu packen.

»Selbstverständlich lese ich gern Ihre Berichte, Herr Heydrich.«

Es hat den Anschein, als sei Reinhard Heydrich es gewohnt, Gäste zum Essen in seinem Büro zu empfangen. Er hat Kersten in ein angrenzendes Zimmer geführt, in dem auf einem massiven Mahagonitisch für zwei Personen gedeckt ist. An jedem Tischende steht ein Leuchter. Offensichtlich werden sie ihre Mahlzeit bei Kerzenschein einnehmen.

Heydrich hat gerade den Rotwein gekostet und die Leinenserviette übers Knie gelegt. Kersten wartet auf ein Signal seines Gastgebers, daß er sich über den sicher delikaten foie gras en brioche hermachen kann, die vor ihm liegt. Heydrich greift endlich zu seinem Besteck. Er lächelt seinem Gast zu:

»Wäre es von Interesse für Sie, das Etablissement zu besuchen, das ich kürzlich in der Giesebrechtstraße eröffnet habe?»

Kersten nimmt einen Bissen. »Etablissement, Herr Heydrich?»

»Ja. Herr Ribbentrop und ich kamen gemeinsam zu der Ansicht, daß wir in Berlin ein Haus brauchen, in dem Ausländer sich vergnügen können. Sonst landen sie leicht in den Händen der schlimmsten Sorte von Prostituierten. Bei uns gibt es doch bessere Mädchen.« Heydrich lächelt. »Außenminister Ciano kommt viel häufiger nach Berlin, seit wir dieses Etablissement eröffnet haben.«

Kersten lacht vorsichtig. Er hat nicht vor, sich umgarnen zu lassen.

»Wie umsichtig von Ihnen, sich die Gesundheit Ihrer Gäste so angelegen sein zu lassen.« Heydrich lacht auch.

»Nicht wahr?« Einen Moment lang ist er still. »Mir ist vorgeschlagen worden, ein gleiches Etablissement für Homosexuelle aufzumachen. Was halten Sie davon, Doktor?»

Kersten antwortet nicht. Er weiß nicht, welche Absicht Heydrich mit dieser Unterhaltung verfolgt, aber er weiß, daß er sich in einem lebensgefährlichen Fahrwasser bewegt. Das Beste ist, ganz ruhig zu bleiben.

»Was für eine wunderbare foie gras.« Kersten wischt sich den Mund ab. »Fast wie im Maxims in Paris.«

Heydrich lächelt, während auch er sich den Mund abwischt. Dann läutet er mit einer kleinen Glocke. Eine Bedienung kommt herein.

»Auf jeden Fall, Herr Kersten, wenn Sie sich die Giesebrechtstraße einmal anschauen wollen – selbstverständlich vom rein medizinischen Gesichtspunkt –, sie steht Ihnen jederzeit zur Verfügung. Sie brauchen mich nur anzurufen. Vielleicht bringe ich Sie selbst hin. Sie können in Ihrem weißen Mantel kommen. Wäre völlig in Ordnung. Ich ziehe mir auch einen an und trete als Ihr Assistent auf.«[1]

15

Es ist kalt vor Moskau im Dezember, sehr kalt. Die deutschen Panzerverbände haben es bis an die Vororte der Hauptstadt geschafft, aber dort sind ihnen die Kräfte ausgegangen. Keiner hatte damit gerechnet, daß man noch zu dieser Jahreszeit Panzerschlachten würde schlagen müssen. Keiner, außer möglicherweise Adolf Hitler. Und er verbietet der steifgefrorenen deutschen Armee jeden Rückzug – wie hoch die Verluste auch sein mögen.

Es hatte in Deutschland Stimmen gegeben, in relativ hohen Kreisen, die den ganzen Feldzug gegen die Sowjetunion als einen Fehler betrachteten. Sie haben allen Grund, sich durch die Ereignisse der letzten Zeit in ihrer Auffassung bestätigt zu sehen. Diese Personen finden sich vor allem im Heer, aber auch im diplomatischen Korps. Und sie werden von nun an den Kern in einer wachsenden deutschen Widerstandsbewegung gegen Adolf Hitler ausmachen. Noch haben die meisten von ihnen indessen keine direkten Absichten, gegen Hitler zu arbeiten – sondern vielleicht eher die Hoffnung, es könnte ihnen gelingen, ihn davon zu überzeugen, nach alternativen Wegen zu suchen. Einer von diesen ist Admiral Wilhelm Canaris, Chef des Amtes Ausland/Abwehr. Canaris will um jeden Preis versuchen, eine deutsche Katastrophe an der Ostfront zu verhindern. Und er nimmt seinen Mann in Stockholm zu Hilfe, den mysteriösen Spion Edgar Klaus.

Am 20. März 1942 beantragt Edgar Klaus bei der Sozialverwaltung ein Rückreisevisum nach Schweden. Er hat nämlich die Absicht, Dänemark zu besuchen. Am 23. März muß er in Kopenhagen sein, erklärt er der Sozialverwaltung, weil seine Anwesenheit bei einer wichtigen Filmkonferenz erforderlich ist.

Klaus' Versuch, Schweden zu verlassen, ist gewagt. Sein Visum läuft nämlich am 8. Mai ab. Doch seine Teilnahme an der »Filmkonferenz« in Kopenhagen wird von seinem Auftraggeber für absolut notwendig erachtet, erklärt er der schwedischen Behörde.

Haben die Schweden einen Verdacht? Vielleicht. Eine Woche vorher, am 13. März, hat der schwedische Sicherheitsdienst ein Gespräch abgehört, das über eine Spezialleitung von der deutschen Botschaft geführt worden ist. Der Anrufer ist ein Mitarbeiter der Abwehr in Stockholm, Berger, der einen »Rittmeister von Lossow« beim OKW in Berlin sprechen will. Das Gespräch hat folgenden Wortlaut

Berger: Hier ist Berger, Stockholm.

von Lossow: Wollen Sie mit dem Oberst sprechen?

Berger: Nein, ich will mit Ihnen sprechen, Herr Rittmeister. Ich sollte mich heute in der Angelegenheit Schönemann wieder melden. Er wird, soweit ich es verstanden habe, am 23. von hier nach Kopenhagen abreisen.

von Lossow: Aha! Die Sache! Ja ... ich habe ja nur nebenbei mit der Angelegenheit zu tun gehabt.

Berger: Ist es nicht möglich, mit Herrn von Lossow zu sprechen?

von Lossow: Ich werde nachsehen, wo er ist. Warten Sie am Telefon. Hallo, guten Tag, hier ist Lossow.

Berger: Ich habe gehört, der Abreisetag soll der 23. sein.
von Lossow: Ja. Also ich sprach gestern mit unserem V.A.A. – nicht wahr? – und sie haben gesagt, daß sie die Aktion dort schon begonnen haben.
Berger: Wie gut!
von Lossow: Und sie erwarten, daß ›unser Freund‹ sich an dem Tag an Ort und Stelle einfindet und hierfür um Erlaubnis ansucht. Also, ich setze voraus, daß es klappt.
Berger: Ja, wunderbar!
von Lossow: Genauer gesagt ist es folgendermaßen: ›Unser Freund‹ soll sich bei einer Konferenz in der Botschaft einfinden! In Kopenhagen.
Berger: Gut! Natürlich!
von Lossow: Haben Sie verstanden?
Berger: Natürlich!
von Lossow: Nicht wahr? Also, wir haben absichtlich die Namen vermieden, die Sie mir neulich mitgeteilt haben.
Berger: Gut!
von Lossow: Sondern es ist nur ›eine Konferenz‹, die da in der Botschaft stattfinden wird.
Berger: Natürlich! Wunderbar! Dann ist es ja klar!
von Lossow: Also: Die Personen brauchen ihn dort – und in der Zwischenzeit haben wir also das Außenministerium dort gebeten, Ihre Botschaft zu unterrichten.
Berger: Jaja, es wird also alles gutgehen …[1]

Was die Sozialverwaltung und der Sicherheitsdienst vermutlich nicht wissen, ist, daß »Schönemann« (manchmal »General Schönemann« genannt) und »unser Freund« identisch sind mit dem Filmexperten Edgar Klaus. Aber sie ahnen, daß Klaus sich nicht mit Film beschäftigt. In einem etwas später verfaßten geheimen Dokument heißt es, daß »durch eine über längere Zeit durchgeführte tägliche Überwachung von Klaus festgestellt werden konnte, daß Klaus nicht mit Personen zusammengetroffen ist oder anderweitig Verbindung gehabt hat, von denen angenommen werden kann, daß sie sich mit Film beschäftigen oder sonstige Beziehungen zur Filmbranche haben. Sein Aufenthalt in der Presseabteilung der Deutschen Botschaft beschränkte sich auf einen täglichen Besuch dort von zehn bis fünfzehn Minuten Dauer.«[2]

Die Sozialverwaltung lehnt Klaus' Antrag auf Erteilung eines Rückreisevisums ab.

Jetzt verzweifeln die Deutschen beinah. Klaus unternimmt zwischen dem 20. und 23. März intensive Versuche, ein Rückreisevisum zu erhalten, aber ohne Erfolg. Am Morgen des 23. kommt ein – wiederum vom Sicherheitsdienst abgehörtes – Gespräch vom OKW in Berlin an die Deutsche Botschaft in Stockholm. Die Person in Berlin bittet darum, mit Werner Boening sprechen zu dürfen, und da dieser nicht zugegen ist, verlangt sie statt dessen nach einem anderen Angestellten der Abwehr, einem Hauptmann Utermark, und der ist anwesend. Der Mann am anderen Ende fragt Utermark, ob er »unsere Angelegenheit« kenne. Utermark bestätigt das. Da bittet der Anrufer ihn, folgendes zu notieren:

»›Unser Freund‹ möchte zu den Leuten gehen, die ihn so lange [zappeln] lassen – ihnen sagen, zu der Besprechung, die vorgesehen war, hätte ein maßgeblicher Herr gefehlt, und daß sie vierzehn Tage verschoben werden müsse.« Der Mann bittet Utermark schließlich, Boening zu bestellen, er solle zurückrufen und mitteilen, »wann der Termin war« und »ob er wieder hinkäme«.[3]

Es ist unklar, wer es ist, der Klaus »zappeln« läßt – ob es schwedische Behörden sind oder möglicherweise sowjetische Kontakte –, aber offenkundig ist eins: Das Treffen kann ohne Klaus nicht stattfinden.

Als die Konferenz nicht wie geplant stattfinden kann und möglicherweise nie wird stattfinden können, unternimmt Admiral Canaris in Berlin einen großen und überraschenden Schritt: Er beschließt, unmittelbar und auf eigene Faust, Hitler eine Initiative abzuzwingen. Er will, daß Hitler selbst, direkt, einen Separatfrieden mit der Sowjetunion suchen soll.

Am 23. März schickt Canaris an Generalfeldmarschall Wilhelm Keitel – den Chef des OKW und einen von Hitlers engsten Vertrauten – eine Notiz: *Betr.: Sonderfrieden Deutschland – Rußland.* Hierin faßt Canaris die »Informationen« zusammen, die in der letzten Zeit eingegangen sind und »die Bereitschaft der USSR zu einem Separatfrieden mit Deutschland betreffen«. Canaris nennt für seine Informationen fünf bis sechs Quellen. Die wichtigste: ein Bericht ihres sehr bedeutungsvollen Nachrichtendienstmitarbeiters (also Edgar Klaus) in Stockholm. In diesem Bericht vom 6. März gibt Klaus an: »Bereits im September und während des ganzen Herbstes, vor allem aber in den letzten Tagen ist die Bereitschaft der Sowjets erkennbar, einen Sonderfrieden mit Deutschland zu schließen.«[4]

Es ist Canaris vermutlich nicht bewußt, aber Klaus' wichtigste Quelle, wenn er überhaupt eine hat, sind wahrscheinlich russische Radiosendungen …

Canaris' Promemoria erreicht den beabsichtigten Effekt. Schon nach wenigen Tagen wird ein großes abendliches Treffen in Hitlers Hauptquartier anberaumt. Anwesend sind neben Hitler eine Reihe von Befehlshabern und Mitgliedern des Generalstabs sowie der Vertreter der Abwehr am Führerhauptquartier Oberstleutnant Werner Schrader. Das Thema für den Abend heißt »Deutsch-russischer Ausgleich«.

Das Gespräch dauert nicht sehr lange. Genau betrachtet besteht es aus einem Monolog Adolf Hitlers. Er verwirft auf der Stelle alle Überlegungen bezüglich eines Vergleichs als das Resultat »ängstlichen Geredes«. Es gibt, Hitler zufolge, nicht die geringste Veranlassung, von der nationalsozialistischen Vision eines Großreiches im Osten abzugehen:

»Ich denke nicht daran, mit Rußland Frieden zu schließen!« sagt er entschieden. Und damit ist die Diskussion über einen Separatfrieden beendet. Anschließend folgt etwas, was als ein gemeinsamer »Ausbruch eines geradezu somnambulen Größenwahnsinns« beschrieben wird. Der Abwehr-Vertreter Schrader entschuldigt sich und verläßt »angewidert« den Raum.[5] Nach diesem Treffen macht Canaris sich ernsthafte Sorgen. Aber er kann bis auf weiteres nichts tun. Adolf Hitler hat eine Vision, und seine Vision ist die einzige, die in Deutschland existiert.

Anfang Mai 1942 scheint um Edgar Klaus herum alles zusammenzubrechen. Nicht genug damit, daß seine Aufenthaltserlaubnis in Schweden am 8. Mai ausläuft. Sein deutscher Reisepaß wird zwei Tage später ungültig. Und aus irgendeinem Grund ist es nicht ganz eindeutig, daß er erneuert wird. Nach einem gewissen Zögern verlängert der deutsche Botschafter in Stockholm, Prinz Victor zu Wied, Klaus' deutschen Reisepaß – doch nur für zwei Monate.

Wilhelm Canaris ist überaus verärgert. Für ihn ist Klaus das notwendige Verbindungsglied zu den Russen (und er hat nicht vor, die Versuche aufzugeben, Hitler dazu zu überreden, einen Separatfrieden mit Rußland zu suchen). Canaris kann nicht verstehen, warum die deutsche Vertretung in Stockholm Klaus derartige Schwierigkeiten macht und sich weigert, seinen Reisepaß zu verlängern.

Am 20. Mai ruft folglich von Lossow aus Berlin bei dem Abwehr-Mitarbeiter

Utermark in Stockholm an. Er erklärt, daß »der Chef« wissen will, ob »unserem Freund« die gebräuchliche Frist bewilligt wird. Utermark antwortet, es gebe keine »gebräuchliche Frist«.

»Aha«, antwortet von Lossow, »wir sehen nämlich in dieser kurzen Befristung ... [unverständlich]. Es scheint ja ein sehr günstiger Moment – und zwar in Hinblick auf – Sie verstehen? Und deswegen ... ist man sehr besorgt!« Utermark antwortet mit der Bitte, von Lossow möge einen Brief an die deutsche Botschaft in Stockholm schicken, »damit wir damit herausgehen und sagen können: ›Bitte, Berlin legt großen Wert drauf!‹«[6]

Das Problem wegen des deutschen Reisepasses wird jedoch bald zweitrangig. Am 28. Mai beschließt nämlich die Sozialverwaltung, daß Klaus binnen fünfzehn Tagen das Land verlassen muß, andernfalls droht ihm die Abschiebung. Er ist in Schweden nicht mehr willkommen.

16

Der Sommer 1942 ist keine glückliche Zeit für die Familie Storch. Die schlechten Nachrichten häufen sich. Mulija und seine Familie sind verschwunden. Gilel glaubt zu wissen, wo in Rußland Mulijas Frau Sonja und ihr Sohn Mendel, oder Menja, sind, aber Mulijas Schicksal ist ungewiß. Einem Gerücht zufolge ist er von den Russen erschossen worden.[1] Und in Briefen, die Gilel im März und April an gute Freunde schreibt,[2] erwähnt er Informationen, nach denen die Deutschen so viele Juden ermordet haben, daß von Lettlands Juden nur noch 29 000 leben. »Mein Schwiegervater ist tot. Mein Schwager ebenso. Über den Rest der Familie weiß ich immer noch sehr wenig.«

Gilel versucht, Geld an Freunde in Lettland zu schicken, »aber das Geld, das ich geschickt habe, ist zurückgesandt worden, weil es ein neues Gesetz gibt, daß in den Ländern, die nach dem 21. Juni 1941 besetzt wurden, kein Geld an Juden ausgegeben werden kann.«[3]

Aufgrund seiner guten Kontakte ist Gilel eine Art Informationszentrale für Lettlands Exiljuden geworden. Und nicht nur für sie. Seit Anfang Februar 1942 gehen auch Briefe von jüdischen Organisationen im Westen bei ihm ein. Am 4. Februar schreibt Leon Kubowitzki, einer der Leiter des *World Jewish Congress* mit Hauptsitz in New York, an Gilel:

Lieber Herr Storch,
Unsere lettischen und estnischen Freunde haben uns mitgeteilt, daß Sie in der Lage sind, uns Informationen über unsere Glaubensbrüder zu geben, die aus Lettland ausgewiesen worden sind oder sich noch dort aufhalten.

Ich brauche Ihnen sicher nicht zu sagen, wie sehr uns daran liegt, Informationen zu bekommen, um so genau wie möglich zu wissen, was ihnen geschehen ist, und ob es irgendwelche Möglichkeiten gibt, ihnen zu helfen.

Wir hoffen deshalb inständig, daß dieser Brief zu dauerhaften Kontakten zwischen uns führen wird, die der Sache der Verfolgten zugutekommen werden.

In Erwartung einer raschen Antwort

Mit freundlichen Grüßen
Dr. Leon Kubowitzki[4]

Mehr als gern gibt Gilel die Information, die er von seinen lettischen Kontakten erhält, an den *World Jewish Congress* weiter. Aber die Information ist selten ermutigend.

Die Sorge um ihre Verwandten zehrt an Anja und Gilel. Gilels Magengeschwüre werden immer schlimmer. Wirtschaftlich ist die Familie Storch indessen weiterhin überaus gut gestellt. Seit Anja und Eleonora nach Schweden gekommen sind, verbringen sie die Sommer im Grand Hôtel Saltsjöbaden bei Stockholm. Sie haben sogar angefangen, mit gewissen schwedischen Gästen des Hotels Freundschaft zu schließen. Gilel hat ja die Fähigkeit, auf Menschen zuzugehen, besonders auf solche, die wie geschäftliche oder politische Kontakte aussehen. Während Eleonora mit dem Kindermädchen schwimmen lernt, sitzen Gilel und Anja beim Nachmittagskaffee an einem Fenstertisch, oft in Gesellschaft eines weiteren Paares.

An diesem Nachmittag sitzen sie indessen allein an ihrem Fenstertisch. Sie sitzen schon lange hier. Der Kaffee ist ausgetrunken, und das Gespräch ist versiegt. Gilel hat die letzte Nummer einer Schweizer jüdischen Zeitschrift, die er abonniert hat, hervorgeholt. Als er die Zeitschrift am Vormittag mit der Post bekam, war ihm ein Artikel ins Auge gefallen, der interessant aussah, doch er hatte noch keine Zeit gehabt, ihn zu lesen. Bis jetzt. Der Artikel ist interessant, sehr interessant, sieht er! Gilel hat ja versucht, an Verwandte und Freunde in Lettland Geld zu schicken, ohne Erfolg. Der Artikel läßt ihn jetzt erkennen, daß er sein Geld vielleicht auf ganz andere Weise verwenden kann – und doch zu dem gleichen Zweck. Der Verfasser des Artikels behauptet nämlich, es gebe Anzeichen dafür, daß es möglich sei, Juden aus den von Deutschen besetzten Gebieten freizukaufen! Es gilt nur, die richtigen Kontakte zu finden.

Es gibt fast nichts Unangenehmeres als jemanden, der sich von hinten an einen heranschleicht, ohne daß man es hört. Gilel konnte nicht verstehen, wie es dem Mann gelungen war, ihm so nahe zu kommen, ohne daß er es bemerkt hatte. Es ist das Räuspern des Mannes, das ihn zusammenzucken läßt.

»Entschuldigen Sie, mein Herr«, sagte der Fremde auf Deutsch, während Gilel auf seinem Stuhl herumfährt. »Es tut mir leid, daß ich Sie erschreckt habe. Das war nicht meine Absicht. Ich konnte es nur nicht bleiben lassen, Ihnen über die Schulter zu schauen. Sie lesen einen so interessanten Artikel.«

Gilel blickt den Mann mißtrauisch an und sieht aus dem Augenwinkel, daß Anja erstarrt.

»Darf ich mich einen kurzen Augenblick setzen«, fragt der Mann, »und den Artikel mit Ihnen diskutieren?»

Gilel sieht seine Frau an. Sie schüttelt schnell den Kopf. Gilel sieht wieder den Mann an. Er sieht distinguiert aus, gut gekleidet, mit Brille und Schnauzbart, und ist in den Sechzigern. Gilel spürt irgendwie, daß er weiß, wer der Mann ist. Seine Neugier obsiegt.

»Natürlich, bitte nehmen Sie Platz.«

Der Mann setzt sich dem Ehepaar gegenüber. Dann streckt er Anja die Hand hin: »Edgar Klaus. Ich komme ursprünglich aus Riga.«

Anja hatte gehört, daß der Fremde kein Hochdeutsch sprach, aber sie hatte nicht geahnt, daß er aus ihrer Heimatstadt kam.

»Aus Riga!«, sagt sie erstaunt, und plötzlich entspannt, und ergreift Herrn Klaus' ausgestreckte Hand. »Wir sind auch aus Riga. Ich habe meine Familie dort!«

»Ich weiß … Frau Storch.« Woher der Mann weiß, wer sie sind, sagt er nicht, aber es ist offensichtlich, daß er nicht zufällig hinter Gilels Stuhl gelandet ist.

»Ich arbeite zur Zeit an der deutschen Botschaft in Stockholm«, fährt Herr Klaus fort. »Ich beschäftige mich mit Kulturfragen. Ich glaube, ich kann Ihnen helfen, Frau Storch. Und Ihrer Familie auch.«[5]

Ungefähr zum gleichen Zeitpunkt befindet sich der Reichsführer SS Heinrich Himmler auf Urlaubsreise, im Nachbarland Finnland. Himmler ist noch nie in Finnland gewesen, obwohl das Land mit den Deutschen im Krieg alliiert ist. Es ist Felix Kersten, sein Masseur, der Himmler für dieses schöne Land begeistert hat. Kersten ist trotz allem noch finnischer Staatsangehöriger und weiß, wovon er redet, und er hat seinen Patienten davon überzeugt, daß Finnlands Seen und grüne Wälder ihm genau die Erholung bieten können, die er für seine angespannten Nerven nötig hat. Der Masseur hat außerdem angeboten, ihn zu begleiten, um sicherzugehen, daß die Reise den beabsichtigten Effekt hat.

Das finnische Außenministerium ist im voraus von dem Besuch informiert, denn Kersten unterhält sehr gute, und häufig recht informative Kontakte zu dem finnischen Botschafter in Berlin, Kivimäki. Dagegen war man im deutschen Auswärtigen Amt bis unmittelbar vor der Abreise gänzlich uninformiert. Es soll sich nämlich um eine inoffizielle Reise handeln. Himmler und Kersten sollen in General Eino Sualahtis Sommerhaus in Tyrväntö wohnen. Dort kann auch der Sohn des Generals, ein Leutnant, dem Reichsführer und seinem Masseur als »Angelführer« behilflich sein.[6]

Ganz privat ist die Reise indessen nicht. Himmler wird den finnischen Präsidenten Ryti und Marschall Mannerheim treffen. Er plant auch, nach Finnisch Lappland hinaufzufahren und den Stab des »Schneegenerals« Dietl zu besuchen – große deutsche Verbände sind ja hier oben stationiert. Und Felix Kerstens Memoiren zufolge hat der Besuch noch einen weiteren Zweck:

> Himmler will mit Präsident Ryti und Außenminister Witting die jüdische Frage diskutieren. Die Brotvorräte in Finnland reichen nur noch für drei Wochen. Himmler erklärt noch einmal offen, daß die Finnen wählen müssen zwischen dem Hunger und der Auslieferung ihrer Juden.[7]

Wie die Deutschen die »Judenfrage« in den besetzten Ländern handhaben, ist eine Sache. Aber wie sollen sie mit den Juden in jenen Staaten verfahren, die wie Finnland Deutschlands Alliierte sind? Sollen diese Juden auch unter den Wannsee-Plan fallen – und deportiert und vergast werden?

In Finnland leben ungefähr zweitausend Juden. Die einzigen Länder in Europa mit weniger Juden sind Albanien und Norwegen.[8] Aber für die Nazis spielt die Anzahl Juden in einem Land nicht notwendigerweise eine Rolle. Die Endlösung ist überall anwendbar.

Laut Felix Kersten hat Himmler ihm vor der Reise folgendes gesagt:

»Hitler will, daß die finnischen Juden nach Maidanek in Polen gebracht werden. Hitler ist der Meinung, daß der deutsche Sieg nahe bevorsteht, und er will sicher gehen, daß eins seiner wichtigsten Ziele erreicht wird, nämlich *die vollständige Ausrottung aller Juden* [Kerstens Kursivierung].«[9] (Man kann auch hier wieder feststellen, daß Kerstens Zeitangaben, was die Vernichtung der Juden anbelangt, verwirrend sind. Dem oben zitierten Abschnitt aus *Gespräche mit Himmler* zufolge, ist ihm also im Juli 1942 vollkommen bewußt, daß die Juden ausgerottet werden sollen.)

Am 29. Juli hebt Himmlers Maschine nach Helsinki ab, via Tallinn. An Bord befindet sich außer Himmler und Kersten SS-Obergruppenführer Karl Wolff. Kersten berichtet, daß Himmler »glücklicherweise« während des Flugs nach Helsinki luftkrank wurde und deshalb in den ersten Stunden nach ihrer Ankunft nichts unternehmen konnte. Statt dessen verbringt er die ersten Stunden in Helsinki in seinem Zimmer, wo sein Masseur ihn behandelt. Kersten nimmt da die Gelegenheit wahr, dem Reichsführer vorzuschlagen, er solle, bevor er etwas anderes tue, die jüdische Frage mit seinen Gastgebern besprechen. Am Tag darauf sind Himmler und Kersten zum Mittagessen bei Staatspräsident Ryti und Außenminister Witting eingeladen. Weil Himmler noch immer unter Übelkeit leidet, kehrt er unmittelbar nach der Mahlzeit ins Hotel zurück. Kersten bleibt jedoch und schmiedet, seiner eigenen Aussage zufolge, Pläne mit dem finnischen Außenminister:

> Er und ich legten ein Programm für unsere Vorgehensweise zurecht. Wir würden uns darauf einstellen, die Sache [die Auslieferung der Juden] zu verzögern. Wir würden versuchen, Himmler zu erklären, daß diese Fragen warten müßten, bis der finnische Reichstag im November zusammenträte. Ihm mußte klargemacht werden, daß die Einberufung einer außerordentlichen Reichstagssitzung gerade zum gegenwärtigen Zeitpunkt gefährlich sei, zu schweren Streitigkeiten unter den Parteien führen würde und somit nicht in Frage käme.[10]

Als Kersten wieder zu Himmler ins Hotel kommt, sagt er ihm – »was natürlich eine Unwahrheit war« –, daß die finnische Regierung, was die finnischen Juden betreffe, theoretisch die gleiche Linie vertrete wie der Reichsführer. Gleichzeitig, betont Kersten, sei die Lösung der Frage im Moment nicht möglich, weil das Parlament im Sommer nicht zusammenkomme. Himmler akzeptiert Kersten zufolge die Erklärung, daß zunächst das Parlament zusammentreten müsse, und ruft Adolf Hitler an, um ihm mitzuteilen, »daß die Verhandlungen zufriedenstellend vorangingen«, womit Hitler sich zufriedengibt.[11]

Am nächsten Tag machen Himmler und Kersten zusammen mit dem Premierminister Rangell eine Autotour. Kersten zufolge greift Himmler dabei die Frage der finnischen Juden auf. Er sagt zu Rangell, daß er »geplant habe – ganz fest –, die Juden mit zurückzunehmen, wenn möglich, bei dieser Gelegenheit. Aber er habe von Herrn Therapeut Kersten gehört, daß es zum gegenwärtigen Zeitpunkt technische Schwierigkeiten gebe, wie die Notwendigkeit, das Parlament ohne Vorankündigung einzuberufen.« Deshalb, erklärt Himmler Rangell, wolle er sich damit zufriedengeben, daß die Frage im November gelöst werde, »schnell und diskret«.[12] Auf diese Weise, so Kersten, werden die finnischen Juden vor der Vernichtung gerettet.

Interessanterweise hat Premierminister Rangell die Autofahrt ebenfalls beschrieben. Und seine Version unterscheidet sich von der Kerstens. Sie lautet:

> Himmler fragte: »Wie ist die Situation bezüglich der finnischen Juden?« Ich antwortete ihm, daß es in Finnland ungefähr zweitausend Juden gebe, anständige Familien und Individuen, deren Söhne in der Armee kämpften wie die anderen Finnen und die respektierte Bürger seien wie alle anderen. Ich beendete meine Erläuterung mit den Worten: »Wir haben keine Judenfrage«, und sagte das mit einer solchen Schärfe, daß die Diskussion über dieses Thema auf der Stelle abgeschlossen war. Die jüdische Frage wurde bei keiner anderen Gelegenheit mit Himmler diskutiert.[13]

Nach dem Krieg schreibt der finnische Botschafter in Berlin, T. M. Kivimäki, an Kersten, er erinnere sich daran, daß Kersten ihm von Hitlers Plänen erzählt habe, Finnlands Juden nach Polen deportieren zu lassen.[14] Aber der finnische Forscher Hannu Rautkallio zieht in seinem Buch *Finland and the Holocaust* den Schluß, daß »›die Frage‹ der finnischen Juden nie Gegenstand von mehr als vorläufigen Sondierungen« seitens der Nazis gewesen sei und daß die Juden eigentlich nie bedroht waren.[15] Nichtsdestoweniger werden im Herbst 1942 acht jüdische Flüchtlinge – Menschen, darunter zwei Kinder, die sich vor dem Nationalsozialismus nach Finnland gerettet hatten, ins deutsch besetzte Estland und weiter nach Auschwitz-Birkenau deportiert. Mit Einwilligung der finnischen Behörden.[16]

Auf die Frage, ob auch die finnischen Juden, die die finnische Staatsangehörigkeit besaßen, so dicht vor der Deportation standen, wie Kersten behauptet, gibt es also keine klare Antwort.

Ein Jahr vor seinem Besuch mit Himmler in Finnland hat Felix Kersten von der finnischen Regierung den sehr prestigeträchtigen Titel »Medizinalrat« entgegengenommen. Und natürlich hat der finnische Staatsangehörige Kersten den Kontakt mit den finnischen Behörden aufrechterhalten, vor allem, wie gesagt, mit dem Botschafter in Berlin Kivimäki, aber auch mit Außenminister Witting. Kerstens eigener Darstellung zufolge war ihm sehr daran gelegen, seine Selbständigkeit gegenüber der Nazipartei zu markieren – weil er weder deutscher Staatsangehöriger noch Nazi war. Die Beibehaltung der finnischen Staatsbürgerschaft diente diesem Zweck. Dies führte auch dazu, daß er im Kreis um Himmler sehr wenige Freunde hatte.

»Von diesen wenigen – denen, die Himmler am nächsten standen – abgesehen, kann ich ohne Übertreibung sagen, daß der ganze Stab mich herzlich haßte«, schreibt Kersten in einem seiner Bücher nach dem Krieg. »Ich war Ausländer, ich hatte mich geweigert, Mitglied der SS zu werden und Uniform zu tragen, und ich hatte mich geweigert, irgendeinen Titel entgegenzunehmen.«[17]

Daß er es, Himmlers Wunsch zum Trotz, kategorisch abgelehnt habe, in die SS oder die Nationalsozialistische Partei einzutreten, genau dies betont Kersten bei verschiedenen Gelegenheiten.[18] Vor dem Hintergrund dieser Behauptungen liest man einen erhaltenen Brief Kerstens an Finnlands Außenminister Witting mit einer gewissen Verwunderung. Der Brief ist am 17. August 1942 datiert, kurz nach Kerstens Rückkehr aus Finnland:

17. August 1942
Via Kurierpost,
Finnische Botschaft in Berlin
Herrn Minister Witting
Außenministerium

Hochverehrter Herr Minister!
Als finnischer Staatsbürger beabsichtige ich, als Arzt in den deutschen Staatsdienst einzutreten.
Reichsführer SS Himmler hat mich gebeten, als sein Arzt in der Waffen-SS aktiv zu sein und eine deutsche Offiziersuniform zu tragen.
Soweit mir bekannt, ist es Finnen im allgemeinen nicht erlaubt, in ausländische Dienste zu treten, falls die finnische Regierung dem nicht zustimmt. Des-

halb suche ich hiermit bei Ihnen, hochverehrter Herr Minister, um Erlaubnis an, in deutschen Dienst zu treten, und möchte ausdrücklich erklären, daß ich weder was mich persönlich, noch was meine Familie betrifft, die finnische Staatsbürgerschaft verlieren möchte.

Mit vorzüglicher Hochachtung
Ihr sehr ergebener
Felix Kersten[19]

Elf Tage später antwortet Witting, daß Kersten keinerlei Gefahr läuft, seine finnische Staatsbürgerschaft zu verlieren,[20] es steht ihm also frei, in die SS einzutreten.

Und tut er es? Der Historiker Boris Salomon hat in deutschen Archiven gesucht und Felix Kerstens »Personalkarte« aus den Kriegsjahren gefunden. Unter der Rubrik »Nationalität« steht auf Kerstens Karte: »deutsch«. Unter der Rubrik »Mitgliedschaften« steht »NSDAP«. Und bei der Unterrubrik »oder sonstige Mitgliedschaften« steht: »SS«.[21]

Am Abend des 10. August sitzt Edgar Klaus im *Operakällaren* in Stockholm. Die Stimmung ist romantisch. Ihm gegenüber sitzt nämlich die Frau, mit der er sich vor kurzem verlobt hat. Fräulein Lilian Allgoth ist eine junge Schwedin, siebenunddreißig Jahre jünger als Klaus und Tochter eines ehemaligen Direktors der *AB Separator*. Edgar Klaus ist schon einmal verheiratet gewesen, in Rußland. Aber die Ehe ist, das hat er seiner Verlobten erzählt, vor zwanzig Jahren aufgelöst worden.

Das Paar hat gerade den Nachtisch serviert bekommen, als plötzlich von der Garderobe des Restaurants her eine gewisse Unruhe zu hören ist. Dann betreten zwei Polizisten den Saal. Sie gehen zum Oberkellner und flüstern ihm etwas ins Ohr. Der Oberkellner schaut sich vorsichtig um, es ist ihm zuwider, wenn die Ordnungsmacht sich in seinem Restaurant zeigt, und zeigt dann, so diskret er kann, auf den Tisch des verlobten Paares. Die Polizeibeamten treten an den Tisch und stellen sich vor: Vilhelm Magnusson und B. G. V. Sandell. Klaus hebt die Hand zum Zeichen dessen, daß die Polizisten aufhören sollen zu sprechen. Dann wendet er sich an Fräulein Allgoth und sagt, in genau der ruhigen und würdigen Art und Weise, über die ein kultivierter Herr wie Edgar Klaus verfügt, daß hier ein Irrtum vorliegen muß. Dann küßt er seiner Verlobten die Hand, steht auf und geht zwischen den beiden Polizisten hinaus.[22]

Edgar Klaus hatte sich einen schwedischen Anwalt genommen, Graf Arran Hamilton, und sich mit einer Schwedin verlobt. Das Amt Abwehr in Berlin hatte die ambivalente deutsche Botschaft in Stockholm eindringlich gebeten, alles zu unternehmen, um Klaus in Stockholm halten zu können. Und die Vertreter der deutschen Botschaft, unter anderem Botschaftsrat von Grolman, hatten zu wiederholten Malen das Ausländerbüro gebeten, Klaus aufgrund seiner »großen Bedeutung für den deutschen Film« in Schweden bleiben zu lassen.[23] Schließlich reiste sogar ein Vertreter des Auswärtigen Amtes (und Verbindungsmann zur Abwehr) nach Schweden, um in letzter Minute zu versuchen, die Abschiebung zu verhindern.[24] Doch diesmal war die Sozialverwaltung, oder eher ihr Kontrollbüro, unerbittlich. Der Abschiebungsbeschluß wird im nachhinein von Gilel Storchs altem Quälgeist, Amtsinspektor Robert Paulson, unterzeichnet ...[25]

Ob Paulson hier nur zufällig in Erscheinung tritt oder nicht, ist schwer zu entscheiden, aber Amtsinspektor Paulson sympathisiert seinerseits mit den Nazis. Und nicht genug damit: Er arbeitet während des ganzen Krieges mit deutschen Vertretern in Stockholm zusammen und verschafft ihnen Zugang zu den geheimen Akten der Sozialverwaltung über Ausländer in Schweden, was erst bei Kriegsende ans Tageslicht kommt.[26]

Die Konstabler Magnusson und Sandell sollen Klaus den ganzen Weg von Stockholm bis nach Saßnitz begleiten. Am 12. August wird er per Schiff von Trelleborg abgeschoben, ungeachtet dessen, daß er nicht im Besitz einer deutschen Einreisegenehmigung ist.[27] In Saßnitz wird Klaus von der Gestapo in Empfang genommen.

Bei ihrer Rückkehr nach Stockholm schreiben die beiden Konstabler einen geheimen Bericht an das Außenministerium.[28] Sie tun dies, weil auf der Polizeistation im Hafen von Trelleborg ein besonderes Vorkommnis eingetreten ist:

»Bei der Ankunft auf der Kriminalstation durfte Klaus auf eigenes Verlangen ein bei ihm befindliches Schreiben zerreißen und wegwerfen«, schreiben sie. Wenn sie auch freundlich genug gewesen waren, Klaus sein Papier zerreißen und wegwerfen zu lassen, so hatten die Beamten doch nicht darauf verzichtet, sich für dessen Inhalt zu interessieren. Sie erzählen, daß sie, nachdem Klaus den Raum verlassen hatte, die Schnitzel wieder aus dem Papierkorb holten und zusammensetzten. Sie sahen, daß es sich um eine Art Brief oder Bescheinigung handelte, eine Liste mit mehreren Namen und Adressen. Da der Brief die Erwartung aussprach, daß die aufgeführten Personen nach Schweden kommen würden, bittet die Kriminalpolizei jetzt das Außenministerium, auf der Hut zu sein und sie zu informieren, wenn »eine der fraglichen Personen nach Schweden einzureisen versucht, da es sich um unerwünschte Tätigkeit der einen oder anderen Art handeln kann«. Der Brief ist beigefügt. Er hat folgenden Wortlaut:

Aus Ghetto O. A. Baltikum/Lettland sollen folgende Personen via Königsberg nach Schweden für spätere Weiterbeförderung in die USA ausgeliefert werden:

Kalman Missoch mit Frau, 75 Jahre, Wallstraße 1
1) Frau Sara Westermann, 60 Jahre, letzte Anschrift: Blaumanastraße 3, Riga
2) Frau Alta Storch, 60 Jahre, letzte Anschrift: Strelnekustraße 2, Riga
3) Frau Zenja Chnoch, 48 Jahre[29], letzte Anschrift: wie oben, Riga
4) Zwei Kinder im Alter 4-6 Jahre, letzte Anschrift: wie oben, Riga
5) Herr Natan Chnoch, 48 Jahre, letzte Anschrift: wie oben, Riga
6) Herr Wolff Storch, 29 Jahre, letzte Anschrift: wie oben, Riga[30]

Gilel Storch hegte offenbar die Hoffnung, daß seine Verwandten noch zusammen wohnten …

17

Edgar Klaus wird in Saßnitz bei seiner Ankunft allem Anschein nach nicht mit Samthandschuhen angefaßt. Die Gestapo verhört ihn Tag und Nacht, achtundvierzig Stunden lang. Dann kommt die Abteilung Abwehr ihm zu Hilfe.

Am 18. August erhält Lilian Allgoth einen Brief von ihrem Verlobten, der sich inzwischen in Berlin befindet. Er schreibt, daß er Schweres durchgemacht hat, aber daß er bald nach Stockholm zurückkehren wird. Doch vorher hat er »unglaublich viel zu tun, muß auch nach Königsberg…«[1]

Vier Tage später, am 22. August, geht Edgar Klaus zur schwedischen Botschaft in Berlin und holt ein neues Einreisevisum und eine Aufenthaltsgenehmigung für Schweden ab. Weitere vier Tage später geht er in Trelleborg an Land. Dort wird er von den Kriminalkonstablern Vilhelm Magnusson und B. G. V. Sandell in Empfang genommen, denselben Polizeibeamten, die ihn zwei Wochen zuvor von Stockholm nach Saßnitz begleitet haben. Und wieder besteigen die drei Männer gemeinsam einen Zug – diesmal nach Stockholm. Edgar Klaus ist wieder da.

Viele Fragen drängen sich auf: Warum bekam Edgar Klaus plötzlich ein Einreisevisum nach Schweden, nachdem er vorher so brüsk abgewiesen worden war? Und was geschah eigentlich in Deutschland? Was meinte Klaus, als er schrieb, er habe »unglaublich viel zu tun, muß auch nach Königsberg fahren«?

Ingeborg Fleischhauer, die ein Buch über die deutschen Separatfriedensangebote an die Sowjetunion geschrieben hat, in dem Klaus eine Hauptrolle spielt, hat eine Theorie. Diese besagt, daß die Sozialverwaltung – und der nazifreundliche Chef ihres Kontrollbüros, Robert Paulson – Klaus in der Absicht auswiesen, ihn wieder zurückkommen zu lassen! Der Zweck der Ausweisung sollte nämlich ein wichtiges und geheimes Treffen in Deutschland sein, genauer gesagt in Königsberg. Fleischhauer verweist auf einen Tip, den der Direktor des Hotel Carlton, in dem Klaus ja wohnt, im Dezember 1942 der schwedischen Sicherheitspolizei gegeben hat. Der Hoteldirektor hat häufig Klaus' Gespräche im Hotel belauscht, und ihm zufolge hat Klaus »während seiner Ausweisung in Deutschland Hitler persönlich einen Besuch abgestattet«.[2] Fleischhauer stellt fest, daß Adolf Hitler eines seiner Hauptquartiere, die Wolfsschanze, in Rastenburg hat. Rastenburg liegt nicht weit von Königsberg entfernt.

Fleischhauers Theorie sind drei Punkte entgegenzuhalten: zum einen, daß die Sozialverwaltung aufrichtig wünschte, Klaus abzuweisen. Nicht die Sozialverwaltung, sondern der für die Flüchtlingspolitik zuständige leitende Beamte im Außenministerium Gösta Engzell veranlaßt, daß Klaus von der Botschaft in Berlin ein neues Visum bekommt. Und die anschließende Korrespondenz zeigt, und zwar ohne allen Zweifel, daß die Sozialverwaltung Engzells Eingreifen nicht schätzt.[3] Die Frage ist folglich eher, welches Interesse das Außenministerium daran hat, daß Klaus in Schweden bleibt!

Zum zweiten: Im August 1942 hatte Adolf Hitler sein Hauptquartier in Vinitsa, tief in der Ukraine.

Zum dritten: Nach Fleischhauer ist es wahrscheinlich, daß Klaus Hitler besucht, weil es sonst »schwer vorstellbar [ist], was den nach Deutschland ausgewiesenen und um seine Rückreise nach Schweden kämpfenden jüdischen Abwehragenten in diesen wenigen Tagen ausgerechnet nach Königsberg geführt haben könnte.«[4] Aber liest man den Brief, den Edgar Klaus zerriß, als er Schweden am 12. August verließ, kann man vielleicht eine bessere Erklärung finden. In diesem Brief steht: »Aus Ghetto O.A. Baltikum/Lettland sollen folgende Personen via Königsberg in Preußen nach Schweden für spätere Weiterbeförderung in die USA ausgeliefert werden.« Königsberg, das heutige Kaliningrad, lag in Ostpreußen, nahe der Grenze zum Baltikum …

Wir werden wohl nie erfahren, warum Edgar Klaus Storchs Brief zerriß, bevor er Schweden verließ. Tat er es, weil er eigentlich gar kein Interesse daran hatte, Storch zu helfen – sondern diesen nur getäuscht hatte –, und wenn ja, warum das? Oder hatte er den Inhalt auswendig gelernt, weil er um die Gefahr wußte, daß der Brief bei seiner Ankunft in Saßnitz der Gestapo in die Hände fallen könnte?

Die Frage ist also: Sollte Klaus in Königsberg Adolf Hitler treffen? Oder fuhr er dorthin, um zu versuchen, die Ausreise für Storchs Verwandte zu regeln?

Gösta Engzell ist ein Staatsdiener, ein typischer schwedischer Beamter. Als er 1938 im Alter von einundvierzig Jahren die Leitung der Rechtsabteilung des Außenministeriums übernahm, der Abteilung, die für Ausländer betreffende Angelegenheiten zuständig ist, war dies ein logischer Schritt in seiner langsam, aber stetig aufwärtsführenden Karriere. Engzells Vorgänger, Folke Malmar, hatte sich als eine Person mit einer ungewöhnlich negativen Einstellung zur Einwanderung von Flüchtlingen, und insbesondere von Juden profiliert.[5] Er verglich unter anderem die Versuche deutsch-jüdischer Familien, Deutschland zu verlassen, mit »Ratten, die das Schiff verlassen«.[6] Malmar, der anschließend Schwedens diplomatischer Abgesandter in der Tschechoslowakei wurde, gibt von dort auch in der Folgezeit seiner Sichtweise Ausdruck, daß jüdische Flüchtlinge Simulanten seien. Im Januar 1939 schreibt er aus der schwedischen Botschaft in Prag:

> Das Haus ist voller Juden, vom Eingang und die Treppen hinauf bis zum zweiten Stockwerk, wo die Kanzlei liegt, wimmelt es. In der Abfertigung arbeiten

> die einheimischen Botschaftsangehörigen in einem Meer von gestikulierenden Armen, Überredungsversuchen, Schimpfworten, Krokodilstränen.[7]

Von seiner Position in Prag aus versucht Malmar auch die weitere schwedische Politik gegenüber jüdischen Flüchtlingen zu beeinflussen. Im Februar 1939 schreibt er zum Beispiel an seinen Nachfolger Gösta Engzell:

> Zuerst möchte ich mich gegen die offensichtlichen Übertreibungen in der Argumentation wenden. In welchem Land in Europa sind z. Zt. »Juden in Lebensgefahr«? Soweit mir bekannt, nicht einmal in der Slowakei [...] Die ständige Berufung auf humanitäre Gesichtspunkte zeugt von sehr wenig Realitätssinn. Wenn gleichzeitig mit den Juden das Problem über unsere Grenzen gelangt – und wahrlich, es braucht nicht mehr viele hundert, und wir haben es uns tatsächlich aufgehalst –, dann ist unsere Einwanderungspolitik wirklich alles andere als humanitär [...] Daß Schweden, das kein Einwanderungsland ist und – abgesehen von Berufsgruppen, in denen Juden nicht tätig sind – es nie werden kann, irgendeinen Beitrag zur Lösung dieser Frage leisten können sollte, ist ein absurder Gedanke.[8]

Engzell beruhigt Malmar damit, daß man im Außenministerium selbstverständlich auch weiterhin restriktiv verfahren wird, was die Einreise von Juden betrifft.[9] Engzell war an der Ausformung des schwedischen Begehrens an Deutschland beteiligt gewesen, die Pässe aller Juden mit einem »J« zu kennzeichnen,[10] und repräsentierte Schweden auf der sogenannten Evian-Konferenz 1938, der internationalen Konferenz, die das Ziel verfolgte, »eine Lösung für das Problem der jüdischen Flüchtlinge« zu finden, und die damit vollständig scheiterte.

Gösta Engzell ist weder leidenschaftlich für noch gegen jüdische Flüchtlinge. Gösta Engzell ist ein pflichttreuer Beamter. Aber was ihn interessant macht, ist die Tatsache, daß er praktisch auf eigene Faust die schwedische Flüchtlingspolitik während des Krieges formuliert und umsetzt.[11] Nicht, weil Gösta Engzell ein Mann mit großer Macht ist, sondern weil keiner von denen mit größerer Macht sich damit befassen mag. Außenminister Christian Günther will »so wenig wie möglich mit derartigen Angelegenheiten belästigt werden«.[12] Kabinettssekretär Boheman hat später geäußert, er habe sich während des Krieges sehr wenig für humanitäre Fragen engagiert.[13] Und der Ministerpräsident selbst, Per Albin Hansson, hat nur ein Interesse: Schweden aus dem Krieg herauszuhalten. Er hat sich nie gegen Deutschlands Judenpolitik engagiert. Er ist ganz einfach uninteressiert an »der jüdischen Frage«, soweit sie nicht Schwedens Risiko, in den Krieg hineingezogen zu werden, beeinflußt.[14]

Weil es keine klaren Anweisungen gibt und die Situation der Juden sich im Verlauf des Krieges radikal verändern soll, wird die Flüchtlingspolitik zwangsläufig immer mehr zu einem Gegenstand von Improvisation. Der Improvisator heißt Gösta Engzell.

Am 7. September 1942 nimmt Gilel Storch ein Taxi von seiner Wohnung in der Furusundsgatan 10 zum Arvfurstens palats. Er hat eine Besprechung. Aus den bewahrten Unterlagen geht nicht hervor, ob die Besprechung geplant ist oder ob es wieder eine der Gelegenheiten ist, bei denen Storch unangemeldet im Büro eines schwedischen Beamten aufkreuzt. Was wir wissen, ist, daß Gösta Engzell ihn empfängt. Am gleichen Tag verfaßt Engzell nämlich ein Promemoria, das folgendermaßen beginnt:

> Der jüdische Geschäftsmann Gilel Storch, Furusundsgatan 10, Stockholm, Tel. 616015, der sich als Flüchtling aus Riga hier aufhält, hat mich heute aufgesucht und u.a. folgendes, unter Betonung des vertraulichen Charakters der Informationen, berichtet.[15]

»Ich möchte mit Ihnen über meine Verwandten sprechen, Herr Staatssekretär.« So beginnt Gilel Storch sein Gespräch mit Gösta Engzell. »Sie sind deportiert worden, zusammen mit Tausenden anderer lettischer Juden, und werden mit ungeheuerlicher Grausamkeit behandelt. Die Männer werden in eine Richtung geschickt, die Frauen in eine andere. Aber ich weiß, wo meine Mutter ist. Sie befindet sich mit meiner Schwester und ihrer Familie im Rigaer Ghetto. Herr Staatssekretär, wenn sie noch leben, dann leben sie unter sehr schwierigen Verhältnissen.«

Gösta Engzell hört seinem Besucher aufmerksam zu. Und Storch hat intuitiv Zuneigung gefaßt zu dem reellen Beamten. Er spürt, daß ihm ein Mensch gegenübersitzt, auf den Verlaß ist. Es ist unmöglich zu sagen, ob dieses Gefühl auf Gegenseitigkeit beruht – Gösta Engzell ist nicht gerade ein Mann, der immer zeigt, was er denkt und meint. Aber er nimmt sich die Zeit, dem energischen, beinah giftigen Flüchtling zuzuhören. Er hat gelernt, sich in Geduld zu üben, und Storch weiß das zu schätzen.

Der Anlaß dafür, daß er die Zeit des Herrn Staatssekretär jetzt in Anspruch nehmen wolle, ist hauptsächlich, meint der Gast, daß er von einigen Fällen erfahren habe, in denen es gelungen sei, durch die Zahlung eines Lösegelds an die Deutschen Ausreisegenehmigungen für Verwandte zu erwirken. Er habe kürzlich von einem Fall gehört, in dem die »Rotterdamische Bank in Amsterdam« offen an eine Person in Schweden telegraphiert habe, daß die Ausreiseerlaubnis erteilt würde, sobald das Lösegeld bei einer Bank einbezahlt sei. Andere Banken wie die Dresdner Bank und eine Bank in der Schweiz vermittelten ebenfalls solche Lösegelder.

»Was die holländischen Juden angeht, ist der Preis höher als für baltische Juden«, betont er.

Nun verhalte es sich so, meint Storch, daß solche Geschäfte auch von Schweden aus möglich seien. Der »Gestapochef« an der deutschen Botschaft in Stockholm solle sie vermitteln können, und dann koste es ungefähr 25000 Kronen, jemanden aus dem von den Deutschen besetzten Gebiet herauszubekommen. Storch habe indessen einen besseren und billigeren Kanal gefunden. Er berichtet Engzell von seiner Begegnung mit Edgar Klaus im Hotel in Saltsjöbaden und daß Klaus gesagt habe, er könne für Storchs Verwandte Ausreisegenehmigungen für »nur einige tausend Kronen« beschaffen. Danach hätten sie sich noch ein paarmal getroffen.

»Und jetzt«, fährt Storch fort, »ist es so weit gekommen, daß ich, bevor ich mit Herrn Klaus weiterverhandele, mich versichern will, daß die schwedischen Behörden meine Verwandten ins Land lassen, falls sie Lettland verlassen können.«

Engzell, der mehr von Klaus weiß als Storch, verhält sich abwartend:

»Muß man nicht befürchten, daß die Deutschen an Personen, die eine Ausreisegenehmigung bekommen, gewisse Forderungen stellen?« fragt er. Storch versteht die Anspielung sofort.

»Ich versichere Ihnen, Herr Staatssekretär«, erwidert er, »daß meine Verwandten kaum eine Verpflichtung unterschreiben können. Es ist ausgeschlossen, daß sie als Spione oder dergleichen für die Deutschen agieren würden.«

Nicht daß Engzell unfreundlich ist zu Storch. Im Gegenteil. Er hat sich sogar die Zeit genommen, ihn anzuhören. Er kann seinem Besucher nur bis auf weiteres keinen positiven Bescheid geben. Der schwedische Staat ist nämlich nicht besonders daran interessiert, Ausländern Einreisegenehmigungen zu erteilen.

Damit ist nicht gesagt, daß die Begegnung von Gilel Storch und Gösta Engzell vergebens war. Sie kann bei dem tüchtigen Staatssekretär ein Samenkorn ausgesät haben, ein wichtiges Samenkorn.

Für Engzell ist die Information, daß Juden deportiert und innerhalb der Städte zwangsumgesiedelt werden, nicht neu. Die schwedische Regierung und die schwedische Presse sind außerordentlich gut informiert. Kurz nach dem deutschen Angriff auf die Sowjetunion hatte beispielsweise das nazifreundliche *Aftonbladet* einen Artikel mit dem Titel *Jüdische Karawane* veröffentlicht. Ein Foto, das eine lange Reihe Juden zeigt, die ihre Habe tragen, hat den flotten Bildtext: »Die große Judenumsiedlung in der Stadt ist in vollem Gange.« In dem Artikel, der von der Zwangsumsiedlung der 23 000 Juden in Kovno (Kaunas) in Litauen handelt, schreibt der Reporter des *Aftonbladet* unter anderem:

> HART – ABER DOCH BARMHERZIG
> Wir sahen die Juden auf den Straßen. Dort kamen sie auf der Fahrbahn, mit dem gelben Stern […] Es war kein erbaulicher Anblick. Ein Erlebnis, das wehtat. Aber was hier geschah, muß in seinem Zusammenhang gesehen werden. Die Juden hatten sich hier wie andernorts den Haß der Bevölkerung zugezogen. So, wie die Situation nun einmal war, lag es auch im Interesse der Juden, daß sie für sich zusammengebracht wurden. Das Ghetto durften sie nicht ohne Erlaubnis verlassen. Und niemand durfte es ohne besondere Erlaubnis besuchen. Hier wurde eine in sich geschlossene jüdische Welt geschaffen. Das würde Ruhe und Ordnung in der Stadt bedeuten. Es würde bedeuten, daß die einheimische Bevölkerung eine Chance erhielt, ihr eigenes Leben zu schaffen.[17]

Ein stetiger Strom von Berichten, ein Teil von Empathie zeugend, andere, wie der obige, fast von Schadenfreude, war der schwedischen Regierung im vergangenen Jahr zugegangen. Sie hatten alle von Deportationen berichtet, von schweren Bedingungen für die Juden, manchmal sogar davon, daß irgendwo ein Massaker an Juden verübt worden war.

Bemerkenswert ist, daß über ein Jahr nach dem Einmarsch in die Sowjetunion und neun Monate nach der Wannsee-Konferenz die systematische Ermordung von Juden noch immer nicht bekannt ist – und dies, obwohl mehrere Millionen Juden und Hunderttausende Zigeuner, Homosexuelle und und andere »Minderwertige« bereits erschossen oder vergast worden sind!

Engzell schreibt nirgendwo, Storch habe ihm berichtet, daß die Mehrzahl der lettischen Juden inzwischen tot ist – wovon Storch offenbar wußte, weil er schon vor mehreren Monaten davon an seine Freunde geschrieben hat.[18] Eine Möglichkeit ist, daß Storch mit Engzell hierüber nicht gesprochen hat. Wahrscheinlicher ist, daß Engzell ihn in dieser Hinsicht nicht ernst nahm. Tage Erlander, der zur gleichen Zeit ebenfalls Kontakte mit Storch pflegte, hat dem Historiker Dov Dinur erzählt, er habe »zuerst Storchs Geschichten nicht geglaubt. Er habe nicht geglaubt, daß die Deutschen wirklich Frauen ermordeten – und Kinder«.[19]

Wenn Engzell in seinem Promemoria schreibt, Storch habe behauptet, daß seine Verwandten, »falls sie noch lebten«, unter sehr schweren Bedingungen lebten, handelt es sich um eine bemerkenswerte Feststellung zu dieser Zeit. So bemerkenswert, daß Engzell direkt nach diesem Satz einen weiteren hinzufügt, dessen Inhalt aber offenbar für so zweifelhaft hält, daß er ihn in Klammern setzt. Der Satz lautet:

> (Storch erwähnte u. a., er habe gehört, daß ungefähr fünfzig Juden vergast worden seien.)

Auf eine Weise ist es erklärlich, daß Engzell diese Feststellung in Klammern setzt. Dies ist nämlich das erste Mal, daß ein schwedisches Dokument während des Krieges die Information enthält, daß »Juden vergast worden« waren.[20] Aber es hätte nicht das erste Mal sein sollen.

18

Kurt Gerstein war ein ziemlich schwieriger Mensch, darin waren sich alle einig. Aber er war auch sehr kompetent, und deshalb sah die Parteiführung allmählich von den früheren Problemen ab, die sie mit ihm gehabt hatte.

Gerstein entstammte einer vaterländisch gesinnten preußischen Familie, und wie alle seine Brüder war er früh in die Nationalsozialistische Partei eingetreten. Im Unterschied zu ihnen widmete Gerstein den neuem revolutionären Strömungen nicht seine ungeteilte Aufmerksamkeit. Kurt Gerstein war gläubiger Protestant und unterhielt starke Bande zur Bekennenden Kirche. Deshalb wurde er 1936 aus der Partei ausgestoßen und später bei verschiedenen Gelegenheiten festgenommen – und sogar ins Konzentrationslager gesteckt.

Als Gerstein schließlich aus dem Lager entlassen wird, ist er arbeitslos. Er hat sich in der Zwischenzeit aber so etwas wie eine medizinische Ausbildung verschafft, und aufgrund dessen und trotz des nicht ausgeräumten Mißtrauens ihm gegenüber wird sein Gesuch um Aufnahme in die Waffen-SS bewilligt. Warum er den Aufnahmeantrag stellt, ist schwer zu sagen. Gerstein selbst sollte später behaupten, es sei ein Versuch gewesen, die »Wahrheit« in Erfahrung zu bringen. Und nachweislich wird er bald in einer ausgezeichneten Position sein, um Informationen darüber zu beschaffen, was eigentlich in den dunkelsten Ecken des Dritten Reichs vor sich geht. Im Januar 1942 bekommt Kurt Gerstein nämlich einen hohen und sehr bedeutungsvollen Posten. Er wird zum Chef der »Desinfektionseinheit« in der Hygieneabteilung der Waffen-SS ernannt.

Am 8. Juni des gleichen Jahres erhält Obersturmführer Gerstein den Auftrag, der über sein zukünftiges Leben entscheiden wird. Einer von Himmlers, oder besser gesagt von dessen Mitarbeiter Adolf Eichmanns, engsten Vertrauten, Rolf Günther, beauftragt Gerstein, einen Spezialtransport an »einen geheimen Ort« zu übernehmen. Die Lieferung besteht aus einer Partie von einhundert Kilo eines sehr giftigen Präparats, das Cyanwasserstoffsäure oder Blausäure enthält. Das Präparat, das in Blechdosen verpackt ist, heißt Zyklon B und soll einem Kriminalkommissar Christian Wirth in einem Lager namens Belzec bei Lublin im südöstlichen Polen übergeben werden.

Gerstein erfährt nichts über den Zweck des Transports, obwohl er ihn vermutlich ahnt. Kurt Gerstein weiß nämlich von der Ausrottungskampagne gegen die Juden.

Gut zwei Monate später, Mitte August 1942, liefert er die Partie ab.

In Belzec gibt es Gaskammern. Auf dem Dach über diesen ist ein Davidstern angebracht. Die Gaskammern werden von Wirth selbst betrieben. Dazu benutzt er Dieselabgase von alten Panzermotoren. Die Methode ist nicht immer effektiv oder zuverlässig.

Der Zufall will es, daß genau an dem Tag, als Gerstein in Belzec eintrifft, die Motoren ausfallen. Gerstein muß deshalb warten, während sie repariert werden. Unterdessen sieht er zwei Stunden und neunundvierzig Minuten lang sieben- bis achthundert Menschen stehen und warten, nackt, in vier kleinen Räumen, jeder circa fünfundvierzig Quadratmeter groß. Als die Maschinen schließlich wieder laufen, dauert es zweiunddreißig Minuten, diese Menschen zu töten.

Gerstein ist schockiert! Er begreift, daß das Zyklon B die Dieselabgase ersetzen soll, und nimmt die gesamte Partie und vergräbt sie. Zu Wirth sagt er, daß das Gift nicht mehr wirksam sei.

Die Demonstration ist jedoch noch nicht vorüber. Nach dem Besuch fährt Wirth seinen Gast nämlich in das Vernichtungslager Treblinka, wo die Unterhaltung weitergeht. Darauf fahren die Herren nach Warschau zurück, nicht ohne zuerst ein delikates Mahl zu sich genommen zu haben.

Gerstein hat »Glück« mit Wirth. Dieser ist in seine Dieselmotoren vernarrt und fordert nicht unmittelbar eine neue Lieferung von Zyklon B. Mit Rudolf Höß, dem Kommandanten von Auschwitz, hat Gerstein nicht soviel Glück. Höß ist begeistert von den Möglichkeiten der Cyansauerstoffsäure, und Gerstein ist gezwungen, ihm große Mengen der todbringenden Behälter zu liefern. Obersturmführer Kurt Gerstein ist der Gaslieferant für die nationalsozialistischen Todeslager geworden.[1]

Die Nacht vom 21. auf den 22. August 1942 wird für Göran von Otter eine schwere Nacht werden. Er sieht es in dem Moment, als er den Zug besteigt. Er ist gerade in Warschau gewesen, um eine Gruppe schwedischer Geschäftsleute zu besuchen, die vor gut einem Monat von den Deutschen inhaftiert worden sind. Der junge schwedische Diplomat hat in diesem Augenblick mehrere Sorgen: Erstens scheinen die Deutschen unerbittlich zu sein, was diese sogenannten »Warschauschweden« angeht. Ihnen droht sogar die Todesstrafe, vermutlich weil sie als Kuriere zwischen der polnischen Untergrundbewegung und polnischen Vertretern in Stockholm fungierten, die dann Informationen an die polnische Exilregierung in London weitergeleitet haben. Außerdem hat von Otter vergessen, für die Rückreise nach Berlin einen Sitzplatz reservieren zu lassen. Er muß die Nacht auf einem Koffer im Gang sitzend verbringen.

Der Zug verläßt Warschau am späten Nachmittag. Offenbar ist es auch anderen so ergangen wie dem jungen Diplomaten, daß sie im Gang sitzen müssen. Einer von ihnen ist ein etwa dreißigjähriger SS-Offizier. Der Schwede merkt bald, daß der junge Offizier scheue Blicke zu ihm herüberwirft. »Er war blaß, wirkte sehr nervös, sehr angespannt«, erinnert sich von Otter. »Wir redeten nicht miteinander, aber er machte mich neugierig; es war offensichtlich, daß er mit mir sprechen wollte.«[2]

Eine knappe Stunde nach der Abfahrt von Warschau bleibt der Zug plötzlich auf freiem Feld stehen. Weil es den Anschein hat, als würde er eine Weile stehenbleiben, klettert von Otter vom Zug, um frische Luft zu schnappen. Der junge SS-Offizier folgt ihm. »Ich bot ihm eine Zigarette an«, erzählt von Otter. »Er lehnte ab, aber flüsterte sofort: ›Ich muß etwas Furchtbares berichten. Kann ich in die Botschaft kommen und mit Ihnen sprechen?‹« Offenbar hatte der SS-Mann vom Schaffner erfahren, daß von Otter bei der schwedischen Botschaft in Berlin tätig war. Der Schwede antwortet:

»Wir können uns doch hier im Zug unterhalten.« Der SS-Offizier nickt, aber bevor sie wieder in den Zug steigen, bricht es aus ihm heraus, und er flüstert:

»Ich habe etwas Furchtbares gesehen ...« von Otter berichtet später, er habe darauf ganz instinktiv reagiert und gefragt:

»Hat es etwas mit den Juden zu tun?»

»Ja. Ich habe gestern über zehntausend sterben sehen«, antwortet der Deutsche.[3]

Die beiden Männer reden die ganze Nacht, auf ihren Koffern sitzend. Der Deutsche zeigt dem Schweden seinen Ausweis: »Kurt Gerstein« steht da. Er erzählt dem Schweden von der Wannsee-Konferenz, er zeigt ihm Dokumente, in denen Zyklon B-Kristalle beschrieben werden, und er zeichnet eine Karte des Vernichtungslagers Belzec. »Am Schluß sagte er, ich sollte Kontakt zu den Briten aufnehmen und ihnen berichten, was vor sich ginge. Sie könnten dann, meinte er, Flugblätter über ganz Deutschland abwerfen. Er war sicher, daß das deutsche Volk, wenn es erst erführe, was in seinem Namen dort geschehe, dies nicht tolerieren würde.«[4]

Von Otter bittet Gerstein um Referenzen – er bekommt die Namen von zwei Personen, von denen er später eine erreicht, die ohne Vorbehalte Gersteins Integrität bezeugt – und er verspricht dem Deutschen, alles zu tun, um die Kenntnis von den Massenmorden an den Juden zu verbreiten.

»Mit all diesen Details, und, ja, seinem Aussehen, seinem gequälten Gesicht, seinem Leiden – es war ein tief christlicher Mensch, der da sprach –, ja, ich glaubte ihm«, sagt von Otter viele Jahre später.[5]

Am Morgen des 23. August, zwei Wochen bevor Gilel Storch Gösta Engzell in seinem Büro aufsucht, kehrt von Otter an die Schwedische Botschaft in Berlin zurück. Seinen eigenen Angaben zufolge berichtet er unmittelbar dem stellvertretenden Botschafter Erik von Post über seine Begegnung mit Gerstein.

»Ich wollte gerade nach Schweden in Urlaub fahren, und er riet mir, *ohne etwas schriftlich niederzulegen* [meine Kursivierung, A.d.V.], direkt dem Außenministerium Bericht zu erstatten.«

Einige Tage später, erzählt von Otter, berichtet er dem »Chef der politischen Abteilung« im Außenministerium. Der Chef der politischen Abteilung heißt zu diesem Zeitpunkt Staffan Söderblom. Und er reagiert anders, als von Otter gehofft htte.

»Er meinte, die Frage sei problematisch«, erzählt ein trauriger von Otter viele Jahre später der Journalistin Gitta Sereny. »Schweden befand sich in einer prekären Lage – die Deutschen auf der einen Seite, Rußland auf der anderen – … Nun ja, nachdem er die Lage zusammengefaßt hatte, bat er mich, die ganze Angelegenheit zu vergessen. Er wünschte mir einen schönen Urlaub und sagte, er werde die notwendigen Maßnahmen ergreifen. Und ich … ich … Ich machte Urlaub … Später – viel später – erfuhr ich, daß er nichts getan hatte.«[6]

Andere haben die Meinung vertreten, es sei der schwedische Botschafter in Berlin, Arvid Richert, gewesen, der von Otter daran gehindert habe, die Informationen, die er von Gerstein bekommen hatte, zu verbreiten.[7]

Was jedoch zweifelsfrei feststeht, ist die Tatsache, daß Kurt Gersteins Hoffnung, der direkte Kontakt zu dem neutralen Schweden würde dazu führen, die schreckliche Wahrheit über die Vernichtungslager bekannt zu machen, sich nicht erfüllte.

Noch ein zweiter deutscher Offizier versucht zur gleichen Zeit, wenn auch weniger detailliert, die Wahrheit über die Judenvernichtung der Weltöffentlichkeit zur Kenntnis zu bringen. Es handelt sich um Oberstleutnant Henning von Tresckow, den Chef der operativen Abteilung beim Stab der mittleren Heeresgruppe an der Ostfront. Im August besucht von Tresckow seinen Freund Heinrich von Lehndorf auf dessen Gut. Unter den Gästen befindet sich auch ein Schwede, Yngve Vendel, schwedischer Konsul in Stettin.

Am 24. August 1942 geht beim Außenministerium ein Bericht der schwedischen Botschaft in Berlin ein. Der schwedische Konsul in Stettin hat von einer kürzlich im »östlichen Deutschland« unternommenen Reise viele Informationen mit zurückgebracht. Zu den aufsehenerregendsten gehört, daß er aus sicherer Quelle Hinweise auf Massenmorde an Juden erhalten hat. Vendel beschreibt im Detail, wie die Juden, unter dem Vorwand, daß sie entlaust werden sollen, vergast werden. Sein Informant, teilt er mit, wünsche, daß diese Information verbreitet wird. »Die Quelle, von der ich sämtliche Auskünfte über die Verhältnisse im Generalgouvernenment erhalten habe«, schreibt Vendel, »ist von einer solchen Art, daß hinsichtlich des Wahrheitsgehaltes der Schilderungen meines Informanten auch nicht eine Spur von Zweifel bestehen kann.«[8]

Auch diese Informationen führen zu keiner Maßnahme seitens des Außenministeriums, obwohl mehrere Regierungsmitglieder und leitende Beamte des Außenministeriums den Bericht nachweislich gesehen haben (was sie mit sogenannten Paraphen am Rand markiert haben). Schwedische Behörden sind ganz einfach nicht bereit, die Informationen über die Judenvernichtung weiter zu verbreiten.

Es ist eine Tatsache, daß man sogar Tendenzen erkennen kann, diese Information direkt zu unterdrücken. Als Stockholms Oberrabbiner Marcus Ehrenpreis fast drei Monate später, am 13. November, sich mit Auskünften, möglicherweise Anfragen wegen der Deportationen von Juden in Polen an schwedische Behörden wendet, wird dies an den schwedischen Botschafter Arvid Richert in Berlin weitergeleitet. Richert antwortet dem Außenministerium, er schlage vor, man solle Ehrenpreis antworten, auch das Außenministerium habe gewisse Gerüchte gehört, die aber nicht hätten bestätigt werden können. Dann beschließt Richert den Brief an den Beamten im Außenministerium auf die folgende vielsagende Art und Weise:

> Ich danke Dir für Deine Umsicht, die von der Botschaft mitgeteilte Information nicht an Ehrenpreis weitergegeben zu haben, ohne zunächst deswegen bei mir nachzufragen, und wage es, darin eine Garantie dafür zu sehen, daß die Auskünfte über die Behandlung von Juden u. dgl., die von der Botschaft erteilt werden müssen, nicht an Außenstehende weitergegeben werden.
>
> *Richert*[9]

Es sind also inzwischen mehrere Monate vergangen, seit Gerstein, von Tresckow und Storch Versuche unternommen haben, die Information über die Judenvernichtung über die schwedische Regierung zu verbreiten.

Hierzu zwei Epiloge: Der erste ist, daß die Geschichte von der Begegnung zwischen Gerstein und von Otter am Ende doch noch bekannt wird. Allerdings nicht vor Kriegsende, am 7. August 1945, als ein sogenanntes Aide-Memoire darüber verfaßt wird. Dieses und von Otters zwei Wochen zuvor geschriebene

Unterlage sind die einzigen Schriftstücke über diese Episode im Archiv des Außenministeriums.[10]

Der zweite Epilog ist, daß von Otter bei Kriegsschluß einsieht, daß Kurt Gerstein, als SS-Offizier und Beteiligter an der Ausrottung der Juden, vermutlich in einer sehr bedrängten Lage ist. Weil nichts über Gersteins Anstrengungen, den Opfern zu helfen, veröffentlicht ist – und die Schweden Gersteins frühe Informationen ja nicht weiterbefördert haben –, beschließt von Otter, der Kommission für Kriegsverbrechen in London über Gersteins Bemühungen zu berichten. »Es dauerte zwei Monate, bis ich diesen Entschluß faßte«, erzählt von Otter Sereny. Am 23. Juli 1945 schreibt er einen langen Brief über Gersteins Bemühung zur Weiterbeförderung an die Kommission.[11] Was er nicht weiß, ist, daß Gerstein sich zwei Tage zuvor, nachdem Anklage wegen »Mord und Beihilfe zum Mord« gegen ihn erhoben worden ist, das Leben genommen hat.

Möglicherweise haben Kurt Gersteins Informationen Gösta Engzell nicht vor dem 7. September 1942 erreicht, denn dann hätte Engzell Storchs Aussagen vielleicht nicht in Klammern gesetzt. Aber es fragt sich, ob dies eine Rolle gespielt hätte. Selbst wenn das Außenministerium die Information entgegengenommen und unter den Alliierten zu verbreiten versucht hätte, wäre vermutlich nichts geschehen. Denn dies ist genau, was Gerhart Riegner zum exakt gleichen Zeitpunkt zu tun versucht.

Gerhart Riegner ist mit nur dreißig Jahren der Vertreter des *World Jewish Congress* in Genf. Die Organisation, die 1936 in der erklärten Absicht gegründet wurde, Juden vor dem Nationalsozialismus zu schützen, hat einen Namen, der den Eindruck erweckt, als handele es sich um eine der mächtigsten Vereinigungen der Welt – »Jüdischer Weltkongreß«. Der Name ist mit Bedacht gewählt. Denn es gibt zu dieser Zeit nicht viele Gruppen in der Welt, die weniger Macht haben als die Juden. Aber wenn man sich wenigstens durch den Namen den Anschein der Wichtigkeit geben kann, dann kann man vielleicht auch – so die Überlegung – bewirken, daß jemand auf einen hört.

Das Hauptquartier der Organisation liegt in New York, aber eigentlich in dem Hotelzimmer, in dem der Generalsekretär Nahum Goldmann sich zufällig gerade aufhält. Der wurzellose Goldmann ist ein anerkannt tüchtiger Organisator und Unterhändler. Aber die wichtigste Einflußquelle ist ihr Vorsitzender, der bekannte Rabbi von New York, Stephen Wise, ein Mann, der über persönliche Kontakte in höchsten Regierungskreisen der USA verfügt.

Gerhart Riegners Position in der Organisation ist schon aus dem einfachen Grund wichtig, daß er sich an einem zentralen Punkt befindet – Genf, mit seiner Nähe zum Schauplatz des Geschehens und seiner Erreichbarkeit für alle Teile: Deutsche, Alliierte, Neutrale. Riegners Aufgabe ist es, Informationen darüber zu sammeln und weiterzuleiten, was mit den Juden in den von Deutschen besetzten Gebieten geschieht.[12] Deshalb ist es nur natürlich, daß die Wahl auf ihn fällt als denjenigen, der die schreckliche Wahrheit über die geplante totale Vernichtung der Juden in Europa weiterleiten soll.

Am Mittwoch, dem 29. Juli 1942, fährt ein aus Breslau kommender Zug im Zürcher Hauptbahnhof ein. Einer der ankommenden Reisenden ist ein Deutscher in mittleren Jahren namens Eduard Schulte. Schulte ist Großindustrieller, geschäftsführender Direktor eines von Deutschlands führenden Grubenunternehmen, der Gieschewerke.

Schulte ist nicht zum ersten Mal in Zürich. Im Gegenteil. Er besucht die Stadt dermaßen oft, daß das Hotel Baur-au-Lac ihm nicht nur jedesmal dieselbe Suite gibt, sondern auch darauf achtet, daß er stets am Bahnhof abgeholt wird. Deshalb wagt er es, Zürich als Reiseziel zu wählen. Eduard Schulte will auf gar keinen Fall Verdacht erregen. Diesmal ist er nämlich nicht in Geschäften nach Zürich gekommen.

Eins von Schultes schwierigsten Problemen vor der Reise ist gewesen: Mit wem sollte er Kontakt aufnehmen? Wem sollte er die ungeheuerlichen Nachrichten, die er jetzt dem Weltjudentum zukommen lassen will, übergeben? Er kennt nur einen einflußreichen Juden in der Schweiz: den Bankier Jacques Rosenstein. Und Rosenstein hält sich im Moment im Ausland auf. In Ermangelung eines Besseren hat er Rosensteins engsten Mitarbeiter gewählt, den pflichtbewußten, aber wenig dynamischen Isidor Koppelmann.

Warum Eduard Schulte sich zu diesem wichtigen Schritt entschlossen hat, wissen wir nicht. Vielleicht haben die Gefühle für seine in Zürich lebende Geliebte, eine Jüdin mit Namen Doris, eine Rolle gespielt. Vielleicht ist Eduard Schulte einfach ein Mann mit einem Gewissen. Vielleicht sind seine Beweggründe, wie bei so vielen Menschen in diesem Krieg, komplex und schwer zu bestimmen.

Als Eduard Schulte am nächsten Morgen Isidor Koppelmann trifft, kommt er direkt zur Sache:

»Isidor, ich muß dir etwas erzählen. Und ich möchte, daß du es so schnell wie möglich an die führenden jüdischen Organisationen in den USA weiterleitest. Ich weiß, daß das, was ich dir erzählen werde, sich unglaublich anhört. Aber ich verspreche dir, es ist absolut wahr. Und du mußt auf der Stelle etwas unternehmen!«

Koppelmann schaut verwundert auf seinen Kollegen. Er ist es nicht gewöhnt, Schulte so emotional und so persönlich zu erleben. Was will er eigentlich erzählen?

»Isidor«, sagt Schulte noch einmal und atmet tief durch. »Adolf Hitler hat beschlossen, daß alle Juden in Europa getötet werden sollen. Nicht alle in einem Ghetto. Nicht alle in einem Lager. Sondern alle. Ich möchte, daß du begreifst: Wenn man nicht auf der Stelle etwas unternimmt, werden am Ende dieses Jahres nur noch sehr wenige, wenn überhaupt irgendwelche Juden in Europa leben.«

Isidor Koppelmann weiß nicht, was er sagen soll. Er weiß nicht einmal, was er fühlen soll. Alles dreht sich in seinem Kopf. Und Schulte muß eingesehen haben, daß der gewissenhafte und nur wenig aktivistische Bankmensch gerade im Begriff ist, das, was er soeben gehört hat, abzublocken. Schulte begreift: Er muß Koppelmann beweisen, daß er ihm keinen Bären aufgebunden hat.

»Isidor, mein Kontor liegt ganz in der Nähe eines Lagers mit Namen Auschwitz. In diesem Lager werden Juden ermordet, jeden Tag, jede Minute, jede Sekunde. Mehrere tausend am Tag. Ich weiß das, weil ich mit Menschen Kontakt habe, die mit diesem Lager zu tun haben. Du sollst mir wirklich glauben, daß meine Informationen hundertprozentig sicher sind.«

Koppelmann schweigt noch immer. Er kennt Schulte als nüchternen und rationalen Menschen, nicht als einen, der phantastische Ideen verbreitet. Er sieht auch ein, daß die Gerüchte, denen zufolge die Juden von den Deutschen nicht nur deportiert, sondern auch ermordet werden, vermutlich wahr sind. Nur wenige Wochen zuvor hat er erfahren, daß seine eigene Schwester nach Transnistrien deportiert worden ist, und im Innersten ahnt er, daß sie nicht überleben wird. Aber systematische Ausrottung? Tausende jeden Tag?

Isidor Koppelmann steht vor der Wahl, sich zu weigern, die furchtbare Geschichte des Industriellen zu glauben, oder sich dafür zu entscheiden, daß Eduard Schulte auch diesmal ein rationaler Mensch ist. Koppelmann wählt letzteres. Intuitiv weiß er nämlich, daß Schulte die Wahrheit berichtet. So fürchterlich sie auch ist.

»Ich möchte, daß du diese Nachricht sofort an führende jüdische Kreise in der Welt weiterleitest.« Schulte hat Koppelmanns Überlegungen unterbrochen. »Nur die jüdischen Führer«, fährt der Deutsche fort, »haben hinreichend Interesse daran, daß etwas getan wird, und genügend Einfluß auf die Regierungen in Großbritannien und den USA, um diese zum Eingreifen zu veranlassen.«

Koppelmann hat sich überzeugen lassen. Aber was soll er jetzt tun? Er kennt keine jüdischen Führer, weder in der Schweiz noch im Ausland. Ihm fällt nur einer ein, dem er dies erzählen könnte, Benjamin Sagalowitz, ein Journalist, einer der führenden Schweizer Experten in bezug auf den Nationalsozialismus, und ein Mann mit weitverzweigten Kontakten. Koppelmann nennt Schulte den Namen Sagalowitz. Schulte kennt den Namen, er erinnert sich, dem jüdischen Journalisten einmal im Haus von Jacques Rosenstein begegnet zu sein. Nach einigem Zögern stimmt er zu, daß Koppelmann Sagalowitz anruft.

Wäre Koppelmann nicht ein so zurückhaltender und besonnener Mann gewesen, hätte Sagalowitz sich nie darauf eingelassen, nach Zürich zu kommen. Er nahm gerade an einem großen Schachturnier in Lausanne teil, und wenn er das Turnier auch nur für einen Tag verließe, würde er seinen Platz verlieren. Schach war Benjamin Sagalowitz' große Leidenschaft. Und auf dieses Turnier hatte er sich lange vorbereitet. Und obwohl Koppelmann am Telefon nicht erzählen konnte, worum das Treffen sich drehte, genügte sein Kommentar, es gehe um Leben und Tod, um Sagalowitz nachgeben zu lassen. Koppelmann übertrieb normalerweise nie, im Gegenteil. In Ordnung, sagt Sagalowitz mit einem Seufzen, er nimmt am nächsten Morgen den Zug nach Zürich.

Für Eduard Schulte reicht dies. Er will Sagalowitz selbst nicht treffen, nicht im Moment. Und er hat außerdem eine wichtige Sitzung in Berlin. Und so verläßt der geschäftsführende Direktor der Gieschewerke das Hotel Baur-au-Lac und fährt weiter nach Deutschland. Jetzt liegt die Information über die Vernichtungslager in den Händen der Schweizer Juden.

Was diese Schweizer Juden von den schwedischen Beamten unterscheidet, ist der Umstand, daß sie bereit sind, Informationen aus zweiter und dritter Hand Glauben zu schenken. Vielleicht weil sie zuvor schon soviel anderes gehört haben, was das beschriebene Szenario – so unglaublich es auch klingt – glaubhaft zu machen scheint. Vielleicht auch, weil sie ganz einfach eine andere Motivation haben als die Schweden.

Sagalowitz geht es zuerst nicht anders als Koppelmann. Was soll er mit dieser unerhörten Information anfangen? Er will nicht zu den jüdischen Führern in der Schweiz gehen. Nein, dies muß den Präsidenten der USA, Roosevelt, direkt erreichen. Und der direkteste Kanal zu Präsident Roosevelt, den Sagalowitz kennt, ist der New Yorker Rabbiner Stephen Wise und seine Organisation World Jewish Congress. Benjamin Sagalowitz entscheidet sich dafür, Gerhart Riegner anzurufen, einen deutschen Flüchtling und den Vertreter des World Jewish Congress in Genf.[13]

»Wir trafen uns zwei Tage später in Lausanne, und er erzählte mir die Geschichte«, erinnert sich Riegner. »Sechs Stunden lang diskutierten wir – ›kann das möglich sein?‹. Obwohl wir von schrecklichen Dingen wußten. Trotzdem ... Wenn man hört, daß er dreieinhalb bis vier Millionen ermorden will ...«

Drei Umstände trugen schließlich dazu bei, daß Riegner und Sagalowitz beschlossen, den Informationen des deutschen Geschäftsmanns zu glauben:

»Erstens, daß Hitler so oft gedroht hatte, die Juden auszurotten«, sagt Riegner. »Er wiederholte es jedes Jahr. Und ich war der Meinung, daß er in *Mein Kampf* genau beschrieben hatte, was er tun wollte. Doch keiner hatte es ernst genommen.«

Der zweite wichtige Umstand waren die großen Deportationen von Juden aus Westeuropa, die inzwischen begonnen hatten. »Am 14. und 15. Juli waren plötzlich Zehntausende von Juden in Antwerpen festgenommen worden«, betont Riegner und nennt als dritten, entscheidenden Faktor »meine eigenen Erfahrungen mit den Nazis in Deutschland«.[14]

Seit Eduard Schultes Ankunft in Zürich sind neun Tage vergangen, als sich Gerhart Riegner am 8. August 1942 ins britische und amerikanische Konsulat in Genf begibt. Er hat nämlich keine andere Möglichkeit, den Rabbiner Stephen Wise oder den Vorsitzenden der britischen Sektion des World Jewish Congress, den Parlamentsabgeordneten Sidney Silverman zu erreichen. Außerdem will Riegner, daß die beiden Konsulate ihre jeweiligen Regierungen informieren. Er hat deshalb die von Sagalowitz erhaltene Information in einem Bericht zusammengestellt.

Auf dem amerikanischen Konsulat wird Riegner von einem freundlichen jungen Mann namens Howard Elting Jr. empfangen, der sich als Vizekonsul vorstellt. Obwohl Elting anfänglich zweifelt, ist er schließlich doch davon überzeugt, daß Riegners Erzählung genügend Substanz hat, um sie weiterzuleiten. Er schickt also Riegners Bericht an die amerikanische Botschaft in Bern, mit der Empfehlung, ihn an das State Department in Washington weiterzuleiten. Außerdem bittet er um Übermittlung des Berichts an den Rabbiner Stephen Wise.

Drei Tage später telegraphiert die Botschaft Riegners Bericht nach Washington, zusammen mit der beigefügten Empfehlung Eltings, sie ernst zu nehmen. Aber der amerikanische Botschafter in der Schweiz, Leland Harrison, sieht sich dennoch veranlaßt, den Kommentar hinzuzufügen, er habe keine Möglichkeit, den Inhalt des Berichts zu bestätigen, und dieser trage »die typischen Merkmale eines von Angst inspirierten Kriegsgerüchts«.

Die Empfänger von Riegners Bericht in den USA sind niedere Beamte im State Department, und sie haben nur eine Reaktion: Sie finden, daß der Bericht jeglicher Glaubwürdigkeit entbehrt. Im State Department ist man nämlich völlig überzeugt davon, daß die Deportationen von Juden lediglich durchgeführt werden, um im Osten Arbeitskräfte zu bekommen.

Ihr einziger Zweifel betrifft die Frage, ob man den Bericht trotz allem an Rabbi Wise weiterleiten soll, weil dieser sonst, »wenn er später hört, daß wir die Mitteilung hatten und sie ihm nicht gegeben haben, vielleicht verärgert ist«.[15] Zu guter Letzt entschließt man sich jedoch, davon abzusehen, unter Hinweis auf »die Kommentare der Botschaft, das Unglaubliche der Anklage und die Unmöglichkeit, in irgendeiner Weise helfen zu können, falls eine solche Maßnahme ergriffen würde.«[16]

Eduard Schulte hatte sich geirrt, als er glaubte, die Juden hätten großen Einfluß auf die Regierung der USA …

Daß Stephen Wise am Ende, drei Wochen später, dennoch Riegners Bericht erhielt, liegt daran, daß das britische Foreign Office im Unterschied zum amerikanischen State Department es letztlich nicht wagte, die Weiterleitung der Mitteilung zu unterlassen, weil der Empfänger Sidney Silverman Parlamentsabgeordneter war.

»Ich wußte, daß sie es nicht wagen würden«, sagt Riegner. »Das britische parlamentarische System ist so stark.« Deshalb hatte er in seinem Bericht an die Briten hinzugefügt: »Bitte informieren und konsultieren Sie New York.«[17]

Damit, daß Wise den Bericht erhält, ist das Problem jedoch nicht gelöst. Als er sich ans State Department wendet, lehnt man es dort nämlich weiterhin ab, die Information an Roosevelt weiterzuleiten. Und weil Wise gebeten wird, sich nicht an die Presse zu wenden, »bevor das State Department die Informationen bekräftigt hat«, gelangen Riegners Informationen für mehrere Monate einfach nirgendwohin.

Nicht ohne Wehmut liest man die trostspendenden Worte, die Gilel Storch Anfang September an seine britischen und amerikanischen Freunde geschrieben hatte, gerade als er die Nachricht erhalten hatte, daß baltische Juden »mit Gas ermordet worden waren«:

> Ich lese mit Aufmerksamkeit und höchstem Interesse die Reden, die die größten Männer unserer Generation und Retter der Zivilisation halten, Präsident Roosevelt und Mr Churchill, der Messias des 20. Jahrhunderts, auf die sich die ganze Hoffnung der leidenden Menschheit richtet. Und wir können nur hoffen, daß die versprochene Rettung und Vergeltung Wirklichkeit werden.[18]

Von den Nachrichten über Massenmorde an Juden im Baltikum im Herbst 1941 (die u. a. Storch an den World Jewish Congress weitergeleitet hatte, und von denen der schwedische Sicherheitsdienst nachweislich Kenntnis hatte) über die Informationen von der polnisch-jüdischen Untergrundbewegung im Mai 1942, daß 700 000 ermordet worden seien (Informationen, die London vermutlich über die Warschauschweden erreichen), über Gersteins Begegnung mit von Otter, bis hin zu Riegners mißlungenem Versuch, die amerikanische öffentliche Meinung zu mobilisieren, ist inzwischen ein Jahr vergangen. Und die Nazis haben ihr Projekt, die Juden auszurotten, bereits zur Hälfte verwirklicht.

»Im Februar 1942 lebten immer noch fünfundsiebzig bis achtzig Prozent all der Juden, die im Laufe der Vernichtung ermordet werden sollten«, schreibt der Historiker Paul Levine. »Ein Jahr später, im Februar 1943, ist die Zahl umgekehrt: fünfundsiebzig bis achtzig Prozent sind tot.«[19]

Zu ungefähr dieser Zeit soll ein deutscher Eisenbahnbeamter festgestellt haben, daß die kleine polnische Ortschaft Oswiecim, oder Auschwitz auf Deutsch, eine der größten Städte Europas geworden sein muß. So viele Menschen sind dorthin gereist, und keiner kommt jemals zurück ...[20]

»Es war das schwerste Jahr meines Lebens«, erzählt Gerhart Riegner heute, und ihm treten die Tränen in die Augen. »Ich wußte, was geschah, und ich sah, daß niemand etwas tat, daß niemand mir glaubte. In meinem schönen Büro in Genf zu sitzen und auf den blauen See und den weißen Montblanc im Hintergrund zu schauen und zu wissen, vier Kilometer von mir entfernt ist die Hölle ... Und niemand tut etwas ... Ich war verzweifelt.«[21]

In der westlichen Welt glaubt man im Spätherbst 1942 immer noch, daß die Berichte über Massenmorde an Juden »hysterische Kriegspropaganda« sind. Aber in Schweden geschieht etwas.

Gilel Storch im Alter von 20 Jahren. Er befindet sich in der Ausbildung, um als Nachfolger seines Vaters die Firma A. V. Storch zu führen.

2

Die Familie Storch. Von links: Rosa, der Vater Abraham Storch, Judith, Gilel, die Mutter Alta, Genija, Wulf, Mulija und Zenja.

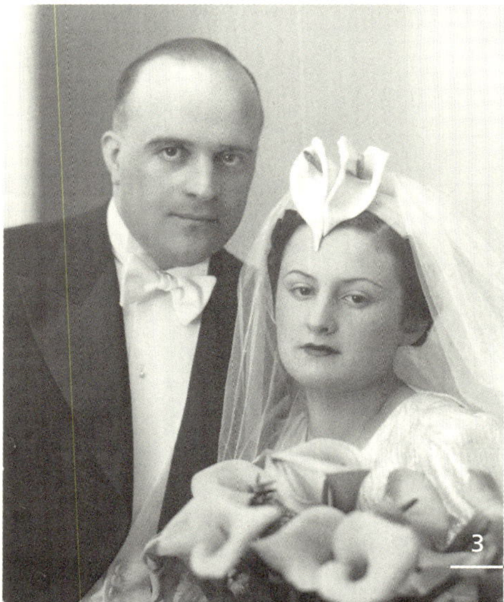

3

Am 18. Mai heiratet der 35jährige Gilel die elf Jahre jüngere Anja Westermann.

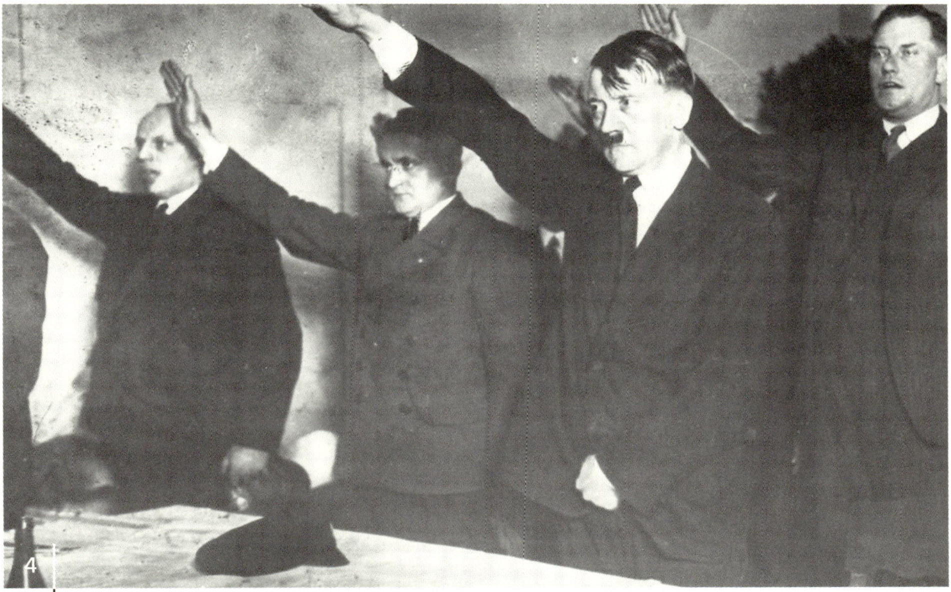

4

Erst nachdem Hitler die Macht in der NSDAP übernommen hatte, schüttelte er seine Depression und Lethargie ab.

5

Das Gemälde „Die wilde Jagd" von Franz von Stuck stellt den germanischen Kriegsgott Wotan (Odin) dar. Es heißt, Hitler habe sein Aussehen wie seine Gestik diesem Bild entliehen.

6

Nachdem Gilel Storch 1940 Riga verlassen hat, zieht Anja mit der Tochter Eleonora zu ihren Eltern. Hier mit ihrem Vater Max Murduch Westermann kurz vor dem Einmarsch der Deutschen in Riga.

7

Heinrich Himmler verfügt über genau die Eigenschaften, die Hitler bei der Person, die seinen Traum von der Vernichtung des jüdischen Volkes verwirklichen soll, für wünschenswert hält.

19

Es ist schwer zu sagen, warum das Außenministerium, und dort in erster Linie Gösta Engzell, im November 1942 damit begann, sich für die Rettung von Juden einzusetzen.

Vielleicht war es die Begegnung mit Storch, vielleicht waren es die eventuellen Gerüchte über die Begegnung zwischen Gerstein und von Otter, die Engzell am Ende doch davon überzeugten, daß eine systematische Ermordung von Juden stattfand.

Vielleicht war es die Tatsache, daß der Krieg im Spätherbst 1942 seinem entscheidenden Wendepunkt entgegenging: Die Deutschen hatten sich nach der Schlacht vor Moskau erholt, standen aber jetzt vor einer entscheidenden Niederlage bei Stalingrad – während gleichzeitig die Alliierten in Nordafrika an Land gingen. Deutschland erschien plötzlich nicht mehr als eine so große Bedrohung für Schweden wie vorher.

Ganz sicher war, daß die Vernichtungsaktion am Ende unseren nächsten Nachbarn erreicht hatte.

Für Adolf Hitler ist keine jüdische Bevölkerung zu klein, um ausgerottet zu werden. Es hat tatsächlich den Anschein, daß man, je näher Deutschlands Niederlage rückt, desto intensiver die Vernichtung der Juden betreibt. Es ist fast so, als treibe Hitler den Prozeß voran, um nicht zu riskieren, daß Deutschland den Krieg verliert, bevor er die Ausrottung der Juden vollendet hat. Er kann sich vorstellen, die Vernichtung der Juden eines besetzten Landes aufzuschieben, wenn dies sich auf das Verhältnis zu dem betreffenden Land auswirkt. Aber es liegt nicht im Rahmen der Möglichkeiten, ganz darauf zu verzichten. Im Herbst 1942 ist deshalb Norwegen an der Reihe.

Anfang Oktober werden alle jüdischen Männer über vierzehn in Trondheim in Arrest genommen. Mitte November werden alle norwegischen Juden aufgefordert, sich registrieren zu lassen. Und am 26. November verläßt die *Donauland* den Hafen von Oslo. An Bord befinden sich fünfhundertzweiunddreißig Männer, Frauen und Kinder. Sie sind unterwegs nach Stettin und sollen nach Auschwitz weitertransportiert werden. Von diesen fünfhundertzweiunddreißig Menschen sollten nur einundzwanzig den Krieg überleben.[1]

Am Tag nach der Abfahrt der *Donauland*, dem 27. November, ist diese

Deportation in Schweden das Hauptthema auf den Titelseiten der Zeitungen. Für die meisten Tageszeitungen ist dies das erste Mal, daß mit großer Empörung über Übergriffe gegen Juden berichtet wird. Und dies wird auf die Stimmung in Schweden eine enorme Wirkung haben. Einer Meinungsumfrage zufolge, die am Ende des Jahres durchgeführt wird, war die Verfolgung der norwegischen Juden das Ereignis, das die Schweden am stärksten beeindruckt hat.[2]

Interessant ist, daß der Völkermord in Norwegen nicht in der Regie der SS durchgeführt wird, sondern in der Regie des deutschen Auswärtigen Amtes. Und die schwedische Regierung hat ausgezeichnete Beziehungen zum Auswärtigen Amt.

Am gleichen Tag, an dem die Zeitungen reagieren, am 27. November, schickt Gösta Engzell eine Liste mit Namen norwegischer Juden, die schwedische Verwandte haben, nach Oslo.[3] Er kommuniziert auch intensiv mit der Botschaft in Berlin, um sie dazu zu veranlassen, zugunsten der norwegischen Juden einzugreifen, »die verwandtschaftliche Beziehungen zu Schweden haben«. Wenn diese Juden, schreibt Engzell, »erst einmal ins Innere von Polen transportiert worden sind, befürchten wir, daß nicht mehr viel zu machen sein wird«.[4]

Aber die entscheidende Veränderung in der schwedischen Politik tritt einige Tage später ein. Am 3. Dezember wird ein kurzes Telegramm von Stockholm nach Berlin geschickt – vom Ministerpräsidenten Per Albin Hansson an den Botschafter in Berlin, Arvid Richert. Darin wird Richert gebeten, diskret und auf die ihm angemessen scheinende Weise den Deutschen eine umwälzende Erklärung zu unterbreiten: Schweden ist »bereit, noch in Norwegen verbliebene Juden aufzunehmen für den Fall, daß auch diese aus Norwegen fortgeschickt werden sollen«.[5]

Zum ersten Mal, seit die Nazis an die Macht gekommen sind, hat ein Staat seine Bereitschaft erklärt, alle Juden aus einem von den Deutschen besetzten Land aufzunehmen. Schweden macht dieses Angebot in aller Stille – keine Information darf an die Öffentlichkeit gelangen –, und Deutschland lehnt das »Angebot« ab, doch dieser Vorgang ist nichtsdestoweniger von kolossaler und für die Zukunft entscheidender Bedeutung. Das Angebot kommt trotz allem von dem Land, das 1938 beschloß – und Deutschland dabei um Unterstützung ersuchte –, Juden die Einreise zu verweigern, *allein aus dem Grund, daß sie Juden waren.* Und Schweden wird, trotz Deutschlands negativer Einstellung, fast der Hälfte der norwegischen Juden Zuflucht gewähren – denjenigen, denen es gelungen war, den Deportationen zu entkommen, hauptsächlich durch die Flucht über das Gebirge nach Schweden.[6]

Der Historiker Paul Levine, der sich auf die Frage der Haltung des schwedischen Außenministeriums zur Judenvernichtung spezialisiert hat, ist überzeugt davon, daß eine Person ausschlaggebend für die veränderte schwedische Haltung war. Diese Person war Gösta Engzell.

Es gibt wie gesagt eine Anzahl wahrscheinlicher Erklärungen für den Wandel der schwedischen Politik. Es besteht kein Zweifel, daß die norwegische Exilregierung verbittert war über Schwedens bisherige Feigheit gegenüber den Deutschen – und daß Schweden ein Bedürfnis fühlt, Loyalität zu demonstrieren, gegenüber Norwegen und gegenüber den Alliierten. Immerhin hat Schweden zugelassen, daß deutsche Soldaten und deutsches Kriegsmaterial über schwedisches Territorium nach Norwegen und Finnland transportiert wurden. Außerdem sind Schwedens Handelsverbindungen mit Deutschland an Umfang gewachsen, und Schweden hält die deutsche Kriegsmaschinerie in Gang, insbesondere durch das dringend benötigte Eisenerz. Den Alliierten ist dies ein Dorn im Auge.

Auch muß man bedenken, daß, obwohl es Juden waren, die Schweden jetzt zu retten versuchte, diese Juden das norwegische »Brudervolk« repräsentierten. Und Schweden hatte allen Anlaß, diesem »Brudervolk« gegenüber guten Willen zu zeigen.

Dennoch kann man konstatieren, daß sich von diesem Zeitpunkt an im Außenministerium ein Bewußtsein für das Schicksal der Juden Bahn bricht, dies zeigt sich mit aller wünschenswerten Deutlichkeit.

Es soll noch fast zwei weitere Monate dauern, bis die Alliierten, jedenfalls öffentlich, zur gleichen Einsicht kommen.

Zu ungefähr diesem Zeitpunkt macht auch Gilel Storch eine entscheidende Veränderung durch. Er scheint die Hoffnung aufgegeben zu haben, seine und Anjas Verwandte retten zu können. Allerdings erst, nachdem er eine letzte große Anstrengung unternommen hat.

Um den Monatswechsel Oktober-November hatte Storch versucht, seine Verwandten über deutsche Banken freizukaufen, vor allem über den Freund und

Bankier Ottokar von Knieriem bei der Dresdner Bank. Er scheint auch Klaus eine Geldsumme bezahlt zu haben.[7] Und im Zusammenhang damit scheint für die Verwandten eine Art Transport außer Landes organisiert worden zu sein, wahrscheinlich durch Klaus. In Storchs Archiv sind genaue Listen für August und September bewahrt, in denen verzeichnet ist, wo jeder Verwandte sich wahrscheinlich befindet, ob er oder sie lebt, und zuweilen sogar ihr Gesundheitszustand. Unter anderem steht auf einer Liste vom 23. September 1942, Anjas Mutter Sara sei »zur Zeit krank und kann nicht reisen«.[8]

Gleichzeitig hat Storch noch einmal bei schwedischen Behörden um Einreisegenehmigung für seine Verwandten angesucht und sich in dieser Angelegenheit an Erlander, Höjer und Engzell gewandt.[9] Und diesmal hat er Erfolg. Einige Monate später – nachdem die Sozialverwaltung den Abschiebungsbeschluß gegen Gilel Storch aufgehoben hat – fertigt das Außenministerium endlich Einreisevisa für seine Mutter Alta, seinen Bruder Wulf, seine Schwiegermutter Sara, seine Schwester Zenja, seinen Schwager Natan und seine Nichten Keila und Ella aus.[10] Aber zu diesem Zeitpunkt spielen die Visa keine Rolle mehr. Unter Storchs Papieren findet sich nämlich ein unsignierter Brief von Anfang November 1942:

Betrifft: Riga, den 8.11.1942

Transport außer Landes der verschwägerten Familien Storch, Chnoch und Westermann verzögert, aufgrund von:

a) Frau Alta Storch krank.
Natan Chnoch krank, auf dem Wege der Besserung
Sara Westermann – nicht reisefähig
Ella und Keila Chnoch, befinden sich wie Selta Chnoch in Kisesser.

b) Seit September müssen sämtliche Durchreisende nach Ostpreussen die Quarantänen St. Schauli-Redsivilischki und Lauksargen passieren. Dies muß für diese Durchreisenden zum gegenwärtigen Zeitpunkt als ungünstig betrachtet werden.

c) Es wird in Kürze die Ankunft einer Kommission des Internationalen Roten Kreuzes in Riga erwartet. Es wird dann veranlaßt, daß diese acht Personen nach Allenstein [Olsztyn] mitgenommen werden.

d) Bisher sind erst 800 Reichsmark von dem Guthaben genommen worden. Die Ausstellung von Reisepässen für acht Personen dürfte ca. 400 Reichsmark kosten. Aber darüber hinaus muß für notwendige Winterkleidung gesorgt werden.[11]

Der Brief ist wie gesagt unsigniert, aber möglicherweise ist er von Klaus geschrieben worden. Spätere Papiere über organisierte Transporte außer Landes gibt es nicht.

Hiernach handelt Storchs Korrespondenz nicht mehr von Personen in seiner Familie. In Briefen an den World Jewish Congress berichtet er, daß er manchmal Karten mit Antwortschein nach Riga schickt, aber daß er nie einen Schein zurückbekommen hat. »Briefe und Postkarten werden an Juden nicht mehr ausgeliefert. In einzelnen Fällen kann man durch Privatpersonen Informationen erhalten, aber diese sind nicht immer korrekt.« Gilel bemerkt, daß die meisten lettischen Juden, die noch leben, sich jetzt nicht mehr in Lettland befinden, sondern in Polen.[12] Gilel Storch scheint also die Hoffnung aufgegeben zu haben, seine Familie herauszubekommen. Auf jeden Fall durch eine direkte, zielgerichtete Aktion. Und er weiß, daß die Chancen, sie könnten noch leben, rein statistisch sehr gering sind.

Storch hat jetzt die Wahl: Er kann dazu übergehen, sich wieder voll und ganz seinen lukrativen Geschäften zu widmen – und seine Toten zu betrauern. Oder er kann den Weg weiterverfolgen, den er eingeschlagen hat. Denn es gibt Juden, die noch leben. Und es ist nicht ganz auszuschließen, daß sich unter ihnen ein Verwandter oder Freund der Familie Storch befindet.

Wir können nur ahnen, warum Gilel Storch sich für letzteres entscheidet. Vielleicht weigert er sich ganz einfach aufzugeben, genau wie er es in Geschäftsdingen tut. Vielleicht hat er angefangen zu leben, um Leben zu retten, getreu der talmudischen Devise »Wer ein Leben rettet, hat eine ganze Welt gerettet«. Gilel Storch, ein Händler in Chemikalien und Schafsdärmen, wird nun zu einem Händler in Menschenleben.

Aber er weiß, daß er nicht mehr allein agieren kann.

Gilel hat in Schweden niemanden gefunden, der ihm bei seinem Versuch, Juden aus dem Baltikum zu retten, helfen will. Niemanden außer Klaus. Und er weiß nicht, ob er es wagen kann, Klaus zu vertrauen.

Schwedische Behörden sind freundlich, sind aber für Storchs Rettungsvorschläge bisher nicht besonders empfänglich gewesen. Das gleiche gilt für die schwedischen Juden. Die Leitung der Mosaischen Gemeinde in Stockholm behauptet zwar, alles in ihrer Macht Stehende zu tun – und vielleicht tut sie es –, aber Storch findet, daß man dort eine lächerliche Angst davor hat, die Grenzen dieser Macht auszuweiten zu versuchen. Vielleicht ist es ein kulturelles Problem. Die meisten Juden in Schweden, und vor allem die in Stockholm, leben seit vielen Generationen im Lande. Und eins haben sie gelernt: Die einzige Möglichkeit, von den Schweden akzeptiert zu werden, besteht darin, daß man mit ihnen verschmilzt.

Es gibt allerdings viele und gute Kontakte zwischen den etablierten Stockholmer Juden und schwedischen Behörden. Der Vorsitzende der Gemeinde, Gunnar Josephson, ist mit der Schwester des Kabinettssekretärs im Außenministerium, Erik Boheman, verheiratet. Sowohl Josephson als auch der Oberrabbiner der Gemeinde, Marcus Ehrenpreis, sind häufige Gäste bei den Ministern, und Stockholms Mosaische Gemeinde ist, auf eigene Initiative hin, die Ansprechinstanz für jüdische Fragen, sie repräsentiert »die offizielle jüdische Politik«. Gunnar Josephson und sein Hilfskomitee dürfen außerdem zu jedem einzelnen Juden, der um Aufenthaltsgenehmigung ansucht, Stellungnahmen abgeben, und diese tendierten dazu, solange Juden noch die Chance hatten, aus den von Deutschen besetzten Gebieten zu entkommen, relativ restriktiv zu sein und vor allem solche Juden zu favorisieren, von denen man annahm, daß sie gute Voraussetzungen hätten, sich selbst zu versorgen.[13] Dies bedeutete jedoch nicht, daß ihre Haltung immer negativ war. In den Jahren 1938-39 wurden zum Beispiel, nach Notrufen seitens der jüdischen Führungen in Deutschland und Österreich, fünfhundert jüdische Kinder von dort nach Schweden herübergeholt – aber nicht ihre Eltern. Die Mosaische Gemeinde in Stockholm hatte die Regierung um ihre Zustimmung dazu gebeten, und die Regierung stimmte zu, nachdem die Gemeinde für den Unterhalt der Kinder garantierte. Es gibt andere Beispiele für ähnliche Initiativen seitens der Mosaischen Gemeinde. Aber viele sind es nicht. Zumindest nicht bis Kriegsbeginn.[14]

Ein von Gösta Engzell verfaßtes Promemoria vom April 1939 demonstriert ziemlich deutlich, wie Regierung und Mosaische Gemeinde zu jener Zeit gewissermaßen zusammenarbeiteten, um die jüdischen Flüchtlingszahlen niedrig zu halten. Im speziellen Fall ging es um die Frage, wie die Regierung und die Gemeinde sich zur Aufnahme einer Anzahl polnischer Flüchtlinge verhalten sollten, von denen, Engzells Promemoria zufolge, »75% jüdische Emigranten sein sollten, oft weniger erwünschte«.[15] Einer der bei dem Treffen Anwesenden ist der »Sekretär der Flüchtlingshilfe der Arbeiterbewegung«, und er teilt mit, seine Organisation könne eventuell eine Anzahl politischer Flüchtlinge aufnehmen, d. h. die Nichtjuden unter den Polen. »Große Skepsis wurde hinsichtlich der Juden geäußert«, schreibt Engzell. »Nur für den Fall, daß man Garantien für eine Weiterbeförderung erhielte, könne dies in Frage kommen.« Und, wie er hinzufügt, bestehen zu dieser Zeit »sehr geringe Möglichkeiten, von hier aus Einreiseerlaubnis in andere Länder zu bekommen«. Es ist aufgrund dieses Schriftstücks nur schwer zu entscheiden, wer diese Skepsis den Juden gegenüber zum Ausdruck bringt. Aber wahrscheinlich sind es die Regierungsvertreter, denn der folgende Satz lautet: »Außerdem wäre es sicher unglücklich für unsere Flüchtlingspolitik, wenn wir größere Gruppen jüdischer Flüchtlinge aufnähmen, das könnte der öffentlichen Meinung gegen dieselben Auftrieb geben.« Der nächste Abschnitt behandelt jedoch eindeutig die Einstellung der Mosaischen Gemeinde, die durch Gunnar Josephson und den höchsten Verwaltungsangestellten der Gemeinde, Mauritz Grünberger, vertreten ist. Engzell schreibt, die Mosaische Gemeinde habe noch keine Anfrage bezüglich dieser Flüchtlinge erhalten, aber »man sieht dort einer größeren Aktion in dieser Frage offenbar mit sehr großer Besorgnis entgegen. Falls man Einzelfälle finde, die als für Schweden geeignet angesehen werden könnten, wolle man sich nicht widersetzen. Die Gemeinde sei bereits in so starkem Maße engagiert, daß mit einer nennenswerten Unterstützung von dort nicht gerechnet werden könne.«[16]

Es gibt Erklärungen für Josephsons Zurückhaltung. Die Mosaische Gemeinde ist nämlich von der Regierung aufgefordert worden, für sämtliche jüdischen Flüchtlinge in Schweden die finanzielle Verantwortung zu übernehmen, weil diese von der Regierung nicht als »politische« Flüchtlinge betrachtet werden! Wenn man bedenkt, daß es vor Kriegsbeginn in Schweden nur circa 1500 jüdische Familien gibt und die meisten von diesen assimilierte Juden sind, die einer jüdischen Gemeinde zwangsangeschlossen sind (laut schwedischem Gesetz waren alle schwedischen Bürger gezwungen, einer religiösen Gemeinde anzugehören), findet man teilweise eine Erklärung dafür, daß sie einer vermehrten jüdischen Einwanderung mit gemischten Gefühlen gegenüberstanden. Nicht nur mußten die schwedischen Juden für den Lebensunterhalt jedes neu eingewanderten Juden finanziell aufkommen, sie befürchteten darüber hinaus auch, daß diese kontinentalen Juden mit ihren fremden Sitten zu einer Vermehrung des Antisemitismus in Schweden beitragen würden. Hatten die schwedisch-jüdischen Familien doch hart dafür gearbeitet, diesen Antisemitismus nicht auf sich zu ziehen. Göran Josephson, ein entfernter Verwandter von Gunnar Josephson, erzählt, wie er als Fünfzehnjähriger an einem Treffen im Hause seines Großvaters, des sehr vermögenden John Josephson teilnahm. Weitere

Teilnehmer des Treffens waren John Josephsons Schwager, der Verleger Karl Otto Bonnier und der Oberrabbiner Marcus Ehrenpreis. Es war 1940, und Göran Josephson zufolge fragten sein Großvater und Bonnier den Rabbiner, warum die Gemeinde keine Anstrengungen mache, mehr polnische Juden nach Schweden zu holen. Ehrenpreis antwortete mit dem Hinweis auf Gunnar Josephsons offen ausgesprochene Furcht vor einem Anwachsen des Antisemitismus in Schweden.[17]

Miriam Nathanson, Marcus Ehrenpreis' Tochter, beschreibt die Situation auf ähnliche Weise:

»Vater kam häufig bedrückt nach Hause. Er versuchte die ganze Zeit, die jüdischen Einwanderungsquoten zu erhöhen, hatte aber große Schwierigkeiten, Gehör zu finden. ›Ich muß an zwei Fronten kämpfen‹, pflegte er sich zu beklagen. ›Die Behörden sind restriktiv, und die Gemeindevorsteher wollen auch nicht mehr Juden hereinlassen, weil sie den Antisemitismus fürchten.‹«[18]

Gleichzeitig betont die Autorin und Flüchtlingsaktivistin Inga Gottfarb, daß Josephson »mit Wärme und Mitgefühl den Flüchtlingen beizustehen versuchte«, daß er sich aber an sehr schwierige Verhältnisse anpassen mußte. In einem Brief an ein anderes führendes jüdisches Gemeindemitglied, Hugo Valentin, schrieb Josephson im Dezember 1937: »Es ist bedauerlich, daß die Vorsteher und besonders der Unterzeichnete so schlechte Bettler sind, und ich fürchte, daß es auf die Dauer äußerst schwer werden wird, die Mittel für all jene Notwendigkeiten aufzubringen, die in unseren Tagen wahrlich nicht geringer werden dürften.«[19]

Jede Gesellschaft schafft ihre eigenen Voraussetzungen: Während die polnische Gesellschaft die Juden zwang, in eigenen Vierteln zu leben und in eigene Schulen zu gehen, hielten die Schweden die Juden an, so wie sie zu werden, schwedisch.

Als Gilel Storch Kontakt mit der Mosaischen Gemeinde aufnimmt, deutet sich in der Politik ihrer Führung allerdings schon eine Wende an, im gleichen Maße, wie sich die Politik der Regierung ändert und klar zu werden beginnt, was wirklich mit den Juden geschieht. Außerdem hat die Zeitschrift *Judisk Krönika* sich zu einer der besten Informationsquellen über das Schicksal der Juden in Europa entwickelt. Aber dennoch gibt es sehr geringe Voraussetzungen für eine fruchtbare Zusammenarbeit zwischen der sehr schwedischen Stockholm-Gemeinde und dem sehr osteuropäischen Juden Gilel Storch.

»Wenn er hörte, daß Josephson oder der Oberrabbiner Ehrenpreis für ein paar Wochen verreisen wollten, schrie er sie an«, erinnert sich ein guter Freund von

Storch. »›Wie könnt ihr in dieser Zeit in Urlaub fahren, wo täglich Zehntausende Juden sterben!‹«[20]

Gilel Storch findet statt dessen in der weltweiten Organisation World Jewish Congress seinen Handlungsrahmen – und eine Plattform. Storch hat ja seit dem Beginn des Jahres 1942 regelmäßige Kontakte mit dem World Jewish Congress, der ihn vor allem als seine Hauptinformationsquelle für das Schicksal der Juden im Baltikum benötigt. Und irgendwann im Laufe des Jahres 1942 entschließt Storch sich zu dem Versuch, selbst eine schwedische Sektion des World Jewish Congress zu bilden. Er intensiviert deshalb seine Kontakte mit der Organisation, und vor allem mit Gerhart Riegner in Genf.

»Eines Tages begannen wir miteinander zu telefonieren«, erinnert sich Riegner. »Wir waren uns beide vollständig dessen bewußt, daß unsere Gespräche über Deutschland liefen und alles abgehört wurde. Das will sagen: Der Feind hörte mit. Wir lösten das Problem, indem wir uns eine eigene Sprache ausdachten.« Die Sprache, die sie benutzten, war eine wirre Mischung von Deutsch, Jiddisch, Hebräisch und Kodewörtern, die sie im Verlauf des Gesprächs erfanden. »Wir kannten uns ja nicht«, sagt Riegner, »aber ich war nur glücklich darüber, daß es uns gelang, einander zu verstehen. Und ich sagte mir: Das muß ein intelligenter Mensch sein, wie könnte er sonst verstehen, was ich sage ...«[21]

Generalfeldmarschall Paulus, der Befehlshaber der 6. Armee, hat von Hitler den Befehl erhalten, unter keinen Umständen zurückzuweichen. Seine Armee ist jetzt bei Stalingrad an der Wolga eingeschlossen, doch weil Hitler ihm auch einen Ausbruchsversuch verboten hat, werden seine Soldaten abgeschlachtet.

Adolf Hitler hat viele Fehler. Aber was seine Art der Kriegsführung angeht, sind zwei davon entscheidend: Er weigert sich, seine Begrenzungen zu sehen. Und wenn sie nicht mehr zu übersehen sind, weigert er sich, sich ihnen zu beugen. Lieber sterben.

Für Admiral Canaris, den Leiter des Nachrichtendienstes der Armee, Abwehr, ist dieser Wahnsinn unerträglich. Er will versuchen, einen Frieden zu erreichen, zumindest mit der Sowjetunion, bevor Deutschland ganz untergegangen ist. Und bald ergibt sich die Gelegenheit.

Ende November 1942 berichtet Canaris' Mann in Stockholm, Edgar Klaus, eine sehr interessante Neuigkeit: Er habe durch seine russischen Kontakte und die Radiosendungen, die er gehört habe, den Eindruck gewonnen, daß »auf sowjetischer Seite die Bereitschaft besteht, einen Ausgleich mit Deutschland zu suchen«.[22] Canaris entschließt sich, die Gelegenheit beim Schopf zu ergreifen. Er weiß, daß Anfang Dezember ein Vertreter des deutschen Auswärtigen Amts in Stockholm sein wird. Sein Name ist Peter Kleist, und er ist Außenminister Ribbentrops Osteuropaspezialist. Wilhelm Canaris beschließt, auf dem Weg über Ribbentrop zu Hitler vorzudringen. Und zu Ribbentrop über Kleist. Aber wie kommt er an Kleist heran?

Eines Tages, als Peter Kleist auf einer Stockholmer Straße spazieren geht, stößt er »zufällig« mit einem ehemaligen Kommilitonen zusammen. Kleist kennt Werner Boening, Canaris' »Filmexperten« an der deutschen Botschaft, seit langem, wenn auch eher entfernt. Die beiden beginnen natürlich ein Gespräch, und so nach und nach kommt man auf die Lage an der Ostfront zu sprechen. Boening erkennt bald, daß auch Kleist über die Entwicklung beunruhigt ist. Daraufhin macht er einen Vorschlag: Vielleicht möchte Kleist einen Mann treffen, Geschäftsmann, kein Politiker, »der beste Verbindungen zur Sowjetbotschaft in Stockholm hat und der mich bereits einige Male verblüffend genau informieren konnte ... Eine Unterhaltung mit ihm [...] wird nichts schaden.«[23]

Peter Kleist zeigt sich interessiert. Und der Abwehrchef Canaris hat seine neue Verbindung zu Adolf Hitler gefunden. Sie geht über Stockholm.

Am 14. Dezember treffen sich Peter Kleist und Edgar Klaus zum ersten Mal, in einer »stuga« auf Solsidan bei Saltsjöbaden. Während auf dem Herd das Teewasser kocht, macht Kleist sich mit dem älteren Baltendeutschen bekannt, den er als »tadellos angezogen, mit ungezwungenem Manieren« erlebt. Klaus hat sich ihm als Geschäftsmann vorgestellt, der »in Stockholm gestrandet« sei und bei früheren Besuchen in Rußland und der Sowjetunion enge Bekanntschaft mit Stalin und einer langen Reihe führender sowjetischer Diplomaten geschlossen habe.

»Ich bin zwar Geschäftsmann und interessiere mich nicht für die Politik«, sagte Klaus. »Ich habe aber den Eindruck gewonnen, daß auf sowjetischer Seite die Bereitschaft besteht, einen Ausgleich mit Deutschland zu suchen, um diesen verlustreichen Krieg so schnell wie möglich zu beenden.« Klaus erklärt, ihm sei daran gelegen, daß diese Chance nicht vertan werde, und »darum bin ich gewillt, das heiße Eisen aufzugreifen und die mir zugefallene Mittlertätigkeit zu übernehmen. Wenn Sie wünschen«, fährt er fort, »bin ich jederzeit bereit, Ihnen einen Kontakt mit den Leuten in der Sowjetbotschaft zu arrangieren.«

Klaus' Auftreten und sein hohes Tempo erinnern Kleist an den russischen Vertreter, der 1939 mit ihm Kontakt aufnahm, einen Kontakt, der schließlich zu den Verhandlungen über den Nichtangriffspakt zwischen der Sowjetunion und Deutschland führte. Doch damals handelte Kleist in offiziellem Auftrag. Dieses Gespräch, erklärt er Klaus, führt er ganz auf eigene Faust und ist deshalb nicht in der Lage, einen Kontakt mit sowjetischen Vertretern zu suchen. Der distinguierte Geschäftsmann zuckt mit den Achseln und meinte, das sei sehr bedauerlich. Dann fügt er hinzu:

»Ich garantiere Ihnen, wenn Deutschland auf die Grenze von 1939 eingeht, so können Sie in acht Tagen Frieden haben.«[24]

Am selben Tag kehrt Kleist nach Deutschland zurück. Er sucht – genau wie Canaris gehofft hat – unmittelbar seinen Chef, Außenminister von Ribbentrop auf und sagt: »Die Russen haben uns Frieden angeboten!«[25] Ribbentrop, der nach eigener Aussage der Meinung ist, »der Führer brauche eine ganz entscheidende Entlastung für die Kriegführung«, nimmt seinerseits unmittelbar Kontakt zu Hitler auf und erzählt von der großen Neuigkeit aus Stockholm.

»Mein Führer«, sagt er feierlich, »habe ich Ihre Vollmacht, Kontakt mit Josef Stalin aufzunehmen und Friedensverhandlungen einzuleiten? Ich könnte ihn beispielsweise über seine Vertreterin in Stockholm, Madame Kollontaj, kontaktieren.«

Hitler sagt nichts, und Ribbentrop entwickelt seine Idee weiter.

»Wenn es sich als notwendig erweisen sollte, sollte Deutschland den größten Teil der im Osten eroberten Gebiete aufgeben ...« Weiter kommt Joachim von Ribbentrop nicht. Denn er wird unterbrochen. Von einem Wutanfall.

»Hitler sprang mit hochrotem Kopf auf, unterbrach mich und sagte mit unerhörter Schärfe, er wünsche mit mir ausschließlich über Afrika und nichts anderes zu sprechen.«

Eins war offensichtlich: Die Diskussion war abgeschlossen. »Die Form, wie er dies sagte«, schreibt Ribbentrop, »machte mir im Augenblick eine Wiederholung meines Vorschlages unmöglich.«[26]

Ribbentrop wird es noch einmal wagen, bevor die 6. Armee in Stalingrad kapituliert, die Frage des Sonderfriedens bei Hitler aufzugreifen. Hitlers Antwort lautet: »Zuerst brauchen wir einen entscheidenden militärischen Sieg. Dann sehen wir weiter.«[27]

Adolf Hitler hat noch eine Schwäche. Er kann nicht aus der Position des Unterlegenen verhandeln.

20

Nicht nur Canaris und Ribbentrop denken darüber nach, wie Deutschland sich am besten aus seiner heiklen Lage befreien kann. Doch es gibt ein Problem: Es wird immer deutlicher, daß alle Überlegungen hinsichtlich Kontakten oder Kompromissen mit dem Feind nur möglich sind, wenn man hinter Adolf Hitlers Rücken agiert – oder, was noch schlimmer ist, gegen ihn. Deshalb ist Heinrich Himmler so beunruhigt.

Vieles ist im letzten halben Jahr in Himmlers Umkreis geschehen. Sein engster Mitarbeiter, der »Meister der Marionetten des Dritten Reichs«, lebt nicht mehr. Auf Reinhard Heydrich wurde am 27. Mai 1942 in Prag ein Attentat verübt, und er starb wenige Tage später an Blutvergiftung. Heydrich war nicht nur die praktische Durchführung der Vernichtung der Juden übertragen worden. Er war auch zum Reichsprotektor für Böhmen und Mähren ernannt worden, das heißt für den tschechischen Teil der früheren Tschechoslowakei. Und wenn die Millionen, die der »Endlösung« zum Opfer fielen, nicht in der Lage waren, Rache zu üben, die Tschechen waren es. Sie hatten auch allen Grund dazu. Reinhard Heydrich, der als der »Schlächter von Prag« bezeichnet wurde, hatte sie mit ungewöhnlicher Grausamkeit behandelt, einer Art langsamer sadistischer Grausamkeit, die so typisch für ihn war. Aber es war vielleicht trotz allem Heydrichs Hybris, die seinen Tod herbeiführte. Heydrich war so davon überzeugt, daß die »kleinbürgerlichen Tschechen nicht genug Mumm haben, irgendwas zu unternehmen»[1] und ihm also nie etwas anhaben könnten, daß er sich angewöhnt hatte, auf dem Vordersitz eines offenen Mercedes durch Prag zu fahren.

Reinhard Heydrich hatte nicht viele Freunde gehabt, wenn er denn überhaupt Freunde gehabt hatte. Aber er hatte Bekannte, gewisse ausgewählte Personen, mit denen er verschiedene Aktivitäten betrieb. Zwei dieser Bekannten waren Admiral Wilhelm Canaris und seine Frau. Heydrich spielte an Wochenenden häufig Kammermusik mit Frau Canaris. Eines Sonntagsabends nach einem solchen Wochenende waren Admiral Canaris und sein Gast in Heydrichs Wagen zurück nach Berlin gefahren. Canaris ging davon aus, daß sie nach Hause fahren und vor der beginnenden Arbeitswoche ausschlafen würden. Doch Heydrich hatte andere Pläne. Er schlug Canaris plötzlich vor, noch eine Runde durch die Bars zu machen, und aus irgendeinem Grund ließ der Admiral sich darauf ein. An diesem Abend, erzählt Canaris über Heydrich, ließ dieser sich »kalt und berechnend vollaufen«. Heydrich sei weder getorkelt, noch habe er undeutlich gesprochen, »aber seine Augen hätten sich verengt, bis sie nur noch als zwei Stecknadelknöpfe sichtbar gewesen seien. Aber paradoxerweise habe Heydrich dabei merkwürdig friedlich und entspannt gewirkt, als habe er sich von einem peinigenden Schmerz befreit, von dessen Qualen nur die auf seinem Gesicht erkennbaren Spuren zurückgeblieben seien ...«, aber, berichtet Canaris, es war, »als könne ihm nicht einmal der Alkohol endgültig Erleichterung bringen.«

Als die beiden nach der Sauftour Heydrichs Wohnung erreichten, »befahl« Heydrich Canaris, noch ein letztes Glas bei ihm zu trinken. »Als die beiden die Wohnung betraten, machte Heydrich Licht und sah sich plötzlich in dem wandhohen Spiegel in der Diele. Heydrich schwankte etwas, und Canaris hörte ihn ›Drecksjude!‹ murmeln. Im nächsten Augenblick riß er seine Pistole aus der Pistolentasche und gab drei Schüsse auf sein Spiegelbild ab.«[2]

Heinrich Himmler ist von einem Vakuum umgeben. So sehr er und Heydrich einander auch mißtraut hatten, so hatten sie doch auch eine vollkommene gegenseitige Abhängigkeit aufrechterhalten. Obwohl alle, die Heydrich beschrieben haben, übereinstimmend seine Brillanz, seine Eleganz, seinen Sadismus und seine häufig böswillige Macht bezeugt haben, so hatte es doch den Anschein, mit Kerstens Worten, als habe »Himmler eine geheime Macht über Heydrich, der Heydrich sich bedingungslos unterwirft«. Heydrichs Anteil an der Konversation zwischen ihnen hörte sich Kersten zufolge so an: »Selbstverständlich, Herr Reichsführer, wenn Sie das wünschen, Herr Reichsführer, werde ich die notwendigen Maßnahmen auf der Stelle in Gang bringen und Ihnen Bericht erstatten, Herr Reichsführer. Ja, selbstverständlich; ja, ja vollkommen!«[3] Gleichzeitig konnte Heydrich Himmler beliebig manipulieren. Und vielleicht lag darin Himmlers Abhängigkeit von ihm. Kersten beschreibt Heydrich als »weitaus dynamischer«. Der Reichsführer benötigte und bewunderte Heydrichs Brillanz. Und Himmler war ja ein Mensch mit einer Tendenz, Abhängigkeiten zu entwickeln ...

Das Vakuum, das Heydrich in Himmlers Leben hinterläßt, wird zu einem großen Teil von dem jungen, kultivierten Walter Schellenberg ausgefüllt werden, dem Chef der Gegenspionageabteilung in dem zuvor von Heydrich geführten Reichssicherheitshauptamt. Zwar darf Schellenberg nicht Heydrichs Position übernehmen – das wird statt dessen der sehr hitlertreue Ernst Kaltenbrunner –, aber Schellenberg wird trotzdem, neben Felix Kersten, Himmlers nächster Vertrauter und wichtigster Ratgeber.

Wie Heydrich ist Schellenberg ein rücksichtslos ehrgeiziger Mann, auch wenn er nicht über Heydrichs ausgeprägten Sadismus zu verfügen scheint. Ein anderer für Schellenberg kennzeichnender Zug ist seine Fähigkeit zur Zusammenfassung und Darlegung von Sachverhalten.

Wie so viele von Himmlers Mitarbeitern und Kollegen wird auch Schellenberg von seinem Chef gebeten, sich von dessen »magischem Buddha« behandeln zu lassen. Die Gelegenheit für eine Begegnung ergibt sich im Sommer 1942, als beide sich in Himmlers Hauptquartier in Schitomir in der Ukraine aufhalten.

»Eigentlich glaube ich nicht, daß er Ihre Pflege braucht«, sagt Himmler zu Kersten – Walter Schellenberg ist in ausgezeichneter physischer Verfassung. »Aber bei der Behandlung können Sie ihn genau studieren und mir Ihr Urteil über seine Persönlichkeit mitteilen. Er ist sehr scharfsinnig, ein Mann mit Zukunft. Aber sein enormer Ehrgeiz macht mir Sorgen.« Wie gewöhnlich bietet der gute Masseur seinem Patienten seine Dienste als gar nicht so geheimer Agent an.

Die erste Begegnung zwischen Schellenberg und Kersten ist, letzterem zufolge, etwas sonderbar. Es ist Nacht, Kersten ist schon in seiner Baracke ins Bett gegangen. Plötzlich wird langsam die Schlafzimmertür geöffnet, und Kersten sieht gegen das hereinfallende Licht eine dunkle Silhouette. Er erkennt den schlanken, eleganten Körper. Sie haben noch nicht miteinander gesprochen, aber Kersten hat Walter Schellenberg aus der Distanz gesehen und ist beeindruckt.

»Himmler schickt mich zu Ihnen«, flüstert er.

»Er hat mich davon in Kenntnis gesetzt«, antwortet Kersten. Sie schweigen beide, lange. Der Zweck ihrer Begegnung sollte eine medizinische Untersuchung sein, doch die umgekehrten Rollen, die inzwischen etabliert sind, Kersten im Bett und Schellenberg auf einem Stuhl daneben, lassen den Masseur einsehen, daß Himmlers Anweisungen diesmal nicht befolgt werden.

»Ich freue mich, endlich wirklich Bekanntschaft mit Ihnen zu schließen, Herr Oberst«, flüstert Kersten schließlich. »Sie haben viele Feinde in der Umgebung des Reichsführers. Sie sind zu schnell avanciert. Aber von mir haben Sie nichts zu befürchten.« Kersten schweigt einen Augenblick. »Ich kann Ihnen im Gegenteil viel helfen, wenn wir Freunde werden.«[4]

Walter Schellenberg zufolge diskutieren er und Kersten in dieser Nacht die Zukunft Deutschlands. Schellenberg ist völlig überzeugt davon, daß ein totaler Sieg für Deutschland nicht mehr möglich ist, und er will aus dieser Überzeugung heraus handeln. Kersten unterstützt ihn darin, was Schellenberg zu schätzen weiß, denn ihm ist bekannt, daß der Reichsführer vollständig abhängig ist von seinem Masseur. Statt Konkurrenten zu werden, schließen Himmlers jetzt engste Vertraute einen Pakt – einen Pakt, der, wie sich zeigen soll, weitgehende Konsequenzen haben wird.

Am folgenden Tag bittet Schellenberg Himmler um eine Unterredung über »eine Frage, die eine äußerst wichtige und schwierige Entscheidung« erfordere. Himmler bittet ihn nach dem Mittagessen in sein Büro.

Es ist keine leichte Frage, die Schellenberg bei seinem Chef zur Sprache bringen will. Tatsächlich geht er ein großes Risiko ein. Himmler hängt bezeugtermaßen an seinem Führer und fürchtet ihn. Schellenberg ist sich dessen bewußt, daß jeder Vorschlag, der nach Konspiration riecht, lebensgefährlich ist. Er geht deshalb sehr vorsichtig vor und beginnt damit, Himmler eine Geschichtsstunde zu geben:

»Es gibt«, sagt Schellenberg, »in der Geschichte viele Beispiele, die zeigen, daß es immer klug ist, alternative Lösungen für alle Probleme zu betrachten.« Er zählt eine Reihe von Fällen auf, die dies beleuchten – Schellenberg hat sich gut vorbereitet. Himmler hört interessiert zu. Als der junge Oberst meint, Himmler genug geködert zu haben, stellt er die Frage unverblümt: Hat der Reichsführer über alternative Möglichkeiten nachgedacht, ein Ende des Krieges herbeizuführen?

Für eine Minute ist es totenstill. Dann begehrt Himmler entrüstet auf. Wie kommt Schellenberg dazu, die Kriegführung des Führers in Frage zu stellen!?

Schellenberg weiß, daß er jetzt nicht mehr zurückkann. Dann würde vermutlich nicht nur sein Vorschlag, sondern auch er selbst verloren sein, und so fährt er behutsam damit fort, mit dem Reichsführer zu argumentieren. Er weiß, daß Himmler im Grunde eine schwache Person und leicht zu überreden ist. Und er weiß, daß dies seine einzige Chance ist. Schließlich merkt Schellenberg, daß Himmler angefangen hat, in einem anderen Tonfall zu sprechen.

»Er redete fast wie zu sich selbst«, erinnerte sich Schellenberg. »Nachdenklich drehte er dann seinen Schlangenring um den Finger – ein Zeichen, daß er sich wirklich konzentrierte. [...] ›Und würde es möglich sein, einen solchen Plan zu starten, ohne daß unsere Gegner dies als Schwäche unsererseits auslegen?‹«

Schellenberg antwortet ihm, wenn unmittelbar Friedensverhandlungen eingeleitet würden, bevor Deutschland in eine hoffnungslos unterlegene Position geraten seien, so wäre garantiert, daß ihr Verhandlungswille nicht gegen sie ausschlägt.

Dann treten sie beide an eine Europakarte und kommen gemeinsam zu dem Schluß, daß Deutschland vermutlich den Hauptteil der seit 1939 eroberten Gebiete zurückgeben müßte, um Frieden erlangen zu können.

In den frühen Morgenstunden, berichtet Schellenberg, habe Himmler ihm »Handlungsfreiheit«[5] gegeben. Schellenberg hat jedoch Himmlers Vorsichtigkeit nicht bedacht, seine Unfähigkeit, etwas zu tun, was Adolf Hitlers Vorstellungen zuwiderlief. Aber Himmlers Suche nach einem Ausweg ist in Gang gesetzt worden. Und dieses Suchen soll für den Rest des Krieges weitergehen.

Am 10. Dezember schreibt Heinrich Himmler eine sehr wichtige Notiz an sich selbst: »Ich habe den Führer wegen der Loslösung von Juden gegen Devisen gefragt. Er hat mir Vollmacht gegeben, derartige Fälle zu genehmigen, wenn sie wirklich im namhaften Umfang Devisen von auswärts hereinbringen.«[6] Aber Himmler will eigentlich keine ausländischen Devisen. Er will Absolution.

Um den Monatswechsel Januar-Februar 1943 kapituliert Generalfeldmarschall Paulus in Stalingrad, nachdem er Hitler ein letztes Mal um die Erlaubnis zu einem Ausbruch und zum Rückzug gebeten und dieser sie ihm verweigert hat. Die Schlacht von Stalingrad hat 200 000 Deutsche und mindestens ebenso viele Russen das Leben gekostet.

Bei Gerhart Riegner, Gilel Storch und den anderen Aktivisten, deren höchste Priorität es ist, Juden zu retten, kommt in dieser Zeit neue Hoffnung auf. Das Kriegsglück hat sich definitiv gegen Deutschland gewendet, und neutrale Länder wie Schweden reagieren, indem sie größeres Interesse daran zeigen, Juden zu Hilfe zu kommen – zumindest gewissen Juden. Aber fast gleichzeitig müssen die Aktivisten einen Rückschlag hinnehmen:

Ein paar Wochen nach der Kapitulation in Stalingrad sind die alliierten Führer auf der Konferenz von Casablanca zusammengekommen, genauer gesagt zwei von ihnen – Roosevelt und Churchill. Stalin ist eingeladen, sagt aber ab, unter Hinweis auf »die militärische Lage«.

Was Roosevelt und Churchill besonders beunruhigt, sind die hartnäckigen Gerüchte, nicht zuletzt aus Stockholm, daß die Deutschen wegen eines Separatfriedens ihre Fühler Richtung Stalin ausstrecken – und Stalins mangelnder Wille, eindeutig uninteressiert zu sein, trotz früherer Übereinkünfte mit dem Westen.[7] Churchill und Roosevelt trauen ihrem Verbündeten nicht. Und sie werden sich bereit zeigen, sein Wohlwollen zu erkaufen. Fürs erste jedoch ist ihr

Hauptziel, der Sowjetunion zu versichern – und eine entsprechende Versicherung zurückzubekommen –, daß keiner einen Separatfrieden mit Deutschland anstreben wird.

Auf der Konferenz von Casablanca wird somit als Kriegsziel der Alliierten die »bedingungslose Kapitulation« Deutschlands beschlossen. Der Krieg soll von den Alliierten gemeinsam geführt werden, bis Deutschland vollständig besiegt ist. Keiner der Beteiligten darf in Verhandlungen über einen Separatfrieden eintreten. Der Beschluß ist sogar noch radikaler: Von nun an dürfen keinerlei Verhandlungen mehr mit Deutschland geführt werden. Nicht einmal, wenn es um die Rettung von Menschen vor der Vernichtung geht.

Heinrich Himmler bereitet sich vielleicht auf Verhandlungen vor. Aber niemand will auf der anderen Seite des Verhandlungstisches sitzen. Und wenn er noch so viele Juden anbietet.

21

Nicht daß die Alliierten für die Tatsache, daß die Deutschen im Begriff sind, das europäische Judentum zu vernichten, gänzlich unempfindlich sind. Am 17. Dezember haben sie endlich offen erklärt, daß sie von der Ausrottung Kenntnis haben.

Die durch dieses Eingeständnis bei jüdischen und auch christlichen Gruppen in den USA und Großbritannien ausgelöste Reaktion zwingt am Ende die Regierungen der alliierten Länder dazu, zumindest den Anschein zu erwecken, als wollten sie etwas zur Rettung von Juden unternehmen. Sie wissen nicht richtig, wie es ihnen gelingen soll, dies mit den Beschlüssen der Konferenz von Casablanca in Einklang zu bringen, aber irgend etwas müssen sie tun, um die öffentliche Meinung zu besänftigen. Das Resultat ist die Einberufung einer Konferenz für den April 1943 auf Bermuda. Dort, so die Absichtserklärung, sollen Vertreter der westlichen Alliierten sich einer »vorläufigen Einschätzung des Flüchtlingsproblems«[1] widmen.

Eine der vor Beginn der Konferenz lancierten Ideen sieht vor, daß Großbritannien und die USA »einen Teil« der jüdischen Flüchtlinge aufnehmen sollen, die sich in neutrale Länder gerettet haben. Auf diese Weise würden die neutralen Länder, wie Schweden, in die Lage versetzt, neue Flüchtlinge aus den von Deutschen besetzten Gebieten aufzunehmen. Dies würde keine Verhandlungen zwischen den Alliierten und den Nazis erforderlich machen und also nicht mit dem Beschluß über »bedingungslose Kapitulation« kollidieren. Doch der Vorschlag stößt schon auf Widerspruch, bevor die Konferenz begonnen hat. Die Alliierten haben nämlich eine Heidenangst davor, Deutschland könnte, wenn es dazu ermutigt wird, seine Juden wieder freilassen! Ein Promemoria des britischen Foreign Office spricht dies unverblümt aus:

> Es besteht die Möglichkeit, daß Deutschland oder seine Satelliten von der Politik der Ausrottung zu einer Politik der Vertreibung übergehen, um, wie vor dem Krieg, andere Länder dadurch zu demütigen, daß man sie mit fremden Immigranten überschwemmt.[2]

Auf der eigentlichen Konferenz warnt Richard Law, einer der drei britischen Vertreter, davor, »daß wir selbst, wenn Hitler einen Vorschlag akzeptierte, vielleicht Millionen von unerwünschten Personen freizulassen, in eine sehr schwierige Lage geraten könnten«. Ein anderer der Briten, Osbert Peake, betont, daß »viele der potentiellen Flüchtlinge leere Münder sind, für die Hitler keine Verwendung hat. [Nähmen wir sie auf], so hieße dies, Hitler von der Verpflichtung zu befreien, sich um diese wertlosen Menschen zu kümmern.«[3] Dies wird also im April 1943 gesagt. In den Konzentrationslagern sind nicht mehr viele leere Münder übrig.

Die Bermudakonferenz kommt im Prinzip zu keinem Ergebnis, und die Protokolle werden geheimgehalten. Eine Verlautbarung an die Presse besagt, daß man alle Möglichkeiten sorgfältig geprüft und eine »Reihe konkreter Empfehlungen« erarbeitet habe.[4]

Die offizielle Erklärung der Alliierten dafür, daß man nicht mehr für die Opfer des Nationalsozialismus tut, lautet, dies könne sich nachteilig auf die Kriegsentwicklung auswirken. Der Transport von Flüchtlingen könne zur Verspätung von Truppentransporten führen, und so weiter. Der Vorsitzende der Bermudakonferenz spiegelt die allgemeine alliierte Einstellung wider, als er sagt, die Lösung des Flüchtlingsproblems bestehe darin, den Krieg zu gewinnen.[5] Nur durch einen möglichst schnellen Sieg über die Deutschen könne man etwas für ihre Opfer tun. Daß die Nazis im Laufe von sechs Jahren viele Menschen ermorden können, wird nicht in Betracht gezogen.

Einer der jüdischen Führer in den USA, der Rabbiner Israel Goldstein, spricht das Unaussprechbare aus, als er am 29. April in einem Interview in New York sagt: »Die Opfer werden nicht gerettet, weil die Demokratien sie nicht haben wollen.«[6]

»Zuerst nahm ich Kontakt mit Schwedens Oberrabbiner Dr. Marcus Ehrenpreis und dem Vorsitzenden der jüdischen Gemeinde, Gunnar Josephson auf, einem Nichtzionisten. Beide empfingen mich sehr höflich, aber mit einer gewissen Reserviertheit und Distanz.« So beschreibt Salomon Adler-Rudel den Empfang bei seinem ersten Schwedenbesuch nach Ausbruch des Krieges. Es war der feurige Aktivist Adler-Rudel, der im November 1938 als Vertreter einer deutsch-jüdischen Delegation die Leiter der Mosaischen Gemeinde in Stockholm dazu gebracht hatte, die schwedische Regierung dazu zu bewegen, fünfhundert jüdische Kinder im Land aufzunehmen.[7] Inzwischen ist auch er aus Deutschland geflüchtet. Er kommt jetzt als Repräsentant zweier jüdischer Organisationen in London nach Schweden, des World Jewish Congress und der *Jewish Agency*. Sein Besuch ist seit über drei Jahren der erste eines Vertreters einer internationalen jüdischen Organisation. So abgeschnitten sind die Stockholmer Juden gewesen.

Adler-Rudel verfolgt mit seiner Reise zwei Zwecke: Er will bei der Gründung einer schwedischen Sektion des World Jewish Congress behilflich sein. Und er will eine große schwedische Rettungsaktion initiieren. Hofft er.

Mit dem letztgenannten Projekt wird Adler-Rudel total Schiffbruch erleiden. Sein Plan sieht vor, daß Schweden, solange der Krieg andauert, 20 000 jüdische Kinder vom Kontinent aufnehmen und unter seinen Schutz nehmen soll. Und lange, lange läßt die schwedische Regierung ihn in dem Glauben, man sei bereit, die Kinder aufzunehmen. In Wirklichkeit scheint Schweden, was die Reaktion auf diesen sogenannten »Adler-Rudel-Plan« angeht, lediglich eine Art politisches Spiel gespielt zu haben (um die Alliierten zu besänftigen?). Ernstgemeinte Versuche, die jüdischen Kinder aufzunehmen, werden gar nicht unternommen. Adler-Rudel ist verzweifelt.[8]

Mit seinem zweiten Projekt scheint Adler-Rudel indessen erfolgreicher zu sein. Zumindest anfänglich.

Die ersten Personen, die Adler-Rudel in Stockholm trifft, sind, wie gesagt, der Oberrabbiner Ehrenpreis und der Vorsitzende der Mosaischen Gemeinde, Josephson. Als nächstes trifft er Gilel Storch. Und er beschreibt ihn folgendermaßen:

»Warmherziger und hilfreicher waren Männer wie Hillel Storch, ein wohlhabender Geschäftsmann, der während der deutschen Besetzung von Riga Familienmitglieder verloren hatte, selbst ein Flüchtling, der in Schweden wohnte und unermüdlich Menschenleben zu retten suchte. Während meines Besuchs in Stockholm war er meine größte Stütze.«[9]

Storch und Adler-Rudel finden einander also unmittelbar, und Storch will, daß Adler-Rudel ihm hilft, eine schwedische Sektion der Rettungsorganisation World Jewish Congress ins Leben zu rufen. Ihm liegt jedoch sehr viel daran, daß die Sektion von der Mosaischen Gemeinde unabhängig sein soll und selbständig mit schwedischen Behörden verhandeln kann. Er hat schon vorher an das Hauptbüro in New York geschrieben, daß, wenn man »alle Verhandlungen [mit der schwedischen Regierung] der Gemeinde überläßt, das Ergebnis zweifellos sein wird, daß diese alle nationalen Initiativen ebenso wie Initiativen zur Unterstützung leidender Menschen verhindern wird«.[10]

Es muß Storchs Wunsch sein, selbständig handeln zu können. Aber sein Pech ist, daß dies nicht mit der Politik des World Jewish Congress vereinbar ist, dessen Ziel es ist, die örtlichen jüdischen Gemeinden an sich zu binden. Deshalb sieht Adler-Rudel es als seine erste Aufgabe in Schweden, in direktem Gegensatz zu Storchs Wunsch, die Mosaische Gemeinde davon zu überzeugen, der schwedischen Sektion der Organisation beizutreten.

»Professor Ehrenpreis, dessen Mitwirkung ich für wesentlich hielt und von dem ich erwartet hatte, er würde die Mosaische Gemeinde in der gewünschten Richtung beeinflussen, war zu diesem Zeitpunkt nicht in Stockholm«, notiert Adler-Rudel.

Sobald der Rabbiner zurückkehrt, berichtet Adler-Rudel ihm begeistert über die einleitenden Verhandlungen mit Storch und den übrigen interessierten Personen. Hier existiert, meint er, ein phantastischer Boden für aktivistische jüdische Arbeit!

Ehrenpreis' Reaktion überraschte Adler-Rudel:

»Er protestierte heftig gegen die Idee, eine solche Sektion zu gründen.« Adler-Rudel, der sich als ebenso hartnäckige Person erweist wie Storch, läßt jedoch nicht locker.:

»Ich diskutierte mit ihm darüber und sagte ihm, ich würde selbst versuchen, die Mosaische Gemeinde dazu zu bewegen, sich dem World Jewish Congress anzuschließen.« Adler-Rudel nimmt folglich Kontakt zum Vorsitzenden der Mosaischen Gemeinde, Gunnar Josephson, auf. Zu seiner Verwunderung ist das Resultat das gleiche: »Auch er war ein Gegner des Kongresses.«

Nachdem er bei keinem der beiden führenden Männer der Gemeinde Erfolg gehabt hat, schlägt Adler-Rudel vor, man solle nun den Gemeindevorstand zusammenrufen und die Frage mit ihm diskutieren. »Ich vertraute [...] auf den Einfluß, den ich auf einige der Vorstandsmitglieder zu haben glaubte, und hoffte auf eine Mehrheitsentscheidung gegen den Vorsitzenden und Dr. Ehrenpreis.«

Die Sitzung findet statt, verläuft aber keineswegs so, wie Adler-Rudel gehofft hat:

»Ehrenpreis und Josephson opponierten äußerst heftig, und der Vorstand lehnte meinen Vorschlag ab.«

Die ganze Affäre schafft innerhalb der Gemeinde eine so aufgeheizte Stimmung, daß Adler-Rudel befürchtet, sie könne sich spalten!

»Weil ich dies nicht auf mein Gewissen laden und mir die Gemeindeführung für meine übrigen Verhandlungen in Stockholm nicht entfremden wollte, hielt ich es für das Beste, die ganze Frage fallenzulassen.«[11]

Adler-Rudel nennt nicht den Grund für die Weigerung der Gemeinde, dem World Jewish Congress beizutreten. Gunnar Josephson gibt in einem mehrere Jahre später an Gilel Storch geschriebenen Brief jedoch eine Art von Erklärung:

> Es ist, wie Ihnen sehr gut bekannt ist, meine dezidierte Auffassung, daß die Gemeinde mit ihrer Struktur organisch vom Kongress getrennt sein muß. Die Gemeinde umfaßt aufgrund ihres Charakters als Zwangsvereinigung aller jüdischen schwedischen Bürger in ihrem Bereich die unterschiedlichsten Meinungsrichtungen. Ein erheblicher Teil unserer Gemeindemitglieder steht der Ideologie und der Einstellung des Kongresses zu einer Reihe jüdischer Fragen fremd gegenüber. Es muß deshalb aus der Sicht der Gemeinde richtig und nicht zuletzt für die Einigkeit bei ihrer umfassenden Hilfstätigkeit notwendig sein, daß sie selbständig arbeitet.[12]

Adler-Rudel verläßt Schweden, ohne daß es ihm gelungen ist, eine schwedische Sektion des World Jewish Congress zu gründen. Aber er hinterläßt ein kleines Komitee, dessen Ziel es ist, durch Kompromisse akzeptable Formen für die Zusammenarbeit mit der Mosaischen Gemeinde zu schaffen zu versuchen. Dieses Komitee wird nicht nur der Keim zum schwedischen World Jewish Congress, es wird auch zur Plattform, die Gilel Storch so heiß ersehnt hat.

Die wichtigsten Mitglieder des Komitees neben Storch sind zwei deutschstämmige Juden: Fritz Hollander und Norbert Masur. Die beiden Männer kennen sich. Sie arbeiten in der Firma von Hollanders Vater, die mit Häuten und Leder handelt. Masur, der ältere der beiden, ist schon mit neunzehn Jahren von der Zentrale der Firma in Hamburg nach Skandinavien geschickt worden, um nach und nach eine Filiale in Stockholm aufzubauen. Masur war ein Wunderkind, und Julius Hollander schickte schließlich seinen eigenen Sohn Fritz nach Stockholm, damit dieser bei dem begabten Leiter der schwedischen Filiale in die Lehre gehen sollte. Nach wenigen Jahren sind beide aktiv in der jüdischen Arbeit in Stockholm. Und jetzt sitzen sie also mit Gilel Storch zusammen und versuchen, Pläne für eine aktivistischere Einstellung beim schwedischen Judentum zu machen.

Norbert Masur ist für diese Aufgabe wie geschaffen. Im Unterschied zu Gilel Storch verfügt er über sehr gute Beziehungen zur Mosaischen Gemeinde. Er sitzt sogar in der Geschäftsführung der Gemeinde und ist außerdem Vorstandsmitglied in der Zionistischen Vereinigung.

»Norbert Masur war eigentlich ein geborener Diplomat«, erzählt einer seiner Freunde, Gert Löllbach. »Er hatte ein starkes Charisma, war ruhig und zivilisiert, vielseitig begabt und verfügte über eine blitzschnelle Auffassungsgabe. Er machte einen starken Eindruck, ohne pompös zu sein, ohne in seiner Umgebung Turbulenzen hervorzurufen.«

Es erstaunte viele, daß Masur mit dem hitzköpfigen, unorganisierten und sehr osteuropäischen Gilel Storch zusammenarbeiten konnte. Aber wahrscheinlich waren es gerade die Unterschiede zwischen ihnen, die sie zu einem so guten Gespann machten.

»Es war deutlich«, sagt Löllbach, »daß Herr Masur mit seiner zivilisierten Art gute Voraussetzungen hatte, mit Herrn Storch zusammenzuarbeiten.«[13]

Diese Zusammenarbeit wird weit reichen. Weiter, als irgend jemand ahnen sollte.

22

Gösta Engzell muß sich in diesen Tagen im Frühjahr 1943 mit einem speziellen und sehr intrikaten Problem auseinandersetzen. Karl Höjer, der Chef der Sozialverwaltung, läßt ihm nämlich keine Ruhe. Höjer kann absolut nicht verstehen, warum Engzell sich einer Ausweisung des Spions Edgar Klaus widersetzt.

»Aus schwedischer Sicht muß Klaus als gefährlich bezeichnet werden«, behauptet Höjer, »da er offensichtlich bereit ist, Aufträge nach den Wünschen der deutschen Gesandtschaft auszuführen.« Karl Höjer will, daß Klaus jetzt ein für allemal ausgewiesen wird. Auch Sozialminister Möller zeigt sich der Haltung des Außenministeriums gegenüber verständnislos.[1] Die Deutschen haben Engzell gegenüber ja sogar zugegeben, daß Klaus Spion ist! Darüber hat der Ministerialrat selbst eine Aktennotiz geschrieben:

> Beim Besuch des Gesandtschaftsrats von Grolman frage ich ihn, was Klaus eigentlich hier im Lande mache. Er deutete an, daß K. ja mit »ostgerichteten« Fragen beschäftigt sei, wovon schwedische Polizei- und Militärbehörden Kenntnis hätten. Er konnte oder wollte nicht direkt sagen, von wo K.'s Auftrag komme, verneinte jedoch nicht, daß es Abwehr-Behörden in Berlin seien.
>
> *den 27. Mai 1943*
>
> *Gösta Engzell*[2]

Aus schwedischer Sicht sind ja neue Verbindungen zwischen Deutschland und der Sowjetunion die ultimative Bedrohung! Und offensichtlich ist es das, womit Edgar Klaus sich beschäftigt.

Deshalb nehmen Höjer und Möller mit unverhohlener Verwunderung die Mitteilung auf, daß Engzell nach dem Treffen mit von Grolman erneut die Verlängerung der Aufenthaltserlaubnis für Klaus beantragt, und bekommen hat! Als Höjer Engzell zur Rede stellt, erklärt dieser jedoch, er betrachte Klaus als ausgezeichnetes Tauschobjekt für die wegen Spionage angeklagten Warschauschweden. Der Prozeß gegen diese soll nämlich am 30. Juni 1943 beginnen.[3] Es wird gemunkelt, daß sie vielleicht zum Tode verurteilt werden, und daher braucht Schweden jedes Pfand, dessen man habhaft werden kann. Und Herr Klaus scheint ja ein ausgezeichnetes Pfand zu sein, dem Interesse nach zu urteilen, das die Deutschen an den Tag gelegt haben, damit er bleiben darf.[4]

Das Ergebnis des äußerst summarischen Prozesses gegen die sieben Warschauschweden ist, daß tatsächlich vier von ihnen zum Tode verurteilt werden, einer zu einer lebenslänglichen Haftstrafe. Zwei werden freigesprochen, aber in Deutschland festgehalten.

Mitte August kommt Edgar Klaus' schwedischer Anwalt, Graf Arran Hamilton, mit spannenden und äußerst geheimen Nachrichten ins Außenministerium: Klaus ist mit hochstehenden, namentlich genannten Personen im deutschen Auswärtigen Amt und der deutschen Industrie in Kontakt gewesen. Diese haben eine formelle »Eingabe betreffend die Freilassung der gefangen gehaltenen Schweden« eingereicht. Sie haben auch Reichsmarschall Göring in der Angelegenheit kontaktiert, und er hat keine Einwände. Das letzte Wort in bezug auf das Schicksal der Warschauschweden hat jedoch, so Hamilton, Reichsführer Himmler. Und mit diesem haben Klaus' hochstehende Kontakte noch keine Verbindung aufnehmen können.

»Es war aber die Meinung der Herren in Berlin«, sagt Hamilton, »daß die Sache sicher realisiert werden könne.«

Der Anwalt unterläßt es am Ende nicht, zu erwähnen, daß die hochstehenden Persönlichkeiten zwar gern zu dieser Intervention bereit sind, daß sie aber eine Gegenleistung erwarten – nämlich eine Verlängerung der Aufenthaltsgenehmigung von Edgar Klaus in Schweden.[5]

Die Sache ist jedoch die, daß nicht nur Edgar Klaus sich für die gefangenen Schweden einsetzt. Zum gleichen Zeitpunkt ist noch eine weitere Person in dieser Angelegenheit aktiv. Und diese Person hat die besten Voraussetzungen, auf ihr Schicksal Einfluß zu nehmen.

23

Das erste, was Felix und Irmgard Kersten tun, als sie nach Stockholm kommen, ist, in eine Konditorei zu gehen. Eine Konditorei, in der Frauen in schwarzen Kleidern und reinen weißen Schürzen und mit einer kleinen weißen Haube auf dem Kopf große Stücke frischen Obstkuchen servieren, die von einem Meer von Sahne bedeckt sind. Es ist nicht nur lange her, daß Felix einen Obstkuchen gesehen hat. Er hat kaum frisches Obst gesehen. Und wenn Felix Kersten von einem abhängig ist, dann sind es Süßigkeiten. Am liebsten Obstkuchen. Es ist der 30. September 1943, Felix Kerstens fünfundvierzigster Geburtstag, und er hat ein Stück Obstkuchen verdient.[1] Das meint auf jeden Fall Axel Brandin, der Generaldirektor von *Svenska Tändsticks Aktiebolaget.* Er hat Kersten nach Schweden eingeladen.

Seit mehr als einem halben Jahr hat Himmlers Masseur sich hartnäckig für die sieben Schweden eingesetzt, die in Deutschland im Gefängnis sitzen – fünf von ihnen sind bei Brandins Streichholz AG angestellt, zwei bei L. M. Ericsson. Das

Interessante in diesem Zusammenhang ist, daß die Warschauschweden von Carl Langbehn verteidigt werden, einem guten Freund von Kersten – und von Himmler! Und sowohl Langbehn als auch Brandin wußten, daß es eine Person gab, mit der sie vor Beginn des Prozesses Kontakt aufnehmen mußten: Himmlers magischem Buddha, Felix Kersten.

Es ist jedoch kein leichtes Unterfangen gewesen, auf das Schicksal der Schweden einzuwirken. Als Kersten zum ersten Mal bei Himmler auf den Fall zu sprechen kam, lehnte dieser es rundweg ab, auch nur darüber zu diskutieren. Außerdem behauptete er, die Sache falle nicht in seine Zuständigkeit, sondern in die Ribbentrops.[2] Und es war allgemein bekannt: Himmler und Ribbentrop waren alles andere als gute Freunde.

Doch nun wollte es ein glücklicher Zufall, daß Ribbentrop gerade zu dieser Zeit »erkrankt« war und Himmler Kersten vorgeschlagen hatte, den Außenminister auf seinem Schloß Fuschl in der Nähe von Salzburg zu behandeln.[3] In dieser Hinsicht hatte Himmler immerhin einen Vorteil gegenüber dem Außenminister: Auch Ribbentrop hatte die geschickten Hände des Herrn Medizinalrats Kersten zu schätzen gelernt. Doch es war Himmler, der ihn auslieh.

Das wunderschöne Schloß Fuschl hatte sich bis 1938 im Besitz eines österreichischen Barons mit Namen Ranitz befunden. Nach dem Anschluß Österreichs wurde der Baron wegen seiner monarchistischen Ansichten festgenommen und im Konzentrationslager Dachau inhaftiert. Kersten hatte jedoch gehört, der wirkliche Grund für die Inhaftierung sei der, daß Ribbentrop völlig in das schöne Schloß und seine ebenso schöne Umgebung vernarrt war. Der Außenminister behauptete von sich, er könne nur in einer schönen Umgebung arbeiten.[4] Und hier war es ja schön, das konnte Kersten unmittelbar feststellen. Auch wenn Herr Ribbentrop im Moment gerade nicht so große Freude an der herrlichen Umgebung zu haben schien. Der deutsche Außenminister litt unter »starken Kopfschmerzen, Schwindelanfällen, Gleichgewichtsstörungen und nervösen Verdauungsbeschwerden«.[5] Doch kurzzeitig schien die Aura des Schlosses stärkend auf ihn zu wirken:

»Herr Kersten, finden Sie nicht, daß ich wie ein Adliger aussehe?« Ribbentrop war vor einen Spiegel am anderen Ende des Raums getreten, während Kersten seine Behandlung vorbereitete.

»Vielleicht«, erwiderte der Masseur, ohne den Blick zu heben.

»Nicht vielleicht, sondern sicher, Kersten!« fauchte Ribbentrop ihn an. »Viele Menschen haben mir gesagt – sogar in England, als ich dort Botschafter war –, daß man mich sehr wohl für einen englischen Lord halten könnte!«[6] Es war ungewöhnlich, daß es Ribbentrop gelang, sich zweimal hintereinander an Kerstens Namen zu erinnern. Der Adjutant des Außenministers hatte Kersten erzählt, sein Chef leide an Melancholie, was auch sein Gedächtnis beeinträchtigt zu haben schien. Er nannte den Masseur häufig »Doktor Gessen«.

Fast den ganzen Mai hielt Kersten sich bei Ribbentrop auf. Er hatte bei verschiedenen Gelegenheiten die Frage der inhaftierten Schweden aufgegriffen. Doch im Unterschied zu Himmler, der dazu neigte, Kerstens Drängen nachzugeben, wurde Ribbentrop von Mal zu Mal ärgerlicher:

»Sie sind Spione. Sie verdienen keinerlei Mitleid!« fauchte er. Es half auch nichts, daß der Außenminister hilflos dalag und die Wunderbehandlung des Masseurs gegen seine Kopfschmerzen empfing. Die Befreiung gebar keine Dankbarkeit. Auf jeden Fall keine Dankbarkeit, die in Gefügigkeit zum Ausdruck kam. Kersten versuchte es von neuem:

»Es geht nicht darum, ob sie Mitleid *verdienen*. Es geht um Politik. Finnland hat bereits Vorstöße unternommen. Und dann muß man an Schweden und seine friedensfreundliche Politik denken, und an sein Eisen …«

Jetzt wurde der Außenminister böse!

»Ich habe es satt, von der schwedischen Presse und ihrer deutschfeindlichen Einstellung zu hören! Schweden hat seit langem das Recht auf politische Unabhängigkeit verloren. Dieses Land muß streng behandelt werden! Nicht wohlwollend! Die in Warschau festgenommenen Schweden verdienen ihre Strafe!«

Kersten sah ein, daß politische Argumente nichts fruchten würden. Er mußte zu einem Trick greifen.

»Herr Ribbentrop, kennen Sie möglicherweise die Einstellung von Herrn Himmler zu diesem Fall?« Ribbentrop antwortete nicht.

»Ich glaube zu wissen, daß er sich sorgfältig mit der Angelegenheit vertraut gemacht hat. Ich glaube auch zu wissen, daß er dazu neigt, darauf zu dringen, daß die Todesurteile aufgehoben und die Schweden nach Hause geschickt werden.«

»Was hat Himmler mit dieser Sache zu tun!?!« Ribbentrops Wut war beherrscht, verbissen. Kein Wunder, daß er so häufig nervöse Beschwerden hatte. »Himmler tut gut daran, sich nicht in die Angelegenheiten des Außenministeriums einzumischen! Er soll sich an sein Polizeiwesen halten und sich nicht in die Politik einmischen!«

Kersten schwieg. Jetzt war Ribbentrop in Fahrt. Und genau das war es, was Kersten wollte.

»Ich werde mich beim Führer beschweren. Ich werde mich bei unserem Führer beschweren!« Ribbentrop wiederholte dies immer wieder, wie ein Mantra. Sein Revier war bedroht. Und Kersten war zufrieden. Wenn Ribbentrop die Angelegenheit bei Hitler vorbrachte, würde alles gutgehen. Denn dann würde Hitler Himmler zu sich rufen und ihn nach seiner Meinung fragen. Und Kersten vertraute seiner Fähigkeit, Heinrich Himmlers Meinung zu beeinflussen ...[7]

Himmler war natürlich entsetzt, als er hörte, was Kersten zu Ribbentrop gesagt hatte. Diese Angelegenheit fiel wie gesagt nicht in seine Zuständigkeit! Und was würde geschehen, wenn Hitler ihn zu sich riefe? Kersten konnte fast sehen, wie der Magen seines Patienten sich zu einem kleinen Ball zusammenzog.

»In dieser Situation blieb mir im Interesse der Sache nichts anderes übrig, als mich einer Unwahrheit zu bedienen«, schreibt Kersten. »Ich sagte Himmler, daß ich bei meiner Rückkehr aus Fuschl ein Schreiben des finnischen Staatspräsidenten Ryti vorgefunden hätte, in dem er sich nach dem Stand der Angelegenheit erkundigte. Er schriebe, daß die Finnen sich mit jedem Tag stärker ihrer Zusammengehörigkeit mit Skandinavien bewußt würden und daß sie dieser Angelegenheit wegen allmählich ungeduldig würden.« Die Lüge hatte die beabsichtigte Wirkung. Die Deutschen waren zu dieser Zeit sehr bemüht, ihre finnischen Alliierten nicht zu verärgern, die nach Stalingrad offenbar darüber nachgedacht hatten, mit der Sowjetunion Frieden zu schließen.

»Ich sah sogleich, daß Himmler davon überzeugt war«, schreibt Kersten, »daß ›die schwedische Spionageaffäre‹ von internationaler Bedeutung war. Ich hatte das Gefühl, hiernach damit rechnen zu können, er würde in dieser Angelegenheit definitiv etwas unternehmen.«[8]

Als nächstes nahm Kersten Kontakt zu Walter Schellenberg auf, Himmlers anderem Vertrauten, um sich seiner Unterstützung zu versichern. Diese Unterstützung gab Schellenberg mehr als gern. Teils lag es in seinem Interesse, der Umwelt Deutschlands guten Willen zu zeigen. Teils ermöglichte ihm dies, den Pakt mit Kersten zu konsolidieren ...

Am 27. und 28. August 1943 trafen daraufhin Heinrich Himmler und Walter Schellenberg mit Axel Brandin und dem deutschen Vertreter der Zündholz AG, Alvar Möller, in Himmlers Hauptquartier Hochwald zusammen. Himmler versprach bei diesem Treffen, daß die beiden freigesprochenen Schweden nach Hause reisen dürften, es liege jedoch nicht in seiner Macht, sagte er, die Begnadigung der Verurteilten zu bewirken. Und in der gegenwärtigen Lage war er nicht bereit, die Sache bei Hitler zur Sprache zu bringen.

Es bedurfte laut Felix Kersten eines weiteren Überredungsversuchs von seiner

Seite, um Himmler so weit zu bringen, daß er die Frage mit seinem Führer zu diskutieren wagte.

Am 1. September traf Himmler Adolf Hitler und schlug ihm die Begnadigung der zum Tode verurteilten Schweden vor. Hitler stimmte zu.[9]

Himmler hatte, um seines Nachruhms willen, gewagt, sich gegen seinen Führer zu stellen. Und sein Masseur Felix Kersten hatte einem weiteren europäischen Land seinen guten Willen und seine ungeahnten Fähigkeiten demonstriert. Zu einem großen Teil basiert diese Geschichtsschreibung allerdings auf Kerstens eigener Darstellung, und gewisse Berichte schwedischer Offizieller haben betont, daß nicht nur Kerstens Intervention, sondern auch eine solche seitens König Gustaf V. ausschlaggebend gewesen sei.[10] Doch andere schwedische Offizielle haben dies bestritten, und die meisten sind sich darin einig, daß Kerstens Intervention für das Schicksal der Schweden entscheidend gewesen sei.[11]

Die *Tändsticksbolaget* hat Kersten und seine Frau indessen nicht nur aus Dankbarkeit für zwei Monate nach Stockholm eingeladen. Es ist noch vieles zu tun. Fünf der Schweden sind ja weiterhin in Deutschland interniert, und zwar lebenslänglich.

Daß Kersten selbst sich entschieden hat, nach Stockholm zu kommen, hat jedoch noch andere Gründe als den Wunsch, Brandin zu treffen – oder Kuchen zu essen. Felix Kersten beabsichtigt, Deutschland zu verlassen. Er ahnt, daß es höchste Zeit ist. Deutschland ist kein Land mit Zukunftsaussichten mehr. Und das neutrale Schweden, mit seinen trotz allem guten Verbindungen nach Deutschland, ist für einen baltischen Kosmopoliten vielleicht gar kein dummer Ort, um sich niederzulassen.

Die Frage ist, wie er Himmler dazu gebracht hat, ihn gehen zu lassen. Sicherlich liegt Heinrich Himmler viel an seinem Masseur. Aber kaum genug, um ihn für zwei Monate aus den Augen zu lassen – nur, weil sein Geburtstag ist. Und noch weniger, damit er sich in Stockholm niederläßt!

In seinen Memoiren hat Felix Kersten diese Frage folgendermaßen beantwortet:

> Ich hätte sicher eine Ablehnung erhalten, hätte ich einfach nur meinen Wunsch zum Ausdruck gebracht, ohne Gründe anzugeben, die Himmler persönlich zusagten. Aber wie sollte ich dabei zu Wege gehen? Ich beriet mich mit dem finnischen Gesandten [in Berlin] Kivimäki, zu dem ich immer ging, wenn ich eine heikle Frage zu diskutieren hatte. Das Ergebnis unserer Unter-

> haltung war folgendes: Ich würde Himmler darüber informieren, daß ich binnen kurzem gezwungen sein würde, seine Behandlung zu beenden, weil ich als Arzt zur finnischen Armee eingezogen würde. Es gebe jedoch eine Möglichkeit, die Einberufung zu vermeiden. Mit Rücksicht auf meine Beziehung zum Reichsführer sei die finnische Botschaft bereit, stillschweigend ein Arrangement zu treffen, daß ich finnische Soldaten behandelte, die sich zur Rehabilitation in Schweden aufhielten. Dies würde es mir auch möglich machen, zu Himmlers Hauptquartier zu reisen und ihn weiter zu behandeln.

Kersten zufolge akzeptiert Himmler diese Erklärung und das entsprechend Arrangement.

»Auf der einen Seite wollte er mich ja absolut nicht verlieren, auf der anderen wollte er zu diesem Zeitpunkt jede Reiberei mit Finnland vermeiden.«[12]

Sicher hat Heinrich Himmler eine Schwäche für seinen Masseur. Und sicher hat er sich für dessen Argumente zugänglich gezeigt. Aber Heinrich Himmler ist kaum dumm. Es ist unwahrscheinlich, daß dieser Meister der Intrige und Karteifanatiker es unterlassen haben sollte, eine so durchsichtige Geschichte, wie Kersten sie präsentiert haben will, nachzuprüfen. Und seinem Sohn Arno gegenüber sollte Kersten nie ein Hehl daraus machen, daß Heinrich Himmler ganz eigene Motive dafür hatte, sie reisen zu lassen:

»Er brauchte jemanden, der in Schweden Beziehungen knüpfen konnte, um mit den Amerikanern ins Gespräch zu kommen«, erzählt Arno. »Er wollte mit den Westmächten einen Frieden diskutieren, einen Separatfrieden ... und daß man gemeinsam mit den Westmächten die Russen bekämpfen sollte, die für Himmler stets den einzig wirklichen Feind darstellten.« Die Frage ist, warum ausgerechnet Kersten diese ungeheuer wichtige und sehr delikate Kontaktfunktion mit den Amerikanern ausfüllen sollte. Seinem Sohn Arno zufolge hatte dies zwei Gründe:

»Er war finnischer Staatsangehöriger, fast ein Skandinavier, konnte also mit Leichtigkeit in Schweden akzeptiert werden ... Und Vater konnte sich als Arzt ziemlich frei bewegen und treffen, wen er wollte, und ziemlich inkognito sein. Das hatte keine Schlagzeilen zur Folge.«[13]

Felix und Irmgard Kersten ziehen in die gleiche Pension ein, die Pension Belfrage auf Blasieholmen, in der Gilel Storch einst residierte. Trotz allem soll ihr erster Besuch nur zwei Monate dauern. Was Kersten nicht daran hindert, sogleich ein reiches soziales Leben in der Stadt zu entwickeln.

Die Familie Graffman pflegt zu Hause in Danderyd jeden Sonntag Salon zu halten. Hier treffen sich alle möglichen Leute, häufig Ausländer.

»Wir hatten nie Japaner oder Deutsche, aber oft Rumänen und Italiener«, erinnert sich Julie Graffman. »Und wir mußten diejenigen, die aus alliierten Ländern kamen, von denen trennen, die aus Ländern kamen, die auf seiten der Deutschen kämpften. Sie saßen in verschiedenen Räumen, und ich und Holger gingen zwischen ihnen hin und her.«[14]

Am 3. Oktober, drei Tage nach ihrer Ankunft in Schweden, sind Felix und Irmgard Kersten bei Graffmans zu Besuch. Felix kennt Julie Graffman durch ihre Eltern, das Ehepaar Hubrecht, die beide in Holland seine Patienten waren. Und Holger Graffman hat es übernommen, nach einer Wohnung für die Kerstens zu suchen.

Die Gäste bei Graffmans sind eine interessante Mischung. Das merken Felix und Irmgard schnell. Es sind viele Menschen darunter, mit denen der soziale Felix sich liebend gern unterhalten würde. Aber besonders eine Person weckt sein Interesse. Vielleicht hat er sogar schon im vorhinein einen Tip erhalten, daß dieser Mann sich gerade an diesem Nachmittag bei Graffmans befinden werde. Unwahrscheinlich ist es nicht.

Abram Stevens Hewitt ist Amerikaner. Er ist außerdem Agent des OSS, des *Office of Strategic Services* (des Vorläufers des CIA). Obwohl Kersten vielleicht genau das nicht weiß, vielmehr wird er den Amerikaner später als »Roosevelts speziellen Vertreter hier in Stockholm« bezeichnen[15] Felix Kersten ist ganz und gar nicht abgeneigt, eine Person mit solchen Kontakten kennenzulernen.

Die beiden Männer finden einander direkt. Hewitt spricht deutsch und hat durch die Graffmans von Kerstens Talenten erfahren.

»Er will, daß ich ihn behandle«, schreibt Kersten am gleichen Abend in sein Tagebuch, »weil seine Gesundheit nicht gut ist. Ich werde ihn mit Freuden behandeln und fange morgen sogleich an. Ein sehr zufriedenstellender Sonntag ...«[16]

Die Behandlung Hewitts entwickelt sich, wie so häufig bei Kersten und seinen Patienten, zu einer persönlichen Beziehung.

»Mr. Hewitt und ich verstehen uns sehr gut«, schreibt Kersten. »Wir sind beide der Ansicht, daß dieser schreckliche Krieg ein Ende nehmen muß.« Laut Kersten dikutieren er und Hewitt hauptsächlich zwei Fragen: die Möglichkeiten eines Friedens zwischen Deutschland und den Westmächten und die Möglichkeiten der USA, zwischen Finnland und der Sowjetunion ein Friedensabkommen zu arrangieren.[17] Wenn dies richtig ist, würde Kersten im zweiten Fall den deutschen Interessen diametral entgegengesetzt handeln, und im ersten Fall in Übereinstimmung mit zumindest Himmlers Interessen.

Drei Sonntage nach ihrer ersten Begegnung treffen sich Hewitt und Kersten wieder bei den Graffmans. Diesmal wird die Diskussion sehr konkret. Kersten bietet sich an, zu Himmler zu fliegen und mit diesem »die Möglichkeiten für einen Frieden zu erkunden«, oder, einer anderen Quelle zufolge, ein Treffen zwischen Hewitt und Himmler zu arrangieren.[18] Hewitt antwortet, die ersten Forderungen, die Großbritannien und die USA stellen würden, seien, daß »Deutschland alle besetzten Gebiete abtritt, die Nationalsozialistische Partei und die SS abschafft, freie demokratische Wahlen durchführt ... Hitlers Diktatur abschafft und die führenden Nazis in Konzentrationslager schickt«. Dann fügt er hinzu: »Die für Kriegsverbrechen Verantwortlichen müssen vor Gericht gestellt werden.«

Kersten antwortet dem Amerikaner, daß Himmler auf diese Forderungen vielleicht eingehen würde, »vorausgesetzt, es wird in seinem eigenen Fall eine Ausnahme gemacht und seine persönliche Freiheit wird garantiert«.[19] Hewitt entgegnet, daß er hierüber natürlich nicht entscheiden könne, doch er werde die Frage bei seiner Regierung zur Sprache bringen.

An diesem Abend schreibt Kersten, eigenen Angaben zufolge, einen Brief an Himmler. Der Brief beginnt mit folgenden Worten:

> Lieber Herr Reichsführer,
> Ich nehme an diesem Sonntagabend die Gelegenheit wahr, Ihnen Vorschläge zu übermitteln, die von größter Bedeutung für Deutschland, für Europa, ja sogar für die ganze Welt sein können. Was ich Ihnen anbiete ist die Möglichkeit eines ehrenvollen Friedens.
>
> Ich habe hier in Stockholm einen amerikanischen Patienten. Sein Name ist Abram Stevens Hewitt (er ist kein Jude) und er steht in engem Kontakt zur amerikanischen Regierung.

Hewitt und er selbst, schreibt Kersten weiter an Himmler, hätten einen Friedensvorschlag ausgearbeitet. Kersten berichtet von Hewitts »Forderungen« und schlägt vor, daß Himmler Schellenberg nach Stockholm schickt, damit dieser die Verhandlungen mit dem Amerikaner fortführen könne.

»Ich bitte Sie, Herr Reichsführer, diesen Brief nicht in den Papierkorb zu werfen, sondern ihn mit der Menschlichkeit entgegenzunehmen, die in Heinrich Himmlers Herz wohnt ... Das Schicksal und die Geschichte haben die Verantwortung für die Beendigung dieses schrecklichen Krieges in Ihre Hände gelegt.«[20] Was Kersten weder in seinem Brief an Himmler noch in seinen Büchern erwähnt, ist, daß die OSS in Stockholm ihn als Gestapoagenten betrachtet und ihn gleichzeitig selbst für seine Dienste bezahlt! Anderseits ist dies vielleicht nur Hewitts Art und Weise, private Kosten über die Firma abzurechnen ... Im OSS-Bericht über die Ausgaben der Organisation in Stockholm steht nämlich: »2000 Kronen wurden dem Gestapoagenten Dr. Kirsten ausbezahlt ... Dieses Geld wurde für persönliche medizinische Dienste bezahlt.«[21]

Zwei Wochen später, am 9. November, trifft Walter Schellenberg in Stockholm ein. Er trifft mit Hewitt zusammen – dies haben beide, Hewitt und er selbst, bekräftigt.[22]

Schellenberg zufolge ist er jedoch nicht von Himmler geschickt worden, sondern befindet sich zum Zeitpunkt des Treffens zufällig in Stockholm. Der Inhalt der Diskussion ist in etwa der gleiche wie bei der Unterredung zwischen Kersten und Hewitt, was letzterer in einem langen Bericht bekräftigt, den er später für Roosevelt verfaßt.[23] Aber entscheidende Beschlüsse werden nicht gefaßt. So weit erstreckt sich Hewitts Mandat nicht. Und Schellenbergs ebensowenig. Heinrich Himmler hat ja keine Neigung erkennen lassen, auf die Forderungen des Amerikaners einzugehen.

Als Kersten Anfang Dezember nach Deutschland zurückkehrt und Himmler trifft, greift er deshalb die Frage der Friedensdiskussionen mit Hewitt wieder auf. Kersten zufolge antwortet Himmler:

»Quälen Sie mich nicht, geben Sie mir Zeit. Ich kann den Führer nicht einfach beseitigen. Ich habe ihm alles zu verdanken!«

Kersten fährt jedoch seiner Gewohnheit treu fort, auf die Veränderung von Himmlers Haltung hinzuwirken. Und am Ende scheint sein Patient weich zu werden:

»Die Bedingungen sind haarsträubend«, murmelt Himmler. »Aber vielleicht könnte man darüber sprechen, wenn die Lage richtig schwierig wird.« Dann wird seine Stimme hart:

»*Eine* Bedingung ist jedoch vollkommen unakzeptabel: Daß wir uns für gewisse Kriegsverbrechen verantworten sollen, die in unseren Augen überhaupt keine Verbrechen sind! Alles, was in Deutschland unter dem Regime des Führers getan worden ist, ist in Übereinstimmung mit dem Gesetz ausgeführt worden!«

Kersten fragt, seiner eigenen Aussage zufolge, ob dies auch für die Ausrottung von Menschen gelte.

»Selbstverständlich«, antwortet Himmler. »Denn der Führer hat die Ausrottung der Juden 1941 in Breslau befohlen. Und der Befehl des Führers ist Deutschlands oberstes Gesetz.« Und dann fügt einer der mächtigsten Männer Deutschlands hinzu:

»Ich habe nie auf eigene Initiative gehandelt, ich habe nur die Befehle des Führers ausgeführt. Also können weder die SS noch ich die Verantwortung übernehmen.«[24]

Ein halbes Jahr zuvor hat Himmler die Liquidierung aller jüdischer Ghettos im Osten befohlen, damit man so bald als möglich die Vernichtung des jüdischen Volkes vollenden kann.

Während Felix Kersten in Schweden war, hatte Heinrich Himmler bei einer Tagung der Reichs- und Gauleiter der Nationalsozialistischen Partei in Posen die berühmteste Rede seines Lebens gehalten. Hitler verfolgte mit diesem Treffen den Zweck, alle Parteiführer an dem, was in Deutschland geschah, offen teilhaben zu lassen – damit niemand später sagen könnte, er habe nichts gewußt – und sie gleichzeitig in dieser Zeit der Mutlosigkeit zu stärken. Himmlers Rede dauerte eineinhalb Stunden, aber es verging fast eine Stunde, bevor er zum Kern des Ganzen kam – der Vernichtung der Juden:

> Ich darf hier in diesem Zusammenhang und in diesem allerengsten Kreise auf eine Frage hinweisen, die Sie, meine Parteigenossen, alle als selbstverständlich hingenommen haben, die aber für mich die schwerste Frage meines Lebens geworden ist, die Judenfrage.
>
> Sie alle nehmen es als selbstverständlich und erfreulich hin, daß in Ihrem Gau keine Juden mehr sind. Alle deutschen Menschen – abgesehen von einzelnen Ausnahmen – sind sich auch darüber klar, daß wir den Bombenkrieg, die Belastungen des vierten und des vielleicht kommenden fünften und sechsten Kriegsjahres nicht ausgehalten hätten und nicht aushalten würden, wenn wir diese zersetzende Pest noch in unserem Volkskörper hätten. Der Satz »Die Juden müssen ausgerottet werden« mit seinen wenigen Worten, meine Herren, ist leicht ausgesprochen. Für den, der durchführen muß, was er fordert, ist es das Allerhärteste und Schwerste, was es gibt. [...]
>
> Ich bitte Sie, das, was ich Ihnen in diesem Kreise sage, wirklich nur zu hören und nie darüber zu sprechen. Es trat an uns die Frage heran: Wie ist es mit den Frauen und Kindern? – Ich habe mich entschlossen, auch hier eine ganz klare Lösung zu finden. Ich hielt mich nämlich nicht für berechtigt, die Männer auszurotten, sprich also umzubringen oder umbringen zu lassen – und die

Rächer in Gestalt der Kinder für unsere Söhne und Enkel groß werden zu lassen. Es mußte der schwere Entschluß gefaßt werden, dieses Volk von der Erde verschwinden zu lassen. Für die Organisation, die den Auftrag durchführen mußte, war es der schwerste, den wir bisher hatten. Er ist durchgeführt worden, ohne daß – wie ich glaube sagen zu können – unsere Männer und unsere Führer einen Schaden an Geist und Seele erlitten hätten. Diese Gefahr lag sehr nahe. Der Weg zwischen den beiden hier bestehenden Möglichkeiten, entweder roh zu werden, herzlos zu werden und menschliches Leben nicht mehr zu achten oder weich zu werden und durchzudrehen bis zu Nervenzusammenbrüchen – der Weg zwischen dieser Scylla und Charybdis ist entsetzlich schmal.

Wir haben das ganze Vermögen, das wir bei den Juden beschlagnahmten – es ging in unendliche Werte –, bis zum letzten Pfennig an den Reichswirtschaftsminister abgeführt. Ich habe mich immer auf den Standpunkt gestellt: Wir haben die Verpflichtung unserem Volke, unserer Rasse gegenüber … wir haben die Verpflichtung unserem Führer gegenüber, der nun in 2000 Jahren unserem Volke einmal geschenkt worden ist, hier nicht klein zu sein und hier konsequent zu sein. Wir haben aber nicht das Recht, auch nur einen Pfennig von dem beschlagnahmten Judenvermögen zu nehmen. Ich habe von vornherein festgesetzt, daß SS-Männer, auch wenn sie nur eine Mark davon nehmen, des Todes sind. Ich habe in den letzten Tagen deswegen einige – ich kann es ruhig sagen, es sind etwa ein Dutzend – Todesurteile unterschrieben …

Ich habe mich für verpflichtet gehalten, zu Ihnen als den obersten Willensträgern, als den obersten Würdenträgern der Partei, dieses politischen Ordens, dieses politischen Instruments des Führers, auch über diese Frage einmal ganz offen zu sprechen und zu sagen, wie es gewesen ist. Die Judenfrage in den von uns besetzten Ländern wird bis Ende dieses Jahres erledigt sein […]

Sie wissen nun Bescheid, und Sie behalten es für sich. Man wird vielleicht in ganz später Zeit sich einmal überlegen können, ob man dem deutschen Volke etwas mehr darüber sagt. Ich glaube, es ist besser, wir – wir insgesamt – haben das für unser Volk getragen, haben die Verantwortung auf uns genommen (die Verantwortung für eine Tat, nicht nur für eine Idee) und nehmen dann das Geheimnis mit in unser Grab.[25]

Diese Rede ist berühmt – aus vielen unterschiedlichen Gründen. Sie gilt als einer der wichtigsten Beweise dafür, daß es in der Führerschicht Deutschlands kaum jemanden gegeben haben dürfte, der von der Ausrottung keine Kenntnis hatte, was – so phantastisch es auch klingen mag – unter anderem von Albert Speer behauptet worden ist.

Die Rede ist auch aus einem anderen Grund bemerkenswert: Noch im Oktober 1943 hofft Heinrich Himmler offenbar, die Ermordung mehrerer Millionen Juden könnte von der Geschichte unbemerkt vorübergehen.

Und so bizarr es sich anhören mag, es ist für diesen gewissenhaften Mann immer noch wichtig, sich nicht auf Kosten anderer zu bereichern – obwohl er dabei ist, sie zu ermorden!

Einige Zeit nach Kerstens Gesprächen mit Himmler in Hochwald wird Schellenberg wieder nach Stockholm geschickt, um mit Hewitt zu verhandeln. Dies laut Schellenberg und Kersten. Aber als Schellenberg eintrifft, ist Hewitt in die USA zurückgereist. Dort erstattet er der Regierung Bericht über seine Stockholmer Begegnungen. Und wird angewiesen, seine Gespräche mit Schellenberg und Kersten auf der Stelle abzubrechen.[26] Die USA haben sich verpflichtet, sich in gar keiner Weise an Verhandlungen mit Deutschland zu beteiligen!

Damit endet das Kapitel über die Kontakte zwischen Himmlers Männern und Abram Stevens Hewitt.

Es besteht kein Zweifel daran, daß Himmler ambivalent war, sehr ambivalent sogar, wo es darum ging, hinter Hitlers Rücken zu agieren. Aber es fragt sich, ob er, was diese Sondierungen wegen eines Sonderfriedens anbelangt, wirklich so passiv war, wie Kersten geltend macht, und ob die Initiative tatsächlich nur bei dem Masseur lag. Es gibt nämlich noch andere Menschen in Himmlers Umgebung, die zur gleichen Zeit in Richtung Westen sondieren. Einer von ihnen ist der bereits erwähnte Carl Langbehn, der Verteidiger der Warschauschweden.

Und natürlich ist es nicht ganz auszuschließen – auch wenn es unwahrscheinlich ist –, daß die Person, die letztlich hinter diesen Sondierungen wegen eines Separatfriedens steckt, weder Kersten noch Himmler ist. Sondern Adolf Hitler.

Die Verhandlungen zwischen Felix Kersten und Abram Stevens Hewitt führten also zu nichts. Doch bevor Kersten im Dezember 1943 nach Deutschland zurückkehrt, hat er eine weitere wichtige Begegnung in Stockholm gehabt. Diese Begegnung wird für Kerstens Möglichkeiten, sich in Stockholm niederzulassen, von entscheidender Bedeutung sein. Und mit größter Wahrscheinlichkeit für das Überleben vieler tausend Menschen.

Außenminister Christian Günther war beeindruckt. Da hatte die schwedische Regierung über ein Jahr lang Anstrengungen unternommen, die Warschauschweden zu retten, doch ohne Erfolg. Die Deutschen waren vollkommen unerbittlich gewesen. Dann mischt sich ein estnischer Masseur in die Angelegenheit ein. Und plötzlich ist das Leben der Schweden gerettet! Mit einem Mann, der über solchen Einfluß verfügt, mußte die schwedische Regierung ganz einfach Kontakt aufnehmen, besonders da der Masseur sich gerade in Stockholm aufhielt.

Irgendwann im Laufe des Oktober trifft der schwedische Außenminister mit Felix Kersten zusammen (Günther zufolge durch Vermittlung des schwedischen Botschafters in Berlin Arvid Richert).[27] Günther erklärt, er sei beeindruckt von dem Interesse des Masseurs an der Rettung von Menschenleben und seiner Fähigkeit, den Reichsführer Himmler in eine positive Richtung zu beeinflussen. Er habe auch gehört, daß Herr Kersten beabsichtige, einige Zeit in Schweden zu verbringen. Ist Herr Kersten vielleicht daran interessiert, fragt die Exzellenz, beim Reichsführer in einigen anderen Angelegenheiten zu intervenieren, die der schwedischen Regierung Sorgen bereiten?

Kersten fragt interessiert, um welche Angelegenheiten es sich handle. Ja, meint der Außenminister, die schwedische Regierung sieht Veranlassung, sich darüber Sorgen zu machen, was im besetzten Norwegen passiert. Die Deutschen sind in immer größerem Umfang dazu übergegangen, politische Gefangene aus Norwegen in Konzentrationslager nach Deutschland zu verlegen. Dies beunruhigt die schwedische Regierung, die ja den skandinavischen Brudervölkern gegenüber eine besondere Verantwortung empfindet!

Felix Kersten antwortet dem Außenminister, er sei selbstverständlich bereit, »alles ihm zu Gebote Stehende zu tun, um die humanitäre Rettungsarbeit der Exzellenz Günther zu unterstützen«. Er nimmt vom Außenminister eine Liste von in Deutschland internierten Skandinaviern entgegen.[28] Was sich im Laufe der Zeit zu einer großen Rettungsaktion ausweiten soll, beginnt also, Felix Kersten zufolge, mit der Überreichung einer Liste.

Es ist bemerkenswert, daß Felix Kersten und Christian Günther bei dieser Gelegenheit, soweit man weiß, eine andere für die schwedische Regierung hochaktuelle Angelegenheit nicht diskutieren. Schweden ist nämlich in diesen Tagen in eine andere Aktion verwickelt, tatsächlich eine der dramatischsten während des ganzen Krieges. Auch in diesem Fall soll ein »Brudervolk« gerettet werden. Aber diesmal handelt es sich um Juden.

24

Dänemark hatte sich der deutschen Drohung am 9. April 1940 unverzüglich gefügt. Im Austausch gegen eine deutsche Militärpräsenz hatte das Land jedoch seine politische Selbständigkeit weitgehend erhalten können. Die dänische Regierung war im Amt geblieben, und die Armee hatte weiter funktioniert, wenn auch in enger Zusammenarbeit mit den deutschen Behörden. Und die achttausend jüdischen Einwohner hatten ihre Bürgerrechte behalten.

Diese spezielle Stellung Dänemarks erklärt sich teilweise aus dem Umstand, daß Hitler das Land aufgrund des »nordischen Charakters« seiner Bevölkerung als »Musterprotektorat« betrachtete. Sie waren zwar keine Deutschen, aber nicht weit davon entfernt.

Die Toleranz gegenüber den Dänen bedeutete natürlich nicht, daß Hitler den dänischen Juden gegenüber ebenso tolerant war. Die Deutschen hatten sehr wohl Interesse daran gezeigt, daß Dänemark Gesetze gegen die Juden erließ. Doch der dänische König Christian X. soll darauf erwidert haben: »Wir Dänen brauchen in dieser Angelegenheit nichts zu unternehmen, denn wir fühlen uns den Juden nicht unterlegen.«[1] Und damit ließen die Deutschen die Sache auf sich beruhen. Bis auf weiteres.

Dänemarks Sonderstellung wird im Herbst 1943 ein plötzliches Ende nehmen. Am 29. August erklären die Deutschen den Ausnahmezustand – nachdem die dänische Regierung sich geweigert hat, dies zu tun. Die dänische Armee wird entwaffnet, die Offiziere werden interniert und die Regierung zum Rücktritt gezwungen. Die direkte Ursache dafür ist wahrscheinlich, daß die dänische Widerstandsbewegung immer aktiver wird und sogar in der Bevölkerung Tendenzen zum Aufruhr auszumachen sind. Eine der tieferliegenden Ursachen ist zweifellos, daß die Nazis es an der Zeit finden, die »Endlösung« endlich auch in Dänemark durchzuführen.

Hitler kann wie gesagt die Ermordung der Juden eine Zeitlang aufschieben, wenn es seinen politischen Beziehungen dienlich ist, aber ganz darauf verzichten kann er nicht. Niemals. In einer so wichtigen Frage macht Adolf Hitler keine Kompromisse.

Diesmal soll die Deportation jedoch heimlich vor sich gehen. Denn Hitler traut der Loyalität der Dänen nicht.

Nur zwei Tage nach der Erklärung des Ausnahmezustands schreibt Gösta Engzell einen Brief an den schwedischen Gesandten in Kopenhagen, Gustaf von Dardel:

> Wir sind weitgehend einverstanden mit dem, was Du unter den gegebenen Umständen tun kannst, um in Dänemark lebende Juden hierher in Sicherheit zu bringen. Vor allem denke ich an die in Schweden Geborenen und ihre nächsten Angehörigen, Männer und Kinder. Wenn mit der Ausstellung provisorischer Pässe etwas zu gewinnen ist, kannst Du dies tun, allerdings mit einer gewissen Vorsicht in bezug auf nicht in Schweden Geborene.[2]

Gilel Storch zufolge ist er es, der über den Gesandten der USA in Stockholm, Herschel Johnson, Gösta Engzell gebeten hat, sich dafür einzusetzen, daß Schweden seine Grenzen für die dänischen Juden öffnet, eine Angabe, die schwer zu bestätigen ist.[3] Auf jeden Fall sind Engzell und von Dardel während der nächsten Wochen in intensivem Kontakt miteinander. Und nicht nur Engzell sieht, daß das Leben der Juden in Gefahr ist. In den drei ersten Septemberwochen sucht eine wachsende Anzahl dänischer Juden um die Einreisegenehmigung nach Schweden an.

Der Beschluß, die »Endlösung« zu verwirklichen, hat ausnahmsweise auch in der deutschen Führung eine Debatte ausgelöst. Nicht alle finden, daß die Beziehung zu den »Rassenverwandten« in Dänemark wegen einer so kleinen Gruppe von Juden aufs Spiel gesetzt werden sollte. Vieles deutet darauf hin, daß der zivile Reichsbevollmächtigte in Dänemark, Dr. Werner Best, sehr starke Bedenken hatte, aber schließlich gezwungen war, sich Hitlers Beschluß zu beugen.

Am 23. September erhält Best den Befehl, gegen die dänischen Juden vorzugehen, so schnell und effektiv wie möglich.[4] Ein paar Tage später rapportiert Best zurück nach Berlin, die sogenannte Razzia gegen die dänischen Juden sei für die Nacht vom 1. auf den 2. Oktober geplant. Das Interessante ist, daß Best diese Information auch an andere als Hitler weitergegeben zu haben scheint.

Der Marineattaché an der deutschen Botschaft, Georg Duckwitz, hat von Best die Einzelheiten des Deportationsplans erfahren. Und er gibt sie auf der Stelle weiter. An dänische Politiker. Vielleicht sogar an schwedische. Und aller Wahrscheinlichkeit nach mit Bests Einverständnis.[5] Die »Razzia« ist nicht mehr geheim ...

Am 29. September sendet das schwedische Außenministerium ein Telegramm an Schwedens Gesandten in Berlin, Arvid Richert. Er wird darin gebeten, sich beim Auswärtigen Amt zu erkundigen, ob die Gerüchte einer bevorstehenden Deportation zutreffen und ob eine Absichtserklärung Schwedens, die dänischen Juden aufzunehmen, deren Situation erschweren könne.

Am folgenden Tag, dem 30. September, fragt Richert beim Auswärtigen Amt nach, ob die Gerüchte zuträfen. Am Nachmittag ruft er das Außenministerium in Stockholm an und teilt mit, daß dies von den Deutschen in scharfer Form verneint worden sei und daß ein dänischer Diplomat geäußert habe, eine Erklärung, in der Schweden anbiete, den Juden zu helfen, »könnte sehr schlecht aufgenommen werden und der Sache der Juden schaden«. Richert beendet das Gespräch mit dem Satz: »Rate in der gegenwärtigen Situation dringend von Maßnahme ab.«[6]

Am Morgen des folgenden Tags, am 1. Oktober, erreicht Engzell ein Anruf der schwedischen Gesandtschaft in Kopenhagen. Man bittet ihn eindringlich, Richert aufzufordern, umgehend bei den Deutschen vorstellig zu werden. Die »Razzia« steht nämlich unmittelbar bevor!

Engzell bespricht sich mit Außenminister Günther. Und dieser erteilt dem widerstrebenden Richert Order, sofort Kontakt mit den Deutschen aufzunehmen und ihnen zu erklären, Schweden sei bereit, sämtliche dänischen Juden aufzunehmen und sie bis zum Kriegsende zu internieren.

In derselben Nacht, kurz nach Mitternacht, geht ein Telegramm aus Kopenhagen ein:

> Gestern 21.00 Uhr rückten 1000 Mann Gestapo und Freikorps aus, nachdem dänische Polizei sich geweigert, und arrestierten große, noch unbekannte Anzahl Juden, die auf Schiffe gebracht wurden. Telefonverbindungen im ganzen Land unterbrochen. Himmler soll in Kopenhagen sein.[7]

Als die Deutschen in der Nacht zwischen dem 1. und 2. Oktober zuschlagen, sind tatsächlich nahezu sämtliche dänischen Juden seit mehreren Stunden untergetaucht und werden von ihren Landsleuten geschützt. Nur 477 von Dänemarks fast 8000 Juden werden gefangengenommen und ins Konzentrationslager Theresienstadt geschickt. Der Rest wird in den folgenden Tagen mit Booten über den Öresund nach Schweden gebracht, ohne von den Deutschen aufgehalten zu werden …

Am Tag nach der fehlgeschlagenen Razzia verbreitet die schwedische Regierung eine Verlautbarung im schwedischen Rundfunk:

> Seit einigen Tagen liegen in Schweden Informationen vor, denen zufolge Maßnahmen der gleichen Art gegen die Juden in Vorbereitung sind, wie sie zuvor in Norwegen und anderen besetzten Ländern ergriffen wurden. Der Minister Schwedens in Berlin [Richert] hat weisungsgemäß am 1. Oktober gegenüber den deutschen Stellen auf die ernsten Auswirkungen hingewiesen, die diese Maßnahmen in Schweden hervorrufen würden. Außerdem hat der Minister ein Angebot der schwedischen Regierung übermittelt, sämtliche dänischen Juden in Schweden aufzunehmen.[8]

Mit keinem Wort werden in dieser Verlautbarung Internierungslager erwähnt … Im Unterschied zu der Art und Weise, wie die schwedische Regierung im Falle der norwegischen Juden verfahren ist, geht man diesmal an die Öffentlichkeit und bietet allen Juden eines von den Deutschen besetzten Landes eine Freistatt an. Noch kein Staat hat bisher etwas Derartiges getan.

Der Erfolg der Rettungsaktion erstaunt sogar die schwedische Regierung, die zu dem Schluß kommt, der entscheidende Faktor sei das Wohlwollen der Deutschen gewesen. Diese waren, meint man, bereit, »die Juden durchs Netz schlüpfen zu lassen«.[9] Doch die Reaktionen, die die schwedische Regierung nach dieser geglückten Operation erleben darf, wird sie veranlassen, sich stolz in eine neue Rolle zu kleiden: als Europas humanitärer Schutzengel. Die alliierten Regierungen feiern Schweden. Und der Vorsitzende des World Jewish Congress, der Rabbi Stephen Wise, schickt durch Storchs Komitee ein Telegramm ans Außenministerium, in dem er schreibt, die Rettung dänischer Juden stelle nicht nur einen humanitären Sieg dar, »sondern auch einen Wendepunkt im Kampf um die Wiederherstellung der uralten geistigen Werte normaler Menschlichkeit«.[10]

Noch hat Schweden kein Interesse daran gezeigt, Juden zu retten, die nicht Skandinavier sind. Aber mit seinen humanitären Verpflichtungen liegt das Land jetzt weit vor den übrigen freien Demokratien in der Welt. Und seit die Flüchtlinge aus Norwegen aufgenommen wurden, braucht die Mosaische Gemeinde nicht mehr allein für den Unterhalt der jüdischen Flüchtlinge aufzukommen …[11]

Viele sind durch das dramatische Geschehen um die dänischen Juden aktiviert worden, und dies gilt nicht zuletzt für einen großen Teil der Juden in Schweden. Der Rabbi der Gemeinde in Malmö, Berlinger, sagt am Jom Kippur-Tag – dem jüdischen Versöhnungsfest –, daß alle, die nicht glauben, etwas tun zu können, um Menschen zu retten, auf der Stelle die Synagoge verlassen sollten.

»Am Nachmittag nach dem Gottesdienst gingen Kalle Berman und ein paar andere und ich zur Svenska Handelsbanken und ließen uns ein paar Dollarnoten geben«, erinnert sich Fritz Hollander. »Wir schrieben auf jeden Schein, daß derjenige, der diesen Schein in der Hand halte, ihn als Beweis dafür bekommen habe, daß er einige Juden gerettet habe. Einige dieser Dollarscheine schickten wir sogar zu den deutschen Soldaten an der Grenze. Und es soll geholfen haben.«[12]

Zuvor hatten mehrere Mitglieder von Storchs kleinem Komitee, darunter Fritz Hollander und Norbert Masur, den dänischen Juden auf konkretere Art geholfen. Mitte September, also zwei Wochen vor der Razzia, hatten sie Semmy Samson getroffen, einen dänischen Juden, der schon zu einem früheren Zeitpunkt nach Schweden geflohen war.

»Er sagte, daß wir etwas tun müßten«, erzählt Norbert Masur, »wir sollten versuchen, den Bootsverkehr über den Öresund zu organisieren, um Juden zu retten.«[13]

Masur nimmt Kontakt zu Ebbe Munck auf, einer der führenden Gestalten der dänischen Widerstandsbewegung, der sich ebenfalls in Stockholm befindet. Munck regt an, daß Masur Boote beschaffen soll, und bietet ihm an, Männer zu schicken, die die Juden herüberholen können.

»Ich glaube, der von Masur hergestellte Kontakt war ausschlaggebend für den Kontakt, den jüdische Institutionen in Stockholm in der Folgezeit mit der dänischen Widerstandsbewegung aufrechterhalten konnten«, sagt Masurs guter Freund und Mitaktivist Gert Löllbach.[14]

Die schwedischen Juden beteiligen sich mit zwei Booten an der Rettungsaktion über den Sund. Das erste, *Julius*, ist schon einige Zeit vor der Razzia im Einsatz. Es ist mit Geldmitteln gekauft worden, die unter anderem durch Salomon Adler-Rudel während seines Stockholmbesuchs beschafft worden sind.[15] Es hatte ursprünglich die Funktion, junge jüdische Mitglieder der zionistischen Pionierbewegung *Hechalutz* von Dänemark nach Schweden zu bringen, aber während und nach der Razzia schmuggelt es Menschen wie Post, Waffen, Kuriere und, Gerüchten zufolge, Gold aus der dänischen Staatskasse.[16]

»Unser Boot ging eintausendmal hin und zurück«, erinnert sich Gert Löllbach, »und rettete vierhundert Menschen.«

Das zweite Boot, *Pimp*, war sehr groß und sehr fein und sehr laut. Es wurde unter anderem von Fritz Hollander und Ivar Philipson von der Mosaischen Gemeinde in Stockholm beschafft.

»Wir hörten von dänischen Widerstandsleuten, daß dieses Boot an den ersten Tagen nicht zu gebrauchen sei, weil es zu fein sei«, sagt Gert Löllbach. »Wenn man die Maschine anließ, war dies ungefähr das gleiche, als drückte man auf den Alarmknopf für die deutschen Bewachungstruppen auf der dänischen Seite. Aber später wurde es brauchbar.«[17] Die hauptsächliche Funktion der *Pimp* war, illegale Post, Saboteure aus dem dänischen Widerstand und Nahrungsmittel zu transportieren.[18] Fritz Hollander sollte bei Kriegsende stolz erklären: »Dieser Einsatz war ein leuchtendes Beispiel dafür, daß die Juden, wenn sie die Möglichkeit dazu hatten, bereit waren, Leben und Eigentum zu riskieren, um Patrioten zu retten, auf die gleiche Art und Weise, wie diese Risiken eingegangen waren, um die Juden zu retten.«[19]

Die jüdischen Aktivisten in Stockholm haben nicht die Hauptrolle bei der Rettungsaktion für die dänischen Juden gespielt. Aber sie haben ihre Kräfte erprobt. Und sie sind bereit für weitere Taten.

25

Präsident Roosevelt hat es nicht leicht. Die Information von der Entsetzung der dänischen Juden ist in den USA wie eine Bombe eingeschlagen. Anfang Oktober demonstrieren vierhundert orthodoxe Rabbiner in Washington und fordern, daß die Regierung der USA etwas tun solle, um die Juden, die in Europa noch am Leben sind, zu retten. Aber was Roosevelt mehr als alles andere vor Schrecken einen Schluckauf verursacht, das ist der Skandal, der im Januar 1944 an die Öffentlichkeit zu kommen droht:

Anfang 1943 hatte Gerhart Riegner – der Vertreter des World Jewish Congress in Genf – über die Botschaft in Bern ein neues Telegramm ans State Department in Washington geschickt Er hatte nämlich neue, detaillierte Informationen darüber erhalten, daß die systematische Ermordung von Juden intensiviert worden war. Riegner bat auch diesmal darum, diese Information unter anderem an den Vorsitzenden des World Jewish Congress, Stephen Wise, weiterzuleiten.[1]

Das State Department reagierte diesmal sofort und absolut: Sie schickten ein Telegramm, genannt »Nr. 354«, an die amerikanische Botschaft in Bern. Dieses Telegramm enthielt eine direkte Order an die Botschaft: Unterlassen Sie ab sofort die Weiterleitung von Mitteilungen des Typs, wie Riegner sie geliefert hat!![2]

Offensichtlich wünschte die Regierung der USA nicht, daß irgendeine Information über das Schicksal der Juden die amerikanische Presse und die Öffentlichkeit erreichte.

Franklin D. Roosevelts Problem ist, daß diese Information über andere Kanäle schließlich doch Stephen Wise erreicht. Und damit nicht genug. Im Januar 1944 beginnt sich das Gerücht zu verbreiten, die amerikanische Regierung habe alles getan, um die Rettungspläne zu unterbinden, die Riegner und andere jüdische Hilfsorganisationen seit fast eineinhalb Jahren durchzuführen versuchen. Von all den Vorschlägen für Rettungsprojekte, die in dieser Zeit im State Department eingingen, sind lediglich zwei verwirklicht worden, und die betrafen Nicht-Juden.[3] Außerdem liegen Beweise dafür vor, daß das State Department und das britische Foreign Office hinter den Kulissen agiert haben, um die legale Überführung von Geldern amerikanisch-jüdischer Organisationen an Riegner zu stoppen. Man hatte, besonders auf britischer Seite, befürchtet, daß Riegners Rettungsplan Erfolg haben könnte. Wie in einem Telegramm des amerikanischen Botschafters in London an das State Department zu lesen ist:

> Das Foreign Office ist besorgt wegen der Schwierigkeiten, die damit verbunden sind, eine große Anzahl Juden loszuwerden, falls sie von feindlichem Territorium gerettet würden.[4]

Unter den Menschen, die zu reagieren begonnen haben, sind nicht nur periphere jüdische Aktivisten, sondern auch Mitglieder des amerikanischen Kongresses. Unter ihnen befindet sich auch der Finanzminister der USA, Henry Morgenthau.

Als Morgenthau, der selbst Jude ist, am 15. Januar 1944 zu Präsident Roosevelt geht, um diesen darum zu bitten, ein Rettungskomitee zu bilden – ein Komitee, das aktiv daran arbeiten soll, Europas Juden zu retten –, da weiß der Präsident, daß das Verhalten der amerikanischen Regierung wie eine Eiterbeule ist, die jeden Augenblick aufbrechen kann. Im Finanzministerium ist ein Bericht verfaßt worden mit dem Titel *Rapport an den Minister über die Zustimmung die-*

ser Regierung zum Mord an den Juden. Zu allem Übel ist der Kongreß gerade im Begriff, eine »Rettungsresolution« zu diskutieren, und in dieser Diskussion kann vieles von dem, was in der Regierung vor sich gegangen ist, ans Tageslicht kommen. Es ist nur eine Frage der Zeit, bis der Skandal da ist.

Der Präsident ist sehr offen und freundlich gegenüber Morgenthau und hört sich interessiert eine Zusammenfassung des Berichts aus dem Finanzministerium an. Roosevelt weiß bereits, was sich anbahnt, und sucht nach einer Möglichkeit, den Skandal zu vermeiden. Er schließt sich dem Vorschlag, ein Rettungskomittee zu bilden, sofort an.

Innerhalb von sechs Tagen ist der *War Refugee Board* ein Faktum. Eine alliierte Regierung hat zum ersten Mal einen Schritt unternommen, um Menschen vor der Ausrottung zu retten.

Dies ist also im Januar 1944, siebzehn Monate nachdem Riegner die Erkenntnis über die Judenausrottung an die Regierungen der USA und Großbritanniens weitergegeben hat. Von den knapp sechs Millionen Juden, die während des Zweiten Weltkriegs sterben, leben nur noch 700 000.[5]

Der Auftrag des War Refugee Board lautet, »alle Maßnahmen, die in seiner Macht stehen, zu ergreifen, um Opfer feindlicher Unterdrückung, die sich in unmittelbarer Todesgefahr befinden, zu retten, und ansonsten solchen Opfern alle Linderung und Hilfe zukommen zu lassen, die möglich und mit der erfolgreichen Durchführung des Krieges vereinbar sind«.[6] Es sind die letzten Worte – »mit der erfolgreichen Durchführung des Krieges vereinbar« –, auf die es ankommt. Die von den Alliierten aufgestellte Regel, daß niemand mit den Deutschen verhandeln darf, bevor diese bedingungslos kapituliert haben, gilt nämlich noch immer. Für die Vertreter des War Refugee Board wird allerdings teilweise eine Ausnahme gemacht: Sie dürfen mit deutschen Vertretern verhandeln, wenn das Ziel der Verhandlungen die Rettung der Opfer vor der Vernichtung ist. Aber sie dürfen absolut nichts im Austausch gegen diese Menschen anbieten! Denn das könnte, meint man, den Deutschen die Weiterführung des Krieges erleichtern.[7] Und, wie bisher, der Sieg im Krieg geht vor.

Wie sollen die Vertreter des War Refugee Board ihren Auftrag durchführen? Kaum dadurch, daß sie in den USA bleiben. Offensichtlich müssen die neutralen Länder in Europa ihre Basis sein – die Länder, wo sie aktiv sein und gleichzeitig mit jüdischen Organisationen und mit Deutschen Kontakt haben können. Wenn diese Deutschen nur nicht die Regierung repräsentieren …

Der Amerikaner Iver Olsen hat also keine leichte Aufgabe übernommen. Er ist zwar schon seit einem Jahr in Schweden, dies aber als Finanzattaché an der amerikanischen Botschaft. Als Diplomat war seine Rolle ziemlich klar. Als der Vertreter des War Refugee Board in Schweden wird seine Rolle alles andere als klar sein. Wie soll er es anstellen, Juden zu retten zu versuchen, im gegenwärtigen Stadium des Krieges und unter derartigen Beschränkungen, wie sie ihm für seine Arbeit von der amerikanischen Regierung auferlegt worden sind?

Iver Olsen hat einige Eigenschaften, die sich dabei als hilfreich erweisen werden: Er hat ein leidenschaftliches Interesse daran, Menschenleben zu retten. Und er hat eine gewisse Erfahrung darin, Kontakte außerhalb des Protokolls zu etablieren. Iver Olsen ist nämlich nicht nur Finanzattaché in Stockholm. Er ist auch Agent des OSS.

Und noch ein Faktor wird für Iver Olsens Arbeit von großer Bedeutung sein: die jüdischen Aktivisten in Stockholm. Gemeinsam werden sie Großes vollbringen, aber auch grandioses Scheitern erleben.

26

Zum Zeitpunkt der Bildung des War Refugee Board ist in dem von Deutschland beherrschten Teil Europas nur noch eine große jüdische Bevölkerung übrig – nämlich die in Ungarn. Der Grund für dieses deutsche »Versehen« ist, daß Ungarn, wie beispielsweise Finnland, nicht von Deutschland besetzt, sondern mit ihm alliiert ist. Aber wenn die Deutschen bisher die zweitausend finnischen Juden durch die Maschen haben gleiten lassen, so neigen sie bedeutend weniger zur Großzügigkeit in bezug auf die 800 000 ungarischen Juden. Und dies lassen sie ihre ungarischen Alliierten wissen. Es wird natürlich von einem Alliierten Deutschlands erwartet, daß er Hitlers vielleicht wichtigstes Ziel, die Vernichtung des Weltjudentums, mit Wohlwollen betrachtet.

Jetzt eilt es. Das läßt Hitler seine ungarischen Kollegen wissen. Die Russen haben den Belagerungsring um Leningrad durchbrochen und sind auf dem Weg nach Westen. Es ist nur eine Zeitfrage, wann die Westalliierten auf der anderen Seite losschlagen. Die Existenz von nahezu einer Million Juden im Herzland Europas ist der nazistischen Führung gelinde gesagt ein Dorn im Auge.

Ungarns Reichsverweser Admiral Miklós Horthy ist nicht gerade eine weitblickende oder vorurteilsfreie Person. Er ist sogar ultrakonservativ und hat sich als der Führer eines halbfaschistischen Regimes mit Deutschland alliiert, um seine eigenen Expansionspläne zu fördern. Außerdem hatte Ungarn unter seiner Führung bereits im Jahr 1920 anti-jüdische Gesetze erlassen. Doch der Gedanke, fast eine Million der Einwohner Ungarns ausrotten zu lassen, sagt ihm nicht richtig zu, auch wenn es sich um Juden handelt. Und sein neuer Premierminister, Miklós Kállay, empfindet es ebenso. Ungarn hat sich ja trotz allem freiwillig mit Deutschland alliiert, und es gibt Grenzen dafür, wie weit man sich den Forderungen der Deutschen fügen muß!

Horthy und Kállay haben immerhin einiges getan, um die Deutschen milde zu stimmen. Als diese 1942 verlangten, daß Ungarn mit der »Endlösung« zu Werke gehen solle, teilte Kállay ihnen mit, man werde ein Gesetz über die Beschlagnahme jüdischen Eigentums erlassen und außerdem die Juden »umsiedeln«, doch erst nach Kriegsende.[1] Und um der Wahrheit die Ehre zu geben, so hatte Ungarn bereits 1941 18 000 Juden in die Ukraine deportiert und bei einer späteren Gelegenheit angeboten, weitere 100 000 zu deportieren.[2] Aber Kállay beharrt jetzt darauf, daß die Deportation der *gesamten* jüdischen Bevölkerung für Ungarn eine wirtschaftliche Katastrophe bedeuten würde, und damit auch für Deutschland, »denn 80 Prozent der ungarischen Industrie dienen der deutschen Wirtschaft«! Außerdem bleiben die Nazis eine klare Antwort auf die Frage schuldig, *wohin* die Juden umgesiedelt werden sollen.[3] Der Gesandte Schwedens in Budapest, Ivan Danielsson, schreibt in einem Brief ans schwedische Außenministerium, Kállay sei »als echter Ungar ein Meister des ungarischen Nationaltanzes *Czardas*, bei dem man zwei Schritte nach rechts und danach zwei Schritte nach links macht«. Kállay, bemerkt Danielsson, praktiziere den *Czardas* in seinem politischen Amt, »und auf diese Weise legt er sich nie in einer bestimmten Richtung fest«.[4]

Es braucht vielleicht nicht eigens erwähnt zu werden, daß das Verhalten der Ungarn Adolf Hitler rasend macht. Am 17. April 1943 wird der Reichsverweser Horthy zum Schloß Kleßsheim in Salzburg gerufen, um dort mit Hitler und Außenminister Ribbentrop zusammenzutreffen.

Horthy erkennt unmittelbar, daß sich auf Kleßheim keine gleichberechtigten Alliierten treffen. Hitler und Ribbentrop behandeln das ungarische Staatsoberhaupt wie einen ungehorsamen Schuljungen und werfen ihm vor, mit den Juden »zu tändeln«. Horthy entgegnet, er habe den Juden bereits alle Möglichkeiten genommen, ihren Lebensunterhalt zu verdienen, soll er sie jetzt auch »erschlagen«?

»Natürlich«, antwortet Ribbentrop. »Entweder Sie vernichten sie, oder Sie schicken sie in Konzentrationslager.«

Hitler greift jetzt ein und hält dem ungarischen Staatsoberhaupt eine kleine Vorlesung:

> In Polen ist dieses Problem gelöst worden. Wenn die Juden dort nicht arbeiten wollten, wurden sie erschossen. Wenn sie nicht arbeiten konnten, wurden sie wie Tuberkelbazillen behandelt, die einen gesunden Körper infizieren können. Dies ist nicht grausam, wenn man bedenkt, daß unschuldige Naturgeschöpfe wie Hasen und Rehe getötet werden müssen, wenn sie infiziert sind, damit sie andere nicht anstecken können. Warum sollten die Bestien, die bei uns den Bolschewismus einführen wollen, geschont werden, wenn wir diese unschuldigen Tiere nicht schonen?[5]

Dies ist das erste und einzige Mal, daß Adolf Hitler selbst öffentlich die Massenmorde an den Juden zugibt.[6]

Horthy kehrt nach Hause zurück, und in einem Versuch, den Nazis den Wind aus den Segeln zu nehmen, erläßt die ungarische Regierung Ende 1943 weitere Restriktionen für Juden: Sie dürfen nicht mehr am öffentlichen oder kulturellen Leben teilnehmen, jüdischer Landbesitz wird ganz enteignet und »Rassenschutz»-Gesetze trennen die Juden von den übrigen Ungarn.

Aber die Deutschen sind mit dem Agieren der Ungarn noch immer nicht zufrieden. Teilweise beruht dies darauf, daß ihnen Gerüchte zu Ohren gekommen sind, die Ungarn hätten Friedensfühler gen Westen ausgestreckt. Die ungarische Führung scheint zu dem Schluß gekommen zu sein, daß eine Allianz mit Hitlers Deutschland trotz allem ihre Grenzen hat.

Per Anger, der junge Botschaftssekretär an der schwedischen Botschaft in Budapest, findet, daß er einen ungewöhnlich angenehmen Posten hat. Die ungarische Hauptstadt brodelt vor Leben, besonders jetzt, wo der Frühling vor der Tür steht. Die meisten freuen sich über die Siege der Alliierten und daß der Krieg bald zu Ende sein wird. Außerdem ist März der Karnevalsmonat, und wohin

Anger auf seinen Spaziergängen durch die schöne Stadt auch kommt, es wird gefeiert. »In den Restaurants von Budapest fehlte es an nichts«, sollte er sich später erinnern. »Und abends flanierte man auf dem Corso an der Donau, während die Zigeunerkapellen ihre schmachtenden, traditionellen Melodien spielten. Es war, als gäbe es gar keinen Krieg.«[7]

Der 15. März 1944 soll ein besonders festlicher Tag werden, es ist nämlich der ungarische Nationalfeiertag. Und fünf Tage später ist eine noch größere Feier aus Anlaß des fünfzigsten Todestages des ungarischen Nationalhelden Lajos Kossuth geplant. Es geht das Gerücht um, an diesem Tage werde Premierminister Kállay Ungarns Kapitulation erklären und die Ankunft amerikanischer und britischer Luftlandetruppen im Land ankündigen.

Doch vorher soll also der Nationaltag gefeiert werden. Und der Höhepunkt der Feierlichkeiten ist die Uraufführung einer neuen patriotischen Oper, *Petöfi*. Sie soll im Opernhaus stattfinden, und sowohl der Botschaftssekretär Per Anger als auch sein Chef Ivan Danielsson sind im Publikum. Auch Ungarns Reichsverweser Miklós Horthy und seine Gattin sind anwesend.

»Es war Frau Horthys erster Auftritt in der Öffentlichkeit nach dem tragischen Unglück ihres ältesten Sohns István als Kampfflieger an der Ostfront«, erinnert sich Anger. Er ist vielleicht kein Opernliebhaber, aber die Vorstellung ist dennoch spannend, aus ganz anderen Gründen. Er und Danielsson finden sich in der Gesellschaft der vielen ausländischen Würdenträger wieder, und wie üblich ergeben sich dabei Gelegenheiten zu einer Reihe sehr interessanter Gespräche, vor allem in den Pausen zwischen den Akten. In einer solchen Pause tritt einer der Attachés an der deutschen Botschaft zu Anger unterhält sich mit ihm. Und er hat etwas sehr Interessantes auszuplaudern. Sein Chef, der deutsche Gesandte von Jagow, ist nämlich gerade zu Admiral Horthy gegangen und hat eine sehr wichtige Note überreicht. Und, kann der Attaché erzählen, er weiß auch, was in der Note steht. Bei irgendeiner Gelegenheit, wann genau ist nicht ersichtlich, erfährt auch Per Anger, was in der Note steht: Sie enthält eine Aufforderung an Admiral Horthy, sich unmittelbar bei Adolf Hitler einzufinden.[8]

Am 17. März 1944 trifft Miklós Horthy wieder einmal auf Schloß Kleßheim ein. Aber diesmal sind seine Gastgeber nicht besonders daran interessiert, mit dem ungarischen Staatsoberhaupt zu diskutieren. Sie wollen ihn nur aus dem Weg haben. Während Horthy in Salzburg sitzt, inszenieren die Deutschen einen Luftangriff, und alle telegraphischen Verbindungen mit den Ländern im Osten werden unterbrochen. Ohne daß Horthy ahnt, was geschieht, umzingeln deutsche Truppen Budapest, und Heinrich Himmler verlegt blitzschnell seine SD- und SS-Organisatoren in die ungarische Hauptstadt. Zur gleichen Zeit, als Deutschland in Ungarn einmarschiert, sind damit die Voraussetzungen für die Deportation der ungarischen Juden geschaffen worden. Kállay wird zum Rücktritt gezwungen und durch einen den Deutschen willfährigeren Premierminister namens Döme Sztójay ersetzt. Daß Horthy als Reichsverweser im Amt bleiben darf, scheint vor allem eine Formalität zu sein. Doch wie die Zukunft zeigen wird, ist er trotz allem kein ganz machtloser Reichsverweser.

Zwei Tage später schreibt Ivan Danielsson einen Bericht aus Budapest an das schwedische Außenministerium. Er berichtet, daß Ungarn von deutschen Truppen eingenommen worden ist und daß die Erklärungen, die er erhalten hat, folgende sind:

1) Ungarn hatte sich als nicht fähig oder nicht willens gezeigt, das Judenproblem im Lande zu lösen.
2) Ungarn hatte es unterlassen, seine mit dem Anschluß an die Achsenmächte eingegangenen Verpflichtungen einzulösen.
3) Deutschen Truppentransporten durch das Land waren ständig Schwierigkeiten in den Weg gelegt worden.

Danielsson kann weiter berichten, daß eine »rücksichtslose Jagd auf Juden in führenden Positionen eingesetzt hat ... Die Botschaft ist förmlich belagert von Menschen, hauptsächlich Juden und Polen.«[9]

Ivan Danielsson ist nicht der einzige, der reagiert. Es sieht so aus, als wären die Ereignisse in Ungarn die letzte Chance der westlichen Welt, ihre bisherige Nonchalance, was die Juden angeht, wiedergutzumachen. Nicht daß alle Regierungen herbeieilen und Rettungsaktionen organisieren. Aber irgendwo ist es dennoch ins Bewußtsein gedrungen, daß fünf Millionen Juden ermordet worden sind, daß aber fast eine Million Menschen noch gerettet werden kann. Und es gibt nur eine Art und Weise, sie zu retten: durch Improvisation.

Und noch eins haben diese Vertreter der Demokratien gelernt: Man improvisiert am besten, wenn man einzelne Individuen mit guten Ideen unterstützt.

Keine Periode im Zweiten Weltkrieg wird so stark von Individuen mit Ideen geprägt wie diese – die von der deutschen Besetzung Ungarns eingeleitet wird.

Es ist nicht einfach für Gilel Storch, Norbert Masur, Fritz Hollander und die anderen in Adler-Rudels provisorischem Komitee, sich mit der Mosaischen Gemeinde zu einigen, so daß man eine offizielle schwedische Sektion des World Jewish Congress bilden kann. Nicht daß die Gemeinde in dieser Phase etwas gegen Rettungsarbeit hätte, es geht eher um die Frage der Kontrolle. Rabbi Marcus Ehrenpreis und besonders der Gemeindevorsitzende Gunnar Josephson haben seit langem ausgezeichnete Kontakte zur Regierung, und die Vorstellung, einem derartigen Draufgänger und uneingeladenen Türklopfer wie Storch das Feld zu überlassen, ist für sie wahrscheinlich alles andere als angenehm.

»Dieser Storch, der hat nie eine Tür gesehen«, sollte Aina Erlander viele Jahre später zu einem von Storchs Freunden sagen.[10] Wenn ihr Kommentar trotz allem einer Wertschätzung Ausdruck verleiht, so kann man das von dem der Vertreterin der jüdischen Hilfsorganisation *Joint*, Laura Margolis, nicht behaupten:

»Storch ist eine vollkommen unorganisierte Person – er fängt Dutzende von Projekten an und führt keines zu Ende; er ist absolut unermüdlich und ist durch nichts aufzuhalten, wenn er eine offizielle Person treffen will; und er hat eine Tendenz, die Tatsachen zu verdrehen, wenn sie ihm nicht in sein Konzept passen.«[11]

Storch ist, gelinde gesagt, eine umstrittene Person. Er scheint nur einen Leitstern zu haben: sich selbst. Aber während er einerseits schwer zu kontrollieren ist, ist er anderseits nicht ganz undiplomatisch. Anfang 1944 erhält Salomon Adler-Rudel einen Brief von Storch.[12] Dieser erzählt, er habe der Führung des World Jewish Congress in New York vorgeschlagen, den Rabbi Ehrenpreis als Mitglied in das Weltexekutivkomitee der Organisation zu wählen und ihm gleichzeitig den Vorsitz in der neuen schwedischen Sektion des World Jewish Congress anzubieten. Storch rechnet kalt damit, daß der Oberrabbiner der Ehre nicht widerstehen kann. Und er hat recht. Am 6. März 1944 schreibt Storch in einem Telegramm an das Exekutivkomitee in New York:

Nach eingehenden Verhandlungen hat Professor Ehrenpreis sich zur Zusammenarbeit entschlossen und die Mitgliedschaft im Exekutivkomitee des World Jewish Congress akzeptiert. Das provisorische Komitee hat sich ihm für die gemeinsame Arbeit begeistert zur Verfügung gestellt ... Bitten Sie Wise, die Einladung direkt an Ehrenpreis zu telegrafieren.

Storch

Nach einjährigen Anstrengungen hat Gilel Storch es geschafft, eine offiziell sanktionierte Sektion des World Jewish Congress zu bilden. Aber wieviel von seiner Handlungsfreiheit hat er geopfert?

In Budapest hat Gilel Storch zwei gleichgesinnte Kollegen. Sie heißen Rezsö Kasztner und Joel Brand. Wie Storch sind sie jüdische Einwanderer, aus Transsilvanien. Wie Storch haben sie gemeinsam mit einigen anderen ein Komitee gebildet, um Juden zu retten. Und wie Storch halten sie nichts davon, im Unterschied zu den einheimischen Juden, sich konventioneller Methoden zu bedienen. Im Jahr zuvor haben sie polnische und slowakische Juden nach Ungarn eingeschmuggelt, das damals als Freizone galt. Für sie ist es offensichtlich, daß dieser Stand der Dinge über den 19. März 1944 hinaus keinen Bestand haben wird.

Als erstes nach der Besetzung Ungarns durch die Deutschen sprechen Kasztner und Brand bei Dieter Wisliceny vor, dem SS-Vertreter in Budapest, der Adolf Eichmann direkt unterstellt ist und der für die Liquidierung der ungarischen Juden verantwortliche Mann sein wird. Daß sie sich für Wisliceny entscheiden, beruht auf dem Umstand, daß dieser schon einmal in Verhandlungen mit Juden involviert gewesen ist, nämlich 1942 und 1943 in der Slowakei. Diese Verhandlungen scheinen zu keinem Ergebnis geführt zu haben, aber Wisliceny hat sich wie gesagt früher zu Verhandlungen bereit gezeigt. Und das nehmen Kasztner und Brand als Gewähr dafür, daß er auch diesmal interessiert sein wird.

»Wir haben einen Vorschlag«, sagt Kasztner zu dem SS-Mann. »Uns ist sehr daran gelegen, daß Ungarns Juden nicht in Ghettos gebracht oder deportiert werden. Und wir sind bereit, dafür zwei Millionen Dollar zu zahlen.« Kasztner hat sich als Vertreter von *Joint* vorgestellt. In Wirklichkeit hat er nichts mit der Organisation zu tun. Noch mit ihrem Geld.

Wisliceny zeigt sich überraschend entgegenkommend. Er sei bereit, über die Möglichkeiten einer »jüdischen Emigration in großem Stil« zu diskutieren. Er verspricht den beiden Juden auch, sich dafür einzusetzen, daß keine Deportationen stattfinden – obwohl er bezweifelt, »daß 2 Millionen Dollar ausreichen, um dies zu garantieren«.[13] Es wird vereinbart, daß eine erste Zahlung von 200 000 Dollar am 9. April erfolgen soll.

Kasztner und Brand haben nur zwei Wochen, um 200 000 Dollar zusammenzubringen. Als der vereinbarte Zahltag kommt, haben sie 98 000 beisammen, hauptsächlich von Budapests *Judenrat*, und in ungarischer Währung.

Zwölf Tage später bezahlen sie weitere 77 000 Dollar. Doch inzwischen ist die ganze Aktion nicht mehr aktuell. Denn Joel Brand ist eingeladen worden, persönlich mit Obersturmbannführer Adolf Eichmann zusammenzutreffen, dem Chef der Abteilung in Himmlers *Reichssicherheitshauptamt*, das für die »Endlösung der Judenfrage« zuständig ist. Und Eichmann hat einen ganz neuen Vorschlag.

Es ist der 16. oder möglicherweise der 25. April, das Datum ist nicht ganz sicher, als Joel Brand sich in Adolf Eichmanns Hauptquartier auf dem Schwabenberg in Budapest begibt.[14] Brand ist kein ängstlicher Mensch, seine Freunde und Feinde sind sich darin einig, daß der achtunddreißigjährige Brand ein Abenteurer ist. Er hat schon als kommunistischer Agent, Seemann, Gelegenheitsarbeiter in Amerika und den Tropen und als zionistischer Aktivist in Budapest gearbeitet. Und Budapest war am besten. Joel Brand liebt die ungarische Hauptstadt mit ihren Cafés und Bars. Er ist ein ausgesprochener Genießer.

Warum Eichman ihn treffen will – statt seinen Kollegen Rezsö Kasztner oder einen der anderen etablierten jüdischen Führer in Budapest –, wissen wir nicht. Vielleicht dachte Eichmann, der Auftrag sei für eine etabliertere Person zu gewagt. Vielleicht dachte Eichmann sich gar nichts. Interessant in diesem Zusammenhang ist, daß Eichmann, wieviel Verantwortung er auch hatte, an diesem Tag seinen Vorschlag nicht hätte unterbreiten können, ohne daß dieser zuerst von seinem Chef Himmler abgesegnet worden wäre – wofür man später auch Beweise erhielt.[15]

»Blut für Geld, Geld für Blut«, sagt der SS-Obersturmbannführer zu dem gleichaltrigen Juden.[16] Was mit »Blut« gemeint ist, wird rasch klar. Eichmann erklärt dem verblüfften Brand, er sei bereit, eine Million Juden freizulassen, das heißt, die ganze jüdische Bevölkerung Ungarns! Er will jedoch etwas im Austausch dafür haben. Was können die Juden ihm bieten?

Wer den Vorschlag machte, daß das Leben der Juden gegen Lastwagen ausgetauscht werden sollte, wissen wir nicht. Offenbar wurden im Verlauf der Diskussion verschiedene Waren ins Spiel gebracht: Tee, Kaffee, Seife, Maschinenwerkzeug, Leder.[17] Aber schließlich entschied man sich für Lastwagen. Und für folgenden Plan: Brand sollte irgendwohin reisen und den Alliierten und der jüdischen Weltgemeinschaft das Leben von einer Million Juden im Austausch gegen 10000 Lastwagen anbieten (die die Deutschen vermutlich für Truppen- und Materialverschiebungen benutzen wollten). Ein LKW pro einhundert Juden. Und dazu gewisse Mengen Kaffee, Seife, Kakao, Zucker und Tee.

Brand wurde gefragt, wohin er reisen wollte. Seine Antwort war Istanbul – eine Stadt, die wie Stockholm während des Krieges ein idealer Ort war für Leute, die sich mit unmöglichen Transaktionen abgaben.

So wurde es beschlossen: Also Istanbul.

Ungefähr zur gleichen Zeit, als Brand mit Eichmann zusammentrifft, findet in Stockholm ein anderes Treffen statt. In der Mosaischen Gemeinde.

Marcus Ehrenpreis hat das Angebot angenommen, Vorsitzender der schwedischen Sektion des World Jewish Congress zu werden. Der Gedanke an die Zusammenarbeit mit Herrn Storch ist dem fünfundsiebzigjährigen sehr distinguierten Rabbiner jedoch noch immer nicht angenehm. Er ist zwar selbst ostjüdischen Ursprungs – er war in Lvov im damaligen österreichischen Galizien geboren –, doch in seiner langen und sehr erfolgreichen Karriere hat er sich mehr und mehr dem abendländisch zurückhaltenden Verhalten angepaßt. Außerdem ist Marcus Ehrenpreis Akademiker und Philosoph bis in die Fingerspitzen. Er denkt sehr sorgfältig nach, bevor er handelt – im Unterschied zu Herrn Storch. »Storch war ein Phantast, Vater war mehr Realpolitiker«, sagt Ehrenpreis' Tochter Miriam Nathanson.[18] Nein, da fühlt sich Ehrenpreis Storchs Kollegen, dem bescheidenen und demütigen Norbert Masur, doch sehr viel näher verwandt. Deshalb empfängt er diesen mit Vergnügen, an einem Samstag Mitte April. Masur hat dem Rabbi mitgeteilt, daß er ihm einen Vorschlag unterbreiten möchte.

Norbert Masur kennt Ehrenpreis von früher. Sie haben in der Gemeinde und in zionistischen Angelegenheiten zusammengearbeitet. Zwar begegnet er dem älteren Rabbiner mit Respekt – Ehrenpreis ist ein Mann, der jedem Respekt einflößt –, aber er ist dennoch entspannt. Und kommt deshalb direkt zur Sache.

»Es geht um die ungarischen Juden, Herr Ehrenpreis. Wie Sie wissen, hat sich ihre Lage nach dem Einmarsch der Deutschen dramatisch verschlechtert.« Ehrenpreis nickt. Noch haben keine Deportationen stattgefunden, aber den Gerüchten zufolge, die ihn erreicht haben, ist das nur eine Zeitfrage.

»Ich weiß, Herr Masur. Was schlagen Sie vor? Was sollen wir tun?« Masur kann nicht hören, ob in der Stimme des Rabbiners Sarkasmus mitschwingt, aber er beschließt, daß es nicht der Fall ist, und fährt fort:

»Ich glaube, diesmal sind die Voraussetzungen so, daß wir etwas tun können. Die schwedischen und amerikanischen Behörden haben sich ja in der letzten Zeit sehr viel aufgeschlossener gezeigt.«

Ehrenpreis schweigt einige Sekunden. Dann sagt er noch einmal:

»Ich weiß, Herr Masur. Was ist Ihr Vorschlag? Was sollen wir tun?« Diesmal hört Masur den Sarkasmus deutlich heraus, beschließt aber, ihn zu ignorieren.

»Wir schlagen vor, eine nicht-jüdische Person zu finden, eine Person mit sehr gutem Ansehen, eine fähige und energische Person. Sie soll nach Ungarn reisen und dort, an Ort und Stelle, eine Rettungsaktion für die Juden durchführen.« Jetzt sieht der Rabbiner – gegen seinen Willen? – neugierig aus.

»Ich glaube, es ist das Beste, wenn er mit einem schwedischen Diplomatenpaß ausgestattet werden kann«, fährt Masur fort. »Und das Außenministerium muß die Gesandtschaft in Budapest bitten, ihm nach bestem Vermögen behilflich zu sein.«

»Aber was soll diese Person denn machen?« Jetzt hört der Rabbiner sich fast verärgert an.

»Seine Aufgabe soll sein, Juden dabei zu helfen, Ungarn zu verlassen«, entgegnet Masur. »Wir müssen versuchen, dafür zu sorgen, daß er Palästina-Zertifikate bekommt, die er an die Juden verteilen kann. Das Allerbeste wäre natürlich, wenn das Außenministerium gleichzeitig die Botschaft in Budapest ermächtigt, eine begrenzte Anzahl provisorische schwedische Pässe auszustellen. Vielleicht wird sich das als notwendig erweisen, damit sie das Land verlassen können.«

Der Gedanke, die schwedische Regierung darum zu bitten, an Nicht-Schweden schwedische Pässe auszustellen, scheint wahnwitzig zu sein. Und doch auch wieder nicht. Möglicherweise weiß Ehrenpreis – und vielleicht auch Masur –, daß Gösta Engzell bereits Ende März ein Telegramm an die schwedische Botschaft in Budapest geschickt hat, in dem er darum bittet, »in Ausnahmefällen« und »nach Ermessen« provisorische schwedische Pässe auszustellen, die sechs Monate gültig sein sollen. Engzell definiert diese »Ausnahmefälle« als »Angehörige von schwedischen Staatsbürgern oder die sich längere Zeit in Schweden aufgehalten haben, oder vereinzelte langjährige Repräsentanten schwedischer Unternehmen«.[19] Gösta Engzell hat schon einmal, vor der »Razzia« in Dänemark, eine schwedische diplomatische Vertretung angewiesen, an gewisse Juden provisorische schwedische Pässe auszugeben. Und jetzt tut er es also erneut.

Masurs Vorstellung ist natürlich nicht, daß man nur Menschen mit Beziehungen zu Schweden retten soll. Aber er glaubt, daß die schwedische Regierung sich in einer Lage befindet, in der sie bereit ist, flexibel zu sein. »Beziehungen zu Schweden« ist ein sehr dehnbarer Begriff.

»Sie meinen also, eine Person allein solle nach Budapest fahren und diese Aktion durchführen?« will Ehrenpreis wissen.

»Ich glaube, es ist erforderlich, daß eine Person sich dieser Aufgabe mit ganzem Herzen widmet. Eine Person, die gewissermaßen die Juden aufsucht – ihnen die Zertifikate gibt, ihnen hilft, sich versteckt zu halten, ihnen bei der Flucht hilft, und so weiter. Wir müssen ihm natürlich einen hohen Betrag zur Verfügung stellen, vielleicht 500 000 Kronen. Aber das ist die geringste Sorge. Wir können sicher den größten Teil des Geldes aus den USA bekommen.«

Masur schaut den alten Rabbiner an. »Ich glaube, daß durch diesen Plan einige hundert Menschen gerettet werden können. Die Voraussetzungen sind: der richtige Mann, Unterstützung durch das Außenministerium, Geld. Ich glaube, es ist einen Versuch wert. Aber es eilt.«

Am 18. April schickt Masur einen Brief an Ehrenpreis, in dem er den Plan noch einmal darstellt.[20] Dies ist das früheste Dokument, in dem die vermutlich wichtigste Rettungsaktion in Ungarn während des Krieges beschrieben wird – Raoul Wallenbergs Aktion zur Rettung von Juden (ein internes Promemoria vom 3. Mai scheint eine Vorlage zu sein).[21]

Wir wissen nicht, wer zuerst auf die Idee kam. Doch wir wissen, daß sie ihren Ursprung in der schwedischen Sektion des World Jewish Congress hatte. Möglicherweise ging sie von Storch aus, und er schickte seinen Kollegen Masur zu

Ehrenpreis. Möglicherweise hatte Masur selbst die Idee, oder sein Kollege Fritz Hollander. Es ist auch möglich, daß sie von dem Mann stammte, der unbezweifelbar den jungen Raoul Wallenberg für die Durchführung des Auftrags vorschlug, nämlich dem ungarischen Juden Káláman Lauer, einem Geschäftsfreund Masurs. Fritz Hollander, der einzige noch Lebende von den Vieren, erinnert sich nicht, wer zuerst auf den Gedanken kam, jemanden nach Budapest zu schicken. Aber er erinnert sich, wann Wallenbergs Name zum ersten Mal fiel:

»Während eines Abendessens, als wir ganz andere Angelegenheiten verhandelten, wurde einem in Ungarn geborenen Juden, einem Geschäftsmann [Lauer, A.d.V.], die Frage gestellt, ob er jemanden kenne, der sich seines Erachtens dafür eigne, nach Ungarn geschickt zu werden. ›Da brauche ich nicht lange zu suchen‹, antwortete er. ›Ich würde meinen Partner vorschlagen, Raoul Wallenberg. Er ist jung, er will gern etwas tun, und sein Name hat in Schweden den gleichen Klang wie Morgan in Amerika.‹ Zwei Tage später trafen wir uns, und er sagte auf der Stelle ja.«[22]

Anfang April 1944 gelingt es zwei slowakischen Juden, Rudolf Vrba und Alfred Wetzler, aus dem größten Vernichtungslager Auschwitz zu fliehen. Am Monatsende erreichen sie die jüdische Untergrundbewegung in der Slowakei. Was sie erzählen, bekräftigt die allerschlimmsten Befürchtungen: Auschwitz wird für die Vernichtung der 800 000 ungarischen Juden vorbereitet. Vrba und Wetzler diktieren einen 32 Seiten langen Bericht, der sämtliche Informationen enthält, die sie während ihres zweijährigen Aufenthalts in Auschwitz über das Lager zusammengetragen haben. Der Bericht enthält Einzelheiten über die geographische Ausdehnung des Lagers, die Situation der Gefangenen, die Beschreibung von Vergasungs- und Kremierungsabläufen, eine Statistik über die Zahl der Getöteten sowie eine Menge Skizzen.

Ende April oder Anfang Mai gelangt Vrbas und Wetzlers Bericht – die sogenannten *Auschwitzprotokolle* – nach Budapest. Er wird rasch ins Ungarische übersetzt, und sechs Kopien werden in Umlauf gebracht. Eine bekommt Rezsö Kasztner. Eine bekommt Miklós Horthys Schwiegertochter. Drei werden an die Oberhäupter der Kirche in Ungarn verteilt. Und eine geht an die jüdische Führung, die sie einer Auskunft zufolge an den Gesandten des Papstes, den ungarischen Finanzminister und Horthys Sohn weiterbefördert.[23] Doch wenn dieser Bericht zu irgendwelchen Resultaten führt, dann zumindest nicht kurzfristig. Denn am 28. April geht der erste Zug mit ungarischen Juden nach Auschwitz ab. Und gut zwei Wochen später beginnen die Deportationen in großem Maßstab. Es handelt sich sogar um die intensivsten Deportationen während des ganzen Zweiten Weltkriegs.

——•◆•——

Masur, Storch und Hollander glauben vielleicht, die perfekte Idee für die Rettung der Juden Ungarns zu haben – und den perfekten Mann, diese Aufgabe in Angriff zu nehmen. Aber der Weg von der Idee bis zu ihrer Verwirklichung soll sich als lang erweisen. Und das scheint für mehrere ihrer Ideen zu gelten, die sich auf Ungarn richten.

Im Archiv des schwedischen World Jewish Congress findet sich ein nicht unterzeichnetes Memorandum, das vermutlich von Storch oder Masur verfaßt ist.[24] Darin werden zwei Vorschläge für Aktionen in Ungarn beschrieben: Die eine ist die oben dargestellte, eine »schwedische Person« nach Budapest zu schicken, die dort eine Rettungsaktion leiten soll. Der zweite Vorschlag zielt auf den Versuch, die schwedische Regierung zu einer Intervention bei der ungarischen Regierung zu veranlassen, um der rasant zunehmenden Unterdrückung der Juden Einhalt zu gebieten. Die jüdischen Aktivisten scheinen ebenfalls begonnen zu haben, in dieser Richtung tätig zu werden. Aber, wie es in dem Schriftstück heißt, »bei einer Diskussion mit einigen sehr einflußreichen Politikern« wird ihnen entschieden davon abgeraten, den Versuch zu unternehmen, die schwedische Regierung zu einer derartigen Initiative zu veranlassen.

Statt dessen nimmt Marcus Ehrenpreis Kontakt zu seinem protestantischen Kollegen, Erzbischof Erling Eidem auf, und bittet diesen, im Namen der Schwedischen Kirche an die Ungarische Kirche und die ungarische Öffentlichkeit zu appellieren und gegen die Verfolgung der Juden zu protestieren.

»Der Vorschlag wurde der Bischofsversammlung vorgelegt«, heißt es, »und obwohl ihm größte Sympathie entgegengebracht wurde, sahen sich die Bischöfe nicht in der Lage, dem Vorschlag folgen zu können.« Dies ist nicht das erste Mal, daß der schwedische Erzbischof eine Anfrage, zugunsten der Juden zu intervenieren, abgelehnt hat.[25]

Das andere Projekt, die Organisation einer Rettungsaktion in Budapest, verläuft auch nicht schmerzfrei. Aber in diesem Fall sind es eher interne Probleme, die die Realisierung behindern. Mitte Mai trifft der Rabbiner Marcus Ehrenpreis den Geschäftsmann Káláman Lauer in seinem Büro. Lauer bezeugt enthusiastisch die Eignung seines jungen Kollegen für den vorgeschlagenen Rettungsauftrag. Doch Ehrenpreis bleibt skeptisch. Abgesehen davon, daß Raoul Wallenberg nur zweiunddreißig jahre alt ist, hat er keinerlei diplomatische oder politische Erfahrung! Warum glaubt Lauer, ist dieser junge Mann so gut dafür gerüstet, einen derartig risikoreichen und komplizierten Auftrag auszuführen?

27

Es war nicht die Regel, daß schwedische Geschäftsleute besondere Sympathie für Juden hatten, auch wenn sie beruflich mit ihnen verkehrten. Daß Raoul Wallenberg eine große Empathie für die Juden entwickelte und eine Leidenschaft dafür, ihnen zu helfen, ist teilweise seinem Aufenthalt in Haifa zugeschrieben worden.

Wallenberg, der sich trotz seiner offensichtlichen Begabung, seiner großen Energie und seines privilegierten Hintergrunds noch nicht richtig im Leben zurechtgefunden hat, war von seinem Großvater zu verschiedenen Unternehmen und Banken in der ganzen Welt geschickt worden. Der Gesandte Gustaf Wallenberg war davon überzeugt, daß sein reich begabter Enkel nur das richtige Milieu finden müsse, um im Geschäftsleben aufzublühen. Vielleicht hatte Raoul sich Mitte der dreißiger Jahre nur deswegen noch einmal zu einer ausländischen Bank schicken lassen, weil sein Großvater im Sterben lag. Diesmal wurde er von Ervin Freund aufgenommen, dem Chef der Holländischen Bank in Haifa, Palästina.

Der Aufenthalt in Haifa wird für Raouls Zukunft von entscheidender Bedeutung sein. Wenn er sich auch an dieser neuen Bank nicht zurechtfindet, so ist er doch ein neugieriger und lebensfroher junger Mann, der sich für die Menschen um ihn her interessiert. Und die Schicksale, die er an der Bank in Haifa kennenlernt, sollen ihn besonders stark beeinflussen. Es zeigt sich, daß Raoul der einzige nichtjüdische Angestellte an seinem neuen Arbeitsplatz ist, und viele seiner Kollegen sind Flüchtlinge aus Deutschland. In seinen Briefen nach Hause schildert Raoul empört das Elend und die Rechtlosigkeit, die diese jüdischen Flüchtlinge in Deutschland erlebt zu haben scheinen.[1] Es gibt noch eine Erklärung, wenn man eine solche überhaupt braucht, für Raouls Empathie für die verfolgten Juden: Der Großvater seiner Großmutter, der in Deutschland geborene Michael Benedicks, war einer der ersten Juden in Schweden.

Als Raoul 1936 nach Schweden zurückkehrt, ist er ein überzeugter Gegner der Nazis.

In Stockholm beschließt Raoul, sich selbständig zu machen – mit einer Import- und Exportfirma. Er will versuchen, den Weg einzuschlagen, den sein Großvater ihm vorgezeichnet hat. Doch auch an diesem Projekt hält er nicht lange fest. Nicht aufgrund mangelnder Fähigkeiten, sondern aufgrund von Rastlosigkeit.

»Raoul haßte es, in der Bank der Familie zu arbeiten«, erinnert sich seine Schwester Nina. »Er war voller Leben, Freude und Energie und hielt die Beschränkung nicht aus, den ganzen Tag an einem Schreibtisch zu sitzen und ›nein‹ zu Menschen zu sagen.«[2] Es scheint also schwer für Raoul gewesen zu sein, eine berufliche Rolle zu finden, die ihm zusagte. Doch dann, Anfang der vierziger Jahre, findet er einen Kontakt, der seinen ganzen Bedarf an Spannung und Beweglichkeit decken soll.

Káláman Lauer ist Chef einer Import- und Exportfirma, die vor allem mit seinem ursprünglichen Heimatland Ungarn Geschäfte macht. Doch in der letzten Zeit hat er Probleme bekommen. Seine ungarischen Geschäftspartner wollen nämlich nicht mehr mit ihm zusammenarbeiten, aufgrund der neuen antisemitischen Gesetzgebung im Lande. Sein Hauptfinanzier Sven Salén schlägt daraufhin vor, ein selbständiges schwedisches Unternehmen zu gründen, das von den neuen ungarischen Gesetzen nicht betroffen wäre. Das Unternehmen soll den Namen *Mellaneuropeiska Handels AB* tragen und auch eine neue Leitung bekommen. Salén stimmt nämlich mit Lauer darin überein, daß ein neuer Partner in der Firma gebraucht wird, der frei nach Ungarn und in andere europäische Länder reisen kann, ohne von einer Gesetzgebung, die nach seiner Herkunft fragt, behindert zu sein. Salén hat außerdem eine Idee. Während eines Treffens kürzlich hat sein Kollege Jacob Wallenberg ihm von seinem begabten Neffen Raoul erzählt. Der junge Mann ist lange zwischen verschiedenen Ländern und Arbeitsplätzen hin und her gesprungen, doch sein kürzlich verstorbener Großvater war überzeugt davon, daß Raoul es sehr weit bringen würde, wenn er nur ein geeignetes Milieu fände. Er ist brillant, hat Jacob Wallenberg erzählt.

Salén trifft Raoul und ist von seinem Intellekt, seiner Energie und seinen Sprachkenntnissen beeindruckt. Und wie von selbst kommt ihm Lauer und ihr neues Unternehmen in den Sinn. Vielleicht würde Raoul ein geeigneter Partner sein? Außerdem kann man die Türen nicht verachten, die sich möglicherweise angesichts eines Namens wie Wallenberg öffnen!

Lauer trifft Raoul, und auch er ist sehr angetan.

»Ich weiß, daß du dieses *business* nicht beherrschst«, sagt er zu dem jungen Mann, aber ich habe keine Zweifel, daß du es lernen wirst.«[3] Binnen kurzem hat Lauer seinen jungen Partner nach Deutschland, Frankreich und Rumänien geschickt, in Länder also, die kein Jude mit Selbsterhaltungstrieb im Jahre 1941 zu besuchen gewagt hätte. Raouls erste Geschäftsreise nach Budapest findet im Februar 1942 statt, die zweite im Herbst 1943. Bei diesen Besuchen lernt er eine Reihe ungarischer Juden kennen und erfährt von ihrer immer schwierigeren Situation. Doch vor allem macht er Geschäfte. Zu Lauers Entzücken erweist sich Raoul nicht nur als ein phänomenaler und sehr durchtriebener Unterhändler. Er besitzt auch eine ungeahnte Fähigkeit, blitzschnell die Psychologie von Menschen zu erfassen und aufgrund dieser Erkenntnis zu handeln. Raoul, zeigt sich, ist ein souveräner Geschäftspartner. Und es hat den Anschein, als zeige er keine Tendenzen zur Rastlosigkeit mehr.

Mitte Mai 1944, einen Monat nach der Unterredung mit Masur, trifft Rabbi Marcus Ehrenpreis Káláman Lauer in seinem Büro. Ehrenpreis will mit dem aus Ungarn stammenden Geschäftsmann Masurs Vorschlag für einen Rettungsauftrag in Budapest diskutieren. Ob er von den anderen Mitgliedern des World Jewish Congress bereits von Lauers jungem Kompagnon gehört hat oder ob Lauer selbst Kontakt zu Ehrenpreis aufgenommen hat, ist unklar. Aber auf die Frage, ob er einen Schweden für den Auftrag empfehlen kann, antwortet Lauer, ohne zu zögern: Raoul Wallenberg.

Ungefähr zur gleichen Zeit hat Lauer nämlich erfahren, daß den Eltern und Geschwistern seiner Frau, die in Ungarn auf dem Land leben, die Deportation droht. Raoul hat sich sofort angeboten, nach Ungarn zu reisen, um sie zu retten. Und Lauer kann sich keine Person vorstellen, der er einen solchen Auftrag lieber anvertrauen würde.

Aufgrund von Rabbi Ehrenpreis' neuer Position als Vorsitzender der schwedischen Sektion des World Jewish Congress und Mitglied in dessen Exekutivkomitee ist es notwendig, seine Zustimmung zur Wahl der Person für den Auftrag in Budapest einzuholen. Besonders wenn man, wie Masur und Storch es beabsichtigen, versuchen will, amerikanisches Geld und eine amerikanische Sanktionierung des Auftrags zu erwirken.

Nur wenige Tage nach dem Zusammentreffen mit Lauer kommt es zu einem Treffen von Rabbi Ehrenpreis und Wallenberg in der Wohnung des Rabbiners. Doch die Begegnung verläuft nicht gut. Ehrenpreis mag Raoul Wallenberg nicht. Der Fünfundsiebzigjährige findet den Zweiunddreißigjährigen unreif. Dieses Gefühl wird noch dadurch verstärkt, daß Raoul die ganze Zeit betont, welche enormen Geldsummen für die Durchführung des Auftrags notwendig seien.[4]

»Ich war gerade zu Hause, als Wallenberg zu Besuch kam«, erzählt Miriam Nathanson. »Hinterher erzählte Vater, er sei sich nicht richtig sicher, ob Wallenberg dies wirklich aus Überzeugung machen wolle, er habe ihm nicht das Gefühl gegeben, ein wirkliches Engagement für Juden zu haben. Vater glaubte, daß es sich vielleicht mehr um Abenteuerlust handelte.«[5] Marcus Ehrenpreis stimmt der Wahl Raoul Wallenbergs nicht zu.

Dies ist Mitte Mai 1944, und die blutigsten Wochen der Vernichtung sollen gerade beginnen. In Auschwitz hat man alles andere ruhen lassen, um so schnell und so effektiv wie möglich das ungarische Judentum vernichten zu können. Die Züge gehen im Pendelverkehr. Die Gaskammern sind pausenlos in Betrieb. Während der folgenden acht Wochen sollen ungefähr eine halbe Million ungarische Juden nach Auschwitz gebracht werden.[6]

Zur gleichen Zeit, als Ehrenpreis und Wallenberg sich treffen, landet ein kleines deutsches Flugzeug auf dem Flugplatz von Istanbul. An Bord befindet sich Joel Brand. Und noch ein anderer Mann ist mit an Bord: Andor »Bandi« Grosz, ein ungarisch-jüdischer Konvertit zum Christentum und geheimer Agent für die Deutschen, die Ungarn, die Alliierten und die Jewish Agency. Gleichzeitig! Beide Männer sollen, im Auftrag der SS, Aufträge ausführen, von denen sie hoffen, daß dadurch die ungarischen Juden gerettet werden. Und von denen die SS hofft, daß sie Deutschland retten.

Grosz soll versuchen, ein Treffen zwischen hochrangigen Nazis und hochrangigen Vertretern der westlichen Alliierten in Istanbul zu arrangieren. Die Nazis – oder zumindest gewisse Nazis – wollen einen Separatfrieden mit dem Westen diskutieren.

Brand soll wie gesagt versuchen, einen Tauschhandel zu bewerkstelligen: Eine Million Juden gegen 10000 Lastwagen, die, das versichert Himmler, ausschließlich an der Ostfront eingesetzt werden sollen. Um Himmlers endgültige Zustimmung zu dem Arrangement einzuholen, hat Adolf Eichmann zwei Wochen zuvor einen anderen hochgestellten SS-Offizier, Kurt Becher, gebeten, zum Reichsführer zu fahren. Himmler hat zugestimmt.[7] Unter der Bedingung, daß alles hinter Adolf Hitlers Rücken geschieht.

Die türkischen Behörden sind nicht gerade überglücklich darüber, daß zwei unangekündigte Emissäre mit obskuren Aufträgen auf ihrem Territorium landen. Nur unter großen Schwierigkeiten gelingt es Brand und Grosz, kurzbefristete Aufenthaltsgenehmigungen für Istanbul zu bekommen.

Alle sind jedoch nicht gänzlich unvorbereitet auf die Ankunft der beiden Männer. Brand hat voraustelegraphiert und darum gebeten, die Zentralgestalten der zionistischen Bewegung sofort nach der Landung treffen zu können. Nur sie können, seiner Meinung nach, Himmlers aufsehenerregenden Vorschlag an die Alliierten weiterleiten. Brand hat die Antwort erhalten, »Chaim« erwarte ihn am Flugplatz. Brand hat vorausgesetzt, daß es sich bei diesem »Chaim« um Chaim Weizmann, den Führer der zionistischen Bewegung und zukünftigen Präsidenten Israels handelt. Es stellt sich jedoch heraus, daß es Chaim Barlas ist, ein Abgesandter der Jewish Agency in Istanbul. Es ist Barlas, dem es gelingt, Brand durch die türkische Paßkontrolle zu bekommen (ein Spionage-Kontaktmann hat inzwischen Grosz unter seine Fittiche genommen), und zusammen begeben sich die beiden Männer zu einem Treffen im Pera Palas Hotel in Istanbul.

»Die Nazis sind bereit, jederzeit mit der Ausrottung des ungarischen Judentums zu beginnen.« So leitet Joel Brand sein Gespräch mit den zionistischen Vertretern in Istanbul ein. »Die Züge stehen bereit. Und niemand tut etwas, um sie aufzuhalten.«

Wenja Pomeranz und Menachem Bader sehen, daß es Brand vor Erregung fast schüttelt. Er ist entrüstet, und es dauert nicht lange, bis sich seine Entrüstung auf die jüdischen Aktivisten übertragen hat.

»Es wird diesmal schnell gehen«, sagt Brand. »Sehr schnell. Die Nazis haben eine gut geölte Maschinerie aufgebaut, um die ungarischen Juden aufzunehmen. Glauben Sie mir, ich weiß es. Ich habe mit dem für die Maschinerie Verantwortlichen gesprochen. Er hat mich hergeschickt. Und er hat mir zwei Wochen gegeben.«

Pomeranz traut seinen Ohren nicht. Was sagt Brand da?!

»Was heißt das, Sie hergeschickt? Warum hat er sie hergeschickt?»

»Damit ich – damit wir – Ungarns Juden retten sollen.«

Jetzt berichtet Brand von dem Vorschlag. Adolf Eichmanns Vorschlag. Er ist vorsichtig. Vielleicht schämt er sich sogar ein wenig. Aber, sagt er, kein anderer hat bisher etwas getan, um zu versuchen, den Juden zu helfen. Auf wen soll man sich dann verlassen, wenn nicht auf ihren Henker? Der Henker hat auf jeden Fall die Macht, etwas zu tun.

Es ist eine absurde Situation, das sehen alle Anwesenden ein. Der Mann, der für die Deportationen von Juden – Deportationen, die direkt in den Tod führen, das wissen sie – verantwortlich ist, bietet ihnen an, wie durch einen Zauberschlag das ganze ungarische Judentum zu retten. Im Austausch gegen Lastwagen. Kann man einem solchen Angebot trauen? Und von einem solchen Mann? Und wer ist befugt, darauf zu antworten? Über eins sind sich jedoch alle einig: Der Vorschlag kann nicht einfach verworfen werden. Nicht ohne weiteres. Wenn dies die einzige Chance ist, Ungarns Juden zu retten, muß sie geprüft werden. Aber es eilt.

Am gleichen Abend telegraphieren sie nach Jerusalem, daß Pomeranz, einer der Vertreter der Jewish Agency, auf dem Weg dorthin ist, um über eine sehr wichtige Angelegenheit zu berichten. Am 24. Mai trifft Pomeranz in Palästina ein. Er wird vom politischen Chef der Jewish Agency, Moshe Shertok (später Sharett) und deren Vorsitzenden, David Ben Gurion – dem ersten Premierminister des späteren Staates Israel – in Empfang genommen.

Pomeranz hat eine Zahnpastatube bei sich, in der zwei von den Abgesandten in Istanbul geschriebene Zettel versteckt sind.[8] Auf dem einen steht:

> Wir warten verzweifelt auf Ihre Entscheidung, von der vielleicht zehntausende Menschenleben abhängen. Wir können diesen Beschluß hier nicht fassen.

Der zweite Zettel ist von Chaim Barlas, dem Leiter der Gruppe in Istanbul, geschrieben:

> Was sollen wir den Unterdrückern über »Güter« und Lösegeld sagen? Kann jemand aus der Zentrale der Jewish Agency hierherkommen, und wer? Würde es klug sein, Brand nach Jerusalem zu schicken, und würde es eine Garantie dafür geben, daß er zurückkehren kann – was eine Voraussetzung seines Auftrag ist? Sollte er auch in Ankara verhandeln, außer mit Herrn Avni *[Kodewort für den Botschafter der USA, Lawrence A. Steinhardt]*?

Ben Gurion und Shertok sind ebenso erschüttert von Pomeranz' Bericht und von Eichmanns Angebot wie die Vertreter in Istanbul. Doch was soll man tun? Nach einer Sitzung mit dem Hauptvorstand der Jewish Agency, bei der Pomeranz Brands Darstellung noch einmal vorträgt, faßt man einen Beschluß: Man kann nicht hinter dem Rücken der Alliierten agieren! Die Juden können nicht allein handeln. Man muß mit den britischen Behörden in Palästina Kontakt aufnehmen, weil alle Verhandlungen letztlich die Alliierten einbeziehen müssen.

Zwei Tage nach der Ankunft von Pomeranz, am 26. Mai, bekommt der höchste britische Repräsentant in Palästina, Sir Harold MacMichael, Besuch. Seine beiden Gäste, Moshe Shertok und David Ben Gurion, berichten dem bestürzten Briten von Eichmanns Angebot. MacMichael hat sich bisher nicht als Judenfreund hervorgetan. Doch die Ereignisse in Ungarn machen ihn ebenso betroffen wie alle anderen. Und zu Ben Gurions und Shertoks Verwunderung erklärt er sich bereit, Eichmanns Angebot nach London weiterzuleiten. Dies wird er anschließend auch tun, und auf ganz korrekte Art und Weise. In seinem Memorandum erwähnt MacMichael auch, daß Eichmann bereit ist, 5000 bis 10 000 Juden freizulassen, bevor die Deutschen etwas von den Waren erhalten haben, um seinen guten Willen zu zeigen.[9]

MacMichaels Wohlwollen bedeutet indessen nicht, daß er nicht skeptisch ist.

»Glauben Sie wirklich, daß es sich um ein seriöses Angebot handelt?« fragt er seine jüdischen Besucher. »Ist es nicht nur ein Versuch der Deutschen, die Alliierten zu spalten? Mir persönlich fällt es sehr schwer, an den ›guten Willen‹ der Gestapo zu glauben, Juden zu retten. Und ebenso schwer kann ich mir vorstellen, daß meine Regierung sich bereitfinden könnte, den Deutschen mitten im laufenden Krieg Lastwagen zur Verfügung zu stellen.«

»Es dürfen natürlich keine Waren an die Deutschen geliefert werden«, erwidert Ben Gurion. »Aber die Verhandlungen müssen aufgenommen und weitergeführt werden, denn das kann das Leben vieler Juden retten. Man muß verhandeln! Das ist das Wichtigste. Denn solange verhandelt wird, warten die Deutschen vielleicht damit, die ungarischen Juden zu ermorden.«

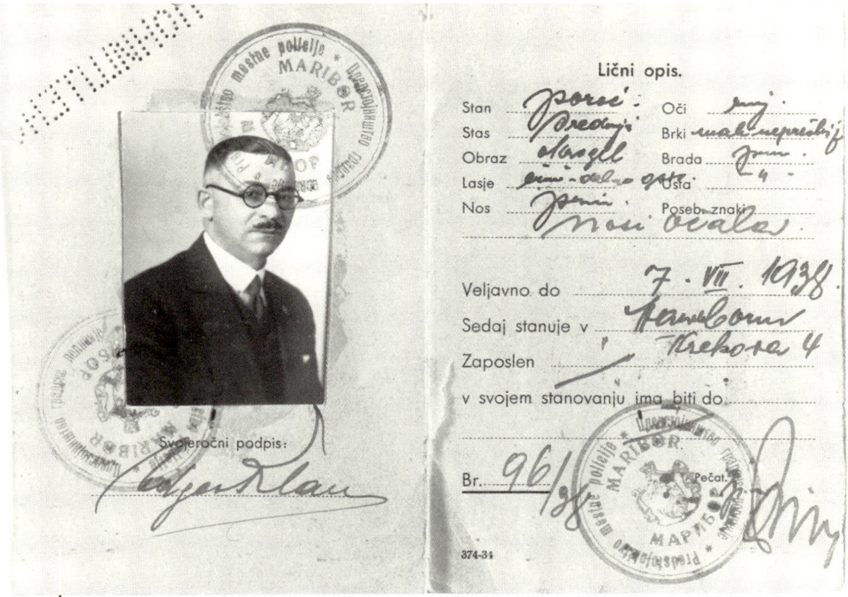

Edgar Klaus ist ein geheimnisvoller Mann, selbst in den Augen seines Chefs Wilhelm Canaris. Klaus ist staatenloser Lette mit großem Vermögen in jugoslawischen Gruben. Auch hat er eine unerklärliche Leidenschaft dafür, zwischen Deutschland und der Sowjetunion einen Sonderfrieden herbeizuführen.

9

Zwei Männer, die zu einem frühen Zeitpunkt versuchen, Kenntnis über die Vernichtung der Juden zu verbreiten: Gilel Storch in Stockholm (links) und Gerhart Riegner in Genf. Beide sind Mitglieder des World Jewish Congress. Sie begegnen sich erst nach dem Krieg.

Heinrich Himmler bewundert seinen Führer, hat aber gleichzeitig ungeheure Angst vor ihm.

11

Felix Kersten – Heinrich Himmlers »magischer Buddha« – die einzige Person, die durch ihre Geschicklichkeit als Masseur Himmlers schwere Magenkrämpfe lindern konnte.

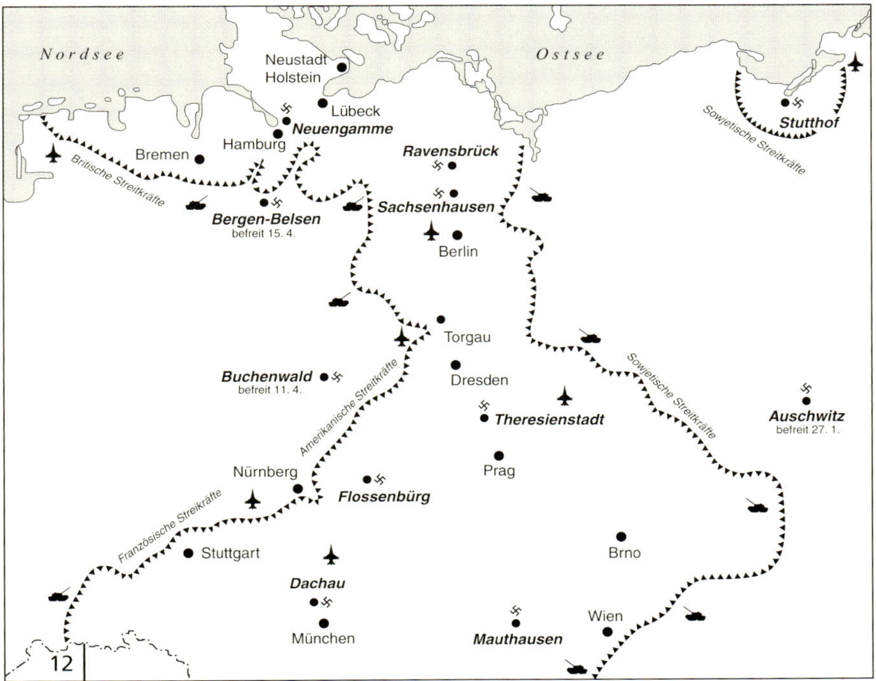

12

Fronten und Konzentrationslager 15. April 1945

13 Marcus Ehrenpreis, Oberrabbiner in Stockholms Mosaischer Gemeinde.

14 Die Synagoge in der Wahrendorffsgata in Stockholm.

15 Norbert Masur, deutsch-jüdischer Einwanderer, wird Storchs wichtigster Mitarbeiter in Stockholm. Masur, ein Mann mit einem angeborenen diplomatischen Geschick, ist auch sehr aktiv in der Mosaischen Gemeinde.

16 Gunnar Josephsson, Vorsitzender der Mosaischen Gemeinde in Stockholm. Ein Mann mit sehr guten Kontakten zur Regierung.

Alle drei einigen sich, daß Shertok sofort nach Istanbul fliegen soll, um Brand zu treffen, der ja bald mit einer Antwort nach Budapest zurückkehren muß. Eichmann hat ihm, wie gesagt, zwei Wochen Zeit gegeben.[10]

Das Problem sind die Türken. Sie sind nicht erbaut davon, daß Brand und Grosz sich in Istanbul aufhalten. Sie betrachten die beiden nämlich als Gestapoagenten. Während Pomeranz in Palästina ist, wird Brand folglich in seinem Hotel unter Hausarrest gehalten, und die Türken beschließen, ihn am 29. Mai nach Ungarn auszuweisen. Gleichzeitig verweigern sie Shertok ein Einreisevisum in die Türkei. Die Möglichkeiten für ein Treffen zwischen Brand und Shertok sind also, so scheint es, zunichtegemacht. Und was noch schlimmer ist: Brand wird Eichmann keine Antwort bringen können.

Shertok schickt daraufhin ein Telegramm nach Istanbul, in dem er Brand bittet, dennoch nach Budapest zurückzukehren und Eichmann mitzuteilen, daß dessen Vorschlag »von Juden und Alliierten ernsthaft geprüft werde«.

Doch Brand will nicht mit leeren Händen nach Budapest zurückkehren, zumal Grosz, der ebenso mit leeren Händen dasteht, sich weigert. Grosz hat seine Frau bei sich, aber Brand hat seine Familie in Budapest zurückgelassen. Und er ist überzeugt davon, daß dies, wenn er unverrichteter Dinge zurückkehrt, einem Todesurteil nicht nur für ihn und seine Familie, sondern für das ganze ungarische Judentum gleichkommt.

Doch die Frage ist, ob Joel Brand eine Wahl hat. Die Türken wollen ihn nicht bleiben lassen, und die Briten wollen ihn nicht nach Palästina reisen lassen.

Einige Stunden bevor Brand ausgewiesen werden soll, kommt Menachem Bader, einer der jüdischen Abgesandten, mit einem Dokument zu ihm, das er Eichmann überreichen soll. In diesem Dokument heißt es, daß die Juden Eichmanns Angebot im Prinzip akzeptieren, unter der Bedingung, daß die Deportationen aufhören. Den Deutschen wird ein Lösegeld von einer Million Schweizer Franken angeboten, wenn sie die Deportationen stoppen, weiter je 400 000 Dollar für jedes Tausend Juden, die sie nach Palästina ausreisen lassen, und eine Million Schweizer Franken für jedes Tausend Juden, die nach Spanien emigrieren. Im Austausch dafür, daß die Deutschen die Juden in den Lagern notwendige Bedarfsgüter empfangen lassen, sollen sie außerdem die gleiche Menge an Bedarfsgütern selbst bekommen. Alle Details können die Deutschen mit jüdischen Repräsentaten diskutieren, die gerade jetzt auf dem Weg von Palästina nach Istanbul sind.

Bader wie Brand wissen, daß dieses Dokument dürftig ist und kaum das, worum Eichmann gebeten hat. Aber vielleicht kann es Brand helfen zu überleben.

Bader geht nun zu Grosz' Zimmer, um diesen zu bitten, mit Brand nach Budapest zu fahren. Grosz wirft ihn hinaus.

»Joel kann sich selbst einreden, er hätte etwas, womit er zurückkehren kann. Aber mir ist es noch nicht gelungen, meinen Auftrag auszuführen. Und wenn ich keinen Erfolg habe, hat das Dokument, das Sie Joel gegeben haben, keinen Wert.«[11] Grosz weiß, daß Eichmanns und Himmlers eigentliches Ziel ein Separatfrieden ist. Alles andere ist im Moment nebensächlich.

In dieser Nacht tröstet Bader Brand und überzeugt ihn davon, daß er nach Ungarn zurückkehren muß. Brand findet sich am Ende mit der Situation ab und erklärt sich bereit zu fahren. Aber in der Zwischenzeit passiert etwas Unerwartetes: »Bandi« Grosz nimmt mitten in der Nacht Kontakt zu den Briten auf und bittet sie »auf Knien«, ihn auf britischem Territorium zu verhaften. Und er hat Erfolg! Unmittelbar vor der Abschiebung Brands akzeptieren die Briten, die beiden Juden auf britischem Territorium aufzunehmen. Woraufhin die Türken Brand und Grosz Ausreisevisa nach Syrien geben. Von Syrien aus können die beiden nach Palästina weiterreisen, wo sie mit britischen Behörden verhandeln können.

Am 1. Juni verläßt »Bandi« Grosz Istanbul. Joel Brand reist vier Tage später. Die beiden Männer gehen dem gleichen Schicksal entgegen: Sobald sie die Grenze zu Syrien überschritten haben, werden sie von den Briten festgenommen. Dann werden sie nach Kairo gebracht. Dort sitzt Brand gut vier Monate lang in Arrest. Ohne jede Möglichkeit, irgendeine Antwort an Eichmann zu übermitteln. Und dies haben die Alliierten natürlich bezweckt.

Amerikanische und britische Stellen haben sich dafür entschieden, das Ganze als ein Täuschungsmanöver der Gestapo anzusehen. Ein Täuschungsmanöver, das keinerlei Beachtung verdient, weil es als Versuch gedeutet werden kann, die Alliierten zu spalten. Wenn es stimmt, daß Grosz den Auftrag hatte, Verhandlungen für einen Separatfrieden zwischen Deutschland und dem Westen zu arrangieren, dann muß der Westen sich total ablehnend verhalten! Sonst kann Stalin glauben, man hintergehe ihn. Und wer weiß, was Stalin dann tut. Vielleicht leitet er selbst Verhandlungen über einen Sonderfrieden mit Deutschland ein?

Es gibt noch einen Grund, warum die Alliierten nicht wollen, daß Brand Eichmann eine Antwort auf sein Angebot übermittelt: Sie wollen gerade in der Normandie landen. Und wenn es sich nun so verhalten sollte, daß die Deutschen es ernst meinen mit der Freilassung der ungarischen Juden, dann würde, führen die Alliierten ins Feld, der Transport von Hunderttausenden von Juden die Kriegsoperationen ernstlich behindern. Wenn diese Juden überhaupt irgendeine Zuflucht haben.[12] Eine Forderung des englischen Oberrabbiners Joseph Hertz und der Jewish Agency, die Regierung Großbritanniens solle sämtliche Juden auf feindlichem Territorium als »unter britischem Schutz« stehend erklären, wird mit dem Hinweis darauf abgelehnt, dies »trage nicht der Tatsache Rechnung, daß die deutsche Brutalität, vor allem in Polen, sich in sehr hohem Grad gegen Nichtjuden richte«.[13] Innenminister Herbert Morrison gibt einige Wochen später den Kommentar ab, es sei »außerordentlich wichtig, daß wir nichts unternehmen, was ein Risiko mit sich führt, daß wir im Endergebnis weitere Flüchtlinge hier aufnehmen müssen«. Es gibt mit anderen Worten viele Gründe für die Briten und die Amerikaner, Brand und Grosz außer Reichweite zu halten …

Die Westalliierten hatten lange für die Entscheidung gebraucht, »die zweite Front« zu eröffnen – in Europa zu landen und die Deutschen von Westen aus anzugreifen. Als Engländer und Amerikaner sich schließlich entscheiden, im Juni 1944 zuzuschlagen, ist es, laut Stalin, keinen Tag zu früh. Drei Jahre lang haben die Russen sich selbst gegen die Deutschen zur Wehr setzen müssen, und mehr als 20 Millionen Menschenleben sind dabei verlorengegangen.

Als die Operation Overlord endlich mit der Landung der Alliierten in der Normandie am 6. Juni 1944 eingeleitet wird, hätte dies dazu führen können, daß der Krieg binnen drei Monaten beendet gewesen wäre. Ende August/Anfang September ist nämlich keine deutsche Front mehr vorhanden. Eine halbe Million Mann sind auf deutscher Seite gefallen. Die Alliierten haben zwanzigmal so viele Panzer und eine fünfundzwanzigmal so starke Luftwaffe wie die Deutschen. Die logische Folgerung in dieser Phase wäre gewesen, auf breiter Front nach Deutschland hineinzugehen. Aber die Westalliierten haben das Ausmaß des deutschen Zusammenbruchs nicht erkannt. Außerdem sind sich die westalliierten Befehlshaber uneinig. Statt den letzten deutschen Widerstand zu brechen, macht man also eine Pause. In der Zwischenzeit können die Deutschen ihre Verteidigung wieder aufbauen. Die Landung in der Normandie mag der

Anfang vom Ende des Zweiten Weltkriegs gewesen sein, aber es wird noch fast ein Jahr dauern, bevor Hitler und seine Armeen endlich aufgeben. Und das Leben unzähliger Zivilisten, unter ihnen mehr als eine Million europäische Juden, steht auf dem Spiel.

Die schwedische Botschaft in Budapest wird seit März von hilfesuchenden Juden überschwemmt, die, dem Botschaftssekretär Per Anger zufolge, »ahnten, was kommen sollte, und uns um Hilfe anflehten. Die Hilfesuchenden drängten sich im Empfangsraum, und die Menschenschlange reichte bis hinaus auf die Straße«.[15]

Anger und der Botschafter Ivan Danielsson sind tief betroffen von der Situation der Juden und lassen dies das Außenministerium wissen. Gösta Engzell hat sie wie gesagt ermächtigt, – »nach Ermessen« – provisorische Pässe an Personen mit engem Bezug zu Schweden auszugeben, auch wenn er dies später verdeutlicht und schreibt: »Das Außenministerium muß seine und die Hilfe der Gesandtschaft notwendigerweise auf die dringlichsten Fälle beschränken, in denen die stärksten Verbindungen zu Schweden vorliegen.«[16]

Gösta Engzell, Botschafter Ivan Danielsson und Botschaftsrat Per Anger versuchen, unter Beachtung schwedischer Gesetze und der öffentlichen Meinung in Schweden, zu improvisieren, so gut sie können, um den vielen verzweifelten Juden zu helfen, die die schwedische Botschaft in Budapest oder, zugunsten von Verwandten, das Außenministerium in Stockholm aufsuchen. Danielsson ist sich der fremdenfeindlichen öffentlichen Meinung in Schweden bewußt, und er versucht in Briefen an das Außenministerium Gründe zu finden, um den Wert neuer Immigranten überzeugend zu betonen:

»Mir ist gesagt worden und ich habe selbst in der schwedischen Presse bemerkt, daß unsere Landwirtschaft an einem auffallenden und in vielen Fällen sehr gravierenden Mangel an männlichen und weiblichen Arbeitskräften leidet«, schreibt er an den Kabinettssekretär Erik Boheman. Vielleicht könnte man, schlägt er vor, eine Anzahl ungarisch-jüdische Einwanderer anstellen, falls diesen die Ausreise aus Ungarn erlaubt würde? Und weiter hebt er hervor: »Da die USA Radiomeldungen zufolge bereit sind, Flüchtlinge aus den Ländern der Achsenmächte, die sich in ein neutrales Land haben retten können, aufzunehmen, eröffnet sich die Möglichkeit zu einem ›Re-Export‹, sobald ein Verkehr über den Atlantik wieder in Frage kommt.«[17]

Noch 1944 wissen die Demokratien der Welt nicht, ob sie angesichts der Möglichkeit, daß Juden aus den Klauen der Nazis freikommen, trauern oder sich freuen sollen. Dessen ist Ivan Danielsson sich sehr klar bewußt. Und die Bekräftigung kommt als Brief per Post: Am 11. Mai 1944, zur gleichen Zeit, als die Deportationen ungarischer Juden ernsthaft in Gang kommen, schreibt die Regierung an die Gesandtschaft in Budapest, daß »die Zuständigen im [schwedischen] Außenministerium derzeit nicht geneigt sind, weitere Ungarn zu Schweden zu machen«.[18]

Die direkt Beteiligten sind sich indessen in zunehmendem Maße bewußt, daß es sich nicht um eine Emigration nach Schweden handelt. Worum es sich handelt, ist, daß sowohl ungarische als auch in gewissem Umfang deutsche Behörden in bezug auf die Einstellung neutraler Länder sensibel geworden sind. Ein offizielles Papier eines solchen Landes wird für den Inhaber kaum den Unterschied zwischen Auswandern und Bleiben bedeuten. Aber möglicherweise den Unterschied zwischen Leben und Tod. Was die Juden betrifft, gibt es nämlich ein entscheidendes Ziel: Zeit zu gewinnen.

Gösta Engzell und das Botschaftspersonal in Budapest werden in der Folgezeit die Forderung nach starken Verbindungen zu Schweden als Bedingung für das Ausstellen von Pässen immer großzügiger auslegen, und besonders für das Ausfertigen aller möglichen »Bescheinigungen« (die sich nach und nach zu den sogenannten »Schutzpässen« entwickeln sollten). Diese Flexibilität wird von entscheidender Bedeutung sein.

Jetzt beginnt Gilel Storch, Namen und Adressen von ungarischen Juden einzusammeln, die wirkliche oder höchst dubiose Verbindungen nach Schweden haben. Er sammelt diese Namen von Verwandten und Kontakten der Juden in der ganzen Welt – in Schweden, in England, in Argentinien. Die Listen schickt er dann an das Außenministerium zur Weiterleitung an die Botschaft in Budapest.[19] Diese Aktivität wird Gilel Storch bis zur Befreiung Budapests im Januar und Februar 1945 aufrechterhalten. An den Fuß der Listen schreibt er jedesmal:

> Im Auftrag des World Jewish Congress teile ich mit, daß sämtliche Kosten im Zusammenhang mit der Untersuchung bezüglich der obengenannten Personen vom World Jewish Congress bestritten werden, und daß außerdem für

den Fall, daß diese Personen nach Schweden kommen sollten, der World Jewish Congress die Verantwortung für ihren Aufenthalt in Schweden übernimmt.

Binnen kurzer Zeit hat die schwedische Botschaft in Budapest Hunderte von provisorischen Pässen und Bescheinigungen ausgestellt. Einer der in der Hilfe für die Juden aktivsten Schweden in Budapest ist der zweiundsiebzigjährige Universitätslektor und spätere Repräsentant des Roten Kreuzes, Valdemar Langlet. Er ist wie Raoul Wallenberg von ungezügeltem, leidenschaftlichem Charakter und ein Improvisator, und er wird Wallenberg den Weg bereiten. Doch das wird dauern.

28

Die Versuche, Wallenberg nach Ungarn zu schicken, sind festgefahren. Nicht nur Ehrenpreis' Zweifel haben sich als Hindernis erwiesen. Raoul hat außerdem mehrfach versucht, vom Außenministerium einen Kabinettspaß zu bekommen, um nach Ungarn reisen zu können, weil es seit der Besetzung sonst praktisch unmöglich ist, ins Land einzureisen. Das Außenministerium lehnt seinen Antrag ab.[1]

Doch die jüdischen Aktivisten wollen nicht klein beigeben. Und sie entschließen sich jetzt, sowohl die Mosaische Gemeinde als auch das Außenministerium zu übergehen. Sie wollen sich statt dessen direkt an die Amerikaner wenden – genauer gesagt an den kürzlich ernannten Schwedenrepräsentanten von Franklin D. Roosevelts neuem Rettungskomitee War Refugee Board, Iver C. Olsen. Vielleicht kann Wallenberg als Vertreter des War Refugee Board und mit Finanzierung durch amerikanische jüdische Organisationen reisen?

In dem großen Haus Strandvägen 7A in Stockholm sind zahlreiche Büros. Hier ist das Kontor der Salén-Reedereien. Hier ist auch das Büro von Lauers und Saléns neuer Firma, Mellaneuropeiska Handels AB. Und hier liegt auch die amerikanische Botschaft. Sven Salén und Káláman Lauer brauchen nur ein paar Schritte zu gehen und an eine Tür zu klopfen, um den amerikanischen Botschafter Herschel Johnson oder Iver Olsen vom War Refugee Board zu treffen.

Zu alledem ist Sven Salén als 2. Vorsitzender von Stockholms Schwedisch-Amerikanischer Gesellschaft seit langem mit Johnson befreundet.

Also arrangiert Salén eines Tages ganz einfach ein Treffen zwischen Lauer und den beiden Amerikanern. Das ganze ist sehr informell, unter Freunden braucht es keine großen Vorbereitungen.

Lauer erzählt den Amerikanern zunächst von seinen Verwandten in Ungarn und ihrer prekären Lage. Dann geht er zur Schilderung der geplanten Rettungsaktion für die ungarischen Juden über. Schließlich erzählt er von seinem jungen und sehr beeindruckenden Kollegen, Raoul Wallenberg.

»Er ist der einzige, der mutig genug ist, den Auftrag auszuführen«, sagt Lauer begeistert bei seinem Versuch, die Amerikaner zu überzeugen.[2]

Lauer hat seine Darstellung gut aufgebaut. Olsen erfaßt unmittelbar die Möglichkeiten, die in seinem Vorschlag liegen. Wie alle anderen ist er sich dessen bewußt, daß Ungarn für den Westen die letzte Chance darstellt, noch einmal entscheidend einzugreifen, um Juden vor der Vernichtung zu retten. Hitler hat diese große Gruppe bis zuletzt geschont, und wenn es ihm gelingt, auch sie noch zu vernichten, ist das totale moralische Versagen nicht nur Deutschlands, sondern der gesamten westlichen Welt ein Faktum.

Olsen bittet also darum, Wallenberg zu treffen, der zu diesem Zeitpunkt gerade zu einer Wehrübung einberufen ist. Wallenberg erhält Anfang Juni einen vierundzwanzigstündigen Urlaub, begibt sich eilig nach Stockholm, zieht sich zivile Kleidung an und fährt nach Saltsjöbaden, um den Amerikaner Iver Olsen zu treffen. Die beiden Männer verstehen sich sofort. Und wie die meisten anderen ist Olsen sogleich überzeugt von Wallenbergs Eignung für den Auftrag. Er lädt deshalb Lauer und Johnson einige Tage später zu einem Abendessen mit Wallenberg nach Bellmansro ein. Auch der amerikanische Botschafter ist inzwischen auf Wallenberg neugierig geworden, nachdem er Salén von ihm hat erzählen hören:

»Ich möchte diesen mutigen jungen Mann mit eigenen Augen sehen, der sich bereit erklärt hat, freiwillig in die Höhle des Löwen nach Budapest zu fahren«, sagt Johnson zu Salén.

Es wird ein sehr intensives Treffen auf Bellmansro. Es dauert von sieben Uhr am Abend bis um fünf Uhr am Morgen und sein Ergebnis ist folgender Plan:[3]

- Wallenberg soll als schwedischer Attaché mit rein humanitärem Auftrag nach Budapest geschickt werden.

- Das amerikanische Außenministerium unterstützt seine Mission.
- Der Auftrag soll sich auf die Dauer von zwei bis drei Monaten erstrecken.

Weil der Plan vorsieht, daß Wallenberg schwedischer Attaché werden soll, ist man jetzt trotz allem gezwungen, sich an die schwedische Regierung zu wenden. Doch weder Lauer noch Wallenberg oder der World Jewish Congress tun diesen Schritt. Es sind die Amerikaner, mit ihrer ganzen Autorität und ihrem Prestige, die dem Außenministerium den schwedischen Rettungsplan vorlegen.

Im schwedischen Außenministerium ist man vollkommen unvorbereitet. Zwar hat Ivan Danielsson kürzlich um personelle Verstärkung in der Botschaft gebeten, gerade damit man sich stärker für die Juden einsetzen kann. Doch Raoul Wallenberg ist nicht nur jung. Er ist als Diplomat vollkommen unerfahren!

»Ein solcher Beschluß will sehr gut überlegt sein«, lautet die Antwort des Außenministeriums an die Amerikaner.[4]

Jetzt wird Raoul Wallenberg persönlich aktiv und führt die Verhandlungen. Er nimmt Kontakt mit dem Außenministerium auf und wird eingeladen, am 13. Juni vorzusprechen. Während mehrerer Tage versucht er die schwedische Regierung dazu zu überreden, ihn nicht nur fahren zu lassen, sondern ihm auch freie Hand zu lassen. Wallenberg will die Erlaubnis haben, Deutsche oder Ungarn zu bestechen, wann immer er es für erforderlich hält. Für das Außenministerium ist ein solcher Gedanke erschreckend. Man hat es doch bis jetzt geschafft, korrekte Beziehungen zu Deutschland aufrechtzuerhalten.

Wie er es bereits früher getan hat und bald auch in Ungarn unter Beweis stellen soll, demonstriert Wallenberg ein formidables Verhandlungsgeschick. Das Außenministerium gibt ihm am Ende, was er verlangt: einen Diplomatenpaß und freie Hand, das Recht, beim Reichsverweser Miklós Horthy um eine persönliche Audienz zu bitten, eine Liste mit Namen von Personen, die gute Beziehungen zu Deutschen wie Ungarn haben, und schließlich die Freiheit, zwischen Budapest und Stockholm hin und her zu fahren – ein Recht, von dem er nie Gebrauch machen sollte.

Es wird beschlossen, daß Raoul Wallenberg im Juli 1944 seinen Dienst als Botschaftssekretär an der schwedischen Botschaft in Budapest antritt. Bis dahin soll er sich vorbereiten.

In Budapest sitzt Rezsö Kasztner, völlig verzweifelt darüber, daß Joel Brand nicht zurückgekehrt ist. Er ist davon überzeugt, daß, wenn Brand nicht in kürzester Zeit nach Budapest zurückkommt, alles verloren ist. Die Züge nach Auschwitz gehen im Pendelverkehr, und bald ist die gesamte jüdische Bevölkerung Ungarns ermordet. Derselben Überzeugung ist Brand selbst, während er bei den Engländern in Kairo sitzt, ohne nach Palästina oder Ungarn reisen zu können.

Kasztner sieht ein, daß er auf eigene Faust etwas unternehmen muß, denn sonst ist es nur eine Frage der Zeit, wann er selbst, seine Familie und seine Freunde auf dem Weg nach Auschwitz sind. Sowohl er als auch Brands Ehefrau Hansi sind nach Brands Abreise von den Deutschen in Arrest genommen und Hansi sogar gefoltert worden. Zwar sind sie am Ende wieder freigelassen worden, ohne den Deutschen Informationen gegeben zu haben. Aber die Vorstellung, freiwillig mit Eichmann Kontakt aufzunehmen, ist für Kasztner nicht gerade angenehm. Nichtsdestoweniger ist dies genau das, was er tut. Und Eichmann empfängt ihn.

Kasztner erzählt dem Henker Ungarns, ein Bericht aus der Türkei deute an, daß die Alliierten den Vorschlag der Deutschen, Lastwagen gegen Menschen zu tauschen, im Prinzip akzeptiert hätten. Doch zuerst, meint Kasztner, müßten die Deutschen ihre guten Absichten unter Beweis stellen.[5] Eichmann scheint interessiert zuzuhören, so daß Kasztner fortfährt: Vielleicht sollten die Deutschen ihren guten Willen dadurch beweisen, daß sie eine Anzahl Juden aus Ungarn ausreisen lassen? Vielleicht könnten sie einen Zug voll Juden nach Palästina ausreisen lassen? Es ist ja immerhin ein Punkt, den man zuvor bereits diskutiert hat. Jetzt ist für die Deutschen der perfekte Zeitpunkt gekommen, wo sie der Welt beweisen können, daß sie es mit den Verhandlungen über das Leben der Juden ernst meinen.

Eichmann findet die Idee nicht uninteressant. Aber sein Interesse, sagt er, beruhe auf zwei Voraussetzungen. Zum ersten: Dies ist nicht gratis. Auch die Juden müssen ihre guten Absichten unter Beweis stellen und dafür bezahlen, daß sie reisen dürfen. Und zum zweiten: Eichmann kann den Zug nicht nach Palästina schicken, er muß an seine Beziehungen zum Mufti in Jerusalem denken. Aber vielleicht könnte der Zug nach Spanien oder in die Schweiz fahren?

Ja, erwidert Kasztner, das wäre durchaus akzeptabel. Aber wie viele würden in dem Zug Platz finden? Und was sollen die Fahrkarten kosten?

Eichmann verlangt anfänglich 200 Dollar pro Person. Dann erhöht er den Preis auf 500. Aber auch sein Kollege, Obersturmbannführer Kurt Becher, nimmt an den Verhandlungen teil. Und Becher, der sich inzwischen einen Namen gemacht hat als ein Mann, der gern über Geld diskutiert, schlägt 2000 pro Person vor. Kasztner handelt, und am Schluß einigen er und die Deutschen sich auf 1000 Dollar pro Person. Weil die Anzahl der Plätze auf knapp 1700 festgelegt wird, bedeutet diese Übereinkunft, daß die ungarischen Juden eineinhalb Millionen Dollar an die Vertreter der SS in Ungarn zahlen sollen. Dies ist im Jahr 1944 eine enorme Summe.

Wer aber darf mitfahren? Repräsentanten aller möglicher ungarisch-jüdischer Gemeinden, Orte, Auffassungen und Klassen werden ausgesucht. Unter ihnen befinden sich Kasztners Familie und eine Reihe seiner Freunde, was viele ihm im nachhinein zur Last legen werden. Nur einhundertfünfzig Personen haben selbst die Mittel, die »Fahrkarte« zu bezahlen, und diese müssen auch für den Hauptteil der Kosten für die übrigen gut eintausendfünfhundert aufkommen.

Am 20. Juni überreichen Brands Frau Hansi und ein anderer jüdischer Repräsentant drei Koffer voller Geld, Juwelen, Aktienbriefe und Uhren an Kurt Becher. Daß sie die Wertsachen ausgerechnet an Kurt Becher übergeben, ist sicher kein Zufall. Becher hat einen guten Riecher für Wertsachen.[6]

Am 30. Juni verläßt der Zug den Budapester Hauptbahnhof. Sein Ziel ist Lissabon. Aber er wird sein Ziel nicht erreichen. Jedenfalls nicht das Ziel, zu dem die Passagiere glauben unterwegs zu sein.

Ende Juni sind schon mehrere hunderttausend ungarische Juden in Auschwitz getötet worden, die meisten aus der ungarischen Provinz.[7] Die Budapester Juden sind gezwungen worden, ihre Wohnungen zu verlassen und in speziellen »Judenhäusern« zu wohnen, wo acht bis zehn Personen in jedem Raum leben; sie dürfen ihre »Wohnungen« außer in drei Stunden während der Tagesmitte nicht verlassen. Noch sind die Budapester Juden nicht abtransportiert worden, doch daß man sie hier zusammengetrieben hat, dient offenbar der Vorbereitung darauf. Am 24. Juni berichtet Ivan Danielsson dem Außenministerium und den alliierten Botschaftern in Stockholm: »Als Datum, bis zu dem Ungarn ganz ›entjudet‹ sein soll, wird mittlerweile der 15. Juli genannt«.[8]

Aber noch unternimmt, von wenigen jüdischen Aktivisten abgesehen, niemand den Versuch, dies zu verhindern.

Immer häufiger werden jetzt Forderungen laut, die Alliierten sollten die Gaskammern in Auschwitz und/oder die Eisenbahnverbindungen dorthin bombardieren. Speziell nach der Verbreitung der Auschwitzprotokolle herrscht kein Zweifel mehr daran, was dort vor sich geht. Die meisten sind sich außerdem darin einig, daß die beste Methode, die Vernichtungsmaschine der Nazis zum Stillstand zu bringen, darin besteht, daß man die Maschinerie selbst angreift. Die Effektivität des gut geölten Ausrottungsprogramms ist ja davon abhängig, daß alle technischen Details funktionieren.

Schon seit Dezember 1943 hat die amerikanische Luftwaffe von Süditalien aus operiert, und im Mai 1944 hat sie ihre volle Stärke erreicht und angefangen, die industriellen Komplexe des Feindes in Zentral- und Osteuropa zu bombardieren. Auschwitz und die Bahnlinien nach Auschwitz liegen definitiv in Reichweite. Die Alliierten machen sogar seit April 1944 detaillierte Luftaufnahmen von Auschwitz! Man kann auf diesen Fotos heute sogar sehen, wie sich Menschenschlangen zu den Gaskammern winden.[9]

Das amerikanische Kriegsministerium ist jedoch an Flügen über Auschwitz, die anderen als Aufklärungszwecken dienen, nicht interessiert. Ende Juli 1944 beantwortet es einen jüdischen Vorschlag, die Bahnlinien zu bombardieren, mit folgendem Schreiben:

> Das Ministerium ist der Auffassung, daß die vorgeschlagene Luftwaffenoperation undurchführbar ist, weil sie nur unter Abstellung eines wesentlichen Teils der Luftwaffenunterstützung möglich wäre, die notwendig ist, damit unsere in entscheidenden Operationen engagierten Streitkräfte erfolgreich sind.
> Das Kriegsministerium weiß die humanitäre Bedeutung der vorgeschlagenen Operation durchaus zu würdigen. Nach sorgfältiger Abwägung des Problems ist es jedoch der Auffassung, daß die effektivste Hilfe für die Opfer feindlicher Verfolgung durch einen raschen Sieg über die Deutschen erreicht wird, ein Unternehmen, für das wir sämtliche verfügbaren Mittel einsetzen müssen.[10]

Tatsächlich ist dieser Brief Ausdruck einer Politik, die die westalliierten Befehlshaber im Januar 1944 beschlossen haben: Keine militärischen Ressourcen dürfen für den Entsatz von Zivilpersonen eingesetzt werden![11] Jetzt waren also nicht nur Verhandlungen mit den Nazis über die Rettung von Juden verboten. Jetzt war jede aktive Arbeit dafür, sie zu entsetzen, kontraindiziert! Als Erklärung dafür wiederholten die Westalliierten immer weiter das gleiche Mantra. »Die Opfer des Nationalsozialismus können nur durch einen alliierten Sieg gerettet werden.«

Am 23. Juni 1944 erhält der World Jewish Congress in Stockholm ein verzweifeltes Telegramm von der Jewish Agency in Jerusalem. Der Absender, Itzchak Grünbaum, ist ein guter Freund von Gilel Storch. Das Telegramm lautet:

> Habe Informationen über verzweifelte Lage der ungarischen Juden erhalten. Zehntausende Juden bereits zur Liquidierung in Vernichtungslager nach Polen geschickt. Wenn es Ihnen möglich ist, bitten Sie Seine Majestät den König von Schweden, seinen persönlichen Einfluß bei der ungarischen Regierung geltend zu machen, um die Deportationen zu stoppen. Wir hoffen, daß die persönliche Intervention des Königs helfen kann. Telegraphieren Sie.
>
> *Itzchak Grünbaum*
> *Jewish Agency*[12]

Das Telegramm, das sich in den Archiven wiederfindet, ist an Marcus Ehrenpreis adressiert. Gilel Storch hat später behauptet, Grünbaum habe das Telegramm an ihn geschickt, aber er habe seinen Namen durchgestrichen, den des Rabbiners Ehrenpreis eingesetzt und es diesem überreicht, »denn Ehrenpreis war sehr ruhmsüchtig, und ich fürchtete, er könnte stören«.[13] Wieweit diese Behauptung wahr ist oder ein Zeichen für Storchs eigene Enttäuschung und eventuelle Ruhmsucht, ist schwer zu entscheiden.

Auf jeden Fall scheinen sowohl Ehrenpreis als auch Storch danach Kontakt mit Gösta Engzell aufgenommen zu haben. So beschreibt Storch es, und dies wird im großen und ganzen von Engzell bekräftigt.[14] Am 29. Juni leitet Ehrenpreis über die politische Abteilung des Außenministeriums Grünbaums Telegramm mit einem Begleitbrief dem Kabinettskammerherrn König Gustaf V.,

Generalmajor T. af Klercker, zu. Ehrenpreis bittet den Kabinettskammerherrn, dem König vom Inhalt des Telegramms Mitteilung zu machen und sich dafür einzusetzen, daß dieser zugunsten der ungarischen Juden interveniert. Als die politische Abteilung des Außenministeriums das Schreiben an af Klercker weiterleitet, fügt sie noch eine zweite Darstellung bei, nämlich eine der Juden in Ungarn selbst. Der jüdische Zentralausschuß in Budapest ist vom ungarischen Außenministerium dazu ausersehen worden, »bei der Durchführung der gegen die Juden gerichteten Maßnahmen behilflich zu sein«. Aber dort hat man sich statt dessen an die schwedische Botschaft in Budapest gewandt und die Schweden angefleht, zu intervenieren, um die Deportationen zu stoppen![15] Diese beiden Appelle an den schwedischen König sollen von großer Bedeutung sein. Einen Tag nach dem Empfang der beiden Schreiben unterzeichnet König Gustaf V. nämlich ein Telegramm an Ungarns Reichsverweser Miklós Horthy. Das Telegramm hat folgenden Wortlaut:

> Nachdem ich über die außerordentlich brutalen Methoden in Kenntnis gesetzt worden bin, die Ihre Regierung gegen Ungarns jüdische Bevölkerung benutzt, erlauben Sie mir, mich persönlich an Ihre Exzellenz zu wenden und im Namen der Humanität an Sie zu appellieren, zur Rettung der noch Lebenden dieses schwer getroffenen Volks einzugreifen.
> Dieser Appell ist durch meine alten Gefühle der Freundschaft zu Ihrem Land und durch meine Sorge um Ungarns guten Namen und Ruf unter den Nationen der Welt veranlaßt.
>
> *Gustaf R.*

Daß die Ersuchen des World Jewish Congress und des Zentralkomitees in Budapest für die Aktion des Königs ausschlaggebend waren, ist von Engzell bezeugt worden: »Es waren ja diese, die formal der Anlaß waren für das Telegramm des Königs an Horthy.«[16]

Am 3. Juli treffen Ivan Danielsson und Per Anger in der Residenz des Reichsverwesers Miklós Horthy ein. Ihnen ist sehr kurzfristig eine Audienz gewährt worden. Der Anlaß ist nämlich, daß sie ein sehr wichtiges Telegramm überreichen wollen. Absender des Telegramms ist der schwedische König Gustaf V. Und Admiral Horthy hat großen Respekt vor Schwedens König.

Als sie dem ungarischen Staatsoberhaupt von Angesicht zu Angesicht gegenüberstehen, fällt Ivan Danielsson als erstes auf, daß Horthy müde wirkt. Nein, nicht nur müde, sondern schwer bedrückt. Er lächelt zwar seinen schwedischen Besuchern liebenswürdig zu. Aber seine Augen sind traurig. Und das liegt nicht allein an den schwarzen Ringen um die Augen.

»Es ehrt mich sehr, daß der schwedische König sich in dieser Form an mich wendet«, sagt Horthy. »Ich werde ihm so schnell wie möglich antworten.« Dann bittet er seine beiden Gäste, Platz zu nehmen. Es wird dem Anschein nach ein längeres Gespräch werden.

»Wissen Sie, ich habe kürzlich einen ähnlichen Brief vom Heiligen Stuhl erhalten. Auch der Papst hat mich gebeten, zugunsten der Juden zu intervenieren.« Dann sieht er Danielsson beinah flehend an. »Ich kann nichts tun! Ich wünschte, ich könnte es, doch es liegt nicht in meiner Macht. Ungarn ist kein souveräner Staat mehr. Es sind die Deutschen, die diese schmutzige Arbeit ausführen!« Danielsson hat den Eindruck, daß der Reichsverweser eine Miene des Abscheus macht.

»Aber«, erwidert der Schwede vorsichtig, »mir ist zu Ohren gekommen, daß ungarische Behörden in gewissen Fällen härtere Maßnahmen gegen die Juden ergriffen haben als die Deutschen selbst.«

»Das ist nicht wahr!« fährt Horthy gekränkt auf. »Die Behauptungen, die ungarische Gendarmerie hätte sich Übergriffe gegen Juden zuschulden kommen lassen, sind unwahr. Die Integrität dieses Korps ist über jeden Zweifel erhaben. Um allen böswilligen Gerüchten ein Ende zu bereiten, habe ich sogar Order erteilt, daß die Gendarmerie sich zukünftig nicht mehr an Aktionen gegen die Juden beteiligen darf.«

»Aber Ihnen ist natürlich bekannt, daß die Juden deportiert werden, nicht wahr?« sagt Danielsson.

»Nun ja, das östliche Ungarn ist doch Kriegszone«, erwidert Horthy. »Und von dort sind sicherlich die meisten Juden deportiert worden. Zur Arbeit«, fügt er hinzu.

Danielsson hebt statt einer Antwort etwas verwundert die Augenbrauen, und Horthy fährt fort:

»Ich will die Deportationen in keiner Weise rechtfertigen, das verstehen Sie hoffentlich. Und vor allem will ich das Ausmaß, das sie erreicht haben, nicht verteidigen. Aber gleichzeitig muß ich sagen, daß ich verstehe, wenn die Behörden in Ostungarn die Juden abtransportieren, denn unter diesen gibt es zahlreiche kommunistische Elemente. Diese Menschen sind in den letzten Jahrzehnten eingewandert, sie haben also mit dem ungarischen Volk nicht viel gemein.« Horthy schweigt ein paar Sekunden, dann sagt er: »Mit den Juden in Budapest verhält es sich völlig anders.« Er blickt seine schwedischen Besucher an und sieht offenbar traurig aus. »Ich habe alles – alles – versucht, um ihnen ihr Los zu erleichtern.«

Horthy schaut weg, und jetzt scheint er fast zu sich selbst zu sprechen: »Ich will alles tun, was in meiner Macht steht, um Budapests Juden zu retten.«

Dann wendet er sich wieder Danielsson und Anger zu: »Bestellen Sie das dem schwedischen König.«[17]

An einem Abend in der ersten Juliwoche 1944 versammeln sich die führenden Mitglieder der Stockholmer Mosaischen Gemeinde in der großen Synagoge in der Wahrendorffsgata 3. Diese Synagoge, die 1870 eingeweiht wurde, ist zweifellos eines der schönsten Bauwerke in Stockholm. Der Architekt Fredrik Wilhelm Scholander beabsichtigte einer eigenen Aussage zufolge, ein Heiligtum »im altertümlichen östlichen Stil« zu errichten, ein Gebäude, daß sich einerseits in das Stockholmer Straßenbild einfügte und gleichzeitig an jenen anderen Tempel in Jerusalem erinnerte, an die Zeit vor dem Weg in die Diaspora. Diese Synagoge symbolisiert in höchstem Maße das schwedische Judentum vor dem Krieg und seine Position in der schwedischen Gesellschaft: Das Gebäude ist aufwendig, in großem Stil gehalten und zentral gelegen – zwischen Berzelii Park und Kungsträdgården –, aber dennoch ist es so bewußt verborgen, daß man es erst entdeckt, wenn man unmittelbar daneben steht.

An diesem Abend im Juli 1944 stehen ganz vorn in der Synagoge, unterhalb des Schranks mit den Thorarollen, ein junger Mann von zweiunddreißig und ein älterer Mann von fünfundsiebzig Jahren. Der junge Mann, Raoul Wallenberg, hat sich noch nie in diesem Heiligtum befunden. Für den älteren, Marcus Ehrenpreis, ist die Synagoge Zufluchtsort und Palast.

Rabbi Ehrenpreis hatte zwar große Bedenken gehabt angesichts des Plans, Wallenberg auf einen so komplizierten und heiklen Auftrag zu schicken wie den der Rettung von Juden in Budapest, doch im Verlauf der letzten Wochen hat auch er erkannt, über welche Fähigkeiten der junge Mann verfügt. Und als er jetzt vor ihm steht, hat er Tränen in den Augen.

»Ich möchte, daß Sie wissen«, sagt der alte Rabbiner, »daß im Talmud geschrieben steht, daß derjenige, der ausgesandt ist, um gute Taten zu tun, gegen das Böse geschützt ist.« Ehrenpreis sieht Wallenberg lange an. Dann umarmt er ihn, legt ihm die Hand auf die Schulter und liest den alten Segen in askenasischem Hebräisch:

Jivorechecha adonoj vejischmerecho.
Joer adonoj ponov ejlecho vichuneko.
Jiso adonoj ponov ejlecho vijosejm lecho shalom.
[Der Herr segne und behüte dich. Der Herr lasse sein Angesicht leuchten über dir und sei dir gnädig. Der Herr erhebe sein Angesicht auf dich und gebe dir Frieden]

»Sie haben Ihr Vertrauen in mich gesetzt«, entgegnet Raoul Wallenberg sehr gerührt. »Und Sie können sicher sein: Der Name Wallenberg soll für das stehen, was ehrenwert ist. Mit dieser Tradition als Leitstern gibt es keine Grenzen für das, was ich erreichen kann.«[18]

Am 6. Juli reist Raoul Wallenberg nach Budapest. Er hat zwei Rucksäcke, einen Schlafsack, einen Regenmantel und einen Revolver bei sich. Die Rucksäcke sind prall gefüllt mit Namenslisten und Anschriften ungarischer Juden, ungarischer Gewerkschaftler und ungarischer Antifaschisten. Bei Stockholms Enskilda Bank ist gleichzeitig ein geheimes Konto eröffnet worden. Auf dieses Konto sollen für Wallenberg einhundertzehntausend Kronen vom War Refugee Board und von Joint deponiert werden. Raoul Wallenberg reist über Berlin und soll am 9. Juli in Budapest ankommen. Er wird Schweden nie wiedersehen.

Doch bevor Wallenberg in Budapest anlangt, geschieht etwas Unerwartetes: Admiral Miklós Horthy erläßt plötzlich einen Befehl, der sämtliche Pläne der Nazis über den Haufen wirft. Horthy läßt mitteilen, daß ab sofort alle Deportationen von Juden eingestellt werden sollen.

Da Ungarn, wie zuvor Dänemark, nicht offiziell besetzt ist, sondern in gewissem Umfang noch seine staatliche Selbständigkeit genießt, kann Horthy, zumindest vorübergehend, einen solchen Beschluß fassen. Viele haben an ihn appelliert und ihm gedroht, er müsse die Deportationen stoppen. Aber wenige haben vielleicht im Ernst daran geglaubt, daß er es wagen würde, diesen Schritt zu tun. Das Telegramm von König Gustaf V. soll von sehr großer Bedeutung gewesen sein.

Es ist der 7. Juli. Einem Bericht der polnischen Widerstandsbewegung zufolge liegt an dem Eisenbahngleis vor der kleinen polnischen Stadt Oswiecim – auf Deutsch Auschwitz – eine 300 Meter lange, fünf Meter hohe und 200 Meter breite Halde von Koffern.[19]

Von Ungarns 800 000 Juden leben nur noch 250 000, hauptsächlich in Budapest wohnhafte. Ihre Frist soll nicht lange währen. Doch wie gesagt, bei der Rettung von Juden gibt es nur ein entscheidendes Ziel: Zeit zu gewinnen.

Einer, der sich als Meister in der Kunst, Zeit zu gewinnen, erweisen soll, ist der junge schwedische Geschäftsmann Raoul Wallenberg. Wie die jüdischen Aktivisten in Budapest und in Stockholm ist Wallenberg unkonventionell, vielleicht sogar unreif und definitiv ein Abenteurer. Aber genau das ist zu dieser Zeit und an diesem Ort nötig.

29

Hitler umgibt sich ständig mit Menschen, die ihm nahestehen und ihm lieb sind. Auch wenn die Liebe einseitig ist. Und die Nähe eine Illusion. Sein Zufluchtsort Berghof auf dem Obersalzberg ist praktisch zum Mittelpunkt eines kleinen Kollektivs geworden. Eines kleinen, nationalsozialistischen Familienkollektivs. Adolf Hitler mag nicht allein sein.

Er hat lange auf dem Obersalzberg gewohnt, schon lange bevor er der Führer wurde. Anfangs nannte er sich »Herr Wolf« und wohnte in einer kleinen Hütte oben auf dem Berg. Die Hütte ist größer geworden, aber seine Gewohnheiten sind die gleichen geblieben. Jeden Tag, den er auf dem Obersalzberg verbringt, macht Adolf Hitler den gleichen Spaziergang, zur gleichen Zeit. Oft klopft er bei den Nachbarn an, der Familie Bormann. Oder der Familie Göring. Oder der Familie Speer. Trinkt eine Tasse Kakao. Spielt ein bißchen mit den Kindern, streichelt jemandem die Wange. Abends, nach den Abendkonferenzen, sammelt man sich häufig zu Filmvorführungen und einigen Stunden um das Feuer im Salon des Berghofs.

Maria von Below, die Ehefrau eines der Adjutanten von Hitler, hat der Autorin Gitta Sereny über das Leben auf dem Obersalzberg erzählt:

»Er war wirklich ein guter Gesprächspartner … sehr herzlich, sehr persönlich. Es stimmt natürlich – allerdings fiel mir das erst später auf –, daß diese persönlichen Gespräche mit uns alle sehr ähnlich waren.« Später, das war, als die grenzenlose Liebe abgenommen hatte. Doch damals, in den vierziger Jahren, waren sie nur glücklich darüber, in Hitlers Nähe sein zu dürfen:

»Wir waren völlig aufeinander angewiesen, gesellschaftlich wie emotional … Man war immer eine Gemeinschaft: Hitlers Köchin kochte, seine Hausangestellten kümmerten sich um die Kleider, die Flickarbeiten – man lebte dort, und wie in vielen Familien war man nie wirklich für sich, außer im Schlafzimmer.« Dieser Mangel an Privatheit schien niemanden zu stören. Nicht einmal die sonst häufig so sozial und emotional gehemmten und pedantisch korrekten Mitglieder in Hitlers Regierung. Wie er dem deutschen Volk eine Illusion von Gemeinschaft bot, so bot er auch seinen engsten Mitarbeitern (und vielleicht sogar sich selbst) die gleiche Illusion. Hitler machte wohl eigentlich keinen Unterschied zwischen seinen Mitarbeitern und dem Volk. Sie waren ohne jedes eigene Blut und ohne jeden eigenen Wert. Sie waren alle eine enorme Erweiterung des Adolf Hitlerschen Egos.

»Wir waren alle so froh, zusammen zu sein«, sagt Maria von Below.[1]

Daß Hitler seine Mitarbeiter so eng um sich geschart hat, ist natürlich nicht nur durch seine Schwierigkeiten damit, allein zu sein, veranlaßt. Hitler vertraut in hohem Maße seiner emotionalen Macht, und damit Kontrolle, über die Mitarbeiter. Diese Kontrolle ist für ihn lebensnotwendig. Für Adolf Hitler sind vielleicht die Parkbank und die Wertlosigkeit immer in Reichweite.

Dennoch weiß Adolf Hitler, daß er nie ganz gegen Hinterhalte geschützt ist. Er weiß vielleicht, wo er die Nazis hat. Aber mit der deutschen Armee ist es etwas anderes. Die zumeist aristokratischen und konservativen Generale teilen seine ideologischen und emotionalen Voraussetzungen nicht auf die gleiche Weise – nur seinen Willen, Deutschland wieder aufzurichten und zu expandieren. Und seit über einem Jahr expandiert Deutschland nicht mehr.

Der Berghof mag Hitlers Festung sein. Aber es ist eine verräterische Festung. Denn während er lange Wochen der Isolation in den Bergen verbringt, plant eine Gruppe Wehrmachtsoffiziere den Versuch, in die Geschichte Deutschlands einzugreifen.

30

Graf Claus Schenk von Stauffenberg war eine glänzende Karriere vorausgesagt worden. Er entstammte einem süddeutschen Adelsgeschlecht mit langer militärischer Tradition. Er sah gut aus, war brillant und außerordentlich dynamisch. Als Stauffenberg 1926 im Alter von neunzehn Jahren in die deutsche Wehrmacht eintrat, waren die meisten in seiner Umgebung davon überzeugt, daß er es weit bringen werde.

Stauffenbergs Problem war, daß er seine Karriere zum falschen Zeitpunkt in der deutschen Geschichte begann. Er zeichnete sich zwar am Beginn des Zweiten Weltkriegs aus, als er als Offizier einer Panzerdivision an den Feldzügen in Polen und Nordfrankreich teilnahm. Und es gab keinen Grund zu bezweifeln, daß Stauffenberg, wie die meisten deutschen Militärs, von dem neuen Deutschland unter Hitler begeistert war. Aber der Zeitpunkt kam, als für den jungen Offizier etwas nicht mehr stimmte.

Er war bei Beginn des »Unternehmens Barbarossa« an die Front in der Sowjetunion versetzt worden. Dort wurde er Zeuge, wie brutal die Deutschen, und besonders die SS-Männer, die slawische und jüdische Bevölkerung behandelten. Dies Verhalten vertrug sich nicht mit Stauffenbergs stolzer militärischer Erziehung. Es störte ihn sogar zutiefst. Und er löste sein Dilemma, indem er sich versetzen ließ – nach Nordafrika.

Im April 1943 wird Stauffenberg durch eine Mine schwer verwundet. Er verliert sein rechtes Auge, seine rechte Hand und zwei Finger der linken Hand und wird nach Deutschland gebracht. Während er als Rekonvaleszent im Krankenhaus liegt, hat er ausgiebig Gelegenheit, über sein Schicksal und das Schicksal Deutschlands nachzugrübeln. Und er kommt zu dem Schluß, daß er Adolf Hitler beseitigen muß.

Edgar Klaus ist ein Überlebender. Aber im Moment hat er es nicht leicht. Hitler hat seinen Chef, Admiral Canaris, entlassen, und die Abwehr, der Nachrichtendienst der deutschen Wehrmacht, ist im Prinzip aufgelöst worden und im nationalsozialistischen Sicherheitsdienst (SD) aufgegangen. Klaus hat also nicht mehr die deutsche Wehrmacht als Arbeitgeber, sondern die Nationalsozialistische Partei, genauer gesagt, Reichsführer Heinrich Himmler.

Der Anlaß für die Umbildung ist komplex, aber im Kern einfach: Hitler hat erkannt, daß die Wehrmacht um so wahrscheinlicher nach hinten austritt, je schlechter es im Krieg für Deutschland aussieht – vielleicht versucht sie, hinter seinem Rücken Friedensverhandlungen zu führen, vielleicht versucht sie sogar, ihn zu stürzen! Aber auf die Partei, und ganz besonders auf den »treuen Heini« kann Hitler sich immer verlassen.

Das Jahr 1944 hat also für Edgar Klaus nicht gut angefangen. Kurze Zeit nachdem Hitler im Februar die Abwehr aufgelöst hatte, wurde Klaus in die deutsche Botschaft in Stockholm bestellt und dort davon in Kenntnis gesetzt, daß seine Dienste nicht länger benötigt würden. Eigener Aussage nach war Klaus »verzweifelt«.[1]

Aber in Edgar Klaus' Fall ist »entlassen« nicht gleichbedeutend mit »arbeitslos«. Seine Dienste werden bald gefragter sein denn je (obwohl die schwedische Sozialverwaltung noch immer alles tut, um ihn ausweisen zu lassen!).

Im Sommer 1944 bekommt Klaus Besuch. Möglicherweise zwei verschiedene Besuche. Von zwei verschiedenen Deutschen, doch mit teilweise gleichem Vorsatz.

Adam von Trott zu Solz ist früher schon in Stockholm gewesen. Dreimal, um genau zu sein. Offiziell ist der charmante und weltgewandte junge Mann stets als Vertreter des deutschen Auswärtigen Amts gekommen. Inoffiziell ist er stets als Vertreter der deutschen Widerstandsbewegung gekommen. Sein Auftrag: bei den Alliierten, vor allem den Engländern, das Terrain zu sondieren und ihre Bereitschaft zu testen, mit einem eventuellen neuen deutschen Regime Friedensgespräche zu führen. Vielleicht sogar es militärisch zu unterstützen.[2] Aber diesmal ist sein Besuch besonders wichtig. Ja, sogar entscheidend. Trott zu Solz kommt nämlich, um das Terrain vor einem unmittelbar bevorstehenden Putsch in Deutschland zu sondieren. Er ist von Claus von Stauffenberg ausgesandt worden, dem neuen Kopf der deutschen Widerstandsbewegung.

Um seinen Auftrag durchzuführen, sucht Trott zu Solz in Stockholm eine Reihe von Personen auf, von denen er hofft, daß sie ihm Kontakte vermitteln können. Unter diesen befindet sich der Amerikafreund Gunnar Myrdal, der junge Diplomat Sverker Åström (kürzlich von seinem Posten an der schwedischen Botschaft in der Sowjetunion zurückgekehrt) und der deutsche Exilant Willy Brandt. Unter ihnen befindet sich eventuell auch Edgar Klaus.

Der zweite Schwedenbesucher ist ein alter Bekannter von Klaus: der SS-Mann, Osteuropaexperte und neuernannte Ministerialdirigent beim Auswärtigen Amt, Peter Kleist. Kleist ist so etwas wie Außenminister Ribbentrops heimlicher »Friedensmakler« in Richtung Osten geworden. Als er Edgar Klaus zum ersten Mal traf – auf Solsidan, eineinhalb Jahre zuvor –, war es jedoch auf Initiative von Canaris geschehen. Canaris wollte Hitler dazu bringen, in Friedensgespräche mit den Russen einzutreten, und es war ebenfalls Canaris, der die

Kette Klaus-Kleist-Ribbentrop-Hitler schuf, um zu versuchen, die notwendigen Kontakte herzustellen. Doch danach hat Ribbentrop selbst die Initiative übernommen. Kleist hat Stockholm seitdem schon verschiedene Male besucht – jedesmal um durch Vermittlung von Klaus zu versuchen, Kontakte zwischen Deutschland und dem Feind Sowjetunion zu etablieren. Ihr Problem ist: Jedesmal hat Adolf Hitler mittels eines Wutausbruchs alle Kontaktversuche unterbunden.

Eins ist klar, auch diesmal ist Peter Kleist gekommen, um einen Dialog mit den Russen zustande zu bringen. Unklar dagegen ist: Wer ist diesmal sein Auftraggeber?

Am Freitag, dem 23. Juni 1944, um 9.42 Uhr ruft Edgar Klaus dem schwedischen Sicherheitsdienst zufolge zum ersten Mal überhaupt (!) die russische Botschaft in Stockholm an. Früher scheint er sich in Briefen mitgeteilt zu haben – häufig anonymen Briefen! Das Gespräch, das also abgehört wird, findet in russischer Sprache statt:

Klaus: Guten Tag, ich möchte gern wissen, ob die Botschaft morgen geöffnet ist.

Angestellter: Nein, an Samstagen ist die Botschaft nicht geöffnet.

Klaus: Heißt das, daß man nicht mit Semjonov sprechen kann? Wird er morgen da sein?

Angestellter: Mit wem spreche ich?

Klaus: Zelin [soll vermutlich, wie unten, Zmeïn heißen. A.d.Verf.]

Angestellter: (entfernt sich für einen Moment, kommt dann zurück) Semjonov pflegt samstags hier zu sein, aber man muß einen genauen Termin absprechen.

Klaus: Aber am Montag haben Sie offizielle Öffnungszeiten?

Angestellter: Ja, zwischen 11 und 13 Uhr.

Klaus: Würden Sie bitte Zmeïn anmelden?[3]

Obwohl Klaus sich für Montag angemeldet hat, ruft er sowohl am Samstag als auch am Sonntag an und fragt nach Botschaftsrat Semjonov. Beide Male bekommt er zur Antwort, Semjonov sei nicht im Hause, aber er solle um elf Uhr am Montag wieder anrufen.

Um fünf nach elf am Montag ruft Klaus an:

Klaus: Hier ist Zmeïn. Können Sie den Genossen Semjonov fragen, wann ich ihn treffen kann?
Angestellter: Könnten Sie nicht eventuell mit jemand anderem sprechen?
Klaus: Nein, es handelt sich nur um eine kleine private Angelegenheit, die ich mit ihm besprechen muß.
Angestellter: Kommen Sie zur Botschaft. Er ist jetzt hier.
Klaus: Ist das in der Villagatan?
Angestellter: Ja.
Klaus: Ich bin in fünfzehn bis zwanzig Minuten da.

Genau eine Viertelstunde später, der schwedischen Polizei und dem amerikanischen Nachrichtendienst zufolge, ist Klaus in der Botschaft. Er bleibt zehn Minuten und überreicht offenbar eine Anzahl von Dokumenten. Der schwedischen Polizei erklärt Klaus später, er habe bei dieser Gelegenheit einen sowjetischen Paß beantragt.[4] Dies ist in Anbetracht dessen, was ein paar Tage später geschieht, eher unwahrscheinlich.

Am Abend des 28. Juni erfährt die schwedische Polizei »aus zuverlässiger Quelle«, daß in einer Villa in Lidingö ein wichtiges Treffen stattgefunden habe. In der Villa, die von dem sowjetischen Botschaftsrat Semjonov bewohnt wird, hielten sich zur gleichen Zeit der Botschaftsrat selbst, der sowjetische Militärattaché Nikitusjev und der deutsche Staatsangehörige Dr. Bruno Peter Kleist auf. Der amerikanische Nachrichtendienst bekräftigt dies. Er erwähnt außerdem, daß Edgar Klaus und Japans Gesandter in Stockholm anwesend gewesen sein sollen.[5] Das Treffen dauert eineinhalb Stunden, woraufhin zumindest Kleist das Haus verläßt.

Dies ist das einzige Treffen zwischen deutschen und sowjetischen politischen Vertretern, das mit Sicherheit stattgefunden hat, seitdem 1941 der Pakt zwischen den beiden Ländern gebrochen wurde. So weit man weiß, folgten diesem Treffen keine weiteren und ganz offenbar keine Annäherungen der beiden Länder oder ihrer Repräsentanten.

Peter Kleist war am Ende zu den Repräsentanten der Sowjetunion vorgedrungen. Aber er war zu spät gekommen. Wenn es denn überhaupt je einen Zeitpunkt gegeben hatte, der für einen von der Regierung Nazi-Deutschlands Entsandten nicht »zu spät« war. Denn Peter Kleist repräsentierte wohl die Regierung Nazi-Deutschlands?

Kleists eigenen Aussagen nach Kriegsende zufolge war er zu diesem Zeitpunkt Mitglied einer »Friedensgruppe« im Auswärtigen Amt, zu der auch Trott zu Solz gehörte.[6] Mit anderen Worten, ihre Aktivitäten in Stockholm hätten in gewisser Weise koordiniert sein sollen.

Es gibt jedoch Grund zum Zweifel an Kleists Angaben: Wenn dieser SS-Mann Mitglied einer Widerstandsbewegung war, dann ist es ihm gelungen, dies bis zum Kriegsende vor der nationalsozialistischen Führung geheimzuhalten. Ein Kriegsende im übrigen, das ihn, wie andere Nazis, in die unangenehme Lage brachte, ihr Handeln erklären zu müssen. Und wie wir sehen werden, trifft Kleist wesentliche Vorkehrungen, um bei einer eventuellen deutschen Niederlage in möglichst gutem Licht dazustehen.

Doch wie ergeht es nun in Stockholm dem Mann, der ganz sicher die deutsche Widerstandsbewegung repräsentiert, Adam Trott zu Solz? Wen trifft er in der schwedischen Hauptstadt? Und wie erledigt er den ihm von Stauffenberg mitgegebenen Auftrag?

Trott zu Solz kommt zwar mit einem britischen Vertreter zusammen, nämlich dem Diplomaten und Nachrichtendienstler David McEwan. Und er trifft auch den amerikanischen Journalisten und OCC-Agenten John Scott, der dem Botschafter Herschel Johnson Bericht erstattet, der seinerseits dem State Department in Washington berichtet. Möglicherweise, wenngleich dies weniger wahrscheinlich ist, trifft Trott zu Solz auch sowjetische Vertreter. Aber aus der Dokumentation geht mit aller wünschenswerten Deutlichkeit hervor, daß Adam Trott zu Solz von keinem der Alliierten irgendwelche Zusagen bekommen hat, als er nach Hause zurückkehrt.[7]

Die Absprache der Alliierten, unter keinen Umständen mit Deutschland zu verhandeln und die »bedingungslose Kapitulation« zu fordern, begreift nämlich auch die deutsche Widerstandsbewegung gegen Hitler mit ein. Die Widerstandsbewegung scheint also vor ihrem bevorstehenden Putsch auf sich allein gestellt zu sein.

Diese Absprache der Alliierten wird, in all ihrer Logik, den Kräften entgegenwirken, die versuchen, alternative Weg zu finden, um Hitlers Pläne zu vereiteln. Seine Pläne für den totalen Krieg; seine Pläne für die totale Vernichtung der Juden; seine Einstellung, daß ein Deutschland, das seiner eigenen Führerschaft beraubt ist, ein Deutschland ohne Existenzberechtigung sei.

Die Haltung der Alliierten macht den jüdischen Aktivisten das Leben schwer. Und auch dem deutschen Widerstand gegen Hitler.

Als Adam von Trott zu Solz nach Berlin zurückkehrt, ist es nicht einmal mehr ein Monat, bis Claus Schenk von Stauffenberg seine Pläne ins Werk setzen wird.

Ministerialdirigent Kleist bleibt jedoch in Stockholm. Er hat noch weitere Punkte auf seiner schwedischen Agenda.

31

Beim Ausbruch des Zweiten Weltkriegs bestand fast 1 Prozent der Bevölkerung Estlands aus sogenannten Estlandschweden. Diese schwedischsprachige Bevölkerung hatte seit der »Schwedenzeit« (1561-1710) und in gewissen Fällen seit dem Mittelalter im Lande gelebt, hauptsächlich an der nordwestlichen Küste und auf den Inseln. Auf manchen Inseln, wie Dagö, Runö und Ormsö, stellte die schwedischsprachige Bevölkerung die Mehrheit.

Schon vor der deutschen Invasion des Baltikums, während der sowjetischen Besetzung, begann die schwedische Regierung sich dafür zu interessieren, die Estlandschweden nach Schweden herüberzuholen. Die Verhandlungen wurden 1943 intensiviert, als ersichtlich war, daß der Krieg eine Wendung genommen hatte und das Baltikum vermutlich aufs neue unter sowjetische Herrschaft geraten würde.[1] Die Person auf deutscher Seite, mit der die Schweden, unter ihnen der zweite Vorsitzende des Schwedischen Roten Kreuzes, Folke Bernadotte, hauptsächlich verhandelten, war der Osteuropaexperte des Auswärtigen Amts, der spätere Ministerialdirigent Peter Kleist. Tatsächlich waren diese Verhandlungen der für die Schweden offizielle Anlaß für Kleists zahlreiche Besuche in Schweden.

Insgesamt schaffen es am Ende 6500 Estlandschweden, nahezu die gesamte estlandschwedische Bevölkerung, während des Krieges nach Schweden zu kommen – zum großen Teil dank Kleists geschicktem Manövrieren innerhalb der deutschen Hierarchie.[2]

Schwedische Behörden erweisen sich Kleist gegenüber ungeheuer dankbar, was vermutlich teilweise Kleists Absicht entsprach.[3] Und es gibt noch andere, denen die Fähigkeiten des Ministerialdirigenten, Dinge zu bewegen, imponiert hat.

Die erste Begegnung zwischen Peter Kleist und dem lettisch-jüdischen Flüchtling Gilel Storch findet Storch zufolge am 3. Juni 1944 statt. Kleist ist anderer Ansicht. Er erklärt, ihr erstes Treffen habe erst im September stattgefunden. Anderen Berichten nach zu urteilen ist Storchs Datum das korrekte.[4]

Zusammengeführt hat sie der unermüdliche Edgar Klaus. Und ihre Begegnung findet allem Anschein nach im Hause einer Frau Fahlstedt auf Strandvägen statt.[5]

Das Treffen zwischen Peter Kleist und Gilel Storch war lange geplant worden. Ein paar Monate früher hatte Kleist von Edgar Klaus einen Zettel bekommen. Auf diesem Zettel stand ein Dutzend jüdischer Namen. Die fraglichen Personen sollten sich dem Zettel zufolge in einem Lager in Schlesien befinden. Klaus bat Kleist, in Erfahrung zu bringen, wie es um diese Individuen bestellt war. Nach seiner Rückkehr nach Deutschland leitete Kleist, wie er selbst angibt, den Zettel an einen Mann weiter, der es wissen mußte – Reinhard Heydrichs Nachfolger als Chef des Reichssicherheitshauptamtes und der Ausrottungsaktionen, Ernst Kaltenbrunner. Kleist erhielt keine Antwort.

»Es wundert mich gar nicht, daß Sie die Personen auf meiner Liste nicht haben finden können, weil die meisten davon nämlich gar nicht existieren.« Peter Kleist findet, daß Storch sehr zufrieden aussieht, beinahe schadenfroh, als er ihm eröffnet, daß der Zettel mit den Namen ein Bluff gewesen ist. Der Deutsche ist zunächst nur verblüfft. Dann wird er zornig.

»Wie können Sie sich unterstehen, mit mir ein Spiel in einer Sache zu treiben, die für mich böseste Folgen haben könnte! Begreifen Sie nicht, was Sie da getan haben!?« Storch beruhigt den Deutschen damit, daß er keineswegs versucht, ein Spiel mit ihm zu treiben, sondern daß er sich nur vergewissern wolle, ob er sich auf Kleist verlassen könne.

»Ich habe schon sehr sonderbare Dinge mit Leuten erlebt, die mir vorgespielt haben, sie wollten mir helfen, meine Verwandten zu retten. Herr Kleist, ich will mit Ihnen über ein großes Projekt sprechen. Ein sehr großes Projekt. Und ich mußte Ihre Verläßlichkeit auf die Probe stellen.«[6]

Storch hat beobachtet, daß, obwohl Tausende baltischer Flüchtlinge seit der deutschen Besetzung in Schweden aufgenommen worden sind, kein einziger von ihnen Jude war. Deshalb, sagt er, wendet er sich jetzt an Kleist. Er hat nämlich von Herrn Kleists großartigen Erfolgen bei der Rettung der Estlandschweden gehört. Könnte Herr Kleist vielleicht auch bei der Rettung baltischer Juden behilflich sein, von denen einige tausend, wie man glaubt, noch leben? Kleist zufolge nennt Storch auch die Möglichkeiten, tschechische, holländische und belgische Juden zu retten, die sich im Baltikum befinden – dreihundert tschechische Juden in einem Lager in Tallinn, und viertausend holländische und belgische Juden in einem Lager in Kretinga in Litauen.

Kleist gibt, eigenen Angaben zufolge, dem »kleinen Herrn Storch« eine eindeutige und ablehnende Antwort: Er habe zwar durch Zufälligkeiten begünstigt den Estlandschweden und Ingermanländern helfen können. Aber auf die jüdische Frage sei ihm kein Einfluß möglich.

Laut Kleist kommt jetzt die Frage des Geldes auf, und er stellt es so dar, als lenke Storch das Gespräch in diese Richtung. Als Summe wird eine halbe Million Dollar genannt. Kleists Reaktion auf dieses »›Geschäftsangebot‹ [ist] hellste Empörung«:

»Ich kann und will mich nicht zu diesem ›Geschäft‹ hingeben, weil es mir widerlich und schmutzig erscheint.« Darauf soll Storch geantwortet haben, ein solches Geschäft sei bereits über die Schweiz geplant. »Es handelt sich nicht um ein Geschäft, sondern ganz einfach um die Rettung von Menschenleben.«[7]

Daß sich Storch, wie Kleist es darstellt, gezwungen fühlt, sich vor dem rechtschaffenen und unbestechlichen Deutschen zu entschuldigen, darf man wohl mit einem Körnchen Salz verstehen. Denn Kleist beschreibt nach dem Krieg sein Handeln in seiner Eigenschaft als ehemaliger SS-Mann und hoher Repräsentant des Naziregimes. Und er tut es gleichzeitig damit, daß er in Schweden um Asyl bittet.[8] Daß vermutlich Kleist selbst eine Geldtransaktion vorschlägt, geht auch aus einem Bericht von Adler-Rudel hervor, der auf Storchs Bitte bei einem späteren Treffen mit Kleist anwesend ist:

»Während unserer Diskussion«, schreibt Adler-Rudel, »machte Kleist klar, daß es die Erfolgschancen erhöhen würde, wenn er im Austausch gegen eine gewisse Anzahl Juden aus Konzentrationslagern Berlin eine Kompensation von einer Million Dollar anbieten könne.«[9]

Daß ein Vorschlag formuliert und von beiden Seiten akzeptiert wird, ist offenkundig. Eine gute Woche nach dem ersten Treffen zwischen Storch und Kleist wird nämlich Iver C. Olsen hinzugezogen, der Repräsentant des War Refugee Board in Stockholm. Es ist Storch, der Kontakt zu dem Amerikaner aufnimmt, und er tut es zum gleichen Zeitpunkt, als sie beide die Entsendung Raoul Wallenbergs nach Ungarn vorbereiten. Sie arbeiten also schon zusammen.

Storch hat gute Gründe, in dieser Angelegenheit gerade Iver Olsen aufzusuchen. Er weiß nämlich, daß dieser schon seit längerem frustriert darüber ist, daß es ihm nicht gelingt, baltische Juden zu entsetzen, eine Gruppe, die in seinen Tätigkeitsbereich in Nordeuropa fällt.[10] Olsen hat einen illegalen Bootsverkehr zwischen Lettland und Schweden finanziert, und mindestens 1200 Letten sind herübergekommen, aber bisher ist es ihm nicht gelungen, Juden zu retten. Storchs Besuch ist also für Olsen wie ein willkommener Brief in der Post – auch wenn der Inhalt nicht genauso willkommen ist. Olsen hat ja seine Instruktionen: Er darf mit Deutschen, aber nicht mit Naziführern, über Juden sprechen. Und er darf keinerlei Lösegeld für sie bezahlen.

Es geht um Geld. Das macht Storch dem Amerikaner unmittelbar klar. Viel Geld. Aber es ist nicht beabsichtigt, daß der War Refugee Board oder die amerikanische Regierung selbst den Geldbeutel aufschnüren sollen. Daß Storch Olsen in dieser Frage überhaupt kontaktiert, beruht vermutlich auf dem Umstand, daß die amerikanische Regierung es ablehnt, jüdische Hilfsorganisationen in den USA Geld direkt an ihre Vertreter in Schweden schicken zu lassen. Statt dessen muß das Geld über den War Refugee Board gehen, was Storch zur Weißglut treibt und ihn von Olsen abhängig macht.[11]

Olsen ist an diesem Tag jedoch ganz und gar nicht uninteressiert an dem Vorschlag, den Storch ihm unterbreitet. Im Gegenteil. Am 12. Juni schickt er einen Brief an seinen Chef in den USA, John Pehle:

> Ich arbeite mit Storch an einer alternativen Lettland-Idee, einer Idee, die ziemlich phantastisch ist und die Rettung einer Gruppe von Juden aus lettischen Ghettos mit Hilfe von Methoden beinhaltet, die nicht das Leben anderer in Gefahr bringen ... Die Idee hat Potential, und der Vorschlag ist »Bezahlung bei Lieferung.«[12]

Daß Olsen zwischen »Lösegeld« und »Bezahlung bei Lieferung« unterscheidet und das erste ablehnt, sich aber vorstellen kann, das zweite zu akzeptieren, bedeutet eine entscheidende Abweichung von seinen früheren Instruktionen. Bei Lieferung zu bezahlen ist also nicht ganz unmöglich, solange das Geschäft nicht die deutsche Kriegsmaschine unterstützt oder die Naziführung involviert. Offenbar hat Olsen auch noch nicht erkannt, wie hoch Kleist in der Nazi-Hierarchie steht ...

Und wie hat Kleist sich dazu gestellt, mit dem Amerikaner Olsen zu verhandeln? Hier gehen die Versionen wieder auseinander. Peter Kleist gibt ja an, »hellste Empörung« bei dem Gedanken an das »Geschäft« empfunden zu haben. Doch ist er deshalb, wie er Storch gegenüber erklärt, nicht uninteressiert, darüber zu diskutieren. Aber dabei muß es um größere Dinge gehen. Sehr viel größere Dinge. Es muß im Grunde darum gehen, daß Präsident Roosevelt damit aufhört, Europa zu ›vernichten‹!

Wenn die »Erhaltung des Judentums gegen die Erhaltung Europas ausgehandelt werden kann«, sagt Kleist, sei er interessiert.[13]

Mit anderen Worten: Wir hören auf, die Juden zu ermorden, wenn Sie aufhören, uns zu bombardieren!

Nach Kleists Darstellung beißt Storch sogleich an. Jetzt erzählt Storch, laut Kleist, zum ersten Mal von Iver Olsen.

»Wer ist Iver Olsen?« will Kleist wissen.

»Iver Olsen ist ein amerikanischer Diplomat in Stockholm. Er hat einen direkten Draht zu Präsident Roosevelt.« Storch sieht Kleist vielsagend an. »Ich bin davon überzeugt, daß er willens ist, mit Ihnen zu diskutieren.«

Nur ein, zwei Tage später kommt Storch wieder zu Kleist. Er hat, so Kleist, folgenden Bescheid:

> Olson *[sic! A.d.Ü.]* erklärt: nach amerikanischen Angaben befinden sich zur Zeit rund 1,5 Millionen Juden in deutscher Hand. Der Präsident ist bereit, für das Leben dieser Menschen mit Politik zu zahlen.[14]

Wer hier lügt, ist unklar. Aber einer tut es. Olsen, und vor allem Präsident Roosevelt, würden nie dazu bereit sein, einen politischen Preis zu zahlen, um Juden zu retten.

Kleist ist, wie er andeutet, von Storchs Bescheid völlig überrascht (obwohl er doch selbst den Vorschlag gemacht hat!):

»Wieder war das private Abenteuer umgeschlagen in eine hochpolitische Aktion, aus der ich nicht mehr kalten Blutes aussteigen konnte. Wohin sollte ich diesmal mit meiner Beichte gehen, ohne die Sache zu gefährden und ohne den Kopf direkt in die Schlinge zu stecken?»

Peter Kleist entschließt sich, mit Graf Folke Bernadotte über diese Sache zu reden, einem der Männer, mit denen er über die Estlandschweden verhandelt hatte, um von ihm seine sowie Schwedens Meinung zu einer solchen Aktion einzuholen:

»Ich sprach mit Graf Folke Bernadotte über diese Sache. Er machte ein ungläubiges Gesicht und ging nicht näher darauf ein. Dagegen sei er befugt, mir zu erklären, daß Schweden estnische Flüchtlinge aufnehmen würde, falls sie um Asyl ersuchen würden.«[15]

Iver Olsen und Peter Kleist haben also ganz unterschiedliche Versionen davon, was bisher geschehen ist. Vielleicht liegt das daran, daß sie sich noch nicht begegnet sind. Sie haben ja tatsächlich nur über Gilel Storch kommuniziert. Doch zwei Wochen später sollen sie sich zum ersten Mal treffen, ein Repräsentant der Regierung der USA und ein Repräsentant Nazi-Deutschlands.

Peter Kleist kommt nicht allein. In seiner Begleitung sind Edgar Klaus und Werner Boening, Klaus' früherer Kontaktmann bei der deutschen Botschaft. Offenbar ist Iver Olsen immer noch nicht richtig klar, wer die Männer sind, mit denen er spricht, oder eher, wen sie repräsentieren.

Als Storch mit Kleist in die Diskussionen eintrat, hatten sie laut Storchs Aussage die Rettung von fast 20 000 Juden diskutiert.[16] Als das Treffen mit Olsen stattfindet, ist die Zahl auf 2000 geschrumpft, sämtlich in Lettland. Und Herr Kleist zeigt sich plötzlich ganz und gar nicht mehr uninteressiert am »Geschäft«. Der Preis der Deutschen dafür, die Juden nach Schweden zu bringen, beträgt dem amerikanischen Bericht zufolge zwei Millionen amerikanische Dollar – eintausend Dollar pro Jude. Das Geld soll bei Sveriges Riksbank deponiert werden, bis sämtliche Juden in Schweden angekommen sind.[17]

Olsen war zunächst begeistert auf Storchs Vorschlag eingegangen. Doch nach diesem ersten Treffen mit den Deutschen beginnt er die Ohren anzulegen. Besonders nachdem er mit dem amerikanischen Gesandten Herschel Johnson gesprochen hat. Es beginnt nach etwas zu riechen, von dem Olsen sich fernhalten sollte …

Kleist, Klaus und Boening kennen die Zögerlichkeit der Amerikaner. Und weil sie sehr daran interessiert sind, daß es zu einem Handel kommt, sind sie bereit, den Preis zu senken – auf zwei Millionen Kronen statt zwei Millionen Dollar … Doch dafür nennen sie weitere Spezifikationen und Forderungen: Olsen und seine Organisation sollen dafür sorgen, daß das Geld zum unbegrenzten Erwerb von Medikamenten und Rot-Kreuz-Artikeln verwendet und das restliche Geld in deutsche Reichsmark gewechselt werden kann. Außerdem verlangen sie, Olsen solle von der schwedischen Regierung das Versprechen erwirken, daß die Flüchtlinge nach ihrer Ankunft keine antideutsche Propaganda verbreiten dürfen!

Kurz darauf ändern die Deutschen ihre Forderungen erneut und behaupten, der Hauptteil des Geldes solle dazu benutzt werden, deutsches Personal im Baltikum zu bestechen. Den Rest wollen sie für ihre Bemühungen selbst behalten.[18]

Olsen ist unsicher. Einerseits deutet das Interesse der Deutschen, Geld »in die eigene Tasche« zu stecken, darauf hin, daß er es möglicherweise mit nicht sonderlich seriösen Männern zu tun hat. Andererseits läßt das Reden von Medikamenten und vor allem vom Verbot »antideutscher Propaganda« den Schluß zu, daß es sich um Personen handelt, die über Kontakte in den höchsten Kreisen der deutschen Führung verfügen. Und das ist auch wieder nicht gut! Der Amerikaner weiß nicht recht, wie er das heiße Eisen anfassen soll. Doch die sich bietende Möglichkeit, sehr viele lettische Juden zu retten – was ihm bisher immer wieder mißlungen ist –, veranlaßt ihn, den eingeschlagenen Weg weiterzu beschreiten. Und der amerikanische Gesandte Herschel Johnsen teilt seine Einschätzung. Sie beschließen zu testen, ob die Deutschen es ehrlich meinen:

»Leider ist es meiner Organisation nicht möglich, Ihnen schwedische Währung zu geben«, erklärt Olsen ihnen einige Tage später. »Könnten Sie sich amerikanische Währung und eine Vermittlung des Geldes durch amerikanische Stellen vorstellen?« Olsen macht den Deutschen klar, daß sie für diesen Fall mit der amerikanischen Botschaft in Verbindung stehen müßten, was dem Auftrag einen formelleren Anstrich geben würde.[19]

Die Deutschen antworten, indem sie nicht antworten. Sie stellen statt dessen erneut die Forderung, daß schwedische Stellen einbezogen werden und die Transaktion unterstützen (vielleicht haben Sie den Gedanken an ein zukünftiges Asyl in Schweden im Hinterkopf?):

»Wir möchten Sie bitten, sich dessen zu vergewissern, Herr Olsen, daß das schwedische Außenministerium sich zu dieser Rettungsaktion ausdrücklich positiv stellt, daß man die Flüchtlinge offen aufnimmt und garantiert, daß die Flüchtlinge nicht gegen deutsche Behörden agitieren.«[20]

Was wollen Kleist, Klaus und Boening eigentlich? Wollen sie Geld und Ware? Oder wollen sie Goodwill? Und wen repräsentieren sie eigentlich? Es dauert einige Tage, bis Olsen und Johnson die Antwort bekommen, vom amerikanischen Nachrichtendienst OSS:

»Bruno Peter Kleist ist Himmlers Mann im Baltikum und gilt als einer der intelligentesten Nachrichtendienstler in Deutschland.«[21]

Was Klaus und Boening betrifft, sind die Informationen des OSS vager. Aber man sagt, Boening sei anscheinend Kulturattaché an der deutschen Botschaft und habe früher für den Militärattaché gearbeitet.

Von nun an bezeichnen Olsen und Johnson die Männer nicht mehr, wie zuvor, als »die Deutschen«, sondern als »die Nazis«.

Dennoch kann er den Vorschlag nicht einfach zurückweisen, findet Olsen. Denn obwohl ihre Stellung die Deutschen als ausgesprochen ungeeignete Verhandlungspartner erscheinen läßt, ist doch gleichzeitig die Wahrscheinlichkeit hoch, daß sie ein ernsthaftes Angebot machen können. Und immerhin geht es um das Leben von zweitausend Juden …

Und wie stellt sich Schweden zu der ganzen Angelegenheit? Denn schließlich soll Schweden die zweitausend Juden aus Lettland aufnehmen!

Gilel Storch hat natürlich nicht versäumt, Kontakt zu seiner »Lieblings-Amtsperson«, dem Staatssekretär im Außenminsterium Gösta Engzell, aufzunehmen. Am 7. Juli 1944 schreibt Engzell eine diesbezügliche Gesprächsnotiz:[22]

> Herr G. Storch, Tel. 616015, seit 1940 in Schweden wohnhaft und ehemaliger lettischer Staatsangehöriger, jüdischer Geschäftsmann, hat mich bei verschiedenen Gelegenheiten aufgesucht, um mir u.a. mitzuteilen, daß er in Schweden eine Art Repräsentant der meisten großen jüdischen Organisationen in Amerika, England, Palästina u.a. Ländern ist. Er arbeitet hier u.a. mit Professor Ehrenpreis zusammen. Storch hat besonderes Interesse daran gezeigt, Juden aus Lettland zu retten. Er hat eine Reihe von Gesprächen mit dem Flüchtlingsattaché Olsen an der amerikanischen Botschaft geführt, bei denen dieser finanzielle Unterstützung in Aussicht gestellt hat.

Engzell berichtet anschließend von Storchs Vorschlag, Schweden solle zweitausend Juden aufnehmen, und fährt danach fort:

> Ich habe mich – unter ausdrücklicher Betonung des Zweifelhaften an der ganzen Angelegenheit – bereit erklärt, die Sache aus unserer Sicht zu untersuchen. Ich habe darauf hingewiesen, daß man auf schwedischer Seite mehr daran interessiert sei, die geringe Anzahl Juden [heraus-]zuholen, für die sich das Außenministerium und die Botschaft in Berlin besonders interessiert haben.

Der Staatssekretär zeigt sich also nicht sonderlich begeistert von der Vorstellung, mehr als eine »geringe Anzahl Juden« aufzunehmen. Doch er redet nicht nur mit Storch über diese Frage. Er hat auch den Amerikaner Iver Olsen und den Deutschen Werner Boening getroffen. Und zu Engzells Verwunderung sieht Olsen den Vorschlag keineswegs negativ. Zwar ist er der Ansicht, der Vorschlag in seiner gegenwärtigen Form sei auf keinen Fall zu verwirklichen, »da die amerikanische Regierung sicher nicht indirekt die deutsche Regierung unterstützen wolle«.

Aber, sagt Olsen zu Engzell, »einem deutschen Privatmann würde er gern Geld überbringen«.

Boening wiederum spricht hauptsächlich von Möbeln:

> Als B. verstand, daß die amerikanische Regierung der deutschen Regierung nicht indirekt Geld zukommen lassen konnte, ließ B. durchblicken, daß man von schwedischer Seite außer den Kontingenten für 200- bis 300 000 einfache Möbel an Ausgebombte in Deutschland liefern könnte. Das Geld, welches ansonsten diskutiert worden war, könnte ja einer Privatperson oder vielleicht dem schwedischen Roten Kreuz übergeben werden, um ausgebombten Menschen in Deutschland zugute zu kommen.
>
> B. wollte jetzt hören, ob die schwedische Regierung gewillt sei, die baltischen Juden nach Schweden kommen zu lassen.

Engzell wiederholt gegenüber Boening, was er auch Storch gesagt hat – Schweden würde lieber eine geringe Anzahl von Juden aufnehmen, und zwar solche Juden, für die man sich schwedischerseits bereits früher eingesetzt hat:

> Als ich erklärte, wir seien eher daran interessiert, daß eine relativ geringe Anzahl von Juden freigelassen würde, für die in Berlin mehrere Demarchen unternommen worden seien, bat Dr. B. um eine Liste dieser Personen. Er glaubte, es würde möglich sein, in diesen Fällen etwas zu tun.

»Ich glaube, wenn man denn darüber spekulieren will, und das sollte man vielleicht nicht«, sagt der Staatskundler Svante Hansson, »daß diese Ablehnung seitens der schwedischen Regierung einen solchen Fall von mangelnder Phantasie darstellt. Man sah noch immer nicht ein, daß es eine geringere Rolle spielte, worüber man verhandelte, solange man nur den Kontakt aufrechterhielt.«[23]

Gösta Engzell sollte viele Jahre später diese Verhandlungen im Juli 1944 folgendermaßen erinnern:

»Darüber haben wir überhaupt nicht nachgedacht, ja, im Grunde haben wir ziemlich scharf darauf reagiert. Aber wir brauchten ganz einfach nur Nein zu sagen …«[24]

Damit ist der Vorschlag, die letzten überlebenden Juden im Baltikum zu retten, im Prinzip gestorben. Oder fast gestorben. Denn Gilel Storch hat noch nicht richtig aufgegeben. Und nicht einmal Iver Olsen hat ganz aufgegeben. Noch nicht.

Gilel Storch kennt Rezsö Kasztners Zug, den Zug, der am 30. Juni mit 1684 Juden den Bahnhof von Budapest verlassen hat. Er weiß, daß Kasztner einen von Himmlers Männern in Budapest – den Obersturmbannführer Kurt Becher – bestochen und damit das Versprechen erwirkt hat, daß die Juden außer Landes und in Freiheit gebracht werden sollen. Und er spürt, daß die unerbittliche und einheitliche Fassade der Nazis Risse bekommt, je näher das Kriegsende heranrückt. Es ist möglich, das Geschehen zu beeinflussen, Juden zu retten. Davon ist er überzeugt. Wenn man nur an die richtigen Personen herankommt. Und ihnen etwas anbietet – oder zum Schein anbietet –, was sie haben wollen. Denn im Moment gibt es vieles, was die Deutschen wollen.

Bis zur österreichischen Grenze brauchte der Zug knapp vier Stunden. Und dort blieb er stehen.

Alle, die sich im Zug befanden, wußten genau, wohin ein mit Juden beladener Zug normalerweise fuhr. Alle hatten sich auf die Macht des Geldes verlassen und auf das Ehrenwort des Henkers. Es dauerte keine Minute, um ihre Zweifel wachzurufen. Als der Zug in der Nähe der Grenze anhielt – genau an dem Punkt, an dem er entweder in nordöstlicher Richtung abbiegen konnte, nach Auschwitz, oder nach Südwesten, in die Freiheit –, brach die Panik los. Es war, als wisse Eichmann – denn der Lokführer konnte es wohl nicht sein? – nicht richtig, was er tun sollte. Und die Juden im Zug, die völlig in seiner Gewalt waren, wußten, daß es Eichmann, falls er sein Versprechen brach, nichts kosten würde.

Die Schreie und das Jammern waren weit auf die Ebene hinaus zu hören.

Vielleicht war es so, daß Eichmann – oder eher Himmler – zu Recht Angst davor hatten, was Hitler sagen würde, wenn er hörte, daß ein Zug voller ungarischer Juden nach Portugal gebracht worden war. Vielleicht zögerte man deshalb.

Wenn es sich denn wirklich um ein Zögern handelte. Vielleicht hatte man gar nicht die Absicht gehabt, die Juden nach Lissabon zu bringen – oder in die Schweiz, oder in irgendein anderes neutrales Land. Oder es war ganz einfach so, daß der Vormarsch der Alliierten es für einen deutschen Zug schwer machte, bis zur spanischen Grenze zu gelangen.

Aus welchem Grund auch immer, der Zug stand. Lange. Als er sich schließlich wieder in Bewegung setzte, war es nicht in nordöstlicher Richtung, nach Auschwitz. Aber auch nicht richtig in südwestlicher Richtung. Als der Zug das nächste Mal anhielt, konnten diejenigen unter den darin befindlichen Juden, die Österreich kannten, vielleicht sehen, daß sie sich im nordwestlichen Teil des Landes befanden, in der Nähe von Linz. Dort mußten sie den Zug verlassen. Mußten sich nackt ausziehen und wurden in große Duschräume gebracht.

Alle kannten zu diesem Zeitpunkt die Auschwitz-Protokolle. Alle waren davon überzeugt, daß ihre letzte Stunde gekommen war.

Es ist nicht klar, warum Eichmann der Meinung war, die Juden sollten sich waschen. Vielleicht wollte er ihnen nach der langen Wartezeit an der Grenze eine Erfrischung ermöglichen. Oder er wollte verhindern, daß Krankheiten sich ausbreiteten. Er konnte kaum wissen, daß sie die Auschwitz-Protokolle kannten. Oder doch?

Nach dem kurzen Aufenthalt in Linz werden die 1684 Juden wieder zum Zug gebracht. Die Fahrt geht nach Norden.

Am 8. Juli 1944, acht Tage nach der Abreise aus Budapest, erreicht Rezsö Kasztners Zug Bergen-Belsen in Norddeutschland. Bergen-Belsen ist ein deutsches Konzentrationslager, aber kein Vernichtungslager. Der Gedanke, Menschen in ihrem eigenen Deutschen Reich auszurotten, sagt den Nazis nicht sonderlich zu.

Am 17. Juli wird Rezsö Kasztner ins Büro von Obersturmbannführer Eichmann gerufen. Eichmann kommt direkt zur Sache: Wenn Joel Brand nicht unmittelbar nach Ungarn zurückkehrt, wird er, Eichmann, dafür sorgen, daß sämtliche 1684 Juden von Bergen-Belsen nach Auschwitz geschickt werden. Dort sollen sie vergast werden. Ohne vorherige Aufteilung in solche, die sofort sterben sollen, und andere, die noch eine Weile leben dürfen.

Heißt dies, daß Rezsö Kasztner ganz einfach an der Nase herumgeführt worden ist? Nicht unbedingt. Es waren oft Zufälle, die entschieden, ob eine Idee verwirklicht werden sollte oder konnte. Zufälle und die jeweiligen Gesprächspartner. Der Historiker Yehuda Bauer hat darauf hingewiesen, daß »Eichmann der harte [war], Himmler sein vorsichtigerer, häufig wankelmütiger Vorgesetzter«.[25] Und wir werden sehen: Die Geschichte von den 1684 Juden aus Budapest ist noch nicht zu Ende.

32

Kurz nach zehn am Morgen des 20. Juli 1944 setzt eine kleine Maschine auf der Landebahn von Rastenburg in Ostpreußen auf. Graf von Stauffenberg ist eingeladen, an einer Lagebesprechung mit Adolf Hitler in dessen Hauptquartier Wolfsschanze, acht Kilometer von Rastenburg entfernt, teilzunehmen. Er soll über die Aufstellung einiger Truppenverbände Auskunft geben. Der Kriegsinvalide Stauffenberg hat trotz seines Handicaps eine hohe Position im Armeestab bekommen. Er ist seit einigen Wochen Stabschef beim Befehlshaber des Ersatzheeres, General Friedrich Fromm. Mit ihm im Flugzeug sitzen sein Adjutant, Leutnant Werner von Haeften, und General Helmuth Stieff. Die drei Männer sind nach Rastenburg gekommen, um Adolf Hitler zu ermorden.

Nachdem sie aus der Maschine ausgestiegen sind, verabschieden sich die drei Männer voneinander. Stieff und von Haeften fahren nach Mauerwald, einem nahegelegenen Standquartier. Stauffenberg wird zur Wolfsschanze gefahren. In seiner noch gesunden Hand trägt er eine lederne Aktentasche.

Es ist noch recht früh am Morgen, und als der junge Oberst in Hitlers Hauptquartier ankommt, sitzen viele der anderen Offiziere noch beim Frühstück.

Stauffenberg läßt sich nieder. Nach einer Weile wird er zu einer Besprechung über Verstärkungen an der Ostfront in einen angrenzenden Raum gerufen. Zu dieser Besprechung hat sich auch sein Adjutant von Haeften eingefunden. Um 11.30 begeben sich die Teilnehmer in die Räume von Feldmarschall Keitel und diskutieren dort weiter. Dort sollen sie laut Plan bleiben, bis um 12.30 die Lagebesprechung mit Adolf Hitler stattfindet. Wenn Claus von Stauffenberg nervös ist, so merkt es jedenfalls keiner.

Feldmarschall Keitel schaut unentwegt auf die Uhr. Er will auf keinen Fall zu spät zu den Gesprächen mit seinem Führer kommen. Und so beendet er unmittelbar vor 12.30 das vorbereitende Treffen und bittet die Anwesenden, in den »Lageraum« hinüberzugehen. In diesem Augenblick wendet sich Stauffenberg an Feldmarschall Keitels Adjutant, John von Freyend, und fragt, wo in der Nähe er sich erfrischen und das Hemd wechseln kann. Es ist ja ein so schwüler Tag.

»Selbstverständlich«, erwidert von Freyend und führt Stauffenberg zu seinem eigenen Zimmer. Der Adjutant von Haeften begleitet seinen kriegsversehrten Chef, um ihm zu helfen. Er hilft ihm jedoch nicht beim Umkleiden, sondern dabei, die Bombe vorzubereiten und den Zeitzünder einzustellen. Stauffenberg hat zwei Pakete mit Sprengstoff bei sich, jedes 975 Gramm schwer. Beide würden in seine Aktentasche passen. Aber aus irgendeinem Grund legt Stauffenberg nur das eine Paket hinein. Ein folgenschwerer Fehler.

Es ist 12.32, als Stauffenberg den Zündmechanismus in Gang setzt und hinübergeht ins Sitzungszimmer. Die Besprechung hat bereits begonnen.

Als der Oberst eintritt, wendet Hitler sich um und schaut. Feldmarschall Keitel stellt den Neuankömmling vor, woraufhin Hitler General Heusinger zunickt, in seinem Bericht über die Lage an der Ostfront fortzufahren.

Der Raum ist langgestreckt und ziemlich schmal – 13 mal 5 Meter – und wird weitgehend von dem schweren und massiv gearbeiteten Konferenztisch aus Eiche ausgefüllt. Hitler steht in der Mitte der Längsseite des Tisches, das Gesicht den Fenstern zugewandt. Zu seiner Linken steht Keitel.

Claus von Stauffenberg klemmt sich zwischen Heusinger und dessen Stabschef, näher kann er Hitler nicht kommen. Dann beugt er sich nieder und stellt seine Aktentasche vor sich unter den Eichentisch und versucht, sie mit dem Fuß zur Seite zu schieben. Die Aktentasche landet knappe zwei Meter von Hitler entfernt. Nach ein paar Minuten murmelt Stauffenberg eine Entschuldigung, daß er telefonieren müsse. Er verläßt die Besprechung und das Gebäude. Um keinen Verdacht zu wecken, läßt er seine Uniformmütze und seinen Gürtel vor dem Konferenzraum zurück. Dann begibt er sich in den nicht weit entfernten Signalbunker der Wehrmacht und trifft sich dort mit seinen Mitverschworenen General Fellgiebel und von Haeften. Um 12.42, genau zehn Minuten nachdem Stauffenberg den Zündmechanismus aktiviert hat, hören die Männer eine ohrenbetäubende Explosion. Claus von Stauffenberg hat sich dafür entschieden, kein Selbstmordattentäter zu sein. Aber er weiß, daß Adolf Hitler tot ist.

Stauffenberg und von Haeften brauchen mit ihrer kleinen Heinkel III knapp drei Stunden zurück nach Berlin. Dort sind alle ihre Mitverschworenen im Hauptquartier der Wehrmachtsführung in der Bendlerstraße. Sie sollten in der Zwischenzeit von General Fellgiebel informiert worden sein, daß das Attentat glücklich durchgeführt worden ist. Danach sollen sie unmittelbar die *Operation Walküre* ins Werk setzen, den Putschplan, den Stauffenberg und sein früherer Chef General Olbricht ausgearbeitet haben.

Als Stauffenberg und von Haeften auf dem Fliegerhorst in der Nähe von Berlin landen, rufen sie General Olbricht an und erfahren, daß in der Bendlerstraße ein totales Chaos herrscht. Dem Gerücht zufolge hat Adolf Hitler überlebt!

Stauffenberg ist sehr erregt. Er versichert Olbricht, daß Hitler tot ist, und fordert ihn auf, unmittelbar die Befehle auszugeben, die man gemeinsam besprochen hat!

Eigentlich hätte es keine entscheidende Rolle spielen dürfen, ob Hitler lebte oder nicht. Hätte er überlebt, würde die Verschwörung natürlich aufgedeckt werden und die Beteiligten würden des Todes sein. Das Logische wäre also gewesen, unter allen Umständen die Operation Walküre einzuleiten – und vielleicht wäre es gelungen, den Putsch durchzuführen, selbst wenn Hitler noch gelebt hätte. Ein großer Teil der führenden deutschen Militärs war immerhin unter den Verschwörern. Aber das Unglaubliche ist, daß niemand sich für fähig hält, einen lebenden Adolf Hitler zu stürzen. Dieser ehemalige Gefreite und gescheiterte Künstler hat eine seltsame und lähmende Macht über ganz Deutschland, seine traditionsreiche Wehrmacht eingeschlossen.

Als Stauffenberg eine Stunde später in der Bendlerstraße eintrifft, begegnet er einem unsicheren Olbricht. Der General hat die Operation in Gang setzen wollen, doch Stauffenbergs gegenwärtiger Chef – General Fromm, dessen Unterstützung sich die Männer des Widerstands die ganze Zeit nicht hundertprozentig sicher gefühlt haben – weigert sich zu handeln, bevor er nicht eine weitere Bestätigung bekommen hat, daß der Führer tot ist. Und unmittelbar vor Stauffenbergs Ankunft hat er, obwohl die Verbindungen unterbrochen sind, die gegenteilige Nachricht erhalten; Hitler ist unverletzt geblieben. Jetzt weigert sich Fromm, den Befehl anzuerkennen, mit dem der Putsch eingeleitet werden soll. Stauffenberg, der darauf insistiert, daß Hitler unmöglich überlebt haben kann, läßt Fromm unter Arrest stellen. Aber es ist zu spät. Zuviel Zeit ist vergangen. Und zu viele der Verschwörer haben bereits angefangen, die Ohren anzulegen.

Ein paar Minuten nachdem Claus von Stauffenberg die Lagebesprechung in der Wolfsschanze verlassen hatte, beugte Oberst Heinz Brandt sich über den großen Eichentisch, um die Karte zu studieren, die vor ihnen ausgebreitet lag. Adolf Hitler liebte Landkarten, und die meisten seiner Planungen fanden vor Karten statt. Doch Brandt hatte Schwierigkeiten, die Karte genau zu erkennen, und als er nähertrat, um sich darüberzubeugen, stieß sein Fuß gegen eine Aktentasche. Heinz Brandt schob die störende Tasche mit dem Fuß zur Seite, so daß sie hinter einem der schweren Tischbeine aus Eiche landete. Als die Bombe einige Minuten später explodierte, blieben alle, die links vom Tischbein standen, vor den schlimmsten Auswirkungen der Explosion verschont. Adolf Hitler, der sich gerade über den Tisch gebeugt hatte, trug nur leichtere Verletzungen davon – ein geplatztes Trommelfell, einen verstauchten Arm, ein paar Splitterwunden und Schürfwunden. Denjenigen, die rechts vom Tischbein standen, erging es schlechter. Vier von ihnen starben, unter ihnen Oberst Brandt. Er soll zu den Verschwörern gehört haben, auch wenn er nicht wußte, wann das Attentat stattfinden sollte.

Die Operation Walküre wurde nie ernsthaft in Szene gesetzt. Als Hitler überlebte, fiel die gesamte Verschwörung in sich zusammen. Vielleicht fehlte es unter diesen Männern, die dazu ausgebildet waren, zu gehorchen, nicht zu revoltieren, an einer hinreichend starken Führung. Vielleicht fühlten die Verschwörer in der Bendlerstraße, daß sie nicht genug Unterstützung von außen, von den Alliierten hatten, um in dieser Lage den entscheidenden Schritt zu tun. Dennoch hätten sie vermutlich mehr von den führenden militärischen und politischen Persönlichkeiten Deutschlands auf ihre Seite gebracht, als sie hätten ahnen können. Wenn sie nur den entscheidenden Zug gemacht hätten.

Und wo befand sich »der treue Heini« an dem Tag, als der Attentatsversuch gegen seinen Führer ausgeführt wurde?

Heinrich Himmler hatte sich entschieden, an jenem Tag bei der Lagebesprechung in der Wolfsschanze nicht anwesend zu sein. Doch er befand sich in der Nähe, in Birkenwald, wo er sein Hauptquartier Hagewald-Hochwald und seinen Zug hatte. Und an ebendiesem Morgen war er von seinem »magischen Buddha« behandelt worden. Felix Kersten erinnerte sich sehr wohl an diesen Tag. Er schrieb darüber in sein Tagebuch:

> *Hochwald, 20. Juli 1944.*
> Während der Behandlung heute morgen erzählte Himmler mir, daß die Amerikaner gegenwärtig große Probleme mit den Russen haben. Es würden schwere Konflikte zwischen ihnen aufbrechen, Konflikte, die nach und nach eine entscheidende Bedeutung für den Ausgang des Krieges bekommen.

Himmler ventilierte also an diesem Morgen Gedanken an einen Separatfrieden. Was er unmittelbar nach der Behandlung tat, geht aus Kerstens Aufzeichnungen nicht hervor. Kersten selbst dagegen machte einen langen Spaziergang, aß zu Mittag und ging anschließend zu seinem Schlafwagen im Zug, um zu schlafen. Er sollte abrupt geweckt werden:

> Plötzlich hörte man aufgeregtes Schreien. Sturmbannführer Lukas, Himmlers Fahrer, stürzte in meinen Schlafwagen und rief: »Mordversuch am Führer! Mordversuch am Führer! Aber der Führer lebt, ihm ist nichts passiert, er hat überlebt! Wir sind gerade mit dem Reichsführer von der Wolfsschanze zurückgekommen.«

Kersten schreibt, er habe sich sogleich Schuhe und Mantel angezogen und sei zu Himmlers Residenz gegangen. Die Wachen waren verdoppelt worden, doch Kersten konnte sich mit seinem Paß Zugang verschaffen.

> Ich betrat Himmlers Büro, ohne anzuklopfen. Er stand an seinem Schreibtisch. Ich betrachtete ihn einen Augenblick und sah, daß er dabei war, gewisse Papiere zu ordnen und zu vernichten. Dann fragte ich ihn: »Was ist eigentlich los, Herr Reichsführer?« Himmler antwortete mir, ohne aufzublicken: »Eine Bombe ist auf den Führer geworfen worden. Aber die Vorsehung hat ihn gerettet.«

Kersten fragte, ob Himmler wisse, wer den Attentatsversuch ausgeführt habe. Er bekam die Antwort, es sei ein Armeeoberst gewesen. Dann fügte Himmler hinzu:

»Jetzt ist meine Stunde gekommen. Ich werde die ganze reaktionäre Bande einkreisen und habe schon Befehl erteilt, die Verräter festzunehmen.«

Kersten schreibt, er habe nun Himmler gefragt, wie es möglich sei, ein solches Attentat durchzuführen, »ohne daß Ihr Nachrichtendienst und Ihre Geheimpolizei davon Kenntnis hatte?« Himmler antwortete nicht. Daraufhin stellte Kersten, seiner eigenen Aussage zufolge, die Frage, ob es nicht doch am besten gewesen wäre, wenn das Attentat erfolgreich gewesen wäre. Himmler war entsetzt:

»Was sagen Sie da, Kersten?! Sind Sie wirklich dieser Ansicht? Sie sollten so etwas nicht denken, geschweige denn es aussprechen! Die Vorsehung hat uns ein Zeichen gegeben, indem sie das Leben des Führers bewahrt hat. Der Führer lebt, unverwundbar. Die Vorsehung hat ihn für uns bewahrt, so daß wir den Krieg zu einem triumphalen Abschluß bringen können, unter seiner Führung. Mein Platz ist jetzt an der Seite des Führers, wo ich unermüdlich danach streben werde, seine Befehle auszuführen.«

Kersten erzählt, daß Himmler danach den Raum verließ und die letzten Papiere mitnahm.

»Ich blieb allein in seinem Büro zurück und schaute den Schreibtisch an, der seiner Geheimnisse entleert war.«[1]

Wußte Heinrich Himmler, wie Kersten suggeriert, von der Verschwörung? Mit größter Wahrscheinlichkeit gehörte er nicht zum inneren Zirkel der Verschwörer. Es wird sogar angenommen, daß Stauffenberg einen früheren Attentatsversuch am 11. Juli abbrach, weil Himmler, von dem er offenbar wünschte, er käme mit um, nicht anwesend war.[2] Dennoch gibt es heute viele Anzeichen dafür, daß Himmler die Attentatspläne kannte – und nichts unternahm, sie zu unterbinden.

Der Himmlerexperte Peter Padfield ist z. B. der Ansicht, Himmler sei klar gewesen, daß Stauffenberg der Kopf und Motor der Widerstandsbewegung gewesen sei. Dennoch war Himmler einverstanden, als Stauffenberg nur wenige Wochen vor dem Attentat zum Stabschef von General Fromm ernannt wurde und damit Zugang zur unmittelbaren Nähe Hitlers bekam.[3] Himmlers Vertrauter Walter Schellenberg behauptete nach dem Krieg, sein Chef habe von den Attentatsplänen gewußt, und er selbst habe versucht, Himmler enger an die Verschwörer heranzuführen,[4] ein natürlich nicht sehr vertrauenswürdiges Zeugnis. Unbezweifelbar ist es jedoch, daß Himmler engen Kontakt zu dem Anwalt Carl

Langbehn hatte, der später wegen seiner angeblichen Verwicklung in das Komplott gefoltert und hingerichtet wurde. Auch der amerikanische Nachrichtendienst OSS war unmittelbar nach dem Attentat der Auffassung, daß die Gestapo, und damit Himmler, über die Pläne informiert waren.[5] Ingeborg Fleischhauer wiederum weist auf den Fund von Dokumenten hin, aus denen hervorgehe, daß es im inneren Zirkel der Verschwörer einen Verräter gab, Dr. Eugen Gerstenmaier, der das Komplott betreffende Details an Himmler weitergegeben habe.[6]

Mit Sicherheit dürften wir wohl nie erfahren, ob der Mann, den der schwedische Botschafter in Berlin, Arvid Richert, »diesen geradlinigen Robbespierre«[7] nannte, in den Attentatsversuch an Hitler verwickelt oder damit einverstanden war. Aber falls es so gewesen sein sollte, hat es sich zu keinem Zeitpunkt um ein Engagement aus voller Überzeugung gehandelt.

»Es bestand Übereinstimmung über die Notwendigkeit einer Veränderung«, schreibt Padfield, »doch das System war in Furcht erstarrt. Sogar Himmler, der Meister der Furcht, wurde einerseits durch sein Gefühls-Ich gelähmt, das einer Glaubenslehre und einem starken Mann über ihm Loyalität erweisen mußte, und anderseits durch sein rationales Ich, das zögerte, alles auf eine der beiden Seiten zu setzen, solange die Möglichkeit bestand, zu warten und aus dem Gang der Ereignisse Vorteil zu ziehen.«[8]

Aber mit dieser Einstellung galt es anschließend allerdings, schnell seine Papiere zu vernichten …

Himmler war zwischen dreizehn und vierzehn Uhr in der Wolfsschanze eingetroffen, nachdem er Kaltenbrunner in Berlin angerufen und ihn beauftragt hatte, eine Gruppe von Kriminaltechnikern zu schicken. Er inspizierte jetzt den Ort des Attentats und ließ sich Bericht erstatten. Es war unmittelbar klar, daß Stauffenberg der Schuldige sein mußte. Kurz nachdem der Oberst den Konferenzraum verlassen hatte, hatte Hitler wegen einer Auskunft, die er von ihm wünschte, nach ihm gefragt. Keitel hatte sogar noch jemanden hinausgeschickt, der Stauffenberg holen sollte, bevor sich die Explosion ereignete.

Erstaunlicherweise unternahm Himmler nach dieser Feststellung nichts. Daß er wirklich glaubte, es handele sich um die Tat eines wahnsinnigen Einzeltäters, ist nicht wahrscheinlich. Dennoch ordnete Himmler keine erhöhte Alarmbereitschaft in den Gestapo- und SS-Hauptquartieren in Berlin oder Paris an, vermutlich nicht einmal verstärkte Kontrollen der Bendlerstraße. Das einzige, was er tat, war, jemanden loszuschicken, um Stauffenberg zu verhaften.

Vielleicht war Heinrich Himmler vorübergehend verwirrt. Vielleicht war er naiv. Oder vielleicht wollte er abwarten, was geschah …

Statt dessen begleitet Himmler den erstaunlich schnell wiederhergestellten Adolf Hitler zum Bahnhof, um Italiens Diktator Benito Mussolini zu empfangen, ein natürlich seit langem geplanter Besuch. Die Gruppe besichtigt zunächst den Ort des Attentats – Himmler soll später gesagt haben, in diesem Augenblick habe er wieder angefangen, an Gott zu glauben[9] – und zieht sich anschließend ins Teehaus der Wolfsschanze zurück. Zuvor hat Adolf Hitler jedoch seinen »treuen Heini« beiseite genommen. Es ist zu diesem Zeitpunkt klar, daß sich in der Bendlerstraße große Dinge anbahnen und daß General Fromm vermutlich in die Sache verwickelt ist. Heinrich Himmler, der seit dem vergangenen Jahr den vielen anderen Titeln auf seiner Visitenkarte den des Innenministers hat hinzufügen können, bekommt jetzt von Hitler die Position, nach der er mehr als nach einer anderen getrachtet hat: der eines Befehlshabers der Armee. Himmler soll nach Hitlers Willen Fromms Posten als Chef der Reservearmee übernehmen. Karl Wolff, der zugegen ist, hat später berichtet, daß Göring, der ebenfalls anwesend ist, bemerkt, Himmler müsse auch Kriegsminister werden, worauf Himmler mit schwacher und zögernder Stimme geantwortet haben soll:

»Mein Führer, auch das kann ich schaffen.« Ein anonymer Zeuge sieht anschließend, wie Hitler Himmler auf der Treppe des Teehauses eine letzte Ermahnung mit auf den Weg gibt. Er verabschiedet sich mit den Worten:

»Sie haben alle Befugnisse. Zugreifen!«

»Mein Führer«, erwidert Himmler, »Sie können es mir überlassen!«[10] Worauf er nach Hochwald zurückkehrt, seine Papiere zusammensucht, wie Kersten es beschrieben hat, und nach Berlin fliegt.

Bevor dieser 20. Juli 1944 sich seinem Ende zuneigt, hat Himmler wieder zu seinem gewöhnlichen effektiven Ich zurückgefunden. In den folgenden Tagen, Wochen und Monaten werden einhundertachtzig bis zweihundert mutmaßliche Verschwörer festgenommen und hingerichtet (andere sprechen von bis zu mehreren tausend). Stauffenberg, Olbricht und von Haeften werden auf der Stelle erschossen (Stauffenberg mit dem Ruf »Lang lebe das heilige Deutschland« auf den Lippen. Es ist General Fromm, der, in einem Versuch, sich selbst reinzuwaschen, ihre Hinrichtung organisiert. Dies bedeutet jedoch nicht, daß er selbst seinem Schicksal entgeht. Adam von Trott zu Solz wird am 26. August hingerichtet. Carl Langbehn am 12. Oktober. Deutschlands Kriegsheld, Generalfeldmarschall Rommel, wird am 13. Oktober zum Selbstmord gezwungen. Admiral Wilhelm Canaris lebt noch etwas länger. Er wird erst am 9. April 1945 im Konzentrationslager Flossenbürg hingerichtet.

Die meisten werden erschossen oder gehängt. Einige werden mit Klaviersaiten erdrosselt und an großen Fleischerhaken aufgehängt. Hitler läßt einen Teil der Hinrichtungen filmen und benutzt sie als Abendunterhaltung.

Die Ordnung im Dritten Reich ist wiederhergestellt.

33

Am 21. August 1944 treffen sich fünf Männer auf einer Brücke. In der Mitte der Brücke. Es ist ein warmer Tag, und die Männer brauchen nicht zu frieren. Aber daß sie beschlossen haben, sich an einer so ungewöhnlichen Stelle zu treffen, liegt nicht am Wetter, sondern daran, daß die Brücke zwischen zwei Ländern liegt, nämlich der Schweiz und Österreich.

Der zweiundsechzigjährige orthodoxe Jude und frühere Spitzenfabrikant Saly Mayer ist nicht aus eigener Initiative an diesem Tag in die kleine Grenzstadt St. Margarethen gekommen. Zwar ist er der Vertreter der jüdischen Hilfsorganisation Joints in der Schweiz, aber im Augenblick ist er in erster Linie eine Figur in einem Spiel. Eine Figur in einem großpolitischen Spiel, in dem es um die Rettung von Menschen geht. Und das diesmal tatsächlich erfolgreich ist.

Anfänglich war es wohl vermutlich Rezsö Kasztner, der auf die Idee kam, als er dort in Budapest saß. Obwohl der War Refugee Board zugestimmt hatte, unter der Bedingung, daß kein Lösegeld diskutiert würde. Und daß kein Amerikaner anwesend wäre. Der War Refugee Board ist ja, als offizielle amerikanische Organisation, an die Abmachung der Alliierten gebunden, sich mit den Nazis nicht auf einen Kuhhandel einzulassen. Deshalb ist Saly Mayer hergeschickt worden. Er ist in Deutschland geboren, aber seit langem Schweizer Staatsangehöriger. Und gekommen ist er weder als Vertreter von Joints noch als Vertreter des War Refugee Board, sondern als »Privatmann«. Das Treffen muß so inoffiziell wie möglich sein. Dennoch will Roswell McClelland, der Vertreter des War Refugee Board in der Schweiz, die Gelegenheit nicht ungenutzt verstreichen lassen. Sein Kollege Iver Olsen in Stockholm hat kürzlich berichtet, die Deutschen hätten zweitausend Juden im Austausch gegen Medizin und »Goodwill« angeboten. Dies hat zweifellos den Eindruck von Ungarn verstärkt: Die Deutschen wollen verhandeln. Und sie bieten das Leben von Juden zum Tausch an.

Saly Mayer will, weil er Jude ist, um nichts in der Welt über die Grenze nach Österreich/Deutschland gehen. Und die Schweizer lassen seine Gesprächspartner nicht über die Brücke. Also müssen sie sich in der Brückenmitte treffen.

Vier Mann sind, wie gesagt, von der deutschen Seite der Grenze herübergekommen, um Mayer zu treffen: Einer von ihnen ist Jude, Rezsö Kasztner. Die drei übrigen sind Nazis, von denen Obersturmbannführer Kurt A. Becher – jener Mann, der »Fahrkarten« für Rezsö Kasztners Zug »verkaufte« – der ranghöchste ist. Daß Himmler eine Person von Bechers Rang geschickt hat, kann nur eins bedeuten: Den Deutschen ist sehr daran gelegen, daß diese Begegnung mit einem Juden zustande kommt.

Mayer steht dort auf der Brücke vor keiner leichten Aufgabe. Nicht nur die Gesellschaft schreckt ab. Die Aufgabe ist nahezu unmöglich! Wie soll es ihm gelingen, von den Deutschen etwas zu bekommen, ohne im Tausch dafür etwas anzubieten? Saly Mayer ist ein gewissenhafter Mensch, der nicht gern Regeln bricht. Zwei Jahre zuvor ist er durch massive Kritik zum Rücktritt vom Vorsitz der Jüdischen Gemeinde gezwungen worden, weil er die restriktive Flüchtlingspolitik der Schweizer Regierung akzeptiert hat. »Eine kleine Gemeinde von 17 000 Seelen in einem exponierten neutralen Land muß das Beste aus ihren guten Beziehungen zur Regierung machen«, hatte Mayer sich damals verteidigt.[1] Jetzt steht er hier, mit der strikten Order, kein Lösegeld anzubieten, keine Waren anzubieten und niemanden zu repräsentieren außer sich selbst und möglicherweise die Schweizer Juden.

Kurt Becher lenkt die Diskussion. Widerwillig muß Mayer einsehen, daß der hochrangige Nazi dort draußen auf der Brücke die höchste Autorität besitzt. Mayer hat schon zuvor von Becher reden hören, aber die Frage ist, ob er weiß, daß Becher sich in Ungarn einen Namen als der bestechlichste SS-Mann erworben hat!

Als Kurt Becher nach Budapest kam, waren ihm, eigener Aussage zufolge »aus reinem Zufall«, die Residenz und das Büro der reichsten jüdischen Familie »zugeteilt« worden. Die Familie Weiss besaß nicht nur Häuser in der Andrassystraße 114–116. Sie kontrollierte auch den größten Industriekonzern in Ungarn, den Manfred Weiss-Konzern. Und wo er schon in einem so feinen Haus wohnen durfte, war es ja klar, daß Kurt Becher auch ein bißchen Geld zur Verfügung haben wollte.

Im Mai 1944 trifft Becher ein Übereinkommen mit den einundvierzig Mitgliedern der Familie Weiss. Im Tausch gegen die volle Kontrolle über den gesamten Manfred Weiss-Konzern erklärt er sich damit einverstanden, sie nicht zu töten, ja sogar, sie außer Landes gehen zu lassen (ein Versprechen, das er hält).[2]

Offiziell ist es die SS, die diese Kontrolle übernimmt, doch Becher wird der »geschäftsführende Direktor«. Von Becher kann man beinah alles kaufen. Vorausgesetzt, man verfügt über genügend Millionen. Und zuweilen braucht man nicht einmal Millionen. Aber dann bekommt man andererseits auch nicht gleich viel fürs Geld: Gyula Link bezahlte Bechers Stab mit 2000 Wolldecken und 100 000 Schweizer Franken, sowie 15 000 Schweizer Franken per Monat, damit er, seine Familie und zwei slowakisch-jüdische Frauen, die sich bei ihnen versteckt hatten, keinen gelben Stern zu tragen brauchten. Mit jedem Monat machte Becher Link das Leben schwerer. Nach einiger Zeit durften die slowakischen Frauen nicht mehr unter die Abmachung fallen, danach auch sein Bruder nicht mehr.

Auch Rezsö Kasztner hat verschiedene finanzielle Transaktionen mit Becher bewerkstelligt – abgesehen von den »Fahrkarten«, die von den Passagieren des Zugs gelöst wurden, der von Budapest nach Lissabon gehen sollte. Im Juli hatte er Becher mit 20 000 amerikanischen Dollar bestochen, damit dieser Himmler beeinflussen sollte, Horthys Beschluß, die Deportationen der Juden von Budapest zu stoppen, zu akzeptieren.[3] Und bevor sie nun zusammen an die schweizerische Grenze reisten, fragte Rezsö Kasztner Kurt Becher noch einmal, ob die Juden von Budapest Gefahr liefen, deportiert zu werden. Bechers Antwort war typisch: »Bis unsere Gespräche abgeschlossen sind, wird Frieden in der Stadt herrschen. Wenn die Gespräche zu einem negativen Ergebnis führen, könnte die Lage in der Stadt kritisch werden.«[4]

Es wird dort draußen auf der Brücke recht bald klar, daß Becher beabsichtigt, noch einmal mit einem alten Steckenpferd anzukommen: zehntausend Lastwagen sowie landwirtschaftliche Maschinen gegen das Leben Hunderttausender Juden. Die Juden, sagt er, könnten mit den Schiffen über den Atlantik zurückfahren, die die Lastwagen herübergebracht haben.

Das Leben Hunderttausender Juden ... Aber Mayer darf den Deutschen ja kein Lösegeld anbieten. Zehntausend Lastwagen sind zweifellos ein Lösegeld.

Dem Bericht zufolge, den Saly Mayer nach der Begegnung auf der Brücke verfaßt, hat er den Deutschen nichts versprochen. Nur daß er ihren Vorschlag mit seinen Kollegen diskutieren und sich danach wieder melden will. Becher seinerseits schreibt später an Himmler, daß Mayer »Einwände geäußert« habe, was die Lastwagen betreffe, aber daß er statt dessen »Mineralien und Industriegüter«

vorgeschlagen und sich erboten habe, dies bei den Amerikanern zur Sprache zu bringen.[5]

Mayer hat also nichts versprochen, auch wenn er die ihm auferlegten Verhaltensmaßregeln eher großzügig interpretiert zu haben scheint. Die Deutschen hingegen haben sich trotz der mageren Ausbeute – oder vielleicht, weil Mayer so geschickt manövriert hat? – veranlaßt gesehen, ihn ihres guten Willens zu versichern. Und das tun sie auf eine Art und Weise, von der sie überzeugt sind, daß sie gewürdigt werden wird. Vier Tage nach dem Treffen, am 25. August, schickt Kurt Becher einen Bericht an Himmler (von dem er später behauptet, ihm sei eine persönliche Begegnung mit Himmler voraufgegangen). In diesem Bericht heißt es: »Soeben sind 300 Stück über die Grenze in die Schweiz abgegangen.«[6]

Die »300 Stück«, die Becher anspricht, sind in Wirklichkeit dreihundertachtzehn. Und es sind nicht Frachtstücke, sondern Menschen. Kurz vor dem Treffen auf der Brücke in St. Margarethen ist im Konzentrationslager Bergen-Belsen eine Gruppe von Juden gesammelt worden. Sie gehören sämtlich zu den 1684 Juden, die fast zwei Monate zuvor mit »Kasztners Zug« aus Budapest eingetroffen sind. Die dreihundertachtzehn ausgesuchten Menschen werden wiederum in einen Zug gesetzt. Aber diesmal geht ihre Fahrt nach Süden. Am gleichen Tag, an dem auf der Brücke in St. Margarethen das Treffen stattfindet, rollt der Zug mit den dreihundertachtzehn Juden über die Grenze in die Schweiz. Auch gegenüber diesen Menschen hat Kurt Becher am Ende sein Versprechen gehalten …

Jetzt, meint sein Chef Heinrich Himmler, kann niemand mehr sagen, die Deutschen meinten es nicht ernst mit ihren Zusagen. Oder mit ihrem Interesse, zu verhandeln.

Interessanterweise spielt sich dies gleichzeitig mit einem wesentlich größeren Geschehen und möglicherweise vor diesem als Hintergrund ab: Eine Woche vor dem Treffen auf der Brücke hat die ungarische Regierung endlich Hitlers hartnäckigem Drängen nachgegeben. Die Deportationen der ungarischen Juden – d. h. der 250 000 Budapester Juden, die noch übrig sind – sollen wieder aufgenommen werden. Am 25. August, so wird beschlossen, sollen alle

Juden in drei großen Lagern gesammelt werden. Zwei Tage später sollen die ersten sechs Züge mit 20 000 Juden nach Auschwitz abgehen. Und dann eilt es! Die ganze Operation – die vollständige Ausrottung der ungarischen Juden – soll bis zum 18. September abgeschlossen sein, und die Deutschen haben deshalb ihr Vorgehen bis in kleinste Detail organisiert. Es muß so reibungslos und so schnell wie möglich gehen. Eichmann, der es als seine wichtigste Aufgabe ansieht, der Vernichtung der Juden Ungarns zu vollenden, bestellt eine große Anzahl deutscher LKWs nach Budapest und wählt die Ziegelfabrik in Békásmegyer als Sammelplatz. Sechsundsechzig Zugtransporte sind schon eingeplant.

Am 24. August, dem Tag vor dem Beginn der Aktion, werden Adolf Eichmanns Pläne plötzlich über den Haufen geworfen: Ungarns Reichsverweser Miklós Horthy hat erfahren, daß das Nachbarland Rumänien, das ebenfalls mit Deutschland verbunden gewesen war, auf die Seite der Alliierten übergetreten ist. Horthy schöpft neuen Mut. Er beschließt, seinerseits ebenfalls Verhandlungen mit den Sowjets anzustreben. Als erstes setzt er den deutschfreundlichen Premierminister Sztójay ab und teilt seiner Regierung mit, er werde sich weiteren Deportationen ungarischer Juden widersetzen. Mit allen Mitteln.

Es dauert natürlich nicht lange, bis diese Nachricht Obersturmbannführer Adolf Eichmann erreicht. Eichmann tobt:

»In meiner langen Tätigkeit ist mir so etwas noch nicht vorgekommen!« poltert er. »So etwas geht einfach nicht! Es ist gegen unsere Abmachung. Ich werde das nicht tolerieren!!!«[7]

Danach packen Adolf Eichmann und sein Stab ganz einfach ihre Koffer und reisen ab nach Berlin, da »sie nicht länger gebraucht werden»!

Man kann sich fragen, wie dies möglich ist. Warum sollte ein deutscher SS-Chef der Regierung in einem nahezu besetzten Land so leicht nachgeben? Die Antwort ist, daß er nicht Horthy nachgibt, sondern Himmler.

Um drei Uhr am Morgen des 25. August, nur wenige Stunden nachdem Horthy seinen Beschluß gefaßt hat, schickt der Reichsführer SS Heinrich Himmler ein Telegramm an seinen Sicherheitschef in Ungarn, Otto Winkelmann. Der Inhalt ist so unerwartet, daß Winkelmann sich veranlaßt fühlt, bei Ribbentrop nachzufragen. In dem Telegramm befiehlt Himmler nämlich, alle geplanten Deportationen von Budapests Juden unmittelbar einzustellen.[8] Gleichzeitig schlägt der Reichsführer seinem fleißigen Ungarnchef Eichmann vor, er solle »Urlaub machen«.

Wir wissen nicht mit Sicherheit, warum Himmler dieses Telegramm schickte. Aber der israelische Historiker Yehuda Bauer ist davon überzeugt, daß Kurt Bechers Bericht über das geglückte Treffen auf der Brücke von St. Margarethen Himmler veranlaßt hat, die Budapester Juden bis auf weiteres am Leben zu lassen. Er braucht ja etwas, um bei zukünftigen Verhandlungen ein Angebot machen zu können. Und etwas anderes als Juden hat er nicht.

34

Am 16. Dezember kehrt Peter Kleist nach Stockholm zurück. Edgar Klaus ist schockiert darüber, seinen alten Bekannten bei so guter Gesundheit zu sehen. Er hatte angenommen, daß Kleist nach dem Attentatsversuch verschwinden würde. Und hier steht er nun in allem wünschenswerten Wohlbefinden.

Der ehemalige Abwehr-Spion findet jedoch schnell die Fassung wieder, als Kleist ihm seinen Wunsch vorträgt: Der deutsche Besucher will wieder den schwedischen Repräsentanten des jüdischen Weltkongresses, Gilel Storch, treffen. Es liegt ihm sogar sehr viel an dieser Begegnung.

Am 20. September treffen sich die drei Männer wieder. Diesmal im Hotel Eden. Man geht zunächst einmal durch, was seit dem letzten Mal geschehen ist: Werner Boening war im Laufe des Sommers nach Berlin gefahren und hatte dort mit einer »militärischen Clique« ihren Vorschlag bezüglich der Entsetzung baltischer Juden diskutiert. Es sah sehr hoffnungsvoll aus, als er Mitte Juli nach Stockholm zurückkehrte. Doch dann kam das Attentat auf Hitler, und alles blieb in der Schwebe. Jetzt, meint Kleist, sei es an der Zeit, die Frage wieder auf die Tagesordnung zu bringen.[1] Das Problem sind die Regierungen Schwedens und der Alliierten. Die drei Männer sind sich dessen klar bewußt, daß diese keine Begeisterung gezeigt haben angesichts des Vorschlags, zweitausend Juden im Austausch gegen Medikamente und Krankenbetten aufzunehmen. Doch Storch sagt, er wisse etwas über Iver Olsen, was ihn glauben lasse, es gebe immer noch Hoffnung: Olsen hat gerade in diesen Tagen seine Rettungsaktionen im Baltikum abgebrochen – da die Russen schon halbwegs im Baltikum stehen, ließen sie sich nur noch schwer und unter hohem Risiko aufrechterhalten – und seine Boote de facto nach Norwegen verlegt. Trotz aller Vorsätze ist es Iver

Olsen nicht gelungen, einen einzigen Juden zu retten.[2] Storch weiß, daß Franklin Roosevelts Repräsentant in Schweden dies nicht leichten Herzens hinnimmt.

»Ich glaube«, sagt Storch, »Olsen ist noch immer offen für unsere Ideen.«

Olsen empfängt Kleist tatsächlich sofort, und sie diskutieren wieder einen Vorschlag ähnlich dem, der während des Sommers diskutiert worden ist. Olsen erweist sich, wie Storch vorhergesagt hat, als offen und interessiert, bleibt aber natürlich unverbindlich. Das Gespräch endet damit, daß Kleist zusagt, bei seiner Rückkehr nach Berlin den Vorschlag sogleich weiterzuleiten.[3] Am 21. September verläßt Peter Kleist Schweden.

Die Frage ist, zu welchem Auftraggeber er zurückkehrt. Peter Kleist sitzt nämlich zwischen zwei Stühlen: dem des Außenministers Ribbentrop und dem des Reichsführers SS Heinrich Himmler. Und diese beiden Auftraggeber sind im Begriff, zu Todfeinden zu werden.

In seinem eigenen, nach dem Krieg verfaßten Buch berichtet Kleist, er habe, was die Kontakte mit Storch angehe, weder Ribbentrop noch Himmler Bericht erstattet, sondern Himmlers inzwischen engstem – aber wohl kaum vertrauten – Mitarbeiter Ernst Kaltenbrunner.[4] Kleist erzählt auch, warum er so entschieden habe.

»Im Führerhauptquartier [traf ich] den Reichsbeauftragten für Dänemark Dr. Best, der gekommen war, um seinen Posten ›hinzuschmeißen‹. Er habe mit großer Mühe ein gutes Einvernehmen mit den dänischen Behörden halten können. Jetzt sei aber durch Polizeiaktionen, die hinter seinem Rücken stattfänden, und durch die Judenverfolgung in Dänemark jede Chance für uns zerschlagen.«

Dr. Best war jetzt, das konnte Kleist feststellen, ein frustrierter, um nicht zu sagen, zynischer Mann.

Das Gespräch zwischen den beiden drehte sich auch um andere skandinavische Angelegenheiten. Kleist erzählt dabei Best von seinen Gesprächen mit Storch:

»Als ich daraufhin andeutungsweise von meinem Schweden-Besuch erzählte, riet Best mir dringend, mit diesem heißen Eisen direkt zum Schmied zu gehen, was um so besser sei, als ich diesen Schmied, Kaltenbrunner, ja schon persönlich kenne, sonst aber zu schweigen wie ein Trappist. Ich folgte diesem einleuchtenden Rat …«[5]

Seiner eigenen Darstellung zufolge entscheidet Peter Kleist sich also, mit dem hitlertreuen und wenig kompromißbereiten Kaltenbrunner Kontakt aufzunehmen. Er wird sofort in dessen Büro eingeladen und nach ein paar einleitenden Höflichkeitsphrasen gebeten, sein Anliegen vorzubringen:

»Kaltenbrunner sträubten sich die Haare, als ich begann, von Storch zu erzählen. Sein Gesicht wurde zu Stein, als ich zu Storchs Behauptung kam, es seien über die Schweiz ›Handelsgeschäfte‹ mit Juden geplant. Er schien etwas davon zu wissen, aber solche Methoden schärfstens abzulehnen, wie aus einigen Andeutungen hervorging.

So kam ich zum Schluß mit dem Angebot: 1,5 Millionen überlebender Juden gegen politische Lösung des Krieges.

Kaltenbrunner war erregt aufgestanden. Er durchmaß das Zimmer mit großen Schritten, blieb vor mir stehen und sagte: ›Sie wissen, wohinein Sie Ihre Finger gesteckt haben. Ich muß sofort dem Reichsführer berichten. Lassen wir das ›Handelsgeschäft‹ beiseite. Aber was die politische Lösung betrifft, so weiß ich nicht, was Himmler über die Sache und was er über Sie beschließen wird. Ich verlasse mich darauf, daß Sie bis zur Klärung dieser Angelegenheit für mich Tag und Nacht in Ihrem Hause greifbar sind, ohne einen Schritt vor das Gartentor – Leben Sie wohl!‹«

Unter unerträglicher Spannung wartet Kleist auf Kaltenbrunners Anruf. Schließlich geht das Telefon, und er wird aufgefordert, binnen zwanzig Minuten bei Kaltenbrunner zu sein. Diesmal ist Kaltenbrunner entschieden freundlicher. Kleist schreibt:

»Er reichte mir heftig die Hand und erklärte (sinngemäß): ›Der Reichsführer ist gewillt, diese schwedische Möglichkeit mit allem Nachdruck aufzugreifen. Er hat einen Befehl erlassen, alle jüdischen Lager sorgfältig in Stand zu setzen, für ausreichende Verpflegung, Medikamente und ärztliche Aufsicht zu sorgen. Eine Zählung hat ergeben, daß sich in deutscher Hand nicht 1,5 Millionen, sondern 2,5 Millionen Juden befinden. Sie werden alsbald zur Aufnahme der Besprechungen nach Stockholm entsandt werden und werden dabei etwa zweitausend Juden zur Freigabe nach Schweden mitbringen, um sich auf diese Weise zur Weiterführung der Verhandlungen zu legitimieren. Ich gratuliere Ihnen!‹«[6]

So wie Kleist es beschreibt, ist das Gespräch in höchstem Grade aufsehenerregend. Aber kann es wirklich so zugegangen sein, wie er schreibt?

Kleist zufolge hat die Diskussion die bereits etablierten Kontakte zu Iver Olsen überhaupt nicht berührt. Und die Idee, 2000 Juden nach Schweden zu lassen, sollte ihm zufolge also von Kaltenbrunner gekommen sein! Schließlich beschreibt Kleist ein hochpolitisches Spiel – den Austausch aller lebenden Juden gegen politische Zugeständnisse der Alliierten –, das keine andere Darstellung als seine bekräftigt. Wenn es sich so verhält, daß Storch einen solchen Tausch in Aussicht gestellt hat, müßte dies eigentlich anschließend zwischen Kleist und Olsen diskutiert worden sein. Doch das scheint, Olsens und Johnsons Berichten nach zu urteilen, nicht der Fall gewesen zu sein.[7]

Es gibt jedoch keinen direkten Grund zu bezweifeln, daß Kleist Storch oder dessen Vorschlag, baltische Juden zu retten, mit Kaltenbrunner diskutierte. Und wenn ja, was war das Ergebnis? Das Problem ist, laut Kleist, daß Kaltenbrunner plötzlich seine Meinung ändert:

»Wieder wurde ich zu Kaltenbrunner geholt, der mich – kurz vor dem Aufbruch zu einer Reise – in einem Zustand wütender Aufregung empfing. Sie galt nicht mir. Stehend, zwischen Tür und Angel, sagte er mit verbissenem Gesicht: ›Die Juden-Sache ist für Sie erledigt. Fragen Sie mich nicht, warum und wozu. Sie haben mit dieser Sache nie etwas zu tun gehabt und werden mit ihr nie etwas zu tun haben. Es geht Sie nichts mehr an. Schluß!‹«

Kleist schreibt, er habe lange darüber nachgegrübelt, was geschehen sein könnte: Hatte Himmler versucht, Hitlers Zustimmung zu bekommen, und war abgewiesen worden? Oder war Kaltenbrunner irgendwie in Ungnade gefallen? Doch dann, schreibt Kleist, ging ihm langsam ein Licht auf. Natürlich war es Schellenberg, »dieser ehrgeizige junge Mann«, der versuchte, die Initiative seines Vorgesetzten Kaltenbrunner an sich zu reißen, um gegenüber Himmler in eine bessere Position zu gelangen und sich angesichts des Kriegsendes »selbst in eine Rolle des Retters zu spielen«. Natürlich, jetzt wurde ihm alles klar! Schellenberg wollte natürlich einen eigenen Mann in Stockholm haben, und jetzt war Kleist vollkommen klar, wer diese Person sein mußte: Heinrich Himmlers Masseur und Schellenbergs Vertrauter, der Este Felix Kersten.[8]

Es war nun also so weit gekommen, daß verschiedene Personen in der deutschen Führung miteinander konkurrierten, wer am effektivsten Juden retten konnte!

Was genau hiernach passiert, wissen wir nicht. Was wir wissen, ist, daß Kleist nach Schweden zurückkehrt. Und er bringt zwei Bescheide mit, einen ermutigenden und einen niederschmetternden:

»An einer großen Freikaufaktion von Juden ist man in Berlin nicht mehr interessiert«, berichtet Kleist Storch und Olsen Ende September. Dagegen habe, fährt er fort, kürzlich ein großes und entscheidendes Treffen mit »hochgestellten Personen« der deutschen Führung stattgefunden. Bei diesem Treffen sei die gesamte jüdische Frage erneut verhandelt worden:

»Man diskutierte auf diesem Treffen drei Alternativen«, sagt Kleist. »Die erste ist die, daß Juden von jetzt an gut behandelt werden, damit die Nazis nach dem Krieg zeigen können, daß sie nicht gelitten haben oder mißhandelt worden sind. Zu diesem Zweck sollte man in Genf eine Organisation einrichten, die kontrollieren könnte, wie es den Juden geht. Der zweite Vorschlag beinhaltete die sofortige Liquidierung aller noch lebenden Juden. Und der dritte, daß die noch lebenden Juden als Geiseln, als Tauschobjekt benutzt würden.«

»Und welche Alternative hat man gewählt?« will Storch wissen.

»Der Vorschlag einer unmittelbaren Liquidierung wurde verworfen. Vorschlag Nummer drei wird zur Zeit ernsthaft erwogen.« Kleist erklärt, der Grund dafür, daß man die Möglichkeit, die Juden als Tauschobjekt zu benutzen, untersuche, seien gewisse ermutigende Signale, die man bei verschiedenen Sondierungen erhalten habe. Um seine Darstellung zu bekräftigen, erzählt Kleist, daß man im Zusammenhang mit dem deutschen Rückzug aus dem Baltikum beschlossen habe, nicht alle überlebenden Juden dort zu liquidieren, obwohl dies ursprünglich beabsichtigt gewesen sei. Statt dessen nimmt man die Juden mit nach Ostpreußen, wo sie Befestigungsarbeiten ausführen müssen.[9]

Ob Kleist die Wahrheit sagt, als er von diesem Beschluß berichtet, und ob, falls es sich so verhält, die Verhandlungssignale aus Schweden und der Schweiz dem Beschluß zugrunde liegen, ist schwer zu entscheiden. Aber Ingeborg Fleischhauer vertritt sogar die Ansicht, der Beschluß, die Juden nach Ostpreußen zu evakuieren, sei das Resultat einer Abmachung zwischen Storch und Kleist, einer Abmachung, die »ansehnliche Summen« beinhaltet habe.[10] Der Historiker Monty Penkower verweist auf ein Gespräch zwischen Olsen und Kleist nach dem Krieg. Laut Olsen hatte Kleist damals berichtet, »Boening habe ihre Verhandlungen zu solch phantastischen Proportionen aufgebläht, daß dies einen Beschluß, der Mitte 1944 in Berlin gefaßt wurde, die restlichen Juden nicht direkt zu ermorden, beeinflußt habe.«[11]

»Es ist eine Tatsache«, so der Staatskundler Svante Hansson, der schon früher mit Material über Storch gearbeitet hat, »daß die Juden, die noch im Baltikum waren, auf jeden Fall ein Teil der Juden, die noch im Baltikum waren, im Verlauf des deutschen Rückzugs nicht ermordet wurden, sondern evakuiert wurden. Wieviel Storchs Verhandlungen mit Kleist dazu beigetragen haben, ist natürlich unmöglich zu sagen.«[12]

Im August und September werden Lettlands und Estlands restliche Juden in das Konzentrationslager Stutthof in Ostpreußen evakuiert. Die gute Nachricht ist mit anderen Worten, daß einige tausend Juden aus dem Baltikum (oder zuvor ins Baltikum deportierte Juden) noch leben.

Diesem eventuellen Erfolg zum Trotz hat Storch sein bei dem Kontakt mit Kleist hauptsächlich verfolgtes Ziel nicht erreicht: überlebende lettische Juden nach Schweden zu holen. Man ahnt hinter der Leidenschaft, mit der Storch gerade dieses Projekt verfolgt hat, eine Phantasie, daß sich vielleicht eine seiner Schwestern, einer seiner Brüder, seiner Cousins oder Freunde unter den freigelassenen Juden befinden könnte – obwohl die meisten lebenden Juden in Lettland vermutlich aus einem anderen Land dorthin deportiert wurden. Doch solange es noch Juden in seiner Heimat gibt, ist Storch bereit, nach dem geringsten Strohhalm zu greifen.

Aus irgendeinem Grund schiebt er das »Scheitern« nicht Kleist oder Engzell in die Schuhe, sondern Olsen. Vielleicht weil Olsen trotz allem während mehrerer Monate Boote zwischen Lettland und Schweden hat fahren lassen – ohne einen einzigen Juden retten zu können. In diesem Herbst schreibt Storch ein Telegramm an den World Jewish Congress in New York:

> Bitte informieren Sie das litauische und das lettische Hilfskomitee, daß unsere begonnene Rettungsaktion durch Olsens unerfahrene Rettungsarbeit gestört worden ist, was dazu führte, daß kein Jude gerettet wurde. Nachdem Olsen diese Aktion stoppte, begannen wir, unglücklicherweise im letzten Augenblick, eine neue Rettungsaktion …[13]

Eine neue Rettungsaktion – Storch läßt also nicht locker! Es mag aberwitzig erscheinen, daß er weiter versucht, Juden in Lettland zu retten, als alle, die noch nicht ermordet sind, im Prinzip nach Westen evakuiert worden sein müssen. Allerdings äußert Storch später: »Auch wenn wir wußten, daß die Juden verschleppt wurden, wußten wir nicht, wohin.«[14] Aber er wußte doch, daß sie evakuiert worden waren. Unter diesen Umständen weiter nach lebenden Juden in Lettland zu suchen, mag als fixe Idee betrachtet werden. Aber wie wir sehen werden, scheint Storch tatsächlich gute Gründe für seine Hartnäckigkeit zu haben!

Am 11. August 1944 öffnet der schwedische Nachrichtendienst einen vom ehemaligen lettischen Botschafter in Schweden, Salnais, wohnhaft in Essingestråket 32 in Stockholm, geschriebenen Brief. Der Brief ist an den früheren lettischen Botschafter in London, Zarinš, adressiert.[15]

> *Stora Essingen, den 11.8.1944*
> Sehr geehrter Herr Kollege!
> Es ist zu erwarten, daß der Flüchtlingsstrom zunimmt. In unserem Vaterland kämpfen unsere Legionäre ebenso wie unsere Partisanen hartnäckig gegen die neuen Eindringlinge. Alleine haben sie die Bolschewiken aus mehreren Städten und Dörfern vertrieben, die von bolschewistischen Fallschirmspringern und vorgeschobenen Panzerabteilungen eingenommen worden waren. So haben z. B. Esten und Letten gemeinsam die Bolschewiken in Aluksne liquidiert. Desgleichen haben unsere Jungen die Bolschewiken aus Jaungulbene und Birzi zurückgeworfen.

Die Juden mögen die sowjetischen Truppen als Befreier betrachten. Aus diesem Brief geht mit aller wünschenswerten Deutlichkeit hervor, daß ihre Haltung von den Letten zumeist nicht geteilt wird. Der Rest des Briefs wird sich jedoch für die Juden von großem Interesse erweisen. Oder zumindest für einen Juden: Gilel Storch.

Salnais schreibt nämlich:

> Am 6. August befreiten [die lettischen Partisanen] einen Transport, der aus ca. 600 ungarischen und tschechischen Juden sowie Holländern bestand, die die Deutschen von Dundaga nach Libau *[Dundaga war ein Konzentrationslager, Libau, oder Liepāja, eine lettische Hafenstadt, von der aus die Juden nach Stutthof evakuiert wurden; A.d.Verf.].* Die Befreiten befinden sich jetzt mit unseren Partisanen in den Wäldern. Sie werden von unseren Bauern verpflegt.

Dieser Brief erreicht Storch aller Wahrscheinlichkeit nach nicht. Aber die Information, daß sich sechshundert Juden im Dundaga-Wald verstecken – in einem Teil Lettlands, der noch von deutschen Truppen beherrscht wird –, bekommt er. Wie, wissen wir nicht. Möglicherweise durch Salnais selbst. Storch kannte Salnais mindestens seit dem September 1942, als dieser ihn um einen Kredit von 5000 Kronen bat, woraufhin Storch ihm 2000 Kronen aus eigener Tasche gab.[16] Auch Olsen kennt Salnais. Er hat nämlich früher bei seinen Versuchen, baltische Juden zu retten, gerade mit diesem und mit einer Organisation namens *Lettischer Zentralrat* zusammengearbeitet. Und bis zu dem Zeitpunkt, als der War Refugee Board im September alle Operationen im Baltikum abbrach, war es Olsen gewesen, der die lettischen Flüchtlingstransporte nach Schweden in großem Umfang unterhielt.[17] Sein Hauptzweck war sicher die

Rettung von Juden gewesen, aber Salnais und seine Kollegen hatten dabei keinen Erfolg gehabt, sondern bisher ausschließlich Letten herübergebracht. (»Ich bin überzeugt davon«, schreibt Olsen in einem Bericht, »daß unsere Gruppe einige von ihnen herausgebracht hätte, wenn es möglich gewesen wäre, weil ich Salnais ein übers andere Mal an die Gerüchte erinnerte, die ich verschiedentlich gehört hatte, daß er Antisemit sei, was er entschieden von sich wies.«)[18] Jetzt gibt es niemanden mehr, der die lettischen Flüchtlingstransporte finanziert, zur Enttäuschung Salnais' und des Lettischen Zentralrats.

Als Storch irgendwann im Oktober erkennt, daß er durch Kleist und Olsen keine Juden wird freikaufen können, sucht er statt dessen Olsens lettische Kontakte in Stockholm auf. Er spricht mit einem Herrn Lassman, der ihm als schwedischer Konsul in Riga vorgestellt wird:

»Es heißt, daß sich im Dundaga-Wald sechshundert Juden verstecken«, sagt Storch. »Ich möchte gern wissen, ob einer dieser Juden mit den lettischen Flüchtlingstransporten hierhergebracht werden kann.«[19]

Warum Storch darum bittet, nur einen Juden herauszubekommen, wissen wir nicht. Eine Erklärung, die dafür genannt worden ist, besagt, daß er einen überlebenden Zeugen haben will, der von der Vernichtung der Juden in Lettland berichten kann. Eine andere, und wohl zutreffendere Erklärung ist die, daß Storch so schnell wie möglich einen Beweis dafür vorlegen möchte, daß die Geschichte von den Juden im Dundaga-Wald wahr ist, damit er anschließend, eventuell über Olsen, Geld für eine große Rettungsaktion verlangen kann.

Konsul Lassman seinerseits stellt Storch einem Mann namens Leonid Silinš vor. Dieser ist der Vertreter des Lettischen Zentralrats in Schweden und einer der Führer der Organisation. Er ist auch einer der Hauptorganisatoren hinter den lettischen Flüchtlingstransporten nach Schweden.[20]

»Ich bezahlte Silinš 8000 Kronen«, berichtet Storch viele Jahre später. »Und ich sagte: ›Bringen Sie mir einen Juden!‹«[21]

35

Am 8. Dezember 1941, einen Tag nach dem Massaker an den Bewohnern des Kleinen Ghettos, gab es nur 4800 Juden in Riga. Warum die Deutschen gerade diese am Leben gelassen hatten, war nicht klar, vermutlich hielt man sie für arbeitstauglich. Fast alle Überlebenden wohnten jetzt im Kleinen Ghetto. Das Große Ghetto stand ja seit einigen Wochen ganz leer. Obwohl es so aussah, als lebten Menschen dort. Essensduft schien noch in der Luft zu hängen, und wenn man genau hinhörte, meinte man, fast ein letztes verschwindendes Echo von Kinderstimmen zwischen den Wänden vernehmen zu können. Auf dem Herd standen die Töpfe der Familie. In den ordentlich gemachten Betten lagen ihre Laken. Auf der Straße stand ihr Kinderwagen. Aber die Familienmitglieder gab es nicht mehr. Sie lagen mit ihren Nachbarn zusammengepackt unter zwei Metern Erde im Rumbuliwald.

Eines Tages gab es weniger als 5000 Juden in Riga. Ein paar Tage später hatte ihre Zahl sich wieder vervielfacht. Das Große Ghetto füllte sich plötzlich mit Tausenden von Menschen aus anderen europäischen Ländern – und das gleiche geschah mit dem Ghetto in Minsk. Die Viertel in Moskauer Vorstadt wurden zu einem kleinen Alexandria. Man hörte Deutsch, Tschechisch, nur ausnahmsweise Jiddisch. Eine Weile waren die deutschen Offiziere verwirrt, um nicht zu sagen ratlos. Ihre neuen »Gäste« legten eine Lebensart und Kultur an den Tag, die an bessere Kreise in Berlin oder Hamburg erinnerten. Zu alldem waren nicht wenige der Männer dekorierte Veteranen des Ersten Weltkriegs. Angesichts dessen soll der für das Ghetto in Minsk Verantwortliche, Wilhelm Kube, seinen Vorgesetzten gegenüber Zweifel an seinem Auftrag zum Ausdruck gebracht haben.[1] Er fand natürlich kein Gehör. Ebenso schnell, wie die Ghettos in Riga und Minsk gefüllt wurden, ebenso schnell leerten sie sich wieder. Und im Rumbuliwald und im Bikerniekiwald wurden neue Gruben ausgehoben. Es handelte sich um das sogenannte Arajskommando, einen aus vierhundert lettischen Männern bestehenden Hinrichtungsverband, der unter seinem Anführer Viktor Arajs einen großen Teil der Ausrottungsarbeit in den Wäldern um Riga ausführte. Vermutlich ist dieser einzige Verband für fast die Hälfte aller während des Krieges in Lettland ermordeten Juden verantwortlich.[2]

Israel Michelson war ein Überlebender. Wenn er es vorher noch nicht wußte, dann bekam er bald reichlich Beweise für diese Tatsache.

»Ich habe mein ganzes Leben lang Glück gehabt«, erzählte Michelson später einem Freund.[3] »Im Jahre 1941, als alles im Ghetto geschah, hatte ich auch Glück.«

Israel Michelson kam ursprünglich aus Ventspils in der Kurlandregion in Lettland. Er entstammte einer Holzhändlerfamilie, die im Dundagawald ein Sägewerk besaß. Aber als die Deutschen in Lettland einmarschierten, befand sich Israel bei seinem Bruder Gert in Riga. Er wurde beinah sofort von lettischen Kollaborateuren festgenommen, konnte aber aufgrund von Beziehungen den Erschießungskommandos entgehen und durfte zu seinem Bruder zurückkehren. Als kurz darauf das Rigaer Ghetto eingerichtet wurde und alle Juden aufgefordert wurden, dorthin zu ziehen, weigerte Gert sich. Also nahm Israel seine Schwester – deren Ehemann schon ermordet worden war – sowie die zwei Kinder seiner Schwester und ihre Schwiegermutter mit und zog in eine Wohnung im Kleinen Ghetto, in der bereits fünf Personen wohnten. Innerhalb einer Woche wurden die Stacheldrahtzäune um das Ghetto hochgezogen. Und vermutlich kam Gert vor diesem Zeitpunkt auch zu ihnen.

Israel war dem Erschießungskommando einmal entwischt. Er sollte bald ein zweites Mal knapp dem Tod entgehen. Als die Massaker stattgefunden hatten, am 8. Dezember, lebte Israel noch. Und Gert ebenso. Wie die anderen Überlebenden wußten sie nicht richtig, warum. Es lebten noch mehrere hundert Frauen, und sogar eine Anzahl von Kindern. Doch vermutlich keine von Israels und Gerts Verwandten. Noch ein Stacheldrahtzaun wurde aufgestellt, der die Männer im Ghetto von den Frauen trennte. Aber sie durften zusammen arbeiten.

»In tiefer Trauer marschierten wir jeden Tag zusammen mit den Frauen hinaus zur Arbeit«, erinnert sich Max Kaufman, einer der Überlebenden. »Sehr lange konnte keiner von uns sich mit den großen Verlusten abfinden, die wir erlitten hatten.«[4] Und nicht einmal außerhalb des Ghettos konnten sie vergessen:

»Ich arbeitete in einer großen Gärtnerei an der Stirnustraße«, erinnert sich Isaak Kleiman. »Die Stirnustraße führte direkt in den Bikerniekiwald. Während des ganzen Frühjahrs und Sommers 1942 wurden wir Zeugen der systematischen Ausrottung der ausländischen Juden. Jeden Tag kamen die großen blauen Busse, die die armen deportierten Juden transportierten, häufig direkt vom Bahnhof Skirotava zum Wald. Das Szenario war immer dasgleiche: Der Bus verlangsamte die Fahrt auf der Stirnustraße und bog dann in den Wald ab. Kurz darauf konnten wir deutlich das ›ra-ta-ta-ta‹ der Repetiergewehre hören, und nach einiger Zeit ein paar einzelne Schüsse. Dann kamen die Busse heraus, einer nach dem anderen, nur um zurückzukehren, wieder und wieder. Wir zählten mindestens fünfzehn und häufig sogar fünfundzwanzig Busse jeden Tag, nur zum Bikerniekiwald.«[5]

Ein Jude, der überleben durfte, bekam nie den Vorzug, daß ihm erspart blieb, andere sterben zu sehen. Und je länger man leben durfte, desto mehr Schmerz war man gezwungen zu durchleben. Bis man nichts mehr fühlen konnte. Dies war der Preis dafür, daß man weiterexistierte. Und für die Deutschen war es keineswegs uninteressant, eine Anzahl von Juden weiter existieren zu lassen. Ein Zeitlang. Die Arbeitskraft der Juden war gefragt, nicht nur wegen deren Sachverstand, sondern auch, weil es zwischen Deutschen und Juden keine Sprachbarriere gab. Ein Teil der deutschen Verbände richtete sogar spezielle Werkstätten ein, die mit jüdischen Mechanikern und Handwerkern bemannt wurden. Aber am erstrebenswertesten für die Juden war es, in sogenannten Arbeitskommandos unterzukommen. Diese Kommandos lebten außerhalb des Ghettos, häufig bei ihren jeweiligen Arbeitgebern. Das System wurde Kasernierung genannt. Das Arrangement brachte es mit sich, daß die jüdischen Arbeiter jederzeit zur Hand waren. Aber es brachte auch einen nahen Kontakt zwischen Deutschen und Juden mit sich, der zuweilen zu einem menschlicheren Dasein führte.

»Ich war in einem solchen Arbeitskommando«, erzählt Israel Michelson. »Manchmal halfen wir der deutschen Wehrmacht, manchmal mußten wir richtig qualifizierte Arbeit tun, in einer elektronischen Fabrik.«

Während die Scharen der Bewohner im Großen wie im Kleinen Ghetto langsam dahinschwinden, leben und arbeiten die Arbeitskommandos außerhalb weiter. Als deutsche und lettische Truppen im November 1943 endgültig beide Ghettos liquidieren – zu diesem Zeitpunkt leben noch höchstens 4000 Juden in Lettland –, werden die restlichen Juden in das Konzentrationslager Kaiserwald außerhalb von Riga gebracht. Aber Israel und Gert Michelson sind weiterhin außerhalb.

»Wir arbeiteten mit einer sehr kleinen Gruppe von Juden in Kurland«, erinnert sich Israel. »Wir reparierten Autos, unter einem Offizier aus Köln namens Merket. Er mochte Hitler nicht. Und er war sehr freundlich zu uns. Oft nahmen wir heimlich Reserveteile aus unserem Lager und gingen zu Letten und tauschten sie gegen Essen. Manchmal bekam Merket auch ein bißchen ab.«

Israel und seine Kameraden scheinen ein unter den gegebenen Umständen relativ erträgliches Dasein zu haben. Aber im Sommer 1944 hören sie ein

Gerücht: Ihr Arbeitskommando soll evakuiert und aus Lettland heraustransportiert werden.

»Das beunruhigte mich«, erzählt Israel. »Und ich fing an, mir Gedanken zu machen. Ich wußte, daß einer unserer lettischen Bewacher wie ich aus Ventspils war. Er hatte mich sogar gefragt, ob ich dort einen jüdischen Mann namens Rolof kannte. ›Ja, das ist mein Freund‹, hatte ich geantwortet. ›Er war auch mein Freund‹, hatte der Wachmann daraufhin gesagt. Er erzählte mir, daß Rolof erschossen worden sei. Danach wurden der Wachmann und ich Freunde. Mehrere seiner Kollegen von der Wachmannschaft wollten nicht nach Deutschland verlegt werden, denn dort sei alles ›kaputt‹, sagte er.«

Israel entschließt sich zu versuchen, in Lettland zu bleiben. Aber er weiß, daß er dann von seinem Arbeitskommando fliehen muß. Und das will er nicht allein tun. Gert hat seit vielen Jahren ein schlechtes Gehör, und jetzt ist er praktisch taub. Daß er zusammen mit seinem Bruder fliehen will, ist jedoch selbstverständlich. Und es gibt noch andere, die mitwollen:

»Ich erzählte eines Abends einem jungen Juden in meiner Gruppe, daß ich fliehen wollte. ›Ich will mit‹, sagte er sofort. Und dann schlossen sich uns noch weitere an. Ich fing an, dem Wachmann aus Ventspils gegenüber Andeutungen zu machen. Am 4. August kam er zu mir und flüsterte: ›Um vier Uhr morgen früh ist Wachablösung. Kommt kurz vorher.‹«

Als die kleine Gruppe in dieser Nacht ihr Lager verläßt, ist es stockdunkel. Der Wachmann hat ihnen gezeigt, in welche Richtung sie laufen sollen, aber sie können kaum den Weg vor sich erkennen. Also versuchen sie, dem Geräusch des Flusses zu folgen.

»Als es hell wurde, sahen wir, daß wir weit gekommen waren. Also liefen wir weiter am Fluß entlang. Aber der war listig, ging sozusagen im Kreis, und nach einer Weile hatte es den Anschein, als seien wir an einen Punkt gekommen, an dem wir vorher schon gewesen waren. Ich begann an unserer Strategie zu verzweifeln und wollte den Fluß verlassen und statt dessen in den Wald laufen. Aber das wollten die anderen nicht. Wir waren uneinig, blieben aber doch relativ nah beieinander.«

Am fünften Tag hört die kleine Gruppe plötzlich unmißverständliche und unheilverkündende Geräusche: Prusten, Pferdehufe, deutsche Stimmen.

»Plötzlich hörten wir, wie jemand schrie: ›Juden!‹ Ich lief, so schnell ich konnte und fand einen wassergefüllten Graben, in den ich sprang und mich versteckte. Ich hörte, daß auch die anderen wegliefen. Dann hörte ich Schreie. Und danach wurde alles still. Nach einer Zeit rief ich vorsichtig: ›Gert‹. Aber ich wußte, daß er mich nicht hören konnte. Er hatte vermutlich nicht einmal die Deutschen gehört.«

Michelson bleibt bis zum Einbruch der Dunkelheit im Graben. Dann klettert er vorsichtig heraus.

»Ich lief lange herum und suchte nach den anderen. Ich fand nicht einen. Ich rief: ›Gert! Gert!‹ Niemand antwortete. Ich sah ein, daß ich jetzt ganz allein war. Also machte ich mich auf und wanderte durch den Wald. Ich hatte nichts zu essen, ernährte mich von Beeren. Dann und wann stieß ich auf einen Hütejungen, der mir etwas gab.«

Michelson beschließt, sich zu den großen Wäldern von Dundaga durchzuschlagen, wo er glaubt, leicht Verstecke finden zu können. Er lebt jetzt seit einem Monat unter freiem Himmel. Es ist inzwischen September geworden, bald kommt der Herbst. Er hat keine warme Kleidung, und die Kälte wird durchdringend. Eine Weile versteckt er sich in einer Scheune. Jemand gibt ihm Kleidung. Aber dann muß er wieder weiter.

»Ich hatte mir ja den gelben Stern abgerissen, aber der Fleck war noch da. Ich weiß nicht, ob sie ihn gesehen haben.«

Weitere zwei Monate vergehen. Eines Nachts, als er durch den Wald wandert, merkt Michelson auf einmal, daß er in der Nähe von Menschen ist:

»Ich spüre den Geruch von Rauch, und plötzlich fühle ich, daß ich mich nach Menschen sehne. Und wo Rauch ist, da sind Menschen …«

Michelson geht in die Richtung, aus der der Rauch kommt. Durch die Bäume erkennt er ein Lagerfeuer.

»Am Feuer sitzen drei Partisanen. Sie braten etwas. Ich beschließe, mich hervorzuwagen, und gehe zu ihnen. ›Darf ich mich hinsetzen und mich wärmen?‹ frage ich. Sie antworten, ich solle mich nur setzen. Wir fangen ein Gespräch an. Nach einer Weile wendet sich plötzlich einer der Männer an mich und sagt: ›Was hat dein Leben für einen Sinn? Alle deine Angehörigen sind ja liquidiert!‹«

Der Mann hat offenbar erkannt, daß Michelson Jude ist. Er bekommt keine Antwort. Da beginnen er und die anderen Männer, Michelson auszufragen.

»Sie fragen mich, woher ich komme und wo ich gewohnt habe. Ich antworte, daß ich in Riga gewohnt habe, bei meinem Bruder in der Aizsargu iela. ›Welche Nummer?‹ fragt einer der Männer. ›Zwanzig‹, antworte ich. ›Zwanzig!‹ sagt der Mann. ›Aber warum habe ich dich dort nie gesehen? Ich habe auch in der Aizsargu iela 20 gewohnt!‹ Jetzt bekomme ich Angst. Alle drei Männer haben Gewehre in den Händen. Und ihre Stimmen sind ein bißchen komisch geworden. Ich erwidere: ›In der Aizsargu iela gibt es zwei Häuser. Vielleicht haben Sie im Hinterhaus gewohnt.‹ Ich spüre jetzt ganz deutlich, daß etwas nicht stimmt. Plötzlich kommt aus dem Dunkel der Nacht ein weiterer Mann. Er trägt eine Lederjacke und auch er hat ein Gewehr. Einer der Männer am Feuer steht auf und geht zu dem neuen Mann. Er flüstert ihm etwas zu. Jetzt kommt der Mann in der Lederjacke auf mich zu und sagt auf russisch zu mir: ›Auf wen wartest du?‹«

»In einer Millisekunde treffe ich eine Entscheidung«, erzählt Michelson. »Ich antworte ihm: ›Ich warte auf die Rote Armee‹. ›Aah, sehr gut!‹ sagt er, klopft mir auf die Schulter und gibt mir eine Zigarette. Dann sagt er mit harter Stimme: ›Verschwinde von hier, und daß dich niemand sieht! Aber denk daran: Wenn die Deutschen dich schnappen, von uns sagst du kein Wort.‹ Dann ließen sie mich laufen. Und noch heute ist mir nicht klar, warum ich ihm gerade die Antwort gegeben habe. Alles war eine Frage von ein paar Sekunden. Sekunden, die über mein Leben entschieden.«

Israel Michelson wandert noch eine weitere Woche durch den Dundagawald. Mehrmals hört er Deutsche in der Nähe. Manchmal sind sie nur ein paar Meter von ihm entfernt, während er sich hinter einem Baum verbirgt. Israel kann von Glück sagen, daß die Deutschen keine Hunde bei sich haben. Doch in dieser Lage sind die Deutschen nicht einmal sein größtes Problem. Seine Kleider sind zerfetzt, er hat nichts zu essen, und in den Nächten beginnt es zu frieren. Israel Michelson weiß, daß er nicht mehr sehr lange durchhalten kann, jetzt, wo es November geworden ist.

Eines Abends, zur Zeit der Dämmerung, geht Michelson umher und sucht nach einer Schlucht, in der er sich für die Nacht verstecken kann. An diesem Abend ist es besonders kalt, und er sammelt auf dem Weg Tannenreisig zusammen, um sich damit zuzudecken. Plötzlich erkennt er im Seitenblick, wie sich oben am Hang etwas bewegt. Er dreht sich blitzschnell um. Es ist eine Frau, sie kommt direkt auf ihn zugelaufen!

Israel Michelson weiß nicht, was er tun soll. Er kann nicht mehr laufen. Er wüßte nicht einmal, wohin. Also bleibt er stehen, steif wie ein Stock. Jetzt ist die Frau bei ihm. Sie keucht, schöpft Atem und sagt dann auf russisch zu ihm:

»Ich bringe Sie nach Schweden!«

Vatentine Lasmane wußte nicht, was sie tun sollte, als sie das sonderbare Telegramm bekam.

Sie zeigte es ihren Kameraden. War es eine Provokation? Hatten die Russen ihren Kode geknackt? Wie sollte man sonst die mystische Mitteilung verstehen:

»Versuchen Sie, einen Juden nach Schweden zu schaffen!«

Einen Juden nach Schweden? Es gab keine Juden, die man nach Schweden schaffen konnte! Alle Letten wußten doch, daß es in Lettland keine Juden mehr gab. Und definitiv nicht in dem Teil Lettlands, der noch deutsch war, nämlich Kurland. Kurland war vollkommen »judenfrei«.

Valentine Lasmane hatte gelernt, vorsichtig zu sein. Die Organisation, für die sie tätig war, der Lettische Zentralrat, arbeitete unter immer schwierigeren Bedingungen. Die Organisation war 1943 gegründet worden, nach der Niederlage der Deutschen bei Stalingrad, und verfolgte als Hauptziel die Wiederherstellung eines selbständigen Lettlands. Zu diesem Zweck hatte eine dem Lettischen Zentralrat verbundene Gruppe sogar versucht, eine lettische Armee zu bilden. Die Deutschen hatten ihnen gewisse Hoffnungen gemacht, daß Lettland bald seine Selbständigkeit wiedererlangen würde. Aber diese Hoffnung war nicht eingelöst worden. War also bisher ein freies Lettland das Ziel der Mitglieder der Organisation gewesen, so war es jetzt ihr Ziel, vor den herannahenden Russen zu fliehen. Denn kein Feind, meinte man, war größer als die Sowjetunion.

Anfänglich war es relativ leicht gewesen, den Flüchtlingsstrom über die Ostsee nach Schweden zu organisieren. Man hatte ja einen großen Sponsor, den Amerikaner Iver Olsen, der mit dem früheren lettischen Botschafter in Schweden Salnais zusammenarbeitete. Bis zum September war alles glatt gegangen. Man hatte mehr als 1200 Letten nach Schweden hinübergebracht, die inoffizielle Zahl war fast 2000. Aber seit die Russen immer tiefer ins Baltikum eindrangen, waren die Gelder ausgeblieben. Plötzlich war niemand da, der die große Operation finanzierte. Und noch immer warteten 500 Letten auf die Überfahrt. Der lettische Zentralrat suchte deshalb Freiwillige, die halfen. Im Gegenzug dafür konnten sie nach Schweden kommen.

Zu diesem Zeitpunkt hatte Valentine sich der Organisation angeschlossen. Eins der Mitglieder hatte sie gefragt, ob sie einer Evakuierungsgruppe in Ventspils helfen wollte, einer Gruppe, die von dem Schwedenkurier Leonid Siliņš organisiert wurde. Sie sagte zu.

Im September fuhr Valentine nach Ventspils. Sie war die einzige Frau unter 15-20 Männern in der Evakuierungsgruppe. Ihre Aufgabe war, Funksprüche nach Schweden zu chiffrieren und Funksprüche, die eingingen, zu dechiffrieren. »Aber ich war auch eine Art Mädchen für alles«, erzählt sie.

War die Lage schon schwierig, als Valentine anfing, so spitzte sie sich im Laufe der nächsten Wochen noch zu. Am 6. Oktober verhafteten die Deutschen zahlreiche Mitglieder der Evakuierungsgruppe in Ventspils. Am Tag darauf wurde die Besatzung eines der Boote im Hafen verhaftet. »Es gab plötzlich keinen richtigen Kontakt mit Schweden mehr«, erzählt Valentine.

Eine Woche später nahmen die Russen Riga ein. Jetzt war nur noch Kurland in deutschen Händen. Die Hafenstädte Ventspils und Liepāja lagen in Kurland. Ebenso der Dundagawald.

»Wir versuchten weiterzumachen, so gut es ging«, erinnert sich Valentine. Eines Tages Anfang November erhielt ich einen Funkspruch. Wir sollten einen Juden nach Schweden schicken. Wir wagten nicht, darauf zu antworten.«

Dennoch beginnt die Gruppe in Ventspils schließlich aus irgendeinem Grund, den Funkspruch ernst zu nehmen.

»Obwohl wir uns fragten, was sie meinten. Alle wußten ja, daß Kurland judenfrei war.« Doch alles, was man in dem Funkspruch verlangt hatte, war trotz allem ein Jude. *Ein* einziger Jude. Wußte jemand, wo man einen Juden finden konnte?

»Plötzlich fiel mir ein, daß eine Freundin von mir, die aus Riga in ein Dorf im Dundagawald geflüchtet war, erzählt hatte, in der Nähe ihres Dorfes verstecke sich eine russische Jüdin. Sie war von einem Judentransport geflohen, der durch den Wald gegangen war. Jetzt versteckte sie sich dort, und manche Dorfbewohner gingen zu ihr hinaus und brachten ihr Essen. ›Ich habe eine Jüdin‹, sagte ich zu meinen Freunden in der Evakuierungsgruppe. ›Auf jeden Fall weiß ich, daß sie vor einem Monat noch lebte.«

In der Evakuierungsgruppe gibt es einen Mann namens Karlis Frischenfelds, einen Ingenieur, der im Kraftwerk in Ventspils arbeitet. Er greift Valentine Lasmanes Idee auf. Es ist einen Versuch wert. Gemeinsam beschließen Valentine und Karlis, in den Dundagawald hinüberzufahren und die Jüdin zu suchen.

»Es waren fünfzig Kilometer bis zu dem Dorf, in dem meine Freundin wohnte. Wir brauchten ein Auto, um hinzukommen. Nach einigen Mühen gelang es Karlis und mir, einen Wagen für einen Tag zu bekommen. Er lieh auch von jemandem eine SS-Uniform – im Tausch gegen Benzin, Eier und Gold. Wir beschlossen, so zu tun, als sei Karlis der Chauffeur eines hohen SS-Offiziers. Ich würde so tun, als sei ich dessen Sekretärin. Das Problem war, daß Karlis kein Deutsch konnte, aber wir hofften, daß uns niemand unterwegs aufhalten würde.«

»Wir fuhren am frühen Morgen los und kamen gegen elf Uhr in dem Dorf an. Alle waren erschrocken, einen SS-Mann zu sehen.« Valentine weiß ungefähr, wo die Freundin aus Riga wohnt, und es gelingt ihnen, dorthin zu finden, ohne nach dem Weg zu fragen. Sie haben Glück, die Freundin ist zu Hause.

»›Wo ist die russische Jüdin?‹ fragte ich direkt. Sie sah Karlis und mich verwundert an. Dann antwortete sie: ›Die Deutschen sind mit Hunden dagewesen. Sie ist nicht mehr da. Seit mehreren Wochen holt niemand mehr das Essen, das wir ihr hinlegen.‹ Ich schaute verzweifelt Karlis an. Unsere ganze Mühe war umsonst gewesen.«

Was sollte man jetzt tun? Aufgeben? Oder nach Strohhalmen greifen? Der Gedanke, mit leeren Händen zurückzukommen, gibt den Ausschlag.

»Zeig mir das Versteck der Frau«, sagt Valentine zu ihrer Freundin. »Vielleicht haben die Dorfbewohner sich doch geirrt.«

Sie beschließen, daß Karlis im Dorf bleiben soll, während die beiden Frauen zu Fuß in den Wald gehen. »Während wir durch den Wald wanderten, erklärte ich meiner Freundin den Auftrag. Und ich beschrieb die Evakuierungsgruppe in Ventspils. ›Kannst du nicht mit nach Ventspils kommen?‹ fragte ich sie. ›Sie brauchen Frauen in der Organisation. Und früher oder später kommen wir selbst nach Schweden.‹« Während sie darüber diskutieren, sind die beiden Frauen bei dem Versteck der Jüdin angelangt. Es ist leer.

Valentine und die Freundin können – und müssen nach allen Regeln der Logik – jetzt umkehren. Doch statt dessen beschließen sie, weiter durch den Dundagawald zu gehen. »Wir hatten eine irre Hoffnung, die Jüdin doch noch zu finden. Wir gingen und gingen, einfach drauflos.« Schließlich wird es Abend. Sie haben keine Lampe bei sich, und keine von den beiden ist warm genug gekleidet, um eine Novembernacht im Wald verbringen zu können. Aber als sie sich entscheiden umzukehren, sehen sie ein paar Häuser. Und noch ein paar. Sie sind an den Rand eines Dorfes gekommen. »Meine Freundin beschloß, in das Dorf zu gehen und zu fragen, ob jemand die Jüdin gesehen hätte. Sie kam unverrichteter Dinge zurück. Niemand hatte etwas gesehen. Dann, im letzten Sonnenlicht, stiegen wir auf einen Hügel außerhalb des Dorfes, nur um einen Überblick zu bekommen. Und da, als wir dort standen und über den Wald hinblickten, sah ich, wie sich etwas bewegte. Zuerst dachte ich, es sei ein Tier. Aber dann sah ich, daß es ein Mensch war. Ich begann zu laufen. Als ich näherkam, sah ich, daß es ein Mann war. Ein Mann in zerlumpten Kleidern und mit einem großen zottigen Bart. Und noch etwas sah ich: Er war Jude! Ich lief auf ihn zu und sagte auf Russisch: ›Ich werde Sie nach Schweden bringen.‹ Der Mann war ganz erschrocken und versuchte fortzulaufen. Und deshalb packte ich ihn mit beiden Händen an seinen Lumpen. Er tat alles, um loszukommen. Ich rief: ›Es ist in Ordnung. Keine Angst.‹ Da erwiderte er auf Lettisch: ›Warum?‹ In dem Augenblick wußte ich nicht, was ich sagen sollte, um ihn zu beruhigen. Mir fiel nur eins ein, und das sagte ich: ›In Schweden bekomme ich Geld für Sie!‹«

Israel Michelson ist so lange allein im Wald umhergewandert, daß er nicht weiß, ob er es wagen kann, einem anderen Menschen zu vertrauen, selbst wenn die Frau vor ihm sagt, sie gebe ihm »ihr Ehrenwort als Frau«. Daß er sich dennoch entschließt, ihr zu glauben, beruht darauf, daß er keine andere Wahl hat. Entweder er ergreift diese seltsame Chance, oder er stirbt im Wald. Eine andere Alternative hat Israel Michelson nicht. Also geht er mit.

»Wir drei, meine Freundin, der Mann und ich, gingen durch den Wald zurück zu dem ersten Dorf. Es war sehr dunkel, aber wir mußten vor Anbruch des folgenden Tages zurück sein, um das Auto und die SS-Uniform zur verabredeten Zeit wieder abzuliefern. Wir fanden den Weg zurück. Als wir ankamen, wartete Karlis schon, doch es war keine Zeit, Michelson zu rasieren oder ihm andere Kleider zu geben. Wir sprangen nur in den Wagen und fuhren los. Wir hofften, daß keine Deutschen uns mit unserem Passagier sehen würden. Aber unsere Hoffnung erfüllte sich nicht.«

Nach nur wenigen Kilometern hört Valentine plötzlich Stimmen. Jemand ruft: ›Halt‹.

»Es waren Deutsche. Sie traten an den Wagen und fragten nach unseren Papieren. Wir hatten ja Papiere für uns, aber nicht für Michelson, der sich auf der Rückbank versteckte. Dann nahmen sie eine Taschenlampe, um auf die Rückbank zu leuchten. Da sprang Karlis plötzlich aus dem Wagen. Wir hatten uns vorher abgesprochen: ›Wenn ich schieße, schießt du‹, hatte Karlis gesagt und mir eine Pistole gegeben. Aber ich brauchte nicht zu schießen. Karlis schoß, die Deutschen schossen, und Michelson schrie. Es gelang uns, wegzukommen, und wie durch ein Wunder wurde keiner verletzt. Danach wußte Michelson, daß er uns vertrauen konnte.«

Sie bringen Israel Michelson an den Strand in Sarnata. Da muß er sich zwei Wochen verstecken und auf das nächste Boot warten. Das nächste Boot nach Schweden.

Eines Tages Ende November läuft ein Fischkutter in die Bucht von Sarnata ein. Am Strand wartet eine große Gruppe Letten. Sie wollen mit dem Boot nach Stockholm fliehen. Sie wissen nichts davon, daß sich unter ihnen ein jüdischer Mann verbirgt. Israel Michelson, immer noch mit zottigem Bart und zerlumpten Kleidern, liegt in einem Gebüsch versteckt. Er weiß, und seine Retter wissen, daß es unter den Letten Menschen geben kann, die ihn nur allzu gern bei den Deutschen verpfeifen würden.

Insgesamt warten einhundertsiebenundsechzig Menschen am Strand, unter ihnen Valentine Lasmane und ihre Freundin. Als das Boot näherkommt, gehen Valentine Lasmane und ein anderes Mitglied der Evakuierungsgruppe zu Michelsons Versteck. Sie haben eine Kiste bei sich. In diese Kiste muß Michelson sich legen.

»Wir brachten ihn in den Maschinenraum des Schiffes, damit niemand wissen sollte, daß er sich an Bord befand. Dann gingen alle anderen an Bord. Dann machten die Seeleute das Boot los, aber statt nach Liepāja weiterzufahren, nahmen wir Kurs hinaus aufs Meer. Wir waren auf dem Weg nach Gotland.«

Normalerweise dauert die Fahrt zwischen Lettland und Gotland etwa zehn Stunden. Diesmal dauert sie sechsunddreißig. Die ganze Zeit liegt Israel Michelson in seiner Kiste im Maschinenraum. »Wir liefen vor der Küste von Gotland auf Grund«, erzählte Valentine. »Dort saßen wir fest. Schließlich, nach vielen Stunden, kam eine Gruppe schwedischer Fischer und half, die Passagiere nach Fide Strand zu evakuieren. Ich blieb mit Michelson an Bord.« Mit Hilfe der schwedischen Fischer bekommt man schließlich das Boot vom Grund los. Das Schiff kann seine Reise nach Slite fortsetzen. An Bord sind Lasmane, Michelson und die Besatzung. »Wir erreichten Slite am 26. November 1944«, berichtet Valentine Lasmane. Dort empfangen sie der Provinzialstaatsanwalt und sein guter Freund Leonid Siliņš. Dieser nimmt Michelson mit.

»Am nächsten Tag«, erzählt Lasmane, »saß Michelson in einem Flugzeug nach Stockholm.«

»Jetzt haben wir Ihnen geholfen, nach Schweden zu kommen. Jetzt müssen Sie anderen helfen.« Der Mann vor Israel Michelson hat sich selbst als »Konsul Karl Lassman« vorgestellt. Um ihn herum sitzt eine Gruppe Menschen. Israel vermutet, daß es Letten sind, auf jeden Fall sprechen sie hauptsächlich lettisch mit ihm.

Er ist erst einen Tag in Stockholm, aber es ist ein unglaublicher Tag gewesen. Als er ankam, wurde er in ein Hotel gebracht und neu eingekleidet. Dann durfte er eine Nacht ausschlafen, und jetzt ist er hierher gebracht worden, in Konsul Lassmans Büro.

»Wie kommt es, daß Sie so gut lettisch sprechen?« haben sie ihn gefragt. »Haben Sie Bekannte hier in Stockholm?« Vielleicht zweifeln sie daran, daß er Jude ist, Juden sprechen meistens nicht so gut lettisch. Israel erklärt ihnen, daß er die letzten drei, vier Jahre ein ganz anderes Leben geführt hat als andere lettische Juden in Schweden. »Deshalb bin ich auch seelisch ein anderer Mensch als sie.«

»Nun gut«, erwidert Konsul Lassman. »Sprechen wir von etwas anderem.« Und jetzt erzählt er, daß Israel anderen Juden helfen soll, aus Lettland zu fliehen.

»Die Gruppe von General Kurelis hält sechshundert Juden im Dundagawald versteckt. Um sie zu retten, brauchen wir schnelle Boote, und um schnelle Boote kaufen zu können, brauchen wir Geld.« Lassman erzählt, daß Israel nach diesem Treffen zu einem anderen Treffen gebracht werden soll, »und dort sind Menschen, die diese Dinge beschaffen können«. Alles, was Israel tun soll, sagt Lassman, ist, die Wahrheit zu bestätigen. »Die Wahrheit«, das ist offenkundig, ist, daß sich noch weitere sechshundert Juden im Dundagawald befinden.

»Wie kann ich das bestätigen«, begehrt Israel auf, »wenn ich weiß, daß es nicht wahr sein kann!?« Wo sollten sich im November sechshundert Juden in den Wäldern versteckt halten? Das Ganze ist absurd! Und dies sagt Israel dem Konsul. »Konsul Lassman wurde nicht nur mutlos «, erzählt Israel später, »sondern richtig böse.«

Nichstdestoweniger fahren sie gemeinsam zu dem zweiten Treffen.

»Es waren zehn Personen anwesend«, erinnert sich Israel. »Später wurde mir klar, daß sie vermutlich ein Komitee baltischer Juden repräsentierten, die Verbindungen zu amerikanischen Juden hatten, von denen man dieses Geld hauptsächlich bekommen wollte. Es war die Rede von 3000 Kronen pro Jude.«

Offenbar ist Israel bei Gilel Storch und seinem Baltisch-jüdischen Hilfskomitee gelandet. Noch einmal wird er nach den sechshundert Juden gefragt, die sich im Dundagawald versteckt halten sollen.

»Ich bin nicht mehr in den Händen der Nazis«, antwortet Israel seiner eigenen Aussage zufolge. »Ich brauche nicht mehr zu lügen. Ich kann nicht bestätigen, daß noch sechshundert Juden im Dundagawald sind.«

Wie Gilel Storch und seine Kollegen im Baltisch-jüdischen Hilfskomitee (Leon Lapidus, Markus Kaplan, Rabbi Zuber, Rabbi Wolbe, Susman Birkhahn, Robert Herzenberg und Israel Hazdan[6]) diese düstere Neuigkeit aufnehmen, wissen wir nicht. Aber wir wissen, wie Israel Michelson die Situation empfindet:

»Es wirkte so, als bereuten sie, daß ich gerettet worden war.«[7]

Interessanterweise ist ein Telegramm erhalten, das eine gute Woche nach Michelsons Ankunft abgefaßt zu sein scheint. Darin schreibt das Baltisch-jüdische Hilfskomitee an Leon Kubowitzki in der Weltexekutive des World Jewish Congress, daß man gerade Michelson herausgeholt habe und weiterhin hoffe, noch mehr baltische Juden retten zu können:[8]

> Der erste Flüchtling Israel Michelson ist aus Windau *[Ventspils]* hierhergebracht worden. Wir tun, was wir können, um weitere Juden zu retten. Bitte fragen Sie die baltischen Komitees, ob sie uns 10 000 Dollar senden können. Wir verhandeln mit der sowjetischen Gesandtschaft über die Möglichkeit, baltische Juden zu entsetzen. Einzelheiten sind baldmöglichst zugesagt. Es ist notwendig, Vitamine zu beschaffen, die wir hier bekommen können, wenn wir Geld haben. Bitte fragen Sie die Komitees. Telegrafieren Sie, ob sie helfen können. Wir können auch Informationen über das Schicksal einzelner Juden beschaffen.
>
> *Baltisch-jüdisches Hilfskomitee*
> *c/o L. Lapidus, Sveav. 32, Sthlm.*

Warum haben Storch und seine Kollegen immer noch Hoffnung, weitere baltische Juden zu retten? Michelson hat ihnen ja offenbar keinen Anlaß zu dieser Hoffnung gegeben.

Man kann darüber nur spekulieren. Entweder glaubten sie Michelson nicht, oder Michelson war bei seiner Ankunft nicht so eindeutig, wie er selbst angegeben hat. Eine andere Möglichkeit wäre, daß dieses Telegramm sich auf eine andere Aktion bezieht, bei der man offenbar eine Beteiligung der sowjetischen Botschaft erwartete. Es gibt natürlich noch eine vierte Möglichkeit: daß das Komitee mit Hilfe einer Lüge versucht, Geld aus den USA zu bekommen. Gegen diese Deutung spricht die Tatsache, daß Storch bei früheren Gelegenheiten Geld aus den USA abgelehnt zu haben scheint. In seinem Promemoria über Storch und seine Verhandlungen mit Iver Olsen schreibt Gösta Engzell im Juli 1944:

> Olsen hat, um eine Anzahl von Leuten aus dem Baltikum, besonders Lettland, zu retten, dem früheren Minister Salnais Geldmittel zur Verfügung stellen wollen. Dieser sollte neben Storch und einer dritten Person eine Verpflichtung unterschreiben, das Geld, eine Summe von 200 000 Kronen, für den angegebenen Zweck zu verwalten. Storch, der vor allem Juden retten wollte, hat sich aus verschiedenen Gründen nicht zur Mitarbeit in der Lage gesehen.[9]

Dem Historiker Steven Koblik zufolge lehnte Storch Olsens Vorschlag ab, weil er glaubte, »daß einige der Balten, die früher mit Olsen zusammengearbeitet hatten, mit den Deutschen kollaboriert hatten und jetzt versuchten, den Russen zu entkommen«.[10]

Im August lehnt Storch in einem Telegramm finanzielle Hilfe für die Rettung baltischer Juden von der Federation of Lithuanian Jews mit den Worten ab: »Ihre finanzielle Unterstützung unnötig. Ich telegrafiere, falls erforderlich.«[11] Auch im Zusammenhang mit der Ankunft der dänischen Juden in Schweden 1943 wurde diskutiert, ob man Geld vom World Jewish Congress in New York annehmen sollte. Storch lehnte dies in einem Telegramm nach New York mit dem Hinweis darauf ab, daß »zum gegenwärtigen Zeitpunkt kein Geld benötigt wird, weil für den Zweck hier ausreichende Mittel vorhanden sind. Die schwedische Regierung gibt alle denkbare Unterstützung, bezahlt sogar Unterhalt.«[12]

Das Wahrscheinlichste dürfte sein, daß das Baltisch-jüdische Hilfskomitee aus irgendeinem Grund noch im Dezember 1944 zu glauben scheint, Konsul Lassman könnte weitere Juden aus dem Baltikum herüberholen. Diese Erklärung wird durch den Brief eines Arbeitsausschusses bei der Mosaischen Gemeinde an Leon Lapidus im Baltisch-jüdischen Hilfskomitee bekräftigt, der am 6. Dezember, mehr als eine Woche nach Michelsons Ankunft geschrieben wurde:[13]

> Bezüglich der auf der Sitzung mit der schwedischen Sektion des World Jewish Congress am 4. d. M. behandelten Frage der Kosten für die Überfahrt von Juden aus dem Baltikum kann ich Ihnen mitteilen, das der »Arbeitsausschuß für die Unterstützung der Juden Europas« bereit ist, für jeden in der Zeit bis zum 1. März 1945 durch die Vermittlung von Konsul Lassman aus dem Baltikum hier angekommenen jüdischen Flüchtling einen Betrag von 500,– Kronen zu zahlen, insgesamt jedoch höchstens 5000,–, vorausgesetzt, das baltische Komitee kommt für die übrigen mit der Überführung verbundenen Kosten auf.
>
> *Hochachtungsvoll*
> *Arbeitsausschuß für die Unterstützung der Juden Europas*
> *Samuel Nisell*

Der Vorgang ist im Protokoll der in dem Brief erwähnten Sitzung beschrieben.[14]

Da die Mitglieder im Baltisch-jüdischen Hilfskomitee nicht nur enge Kontakte zur Mosaischen Gemeinde unterhalten, sondern in einigen Fällen sogar unmittelbar in der Gemeindearbeit aktiv sind, ist diesem Brief eindeutig zu entnehmen, daß man sich nichts »vormacht«, sondern zu diesem Zeitpunkt wirklich glaubt, noch Juden herausholen zu können. In dem oben erwähnten Protokoll der Sitzung vom 4. Dezember steht außerdem, daß »ein baltischer Jude, M., Herrn Storch über die Lage und die Möglichkeit, eine Anzahl noch verbliebener Juden zu retten, berichtete«. Es ist wahrscheinlich, daß Israel Michelson während einiger Tage tatsächlich die Direktive Konsul Lassmans befolgte und den Mitgliedern des Baltisch-jüdischen Hilfskomitees das sagte, was zu sagen ihm aufgetragen worden war: Es gibt tatsächlich sechshundert Juden im Dundagawald. Sie warten nur auf ihre Rettung.

Die Geschichte mit den Juden im Dundagawald wird für Storch zu einer großen persönlichen Enttäuschung. Außerdem soll zur gleichen Zeit das Verhältnis zwischen ihm und Iver Olsen endgültig in die Brüche gehen. Dem Historiker Monty Penkower zufolge führt »der Bericht eines Juden, den Storch gerettet hatte, daß die Geschichte eines lettischen Komitees über 800 [sic!] im Dundagawald versteckte Juden reiner Schwindel sei, dazu, daß Storch es ablehnte, die Ausbezahlung von Geldern der jüdischen Hilfsorganisation Joint an Olsen zu bewilligen, was wiederum zur Folge hatte, daß Storch bei Olsen in Ungnade fiel«.[15] Laut dem oben erwähnten Protokoll vom 4. Dezember erhielt jedoch Storch von Olsen schon vor Michelsons Ankunft »das Geld zurück, das er deponiert hatte«, und zu dem Zerwürfnis mit Olsen dürfte es also unabhängig von dem »Schwindel« mit den Juden im Dundagawald gekommen sein. Nichtsdestoweniger ist es klar, daß die anfänglich so intime Freundschaft zwischen »Präsident Roosevelts Repräsentant in Schweden« und dem lettischen Juden Gilel Storch nachhaltig gestört ist.

Nur wenige Monate zuvor, am Anfang von Storchs und Olsens Bekanntschaft, hatte Storch dem Amerikaner folgenden herzlichen Brief geschrieben:

23. Mai 1944
Lieber Mr. Olsen,
Hiermit darf ich mich für den freundlichen Empfang bedanken, den Sie mir bereitet haben. Während meiner Verhandlungen mit Ihnen ist mir Ihre große Menschlichkeit bewußt geworden sowie Ihr enormes Interesse und Ihr Wille, die große Bürde, die auf unserem Volk lastet, zu erleichtern.
Ich bringe Ihnen meine große Dankbarkeit dafür zum Ausdruck, daß Sie sich bereit erklärt haben, Informationen und Telegramme weiterzubefördern.
Was mich persönlich betrifft, bin ich jederzeit bereit, Ihnen alle Informationen, die ich besitze, weiterzugeben.

Mit den herzlichsten Grüßen
Gilel Storch[16]

Storch sah früh ein, daß Iver Olsen gute Absichten hatte. Was deren praktische Umsetzung betraf, beurteilte er ihn weniger positiv. Gilel Storch war ein Mann, der sehr hohe Ansprüche an seine Umgebung stellte.

Der Bruch zwischen Olsen und Storch führt indessen nicht dazu, daß die Beziehungen zwischen dem schwedischen World Jewish Congress und dem War Refugee Board enden. Es verhält sich lediglich so, daß Olsen sich fortan weigert, mit jemand anderem zu sprechen als Storchs Kollegen Fritz Hollander.[17]

36

Der Sommer und Herbst 1944 ist für alle, die versuchen, Juden zu retten, eine ereignisreiche Zeit gewesen, nicht zuletzt für Gilel Storch. Er scheint fünf oder sechs Projekte gleichzeitig betrieben zu haben. Und manchmal handelt er extrem spontan.

»Zuweilen fand ich, daß er zu häufig intervenierte«, sagt Storchs Freund Karl Berman. »Dann und wann. Aber das kam daher, daß er nicht immer auf Bekräftigung wartete, wenn etwas geschah. Er handelte einfach.«[1] Berman berichtet von einem solchen Fall:

»Er rief mich im Juni 1944 an und fragte, ob ich ihm bei einer Sache helfen könnte. ›Es ist denkbar, daß die Deutschen die finnischen Juden holen‹, sagte er. ›Du hast doch Kontakte mit Finnland. Glaubst du, du kannst helfen, in Vasa Schiffe vorzubereiten?‹«

Wir wissen nicht, woher Storch die Information hat, das Leben der finnischen Juden sei in Gefahr. In Anbetracht dessen, was wir über die Situation der finnischen Juden zu dieser Zeit wissen, kann man der Meinung sein, daß Storch diesmal auf unbegründete Informationen reagiert hat.

Dennoch läuft zum gleichen Zeitpunkt ein paralleles Geschehen ab, das zu bestätigen scheint, daß Gilel Storch wirklich Anlaß zu Besorgnis hat. Ob Storchs Informationen mit diesem Geschehen zu tun haben, wissen wir nicht, doch es ist unzweifelhaft ein interessantes Zusammentreffen, daß er ausgerechnet im Juni 1944 reagiert.

Seit gut einem Monat ist nämlich Heinrich Himmlers Masseur Felix Kersten wieder zu Besuch in Stockholm. Während dieses Besuchs hat Kersten Kontakte zu einer Reihe von Personen. Ein paar von ihnen haben später davon berichtet.

Unter diesen befindet sich einer der Stockholmer Chefs des amerikanischen OSS-Büros, Wihlo Tikander. Tikander berichtet, Kersten habe ihm gegenüber offengelegt, er, also Kersten, »sei beauftragt worden, in Schweden deutsche Propaganda zu verbreiten«. Anschließend, so Kersten laut Tikander, werde er nach Finnland weiterreisen, »um dort zu fordern, daß die finnische Regierung sämtliche noch im Lande befindlichen Juden an Deutschland überstellen solle«.[2]

Es liegen auch Informationen vor, denen zufolge Kersten bei seinem Stockholm-Besuch den finnischen Militärattaché Oberst Martin Stewen getroffen habe. Kersten soll Stewen in dramatischen Worten berichtet haben, sein »Vorgesetzter habe ihm aufgetragen, sich an den [finnischen] Präsidenten zu wenden und bei diesem darauf zu dringen, daß endlich radikale Maßnahmen gegen Finnlands Juden ergriffen würden, die zunächst in Ghettos und dann nach Deutschland gebracht werden sollten«. Kersten hat gleichzeitig den finnischen Gesandten Gripenberg gebeten, ihm die Reise nach Helsinki zu organisieren und ein Treffen mit Präsident Ryti zu arrangieren, damit »dieser unangenehme Auftrag« in einer für die Finnen zufriedenstellenden Weise erledigt werden könne.[3]

Der finnische Forscher Hannu Rautkallio ist davon überzeugt, daß Kersten nur fabuliert, und zwar in der Absicht, sich für die Schweden wie für die Finnen unentbehrlich zu machen, zu einem Zeitpunkt, als es immer klarer wird, daß Kerstens Beziehungen zu Deutschland kompromittierend für ihn werden können. Wie dem auch sei, so scheinen Informationen über geplante Deportationen finnischer Juden auch Storch erreicht zu haben. Wir wissen nicht, wie. Was wir aber wissen, ist, daß Storch Felix Kersten nicht kennt.

»Damals, im Juni 1944, war meine Frau hochschwanger«, erzählt Karl Berman. »Aber ich sagte wie gewöhnlich zu Storch: in Ordnung. Er wußte, daß ich einen Onkel in Haparanda hatte, einen ehemals russischen Juden, der da oben in Norrland sehr bekannt und gut angesehen war. Also nahm ich den Zug hinauf zu meinem Onkel und erklärte ihm die Situation. ›Du mußt versuchen, durch deine Kontakte in Vasa Boote zu organisieren, die bereit sind, falls die Deutschen gegen die Juden zuschlagen‹, sagte ich ihm. Es handelte sich ja um mehr als tausend Juden.«

Bevor die Pläne allzu weit fortgeschritten sind, sieht man in Stockholm ein, daß es sich entweder um falschen Alarm gehandelt hat oder daß die Deportationspläne aus irgendeinem Grund nicht realisiert werden.

»Also wurde nichts daraus«, erzählt Berman. »Aber es war typisch für Storch, überall wollte er helfen. Und in solchen Situationen konnte ich nie nein zu ihm sagen, außer … ja … Man haute einfach ab!«[4]

»Seine Frau Anja erzählte mir«, sagt sein Freund, der Historiker Dov Dinur, »Gilel sei ›vollkommen abnorm‹ gewesen. Ja, genau das hat sie gesagt. Wenn das Telefon klingelte, am Tag oder in der Nacht, ließ er alles stehen und liegen und verschwand. Er verließ seine Kinder, er verließ seine Frau.«[5]

»Papa war nie zu Hause, er kam nachts um vier oder fünf zurück«, erinnert sich Eleonora. »Mama stand immer am Fenster und fragte sich, wo er wohl war und wann er wohl zurückkam. Wir wußten nie richtig, was er trieb. Er kam sehr spät.«[6]

Gilel und Anja hatten sich dennoch in vieler Hinsicht in ihrem neuen Milieu zurechtgefunden. Ihre finanzielle Situation war ausgezeichnet, obwohl Gilel sich immer weniger seinen Geschäften widmete. Sie hatten sich in der Furusundsgata eine große Wohnung angeschafft. Und die Familie hatte Zuwachs bekommen. Im Jahr nach Anjas und Eleonoras Ankunft in Schweden wurde der Sohn Marcus geboren, ein weiteres Jahr danach die Tochter Ruth. Dennoch wollte sich das Familienglück nicht richtig einstellen.

»Sie führten keine gute Ehe, so war es einfach«, sagt ein Freund der Familie. »Sie waren zu verschieden. Ich glaube, Anja war recht unglücklich.«

»Ich würde es so ausdrücken«, erklärt der Sohn Marcus, »daß sie nicht ohne einander leben konnten, aber es fiel ihnen auch sehr schwer, miteinander zu leben. Auf eine Weise glaube ich, daß sie zuviel voneinander hatten. Er war alles in Mamas Leben – wir waren alles in ihrem Leben, sie hatte sozusagen keine Alternative. Ihre ganze Welt hatte sie in Lettland zurückgelassen und kam in eine neue Welt, mit der sie sich nie richtig identifizieren konnte. Als Mama Riga verließ, nahm sie Abschied von ihren Eltern, und beide Seiten wußten, daß sie sich wohl nicht mehr wiedersehen würden. 1941 kam sie in ein neues Land. Ich wurde 1942 geboren, meine kleine Schwester 1943. Da sitzt sie also 1943 mit drei kleinen Kindern, spricht die Sprache nur sehr schlecht, ist nicht sicher, wie sie durchkommen werden. Mein Vater war ja sehr aktiv an allen möglichen Fronten. Sie fühlte sich wohl ziemlich unsicher und verloren.«

Stritten sich Gilel und Anja häufig? »Manchmal krachte es«, sagt Marcus. »Es war sozusagen eine Entladung der ganzen Einsamkeit. Papa war das Zuhause ja vollkommen schnuppe, das war nicht sein Gebiet. Er lebte in einer anderen Welt. Das heißt nicht, daß er sich nichts aus uns machte, er machte sich viel aus uns, aber er war wie in einer anderen Sphäre. Ich weiß noch, als ich Abi machte, ich ging ins Kungsholms Gymnasium, acht Jahre war ich dahin gegangen. Papa wollte kommen, um mich dort abzuholen und mit mir zu feiern. Aber statt zum Kungsholms Gymnasium fuhr er zum St. Görans Gymnasium. Als er mich nicht herauskommen sah, war er überzeugt, daß ich durchgefallen wäre! Also eilte er nach Hause, um mich zu trösten.«[7]

»Er dachte nie ganz in den Bahnen, in denen wir anderen dachten, er war sehr eigenwillig«, sagt sein Mitaktivist Gert Löllbach. »Ich erinnere mich an einen Vorfall: Storch verlieh oft großzügig Geld. Und ein guter Freund von mir hatte einige Zeit beim World Jewish Congress mitgearbeitet, fing aber an zu studieren und mußte deshalb seine Mitarbeit im Congress einschränken. Dieser Mann hatte sich bei Gilel Storch eine gewisse Achtung erworben, und als sie sich verabschiedeten, sagte Storch zu ihm: ›Wenn Sie einmal etwas brauchen, sagen Sie mir nur Bescheid‹. Etwas später geriet mein Freund in eine akute Geldverlegenheit, er brauchte tausend Kronen. Das war in den Vierzigern enorm viel Geld. Da erinnerte er sich daran, was Gilel Storch ihm zum Abschied gesagt hatte. Er rief ihn an und erzählte ihm von seinem Dilemma. ›Selbstverständlich‹ sagte Storch, ›ich schicke sofort tausend Kronen‹. Aber dann vergaß er es, so war er. Ein paar Tage später treffen sie sich zufällig auf der Straße. ›Ja, natürlich‹, sagt Storch, ›Sie sollten tausend Kronen bekommen‹. Er steckt die Hand in seine Brusttasche, zieht einen Tausender hervor und überreicht ihn meinem Freund. Dann wendet er sich zum Gehen. ›Haben Sie ein Stück Papier?‹ fragt mein Freund. ›Wieso?‹ meint Storch. »Sie wollen doch wohl eine Quittung von mir‹, sagt mein dankbarer Freund. Worauf Storch empört ausruft: ›Haben Sie denn kein Vertrauen zu mir?‹«[8]

Bein anderer Gelegenheit hat Löllbach über Storch geäußert:

»Er handelte unkonventionell, manchmal irrational, und er hatte vermutlich sowohl Feinde als auch Bewunderer, aber keine Freunde.«[9]

Anja und Gilel begannen, parallel nebeneinander verlaufende Leben zu führen, die doch auf paradoxale Art sehr eng ineinander verflochten waren. Sie teilten trotz allem einen Ursprung und die Trauer über eine verlorene Welt, einen verlorenen Lebenszusammenhang und einen verlorenen Kreis von Nahestehenden und Lieben. Dennoch konnten sie sich in diesem Verlust nicht gegenseitig stützen. Sie gingen nämlich ganz unterschiedlich damit um.

»Mama weinte sehr viel«, erzählt Eleonora. »Sie erhielt immer Mitteilungen darüber, daß dies und das dem einen oder anderen in der Familie geschehen war. Eine Mitteilung nach der anderen. Sie flüsterten und redeten, und ich weiß nur noch, daß Mama weinte und weinte, es nahm kein Ende, und daß Fräulein Olsson, unsere Gouvernante, dann immer Marcus im Kinderwagen mit nach draußen nahm, und ich mußte auch immer aus dem Haus gehen, damit ich nicht sah, wie traurig Mama war. Wir begriffen nicht richtig, warum sie immer weinte.«

Wie reagierte Gilel angesichts der wachsenden Einsicht, daß wahrscheinlich fast seine ganze Familie ausgelöscht worden war? Er reagierte mit verstärkter Aktivität.

»Er war sehr beherrscht«, sagt Eleonora. »Er hatte sehr traurige Augen. Ich habe ihn nie weinen sehen.«[10]

37

Gilel Storch hat sich so viele Menschen, auf deren Hilfe und Kooperation er angewiesen ist, zu Gegnern gemacht, daß man sich fragt, warum er nicht aufgibt. Mit Olsen kann er nicht mehr reden. Und mit Rabbi Ehrenpreis auch kaum noch, obwohl Ehrenpreis Vorsitzender der Organisation ist, die Storch gegründet hat und die er eigentlich noch immer leitet. »Auch wenn der Oberrabbiner Ehrenpreis akzeptierte, Vorsitzender der schwedischen Sektion des World Jewish Congress zu sein, so war Gilel Storch die treibende Kraft«, erzählt Fritz Hollander.[1]

Aber ohne Ehrenpreis kann Storch nicht mehr agieren. Der Rabbiner ist, und zwar dank Storchs Initiative, das Gesicht des schwedischen World Jewish Congress nach außen, und er ist Mitglied im Hauptvorstand, der Weltexekutive mit Sitz in New York. Außerdem ist er das wichtigste Verbindungsglied zur Mosaischen Gemeinde. Kann Storch nicht mit Ehrenpreis zusammenarbeiten, ist ihm seine Arbeit fast unmöglich gemacht. Die Frage ist, warum er sich in eine solche Situationen bringt:

»Gilel und ich waren sehr gute Freunde«, erzählt Fritz Hollander. »Aber er konnte unerhört aggressiv sein, ein ganz anderer Typ als die Schweden. Ich erinnere mich noch … ich weiß nicht mehr ganz genau, was passiert war, aber aus irgendeinem Grund tat ich nicht, was er wollte, und da wurde er furchtbar wütend auf mich und beschimpfte mich und sagte alles mögliche. Zwei, drei Tage später traf ich ihn bei einer Veranstaltung. Als er mich sah, lief er sogleich auf mich zu und umarmte mich. ›Wie geht es dir?‹ fragte er. ›Warum fragst du?‹ antwortete ich. ›Du hast doch erst vor ein paar Tagen gesagt, du wolltest nie wieder etwas mit mir zu tun haben!‹ ›Aber Fritz‹, stieß er hervor. ›Wie kannst du so etwas ernst nehmen?! Du kennst mich doch!!‹«[2]

Storch tut sein Bestes, um den Oberrabbiner Ehrenpreis bei guter Laune zu halten. Zum 75. Geburtstag des Rabbiners im Juni 1944 schickt er ein Telegramm:

> *An den*
> *Oberrabbiner Herrn Professor Marcus Ehrenpreis*
>
> Ich habe die Ehre und die große Freude, dem ältesten zionistischen Veteran, dem Vorkämpfer jüdischer Rechte, PROFESSOR MARCUS EHRENPREIS aus Anlaß Ihres 75. Geburtstags die herzlichsten Glückwünsche auszusprechen.
> Im Namen folgender Organisationen:
> Federation of Jewish Relief Organisations, London
> Baltic Relief Committee, New York
> Baltic relief Committee, London
> Baltic relief Committee, Tel-Aviv
>
> *Ihr ergebener*
> *G. Storch*[3]

Noch ein Jahr später nennt Storch in einer Rede Ehrenpreis »eine jüdische Encyklopädie« und vergleicht ihn mit »einem Diamanten in der Mitte einer Brosche mit falschen Steinen«.[4] Auch Ehrenpreis äußert sich in vielen Protokollen voller Wertschätzung über Storch.[5] Doch die warmen Worte verdecken sehr gemischte Gefühle. »›Jetzt ruft meine Lieblingsantipathie an‹, pflegte Papa jedesmal zu sagen, wenn Storch anrief«, erzählt Ehrenpreis' Tochter. »Ich glaube nicht, daß er ihn nicht mochte – auch Papa war ja Ostjude, und er verstand Storch bestimmt in vieler Hinsicht –, aber er konnte nichts daran ändern, daß er ihn irritierte. Die Chemie zwischen ihnen stimmte nicht.«[6]

In der schwedischen Sektion des World Jewish Congress kann man zwei Gruppen unterscheiden – eine für, eine gegen Storch. Bei der Lektüre der Sitzungsprotokolle sieht man, daß es häufig zu heftigen Wortwechseln kam. Storchs engste Freunde in der Sektion und diejenigen, die ihn meistens verteidigen, sind Norbert Masur und Fritz Hollander.[7]

Man könnte meinen, daß diese Animosität die Arbeit der Sektion lähmte. Aber das Erstaunlichste ist, daß all diese Konflikte sich vor dem Hintergrund einer der wichtigsten Aktionen abspielen, die die Sektion während des Krieges durchführt.

»Schon wenige Wochen nach dem deutschen Überfall auf Polen 1939 begannen Briefe mit Bitten um Hilfe, Kleidung und Lebensmittel bei Angehörigen in Schweden einzugehen.« So beginnt Storchs Kollege Leon Lapidus seinen Bericht über die große Lebensmittelaktion, die in der Endphase des Krieges durchgeführt wird.[8]

Menschen in den von Deutschland besetzten Gebieten Europas, und nicht nur Juden, hatten seit Kriegsbeginn um Lebensmittel gebeten. Und die Mosaische Gemeinde hatte diese Bitten um Hilfe erhört. Auf Initiative von Professor Ehrenpreis wurde im Oktober 1940 »Föreningen för hjälp åt Polens judar« gebildet. Ihr Ziel war es, wie schon der Name sagt, den polnischen Juden zu helfen, vor allem verschiedenen jüdischen Institutionen und Wohltätigkeitseinrichtungen.

Die Gemeinde hatte jedoch ein Problem: die schwedischen Behörden. »Es zeigte sich, daß die materielle Hilfe aus Schweden nur von geringem Umfang sein durfte – aufgrund von Exportverboten«, schreibt Lapidus. »Exportlizenzen wurden nur für in Schweden wohnhafte Personen bewilligt, die ihren allernächsten Verwandten im Ausland helfen wollten.« Mit anderen Worten, betont Lapidus, konnten schwedische Juden, die notleidenden Juden in Europa helfen wollten, dies nicht von Schweden aus tun, selbst wenn sie alle Hilfe selbst bezahlten (dennoch gingen Lebensmittellieferungen von Schweden nach beispielsweise Norwegen während eines großen Teils des Krieges, A. d. Verf.).

Die jüdischen Organisationen mußten eine andere Lösung finden. Die Antwort war Portugal, ein Land, das aufgrund der weniger angespannten Versorgungslage liberaler als Schweden war, was die Ausfuhr von Lebensmitteln anging.[9]

»Von Portugal aus schickten wir große Mengen von Lebensmitteln nach Polen«, berichtet Lapidus. »Die Pakete enthielten Kaffee, Kakao, Sardinen, Honig, Kondensmilch usw.« Die Sendungen erreichten – bemerkenswerterweise, kann man vielleicht sagen – häufig ihr Ziel in Polen. Aber dennoch blieben viele Probleme. Die Transporte waren nicht effektiv organisiert – oft waren die Pakete drei bis sechs Monate unterwegs, bevor sie ankamen. Ein anderes Problem war das Echo bei den Mitgliedern der Mosaischen Gemeinde in Stockholm, die die Lieferungen bezahlen sollten: »Für das ganze Jahr – von Anfang Oktober 1941 bis Ende Juli 1942 – waren lediglich 35 000 Kronen eingegangen«, schreibt Lapidus. »Es war deutlich, daß das schwedische Judentum sich nicht klar gemacht hatte, was die Stunde der Not erforderte.«

Die eingesammelten Mittel waren wie ein Tropfen auf den heißen Stein. Die neue Organisation, die Ehrenpreis im Oktober 1942 bildete, das Komitee für die Unterstützung der Juden Europas, hatte etwas mehr Erfolg. Doch im Sommer 1944 hören die Sendungen aus Portugal ganz auf.

In dieser Lage greift Gilel Storch ein. Er hat von Gerhart Riegner und seinen Kollegen in New York immer erschreckendere Nachrichten über die Konzentrationslager erhalten. Besonders Riegner zeigt sich zunehmend besorgt über die Situation der Juden.[10] Zwar gibt es Anzeichen dafür, daß die Deutschen dabei sind, nach und nach die Vernichtungsmaschinerie in den Lagern abzubauen. Doch statt dessen steht den überlebenden Lagerinsassen der Hungertod bevor. Und es geht schnell. Sehr schnell.

Im Juli 1944 richtet Storch im Namen des World Jewish Congress ein Gesuch an die schwedische Regierung: Er bittet um die Erlaubnis, 100 000 Kilo Lebensmittel außer Landes zu bringen. Die berechneten Kosten belaufen sich auf 400 000 Kronen.[11]

Genau besehen ist es ein ziemlich starkes Stück von Storch, diesen Antrag zu stellen. Erstens hat die Mosaische Gemeinde seit Jahren feststellen können, daß es für andere als Familienmitglieder nahezu unmöglich ist, von den schwedischen Behörden die Ausfuhrbewilligung für Lebensmittel zu bekommen.[12] Zweitens beantragt Storch die Ausfuhr von Mengen, die alles, was die Mosaische Gemeinde bisher beantragt hat, um ein Vielfaches übersteigen. Drittens hat Storch, ein Jude, die Absicht, die Pakete direkt in die Konzentrationslager zu schicken! Was läßt ihn daran glauben, ein solches Projekt sei durchführbar?

»Er wußte, was geschah, es war ihm von Anfang an klar«, sagt Fritz Hollander. »Und er war wie besessen von dem Gedanken, daß er gerettet worden war, um anderen Menschen zu helfen.«[13] Diese Besessenheit ließ ihn auch da, wo andere absolute Hindernisse sahen, nur Irritationsmomente sehen:

»Er reagierte vollkommen anders als andere Menschen«, erzählt seine Tochter Eleonora. »Er hatte ein heftiges Temperament, einen sehr starken Willen, ließ nicht locker, bis er erreichte, was er wollte. Papa gab nie auf. Das Wort ›nein‹ existierte einfach nicht in seinem Wortschatz.«[14]

Eine der Obrigkeitspersonenen, die in diesem Herbst Gilel Storchs Willensstärke zu spüren bekommt, ist Bo Hammarskjöld, Chef der Staatlichen Lebensmittelkommission.

»Gilel erschien fast täglich in meinem Büro, um zu plaudern, und dann kam es häufig vor, daß er das Telefon benutzte. Ich erinnere mich an eine lustige Geschichte, als er einmal die Staatliche Lebensmittelkommission anrief, deren Vorsitzender ein Graf war, glaube ich. Das Problem war, daß der Graf kein Jiddisch sprach. Ich hörte, wie Gilel drauflos redete: ›Ich well haben so und so många Tonnen Lebensmittel fir Fangen in Theresienstadt …‹ usw. Manchmal hörte ich, wie der Mann am anderen Ende ihn zu unterbrechen und Einwände zu machen versuchte. Er verstand nicht einmal, was Gilel sagte. Aber das spielte keine Rolle. Gilel wiederholte einfach nur dasselbe, mindestens dreißigmal. Ich verstehe nicht, wie der Graf das aushielt. Schließlich legte Gilel plötzlich auf. Dann kam er freudestrahlend aus dem Zimmer. ›Er hat nachgegeben!‹«

»Man könnte ein Gedankenexperiment machen«, spekuliert der Forscher Svante Hansson, »und sich vorstellen, was passiert wäre, wenn der Vorsitzende der Mosaischen Gemeinde, der Buchhändler Gunnar Josephson, ein feiner, aristokratischer Mensch, wohlbewandert in der schwedischen Kultur, statt dessen in die Lebensmittelkommission hinaufgegangen wäre, um diese Bewilligung zu beantragen. Er würde vermutlich die Sache dargelegt haben, sehr wohlformuliert, und erklärt haben, daß man seitens der Mosaischen Gemeinde sich sehr wohl der schwierigen Versorgungssituation bewußt sei, daß er aber dennoch um eine Ausnahmebewilligung von dem Verbot der Ausfuhr von Lebensmitteln ansuche. Die Antwort wäre auch bei ihm ein Nein gewesen, doch im Unterschied zu Storch würde er sie sofort akzeptiert und traurigen Herzens die Sitzung verlassen haben.«[15]

Nach intensiven Verhandlungen mit der Staatlichen Handelskommission, der Lebensmittelkommission und dem Außenministerium bekommt Storch schließlich alle erforderlichen Genehmigungen. Er hat zwei Monate gebraucht, um etwas zu erwirken, das bis dahin als unmöglich angesehen worden war …

World Jewish Congress
1 Harley Street
London *6. September 1944*

Die schwedische Regierung hat dem World Jewish Congress die Genehmigung erteilt, einhundert Tonnen Lebensmittel, einschließlich Fleisch, Fischkonserven, Zucker, Vitamine, Trockenmilch, Eipulver, Brot usw. einzukaufen und nach Bergen-Belsen und in andere Lager zu transportieren … Transporte aus Portugal sind unmöglich, gegenwärtig ist die schwedische Hilfe unumgänglich. Intervenieren Sie sofort, um die Genehmigung britischer Stellen zu erhalten. Telegraphieren Sie.

Gilel Storch[16]

Wie dieses Telegramm andeutet, sind die Probleme, die sich für den Transport von Nahrungsmitteln in die Konzentrationslager ergeben, nicht gelöst, nur weil die schwedische Regierung ihre Zustimmung gegeben hat. Die alliierten Regierungen werfen den Aktivisten nämlich mindestens ebenso große Knüppel zwischen die Beine! Ihre Praxis erlaubte die Versendung von Lebensmitteln lediglich in solche Lager, die regelmäßig vom Internationalen Roten Kreuz besucht wurden, zum Beispiel Kriegsgefangenenlager. »Bekanntlich betrachteten die Deutschen die Juden weder als Kriegsgefangene noch als normale zivile Gefangene«, bemerkt Lapidus.[17]

Es mag als Paragraphenreiterei erscheinen, daß die Alliierten den Transport von Lebensmitteln zu den hungernden jüdischen Gefangenen nicht bewilligten. Doch die Alliierten waren so darum bemüht, der deutschen Kriegsmacht keinerlei Vorteile – wie den Zugang zu Lebensmitteln – zukommen zu lassen, daß sie sich anfänglich strikt weigerten, ihre Zustimmung zu geben. Erst Ende Oktober gelang es den jüdischen Aktivisten, die Engländer und Amerikaner zum Nachgeben zu bewegen. Aber die Einwilligung war an ganz besondere Bedingungen geknüpft:

»Es wurde zur Bedingung gemacht, daß wir die Pakete an einzelne Adressaten schickten«, schreibt Lapidus. Im Klartext: Nur Pakete mit einem deutlichen Adressaten dürfen geschickt werden, und nur in den Fällen, in denen der Adressat den Empfang bestätigt, darf das Paket ausgehändigt werden! Unter solchen Auflagen schickt beispielsweise die norwegische Gesandtschaft in Stockholm mit Erfolg Pakete an norwegische Lagerinsassen – man weiß genau, wie sie heißen, und meistens, wo sie sich aufhalten.[18] Doch kein Staat in der Welt registriert die Namen oder übernimmt eine Verantwortung für die Millionen von Juden, die in die Gewalt des Nationalsozialismus geraten. Niemand außer möglicherweise verzweifelte ausländische Verwandte. In Anbetracht dessen, daß es in dieser Lage also äußerst schwer ist, zu wissen, wo die jüdischen Gefangenen sich befinden, und fast unmöglich zu wissen, welche noch am Leben sind, ist die Forderung der Alliierten, daß Pakete nur an spezielle Adressaten geschickt werden dürfen, gelinde gesagt grausam. Sie ist nichtsdestweniger absolut. In den Bestimmungen heißt es, daß die Pakete nur geschickt werden dürfen, wenn »amerikanischen und britischen Verantwortlichen Gelegenheit gegeben wird, die eingehenden Empfangsbestätigungen der Adressaten zu prüfen«. Weiter heißt es, daß »die Sendungen von Lebensmittelpaketen gestoppt werden, wenn die Transportverhältnisse oder andere Umstände dies erforderlich machen, oder falls Bestätigungen der Empfänger nicht in einem Umfang eingehen, der eine weitere Versendung von Paketen zuläßt«.[19]

»Wir hatten in Schweden eine Kartei von über 12 000 Flüchtlingen mit ihren ursprünglichen Adressen«, berichtet Storch später. »Außerdem hatten wir eine enorme Kartei über Juden in ganz Europa.«[20] Von der Repräsentantin von Joints in Schweden, Laura Margolis, erhält Storch weitere 17 000 Adressen. Insgesamt bekommt man bis Jahresende fast 50 000 Adressen von Juden in Konzentrationslagern zusammen.[21] Aber leben diese Juden noch, und befinden sie sich da, wo man sie vermutet?

Gilel Storch weiß, daß auch wenn es gelänge, 50 000 adressierte Pakete abzuschicken, es höchst unsicher wäre, ob die Adressaten gefunden würden. Aber er ist bereit, darauf zu setzen, daß die Alliierten die Transporte durchlassen und es vielleicht am Anfang mit den Empfangsbestätigungen nicht so genau nehmen. Es soll sich zeigen, daß dies eine zutreffende Einschätzung ist. Es wird vier Monate dauern, bis der Handelssekretär bei der britischen Botschaft in Stockholm, L. C. S. Barber, Fritz Hollander mitteilt, seine Organisation habe die Bedingungen nicht erfüllt und dürfe deshalb keine weiteren Pakete versenden.[22]

Doch was man einmal mit Verhandlungen erreicht hat, kann man wieder erreichen …

Das Merkwürdigste ist jedoch, daß Storch glaubt, die Deutschen würden den Juden in den Lagern die Nahrungsmittel aushändigen. Aber er stützt sich auf eine gewisse Erfahrung. Seit dem Beginn des Krieges haben die Deutschen zuweilen Pakete an Juden in deutsch besetzten Gebieten passieren lassen.[23] Dies mag paradox erscheinen, beweist aber in erster Linie, daß alle Menschen, auch Nazis, manchmal inkonsequent handeln. Storch ist sich dennoch bewußt, daß ein Paket mit dem Absender »Jüdischer Weltkongreß« keine allzu großen Chancen hat, seinen Adressaten zu erreichen. Und ein Absender ist de facto erforderlich.

Logisch in dieser Lage wäre es gewesen, eine der großen Hilfsorganisationen wie z. B. das Rote Kreuz darum zu bitten, als Absender auf den Paketen in Erscheinung zu treten. Logisch wäre es natürlich gewesen, *von Anfang an* diese mächtige Organisation zu bitten, die finanzielle und organisatorische Verantwortung für eine derartige Aktion zu übernehmen. Von keiner anderen Organisation – und am allerwenigsten von einem lettisch-jüdischen Flüchtling in Schweden – wäre eine entsprechende Fähigkeit zu erwarten, an den Deutschen vorbei zu agieren. Doch es ist weder Saumseligkeit noch Hybris, die Storch dazu veranlaßt, die Verantwortung für diese Aktion selbst zu übernehmen.

Schon seit Beginn des Krieges haben jüdische Aktivisten und besonders vielleicht Gerhart Riegner mit Bestürzung wahrgenommen, wie die Organisation, der sie am meisten vertraut hatten, sich ein übers andere Mal geweigert hat, ihre ausgestreckten Hände zu ergreifen.[24] Das Internationale Rote Kreuz oder das Internationale Komitee vom Roten Kreuz (IKRK), die 1863 zu dem ausdrücklichen Zweck, Kriegsopfern zu helfen, gegründete Organisation, behauptet jetzt entschieden, daß man dem Angriff der Nazis auf das jüdische Volk nicht erfolgreich begegnen könne. Die Organisation hat sich beispielsweise ohne Erklärung dafür entschieden, die Unterscheidung des Nazi-Regimes zwischen jüdischen Gefangenen und anderen zivilen Gefangenen zu übernehmen: Die Versuche des War Refugee Board, das IKRK zu veranlassen, darauf zu insistieren, daß die Deutschen auch den Juden den Status von »zivilen Gefangenen« zuerkennen – was unter anderem Lebensmittellieferungen erleichtert und den Zutritt von Beobachtern zu den Lagern ermöglicht hätte –, werden vom IKRK zurückgewiesen. Die Organisation verweist darauf, daß eine Konfrontation mit den Deutschen oder ein allzu hörbarer Protest ihre übrige Arbeit gefährden würde.[25]

»Unsere Organisation baut nur auf Goodwill«, sagt Marc Peter, der Vertreter des IKRK in Washington im Jahre 1944. »Was können wir gegen eine Großmacht tun, die fest entschlossen ist, ihre Politik zu rechtfertigen?«[26]

»Ich habe während des gesamten Krieges mit dem Internationalen Roten Kreuz gestritten«, berichtet Gerhart Riegner. »Ich war nie der Ansicht, daß sie die richtige Einstellung hatten. Sie hatten eine sehr formalistische Einstellung, sie intervenierten nie für die zivilen Gefangenen, wie sie es hätten tun sollen. Sie stellten den Deutschen nie Forderungen, obwohl sie viel mehr Macht hatten, als sie selbst glaubten.«[27]

Auch bei Lebensmittellieferungen an die Juden ist das IKRK nicht gerade hilfreich gewesen, und die Organisation unterbrach sofort die Sendungen nach Polen, als Großbritannien im April 1941 behauptete, diese stellten einen Verstoß gegen die Blockade der Alliierten dar.[28] Zwar hat sich die Situation im Verlauf des Jahres 1944 etwas entspannt, aber Gilel Storch ist dennoch nicht geneigt, sein Vertrauen in das Rote Kreuz zu setzen – weder das Internationale noch das Schwedische Rote Kreuz –, wenn es um die Lieferungen seiner teuer bezahlten Lebensmittel geht.

»Herr Storch schlägt vor, daß man nicht unnötigerweise mit dem Schwedischen Roten Kreuz verhandelt«, heißt es in einem Sitzungsprotokoll vom 26. Oktober. »Besonders, da die alliierten Behörden dies nicht verlangt haben.« Auch Fritz Hollander sagt bei einer Sitzung einige Tage später, daß er »vom Schwedischen Roten Kreuz abrät«. Zwischen diesen beiden Sitzungen ist man trotz allem mit Vertretern des Schwedischen Roten Kreuzes zusammengetroffen. Sie verhielten sich abwartend und kündigten an, sich wieder zu melden.[29]

Die Mitglieder des World Jewish Congress warten die Antwort des SRK jedoch nicht ab. Denn sie haben bereits beschlossen, eine andere Organisation zu beauftragen: die Hilfsorganisation des CVJM, »Helft den Kriegsopfern«, hat sich auf Anfrage fast unmittelbar bereit erklärt, als Absender der Lebensmittelpakete in die Konzentrationslager zu fungieren. Gilel Storch hat seinen offiziellen Lieferanten gefunden.[30]

Jetzt bleibt noch die Organisation der Einkäufe und Lieferungen, denn die muß der World Jewish Congress in eigener Regie abwickeln. Und die Finanzierung des gesamten Projekts.

Storch und seine Kollegen haben vom World Jewish Congress in London, Genf und New York die rund 400 000 Kronen eingefordert, die das Projekt kosten soll. Doch das Geld kommt und kommt nicht. »Um die Absendung dieser Pakete nicht aufs Spiel zu setzen und weiter zu verzögern, übernimmt Storch selbst die Garantie für 100 000 Kronen, für die ersten 10 000 Pakete«, schreibt Lapidus. »Er trat auch in der Folgezeit als Bürge für den ausstehenden Betrag von 300 000 Kronen auf.«[31]

Man hat auch einen Lieferanten gefunden: Káláman Lauer – Raoul Wallenbergs Chef in Stockholm – wird über die AB Banankompaniet den Transport der Lebensmittelpakete übernehmen, jedes à 2,5 Kilo.

»Ich weiß noch, was in den Paketen war«, sagt Storchs Tochter Eleonora. »Knäckebrot, Zucker, Bouillonwürfel, Marmelade ...«[32]

Ende Oktober, Anfang November 1944 sind die ersten 10 000 Pakete fertig für den Versand nach Bergen-Belsen. Am 2. November tritt die schwedische Sektion des World Jewish Congress zusammen, unter dem Vorsitz von Marcus Ehrenpreis. Ehrenpreis ist unzufrieden. »Der Vorsitzende erklärt«, heißt es im Protokoll, »in der Paketangelegenheit nicht vorher gefragt worden zu sein, und ist deshalb der Ansicht, daß es sich um eine ganz und gar private Initiative der drei Herren Storch, Hollander und Masur handelt. ›Wenn es gut geht, ist es Ihr Verdienst – wenn es nicht gut geht, ist es nicht mein Fehler‹... Auf die Frage, wer nun die Verantwortung für die Paketfrage trage, antwortet der Vorsitzende: ›Sie, die damit angefangen haben.‹«[33]

Knapp zwei Wochen später erklärt Gilel Storch seinen Austritt aus der schwedischen Sektion des World Jewish Congress.

38

Raoul Wallenberg hat Zeit gehabt, sich in Budapest zurechtzufinden. Als er im Juli 1944 eintraf, hatte der ungarische Reichsverweser Horthy gerade die Deportationen von Juden nach Auschwitz gestoppt. Wallenberg konnte es anfänglich also ruhig angehen lassen und sich in seinem Dienst umsehen. Und seine Aufgabe war nicht leicht:

»Selten hat ein einzelner Mann in einer so hoffnungslosen Ausgangslage, mit so geringen Mitteln und ohne jegliche Machtbefugnisse so viel bewirkt«, schreibt nach dem Krieg Wallenbergs Kollege in der Gesandtschaft, Lars Berg. »Als Wallenberg im Juli 1944 als stellvertretender Gesandtschaftssekretär nach Budapest kam, um die Hilfe für Ungarns Juden zu organisieren, war er ein fast unbeschriebenes Blatt. Er war kein Berufsdiplomat, er sprach kein Ungarisch, er kannte niemanden von Bedeutung in Budapest [...] Aber das Bemerkenswerteste an Wallenbergs Taten war doch, daß er sich bei ihrer Durchführung auf keinerlei rechtliche Grundlage stützen konnte.«[1]

Wallenberg erkannte dennoch bald, daß er unter den Schweden in Budapest – Ivan Danielsson, Per Anger, der Rotkreuzabgesandte Valdemar Langlet und die übrigen Kollegen in der Botschaft – sehr gute Kooperationspartner bekommen würde. Danielsson und Anger, die Wallenberg bei seinem früheren Ungarnbesuch kennengelernt hatte, und in höchstem Grad der Aktivist Langlet waren von einem echten Engagement für die bedrohten ungarischen Juden erfüllt.

Wallenberg verleugnete sich nicht, erkannte Anger, als er das Gepäck des Neuankömmlings sah: zwei Rucksäcke, einen Schlafsack, eine Windjacke und einen Revolver. »Der Revolver soll mir nur Mut machen«, sagte Wallenberg zu seinem neuen Kollegen und lachte.[2]

Zunächst etablierte Wallenberg sich im Haus der Botschaft, doch als sich das Gerücht von seinem Auftrag verbreitete, bekam er bald Angebote, kostenlos über Villen zu verfügen. Sein eigenes Büro richtete Raoul daraufhin in einer Villa in der Nähe der schwedischen Botschaft im Stadtteil Buda ein. Binnen kurzem hatten sich ihm an die vierzig Freiwillige angeschlossen, hauptsächlich Juden. Mit der Zeit sollte die Zahl seiner Mithelfer auf sechshundert anschwellen.[3]

»Was für Dokumente haben Sie für Juden ausgefertigt?« fragte Raoul eines Tages seinen Kollegen Per Anger. Anger zeigt ihm die provisorischen Pässe, Visierungsbescheinigungen und Rotkreuzschutzbriefe.

»Ich glaube«, sagt Raoul, nachdem er die Dokumente betrachtet hat, »ich habe eine Idee für ein neues und vielleicht effektiveres Dokument.« So wird, Anger zufolge, fast aus einem Augenblick heraus, die Idee des schwedischen sogenannten »Schutzpasses« geboren, eines einfachen Papiers, das Tausenden von Menschen das Leben retten wird.[4]

Raoul gestaltet das neue Dokument selbst: Es soll so formell wie möglich aussehen und sowohl eine Nummer als auch ein Siegel, die drei schwedischen Kronen, und – das allerwichtigste – die Unterschrift des Botschafters tragen. Außerdem stellt Raoul einen Fotografen ein, der Fotos von den Paßinhabern macht. Er hat nämlich erkannt, daß ungarische Behörden und in vielleicht noch höherem Grad die Nazis, sehr großes Gewicht auf Dokumente legen, je offizieller, desto besser. Auf dem Paß steht, daß der Inhaber im Rahmen eines vom schwedischen Außenministerium anerkannten Repatriierungsprogramms nach Schweden reisen wird und daß der Inhaber sowie sein Eigentum bis zum Antritt der Reise unter schwedischem Schutz steht.

Aber auch wenn dieses Papier vielleicht durchdachter ist als die bisherigen schwedischen Dokumente, so liegt der ausschlaggebende Unterschied nicht in seiner Ausformung, sondern in seiner Anwendung: Wallenberg beabsichtigt, dieses Papier, im Unterschied zu den früher von der schwedischen Botschaft ausgefertigten Dokumenten, an nahezu *jeden ungarischen Juden* auszugeben – auch wenn die Anzahl der ausgefertigten Pässe natürlich nicht unbegrenzt sein kann. Das Personal der schwedischen Botschaft hat zwar mit der Zeit gelernt, bei seinen Versuchen, Juden zu retten, weniger formalistisch zu sein, doch mit Raoul Wallenbergs Ankunft werden sämtliche Formalitäten über Bord geworfen.

Um schwedische »Verwandte« oder »Geschäftsfreunde« für seine Schutzpaßinhaber zu finden, greift Wallenberg zu allen erdenklichen Tricks: Er benutzt Storchs Listen (aufgrund derer er einer Information zufolge 1400 Schutzpässe ausstellt[5]). Oder er treibt die Namen bei irgendeinem Bekannten in Schweden auf. Ein ungarischer Mitarbeiter hat später von einem Telefongespräch berichtet, das er angehört hatte:

»Gillis, ich bin es wieder. Morgen früh brauche ich schwedische Verwandte für fünfundzwanzig Personen. Ich telegrafiere die Namen der Juden und du die schwedischen.« Als Raoul aufgelegt hatte, fragte der Mitarbeiter, wie er so ohne weiteres Verwandte finden könne. Raoul antwortete:

»Gillis, das ist mein Freund Gillis Hammar in Stockholm. Er hilft Flüchtlingen. Er lügt ganz frech. Sagt, daß er selbst mit einer Masse ungarischer Juden verwandt sei. Es stehen reichlich Namen im Telefonbuch, mein Freund!«[6]

Wieder hilft Raouls oft bezeugte Überredungskunst, die anfänglich zögernden schwedischen Diplomaten in der Botschaft zur Übernahme seiner Strategie zu bewegen.[7] »Ich meinerseits war der Ansicht«, schreibt Lars Berg, »daß die Botschaft mit der Ausfertigung von Schutzpapieren verschiedener Art zurückhaltender sein sollte [...] Wie sollten wir diesen Schutz gewährleisten können, und vor allem, wie sollten wir unsere rein schwedischen Interessen schützen können, wenn jeder zweite in Budapest einen schwedischen Ausweis hatte?« Auch Anger ist skeptisch. Doch der gehetzte Botschaftschef, der Gesandte Danielsson, setzt Wallenberg nicht den gleichen Widerstand entgegen. »Jedesmal gelang es Raoul, mit seiner Willensstärke, seiner Intelligenz und seinen Überredungskünsten den Gesandten dazu zu bringen, seinen Plänen zuzustimmen«, schreibt Berg. »Und da konnte Anger nur noch nachgeben.«[8]

Doch es reicht nicht, nur Bescheinigungen auszustellen. Wallenberg muß ja auch sicherstellen, daß die Behörden diese Bescheinigungen anerkennen. Also sucht er den Reichsverweser Horthy auf. Am 12. August wird Wallenberg eine Audienz gewährt. Er wird begleitet von einem Repräsentanten der jüdischen Gemeinde in Budapest, Charles Wilhelm. Wilhelm wird diese Begegnung später als »außergewöhnlich« beschreiben.[9]

Der Reichsverweser ist eine imponierende Gestalt, das muß Wilhelm einräumen. Und neben ihm sieht der junge Schwede fast schmächtig aus. Doch Wallenberg, konnte Wilhelm rasch feststellen, »erwies sich als Riese, besonders für eine Person, die nicht so groß war«.

Wallenberg kommt direkt zur Sache. Er berichtet Horthy, daß die schwedische Regierung eine neue Art von schwedischen Pässen ausgestellt hat. Diese sollen an Ungarn ausgegeben werden, die des schwedischen Schutzes bedürfen.

»Wir hatten an 5000 gedacht«, erklärt Wallenberg. »Und wir möchten, daß die ungarische Regierung diese Dokumente und den Status, den sie ihren Inhabern verleihen, anerkennt.«

Wallenberg wußte, daß dies ein unerhörtes Ansinnen war. Die Ausfertigung der Dokumente konnte ja genaugenommen als ein Verstoß gegen internationales Recht betrachtet werden.[10] Die Personen, die diese schwedischen Schutzpässe erhalten sollten, waren ja effektiv Bürger eines anderen Landes, nämlich des Landes, in dem sie sich befanden!

Dennoch gibt der autoritative Reichsverweser der Argumentation des jungen Schweden nach. Er und die ungarische Regierung sind sogar damit einverstanden, daß die Inhaber der Schutzpässe als schwedische Staatsangehörige anerkannt werden, vorausgesetzt, sie verzichten auf ihre ungarische Staatsangehörigkeit. Als Folge dessen brauchen sie auch keinen gelben Stern mehr zu tragen.

Wallenberg selbst betrachtet seinen Erfolg nicht als denkwürdig: »Ich hatte das moralische Recht auf meiner Seite«, erklärt er später.[11]

Am bemerkenswertesten ist es vielleicht, daß auch die Deutschen die Schutzpässe akzeptieren. Vielleicht hoffen sie, sich damit Horthy geneigt machen zu können, dessen Mitwirkung ja erforderlich ist, damit man die Deportationen wiederaufnehmen kann. Und schließlich handelt es sich nur um 5000 Pässe, während in Budapest über 200 000 Juden wohnen ... Aber im Herbst 1944 teilt Wallenberg den ungarischen Behörden mit, daß die Anzahl der Schutzpässe auf 7500 erhöht worden sei. Bald fertigen auch die Schweizer Schutzpässe aus. Und die Portugiesen. Plötzlich wird Budapest von Schutzpässen überschwemmt. Nach dem Krieg ist sogar eine Debatte darüber entstanden, wer von ihnen zuerst auf die Idee kam.

Wallenberg ist durch seine Erfolge zweifellos in gehobener Stimmung. Er fühlt sich wie ein Fisch im Wasser, kann aber gleichzeitig nicht vermeiden, von der Situation, die ihn umgibt, beeinflußt zu werden.

»Liebe Mama! Ich habe die vielleicht interessantesten drei bis vier Wochen meines Lebens hier verbracht«, schreibt er in einem Brief an seine Mutter Maj. »Zwar sieht man überall Tragödien unermeßlichen Ausmaßes, aber Tage und Nächte sind so mit Arbeit ausgefüllt, daß man nur dann und wann reagieren kann [...] Ich habe ein sehr schönes Haus aus dem 18. Jahrhundert auf der Burghöhe gemietet, mit schönen Möbeln eingerichtet und mit einem herrlichen kleinen Garten und wunderbarer Aussicht, und da gebe ich dann und wann offizielle Abendessen.«[12]

Obwohl Raoul offenbar auch gesellschaftlichen Umgang hat, scheint sich dies hauptsächlich im Dienst abzuspielen. Seine Umgebung hat den Eindruck, daß er ganz auf seine Arbeit konzentriert ist. »Wir kamen uns nie nahe«, berichtet einer seiner Chauffeure. »Er wurde nie vertraulich oder betrieb belanglose Konversation. Nur die Arbeit galt. Wallenberg war da, um einen Auftrag auszuführen.«[13]

Raoul hat in Budapest zweifellos alle Hände voll zu tun. Während er die Schutzpässe ausstellt, beginnt er nämlich noch ein anderes Projekt: Er mietet Häuser an. Viele Häuser.

Schon zu einem früheren Zeitpunkt hatte, wie bereits erwähnt, eine »Ghettoisierung« der Juden von Budapest stattgefunden, was bedeutete, daß die Juden in gewissen Häusern und Stadtvierteln konzentriert waren. Was Wallenberg jetzt macht – parallel zu und teilweise unabhängig von Langlet –, ist, eine Anzahl dieser Häuser zu mieten. An der Außenseite der Häuser bringt er das blaugelbe schwedische Wappen an, und ein anderes Schild verkündet, daß »diese Wohnungen und ihre Bewohner exterritorialen Status« innehaben.[14] In den »Schwedenhäusern« bringt Wallenberg »in Erwartung der Abreise« die Juden unter, die einen schwedischen Schutzpaß besitzen, und nach und nach auch Juden ohne Papiere – und diese Juden stehen jetzt also auch physisch unter schwedischem Schutz (hier ist freilich anzumerken, daß Juden, die vorher diese Häuser bewohnt haben, in gewissen Fällen gezwungen werden, sie zu verlassen, als die »Schwedisch-Juden« einziehen). Die anderen neutralen Botschaften, vor allem die der Schweiz, beginnen, auf die gleiche Art und Weise vorzugehen, und so entsteht gegen Schluß des Krieges ein neues »internationales« Ghetto in den vornehmen Wohnvierteln des Stadtteils Pest.[15]

Vieles deutet darauf hin, daß Raoul Wallenberg seinen Auftrag als zeitlich begrenzt ansieht und daß er erwartet, bald nach Schweden zurückzukehren. Wenn die Situation der Juden sich unmittelbar vor seiner Ankunft entspannt hatte, gab es im Spätsommer Anzeichen dafür, daß die Gefahr für die Juden Budapests bald ganz vorbei sein würde: Nachdem Eichmann Ende August, wie geschildert, versucht hatte, die Deportationen nach Auschwitz wieder in Gang zu bringen, und Horthy – mit Himmlers geneigter Unterstützung! – dem einen Riegel vorgeschoben hatte, wurde die Lage der ungarischen Juden nämlich bedeutend leichter. Horthy entledigt sich seines deutschfreundlichen Premierministers Sztójay und ersetzt ihn durch Géza Lakatos. Dieser erklärt den Deutschen, er sehe sich gänzlich außerstande, eine Umsiedlung der Juden durchzuführen: »Es gibt keine Transportmöglichkeiten, es gibt kein Wachpersonal, es gibt keine Lager.«[16] Hiernach hatte Himmler Eichmann empfohlen, am besten mache er Urlaub!

Jetzt schickt die ungarische Regierung sich erneut an, die Allianz mit Deutschland zu verlassen und gegenüber den Alliierten zu kapitulieren. Heimlich wird eine Verhandlungsdelegation nach Moskau geschickt.

In seinen Briefen nach Hause läßt Raoul Wallenberg Optimismus erkennen. Der Frieden ist nahe, davon ist er überzeugt. Die Russen werden bald in Budapest sein, und dann kann er ihnen seine »Schwedenhäuser« übergeben, seine Abteilung in der Botschaft schließen und in die Heimat zurückkehren. »Ich will versuchen, in einigen Tagen nach Hause zurückzukehren«, schreibt er am 29. September an Lauer, bevor die Russen einrücken.«[17]

Schließlich, am 15. Oktober, erklärt Admiral Horthy über das Radio, daß Ungarn jetzt die Allianz mit Deutschland verlassen hat. Das Land ist zur bedingungslosen Kapitulation bereit. Budapests Juden jubeln. Sie reißen sich ihren gelben Sterne ab und tanzen auf den Straßen. Der Krieg ist zu Ende!

Das Fest dauert bis zum Abend. Da schlagen die Deutschen zu.

Die Deutschen hatten, fanden sie, Horthys Launen allzu lange toleriert, und jetzt war er entschieden zu weit gegangen. Am Abend des 15. Oktober putscht, von den Deutschen unterstützt, die ungarische faschistische Pfeilkreuzlerbewegung. Schon am Morgen, vor Horthys erwarteter Kapitulation, hatte man seinen Sohn gekidnappt. Man wickelte den jungen Horthy in Decken, warf ihn auf die Ladefläche eines LKW und fuhr ihn zur Weiterbeförderung ins Konzentrationslager Mauthausen zum Flugplatz. Einige Stunden später, kurz nachdem Horthys Erklärung im Radio verlesen worden ist, teilen die Deutschen dem Reichsverweser mit, daß bei dem geringsten Anzeichen von »Verrat« sein Sohn erschossen werde. Miklós Horthy bricht zusammen. »Horthy weinte wie ein kleines Kind«, berichtet einer der anwesenden Deutschen, »hielt Rahns Hand, versprach, alles zu annullieren, lief zum Telefon – ohne jemanden anzurufen – und schien ganz allgemein nicht im Vollbesitz seiner Sinne zu sein.«[18] Am nächsten Morgen treten Horthy und Lakatos zurück. Neuer Premierminister – und Reichsverweser – wird Ferenc Szálasi, der Führer der Pfeilkreuzler.

Zwei Tage später kehrt Obersturmbannführer Adolf Eichmann nach Budapest zurück. Er soll seinen Auftrag zu Ende führen.

Die Wahl des Zeitpunkts ist für Eichmann keineswegs perfekt. Es ist eigentlich schon viel zu spät. Zur gleichen Zeit nämlich, als Szálasi an die Macht kommt, bereitet Himmler eine radikale Maßnahme vor; er wird die Gaskammern im Industriekomplex Auschwitz demontieren. Der Historiker Yehuda Bauer hält es für wahrscheinlich, daß Himmler damit vermeiden wollte, daß die Russen, deren Einmarsch in das Gebiet um Auschwitz in Kürze zu erwarten war, entdeckten, was in dem Lager vor sich gegangen war.[19] Doch eine andere Information besagt, Heinrich Himmler habe genau zu diesem Zeitpunkt befohlen, daß alle Morde an Juden aufhören sollten![20] Wenn dies zutrifft, geschieht es ganz sicher ohne Wissen Adolf Hitlers. Und als ein Detail in einem Wirrwarr widersprüchlicher Befehle. Denn der Zweck von Adolf Eichmanns Rückkehr nach Budapest ist definitiv nicht, das Überleben der Juden sicherzustellen.

Auf alle Fälle bedingt die herrschende Situation – die Vergasungen in Auschwitz sind eingestellt –, daß Eichmann nicht, wie früher, ganz einfach anfangen kann, Transporte nach Auschwitz zu organisieren. Die SS-Führung beschließt statt dessen, daß 50 000 Juden (Eichmann versucht, die Zahl auf 100 000 zu erhöhen) nach Deutschland gebracht werden sollen. Der Rest soll entweder in vier Arbeitslagern oder in einem Ghetto außerhalb von Budapest untergebracht werden. Wie sollen sie dorthin kommen? Zu Fuß.

Zu diesem Zeitpunkt lädt Raoul Wallenberg zum Abendessen ein. Er tut es an und für sich ziemlich häufig. Aber diesmal ist sein Gast nicht irgend jemand: Raoul hat den Wunsch, seinem neuen und gefürchteten Widersacher Auge in Auge gegenüberzutreten. Adolf Eichmann hat vermutlich den gleichen Wunsch. Denn er nimmt die Einladung an.

Seltsam ist, daß Wallenberg, dessen Tage in Budapest jetzt immer hektischer werden, die Einladung vergißt! Als er an dem betreffenden Tag spät nach Hause kommt, sieht er zu seinem Entsetzen den Wagen des Obersturmbannführers vor seinem Haus. Wallenberg, der fast nie die Fassung verliert, gerät in Panik. Er hat Eichmann und dessen engsten Mitarbeiter genau an dem Abend eingeladen, an dem sein Koch frei hat! Aber auf keinen Fall darf er vor den Deutschen Unsicherheit erkennen lassen. Also serviert er ihnen Drink auf Drink, während er versucht, von einem der anderen Schweden in der Botschaft einen Koch zu bekommen. Schließlich erreicht er Lars Berg.

»Können Sie mir helfen?« hört Berg eine erregte Stimme im Hörer. Und Berg kann Wallenberg helfen. Er und sein Kollege Göte Carlsson haben von dem Adligen, dessen Haus sie gemietet haben, eine ausgezeichnete Köchin übernommen. Außerdem hat der Adlige ein unglaublich entzückendes Porzellanservice zurückgelassen.

»Es hat leider ein kleines Mißverständnis gegeben«, erklärt Wallenberg seinen verwunderten Gästen. »Das Essen findet eigentlich bei Attaché Berg in der Hunfalvistraße statt.«

»Raoul kam mit seinen Deutschen«, schreibt Berg, »und während Göte und ich unser Bestes beim Cocktailmixen gaben, wurde das feinste Porzellan und Silber des Grafen gedeckt. Dank unserer charmanten Köchin war das Abendessen ein voller Erfolg, und ich bin überzeugt, daß Eichmann Wallenbergs Vergeßlichkeit gar nicht entdeckte.«[21]

Aber vermutlich wird es für Obersturmbannführer Eichmann aus ganz anderen Gründen ein besonders denkwürdiger Abend. Denn Raoul Wallenberg beabsichtigt, Schach mit ihm zu spielen, verbales Schach:

»Nach dem Abendessen wurde unser kleiner Salon zum Schauplatz einer von Eichmanns vielen Niederlagen gegen Wallenberg«, berichtet Berg. »Dieser hatte für den Tag keine Wünsche durchzusetzen und ließ sich statt dessen ganz ungeniert auf eine Diskussion über die Glaubenslehre des Nationalsozialismus und über die weitere Entwicklung des Krieges ein. In furchtlosen, klaren und logischen Worten machte der intelligente Raoul die nazistische Lehre herunter und sagte den baldigen und vollständigen Untergang ihrer Anhänger voraus.«

Eichmann traut seinen Ohren nicht. Noch nie hat jemand in seinem Beisein gewagt, ihn und seinen Führer so offen zu kritisieren. Und besonders nicht in einer Situation wie dieser, in der er offensichtlich die ganze Macht besitzt! Was will der Schwede eigentlich?

Eichmann versucht, seinem Gastgeber so gut er kann zu antworten, und bedient sich dabei einiger eingeübter Propagandaphrasen. Doch Wallenberg ist unerschütterlich und läßt nicht locker. Berg spekuliert später, daß Wallenbergs hauptsächliche Absicht nicht gewesen sei, Eichmann zu demütigen, sondern eher ihn davon zu überzeugen, daß die Lage der Deutschen aussichtslos sei und daß sie gut daran täten, diese nicht noch zu verschlimmern, indem sie die sinnlosen Deportationen durchsetzten. Am Ende schaut Eichmann Wallenberg mit einem kleinen Lächeln und vielleicht einer Miene, die einen gewissen Respekt verrät, an und sagt dann zu Lars Bergs unerhörter Verwunderung:

»Ich gebe zu, daß Sie recht haben, Herr Wallenberg. Ich habe nie an den Nationalsozialismus als solchen geglaubt, aber er hat mir Macht und Reichtum gegeben. Ich weiß, daß dieses angenehme Leben bald zu Ende sein wird. Meine Flugzeuge werden mir bald keine Frauen und Wein aus Paris mehr bringen oder andere Leckereien aus dem Orient. Meine Pferde, meine Hunde, mein Palast hier in Budapest werden bald von den Russen übernommen, und ich selbst werde als SS-Offizier auf der Stelle erschossen. Aber für mich gibt es keine Rettung, und wenn ich meine Befehle aus Berlin ausführe und meine Macht hier in Budapest hart genug ausübe, kann ich meine Galgenfrist noch eine Weile verlängern. Ich warne Sie deshalb, Herr Botschaftssekretär. Ich werde mein Äußerstes tun, um gegen Sie zu arbeiten, und Ihr schwedischer Diplomatenpaß wird Ihnen nicht helfen, wenn ich es für nötig erachte, Sie aus dem Weg zu räumen. Auch einem neutralen Diplomaten können Unglücke zustoßen.«[22]

Mit diesen Worten erhebt sich Eichmann, dankt für den äußerst charmanten Abend und verabschiedet sich von den Schweden.

Er sollte Raouls Worte nicht beherzigen und die Deportationen einstellen. Im Gegenteil, mit Hilfe der Pfeilkreuzler wird Adolf Eichmann alles tun, um dafür zu sorgen, daß sein Auftrag erfüllt wird. Bis aufs i-Tüpfelchen.

Die Schwedenhäuser, die den Juden bisher so guten Schutz geboten haben, werden nicht mehr lange respektiert werden.[23] »Die Pfeilkreuzler hatten Waffen«, berichtet einer der Juden, der damals dreizehnjährige Tommy Lapid, »und sie waren der Ansicht, das Mindeste, was sie für die Sache des Krieges tun konnten, war, ein paar Juden zu töten, bevor die Russen kamen. Also drangen sie in die Häuser ein, die unbewacht waren, und schleppten die Juden fort.« Lapid berichtet von einem merkwürdigen Vorfall:

> Eines Morgens kam eine Gruppe dieser ungarischen Faschisten ins Haus und sagte, daß alle arbeitstauglichen Frauen ihnen folgen müßten. Wir wußten, was das bedeutete. Meine Mutter küßte mich, und ich weinte, und sie weinte. Wir wußten, daß wir für immer Abschied nahmen und sie mich dort zurückließ, praktisch als Waise. Aber zwei oder drei Stunden später kamen sie und die anderen Frauen zu meiner großen Verwunderung zurück. Es war wie ein Wunder, ein Mirakel. Meine Mutter war zurückgekommen, sie lebte und umarmte mich und sagte nur ein Wort: Wallenberg.[24]

In dieser Phase verwandelt sich Wallenberg, um die Worte seines Biographen Rudolph Philipp zu benutzen, »vom Organisator zum Partisanen«.[25] Er sucht die Juden auf – auf Straßen, Bahnhöfen, auf Märschen. Er folgt den endlos marschierenden Kolonnen mit Lastwagen, die mit Essen, Kleidern und Medikamenten beladen sind. Er entfernt von Bahnhöfen und aus den Marschkolonnen alle Juden, die er auf irgendeine Art und Weise »schwedisch« nennen kann, und erklärt den Pfeilkreuzlern und Deutschen, daß diese Menschen unter schwedischem Schutz stehen. Häufig respektieren die Henker das Wort des autoritätheischenden Schweden, insbesondere dann, wenn die Juden, die er heraussucht, einen schwedischen Schutzpaß vorweisen können. Und können sie das nicht, löst er das Problem oft auf andere Weise: Einer von Raoul Wallenbergs Fahrern erzählt, wie er und Raoul zusammen zu den Bahnhöfen fuhren. Wallenberg hatte ein Buch bei sich, in dem die Namen der Schutzpaßinhaber aufgeführt waren. Er und der Fahrer stellten sich mitten auf den Bahnsteig, und Raoul begann, Namen aufzurufen. Wenn nicht genügend anbissen, fing er an, sich gewöhnliche jüdische Namen auszudenken. Die Leute meldeten sich. Hinter Raoul stand dann der Fahrer mit fünfzig oder mehr Blankopässen. »Ich brauchte nur zehn Sekunden, um ihre Namen einzusetzen. Dann teilten wir sie aus und sagten: ›Oh, es tut uns leid, daß Sie nicht zur Botschaft kommen konnten, um den Paß abzuholen. Hier ist er. Wir haben Ihnen den Paß mitgebracht.‹ Der Paßinhaber zeigte der SS seinen neuen Paß, und war frei.«[26] Wallenberg rettet auf diese Weise – mit seinen Pässen, mit seinen Häusern und mit seinen persönlichen Interventionen – Tausenden, vermutlich Zehntausenden von Juden das Leben.

Tommy Lapid erzählt, wie seine Mutter von Wallenberg gerettet wurde. Sie und die anderen Frauen waren von den Pfeilkreuzlern zum Fluß geführt worden:

> Da kam ein Wagen, und aus dem stieg Wallenberg; sie erkannten ihn sofort, denn es gab nur einen solchen Menschen auf der Welt. Er ging zu dem Anführer der Pfeilkreuzler und sagte, daß die Frauen am Ufer unter seinem Schutz stünden. Sie argumentierten mit ihm, aber er muß einen unglaublichen charismatischen Charme gehabt haben, eine Art starker persönlicher Autorität, denn es gab gerade dort absolut nichts, worauf er sich stützen konnte. Er stand nur dort auf dem Weg, vermutlich mit dem Gefühl, der einsamste Mensch auf der ganzen Welt zu sein, und versuchte so zu tun, als stünden unsichtbare Kräfte hinter ihm. Sie hätten ihn dort auf der Stelle erschießen können, und niemand hätte es zu erfahren brauchen. Statt dessen gaben sie nach und ließen die Frauen gehen.[27]

»Es war wie ein Fest in Ragnarök, wenn er sich zeigte«, sagt ein anderer Überlebender.[28]

Doch Ragnarök geht unvermindert weiter. Denn zur gleichen Zeit, da Raoul Wallenberg in Budapest Juden aus den Marschkolonnen herausholt, droht dem Rest der überlebenden Juden im deutschbesetzten Europa der Hungertod.

An den Vorsitzenden des vorläufigen Vorstands
der Schwedischen Sektion des
World Jewish Congress
Herrn Professor Ehrenpreis *Stockholm, den 13.11.-44*

In Zusammenhang mit den letzten Ereignissen, die meine Arbeit in der schwedischen Sektion unproduktiv machen, sehe ich mich gezwungen, um weitere

Mißverständnisse zu vermeiden, von meiner Mitgliedschaft im vorläufigen Vorstand der schwedischen Sektion des World Jewish Congress zurückzutreten.

Mit besten Grüßen
Gilel Storch[29]

Gilel Storch ist zornig, aber vor allem ist er traurig. Nicht nur die Mosaische Gemeinde, so kommt es ihm vor, arbeitet gegen ihn. Auch die Amerikaner in Stockholm – Iver Olsen und vielleicht vor allem die Vertreterin von Joints, Laura Margolis – »intrigieren« seiner Meinung nach gegen ihn, was er den Führern in der Weltexekutive des World Jewish Congress in den USA in lebhaften Wendungen beschreibt.[30] Unter anderem läßt einer der Vertreter der Mosaischen Gemeinde, der bei der Paketaktion mitarbeitet, mitteilen, daß »es für die Arbeit am besten wäre, wenn Storch sich im Hintergrund hielte«, und daß »Storch den Angestellten der Gemeinde keine Order erteilen darf«.[31]

Storch ist zutiefst verletzt. Und Norbert Masur steht ihm bei:

»Ich bin verwundert über die Behandlung eines Mannes, der so viel Zeit, Kraft und Geld in dieses Projekt gesteckt hat«, sagt Masur beim nächsten Treffen mit der Sektion. »Es gibt keinen, der so viel Zeit erübrigt und so viel Erfahrung mit der Organisation einer solchen geschäftlichen Transaktion hat wie Herr Storch.«[32] Drei Wochen später wird ein einhelliger Beschluß gefaßt, Storchs Rücktritt nicht zu akzeptieren.

»Wir alle haben«, schreibt Ehrenpreis in einem Brief an Storch, »ungeachtet der Meinungsverschiedenheiten in Details – die nie persönlicher, sondern rein sachlicher Natur gewesen sind – mit Dankbarkeit Ihren unermüdlichen Einsatz anerkannt, und nicht zuletzt Ihre erfolgreiche Arbeit für die Durchführung der Paketversendungen.«[33]

Doch Storch läßt sich nicht erweichen. Was keineswegs bedeutet, daß er aufgibt. Er startet jetzt nämlich eine neue Gruppe, die er Relief and Rehabilitation Department nennt. Im Namen dieser Gruppe mietet er neue Räumlichkeiten in der Vasagata 5. Dann nimmt er Kontakt zur Weltexekutive des World Jewish Congress auf und bittet darum, die neue Gruppe *direkt* der Weltexekutive zu unterstellen, und nicht der schwedischen Sektion![34] Einige der Mitglieder der schwedischen Sektion, darunter Lapidus, nimmt Storch mit in sein neues Komitee. Er nimmt auch die ganze Paketaktion mit!

»Er schickte 40 000 Pakete in die Lager«, berichtet Gerhart Riegner. »Individuelle Pakete. Es war eine kolossale Leistung.«

Anfänglich werden die Pakete mit der Post geschickt. Doch dann geht man dazu über, sie mit der Bahn zu schicken, direkt in die Lager – die Eisenbahn des Todes sollte benutzt werden, um Leben zu retten! Diese Methode ermöglicht auch die sofortige Unterzeichnung und Rücksendung der Empfangsbescheinigungen.

»Dies machte auf den War Refugee Board einen solchen Eindruck«, berichtet Riegner, »daß sie Storch weitere 40 000 Pakete gaben, die ungenutzt in Göteborg lagerten. Sie gaben sie ihm gratis [nachdem Storch Olsen gebeten hatte, ihn diese Lager benutzen zu lassen, Anm. d. Verf.].[35] Und er schickte die Pakete weiter in die Lager. Es war eine phantastische Leistung.«

Ein wie großer Teil der Pakete kam tatsächlich den Gefangenen zugute? Es scheint variiert zu haben. Anfang 1945 erhält Storchs Gruppe eine Reihe von Telegrammen über die verschickten Pakete.[36] Die ersten Telegramme enthalten Informationen u. a. von den Gefangenen, die aus Bergen-Belsen freigelassen wurden, und sie bestätigen, daß ein großer Teil der Pakete die Juden erreicht hat und Leben rettet. Auch spätere Telegramme aus dem Lager Theresienstadt teilen mit, daß die Pakete angekommen sind.

Doch dann, am 15. März 1945, erhält Storch ein verzweifeltes Telegramm vom World Jewish Congress in den USA, weitergeleitet durch den neuen Außenminister der USA, Stettinius:

> Flüchtlinge aus Bergen-Belsen berichten, daß die Gefangenen in Bergen-Belsen zu verhungern drohen. Die Lebensmittelpakete sind von entscheidender Bedeutung, aber nur wenige kommen an. Ich bitte Sie, Maßnahmen zu ergreifen, um die Auslieferung an die Adressaten sicherzustellen.[37]

Außerdem tauchen jetzt andere Probleme auf. Die alliierten Blockadebehörden beginnen wieder Sand ins Getriebe zu streuen, weil sie weiter darauf bestehen, daß nur Lager, die vom Roten Kreuz besichtigt werden, Lebensmittellieferungen erhalten dürfen.[38] Also beschließt Storch jetzt, trotz allem das Rote Kreuz zu kontaktieren – sowohl das Internationale Rote Kreuz als auch das Schwedische Rote Kreuz –, um zu untersuchen, ob sie statt der Kriegsopferhilfe des CVJM bereit sind, als Absender der Pakete aufzutreten.[39] Falls sie den Auftrag akzeptieren, argumentiert er, wird dies die Chancen erhöhen, daß die Alliierten und die Deutschen die Lebensmittel, und zwar in größeren Mengen, zu den Juden durchlassen. Das Rote Kreuz ist eine zu bedeutende Organisation, als daß die Deutschen es ignorieren könnten, besonders so kurz von Kriegsende.

Storch schickt also am 4. März einen Brief an Graf Folke Bernadotte, den

2. Vorsitzenden und de facto Leiter des Schwedischen Roten Kreuzes, in dem er fragt, ob das SRK sich vorstellen könne, als Absender der Pakete zu fungieren sowie deren Verteilung zu kontrollieren. Gleichzeitig wendet er sich auch ans Internationale Rote Kreuz. Interessanterweise akzeptieren sowohl Bernadotte als auch das IRK Storchs Vorschlag, ohne zu zögern.[40] Die Lebensmittelpakete haben einen neuen Absender bekommen. Und es scheint geholfen zu haben:

»Zu meiner unerhörten Verwunderung kamen die meisten Pakete an«, sagt Riegner heute. »Ich war bereit, einen Teil aufzugeben, die Lage war ja so verzweifelt, daß alles, was auch ankam, willkommen war. Aber das meiste kam an. Ich habe es nachgeprüft.«[41]

Daß Storch das Rote Kreuz so schnell zur Mitwirkung bewegen konnte, besonders in Anbetracht der Geschichte der Organisation und in Anbetracht von Storchs früherem Mißtrauen, ist interessant. Doch seit dem Oktober 1944 ist viel geschehen: Zum ersten hat das Internationale Rote Kreuz in der Endphase des Kriegs Veranlassung gehabt, seine Einstellung zu überdenken. Zum zweiten hat Storch in der Zwischenzeit eine neue Bekanntschaft gemacht. Dies ist nicht das erste Mal, daß er Kontakt mit Folke Bernadotte hat. Die beiden haben nämlich bereits seit einiger Zeit in einer ganz anderen Angelegenheit Anlaß zur Zusammenarbeit gehabt. Einer Angelegenheit, die Weltgeschichte schreiben wird, bevor der Krieg zu Ende geht.

39

Die Geschichte der Weißen Busse – der Rotkreuzexpedition, oder Bernadotte-Expedition, wie sie häufig genannt wird – wird seit fünfzig Jahren erzählt. In mindestens ebenso vielen Varianten. Seit Folke Bernadotte nur wenige Wochen nach dem Ende des Krieges sein Buch über die Expedition unter dem Titel *Das Ende* veröffentlichte, hat die Frage, wer das Recht hat, die Ehre für diese große Rettungsaktion für sich zu beanspruchen – und ebenso die Frage nach Folke Bernadottes eigenen Motiven –, nicht aufgehört zu faszinieren und vor allem zu irritieren. In regelmäßigen Abständen sind seit dem Krieg Artikel und Bücher geschrieben und Radio- oder Fernsehberichte gesendet worden, in denen »sensationelle Enthüllungen« darüber gemacht werden, was eigentlich vor und während der Expedition geschah. Ebenso schnell werden diese Enthüllungen wieder vergessen, um in neuer Gestalt wieder aufzutauchen. In der Regel wecken solche Entdeckungen großes Aufsehen und mancherorts helle Empörung. Das Interessante ist nämlich, daß die allermeisten, die sich der Frage angenommen haben, emotional engagiert sind, für oder gegen Bernadotte. Wie ist dies zu erklären? Eine Erklärung ist die, daß die Bernadotte-Expedition, in ganz anderer Weise als die Arbeit Wallenbergs in Ungarn, mit dem schwedischen Selbstbild und der Sicht auf Schwedens Rolle und moralisches Agieren während des Krieges verknüpft ist. Eine andere Erklärung ist die, daß Folke Bernadotte in seiner Darstellung in *Das Ende* zweifellos recht fahrlässig mit der Wahrheit umgeht. So kam es dazu, daß es dem ersten publizierten Dokument über die Expedition, das zu allem Überfluß von der Hauptperson des Dramas verfaßt war, an Objektivität mangelt.

»An einem schönen Spätherbstvormittag, es war der 2. November, landete ich auf einem Militärflugplatz in der Nähe von Versailles ...« So beginnt Folke Bernadotte seinen Bericht darüber, wie er an einem Tag im November 1944 die Idee für die schwedische Expedition zur Entsetzung skandinavischer Gefangener in deutschen Konzentrationslagern bekommt.

Der Anlaß für seinen Besuch im kürzlich befreiten Paris ist, daß Bernadotte mit Vertretern der Westmächte »über eine eventuelle humanitäre Hilfe von der Seite Schwedens« zu beraten. Er trifft in Paris unter anderem den Oberbefehlshaber der alliierten Truppen in Westeuropa, General Eisenhower, »einen Mann von wirklich großem Format, eine ebenso kraftvolle wie warmherzige und großzügige Persönlichkeit«. Doch das für die Zukunft entscheidende Treffen, so Bernadotte, hat er am nächsten Tag: Am 3. November gibt Schwedens Chargé d'affaires Belfrage für Bernadotte und seine Gesellschaft ein Mittagessen im Hotel Bristol. An diesem Essen nimmt auch der schwedische Generalkonsul in Paris Raoul Nordling teil. Nordling imponiert dem Leiter des Schwedischen Roten Kreuzes gewaltig: »Ich wußte, daß er eine sehr wichtige Rolle als Vermittler zwischen den Alliierten und den französischen Patrioten einerseits und den deutschen Besatzungsbehörden anderseits gespielt hatte«, schreibt Bernadotte. »Nun saß er da an unserem Frühstückstisch und berichtete auf seine ungehemmte, impulsive Art über die Ereignisse, die er miterlebt hatte in den Tagen, da der Schlußkampf um Paris tobte. Was mich mehr als diese Schilderungen fesselte, war der Bericht, wie es ihm geglückt war, zu verhindern, daß eine große Anzahl französischer Frauen und Männer nach Deutschland deportiert wurde, und wie er es hatte durchsetzen können, daß eine Anzahl Franzosen, die in Frankreich in deutsche Gefängnisse geraten waren, im Zusammenhang mit der Kapitulation von Paris freikam.«

Folke Bernadotte lauscht den Erzählungen seines Landsmannes mit wachsender Faszination. Offensichtlich war es auch einem Einzelindividuum möglich, im Kriege Großes zu vollbringen! Und in diesem Augenblick bekommt Bernadotte seine glänzende Idee: »Und wie ich ihn nun so dasitzen sah und erzählen hörte, wurde ich von seinem Enthusiasmus angesteckt. Ich fragte mich, ob es denn nicht auch mir möglich wäre, etwas Ähnliches für jene auszurichten, die in den deutschen Konzentrationslagern schmachteten. Ein Samenkorn fiel in mein Herz. Und als diese Saat aufging, sollte sich daraus im Frühling 1945 die Expedition des Schwedischen Roten Kreuzes nach Deutschland entwickeln.«[1]

Das Problem mit dieser Schilderung ist, daß sie nicht der Wahrheit entspricht. Zwar reiste Bernadotte nach Paris, und allem Anschein nach traf er dort mit Eisenhower und Nordling zusammen. Vielleicht hat er mit Nordling sogar über dessen Rettungsarbeit diskutiert. Doch nicht dort wurde das Samenkorn für die schwedische Rotkreuzexpedition ausgesät. Es war schon viele Monate früher ausgesät worden. Und nicht von Folke Bernadotte.

»Günther war überzeugt, daß Kersten infolge seiner Beziehungen zu Himmler bei der Durchführung einer Aktion, die die schwedische Regierung 1944 für wünschenswert hielt, eine große Hilfe sein konnte.« So heißt es in einer holländischen parlamentarischen Untersuchung von 1952 über den Hintergrund dessen, daß Schwedens Außenminister Günther im Oktober 1943 Kontakt zu Himmlers Masseur Felix Kersten aufgenommen hatte.[2] Der Außenminister war davon überzeugt, daß es sich bei Kersten um eine Schlüsselfigur handelte, die den Zugang zur deutschen Führung ermöglichte. Und damit auch der Schlüssel zur Befreiung skandinavischer politischer Gefangener in Deutschland. Und die schwedische Regierung wußte, daß sie etwas für die skandinavischen »Brudervölker« tun wollte – ja, tun mußte –, die während des Kriegs so viel Leid ertragen mußten. Außerdem, heißt es in der holländischen Untersuchung, »wurde Druck auf Schweden ausgeübt, um es zum Eintritt in den Krieg auf seiten der Alliierten zu bewegen. In Schweden war man der Meinung, eine humanitäre Aktion stelle die beste Gegenwehr gegen diesen Druck dar. Eine solche würde nicht nur Schwedens Ansehen in den alliierten Ländern bessern, sie würde darüber hinaus Schwedens Neutralität auch in den Augen der Engländer und der Amerikaner nicht nur als nützlich, sondern sogar als unbedingt notwendig erscheinen lassen.«[3]

Anfänglich passiert jedoch nicht viel mit den Listen skandinavischer Gefangener, die Günther Kersten bei ihrem ersten Treffen im Oktober 1943 übergibt. Auch mit einer Eingabe, die die schwedische Regierung zwei Monate später an die Deutschen richtet, bewirkt sie nicht viel: Die schwedische Regierung ist empört darüber, daß mehr als sechshundert norwegische Studenten plötzlich nach Deutschland deportiert worden sind, und man bittet das Auswärtige Amt, dafür zu sorgen, daß Deutschland derartige Maßnahmen unterläßt. Außer daß Außenminister Ribbentrop und sein Führer Adolf Hitler in Rage geraten, passiert nichts.[4] Informationen zufolge, die die schwedische Gesandtschaft später bekommt, hat Hitler »die Demarche der schwedischen Regierung als persönliche Ohrfeige empfunden«.[5]

Mit diesen Antworten läßt die schwedische Regierung es bis auf weiteres auf sich beruhen. Aber im April 1944 ist Felix Kersten zurück in Stockholm. Und wieder trifft er Außenminister Günther:

»Ich berichtete ihm, daß von meiner Seite alles vorbereitet sei, um die schwedische Rettungsaktion in Gang setzen zu können«, schreibt Kersten in seinen Memoiren. »Goebbels und Kaltenbrunner waren dagegen, ebenso Ribbentrop. Auf der anderen Seite gab es auch Anzeichen dafür, daß Himmler zu Zugeständnissen bereit war. Ich hatte ihm erzählt, daß ich ein Mandat von Günther hatte, und ich bekam den Eindruck, daß Himmler fand, es sei genug Blut geflossen.«[6]

Anschließend beschreibt Kersten in groben Zügen das, was später die sogenannte Bernadotte-Aktion werden sollte – mit Freilassung sämtlicher Skandinavier aus deutschen Konzentrationslagern und Überführung der Freigelassenen nach Schweden, oder, als zweite Möglichkeit, Sammeln der Skandinavier an einer Stelle in Deutschland, »wo keine Gefahr bestand, daß sie Bombenangriffen ausgesetzt waren«. Die Operation soll Kersten zufolge in der Regie des Schwedischen Roten Kreuzes durchgeführt werden.

Kersten stellt es so dar, als seien die Pläne für diese große Expedition von ihm selbst und Günther bereits während ihres Treffens im Jahr zuvor ausgearbeitet worden – und möglicherweise detaillierter von Günther vor ihrem Treffen im April 1944 – und daß es diese Pläne waren, die Kersten mit der deutschen Führung zu diskutieren gebeten worden war. »Im Sommer 1944 kehrte ich mit einem Mandat, diese Fragen mit Himmler zu diskutieren, nach Deutschland zurück«, beschließt Kersten seinen Bericht.[7]

Den Unterlagen des Außenministeriums sowie dem Weißbuch des Außenministeriums über die Bernadotte-Aktion nach zu urteilen, existierten zu diesem Zeitpunkt keine konkreten schwedischen Pläne zu einer solchen umfassenden

Aktion. Noch im September 1944, heißt es im Weißbuch, »beabsichtigte die schwedische außenpolitische Führung nicht, konkretere Hilfsaktionen in Angriff zu nehmen, sondern zog es vor, in Berlin vorsichtig die Aussichten für eine sukzessive Freilassung und Rückführung der norwegischen Internierten zu sondieren, vor allem der Studenten, der Kategorie, über die zu verhandeln man am opportunsten fand«.[8] Wenn bereits im Oktober 1943 Pläne für eine umfassende Expedition zwischen Günther und Kersten verhandelt wurden, müssen diese Überlegungen mit anderen Worten äußerst informeller Natur gewesen sein. Es gibt jedoch keinen Grund zu bezweifeln, daß Kersten von Günther darum gebeten wurde, sich für die Freilassung der norwegischen Studenten einzusetzen. Günther selbst bekräftigt dies im Prinzip in einem Brief an Kerstens Anwalt nach dem Krieg.[9]

Wer war denn dann auf die Idee für die Bernadotte-Aktion gekommen?

»›Ditleff war ein schweigsamer, zurückgezogener Mann mit Visionen‹, berichtete mir seine Sekretärin, Kerstin Cruickshank. Sie kannte ihn aus seiner Zeit in Warschau, als sie selbst dort arbeitete, um tschechische Juden zu retten. Seine Gedanken kreisten unentwegt um die Frage: ›Was können wir tun, um den nach Deutschland gebrachten Norwegern beizustehen und sie zu retten?‹« So beschreibt Inga Gottfarb ihre Gespräche mit Niels Christian Ditleffs Sekretärin und Helferin Kerstin Cruickshank.[10]

Ditleff war bei Ausbruch des Krieges der Gesandte der norwegischen Regierung in Warschau gewesen, nach der deutschen Besetzung Norwegens aber nach Stockholm geflohen, wo er jetzt als Vertreter der norwegischen Exilregierung in Schweden fungierte. Er war eine der treibenden Kräfte hinter der Norwegenhilfe und auch hinter der Versendung von Lebensmittelpaketen an die skandinavischen Lagerinsassen. Jetzt drehten sich seine Gedanken also ununterbrochen darum, wie man den norwegischen Gefangenen in Deutschland auf andere Weise beistehen konnte.

Praktisch alle Expertenmeinungen, eingeschlossen das Weißbuch des schwedischen Außenministeriums, sehen heute Niels Christian Ditleff in der Rolle als Ideengeber und wichtigste Triebkraft hinter der schwedischen Hilfsexpedition zur Rettung von Skandinaviern aus deutscher Gefangenschaft im Frühjahr und Sommer 1945 – der sogenannten Bernadotte-Aktion.

Knut-Lennart Havaas zufolge, der eine umfassende Zusammenstellung des über die Bernadotte-Expedition publizierten Materials vorgenommen hat[11], hatte Ditleff bereits im Herbst 1943 begonnen, mit Sven Grafström von der politischen Abteilung des Außenministeriums und mit Außenminister Günther darüber zu diskutieren, »wie man die norwegischen Gefangenen aus Deutschland nach Hause bringen könnte« (und möglicherweise kann dies Günthers Kontakte mit Kersten zur gleichen Zeit veranlaßt haben).

Ditleff hatte jedoch einen für die Arbeit entscheidenden Helfer, eine Person, die in den Unterlagen des Außenministeriums »unser norwegischer Freund« genannt wird. Daß die fragliche Person einen solchen Decknamen bekommt, beruht auf dem Umstand, daß sie sich in Deutschland befindet. Seit dem Frühjahr 1944 agieren die schwedische Gesandtschaft in Berlin und das schwedische Außenministerium als geheime Verbindungszentrale zwischen Ditleff und »unserem norwegischen Freund«, der sich als der Rektor der Universität Oslo, Didrik Arup Seip, herausstellt. Zusammen mit einigen Landsleuten bildet Seip, wie das Weißbuch des Außenministeriums es beschreibt, ein »äußerst wohlinformiertes norwegisches ›Zentrum‹ in Berlin«.[12] Dieses »Zentrum« wird Ditleffs hauptsächliche Informationsquelle und Anlaufstelle bei dem Versuch, die Freilassung der norwegischen Gefangenen zu bewirken.

Im April 1944 schickt Niels Christian Ditleff einen Brief an die norwegische Exilregierung in London. Darin beschreibt er verschiedene Alternativen für die Rettung der norwegischen Gefangenen.[13] Ditleffs Absicht ist es nämlich ursprünglich, daß die Rettungsaktion in norwegischer Regie organisiert werden soll.[14]

Der Vorschlag fällt nicht auf fruchtbaren Boden. Die norwegische Exilregierung steht unter dem Einfluß der Alliierten. Und diese widersetzen sich, wie wir festgestellt haben, allen Verhandlungen mit den Deutschen, bevor diese kapituliert haben. Außerdem will man alle Kriegsgefangenen zurückholen, bevor die Repatriierung ziviler Gefangener eingeleitet wird. Mit anderen Worten: Die Alliierten, und die norwegische Exilregierung, wollen vor dem Kriegsende von einer Rückholung ziviler Gefangener nichts wissen.[15] Ditleffs Initiative hat indessen *ein* konkretes Resultat: Er wird als Gesandter der norwegischen Exilregierung in Schweden abgesetzt![16]

Doch Niels Christian Ditleff gibt nicht auf. Von seinem Domizil am Valhallavägen aus verfolgt er seine Pläne einer Rettungsexpedition hartnäckig weiter. Kerstin Cruickshank zieht auch in die Wohnung ein und fährt heimlich damit fort, ihm zu helfen, unter anderem, weil sie fürchten, daß es in der norwegischen Gesandtschaft deutschfreundliche Spione gibt. Doch Ditleff fühlt sich nicht einmal zu Hause ganz sicher. Er hat den Verdacht, daß seine Haushälterin Informationen weitergibt, und verbrennt deshalb alle heiklen Unterlagen, die er im Haus hat.[17]

Während dieser Zeit vertieft Ditleff seine Kontakte zu dem dänischen Konteradmiral Carl Hammerich und seiner norwegischen Ehefrau Borghild, einem Paar, das schon seit langem für die skandinavischen Gefangenen arbeitet.[18] Ihre gemeinsamen Anstrengungen werden allmählich dazu führen, daß die Hilfsexpedition ausgeweitet wird und nicht nur norwegische, sondern auch dänische Gefangene umfaßt.

An dem Tag, als Marcus Wallenberg mit Begleitung zu einem Abendessen in Ditleffs Wohnung kommt, ist weder die Haushälterin noch das Bedienungspersonal zu Hause. Niels Christian Ditleffs Kinder tragen das Essen auf. Der Haushälterin hat er sicherheitshalber frei gegeben. Der Grund dafür ist, daß man an diesem Abend eine sehr wichtige und heikle Besprechung hat. Man will nämlich beschließen, wer die geplante Expedition nach Deutschland leiten soll.[19] Zwar gibt es noch keine Regierung, oder auch nur eine größere Organisation, die sich hinter das Projekt gestellt hat. Doch das wird eine spätere Frage sein.

Die Versammelten einigen sich im Laufe des Abends auf einen Namen: Folke Bernadotte. Die Wahl fällt, Cruickshanks Darstellung gegenüber Inga Gottfarb zufolge, aus folgenden Gründen auf Bernadotte:

> Bernadotte war als persönlich objektiv bekannt. Er war der 2. Vorsitzende des Schwedischen Roten Kreuzes und der Neffe des schwedischen Königs. Als Pfadfinderführer und tief religiöser Mensch sollte er daran interessiert sein, einen humanitären Einsatz zu übernehmen. Er galt als guter Unterhändler und Organisator. Er konnte Vertrauen schaffen und Menschen für sich einnehmen und hatte eine große Gemütsruhe.[20]

Der gleichen Quelle zufolge spricht Ditleff am 23. September 1944 zum ersten Mal mit Bernadotte selbst über die Expeditionspläne, also mehr als einen Monat bevor Bernadotte behauptet, in Paris seine glänzende Idee bekommen zu haben. Auch Havaas findet in seiner Zusammenstellung, daß Ditleff bei mehreren Gelegenheiten an Überlegungen mit dem Schwedischen Roten Kreuz (dessen Leiter Bernadotte de facto ist) über diese Aktion teilgenommen hat und daß »die Frage einer eventuellen Befreiungsaktion für skandinavische Gefangene lange vor der Vorstandssitzung des SRK im November 1944 eifrig diskutiert worden ist«.[21] In seinem Buch *Das Ende* erwähnt Bernadotte zwar, daß er mit Ditleff über die Expedition diskutiert habe, doch erst *nachdem* er selbst im November in Paris auf die Idee gekommen sei:

> Die Rückfahrt wurde angetreten. Ich saß im Flugzeug, und meine Gedanken kreisten um die Frage, die Raoul Nordlings Schilderungen aufgeworfen hatten, und die einer der vielen Eindrücke war, die ich auf meiner Reise nach Frankreich und England empfangen hatte: Sollte es Schweden möglich sein, in Deutschland einzugreifen, um wenigstens die furchtbaren Leiden zu lindern, die das System der deutschen Konzentrationslager verursachte, um wenigstens einige der Menschenleben zu retten, die von einem baldigen Untergang unter den schrecklichsten Verhältnissen bedroht waren? [...] Mit solchen Gedanken kehrte ich im Dezember nach Stockholm zurück, und so wie in Paris wurde das Zusammentreffen mit einer Person von entscheidender Bedeutung für die Entwicklung dieser Gedanken. Diesmal war es ein Norweger, der ausschlaggebend in die Diskussion eingriff. Gesandter Ditleff, ein Mann von etwa sechzig Jahren, norwegischer Berufsdiplomat, der in der Außenvertretung seines Landes wichtige Posten bekleidet hatte und zu dieser Zeit der Gesandtschaft in Stockholm zugeteilt war, schlug während einer Unterhaltung mit mir vor, man müsse in erster Linie danach trachten, die Erlaubnis zu erwirken, daß die norwegischen Zivilgefangenen aus den deutschen Lagern nach Schweden verbracht würden. Ich war sofort für diesen Gedanken eingenommen. Das war ja etwas im Stile dessen, was Generalkonsul Nordling getan hatte, vielleicht sogar in noch größerem Umfang.[22]

Bernadotte beschreibt dann, wie »ich nun der Regierung den Vorschlag unterbreitete, den der Gesandte Ditleff und ich ausgearbeitet hatten.«[23] Die schwedische Regierung scheint unmittelbar auf Bernadottes Vorschlag einzugehen.

In Wirklichkeit hat Ditleff bereits am 30. November, also bevor Bernadotte seine Rückreise nach Stockholm antritt, dem schwedischen Außenministerium einen konkreten Vorschlag unterbreitet. Dieser läuft darauf hinaus, daß die schwedische Regierung eine Delegation des schwedischen Roten Kreuzes nach Berlin schicken solle, um die Freilassung und die Rückführung der skandinavischen Gefangenen zu erreichen. Als Leiter dieser Delegation schlägt Ditleff den 2. Vorsitzenden des SRK, Graf Folke Bernadotte, vor.[24]

Auch in bezug auf die Idee, dänische Gefangene in die Rettungsaktion einzubeziehen, ist Bernadottes Darstellung erstaunlich. Er behauptet nämlich, im Februar 1945, also unmittelbar, bevor er zum ersten Mal nach Berlin geschickt wird, habe sein Onkel, Prinz Carl, der Vorsitzende des SRK, »vorgeschlagen, daß sich die Aktion nicht nur auf die Norweger beschränken, sondern auch die

Dänen einschließen sollte. Das Programm war somit wesentlich erweitert worden.«[25]

In der Tat hatte Prinz Carl am Tag vor der Abreise Bernadottes nach Berlin ein Promemoria ans Außenministerium weitergeleitet, »das ich vom dänischen Gesandten Kruse am 13. d. M. anläßlich des Auftrags des Grafen F. Bernadotte erhalten hatte, nicht nur für norwegische, sondern auch für dänische Rechnung bei seinem Besuch in Berlin im Namen der Führung des SRK die Zustimmung der hiermit befaßten Behörden zu erwirken, norwegische und dänische (politische) Zivilinternierte zur Internierung nach Schweden zu überführen«.[26] Doch zu behaupten, dies stelle die Initiative dar, die dänischen Gefangenen einzuschließen, heißt, die sich über mehr als ein Jahr erstreckenden Vorbereitungen des Paares Hammerich und ihres Kollegen Hans Henrik Koch in Zusammenarbeit mit Niels Christian Ditleff zu ignorieren.

Im Weißbuch des schwedischen Außenministeriums über die Hilfsexpedition 1945 wird auf Seite 19 nüchtern konstatiert: »Als Beginn von Bernadottes eigentlichem Einsatz in der schwedischen Hilfsexpedition dürfte am besten seine Reise nach Berlin am 16. Februar 1945 anzusetzen sein.« Auf der folgenden Seite heißt es: »Bernadottes Darstellung in dem Buch ›Das Ende‹ wird zweifellos Ditleffs Verdienst am Zustandekommen der Hilfsexpedition nicht gerecht.«[27]

Man kann sich fragen, warum Folke Bernadotte, der ja zu einem späteren Zeitpunkt unzweifelhaft dazu beitrug, daß Tausende von Menschen aus den Konzentrationslagern gerettet wurden, ein so großes Bedürfnis verspürte, seine eigene Bedeutung auf Kosten anderer herauszustreichen. Und warum er sich der ganz offensichtlichen Gefahr aussetzte, so schmählich überführt zu werden. Ditleff erwähnt in seinen Memoiren, als er Bernadotte in einem anderen Zusammenhang beschreibt, dieser habe »einen fast leidenschaftlichen Erfolgswillen« an den Tag gelegt. Auch Havaas hebt in seiner für Bernadotte wenig schmeichelhaften Abhandlung dessen »spürbares Bedürfnis, immer Erfolg zu haben«, hervor. Havaas deutet dieses Bedürfnis als den Ausdruck »eines gewissen Minderwertigkeitskomplexes ... Sein mehrfaches früheres Scheitern, z. B. daß er die militärische Laufbahn aus gesundheitlichen Gründen aufgeben mußte, und seine zahlreichen Mißerfolge als Geschäftsmann schufen bei dem Grafen wahrscheinlich ein starkes Bedürfnis, am Ende wirklich erfolgreich zu sein.«[28]

Andere stellen indessen Bernadotte als ein ungewöhnlich joviales und harmonisches Individuum dar. Und vielleicht war seine ein wenig zurechtgerückte Geschichtsschreibung lediglich der Ausdruck eines Bedürnisses, dem Bild gerecht zu werden, das eine auf Heldentum lüsterne schwedische Öffentlichkeit – und Regierung – von ihm zeichnete. Aber nichtsdestoweniger wird sich seine Reaktion als verheerend erweisen.

Viele der Beteiligten waren von Bernadotte enttäuscht, nachdem seine Darstellung der Expedition und ihres Vorspiels herausgegeben wurde. Nicht zuletzt gilt dies für Niels Christian Ditleff, doch er war nicht der einzige.[29] Und wenn Ditleff seine Enttäuschung darüber, in Bernadottes Schilderung übergangen worden zu sein, nur seinen engsten Freunden verriet, so gab es andere – vor allem Felix Kersten –, die von dem Augenblick an, in dem *Das Ende* erschien, einen leidenschaftlichen, und sehr öffentlichen Kreuzzug gegen Folke Bernadotte eröffneten. Im stürmischen Verlauf dieses Kreuzzuges sollte nicht nur Bernadottes Glaubwürdigkeit, sondern auch sein Charakter im übrigen in Zweifel gezogen werden. Unter anderem sollte er des Antisemitismus sowie der Abneigung dagegen, jüdische Gefangene zu retten, beschuldigt werden. Nicht zuletzt deshalb ist die Frage nach der Leistung Folke Bernadottes so brisant und heikel geworden. Aber wenn uns die Schilderungen der »Helden« des Zweiten Weltkriegs eine Erkenntnis vermitteln, dann die, daß alle Menschen widersprüchlich sind. Nur weil ein Mensch an einem Drang leidet, sich selbst in den Vordergrund zu stellen, folgt daraus nicht automatisch, daß seinem Handeln zweifelhafte Motive zugrunde liegen. Und daß ein Mensch von zweifelhaften Motiven angetrieben wird, steht kaum im Widerspruch dazu, daß er Tausende von Menschenleben gerettet haben kann.

40

Wenn Niels Christian Ditleff auf eine schnelle Antwort seitens der schwedischen Regierung gehofft hatte, so hatte er sich getäuscht. Die Schweden verhielten sich indessen nicht ganz abweisend zu der Idee, eine Delegation des Roten Kreuzes nach Berlin zu schicken. Doch, wie es im Weißbuch des Außenministeriums heißt: »Im Außenministerium dürfte man jedoch ein Interesse daran gehabt haben, bis auf weiteres die Führung dieser Verhandlungen selbst in der Hand zu behalten, die die Gesandtschaft in Berlin und die Beamten des Ministeriums in die Wege geleitet und bis dahin mit ansehnlichem Ergebnis geführt hatten.«[1]

Dieser Aussage liegt teilweise der Umstand zugrunde, daß der Gesandte Arvid Richert gewisse Kontakte zu Walter Schellenberg in Berlin geknüpft hatte. Doch außerdem verbirgt sich dahinter das Interesse des Außenministeriums, das weiterhin die Dienste Felix Kerstens in Anspruch nehmen wollte. Himmlers Masseur war nämlich gerade nach Schweden zurückgekehrt.[2]

Es wurde immer offenkundiger, daß Felix Kersten, trotz seines Pendelns, im Begriff war, Deutschland als seiner wichtigsten Basis den Rücken zu kehren. Zu diesem Zeitpunkt hatte er nämlich seine ganze Familie – die Ehefrau und seine drei Söhne – dauerhaft in einer Wohnung in der Linnégata in Stockholm untergebracht. Und Himmler hatte es geschehen lassen – unter einer Bedingung:

»Als Vater damals die Erlaubnis erhielt, nach Schweden zu gehen, war es ja wichtig für Himmler, zu wissen, wo er sich aufhielt, wie er ihn erreichen konnte«, erzählt sein Sohn Arno. »Und es ist klar, daß Himmler die Kanäle, die durch die Botschaft und dergleichen gegeben waren, nicht benutzen wollte. Er wollte einen direkten Kanal. Also hatten Brandt und Schellenberg dafür zu sorgen, daß ein Direktkanal geschaffen wurde. Wenn Vater in Schweden war, hatte er also Zugang zu Himmlers privater Telefonnummer.«

Der Zweck dieser direkten Telefonverbindung war, daß Himmler, sobald er von seinen Magenkrämpfen befallen wurde, seinen Masseur herbeirufen konnte. »Es war furchtbar anstrengend, denn es gab ja nicht immer Flüge, wie man wollte. Und dann mußte ein Flug organisiert werden. Er konnte meistens regulär nach Kopenhagen fliegen. Und dann schickten die Deutschen eine Maschine nach Kopenhagen, das ja deutsches Territorium war, und holten ihn.«[3]

Doch die Telefonverbindung zwischen Kersten und Himmler – auf Himmlers Seite fast immer von seinem persönlichen Adjutanten Rudolf Brandt besetzt – sollte noch eine weitere Funktion erfüllen: Durch sie konnte Himmler geheime Verbindungen mit Kerstens Kontakten in Schweden aufrechterhalten, und umgekehrt. »Brandt konnte immer meinen Vater anrufen«, erzählt Arno Kersten. »Und es wurde ziemlich oft wegen aller möglichen Dinge angerufen.«[4]

Kerstens Novemberaufenthalt in Stockholm wird kurz, nur sechs Tage. Schon am 28. November kehrt er nach Deutschland zurück und trifft wenige Tage später Himmler in dessen Hauptquartier in Triberg/Schwarzwald.[5] Kersten hat laut eigener Aussage einen Auftrag von Christian Günther: Der schwedische Außenminister hält die Zeit für gekommen, wegen der norwegischen Studenten Druck zu machen und auch die Freilassung dänischer Polizisten zu erwirken. Außerdem, hat er Kersten gegenüber angedeutet, sind zwar vier der

Warschauschweden freigekommen, aber drei sitzen noch in einem deutschen Gefängnis. Könnte es nicht möglich sein, auch diese nach Hause zu holen? (Günther selbst ist nicht gewillt, Kerstens Dienste als »Auftrag« zu bezeichnen, doch er schreibt gleichzeitig, daß »Kersten sich in ganz unglaublicher Weise für die Rettung von Menschen aus den Klauen der nazistischen Henker eingesetzt« habe und daß dies »in zahlreichen Fällen auf meine direkte Bitte hin geschah, wobei ich meinerseits ihm die Namen der betreffenden Personen nannte«.[6])

Kersten trifft bei seiner Rückkehr nach Deutschland den Reichsführer in keiner guten Verfassung an.

»Himmlers Gesundheitszustand war sehr schlecht«, schreibt Kersten, »weshalb ich ihn sofort behandeln mußte.« Wie gewöhnlich dauert es jedoch nicht lange, bevor Kersten es wagt, dem Patienten seine Fragen zu stellen. Die Fragen, die er diesmal vorbringt, hat Schwedens Außenminister ihm mitgegeben. »Während der Behandlung sprach ich die oben genannten Probleme an, stieß aber auf hartnäckigen Widerstand, insofern als Himmler erklärte, diese Personen seien Verbrecher und auch als solche zu behandeln, da sie den germanischen Gedanken verraten hätten.«[7]

Der Masseur sollte jedoch ganze vierzehn Tage in Himmlers Nähe bleiben. Und aus Erfahrung klug geworden, nutzte er jede Gelegenheit, seinen Patienten weich zu kneten, physisch wie psychisch. Am 12. Dezember, nach einem Aufenthalt von fast zwei Wochen in Triberg – und kurz vor seiner Rückkehr nach Schweden – erhält Kersten folgenden Brief:

> Lieber Herr Kersten!
> Sie werden kurz vor Weihnachten wieder nach Schweden fliegen. Ich darf Sie bitten, die drei gefangenen Schweden, deren Begnadigung der Führer auf meinen Vorschlag genehmigt hat, zum Julfest mit nach Schweden zu nehmen!
> Ihrer lieben Frau, Ihren Kindern und Ihnen selbst übersende ich meine aufrichtigen Wünsche zu Weihnachten und zum neuen Jahr und grüße Sie herzlich
>
> *Stets Ihr getreuer*
> *H. Himmler*[8]

»Es war also ein Weihnachtsgeschenk«, sagt Arno Kersten. »Zweimal ist es vorgekommen, daß er Menschen als Weihnachtsgeschenk bekam. Himmler fand sich dabei wohl richtig gut, pfiffig. Daß er sich etwas richtig Feines hatte einfallen lassen.«[9]

Weihnachten 1944 kehren also die drei Schweden heim, nachdem sie zweieinhalb Jahre in einem deutschen Gefängnis verbracht haben, eineinhalb davon als zum Tode Verurteilte.

Ungefähr zur gleichen Zeit werden fünfzig norwegische Studenten und fünfzig dänische Polizisten aus deutscher Gefangenschaft entlassen und dürfen in ihre Heimatländer zurückkehren. Einer Äußerung Walter Schellenbergs gegenüber dem schwedischen Gesandten in Berlin, Arvid Richert, zufolge sind diese Freilassungen das ausschließliche Verdienst Felix Kerstens.

41

Es geht ein Gerücht um in Europa. Ein hartnäckiges Gerücht. Es besagt, daß Adolf Hitler beschlossen habe, zumindest eins von Nazideutschlands Zielen, und vielleicht das für ihn wichtigste, zu verwirklichen: Wenn das Dritte Reich untergehen soll, dann soll jeder Jude auf deutschem Boden es in den Untergang begleiten. Keine einzige Person jüdischer Abstammung soll den Alliierten lebend übergeben werden. Und vielleicht gilt dies nicht nur für Juden.

»Storch und ich waren von der Idee besessen, daß die Nazis in der Stunde der Niederlage alle Lagerinsassen ermorden würden«, erzählt Gerhart Riegner. »Nicht zuletzt, um alle Spuren und alle Zeugen ihrer Verbrechen zu beseitigen … In den letzten Kriegsmonaten dachten wir an nichts anderes, als wie wir den Absichten der nazistischen Führung begegnen konnten.«[1]

Ist das Gerücht wahr? Vieles deutet darauf hin, daß es sich so verhält oder daß es sehr bald so sein wird. Während des Kriegsendes und danach sollen mehrere Zeugenaussagen und Dokumente in bezug auf einen solchen Liquidationsbefehl von Hitlers Seite ans Licht kommen.[2] Darunter befindet sich unter anderem Kaltenbrunners Äußerung im Gespräch mit Schellenberg vom April 1945: »Außerdem haben wir Hitlers allgemeine Direktive … daß alle Lager zu evakuieren und speziell Juden als Geiseln zu betrachten sind.« Mit einem anderen deutschen Beamten, Fritz Hesse, sprach Kaltenbrunner zwei Monate früher von »Hitlers bekanntem Befehl, Kriegsgefangene, Konzentrationslagerinsassen und andere Internierte nicht lebend dem Feind zu übergeben«. Der SS-Offizier Dr. Rennau berichtet im April 1945 dem dänischen Diplomaten Johannes Holm, daß »von höchster Stelle Order an die Lagerkommandanten ergangen [sei], vor der Übergabe eines Konzentrationslagers dies mit seinen Gefangenen zu liquidieren«. Werner Grothman sagt beim Nürnberger Prozeß aus, daß »Hitler daran festhielt, keine ausländischen Gefangenen lebend in die Hände des Feindes fallen zu lassen«. Fritz Suhren, Kommandant des Frauenlagers Ravensbrück, berichtet, er habe »ausdrückliche Order vom Führer [erhalten], alle Frauen vor der Ankunft des Feindes zu liquidieren«. Himmlers Astrologe Wilhelm Wulff bekräftigt, daß ein Befehl, »alle Gefangenen zu töten und die Lager zu sprengen«, von Hitler erteilt und von Martin Bormann weitergeleitet worden sei. Es ist sogar ein Telegramm erhalten, in dem Himmler, seinen eventuellen früheren Beschlüssen zum Trotz, an die Lagerkommandanten in Dachau und Flossenbürg schreibt: »Kein Gefangener darf lebend in die Hände des Feindes fallen.«[3] Seinem Masseur zufolge sagt ein erregter Himmler bei anderer Gelegenheit: »Sie [die Lagergefangenen] werden uns in den Untergang folgen, so lautet des Führers direkter Befehl, und ich habe dafür zu sorgen, daß er bis ins kleinste Detail ausgeführt wird.«[4]

Und dennoch, zur gleichen Zeit, als diese erschreckenden Nachrichten in Europa zirkulieren, geschehen Dinge, die auf direkt entgegengesetzte deutsche Absichten hindeuten: Teils hat ja Himmler tatsächlich befohlen, die Gaskammern in Auschwitz zu demontieren. Teils erreicht die jüdischen Aktivisten zu dieser Zeit ein anderer bemerkenswerter Bescheid:

»Am 10. Dezember«, schreibt Salomon Adler-Rudel, »erhielt ich in London ein Telegramm von Storch. Er informierte mich darüber, daß eintausenddreihundert jüdische Gefangene aus Bergen-Belsen gerade in der Schweiz eingetroffen seien. Ich weiß nicht, ob ihre Freilassung ein Ergebnis von Storchs weitergeführten Verhandlungen, oder ob sie das Resultat von in der Schweiz geführten Verhandlungen war.«[5]

Auch wenn Gilel Storch laufend über das Schicksal der »Kasztner-Zugs« informiert gewesen zu sein scheint[6], ist diese Frage vermutlich nicht in erster Linie in Schweden verhandelt worden, sondern in der Schweiz. Aber die Botschaft ist korrekt: In der Nacht auf den 6. Dezember rollte eine Anzahl Eisenbahnwagen über die Grenze in die Schweiz. Im Zug befanden sich 1368 Juden. Am Ende hatten alle, die fast ein halbes Jahr zuvor in Budapest Fahrkarten für Rezsö Kasztners Zug gekauft hatten, die Gegenleistung für ihr Geld bekommen.

Das Interessante an dieser Nachricht ist, daß sie Hoffnung weckt. Sie verbreitet sich tatsächlich wie ein Lauffeuer unter den jüdischen Aktivisten in Europa. Die Nazis sind trotz allem weiterhin bereit, über die Leben von Juden zu verhandeln! Eine Schlußfolgerung beginnt außerdem immer unausweichlicher zu werden, wenn die Aktivisten ihre Puzzlestücke zusammenlegen: Der Mann, der sich im Schatten hinter sämtlichen Verhandlungsinitiativen verbirgt, ist Reichsführer Heinrich Himmler. Und falls man noch Zweifel hegt an dieser Schlußfolgerung, so wird man bald die Beweise bekommen. Zu diesem Zeitpunkt ist nämlich ein neuer und ganz unerwarteter Akteur auf der Bühne erschienen. Sein Name ist Jean-Marie Musy.

Musy ist nicht irgendwer; dieser ältere Gentleman ist einmal Präsident der Schweiz gewesen. Er hat sich außerdem als enthusiastischer Nazisympathiseur einen Namen gemacht – er ist zuweilen der »Schweizer Quisling« genannt worden.[7] Warum Musy sich in das Spiel um das Leben der Juden einmischt, wissen wir nicht. Vielleicht will er ganz einfach seinen Ruf verbessern, jetzt, da das Kriegsende sich nähert? Wie dem auch sei, als im Herbst 1944 eine schweizerisch-jüdische Gruppe Kontakt zu Musy aufnimmt und ihn bittet, mit Himmler über die Rettung Tausender von Juden zu verhandeln, sagt er zu. Zusammen mit seinem Sohn fährt er, mehr oder weniger aufs Geratewohl, nach Berlin, in der Hoffnung, dort Himmler zu treffen. Er wird von Schellenberg empfangen, der sich anbietet, Vater und Sohn Musy zum Reichsführer zu geleiten – der sich einige hundert Kilometer von Berlin entfernt befindet, in einem Zug bei Breslau.

Um vier Uhr am Nachmittag des 3. November empfängt Heinrich Himmler Musy in seinem Abteil. Und das Bemerkenswerte ist: Als Musy Himmler vorschlägt, alle Juden aus den Konzentrationslagern freizulassen, zeigt sich der Reichsführer überhaupt nicht ablehnend! Vielleicht, weil Himmler Ex-Präsident Musy von den nationalsozialistischen Parteitagen in Nürnberg kennt, an denen dieser als Ehrengast teilgenommen hat. Wohl eher, weil Musy zwanzig Millionen Schweizer Franken anbietet. Und weil Himmler gerade im Moment Interesse daran hat, Juden zu verkaufen.

Der Beschluß, der gefaßt wird, läuft, so heißt es, darauf hinaus, daß »praktisch alle« Juden aus den Konzentrationslagern in die Schweiz entlassen werden, alle vierzehn Tage eintausendzweihundert. Nachdem der erste Konvoi eingetroffen ist, sollen fünf Millionen Schweizer Franken auf einem Jean-Marie Musy gehörenden Konto bei einer Schweizer Bank deponiert werden. Das Geld soll anschließend an das Internationale Rote Kreuz-Komitee überwiesen und für den Kauf von Nahrungsmitteln und Medikamenten für das deutsche Volk verwendet werden.[8]

Und über noch einen Punkt einigt man sich, einen sehr wichtigen: Über all dies muß Stillschweigen bewahrt werden. Adolf Hitler darf absolut nichts erfahren!

Aber wer es rasch erfährt, sind die jüdischen Aktivisten in Europa. Und sie wissen nicht, was sie glauben sollen: Ist für die Juden in den deutschbesetzten Gebieten bald keine Hoffnung mehr? Oder steht man vor einer neuen großen Freilassungsaktion? Sind die Nazis entschlossen, das europäische Judentum mit in den Untergang zu ziehen? Oder bereiten sie sich statt dessen auf eine große Versöhnungsgeste vor? Die Wahrheit ist, erkennt man, daß alles gleichzeitig wahr ist. Je mehr sich das Dritte Reich seinen letzten Todeszuckungen nähert, desto heftiger schwingt das Pendel aus, zwischen Blutbad und Versöhnung. Was einmal eine konsequente nationalsozialistische Politik gewesen ist, ausgeführt mit einer konsequenten und zielbewußten Strategie, hat sich jetzt zu einem inneren Kampf zwischen Ideologie und Überleben verwandelt. Und dies ist vor allem Heinrich Himmlers Kampf.

Wie Himmlers Biograph Peter Padfield schreibt:

> Zerrissen von unlösbaren Konflikten zwischen Loyalität und Rationalität, zwischen Mythos und unerträglicher Wirklichkeit, zwischen der Angst vor dem Führerbunker und der Angst vor Erniedrigung und Hinrichtung als Kriegsverbrecher durch die Alliierten, manövrierte Himmler vorsichtig, spielte die verschiedenen Rollen, die verschiedene Gruppen ihm abverlangten …, sich windend, doch zu keinem Zeitpunkt eine entscheidende Kursänderung zur einen oder anderen Seite vornehmend und alles auf das Ergebnis setzend, hoffte er irgendwie, einen Weg vorbei an den Klippen und dem sechsköpfigen Monster zu finden.[9]

Die Herausforderung für alle, die dafür kämpfen, die letzten Opfer des Nationalsozialismus zu retten, besteht darin, Heinrich Himmler dazu zu bringen, sich für die Rationalität und die unerträgliche Wirklichkeit zu entscheiden statt für den Mythos und die Verehrung von Wotans tausendjährigem Reich. Welchen Weg Heinrich Himmler auch wählt, so ist er selbst und sein Reich zum Untergang verdammt. Aber alle Menschen leben mit einer Hoffnung, auch wenn sie sich auf völlig irrationale Gründe stützt. Und vielleicht ist es Heinrich Himmlers aberwitzige Hoffnung von einer Zukunft, die die letzte Hoffnung des überlebenden Judentums ausmacht.

42

In den letzten Tagen des Jahres geschieht etwas, das für Niels Christian Ditleffs Pläne, skandinavischen Gefangenen in Deutschland zu Hilfe zu kommen, von ganz entscheidender Bedeutung sein soll: Die norwegische Exilregierung in London macht eine Kehrtwendung. In einem offiziellen Schreiben ans schwedische Außenministerium erklärt die Exilregierung am 29. Dezember 1944, sie stehe voll hinter dem – inzwischen Monate alten – Vorschlag Ditleffs, eine Expedition zu schicken, und schlägt ihrerseits vor, daß diese unter der Regie der schwedischen Regierung stattfinden solle. Auch in London hat sich nämlich das Gerücht von Hitlers Plänen für eine Massenliquidierung aller Konzentrationslagergefangenen verbreitet.[1] Und dies reicht aus, um die alliierten Regierungen am Ende doch von ihrem festen Prinzip abgehen zu lassen, die Zivilgefangenen ihrem Schicksal zu überlassen, bis der Krieg gewonnen ist … Zu erwähnen ist auch, daß Ditleff seinen alten Posten wieder bekleiden darf.[2]

Im schwedischen Außenministerium und an der schwedischen Botschaft in Berlin ist man jedoch weniger begeistert. Man schiebt es auf »vermehrte aktuelle Aufgaben der Botschaft«. Aber, wie in dem später veröffentlichten Weißbuch eingeräumt wird, man macht sich auch Sorgen, eine solche schwedische Expedition lasse befürchten, daß »Schweden in Unstimmigkeiten, wenn nicht sogar Verwicklungen mit einer oder beiden kriegführenden Parteien hineingezogen werden könnte«.[3] Das schwedische Außenministerium antwortet Ditleff, man wolle die Entwicklung abwarten. Zugleich erklärt man jedoch, man stehe dem Gedanken, den norwegischen und dänischen Gefangenen auf irgendeine Art zu helfen zu versuchen, positiv gegenüber. Im Außenministerium hegt man offensichtlich die Hoffnung, dies tun zu können, vor allem nachdem Himmler durch Felix Kersten hat mitteilen lassen, er sei »künftig gern zur Zusammenarbeit bereit, wenn es darum gehe, schwedische Wünsche in bezug auf Dänemark und Norwegen zu berücksichtigen«.[4]

Für die übrigen 600 000 Gefangenen, die im Begriff sind, in deutschen Konzentrationslagern unterzugehen, plant jedoch keine Regierung in der Welt irgendwelche Rettungsaktionen. Und diese Menschen werden sich bald auf eine Wanderung begeben. Eine Wanderung, die sie dem Tod entgegenführt.

Auschwitz: das Symbol der Vernichtung, das Herzstück in der Verwirklichung von Hitlers Wahn von der reinen deutschen Rasse und ihrer Suche nach »Lebensraum«. In Auschwitz wurden in den Jahren 1942 bis 1944 zwischen eineinhalb und zwei Millionen Menschen ermordet, niemand weiß genau, wie viele.[5] Die absolute Mehrzahl derer, die ihr Leben in Auschwitz verloren, waren Juden.[6]

Gewisse Menschen wurden vergast, sobald sie in dem Lager mit dem großen Schild »Arbeit macht frei« über dem Eingangstor oder vor allem im Zwillingslager Birkenau ankamen. Andere mußten wirklich arbeiten – das war das Sonderbare an diesem Industriekomplex Auschwitz, hier wurde einem multiplen Bedarf entsprochen: Zentralisierung, Ausrottung, Arbeitskräftebedarf. Außerdem verfügten die Gaskammern nicht über die Kapazität, mehr als 12 000 Menschen am Tag zu »schaffen«, und die Kapazität der Krematorien war noch geringer.[7] Es war also bequem, große »Lagervorräte« zu haben, damit die »Produktion« so effektiv und stromlinienförmig wie möglich gestaltet werden konnte. Die Lebenszeit eines arbeitenden Gefangenen in Auschwitz wurde auf drei Monate veranschlagt.[8]

Niemand weiß mit Sicherheit, warum Heinrich Himmler im Spätherbst 1944 den Befehl gab, die Vergasungen in Auschwitz einzustellen und die Gaskammern und Krematorien zu zerstören. Aber höchstwahrscheinlich war der Grund wie gesagt der, vor der erwarteten Ankunft der Roten Armee die Spuren dessen zu verbergen, was hier geschehen war. Die Gefangenen wurden nämlich nicht zurückgelassen. Sie wurden evakuiert. Zuerst mit Zügen, in Lager ins Innere von Deutschland. Dann, am Ende – als alle Züge für die auf dem Rückzug befindliche deutsche Armee gebraucht wurden – zu Fuß.

Gewandert waren die Juden an und für sich während des ganzen Krieges.[9] Anfänglich war dies ein Bestandteil der Deportationen der Juden nach Osten. Dann wurden die Märsche für den Transport von Gefangenen zwischen verschiedenen Lagern benutzt, oder aus dem Lager hinaus und wieder hinein für Gefangene, die außerhalb eines Lagers arbeiteten. Doch diesmal war das Wandern von anderer Art. Diesmal war die Marschrichtung umgekehrt, zurück nach Deutschland. Und der Zweck war nicht, anzukommen. Es war nicht einmal sicher, ob die Märsche überhaupt einen Sinn hatten, abgesehen von einem Wunsch der Nazis, die Gefangenen nicht in die Hände des Feindes fallen zu lassen. Als sie jetzt zum Rückzug gezwungen wurden, nahmen die Nazis absurderweise die Juden mit auf den Weg zurück zum deutschen Boden – dem deutschen Boden, den sie vorher um jeden Preis von »nicht-arischen Elementen«

hatten »reinigen« wollen. Warum sie dies taten, ist wie gesagt schwer zu erklären. Aber das Ergebnis war verheerend. Wie Leni Yahil schreibt: »Unfähig, von ihren Opfern abzulassen, rächten sie sich an ihren Gefangenen, gerade weil diese noch wehrloser waren, als sie selbst geworden waren.«[10]

Einer Schätzung zufolge starben zwischen 250 000 und 375 000 Menschen auf diesen letzten Wanderungen der Konzentrationslagergefangenen.[11] Eine andere Quelle spricht davon, daß 60 Prozent der Menschen auf diesen Märschen zugrunde gingen.[12] Deshalb sprach man von den »Todesmärschen«.

Der erste dieser großen Märsche ging von Auschwitz aus. Es geschah mitten im Winter, im letzten Kriegswinter. Und es geschah, weil die sowjetische Armee gerade die deutsche Front durchbrochen hatte.

Im Laufe des Dezember hatte der deutsche Generalstabschef Guderian so viele unheilverheißende Berichte bekommen, daß ihm klar wurde: Es bahnte sich etwas an. Es hieß, daß 225 Infanteriedivisionen und 22 Panzerkorps entlang der Front zwischen der Ostsee und den Karpaten identifiziert worden seien. Guderian sammelte schließlich all seine Berichte und Karten zusammen und ging damit zu Adolf Hitler. Dessen Reaktion kam für Guderian nicht ganz unerwartet (er kannte seinen Führer inzwischen):

»Dies ist der größte Bluff seit Dschingis-Khan«, stößt Hitler gereizt hervor. »Wer ist verantwortlich für diesen Mist?« Dann fordert er Guderian auf, die betreffende Person in ein Irrenhaus zu sperren. Der Generalstabschef verliert jetzt die Geduld, was in Hitlers Nähe so gut wie nie vorkommt.

»Der Mann, der dies produziert hat, ist Generalmajor Gehlen, einer meiner besten Generalstabsoffiziere. Wenn Sie verlangen, daß der General Gehlen in ein Irrenhaus kommt, dann sperren Sie mich gleich dazu!«

Hitler duldet Guderians Ausbruch und hört nachsichtig zu, als dieser versucht, ihn dazu zu bewegen, Reserven aus der zum Scheitern verurteilten Ardennenoffensive im Westen abzuziehen, um Deutschlands Ostflanke, und letztlich Berlin, gegen die gefürchteten »bolschewistischen Horden« zu schützen. Doch Hitler nimmt kaum wahr, was der Generalstabschef sagt, sondern beginnt unvermittelt, Guderian zu loben:

»Die Ostfront hat noch nie so viele Reserven gehabt wie jetzt. Das ist Ihr Verdienst. Ich danke Ihnen dafür.«

»Die Ostfront ist wie ein Kartenhaus«, protestiert Guderian. »Wird die Front an einer einzigen Stelle durchstoßen, so fällt sie zusammen, denn zwölfeinhalb Divisionen sind für die gewaltige Ausdehnung der Front viel zu wenig.«

»Der Osten«, erwidert Hitler, »muß sich allein helfen und mit dem auskommen, was er hat!«[13] Mit nichts kann Adolf Hitler so schlecht umgehen wie mit einer drohenden Niederlage.

Im Morgengrauen des 12. Januar setzt die massive sowjetische Offensive ein, als Marschall Konevs Armeen im südlichen Polen über die Weichsel gehen. Zwei Tage später greifen Marschall Schukow und Marschall Rokossovski von zwei Seiten Warschau an. Am 17. Januar fällt die polnische Hauptstadt. Nach einer einwöchigen Offensive haben die Russen auf einem 600 Kilometer langen Stück die deutsche Front durchbrochen und sind 150 Kilometer näher an Berlin herangekommen, nämlich bis zur reichsdeutschen Grenze. Und Millionen deutscher Zivilisten fliehen vor der schonungslosen Rache der sowjetischen Soldaten um ihr Leben.

Ungefähr zu dieser Zeit machte jemand in Hitlers Nähe den Scherz, Berlin sei der praktischste Ort für das deutsche Hauptquartier, denn dort könne man bald mit der U-Bahn von der Westfront zur Ostfront fahren. Adolf Hitler soll darüber mitgelacht haben.[14]

Am 18. Januar 1945, den Tag und die Nacht hindurch, sammeln die Deutschen hastig alle 66 020 Gefangenen, die in Auschwitz noch leben, zusammen. Nur diejenigen, die nicht in der Lage sind zu gehen, werden im Lager zurückgelassen.[15] Die übrigen werden in langen Kolonnen auf die Straßen hinausgeführt. Ein Teil von ihnen landet schließlich in Eisenbahnwagen. Die meisten bewegen sich zu Fuß weiter. Von den vielen Schilderungen, die es von diesen endlosen Todesmärschen aus Auschwitz gibt, ist der eigentümlichste vielleicht der, den der frühere Lagerkommandant von Auschwitz und Regisseur der Vernichtung der ungarischen Juden, Rudolf Höß höchstpersönlich, nach dem Krieg gegeben hat. Höß befand sich zum Zeitpunkt der Evakuierung nicht mehr in Auschwitz, wurde aber hinbeordert, um die Operation zu überwachen. Es gelang ihm jedoch nicht, bis zum Lager vorzudringen, da ihm die Kolonnen entgegenkamen:

> Auf allen Wegen und Straßen Oberschlesiens westlich der Oder fand ich nun Häftlingskolonnen, die sich durch den tiefen Schnee hindurchquälten. Ohne Verpflegung. Die Unterführer, die diese wandelnden Leichenzüge führten, wußten meist gar nicht, wo sie überhaupt hin sollten [...] Die Wege der Leidenszüge waren leicht zu verfolgen, alle paar hundert Meter lag ein zusammengebrochener Häftling oder ein Erschossener.[16]

Als die Russen am 27. Januar Auschwitz erreichen, finden sie weniger als achttausend Menschen vor. Fünfundneunzig Prozent von diesen sind Juden, unter ihnen vier überlebende norwegische Juden.[17] Von den Millionen, die durch dieses Lager gegangen sind, sieht man keine Spur.

Zur gleichen Zeit, als die Russen Auschwitz erreichen, wird ein anderes Lager geleert. Es ist Stutthof in der Nähe von Danzig, das Lager, in das im Herbst 1944 die wenigen überlebenden Juden Lettlands gebracht worden waren.

Als sie dort am Strand bei Libau standen, hatte Stutthof die Hoffnung auf eine Zukunft. Aber wieso Stutthof? Sie hatten ja keine Ahnung, wohin sie unterwegs waren. Sie konnten nur hoffen, daß die Fahrt über das Meer sie zu etwas bringen würde, das besser war als die Hölle, die sie gerade in Lettland verlassen hatten. Und trotz allem lebten sie ja noch. Warum sollten die Deutschen sich die Mühe machen, für diese Juden Schiffe zu beschaffen, wenn sie die Absicht hatten, sie zu töten?

Die Fahrt übers Meer dauerte drei Tage. Der damals fünfzehnjährige Josef Katz erinnert sich, daß es nur einmal am Tag etwas zu essen gab, eine kleine Scheibe Brot pro Person. Einige Male bekamen die Gefangenen Wasser. Dann mußten sie zur Lastluke hinaufklettern, um sich ihre Ration zu holen. Dort stand ein SS-Mann und machte sich einen Spaß daraus, den Gefangenen das Wasser ins Gesicht zu gießen. Man mußte den Mund aufmachen und versuchen, soviel wie möglich zu schlucken. Wenn diese Juden auf dem Weg ins Paradies waren, so ging die Fahrt ganz entschieden durchs Fegefeuer.

Einmal unterwegs geschah jedoch etwas Bemerkenswertes: Die Ladeluke wurde plötzlich geöffnet, und dort oben an Deck stand ein Jude mit Gebetsschal und Kapuze und sprach das Gebet zum jüdischen Neujahrsfest. Alle unten im Laderaum standen auf und sangen ihm nach. Melodien, die die meisten seit ihrer Kindheit in sich trugen, erfüllten das dunkle Schiff. Und plötzlich gab es den Tod und die Angst nicht mehr. »Es war, als wären wir eine große Familie«, erinnert sich Katz. »Es ist ein Wunder, wie das Schicksal und ein gemeinsamer Glaube die Menschen zusammenschweißen können. ›Shana Tova, Gutes Neues Jahr … Dies wird das Jahr der Befreiung.‹ Diese Worte erklangen überall. Es war Feststimmung in der Luft.«

Nach drei Tagen auf See kamen die Gefangenen in Danzig an. Dort wurden sie an Bord offener Prahme gebracht, die sonst für den Transport von Sand und Steinen auf der Weichsel benutzt wurden. Der Abstand zwischen Danzig und Stutthof betrug nur dreißig Kilometer. Aber die Fahrt sollte drei Tage und drei Nächte dauern, über das Meer, den Fluß und die Kanäle. Auf Josef Katz' Prahm drängten sich fünfhundert Menschen, sie konnten nur ausruhen, wenn sie sich übereinanderlegten. »Jeder von uns sehnte sich nach dem zweifelhaften Paradies von Stutthof. Selbst ein Konzentrationslager kam uns wie der Himmel vor nach einer solchen Reise.«[18]

Stutthof war ein ungewöhnliches Lager. Es war Anfang 1944 von einem konventionellen Konzentrationslager zu einem Vernichtungslager gemacht worden. Stutthof besaß sogar seine eigenen Krematorien, es gab auch eine Gaskammer, aber der Historikerin Leni Yahil zufolge wurden die Hinrichtungen oft mit Giftspritzen und durch Genickschuß vorgenommen.[19] Es war vielleicht nicht die effektivste Ausrottungsmethode der Deutschen, dennoch verloren in diesem Lager mindestens 65 000 Menschen ihr Leben, anderen Angaben zufolge mindestens 85 000 Menschen.[20]

Weil Stutthof teilweise ein Abladeplatz für evakuierte Gefangene aus den Gebieten war, die die Deutschen hatten aufgeben müssen, gab es dort Menschen aus fast allen besetzten europäischen Ländern. Stutthof war ein kleines Alexandria in der Hölle.

Unter den Menschen, die sich im Herbst 1944 in Stutthof befanden, war die polnische Jüdin Stella Grünspan. Im Spätsommer war sie von Auschwitz hierher gekommen. Ihr Aufenthalt in Auschwitz war nur kurz gewesen. Sie war eines Tages aus dem Ghetto der polnischen Stadt Lodz angekommen und sogleich zu den Gaskammern dirigiert worden.

»Sie hatten das Ghetto in Lodz ja endgültig geleert. Und alle wurden in Viehwaggons nach Auschwitz gebracht«, erzählt Stella.[21] »Sie hatten keine Zeit für eine Selektion. Alle, das heißt, alle, die die Fahrt in den Viehwaggons überlebt hatten, sollten direkt in die Gaskammern.« Dies war einer der Tage, an denen

Auschwitz glänzen sollte. Die Ausrottungsmaschinerie sollte mit voller Kapazität laufen, und die dienstbeflissenen Organisatoren stellten das Lager rasch um, damit es die Juden aus Lodz effektiv »verarbeiten« konnte. »Es war ein unglaublich schöner Sommertag«, erinnert sich Stella. »Inmitten des Ganzen konnte ich nicht vermeiden, das zu sehen. Aber die brennende Sonne wurde von eigentümlichen gelblichen Wolken verdeckt, und ein gräßlicher süßer Geruch drang einem in die Nase. Ich hatte jedoch nicht die Zeit, mir darüber Gedanken zu machen, denn wir wurden schnell in zwei Gruppen aufgeteilt – Frauen und Männer. Im übrigen blieben alle, Alte und Junge, Gesunde und Kranke zusammen. Keine Selektion, wie gesagt. ›Schnell, schnell‹, schrien die Wachen, es mußte schnell gehen. Im Laufe einer Minute sah ich meinen Vater nicht mehr. Ich sollte ihn nie wiedersehen.«

»Meine Mutter, meine Schwester und ich blieben noch zusammen, als wir da in diesem Menschenmeer vorwärtsliefen. Wir waren ein paar hundert Frauen, die zu einer riesigen Halle getrieben wurden. Dort hieß es, wir sollten uns ausziehen. Alles, was wir anhatten, und alles, was wir bei uns hatten, sollte in große Kisten getan werden, perfekt sortiert. Es gab eine Kiste für Schuhe, eine für Schmuck usw. Bald sahen wir, daß es auch eine Kiste gab für … unser Haar! Da standen wir nackt – eine Armee namenloser, erniedrigter Menschen – während uns mit großen Scheren brutal die Haare abgeschnitten wurden. Wir Frauen in der Halle erkannten uns nicht mehr wieder, ich suchte mit den Blicken meine Mutter. Ich sah sie nicht. Um uns her war höhnisches Lachen zu hören. SS-Männer kamen herein, um dieses zweifellos unterhaltsame Schauspiel zu betrachten. Erst jetzt, erst in diesem Moment, wurde mir zum ersten Mal klar, was uns, uns alle, erwartete. Dort, in der großen Halle, vor dem, was, wie ich erst später begriff, eine Gaskammer war, nahm meine Hoffnung ein Ende.«

»Plötzlich wird uns befohlen, uns sofort in Reihe aufzustellen. Wir sollen, sagt man, nach der langen Reise Gelegenheit zum Duschen bekommen. Dann werden die Türen zu einem großen dunklen Raum geöffnet. Alle werden hineingetrieben. Die Wände bestehen aus kahlen Betonplatten, es gibt keine Fenster, und an der Decke sehen wir kleine Vorrichtungen, die Duschen ähneln. Das sehe ich noch, solange es hell ist. Aber dann geht plötzlich alles sehr schnell, die schweren Schiebetüren beginnen zu quietschen und werden hermetisch hinter uns geschlossen. Es wird stockdunkel, und es herrscht Totenstille. Dann beginnt langsam ein Jammern aus dem Menschenmeer aufzusteigen, es wird bald zu einem dröhnenden Crescendo: ›Gas, Gas‹ schreien die Frauen. Der Tumult wächst, die Masse der Frauen wirft sich mit aller Kraft gegen die Tür, aber sie hält. Jetzt ist alles zu Ende, ich weiß es. Ich glaube die Stimme meiner Mama zu hören, ich versuche zu ihr zu gelangen, schaffe es aber nicht. Dann bleibe ich ganz still stehen und warte auf den Tod. Den unausweichlichen Tod, von dem ich bis vor wenigen Minuten nicht geglaubt hatte, daß ich ihm in so jungen Jahren begegnen würde. Und da, genau in diesem Moment, werden die Türen geöffnet. Nicht dieselben Türen, durch die wir hereingekommen sind, sondern die Türen auf der gegenüberliegenden Seite des Raums. Eine strahlende Sonne funkelt uns entgegen, als wir uns blinzelnd ans Licht zu gewöhnen versuchen, und an die plötzliche Einsicht, daß wir noch leben.«

»Es zeigte sich, daß die Maschinerie von einem kleinen technischen Defekt betroffen war, gerade als wir vergast werden sollten. Unter normalen Umständen, wenn man in diesem Zusammenhang von normalen Umständen sprechen kann, wären wir einfach wieder auf die andere Seite gebracht worden, bis der Fehler behoben worden wäre. Aber an diesem Tag ging der Strom nur in eine Richtung. Auf der anderen Seite standen Zehntausende von Menschen und drängten nach. Die Wachen konnten uns nicht zurückholen, um die Prozedur noch einmal zu machen. Sie waren ganz einfach gezwungen, uns weiterzutransportieren, zu einem anderen Lager. Ich hatte einen Tag meines Lebens, einen unvergeßlichen Tag, in Auschwitz verbracht.«

Nun ging die Fahrt für Stella, ihre Schwester und ihre Mutter also weiter. Der Vater war in Auschwitz zurückgeblieben, und jetzt wußten sie, welches Schicksal ihn erwartete. Aber die Frauen, alle die Frauen, die gerade durch eine der Gaskammern von Auschwitz gegangen waren, wurden wieder in einem langen Zug mit Viehwaggons untergebracht.

»Es war eine endlose Reise, eine endlose, verwirrende Fahrt ins vollständig Unbekannte. Waren wir unterwegs zu einem anderen Auschwitz? Oder waren wir unterwegs in ein neues Ghetto? Natürlich sagte uns niemand etwas. Aber als wir durch die polnische Landschaft fuhren, hatte ich nach und nach den Eindruck, mich auszukennen, dem wenigen nach zu urteilen, was ich durch die Ritzen des Wagens sehen konnte. Schließlich begriff ich, daß wir auf dem Weg nach Danzig waren, der Stadt meiner Kindheit. Ich hätte nie geglaubt, einmal auf diese Weise zurückzukommen, in einem Viehwaggon! Nach einer endlosen Reise in der Hitze kamen wir schließlich zu einem großen Tor, das mit Pelargonien geschmückt war. Das Lager, sagte man uns, denn es war ein Lager, hieß Stutthof. Ich erinnere mich an ein Schild über dem Tor mit den Worten ›Arbeit macht frei‹.«

»Für einen Augenblick wurde meine Hoffnung geweckt. Arbeit bedeutete Sicherheit. Aber es wurde bald klar, daß man nicht beabsichtigte, uns in Stutthof zu beschäftigen. Dafür waren wir nicht dort. Wir waren dort, um zu sterben, aber es würde langsam gehen, viel langsamer als in Auschwitz.«

In Stutthof waren, kurz nach Stellas Ankunft, mehrere tausend Menschen aus dem Baltikum. In Stutthof waren auch norwegische und dänische Kommunisten, sowie hundert norwegische Polizisten. Weil die Skandinavier als »Arier« galten, wurden sie von den übrigen Gefangenen getrennt in dem sogenannten »Deutschenlager« oder *Germanenlager* gehalten.[22] Stella sah anfänglich nicht viel von ihnen. Sie wohnte in einer Baracke am anderen Ende des Lagers, mit einhundertdreißig Frauen in jedem Zimmer.

»Wir lagen in Reihen, eine Reihe auf der linken Seite, die zweite auf der rechten, dicht aneinander, ohne Möglichkeit, uns zu bewegen. Die letzte in der Reihe, an der Wand, konnte vielleicht ein paar extra Zentimeter bekommen. Das war das Glück, ganz innen zu liegen. Dann konnte man wenigstens manchmal für eine Weile ruhigen Schlaf finden, bevor man, jeden Morgen, um fünf geweckt und im Laufschritt auf den Hof gejagt wurde. Auf dem Hof wurden wir in Reihen aufgestellt und von unserer eigenen ›Stubenältesten‹ genau gezählt. Die Anzahl der Gefangenen wurde der ›Blockältesten‹ gemeldet. Nach dem Appell erhielten wir unsere Brotration. Sie sollte den ganzen Tag reichen. Leider hatten viele nicht die Willensstärke, ein Stück Brot bis zum Abend aufzuheben, und diejenigen, denen dies gelang, waren gezwungen, die ganze Zeit ihren Schatz zu bewachen, damit ihn niemand stahl.«

»Die ganzen Tage saßen wir dann draußen im Sand. Es war ja Sommer, und wir hatten nichts zu tun. Also saßen wir da und warteten auf den ›Höhepunkt‹ des Tages, wenn die ›Tagesration‹ für das Krematorium abgeholt wurde … Es war jedesmal gleich spannend zu sehen, ob man abgeholt wurde oder ob man den Tag weiter dort draußen im Sand verbringen durfte.«

»Ich kann mich an kein einziges Gesicht erinnern, obwohl ich diese Deutschen zwei-dreimal in der Woche sah, die kamen, um die ›Tagesration‹ abzuholen. Ich erinnere mich an ihre schwarzen Ledermäntel, ihre blanken Stiefel, ihre schönen Schäferhunde. Eine kleine Bewegung mit der Peitsche, die sie in der Hand hatten, bedeutete – an dem Tag – den Unterschied zwischen Leben und Tod. Sie kamen ja immer wieder. Ich, meine Mutter und meine Schwester achteten immer darauf, daß wir in verschiedenen Reihen standen, damit sie nicht glaubten, daß uns etwas aneinander läge, denn dann trennten sie einen immer – es war besonders erregend für die Deutschen, zu sehen, was sich abspielte, wenn sie eine Mutter von einer Tochter oder zwei Geschwister voneinander trennten. Es ist schwer, sich heute vorzustellen, daß man bei solchen makabren Zwangstrennungen nicht heftiger reagierte. Aber Tatsache ist, daß man nach all den Jahren von Hunger und Erniedrigung weder die Kraft noch überhaupt Lust hatte, um sein Leben zu kämpfen. Es gab ganz einfach keine Hoffnung mehr.«

Ein knappes halbes Jahr lebte Stella auf diese Weise in Stutthof. Im Winter starb ihre Mutter, am Hunger.

»Um sie zu retten zu versuchen, hatte ich darum gebeten, zum ›Kartoffelkommando‹ zu kommen, einer Gruppe von Frauen, die außerhalb des Lagers Kartoffeln schälten, eine Arbeit, die tatsächlich in Stutthof ausgeführt wurde. Die Mitglieder des ›Kartoffelkommandos‹ bekamen eine extra Portion Suppe, und man konnte vielleicht hoffen, ein paar Kartoffeln mit ins Lager schmuggeln zu können. Also meldete ich mich und wurde angenommen. Wir arbeiteten zehn Stunden mit den Kartoffeln. Dann wurden wir in zwei Gliedern aufgestellt, um zum Lager zurückzukehren. Ich beschloß schnell, zu versuchen, ein paar Kartoffeln für meine Mutter zu stehlen. Zuerst nahm ich nur ein paar und stopfte sie in meine großen Manteltaschen. Dann nahm ich mehr und mehr, bis meine Taschen am Ende prallvoll waren. ›Es ist egal‹, dachte ich. ›Wenn ich Glück habe, gelingt es mir vielleicht, sie mit hineinzubringen. Sonst muß ich sie abgeben.‹ Ich wußte nicht, was uns am Eingang des Lagers erwartete …«

»Erst als wir uns dem großen Tor näherten, sah ich plötzlich ein, was geschehen würde. Ich wurde von Panik erfaßt. Auf beiden Seiten des Eingangs standen Wachen mit Hunden. Sie kontrollierten genau jede Frau, die passierte. Dann kamen sie zu einer Frau, die ein paar Kartoffeln in ihren Kleidern versteckt hatte. Sie hetzten sofort die Hunde auf sie. Ich hörte Schreie, Schläge und Hundebellen. Mein Entsetzen wuchs. Was sollte ich tun? Ich hatte immer noch Zeit, meine Taschen zu leeren. Aber ich wußte, daß mein Kartoffelschatz die einzige Chance meiner Mutter war. Und so kämpfte ich mit meiner Angst und Furcht, während ich mit meinen Taschen voll Kartoffeln langsam weiterging. Ich näherte mich unaufhaltsam den Wachen. Wie in Trance sah ich ihnen in die Augen, damit sie meinen Blick auffingen und nicht auf meine Kleider schauten. So ging ich vorbei … nichts passierte … nur ihre Rufe: ›Vorbei, vorbei‹.«

Meine Kartoffeln konnten meine Mutter nicht retten. Sie starb an einem kalten Wintertag, ausgehungert und krank. Aber sie konnte wenigstens auf ihrer eigenen Pritsche sterben, auf einer Strohmatratze, statt in einer Gaskammer. Und ich konnte ihre Hand halten, als sie starb. Meine Mutter war dreiundvierzig Jahre alt. Ein paar Tage später sah ich sie auf einem Leichenhaufen liegen, vor meinem Barackenfenster.«[23]

Nach dem Tod der Mutter erkrankt Stella an Flecktyphus. Ihre Schwester Ruth ist auch krank, zuerst hat sie Masern, dann eine Lungenentzündung. Beide werden Anfang des Jahres in die Krankenbaracke des Lagers gebracht und liegen dort noch an dem Tag, an dem die Gefangenen von Stutthof zu ihrem letzten Appell herauskommandiert werden. Es ist der 25. Januar 1945, und die rund 30 000 Gefangenen sollen sich auf eine Wanderung begeben.[24] An jenem Tag liegt in der Gegend von Danzig die Temperatur unter null, und es herrscht Schneesturm.

Die elende Versammlung von Gefangenen wird durch das Tor mit den verwelkten Pelargonien hinausgetrieben. Die SS-Wachen treiben sie mit ihren Hunden voran, oder mit Motorrädern. Und so beginnen die langen Reihen durch den wirbelnden Schnee zu stapfen, nach nirgendwo. Einige der SS-Männer auf Motorrädern fahren umher und erschießen die Gefangenen, die das Tempo nicht halten können. Andere Gefangene erfrieren ganz einfach. Eine Gruppe wird paradoxerweise in östliche Richtung geführt. Eines Nachts kommen sie an eine kleine Ostseebucht. Dort müssen die Gefangenen zunächst warten. Dann führen die SS-Männer sie aufs Eis. Sie werden zu einem großen Loch im Eis gebracht und mit vorgehaltenen Pistolen gezwungen, ins eiskalte Wasser zu springen. Jeder, der versucht, sich wieder aufs Eis zu retten, wird sofort erschossen.[25] Von den etwa 30 000 Menschen, die Ende Januar Stutthof verlassen – unter ihnen die restlichen Splitter des baltischen Judentums –, werden nur 3000 den Krieg überleben.[26]

In Stutthof zurück bleiben die kranken Frauen – unter anderem Stella und Ruth Grünspan – und zumindest ein Teil der norwegischen Gefangenen im Germanenlager.[27] Aber lange werden sie nicht dort bleiben.

Adolf Eichmann hat im Dezember und Januar alle Hände voll zu tun. Es wird damit gerechnet, daß die Russen jeden Tag Budapest einnehmen, und er versucht frenetisch, seine Arbeit, die Liquidierung des ungarischen Judentums, zum Abschluß zu bringen. Die unorganisierten Szenen, wenn die Pfeilkreuzler desperat versuchen, die Juden einzukreisen und sie abzuschlachten, erinnern an die ersten wilden Pogrome in Polen.[28] Am 8. Dezember schreibt der Sekretär bei der schwedischen Botschaft in Budapest, Raoul Wallenberg, einen seiner wenigen längeren Briefe an seine Mutter zu Hause in Schweden:

Liebe Mama!
Ich weiß wirklich nicht, wie ich meine Schuld bezahlen kann. Heute geht wieder ein Kurier ab, und erneut bekommst Du nur ein paar in aller Hast geschriebene Zeilen von mir.
Die Lage ist erregt und abenteuerlich, und meine Arbeitsüberlastung ist nahezu unmenschlich. Die Banditen durchstreifen die Stadt, prügeln, foltern und erschießen Menschen. Nur unter meinem Personal habe ich 40 Fälle von Mißhandlungen und Entführung gehabt. Im großen und ganzen sind wir aber guten Mutes und erfreuen uns am Kampf ... Tag und Nacht hören wir den Kanonendonner von den Russen, die näher und näher kommen ...
Liebste Mama, anbei sende ich Dir zwei Fotografien, die erst kürzlich aufgenommen worden sind. Du siehst mich am Schreibtisch, umgeben von Mitarbeitern und Angestellten.
Bei der vielen Arbeit vergeht die Zeit schnell, und ich werde oft zu Abendessen eingeladen, bei denen ungarische Spezialitäten wie Spanferkelbraten serviert werden!
Liebste Mama, jetzt muß ich von Dir Abschied nehmen, denn der Kuriersack soll fertig gemacht werden. Herzliche Grüße an Dich und die ganze Familie

Dein Raoul

2 Fotografien
P.S. Viele Küsse an Nina und die Kleine.
P.S.1. Wahrscheinlich bleibe ich auf jeden Fall ziemlich lange hier.[29]

Neujahr 1945 sind nur noch 120 000 Juden in Budapest. Die meisten leben in einem der zwei großen Ghettos im Stadtteil Pest – dem internationalen Ghetto, das eine ziemlich große Ausdehnung hat und zum großen Teil von ausländischen Gesandtschaften geschützt wird, und dem zentralen Ghetto, das von einer zweieinhalb Meter hohen Mauer umgeben ist. In diesem zentralen Ghetto leistet Raoul Wallenberg, wie später zu schildern sein wird, seinen letzten, und vielleicht größten Einsatz für die Rettung von Budapests Juden.

In letzter Minute, bevor die Russen Pest einnehmen, haben die SS und die Pfeilkreuzler beschlossen, eine radikale Aktion durchzuführen, sozusagen eine letzte großartige Manifestation: Man will sein Werk mit einem Blutbad vollenden. Das zentrale Ghetto soll dem Erdboden gleichgemacht, und seine 70 000 Bewohner sollen ermordet werden. Der deutsche Polizeichef Hitschler und sein engster Mitarbeiter, Major Gottstein, halten die Pfeilkreuzler an, »dafür zu sorgen, daß kein Jude lebend aus dem umzingelten Budapest herauskommt, und zwar auf Hitlers und Himmlers ausdrückliches Verlangen«.[30]

Die Nachricht von dieser geplanten Aktion erreicht einen der Polizeichefs in Budapest, Pál Szalai, weil natürlich vorgesehen ist, daß seine Einsatzkräfte an dem Massaker teilnehmen sollen. Aber Szalai ist nicht nur Pfeilkreuzler, er ist auch ein Freund von Raoul Wallenberg.

»Als Wallenberg hiervon Kenntnis erhielt«, berichtet sein Kollege Per Anger, »verlangte er, daß der deutsche Befehlshaber, General Schmidthuber, das Morden verhindern sollte.« Einer Aussage zufolge ist es nicht Wallenberg selbst, der Kontakt zu dem deutschen General aufnimmt. Er wagt es nicht, weil die Deutschen einen Preis auf seinen Kopf ausgesetzt haben. Statt dessen muß Szalai dem General Raouls Botschaft überbringen:

»Wenn das Massaker im Ghetto wie geplant stattfindet«, sagt er, »wird Wallenberg dafür sorgen, daß Sie, Herr General, persönlich dafür verantwortlich gemacht und als Kriegsverbrecher hingerichtet werden.«

Schmidthuber gerät außer sich und läuft in seinem Büro auf und ab. Durchs Fenster kann er die vordersten russischen Streitkräfte sehen, die nur wenige hundert Meter vor dem Ghetto stehen. Die Entscheidung muß auf der Stelle fallen. Schließlich reißt er den Telefonhörer an sich und brüllt:

»Das Ghetto darf unter keinen Umständen gestürmt werden.« Angeblich ruft Schmidthuber danach die für das geplante Massaker Verantwortlichen zu sich und erklärt ihnen, er sei, falls nötig, gewillt, die Aktion mit Waffengewalt zu verhindern.[31]

Die Geschichte, wie das Massaker im zentralen Ghetto gestoppt wurde, wird nach dem Krieg erzählt, als Professor Béla Zsedenyi eine ungarische Delegation nach Schweden anführt, um dem schwedischen König, dem schwedischen Volk und der Familie Wallenberg den Dank des ungarischen Volks zu überbringen.[32] Es ist später diskutiert worden, inwieweit Wallenberg selbst die Verantwortung für die Rettung des Ghettos trug. Es sind Stimmen laut geworden, die meinten, wenn diese Darstellung stimme, habe Szalai und nicht Wallenberg das entscheidende Verdienst daran. Und der Historiker Randolph Brahan schreibt: »Letzten Endes war das rasche Vorrücken der Sowjettruppen ausschlaggebend für die Befreiung des Ghettos.«[33] Ungeachtet dessen ist die obige Schilderung typisch für die Art und Weise, in der Wallenberg meistens agierte. »Sein größtes Verdienst erwarb er nicht durch persönliches Eingreifen«, betont Anger. »Seine wichtigsten Ergebnisse erzielte er durch Verhandlungen.«[34]

»Jetzt ist der Alptraum bald vorüber«, sagte Wallenberg zu Sandor Ardai, einem seiner Chauffeure, als die Russen sich Pest nähern. »Jetzt werden wir bald wieder in Ruhe schlafen können.«[35] Damit meint Wallenberg offenbar nicht, daß er nach Schweden zurückkehren wird. In einem Brief vom 8. Dezember an Káláman Lauer in Stockholm schreibt er nämlich, er wolle, nachdem die sowjetische Besetzung eingeleitet sei, im Land bleiben und eine Organisation gründen, deren Ziel es sei, den verlorenen Besitz der Juden wiederzubeschaffen.[36] Auch im Brief an seine Mutter vom gleichen Tag schreibt er, daß er noch lange bleiben wolle.

Raoul Wallenberg betrachtet offenbar die Russen als seine Alliierten im Kampf gegen die Nazis und als zukünftige Kooperationspartner. Und er scheint gute Gründe dafür zu haben: Die Schweden und die Russen haben während des Krieges eine gute Zusammenarbeit aufrechterhalten. Die russischen Kriegsgefangenen haben unter dem Schutz der schwedischen Botschaft gestanden, und verwundete russische Soldaten sind in einem großen Krankenhaus in Budapest behandelt worden, das unter gemeinsamer schwedischer und ungarischer Kontrolle steht.[37] Wenn die sowjetische Armee Budapest einnimmt, meint Wallenberg, kann die gemeinsame Arbeit des Wiederaufbaus beginnen. Und er beabsichtigt, bei dieser Arbeit eine führende Rolle zu spielen.

Raoul Wallenberg ist sicherlich ein Mann mit Visionen, doch diesmal gelingt es ihm nicht, in die Zukunft zu blicken.

Bei einer der letzten Besprechungen mit seinen Helfern am 12. Januar im Hauptbüro in der Üllöistraße berichtet Wallenberg, daß er plane, den sowjetischen Marschall Malinovskij in Debrecen, zweihundert Kilometer südlich von Budapest, zu treffen. »Ich werde in Debrecen willkommen sein«, sagt er, »weil Schweden in Ungarn russische Interessen wahrgenommen hat.«[38] Wallenbergs Absicht ist vor allem, die Russen zu bitten, so schnell wie möglich das zentrale Ghetto in Budapest zu befreien. Aber er will vermutlich auch die Frage der Nachkriegsarbeit aufgreifen.

Später am selben Abend trifft Raoul Wallenberg seinen Kollegen Lars Berg. Dieser wird der letzte Schwede sein, der Raoul Wallenberg lebend sieht. Am nächsten Nachmittag dringen nämlich die sowjetischen Truppen in Pest ein, und das schwedische Botschaftspersonal, das sich in Buda befindet, verliert jeden Kontakt mit Wallenberg und ebenso mit dem Vertreter des Roten Kreuzes, Langlet.[39]

Wir wissen, daß Raoul Wallenberg noch fünf Tage in Budapest ist. Dann begibt er sich nach Debrecen, um die sowjetische Armeeführung zu treffen.

Kurz darauf nimmt der schwedische Gesandte Söderblom in Moskau eine Note des stellvertretenden sowjetischen Außenministers Dekanosov entgegen. Dieser läßt mitteilen, daß die sowjetischen Militärbehörden Raoul Wallenberg und sein Eigentum unter ihren Schutz gestellt haben.[40]

Dies ist der letzte offizielle Bescheid, den man im Westen bekommt, daß Wallenberg lebt. Danach heißt es von seiten der Russen, man kenne Raoul Wallenberg nicht. Doch plötzlich, zwölf Jahre später, kommt ein neuer Bescheid von den sowjetischen Behörden: Der Vizeaußenminister der Sowjetunion, Andrej Gromyko, gibt schwedischen Behörden gegenüber plötzlich und unerwartet zu, daß Raoul Wallenberg tatsächlich nach dem Krieg mehr als zwei Jahre in einem sowjetischen Gefängnis verbracht habe. Aber daß er jetzt tot sei! Zur Bekräftigung dieser Information verweist man auf die Existenz eines Dokuments, das man nach intensiver Suche in der medizinischen Abteilung des Ljubljanka-Gefängnisses in Moskau gefunden habe. Das handgeschriebene Dokument trägt das Datum des 17. Juli 1947 und ist unterzeichnet von Oberst A. L. Smoltsev. Es ist adressiert an den damaligen Chef der Sicherheitspolizei, Viktor Abakumov, und hat folgenden Wortlaut:

> Ich erstatte hiermit Bericht, daß der Ihnen bekannte Gefangene Walenberg heute nacht plötzlich in seiner Zelle verstarb, vermutlich infolge eines Myokardinfarkts [Herzinfarkts]. In Anbetracht der von Ihnen erteilten Instruktion, daß ich persönlich die Aufsicht über Walenberg habe, bitte ich um Anweisung dahingehend, wer die Obduktion durchführen soll, um die Todesursache festzustellen.
>
> *17.7.1947*
> *Smoltsev*
> *Chef des Krankenpflegedienstes*
> *Oberst im Sanitätsdienst*

Viele Jahre lang wurde dieser Bescheid der Russen allgemein als falsch angesehen, besonders weil andere Gefangene, die aus sowjetischen Gefängnissen kamen, angaben, von einem Schweden im Gefängnis gehört oder ihn gesehen zu haben, und zwar bis in die siebziger und sogar die achtziger Jahre. Im Zusammenhang mit dem Zusammenbruch der Sowjetunion 1989 wurden indessen die russischen Archive geöffnet. Smoltsevs Bericht wurde dabei im Original präsentiert und einer Echtheitskontrolle unterzogen. Heute neigt man mehr und mehr zu der Auffassung, daß Raoul Wallenberg tatsächlich in der Nacht vom 16. auf den 17. Juli 1947 in russischer Gefangenschaft starb. Daß der damals Fünfunddreißigjährige an einem Herzinfarkt starb, erscheint allerdings äußerst unwahrscheinlich,

Also warum starb Wallenberg? Warum hatten die Russen ihn überhaupt gefangengesetzt? Und warum haben sie ihn mindestens zweieinhalb Jahre in Gefangenschaft gehalten? Wir werden die Lösung dieses Rätsels vielleicht niemals erfahren. Wallenbergs frühen Zellengenossen und Zellennachbarn zufolge, von denen später einige aus sowjetischer Gefangenschaft entlassen wurden, verhöhnte das Gefängnispersonal Wallenberg, weil er »schwedischer Kapitalist« sei.[41] Anderen Aussagen zufolge verdächtigten die Russen ihn der Spionage.[42] Ein Verwandter Raoul Wallenbergs, Carl-Fredrik Palmstierna, glaubt indessen, daß die Erklärung viel banaler ist. Raoul war, spekuliert er, »ein Bohemien, der seinen eigenen Methoden zum Opfer fiel. Wallenberg war zu frei und unbeschwert. Wenn man mit den Russen umgeht, muß man formell auftreten und aussehen und sich benehmen wie ein Diplomat.«[43]

Vielleicht gab es keine Staatsmacht, die wußte, wie man mit einem Mann wie Raoul Wallenberg umzugehen hatte, weder die deutsche oder die ungarische noch die russische. Aber es ist paradox, daß die letztere, die er als seine Alliierte empfand, sich als diejenige erweisen sollte, die am schlechtesten mit ihm umgehen konnte.

Aber waren die fehlende Geduld der Sowjetbehörden und das eventuelle Mißtrauen gegenüber dem »schwedischen Kapitalisten« wirklich die einzigen Ursachen für Wallenbergs tragisches Schicksal?

»Es hat den Anschein, als ob die neue [schwedische] Regierung den Fall Wallenberg recht bald als unangenehm betrachtete«, schreibt Per Anger viele Jahre nach dem Krieg, »ein ungemein störendes Moment in den Beziehungen zur Sowjetunion.«[44] Anger war ein paar Jahre nach dem Krieg vom schwedischen Außenministerium mit der Bearbeitung des »Falles Wallenberg« beauftragt worden. Doch wohin er sich auch wandte unter schwedischen Amtspersonen, um Unterstützung zu suchen, fand er statt dessen Widerstand. Kurz nach Kriegsende war in Budapest das Gerücht umgegangen, Wallenberg sei von den Nazis ermordet worden. Dieses Gerücht schienen schwedische Behörden sich zu eigen zu machen und als Begründung für ihre relative Inaktivität in Anspruch zu nehmen. Anger geht noch weiter: »Es hatte tatsächlich den Anschein, als seien gewisse Kräfte darum bemüht, diese Gerüchte am Leben zu erhalten«, schreibt er. »Es ging sogar so weit, daß Söderblom in Moskau, von den Geschichten erschüttert, die Demarchen an die Russen verzögerte, da er nicht ausschließen wollte, daß das Gerücht der Wahrheit entsprach.«[45] Zu Per Anger hatte Söderblom, der schwedische Botschafter in Moskau, im April 1945, als Anger sich zur Heimreise rüstete, gesagt:

»Und denken Sie daran, wenn Sie nach Schweden kommen – kein schlechtes Wort über die Russen.«[46]

Vielleicht war es gar nicht so weit von der Wahrheit entfernt, als ein russischer Vernehmungsleiter laut Aussage eines Zellennachbarn von Wallenberg zu dem Schweden sagte, niemand in der schwedischen Regierung »schert sich um dich«.[47] Zwar kontaktiert Söderblom bei verschiedenen Gelegenheiten in den Jahren 1945 und 1946 die sowjetische Diplomatin Aleksandra Kollontaj, um sich nach Wallenbergs Schicksal zu erkundigen. Doch gleichzeitig scheint er den Eindruck zu erwecken, er sei überzeugt davon, daß Wallenberg in Budapest gestorben sei. Nicht zuletzt kommt dies zum Ausdruck, als Söderblom am 15. Juni 1946 persönlich mit Josef Stalin zusammentrifft. Der Schwede spricht den Fall Wallenberg nicht selbst an, aber im Verlauf des Gesprächs fragt Stalin, ob er etwas für Söderblom tun könne. Daraufhin nennt dieser Wallenbergs Namen.

»Sagten Sie, sein Name sei Wallenberg?« fragt Stalin.

»Ja, Wallenberg«, antwortet der Schwede und buchstabiert den Namen. Dann erzählt er Stalin, daß Raoul laut einer Mitteilung, die er zuerst vom stellvertretenden sowjetischen Außenminister bekommen habe, unter sowjetischen Schutz genommen worden sei und daß er auch mit russischen Vertretern in Budapest gesehen worden sei.

»Sie wissen wohl, daß wir befohlen haben, die Schweden zu schützen?« sagt Stalin.

»Ja«, erwidert der schwedische Diplomat und fügt hinzu: »Ich persönlich bin davon überzeugt, daß Wallenberg einem Unglück oder Räubern zum Opfer gefallen ist!« Stalin gibt Söderblom noch eine Chance:

»Haben Sie keine Mitteilung von uns über die Angelegenheit erhalten?»

»Nein«, antwortet Söderblom. »Ich halte es für wahrscheinlich, daß die sowjetischen Militärbehörden über keine Informationen über Wallenbergs weiteres Schicksal verfügen.«[48] Damit, so meinen viele, schlug Söderblom den letzten Nagel in Wallenbergs Sarg – auch wenn er anschließend Stalin bittet, eventuelle Informationen nach Stockholm weiterzugeben, was Stalin selbstverständlich zu tun verspricht.

Zum Zeitpunkt dieses Gesprächs sitzt Raoul Wallenberg in Zelle 203 des Lefortovogefängnisses und soll noch weitere acht Monate dort bleiben. Danach enden die deutlichen Spuren.

Per Anger macht für die schwedische Inaktivität zu einem großen Teil Außenminister Östen Undén verantwortlich. Dieser akzeptierte unmittelbar die Aussage der Russen 1947, daß Wallenberg ihnen vollkommen unbekannt sei. Als eine der Personen, die sich nach dem Krieg für Wallenberg einsetzten, Birgitta de Wylder-Bellander, darauf hinwies, es gebe Zeugenaussagen, die besagten, daß Wallenberg sich in sowjetischer Gefangenschaft befinde und dort als Spion verdächtigt werde, rief Undén aus: »Glauben Sie, Frau Bellander, daß [der stellv. Außenminister] Vysjinskij lügt!?»

»Ja, das glaube ich«, erhielt er zur Antwort.

»Aber das ist ja unerhört!« stieß Undén empört hervor. »Das ist ja unerhört!«[49]

Per Anger schreibt in seinem Buch, er sei häufig versucht gewesen, angesichts der Passivität der schwedischen Regierung aufzugeben. »Ich hatte an höchster Stelle nicht das geringste Gehör für meine Auffassung gefunden, daß Wallenberg sich in sowjetischer Gefangenschaft befand, oder was meiner Ansicht nach getan werden müßte, um ihn freizubekommen.«[50] Gäbe es nicht einige wenige Feuerköpfe und ihren beharrlichen Kampf – unter ihnen Per Anger und Wallenbergs Familie –, so wäre der Fall Wallenberg in Schweden aller Wahrscheinlichkeit nach in Vergessenheit geraten.

Die Schweizer Behörden handelten in einer ähnlichen Situation in einer Weise, die sich scharf vom ängstlichen Agieren der schwedischen Regierung abhebt. Bei Kriegsende wurden einige Angehörige der Schweizer Vertretung in Budapest von sowjetischen Truppen festgenommen und weggebracht. Die Schweiz reagierte unmittelbar mit der Festnahme sowjetischer Diplomaten an der Botschaft in Bern. Die Frage wurde auf dem Wege eines Gefangenenaustauschs gelöst. »Man muß das Handeln der Schweizer bewundern«, sagt Carl-Fredrik Palmstierna. »Sie handelten schnell und besonnen ... Unglücklicherweise reagierte Schweden nur mit Schweigen.«[51]

Es sollte mehr als dreißig Jahre dauern, bis Raoul Wallenbergs Schicksal außerhalb Schwedens Beachtung fand. Und da handelte es sich nicht um eine schwedische Initiative. Es hatte ganz einfach drei Jahrzehnte gedauert, bis das Paar Tom und Annette Lantos, zwei der von Wallenberg geretteten Juden aus Budapest, so hohe Positionen in der amerikanischen Gesellschaft erreicht hatten, daß sie die öffentliche Meinung beeinflussen konnten. Erst nach ihrer Kampagne am Ende der siebziger Jahre wachte die Welt auf und begann, sich für Wallenbergs Schicksal zu interessieren. Erst da wurden entschiedene Forderungen an die sowjetische Regierung gestellt, zu erklären, was dem schwedischen Helden zugestoßen war. Und erst da wurde in der langen Allee der »gerechten Nichtjuden« (derer, die sich um die Rettung von Juden vor der Ausrottung verdient gemacht hatten) vor Yad Vashem in Jerusalem auch für Raoul Wallenberg ein kleiner Baum gepflanzt. Bis dahin war sein Schicksal außerhalb Schwedens ganz einfach unbekannt, und hier in Schweden vielleicht hauptsächlich als ein irritierendes Moment in den schwedisch-sowjetischen Beziehungen – etwas, das schwedische Regierungsmitglieder bei jedem Treffen mit sowjetischen Kollegen nebenbei zu erwähnen sich gezwungen fühlten. Es ist nicht das Verdienst der schwedischen Regierung, daß Wallenberg zu einem weltweiten Symbol für unbändigen Willen in einer Zeit des Bösen geworden ist. Statt dessen sorgten jene dafür, denen er das Leben gerettet hat. Und es geschah jenseits des Atlantiks.

43

Gilel Storch ist bestimmt daran gewöhnt, aufwühlende Telegramme zu bekommen. Das tut er nun schon seit fünf Jahren. Aber es fragt sich, ob der 23. Januar 1945 nicht alle Rekorde bricht. Gilel ist am Morgen kaum aufgestanden, als das erste eintrifft. Es kommt von seinem guten Freund Itzchak Grünbaum bei der Jewish Agency in Jerusalem:

> Die Deutschen nehmen auf ihrem Rückzug die Juden mit in Arbeitslager in Deutschland und ermorden sie vermutlich [...] Bitten Sie die schwedische Regierung zu intervenieren, um das Schlachten zu beenden [...] und zuzulassen, daß wie in die Schweiz Flüchtlinge nach Schweden kommen dürfen
>
> *Grünbaum*[1]

Binnen weniger Stunden hat Storch zwei weitere Telegramme erhalten – vom World Jewish Congress in London und von der Weltexekutive in New York. Sie sind noch verzweifelter, wenn das überhaupt möglich ist: »Die Deutschen verwandeln Theresienstadt in ein neues Auschwitz [...] Nehmen Sie in dieser Frage unmittelbar Kontakt mit der schwedischen Regierung auf!« heißt es in dem einen. »Wir bitten Dich dringlichst, Delegationen zu Deiner Regierung zu schicken«, heißt es in dem zweiten.[2] Die Todesmärsche sind den Aktivisten bekannt geworden, und sie versuchen verzweifelt, an die Umwelt zu appellieren, etwas dagegen zu unternehmen.

Wie immer reagiert Gilel Storch sofort, wenn er Briefe von seinen Kollegen im Ausland bekommt. Er und Rabbi Ehrenpreis gehen ganz einfach ins Außenministerium – vermutlich einzeln, Ehrenpreis scheint über den offizielleren Kontakt zu verfügen –, und dort tragen sie die Bitte vor, daß Schweden unverzüglich etwas für die Juden tun möge.[3] Gleichzeitig nehmen ihre Kollegen in den USA Kontakt zur schwedischen Botschaft in Washington auf.[4] Jetzt geht der World Jewish Congress auf breiter Front vor, um die schwedische Regierung dazu zu bewegen, einen Versuch zur Rettung der europäischen Juden zu unternehmen.

Die schwedischen Behörden empfangen die jüdischen Repräsentanten freundlich und hören sich geduldig ihre erschütternden Berichte an. Was sie vermutlich Storch und seinen Kollegen nicht mitteilen, ist, daß die Frage der Aufnahme von Juden aus Konzentrationslagern im Außenminsterium bereits behandelt – und in großen und ganzen negativ beschieden worden ist. Anlaß dafür, die Frage zu diskutieren, war ein Brief, der zwei Wochen zuvor aus Berlin eingetroffen war.

Lennart Nylander, der sowohl Gilel Storch als auch seine Familie in Riga kennengelernt hatte, in der Zeit, als er Botschaftsrat in Moskau war, ist seit 1942 an der Botschaft in Berlin tätig. Und dort hat er eine Reihe sehr interessanter Bekanntschaften gemacht. Eine von diesen ist der alte Schwedenreisende Peter Kleist, Ministerialdirigent bei Außenminister Ribbentrop, und vermutlich auch Himmler verbunden.

Am 7. Januar, zwei Wochen bevor Storch und Ehrenpreis im schwedischen Außenministerium vorsprechen, schreibt Lennart Nylander einen Brief ans Außenministerium, genauer gesagt an den neuen Chef der politischen Abteilung des Außenministeriums, Erik von Post.[5] In diesem Brief erzählt Nylander davon, wie er eines Freitags im dunklen und kalten Keller eines Hauses in der Kurfürstenstraße in Berlin mit Peter Kleist zusammengetroffen sei. Das Haus beherbergte Kleists Abteilung Zentralstelle Osteuropa[6], und man traf sich im Keller, erklärt Nylander, weil »aufgrund von Kohlenmangel nur einige wenige Kellerräume geheizt werden konnten, während der Rest des Hauses wegen der starken Kälte unbenutzbar war«.

Vermutlich ist von Post damit einverstanden gewesen, daß das Treffen stattfand. Nylander schreibt nämlich, er habe von ihm gegrüßt, »wofür er sich bedankte und hoffte, daß Du den kleinen Weihnachtsengel erhalten hast, den seine Frau selbst gemacht hat.«

Nylander und Kleist diskutieren zunächst über die Estlandschweden, eine Gruppe, für die Kleist sich ja früher schon erfolgreich engagiert hat. Nun möchte Nylander wissen, ob auch die Estlandschweden, die sich in Deutschland aufhalten, möglicherweise nach Schweden verbracht werden können. Kleist antwortet, er könne sich denken, daß dies zu bewerkstelligen sei. Nach und nach berührt die Konversation andere schwedische Angelegenheiten, wie »Norwegen und Dänemark«, und »die schwedisch-deutschen Beziehungen«. Dann, plötzlich, greift Nylander eine ganz neue und unerwartete Frage auf: Welche Möglichkeiten gibt es, will er wissen, »eine Anzahl von Juden aus Deutschland nach Schweden zu bringen ... beispielsweise in der Regie des Roten Kreuzes?« Er beeilt sich hinzuzufügen, er habe »keinerlei Auftrag, und das Ganze stellt meine persönlichen Überlegungen dar« (man kommt nicht um die Vermutung herum, daß Storch auch in diesem Fall die Finger im Spiel hatte, weil er sowohl zu Kleist als auch zu Nylander Kontakte aufrechterhielt).

Bei diesem unerwarteten Vorschlag schaut Kleist den Schweden nachdenklich an.

»Ich habe ja, wie Sie vielleicht wissen, früher gewisse Anstrengungen in der Sache der Juden unternommen«, antwortet er schließlich. »Und diese Anstrengungen sind von Ribbentrop nicht sehr positiv aufgenommen worden.« Nylander entnimmt dem Tonfall des Deutschen, daß der letzte Satz ein Understatement war.

»Um es klar zu sagen, er hat mich brüsk abgewiesen«, fügt Kleist hinzu.

»Ich verstehe«, antwortet Nylander. »Aber ich glaube, daß es gerade jetzt von politischem Wert sein kann – für unsere beiden Länder –, Juden von Deutschland nach Schweden zu bringen. Die Alliierten müssen den Wert dessen einsehen, daß Schweden neutral bleibt und daß Schweden und Deutschland Verbindungen miteinander unterhalten. Ich bin überzeugt davon, daß eine solche Freilassung von Juden nach Schweden in diese Richtung wirken könnte. Auf jeden Fall scheint es unbestreitbar, daß eine solche Hilfsaktion an höchster Stelle in Washington eine äußerst starke Durchschlagskraft haben würde.«

Kleist schweigt eine Weile.

»Ich verstehe, was Sie meinen«, sagt er dann. »Bei meinen früheren Verhandlungen über Juden war von einer Gegenleistung in Geld die Rede. Damit will ich unter keinen Umständen etwas zu tun haben. Aber die Regelung der Frage, wie Sie sie jetzt dargestellt haben, läge ja auf einer völlig anderen Ebene ...«

Der Deutsche überlegt noch einige Sekunden.

»Gut«, sagt er. »Ich bin bereit, mich der Frage anzunehmen und mich sowohl bei Ribbentrop als auch bei Himmler zu erkundigen. Eine solche Aktion für eine begrenzte Anzahl Juden – zunächst vielleicht ein paar tausend – kann vielleicht auch aus deutscher Sicht günstig sein.« Er lächelt ein schiefes Lächeln. »Der Krieg geht bald zu Ende, und danach müssen ja gegenseitige Verhandlungen und eine Verständigung zwischen allen Staaten folgen.«[7]

Nylander leitet Kleists ermutigenden Bescheid unmittelbar ans Außenministerium weiter. Zwei Tage später schreibt Erik von Post zurück:

> Mit herzlichem Dank für Deinen Brief vom 7. d. M. bezüglich Deiner Unterredung mit Kleist will ich Dir mitteilen, daß wir zwar daran interessiert sind, Juden die Einreise nach Schweden zu ermöglichen, daß uns aber zum gegenwärtigen Zeitpunkt natürlich am meisten daran gelegen ist, daß so viele Norweger wie möglich aus Deutschland nach Norwegen zurückgeschickt werden. Ich bin mir sicher, daß Dir dies vollkommen klar ist, habe diese Zeilen aber dennoch schreiben wollen mit Hinsicht darauf, daß Du eventuell – falls die Deutschen versuchen sollten, die »norwegische« Variante mit dem Hinweis darauf zu blockieren, daß sie die Möglichkeiten für die »jüdische« Variante untersuchen – Veranlassung finden könntest, unser außerordentliches Interesse an der Rücksendung der Norweger zu unterstreichen.[8]

Im Außenministerium ist man mit anderen Worten sehr besorgt, daß Aktionen zugunsten der Juden den Versuchen, Norwegern zu helfen, schaden könnten! Nylanders Vorschlag bleibt deshalb folgenlos.

Interessant ist, daß das Außenministerium dennoch Storch und Ehrenpreis oder ihre Kollegen in den USA nicht abweist, als diese jetzt, zwei Wochen später, vorschlagen, im Namen der Juden zu intervenieren. Vielleicht liegt es auch daran, daß der amerikanische Botschafter Herschel Johnson zur gleichen Zeit ebenfalls ans Außenministerium schreibt und »Maßnahmen schwedischerseits zum Schutz der Juden in verschiedenen deutschen Lagern«[9] anspricht. Das Ergebnis dieses Drucks von zwei Seiten ist auf jeden Fall, daß von Post ein Telegramm an seinen alten Kollegen, den schwedischen Gesandten in Berlin Arvid Richert schickt. Er will hören, wie Richert die Sache sieht.[10] Richert antwortet zwei Tage später auf die für ihn übliche Weise: »Eine derartige Intervention der schwedischen Regierung, wie sie den Betreffenden in Washington vorschwebt, würde meinem unmaßgeblichen Dafürhalten nach nur ein Schlag ins Wasser sein: Sie würde nicht angenommen und bliebe ohne jede Wirkung.«[11] Damit könnte die Diskussion vielleicht abgeschlossen sein. Doch das ist nicht der Fall. Denn zumindest eine Person – Gilel Storch – übt weiterhin Druck auf das Außenministerium aus, daß man dort den Juden helfen soll, und offenbar hat sein Vorstoß eine gewisse Resonanz. Am 30. Januar schreibt Storch nämlich in einem Telegramm erfreut an seine Kollegen in New York: »Habe gute Hoffnung, 5000 Juden aus Bergen-Belsen nach Schweden zu bekommen.« Am Schluß fügt er hinzu: »Graf Bernadotte unternimmt alle Anstrengungen, das Außenministerium hilft mit.«[12]

Was das Außenministerium de facto unternimmt, drei Tage später, ist, bei den Schweizern und im Vatikan Unterstützung für einen gemeinsamen Protest gegen die Behandlung der Juden zu suchen.[13] Aus dem Vatikan kommt sogleich eine ablehnende Antwort: »Der Nuntius lehnt die Beteiligung an einer kollektiven Demarche ab, die er ausschließlich als schädlich betrachtet«, schreibt Arvid Richert ans Außenministerium.[14] Die Schweiz stellt sich positiver, aber auch dort lehnt man den Gedanken an kollektive Proteste ab.[15] Daraufhin erklärt Richert seinen Kollegen: »Die einzige Form, wie eine schwedische Demarche vorgebracht werden kann, scheint mir zu sein, daß man anbietet, in Schweden aufzunehmen.« Er beschließt sein Telegramm mit den Worten: »Schwedische jüdische Kreise sollten nach meinem Dafürhalten davon Abstand nehmen, die schwedische Regierung zu einer Aktion zu drängen, die im besten Fall ein Schlag ins Wasser wird.«[16]

Dies ist nicht das erste Mal, daß Schwedens Botschafter in Berlin sich zu einer schwedischen Intervention zugunsten der Juden kritisch verhält. Zum Glück hört das Außenministerium auch diesmal nicht auf ihn, oder eher: man nimmt ihn *wirklich* beim Wort. Einige Tage später wird nämlich Richert vom Außenministerium instruiert, bei der deutschen Regierung einen spektakulären Vorstoß zu unternehmen: Schweden erklärt sich bereit, *alle Juden aufzunehmen, die in deutschen Konzentrationslagern sitzen* – oder wie es wörtlich heißt, »in Deutschland internierte Juden ohne Einschränkung« – wobei vor allem Juden in den Lagern Bergen-Belsen und Theresienstadt erwähnt werden. Am 13. Februar überbringt Richert dem Staatssekretär im Auswärtigen Amt, Baron von Steengracht, das schwedische Angebot und bekräftigt am selben Tag in einem Telegramm ans schwedische Außenministerium, »das von mir vorgebrachte generelle Angebot war für Juden ohne Einschränkung gedacht«.[17]

Was kann diese dramatische Kehrtwendung veranlaßt haben? Im Weißbuch des Außenministeriums, das nach dem Krieg veröffentlicht wird, steht der folgende Satz: »Die oben erwähnte Demarche der Berliner Botschaft scheint auf

Drängen des Vertreters des World Jewish Congress in Stockholm, Direktor Gilel Storch, zurückzuführen zu sein.«[18] Also was hatte Gilel Storch getan?

Die Antwort ist zumindest teilweise in einem Briefwechsel zu finden, der zu dieser Zeit zwischen Storch und einem alten Bekannten von ihm geführt wird: dem staatenlosen lettischen Flüchtling und gleichzeitig deutschen Spion Edgar Klaus.[19]

Edgar Klaus ist es gegen alle Wahrscheinlichkeit gelungen, in Schweden zu bleiben. Aber jetzt ist er verbraucht. Seine alten Herzprobleme machen ihm immer mehr zu schaffen, und er steht nahezu ununterbrochen unter ärztlicher Aufsicht. Die Diagnose lautet: schwere Angina pectoris. Zu allem Übel beginnen die geheimen Kontakte zwischen Klaus' früheren Chefs in Stockholm und Inspektor Robert Paulson von der Sozialbehörde ans Licht zu kommen. Ein Prozeß wird in Gang gesetzt, um die Deutschen im »Büro Wagner« ausweisen lassen zu können. Und dabei wird Klaus natürlich in die ganze Angelegenheit hineingezogen … Am 18. Januar wird folglich der Fall Klaus wieder aufgegriffen, diesmal als mögliches Kriminaldelikt.[20] Doch die schwedischen Behörden haben ein Problem: Um Edgar Klaus' Verwicklung in die Aktivitäten des »Büros Wagner« nachweisen zu können, muß Schweden offenlegen, daß man die Mitteilungen der Deutschen dechiffriert hat. Man fragt deshalb Ende Februar bei verschiedenen Instanzen nach, wie sie sich hierzu stellen. Unter den Befragten ist auch der Chef der Rechtsabteilung des Außenministeriums, Gösta Engzell. Engzells Antwort läßt nicht auf sich warten: Klaus, stellt Engzell fest, hat stets »gute Beziehungen« zum Außenministerium unterhalten, und er sieht deshalb keinen Grund, diesen zu verhaften oder Voruntersuchungen gegen ihn einzuleiten, was er auch dem Polizeiintendanten in Stockholm, Martin Lundquist, mitteilt. Zwei Tage später kommt Bescheid von Lundquist: Aufgrund von Klaus' guten Beziehungen zum Außenministerium werden keine »Maßnahmen [gegen ihn] ergriffen«.[21] Wieder einmal ist der Spion Edgar Klaus von Gösta Engzell gerettet worden!

Es mag Zufall sein, doch nur eine Woche zuvor hat Gösta Engzell Edgar Klaus in einem ganz anderen Zusammenhang genannt, einem Zusammenhang, in dem es um die Rettung von Juden geht. Und im gleichen Zusammenhang hat er Gilel Storch erwähnt.[22]

Anfang Februar haben Gilel Storch und Edgar Klaus intensiven Telefonkontakt gehabt. Klaus hatte den ganzen Herbst hindurch Storch über das Schicksal der »Kasztnergefangenen« informiert gehalten und auch berichten können, daß diese bald aus Bergen-Belsen befreit werden würden. Als dies auch eintrifft, ist Storch überzeugt davon, daß Klaus und sein Kollege Peter Kleist über außergewöhnliche Verbindungen direkt ins Herz der deutschen Führung verfügen. Wenn jemand die weitere Freilassung von Juden erwirken kann, dann diese beiden! Als Storch dann die verzweifelten Telegramme seiner Kollegen vom World Jewish Congress erhält, nimmt er sofort Kontakt zu Klaus auf.

Am 7. Februar ruf Edgar Klaus Storch an:

»Die Deutschen sind bereit, zweitausend Juden aus Bergen-Belsen freizulassen«, sagt Klaus erregt. »Aber die schwedische Regierung muß offen erklären, daß sie zur Aufnahme der Juden bereit ist!« Am nächsten Tag, oder am Tag darauf, ruft Klaus erneut an und sagt Storch, daß die Erklärung von schwedischer Seite unmittelbar erfolgen müsse.[23] Es ist jetzt wahrscheinlich Freitag, doch Storch will nicht bis zur folgenden Woche warten. Er ruft sofort Rabbi Ehrenpreis an und bittet diesen, Kontakt zu Gösta Engzell aufzunehmen. Drei Tage später schreibt Engzell ein Promemoria.[24] Die ersten Sätze darin lauten:

> Am Samstag, dem 10. Februar, teilte Professor Ehrenpreis mit, es schienen gewisse Aussichten zu bestehen, daß rund 2000 Juden aus Bergen-Belsen freigelassen würden unter der Voraussetzung, daß man in Schweden bereit sei, sie aufzunehmen. Er fragte deshalb, wie die Regierung sich dazu stelle.
>
> Die Informationen sind von Dr. Klaus gekommen, der angibt, sie von Dr. Kleist zu haben. Klaus hat sie an Herrn Storch weitergeleitet, der später anrief und [den Sachverhalt] bestätigte.

Seinem eigenen Promemoria zufolge nimmt Engzell am selben Tag Kontakt mit Außenminister Günther und Sozialminister Möller auf. »Nachdem ich das Einverständnis des Außenministers und des Sozialministers eingeholt hatte«, schreibt Engzell, »teilte ich Professor Ehrenpreis am 11. Februar mit, daß die schwedische Regierung bereit sei, die fraglichen Juden aufzunehmen.«[25]

Und nun macht Schweden also seine dramatische Kehrtwendung und erklärt sich bereit, alle Juden aufzunehmen. Storchs Informationen von Kleist waren sicher ausschlaggebend (und an einer Stelle wird auch der Vorsitzende der Gemeinde, Gunnar Josephson, als Mitbeteiligter genannt[26]). Vielleicht war sogar Richerts Kommentar, man solle sich »in Schweden bereit erklären, die Juden aufzunehmen«, entscheidend.

Es gibt jedoch noch einen Faktor, der mit Sicherheit in das Zustandekommen dieses Beschlusses hineingespielt hat. Am 9. Februar, einen Tag bevor Ehrenpreis Kontakt zu Engzell aufnimmt, taucht in *Svenska Dagbladet* eine Meldung auf. Sie erzählt eine ziemlich phantastische Geschichte: Zwei Tage zuvor sind 1210 Juden plötzlich an der Schweizer Grenze eingetroffen. Sie kamen, heißt es, aus dem Konzentrationslager Theresienstadt in der Tschechoslowakei. Der Mann, der ihre Freilassung durchgesetzt hat, war der frühere Präsident der Schweiz, Jean-Marie Musy.[27]

Um fünf Uhr am Nachmittag des 5. Februar waren 1210 verängstigte Juden in Theresienstadt zu einem Zug gebracht worden. Es war schwer gewesen, sie zum Einsteigen zu bewegen: »Wir sind auf dem Weg nach Auschwitz, nicht in die Schweiz«, hieß es unter den Juden.

Sobald sie den Zug bestiegen hatten, erkannten die Gefangenen jedoch, daß dies kein normaler Konzentrationslagerzug war. Sie saßen in bequemen Abteilen dritter Klasse, wenn nicht mit Polstern, so doch immerhin mit Bänken. Und während der Zug sich über Eger nach Nürnberg und weiter nach Augsburg schlängelte, wurden die hauptsächlich älteren Passagiere mit mehr Vitaminen und Essen versorgt, als sie seit Jahren gesehen hatten. »Im Namen des Reichsführers Himmler sind Sie jetzt frei«, sagte Major Franz Göring – einer von Walter Schellenbergs engsten Mitarbeitern – zu den verblüfften, aber nichtsdestoweniger ekstatischen Passagieren, als der Zug um die Mittagszeit am 7. Februar bei Kreuzlingen die Grenze überquerte.[28]

Der erste der von Himmler und Musy vereinbarten Transporte von Juden war glücklich durchgeführt worden. Zwei Dinge geschehen jetzt: Musy fordert, im Namen Himmlers, daß die Schweizer und die amerikanische Presse positiv auf die »humanitäre« Geste der Nazis reagieren.[29] Und Franz Göring kehrt unmittelbar nach Deutschland zurück, um den nächsten Transport vorzubereiten, 1800 Juden aus Bergen-Belsen.[30]

Diese Nachricht verfehlt ihre Wirkung auf die schwedische Regierung nicht. Und auch nicht auf Niels Christian Ditleff. Er hat vor kurzem gegenüber dem Außenministerium seinen Vorschlag wiederholt, eine Hilfsexpedition oder zumindest eine Delegation des Roten Kreuzes nach Deutschland zu entsenden.[31] Als er jetzt die Meldung in *Svenska Dagbladet* liest, nimmt Ditleff unmittelbar Kontakt zu Außenminister Günther auf. Und diesmal ist Günthers Antwort, wie es im Weißbuch des Außenministeriums heißt, »unmittelbar positiv«.[32]

Am 10. Februar – dem Tag, an dem das Außenministerium beschließt, »in Deutschland internierte Juden ohne Beschränkung« nach Schweden hereinzulassen – faßt man also auch den Beschluß, eine Delegation mit Folke Bernadotte an der Spitze nach Berlin zu schicken, um die Möglichkeiten auszuloten, die Konzentrationslagergefangenen in Deutschland zu befreien. Man sollte glauben, daß diese Beschlüsse zusammenhängen, daß man beschließt zu versuchen, jüdische Konzentrationslagergefangene zu befreien und sie dann nach Schweden zu bringen. Doch das ist nicht der Fall. Graf Folke Bernadotte erhält ein – und nur ein – Mandat von der schwedischen Regierung: zu versuchen, norwegische und dänische Gefangene freizubekommen.

Man berechnet die Zahl der skandinavischen Gefangenen in den Konzentrationslagern auf rund 13 000.[33] Nur gut 400 von ihnen sind Juden.

Am selben Abend, dem 10. Februar, wird Arvid Richert in Berlin beauftragt zu klären, ob Reichsführer SS Heinrich Himmler bereit ist, Folke Bernadotte zu empfangen. Es wird darauf hingewiesen, daß der eigentliche (aber versteckte) Zweck von Bernadottes Reise der Versuch ist, »die Rücksendung von in Deutschland internierten Norwegern und Dänen nach Schweden oder Dänemark zu erwirken«. Das Telegramm schließt mit der optimistischen Bemerkung: »Die erfolgreiche Verhandlung des Schweizers Musy in der Judenfrage läßt es als aussichtsreich erscheinen, daß unsere Wünsche beachtet werden.«[34]

Richert antwortet wie gewöhnlich wenig enthusiastisch. Er weist darauf hin, daß es »ungewiß ist, ob ein Treffen mit Himmler in der Eile vereinbart werden kann, da dieser die Front befehligt und sich im Hauptquartier befinden dürfte.« Außerdem glaubt Richert nicht, daß die Deutschen an einer schwedischen Hilfsaktion interessiert sind, oder daß »dem Hinweis auf mehr oder weniger guten Eindruck in Schweden irgendeine Bedeutung beigemessen wird, soweit nicht mit Krieg gedroht werden kann«. Schließlich bemerkt der schwedische Botschafter trocken: »Die gelungene Judenaktion der Schweiz dürfte vor dem Hintergrund zu sehen sein, daß dieses Land nicht wie Schweden Dänen oder Norweger hatte, für die es sich einsetzt.«[35]

Richert hat kürzlich ein weiteres in diesem Zusammenhang entscheidendes Problem für die schwedische Regierung betont: Die Botschaft hat keinen »natürlichen« Verbindungsmann zu Himmler und Schellenberg mehr, »nachdem Direktor Möller von der Tändsticksaktiebolaget und Direktor Tomsen nach Schweden zurückgekehrt sind«. Will man Kontakt haben, so bleibt in der gegenwärtigen Lage lediglich Herr Kersten als Kanal für Vorstöße zugunsten von Norwegern«.[36] Die Frage ist, ob von diesem Kanal Gebrauch gemacht wird. Dem Weißbuch des Außenministeriums zufolge gibt es gewisse Anzeichen dafür, daß Kersten zu diesem Zeitpunkt bei Himmler anruft und ihm Bernadottes Besuch ankündigt.[37]

Ob dies wahr ist oder nicht, und ob es, wenn es zutrifft, im hier relevanten Zusammenhang eine Rolle spielt, ist schwer zu entscheiden, aber am 14. Februar bekommt das Außenministerium plötzlich eine erfreuliche Nachricht aus Berlin: Wenn Folke Bernadotte sich nur die Zeit nimmt, ein paar Tage in Berlin zu bleiben, bestehen gute Aussichten, daß ein Treffen mit Himmler arrangiert werden kann.[38]

Am 16. Februar 1945 begibt sich Folke Bernadotte mit seiner Ehefrau Estelle zum Flugplatz Bromma. Während sie ihm nachwinkt, geht er zu einer kleinen Junkers-Maschine auf der Rollbahn. Folke Bernadotte reist nach Berlin.

Was ihm vermutlich niemand erzählt hat – weil es wenige wissen –, ist, daß Adolf Hitler soeben Kenntnis von der Ankunft der 1210 Gefangenen aus Theresienstadt in der Schweiz erhalten hat. Und er hat einen Wutanfall bekommen. Hitler droht damit, daß »jeder Deutsche, der einem Juden, oder einem britischen oder amerikanischen Gefangenen zur Flucht verhilft, auf der Stelle hinzurichten ist«. Sein »treuer Heini« sackt wie ein »punktierter Ballon« vor dem Zorn seines Führers in sich zusammen und zieht sich ins Lazarett Hohenlychen bei Berlin zurück, um seine Wunden zu lecken. Es braucht vielleicht nicht eigens erwähnt zu werden, daß die mit Musy getroffene Absprache keinen Pfifferling mehr wert ist. Ja, Himmler ist gerade jetzt nicht im geringsten geneigt, seinen Führer noch einmal zu reizen, weder was jüdische Flüchtlinge noch irgendwelche anderen Konzentrationslagergefangenen betrifft.[39]

44

»Niemals habe ich eine Reise mit größerer Spannung angetreten als an diesem Februarmorgen, als das Flugzeug vom Flugplatz Bromma abhob«, schreibt Folke Bernadotte in seinem Buch *Das Ende*. »Illusionen machte ich mir keine. Meine Hoffnungen, ein hundertprozentig positives Ergebnis zu erreichen, waren sehr gering. Mehr als deutlich war ich mir der unerhörten Schwierigkeiten bewußt, die vor mir lagen. Ich sagte mir jedoch, daß ich, wenn ich Himmler nur treffen könnte, nicht mit ganz leeren Händen zurückreisen würde. Aber würde es mir gelingen, mit diesem Mann zusammenzutreffen, der nach allgemeiner Auffassung in Wirklichkeit der vielleicht mächtigste Mann in Deutschland war?«[1]

Bernadotte hat, außer mündlichen Darstellungen, zwei schriftliche Schilderungen dieser seiner ersten Reise nach Berlin zu Gesprächen mit Heinrich Himmler geliefert. Die eine findet sich in *Das Ende*, die zweite ist ein detaillierter Bericht, den er zwei Tage nach seiner Rückkehr der schwedischen Regierung übergibt.[2] Die Darstellungen stimmen miteinander überein.

Bei seiner Ankunft in Berlin hat Folke Bernadotte ein paar Stunden Zeit zur Verfügung, bevor er später am Tag einige Beamte im Auswärtigen Amt treffen soll. Er nimmt sich einen Wagen und fährt in der deutschen Hauptstadt umher.

Bernadotte nimmt in Berlin vor allem die Stimmungen unter der Bevölkerung wahr, als er durch die Straßen fährt und manchmal aussteigt, um mit den Menschen zu reden. Auffallend ist die Apathie der Berliner. »Man merkte nichts von Panikstimmung, aber auch nichts von Begeisterung.« Die Menschen sind wohlgenährt, aber offenbar kriegsmüde. Ohne größeres Engagement bauen sie Barrikaden, in Erwartung der Ankunft von zwei Millionen russischer Soldaten – eine Ankunft, der die Berliner angesichts der Gerüchte, die den Russen vorauseilen, mit Bangen entgegensehen müssen. »Der spezifische Berliner Humor machte sich auch in diesen Tagen geltend«, schreibt Bernadotte. »So war etwa folgende Geschichte im Umlauf: Wenn die Russen nach Berlin kommen, brauchen sie eine Stunde und zwei Minuten, um jede Barrikade zu erobern. Die erste Stunde würden sie nur dastehen und sich über die Barrikade schieflachen. Dann würden sie zwei Minuten brauchen, um sie zu erobern.«

Über eins allerdings wundert sich Bernadotte, als er mit den Berlinern spricht: Obwohl ihnen nun endlich klargeworden ist, daß der Krieg verloren ist, halten sie an Adolf Hitler fest. »Die einfachen Leute brachten es nicht über sich, den Glauben an ihn aufzugeben, in dem sie ihren Erlöser gesehen hatten.«

Das Hotel Adlon in Berlin soll nach dem Krieg als die letzte Illusion von Normalität in einer untergehenden Welt beschrieben werden. »Während die ständigen Fliegeralarme und Fliegerangriffe immer größere Teile der Stadt in Trümmer warfen«, erzählt einer derer, die bei Kriegsende im Adlon wohnten, »… gab man sich im Hotel Adlon den Anschein, als ob es alles noch gäbe und nach wie vor Frieden herrsche. Kellner im Frack, regelmäßiges warmes Mittag- und Abendessen …, Bäder mit warmem Wasser und saubere Betten, volle Hotelbedienung, Gehen und Kommen von Ausländern und Inländern verschiedener Prominenz …«[3]

Einer der Ausländer, die Mitte Februar 1945 im Hotel Adlon absteigen, ist der schwedische Graf Folke Bernadotte. Er hat an seinem ersten Abend in Berlin mehrere anstrengende Gespräche geführt und weiß die Oase, die das berühmte Hotel bietet, zu schätzen. Gut ausgeschlafen nimmt Bernadotte am nächsten Morgen im Restaurant des Hotels sein Frühstück ein. Danach nimmt er im Hotelvestibül Platz und wartet.

»Graf Bernadotte?«

Bernadotte kennt den Mann nicht, der vor ihm steht. Aber er glaubt zu wissen, um wen es sich handelt. Er steht auf und streckt die Hand aus.

»Guten Morgen.«

»Guten Morgen«, erwidert der Mann und ergreift Bernadottes Hand. »Dr. Sommer, Mitarbeiter von Brigadeführer Schellenberg.«

Dr. Sommer erklärt dem Grafen, er werde ihn zu einem vereinbarten Treffpunkt bringen, wo sie sowohl Obergruppenführer Kaltenbrunner als auch Brigadeführer Schellenberg treffen sollen. Bernadotte ist hierauf vorbereitet worden. Er hat nämlich einen großen Teil des voraufgegangenen Abends damit verbracht, mit dem schwedischen Botschafter in Berlin, Arvid Richert, Rollenspiele zu spielen. Gemeinsam haben sie eine Verhandlungsstrategie entwickelt.[4] Folke Bernadotte ist auf seinem Weg, Heinrich Himmler zu treffen, ein wichtiges Stück vorangekommen. Er wird seine engsten Mitarbeiter treffen.

Die Fahrt geht in südwestlicher Richtung, zunächst durch die Straßen von Berlin, dann hinaus zum Vorort Wannsee – wo drei Jahre (und Millionen von Menschenleben) zuvor die folgenschwere Wannsee-Konferenz stattgefunden hat. Das Ziel ihrer Fahrt, hat Dr. Sommer erklärt, ist Kaltenbrunners Luxusvilla in Wannsee.

»Obergruppenführer Kaltenbrunner wies mit einer höflichen Geste auf die Chesterfield-Zigaretten, die auf dem Tisch lagen«, schreibt Bernadotte. »Er schob mir auch die Flasche Dubonnet hin, die er hervorgeholt hatte und die sicher aus einem in Frankreich gestohlenen Lager stammte. Bernadotte kennt Kaltenbrunner von einer früheren Gelegenheit und weiß, daß sein Gastgeber an diesem Morgen im Prinzip ein Hindernis darstellt, ein Hindernis, das er überwinden muß, um zu Himmler gelangen zu können. Obwohl Ernst Kaltenbrunner, der Chef der deutschen Sicherheitspolizei, Himmlers engster Mitarbeiter ist, hat er sich immer mehr zu dessen, und vielleicht besonders zu Walter Schellenbergs Gegenspieler entwickelt. »Auf jeden Fall war Obergruppenführer

Kaltenbrunner nicht der Mann«, stellt Bernadotte fest, »der ein nennenswertes Verständnis für humanitäre Aktionen in den deutschen Konzentrationslagern aufbringen würde.«

Dennoch bleibt an diesem Tag der Schein gewahrt, da auch Walter Schellenberg bei dem Gespräch zugegen ist.

Während er an dem Dubonnet nippt, der Bernadotte zufolge so gut zum eleganten Milieu seiner Wannsee-Villa paßt, erklärt Kaltenbrunner dem schwedischen Besucher, daß es außerordentlich schwierig sei, ein Zusammentreffen mit Reichsführer Himmler herbeizuführen.

»Ich schlage vor, Graf Bernadotte, daß Sie statt dessen mir Ihr Anliegen vortragen, ich kann es dann an den Reichsführer weiterleiten.«

Bernadotte läßt sich auf Kaltenbrunners Trick nicht ein. Aber er will Kaltenbrunner auch nicht ganz abweisen, denn dieser ist imstande, Bernadottes ganze Mission zunichte zu machen. Also beginnt er von etwas anderem zu sprechen, von dem er hofft, daß es Kaltenbrunner veranlassen wird, eine Begegnung mit Himmler zu ermöglichen.

»Das Verhältnis zwischen Schweden und Deutschland ist, wie Sie wissen, außerordentlich schlecht«, sagte der Schwede. »Die Stimmung in Schweden ist in höchstem Grade antideutsch. Vor allem sind es die deutschen Grausamkeiten in Norwegen und Dänemark, die diese Stimmung hervorgerufen haben, die Verwüstung von Nordnorwegen zum Beispiel, und vor allem die Geiselnahmen.« Es ist Reichsführer Himmler, der die erforderliche Stellung innehat, um Maßnahmen zu ergreifen, die die schwedischen Stimmungen gegenüber Deutschland verbessern könnten. Deshalb ist es für ihn so wichtig, Himmler zu treffen.

Vielleicht sind es Folke Bernadottes Verhandlungsgeschick und sein freundliches Auftreten, die schließlich zu einem Ergebnis führen. Oder es liegt an der Hilfe, die Walter Schellenberg ihm leistet. Möglicherweise trägt auch die immer leerer werdende Dubonnet-Flasche das Ihre dazu bei. Aber zu seiner enormen Verwunderung und großen Freude findet Bernadotte bald, daß der berüchtigte Kaltenbrunner ganz und gar nicht unzugänglich ist. »Als ich mich von ihm verabschiedete, hatte ich wirklich Anlaß zu hoffen, ich würde bald mit Himmler sprechen können.«

Doch bevor es dazu kommen kann, ist Bernadotte gezwungen, eine andere Begegung, eine ganz sicher unproduktive, aber sehr heikle Begegnung zu absolvieren. Der deutsche Außenminister Joachim von Ribbentrop hat nämlich erfahren, daß Bernadotte nach Berlin gekommen ist, um seinen Antagonisten Heinrich Himmler zu treffen. Als Bernadotte am Abend zuvor beim Essen gesessen hatte, war ein Bote von Ribbentrop mit der Nachricht erschienen, der Außenminister wünsche Bernadotte unbedingt zu treffen, und zwar schon am nächsten Tag. »So kam es«, schreibt Bernadotte, »daß ich von Obergruppenführer Kaltenbrunner sofort ins Auswärtige Amt fuhr.«

Joachim von Ribbentrop empfängt Graf Bernadotte in seinen bombengeschädigten Räumen im Herzen von Berlin. Sein eigener Arbeitsraum ist jedoch noch intakt, und der Außenminister scheint sich in guter Verfassung zu befinden und »sehr erfüllt von seiner eigenen Würde und Vortrefflichkeit«, wie Bernadotte bemerkt. Der Außenminister bittet seinen schwedischen Gast, am offenen Kaminfeuer Platz zu nehmen, und beginnt sofort zu reden. »Ich setzte meine Stoppuhr in Gang«, schreibt Bernadotte, der von Arvid Richert darauf vorbereitet worden ist, daß eine Zeitnahme im vorliegenden Fall nicht uninteressant wäre.

Ribbentrop beginnt damit, seinen Gast in schmeichelhafter Weise für seine außerordentlichen Leistungen, z. B. beim Austausch von Kriegsgefangenen in Göteborg vor ein paar Jahren, zu loben. Danach, bemerkt Bernadotte, »stürzte er sich geradezu in einen Vortrag, den er bald in sentimental bebendem Ton hielt, bald zum Gebrüll anschwellen ließ, als hätte er die vollbesetzte Kroll-Oper vor sich«. Die Themen wechseln in rasender Fahrt, und zuweilen scheint der Außenminister mit sich selbst zu diskutieren: Im einen Augenblick droht er damit, daß »für den Fall«, daß Deutschland den Krieg verliere, russische Bomber binnen sechs Monaten über Stockholm seien und die gesamte schwedische Königsfamilie, der Graf selbst eingeschlossen, von den Bolschewiken auf der Stelle erschossen werde. Im nächsten Augenblick sagt Ribbentrop, er sähe es viel lieber, daß die Russen Europa überschwemmten, als daß es die Engländer und Amerikaner täten.

»Als ich nun in Ribbentrops Arbeitszimmer im Auswärtigen Amt saß«, schreibt Bernadotte, »und seinem langatmigen Vortrag zuhörte – er wirkte auf mich fast so, als habe er eine bereits bedenklich ausgeleierte Grammophonplatte aufgelegt –, bekam ich den Eindruck, daß er eigentlich ein ziemlich beschränkter Mann war, dem etwas sehr Lächerliches anhaftete. Es lag etwas Bestürzendes darin, daß dieser Mann alle diese Jahre der Außenminister des Deutschen Reichs gewesen war.«

Während Bernadotte am Feuer sitzt und mit Verwunderung Ribbentrops Vortrag anhört, erkennt er plötzlich, daß sein Gastgeber sich dem »Höhepunkt seiner Rede« nähert:

»Wer ist die größte jetzt lebende humanitäre Persönlichkeit?« donnert der Außenminister in pompösem Ton. Es klingt wie eine Frage, und Bernadotte macht sich bereit zu antworten. Ribbentrop hat indessen nur innegehalten, um eine Kunstpause einzulegen und einmal tief Luft zu holen:

»Die größte humanitäre Gestalt der Gegenwart«, antwortet er auf seine eigene Frage, »ist Adolf Hitler! Und Adolf Hitler ist immer von freundlichen Gefühlen gegenüber Schweden erfüllt gewesen. Es gibt keine lebende Person, zu der Adolf Hitler mit solcher Ehrfurcht aufschaut, wie zu Schwedens König!« Nach diesem markanten Höhepunkt seiner Rede kommt er langsam zurück auf den Boden. Es scheint eine Ewigkeit zu dauern, bis das Schauspiel endlich an sein Ende gekommen ist. Bernadotte drückt auf seine Stoppuhr. Der Außenminister hat eine Stunde, sieben Minuten und sieben Komma drei Sekunden gesprochen. Den schwedischen Gast hat er nicht zu Wort kommen lassen.

Nach einigen abschließenden Höflichkeitsphrasen, während derer Ribbentrop Bernadotte sogar fragt, ob dieser irgendwelche Vorschläge habe, und nachdem er erklärt hat, er habe nichts dagegen einzuwenden, daß der Schwede Himmler treffe, ist der Meinungsaustausch beendet. Bernadotte geht zu dem Wagen hinunter, der in der Wilhelmstraße auf ihn wartet. Wenn er frustriert ist, so läßt er es sich nicht anmerken. Aber Tatsache ist, daß sein Berlin-Besuch bisher noch keinerlei Ergebnis gezeitigt hat. Nur eine Impression von den Todeszuckungen einer Weltmacht.

Die Ursache für die Unklarheiten in seinem Programm ist Bernadotte vermutlich nicht bekannt. Aber seinem Besuch sind in der Führungsschicht der Nazipartei intensive Aktivitäten vorausgegangen. Himmler hatte gehofft, seine eventuellen Verhandlungen mit den Schweden könnten im geheimen vor sich gehen – nach seiner letzten Abreibung durch den Führer wagt er kaum daran zu denken, überhaupt mit jemandem zu verhandeln (und hätte er gewußt, daß Bernadottes geheimer Auftrag lautete, sich für die Freilassung von Lagergefangenen einzusetzen, hätte er die Idee nicht eines Gedankens gewürdigt). Schließlich hatte er sich doch dafür entschieden, mit dem Schweden zu sprechen, vorausgesetzt, es konnte geheim bleiben. Aber dies alles wird zunichte, als die schwedische Botschaft in Berlin plötzlich, vor Bernadottes Abreise, eine offizielle Mitteilung an Himmler schickt und ihn im Namen Bernadottes um eine Unterredung bittet. Als offizielles Schreiben geht es direkt über Ribbentrops Außenministerium! Und so hat Himmlers Erzfeind Ribbentrop also alles erfahren. Himmler wird panisch. Er ist überzeugt, daß Ribbentrop mit dieser Neuigkeit zu Adolf Hitler laufen wird. Um allen Eventualitäten zuvorzukommen, ruft er Kaltenbrunner an und bittet diesen, Hitler gegenüber Bernadottes geplanten Besuch beiläufig zu erwähnen, um zu sehen, welche Reaktion dies auslöst. Anschließend ruft er General Fegelein an, den Schwager von Eva Braun, damit auch dieser Hitlers Stimmung auslotet. Am 17. Februar ruft Fegelein zurück: Der Führer hatte lediglich einen gemäßigten Kommentar abgegeben: »Mit solchem Unsinn kann man in einem totalen Krieg überhaupt nichts erreichen.«[5]

Dies gibt für Himmler den Ausschlag. Er beschließt, nichts mit Bernadotte zu tun zu haben, und macht dies seinen Mitarbeitern klar. Eine Stunde später ruft Walter Schellenberg an, um zu berichten, daß Graf Bernadotte allerdings bereits in Berlin gelandet sei. Was nun folgt, ist eine der Überredungskampagnen gegenüber dem Reichsführer, wie sie nur zwei Personen zustande bringen: Felix Kersten und Walter Schellenberg.

So kommt es, daß Folke Bernadotte kurz nach seinem Treffen mit Außenminister Ribbentrop in dessen halb zerbombtem Ministerium genau den Bescheid erhält, auf den er so lange gewartet hat: Reichsführer Himmler gewährt ihm ein Interview. Es soll in zwei Tagen, am 19. Februar, im Krankenhaus Hohenlychen, 120 km von Berlin entfernt, stattfinden.

Während der zweite Vorsitzende des Schwedischen Roten Kreuzes sich in Berlin durch die nationalsozialistische Führungsriege navigiert, sitzt in Stockholm ein Mann und wird immer nervöser. Sein Name ist Gilel Storch.

Am 19. Februar, demselben Tag, an dem Folke Bernadotte mit Himmler zusammentreffen soll, schreibt Storch einen Brief an Außenrat Gösta Engzell.[6] Er beginnt damit, Engzell seine tiefe Dankbarkeit dafür zum Ausdruck zu bringen, daß die schwedische Regierung die Einreiseerlaubnis für die jüdischen Gefangenen in Deutschland erteilt hat. Dann fügt Storch hinzu:

> Die Lage ist so verzweifelt, daß ich gleichzeitig das Außenministerium um unmittelbare Maßnahmen in dieser Angelegenheit ersuchen muß. Ich wäre überaus dankbar, wenn das Außenministerium sich mit Graf Folke Bernadotte, der sich zur Zeit in Berlin aufhält, in Verbindung setzte und ihn dazu veranlaßte, zu intervenieren und Dr. Kleist zu bitten, alles zu tun, um den bedrängten Juden in den Konzentrationslagern zu helfen.

Storch erwartet also, daß die schwedische Regierung via Bernadotte entsprechend ihrer Verpflichtung, die Juden aufzunehmen, weiter tätig sein wird. In einem Telegramm an den World Jewish Congress in den USA schreibt er drei Tage später, die schwedische Regierung habe nicht nur versprochen, die jüdischen Gefangenen aufzunehmen, sondern sei »auch bereit, Transportmöglichkeiten zur Verfügung zu stellen«.[7] Was hat die schwedische Regierung nun eigentlich versprochen? Und wie verfolgt man das Angebot, zweitausend Juden aus Bergen-Belsen aufzunehmen?

In seinem ursprünglichen Promemoria über den Beschluß, die Juden aufzunehmen, schreibt Gösta Engzell, »die Botschaft in Berlin ist unterrichtet und gebeten worden, Kleist das schwedische Angebot zu übermitteln«.[8] Und das scheint auch der Fall gewesen zu sein. »Inzwischen hatte mich am 14. Februar«, schreibt Peter Kleist in seinem Buch, »der schwedische Gesandtschaftssekretär Brandel aufgeregt angerufen, die Gesandtschaft sei davon unterrichtet worden, daß auf meine Initiative zweitausend Juden aus einem Lager namens Bergen-Belsen bei Celle zur Ausreise nach Schweden freigegeben worden seien. Was solle man tun, um den Transport dieser Menschen in die Wege zu leiten?»

Kleist nimmt, seiner eigenen Aussage zufolge, unmittelbar nach diesem Gespräch Kontakt zu Kaltenbrunner auf. Dieser weist ihn »mit Nachdruck« darauf hin, daß er, Kleist, »mit dieser Sache nichts mehr zu tun habe«. Brandt gab deshalb »Brandel die Antwort, man werde schon von deutscher Seite die Transportfrage klären.«[9]

Was geschieht danach? Soll das Schwedische Rote Kreuz sich mit der Frage der Juden in den Lagern überhaupt nicht befassen? Es hat nicht den Anschein. In den Anweisungen, die Bernadotte vor seiner Reise bekommt, werden jüdische Gefangene nicht erwähnt. Auch die Korrespondenz des Außenministeriums mit der schwedischen Botschaft in Berlin über die Bernadotte-Expedition dreht sich ausschließlich um skandinavische Gefangene.[10] Engzells Vorschläge an Berlin scheinen fast in einer Art Vakuum zu erfolgen. Engzell ist ja Leiter der Rechtsabteilung im Außenministerium, und die Kommunikation über Bernadottes Aktion geht hauptsächlich von der politischen Abteilung des Außenministeriums aus, die von Erik von Post geleitet wird. Aber auch der oberste Chef, Außenminister Christian Günther, scheint lediglich an Hilfeleistung für skandinavische Gefangene zu denken, obwohl er doch der Entscheidung, daß Schweden jüdische Gefangene aufnimmt, zugestimmt hat. In einem gefühlsbetonten Brief, den Günther am 13. Februar an Arvid Richert in Berlin schreibt, liest sich das folgendermaßen:

Nur ein paar Zeilen, um Dir einen Gruß zu senden und Dich verstehen zu lassen, daß ich mir der schwierigen Stellung, in die Du und die Gesandtschaft geraten seid und die wohl künftig noch schwieriger werden wird, bewußt bin und sie bedenke. Ich bin natürlich darauf eingestellt, auf Deine Wünsche und Vorschläge jede mögliche Rücksicht zu nehmen.

Nur möchte ich Dich bitten, in der gegenwärtigen Lage eins besonders zu bedenken. Wenn jetzt bald vermutlich chaotische Zustände eintreten werden, mag der Gedanke naheliegen, daß auch die schwedische Gesandtschaft das Schlachtfeld verlassen sollte. Es mag sein, daß dies das Richtigste sein wird, aber vergiß nicht die äußerst wichtige Aufgabe, norwegischen und dänischen Gefangenen in Deutschland so lange und so weit es irgend möglich ist zu helfen. Es würde außerordentlich wertvoll sein, wenn wir in dieser Hinsicht einen wirklichen Einsatz leisten könnten, und allein durch diese Aufgabe scheint mir das Verbleiben der Gesandtschaft sehr wohl motiviert zu sein. Du kannst die Möglichkeiten und Methoden dort unten besser beurteilen als wir hier oben, aber ich möchte doch unterstreichen, welches Gewicht ich dieser Angelegenheit beimesse.

Im übrigen wünsche ich Dir und Deinen Mitarbeitern alles Gute und hoffe, Ihr bleibt guten Mutes.[11]

Auch in Richerts drei Seiten langer Antwort an Günther, die am 1. März abgeht, ist von jüdischen Gefangenen nicht die Rede, aber desto mehr von Dänen und Norwegern.[12]

Was wird denn nun aus Gilel Storchs Bitte, Bernadotte möge sich bei Himmler für die jüdischen Gefangenen einsetzen?

»Als er plötzlich vor mir stand, mit der horngefaßten Brille, in der grünen Uniform der Waffen-SS, ohne irgendwelche Auszeichnungen, wirkte er fast wie ein ziemlich unbedeutender Beamter«, bemerkt ein verwirrter Bernadotte, als er zum ersten Mal dem Mann von Angesicht zu Angesicht gegenübersteht, »der durch seine Terroraktionen die Politik in einer bisher unbekannten Weise kriminalisiert hat«. Heinrich Himmler hat, bemerkt Bernadotte, »kleine, feine, empfindliche Hände – ich bemerkte, wie gut sie manikürt waren, trotz des Manikürverbots innerhalb der SS –, er erwies sich als auffallend und erstaunlich verbindlich, gab manche Proben seines Humors mit einem Zug ins Galgenhumoristische und griff gern zu einem Witz, um die Stimmung aufzuheitern. Sein Aussehen wies nicht den geringsten diabolischen Zug auf.«

Bernadotte und Schellenberg haben zwei Stunden gebraucht, um zum SS-

Krankenhaus Hohenlychen zu gelangen. Hier herrschte der orthopädische Chirurg Karl Gebhardt. Hier hatte er viele seiner berüchtigten Experimente mit KZ-Insassen durchgeführt, wofür er 1947 gehängt wurde. Und hierhin hatte Gebhardts enger Freund Heinrich Himmler sich zurückgezogen, als der Führer seinen letzten Wutausbruch gehabt hatte. Hier und in seinem in der Nähe gelegenen Feldhauptquartier Birkenwald konnte Himmler sich in ungestörter Ruhe dem Feldzug an der Ostfront widmen.[13]

Als Bernadotte in Hohenlychen anlangte, wurde er zu Professor Gebhardt geführt, der selbst an einer Lungenentzündung erkrankt war. Gebhardt »empfing mich in seinem Krankenzimmer und nannte mir eine Reihe von Einzelheiten über seine Anstalt«, schreibt Bernadotte. »Sie sei völlig überfüllt, meinte er. Unter den aufgenommenen Flüchtlingen seien viele Kinder, und allein unter ihnen habe er etwa achtzig Amputationen infolge von Schußverletzungen und Kälteschäden vornehmen müssen. Professor Gebhardt gab mir ein erschreckendes Bild der Lage.« Die Visite bei Gebhardt war sicher wertvoll und interessant. Aber dafür ist Bernadotte nicht nach Hohenlychen gekommen. Er wartete ungeduldig darauf, den Hauptzweck seiner Reise in Angriff zu nehmen: die Verhandlungen mit Reichsführer Heinrich Himmler.

Bernadotte kann nicht umhin, vom Reichsführer fasziniert zu sein. Er ist ein ganz anderer Typ als Kaltenbrunner und Ribbentrop. Der Mann, den Bernadotte jetzt vor sich hat, ist »eine sehr lebendige Person«, die in kurzer Zeit Proben unterschiedlicher Gemütsverfassungen gibt: Freude, Wut, Sentimentalität, Begeisterung, tiefe Gemütsbewegung. Letztere speziell, als der Schwede ihm gegen Ende ihres zweieinhalbstündigen Treffens ein Buch über nordische Runen überreicht. »Er war sichtlich gerührt«, schreibt Bernadotte, »und sagte sogar, die Freundlichkeit, die ich ihm damit erwiesen habe, habe ihn tief ergriffen, und er sei dankbar dafür, daß ich ihm unter den obwaltenden Umständen eine solche Freude machen wollte.« Doch bevor es soweit kommt, ist vieles passiert.

Bernadotte hatte, zusammen mit Richert, das Treffen gründlich vorbereitet. Und wie bei seinen früheren Unterredungen in Berlin entschloß er sich, das Gespräch mit dem Hinweis darauf zu beginnen, wie stark die antideutschen Stimmungen in Schweden leider geworden seien. Es ist kein einschmeichelnder Beginn, doch er erreicht damit, was er will. »Himmler ging sogleich zum Gegenangriff über«, schreibt Bernadotte. »Für die herrschende Mißstimmung sei ausschließlich, erklärte er, die Hetze der schwedischen Presse verantwortlich – vor allem *Göteborgs Handelstidning*. Bernadotte braucht eine Weile – er muß ja Himmlers vortragsähnliche Antwort auf jede seiner Bemerkungen abwarten –, bis er schließlich das Gespräch auf Norwegen und Dänemark lenken kann. Es seien gerade die Verhältnisse in Norwegen und Dänemark, erklärt er, über die das schwedische Volk so empört sei. Deshalb hätten die Mißstimmungen sich ausgebreitet. Himmler holt jetzt zu einem weiteren Vortrag aus, diesmal über die Notwendigkeit, Saboteure unter Kontrolle zu halten, und die Unterlassung der schwedischen Presse, über das schändliche Vorgehen der Russen in Ostpreußen und Schlesien zu berichten. Aber am Ende stellt er tatsächlich eine Frage, und es ist genau die, auf die Folke Bernadotte gewartet hat:

»Haben Sie irgendwelche positiven Vorschläge zu machen?« Bernadotte schweigt einen Augenblick. Dann fragt er, ob der Reichsführer nicht selbst Maßnahmen vorzuschlagen habe, durch die die Situation verbessert werden könne.

»Nein, die habe ich nicht«, entgegnet Himmler.

In diesem Augenblick trägt Bernadotte, zum ersten Mal seit seiner Ankunft in Berlin, die »Hauptfrage« vor, die Idee, alle Dänen und Norweger aus deutschen Lagern nach Schweden zu bringen, »um sie dort zu internieren«. Himmler reagiert mit unmittelbarer Ablehnung. Nicht umsonst hat er sich mit eingezogenem Schwanz nach dem letzten Tobsuchtsanfall des Führers nach Hohenlychen zurückgezogen:

»Ist es Ihre Absicht, diese in Schweden für den Polizeidienst auszubilden? Sind Sie wirklich der Meinung, daß ein Land, das solche Maßnahmen ergreift, neutral ist?« Himmler ist aufgebracht, er schleudert seine Fragen mit großer Heftigkeit heraus. Bernadotte erwidert diplomatisch, mit Fragen der Polizeiausbildung habe er nichts zu tun, worauf Himmler erzürnt fortfährt:

»Wenn ich auf Ihren Vorschlag einginge, würden die schwedischen Zeitungen mit fetten Überschriften verkünden, der Kriegsverbrecher Himmler versuche sich jetzt in der Schlußphase des Krieges freizukaufen, weil er sich vor den Folgen seiner Taten fürchte!«

»Nein, das glaube ich nicht«, antwortet Bernadotte. »Ich bin zwar nicht verantwortlich für die schwedische Presse, aber ich glaube nicht, daß solche Überschriften vorkommen würden. Statt dessen glaube ich, würden sie schreiben, daß der Kriegsverbrecher Himmler zeigt, daß er ein gutes Herz hat.«

Himmler beruhigt sich ein wenig.

»Wenn eine Maßnahme, wie Sie sie vorschlagen, durchgeführt werden kann, fordern wir selbstverständlich Kompensation von seiten Schwedens und der Alliierten. Ich denke beispielsweise an Zusicherungen, daß in Norwegen keine Sabotageakte mehr durchgeführt werden.« Bernadotte erwidert, seiner eigenen

Aussage zufolge, diese zwei Probleme ließen sich vermutlich nicht zusammenbringen.

Offenbar hat Bernadotte den Deutschen im Austausch für die Überführung der Gefangenen nach Schweden nichts Nennenswertes anzubieten. Er sieht ein, daß er ein paar Schritte zurücktreten muß. Doch vielleicht kann er bei Himmler immer noch *etwas* erreichen.

»Herr Himmler«, setzt er an. »Dem Schwedischen Roten Kreuz ist sehr daran gelegen, in den Konzentrationslagern arbeiten zu dürfen, besonders solchen, in denen Dänen und Norweger interniert sind.« Himmler zeigt sich plötzlich unerwartet kulant.

»Eine solche Lösung wäre gewiß von Vorteil und dürfte auf keine großen Hindernisse stoßen.«

»... und aus praktischen Gründen«, flicht Bernadotte ein, »sollten sämtliche Norweger und Dänen in je einem Lager zusammengelegt werden, damit das Schwedische Rote Kreuz es leichter hat, den Gefangenen seelisch und materiell zu helfen.« Es hat tatsächlich nach Himmlers Reaktion den Anschein, als akzeptiere er auch diesen Vorschlag. Auch wenn er energisch die von Bernadotte genannte Zahl von 13 000 skandinavischen Gefangenen als viel zu hoch zurückweist. »Es kann sich um nicht mehr als zwei- bis dreitausend handeln.«

Bernadotte hat einen halben, aber sehr wichtigen Sieg errungen. Wenn man alle skandinavischen Gefangenen in speziellen Lagern in Deutschland zusammenlegen darf, dann kann man sie auch, davon ist er überzeugt, bis zum Ende des Krieges am Leben erhalten. Außerdem scheint Himmler auch zuzustimmen, daß Alte, Kranke und Mütter direkt in ihre Heimatländer gebracht werden können.

Das Gespräch ist nicht beendet, aber in allem wesentlichen ist der Zweck des Besuchs erfüllt. Vielleicht nicht für Himmler und Schellenberg, wohl aber für Bernadotte. Man kann sich darüber wundern, daß die beiden Deutschen von dem Schweden nicht mehr fordern. In allen anderen Verhandlungen haben sie ja früher oder später angefangen, Fragen eines Separatfriedens zu diskutieren. Und auch bei dieser Begegnung spürt man einen kurzen Moment lang Tendenzen in dieser Richtung: »Schellenberg orientierte Himmler über meine Besuche in London und Paris«, schreibt Bernadotte, »und versuchte, auf diese Weise sein Interesse für größere internationale Fragen zu wecken. Dies gelang jedoch nicht.« Noch ist die Zeit nicht reif, den Schweden in irgendwelche Separatfriedensinitiativen einzubeziehen. Heinrich Himmler ist, wie sein Führer, ein Mann, der es versteht, seine Zeit abzuwarten.

Interessanterweise berichtet Ernst Kaltenbrunner, als er unmittelbar nach Kriegsende von den Alliierten verhört wird, er habe den Eindruck gewonnen, Bernadotte selbst sei daran interessiert gewesen, zwischen Deutschland und dem Westen zu vermitteln. »Während unseres Gesprächs«, berichtet Kaltenbrunner, »sagte Bernadotte: ›Ist es nicht merkwürdig, vor zwei Wochen saß ich mit General Eisenhower beim Frühstück, und heute warte ich darauf, Himmler treffen zu können!‹« Danach gab Bernadotte Kaltenbrunner zufolge eine Reihe antirussischer Kommentare ab.[14]

Als Himmler und Bernadotte sich an diesem Nachmittag verabschieden, wendet sich Himmler an Schellenberg:

»Haben wir einen guten Fahrer für Graf Bernadotte?»

»Ich habe den besten ausgewählt, in Anbetracht all der Barrikaden und Palisaden auf den Straßen«, antwortet Schellenberg.

»Das ist gut, sonst könnte es passieren, daß die schwedischen Zeitungen mit großen Lettern verkünden: KRIEGSVERBRECHER HIMMLER ERMORDET GRAF BERNADOTTE.«

Mit diesen Worten verläßt Heinrich Himmler den Raum.[15]

Einige Tage später landet Folke Bernadotte wieder auf dem Flugplatz Bromma. Er ist zufrieden. Vor seiner Abreise aus Berlin ist die Übereinkunft zwischen ihm und Himmler bekräftigt worden: Alle norwegischen und dänischen Gefangenen sollen in einem oder in zwei Lagern in Nordeutschland zusammengelegt werden – das Lager Neuengamme bei Hamburg ist eines davon. Und »da die Deutschen das Transportproblem nicht lösen können«, wie es einige Tage später in einem Bericht des Außenministeriums heißt, »ist vorgesehen, daß eine Kolonne von Bussen unter Bernadottes Befehl die Transporte aus den Lagern, in denen die Internierten sich derzeit aufhalten, bewerkstelligen soll«[16] (ein Schreiben, das im nachhinein zu schneidenden Kommentaren darüber geführt hat, daß die schwedische Expedition in Wirklichkeit dem Bedürfnis der sich zurückziehenden Deutschen, ihre Gefangenen mitzunehmen, Rechnung trage[17]).

Einer der ersten, die nach Folke Bernadottes Rückkehr Kontakt zu ihm aufnehmen, ist Gilel Storch. Am 23. Februar schickt Storch Bernadotte einen Brief, dem er eine Mitteilung seines Kollegen Zelmanovits in London über die Situation der Juden in den Lagern beifügt und in dem er Bernadotte auch für »die freundliche Aufnahme« dankt.[18] Bernadotte antwortet Storch drei Tage später:

Ich habe Ihren Brief vom 23. d. M. erhalten und mit größtem Interesse vom Inhalt des Schreibens von Herrn Zelmanovits an Sie Kenntnis genommen.

Ein kleiner Hoffnungsschimmer scheint, meiner Einschätzung nach, für die noch in den Konzentrationslagern befindlichen Juden eingetreten zu sein, da ja durch Schweizer Vermittlung mehrere tausend Juden die Erlaubnis erhielten, in die Schweiz auszureisen. Laut dem, was mir von deutscher Seite in Berlin mitgeteilt worden ist, dürfte diese Sache noch nicht abgeschlossen sein, sondern es sollten weitere Juden über die Schweiz Deutschland verlassen können.

Wie Ihnen bekannt, sind ja von seiten schwedischer Behörden sehr ernsthafte Versuche unternommen worden, auch für einen Teil Juden die Erlaubnis zu erhalten, nach Schweden zu kommen. Bei meinem Besuch in Berlin vor einigen Tagen konnte ich feststellen, daß es um diese Frage gut steht, auch wenn noch kein endgültiger Bescheid erteilt werden kann. Man hofft jedoch, daß auch die schwedische Aktion einen positiven Bescheid bewirken kann.

Mit vorzüglicher Hochachtung
F. Bernadotte af Wisborg[19]

Man kann sich fragen, was Bernadotte eigentlich meint, wenn er schreibt, daß er bei seinem Besuch in Berlin »feststellen [konnte], daß es um diese Frage gut steht, auch wenn noch kein endgültiger Bescheid erteilt werden kann«. Was bedeutet das? Und was bedeutet es, daß »die schwedische Aktion einen positiven Bescheid bewirken kann«? Hatte Bernadotte in Berlin wirklich über die jüdischen Gefangenen diskutiert? Ganz offenbar hatte er es nicht mit Kaltenbrunner, Ribbentrop oder Himmler getan, jedenfalls nicht seinem detaillierten Bericht ans Außenministerium zufolge, den er unmittelbar nach seiner Rückkehr abfaßte. Darin wird das Wort »Jude« nicht einmal erwähnt. Aus irgendeinem Grund nennt Bernadotte in *Das Ende* jedoch Juden, und zwar mitten in der Darstellung des Gesprächs mit Himmler am 19. Februar. Dies ist auffallend, weil der Abschnitt über die Begegnung in *Das Ende* direkt auf dem Bericht ans Außenministerium zu fußen scheint und diesem sehr genau folgt.[20] Doch wenn man den Text in *Das Ende* genau liest, kann man ihn möglicherweise so verstehen, daß Bernadotte plötzlich, mitten in seiner Beschreibung des Treffens am 19. Februar, auf ein viel späteres Gespräch mit Himmler Bezug nimmt. Der Text lautet:

Bei dieser Gelegenheit fragte ich ihn, ob er nicht zugeben könne, daß es bei den Juden wie bei allen Völkern auch viele anständige Menschen gebe. Ich

> sagte ihm, daß ich viele Freunde hätte, die Juden seien. Zu meiner Verwunderung gab Himmler mir recht, betonte aber gleichzeitig, daß wir in Schweden ja keine Judenprobleme hätten und deshalb die deutschen Gesichtspunkte nicht verstehen könnten. Ein Ausdruck dessen, daß Himmler in der jüngsten Zeit seine Einstellung gegenüber den Juden in gewissem Maß geändert hatte, dürfte sein Übereinkunft mit Musy sein. Auf meinen Vorschlag versprach Himmler bei einer späteren Gelegenheit, die internierten Juden, wenn es notwendig werden sollte, den alliierten Miltärbehörden zu übergeben und Konzentrationslager, in denen die Juden gefangengehalten wurden, nicht evakuieren zu lassen.
>
> Die Unterredung näherte sich ihrem Ende. Bevor ich mich verabschiedete …

Es ist schwierig, mit Sicherheit zu bestimmen, was Bernadotte sagen will, sowohl im Brief an Gilel Storch als auch in der Darstellung in *Das Ende*. Vermutlich beabsichtigt er, sich um eine komplizierte Frage herumzuwinden, zu der er bis dahin vermieden hat, Stellung zu nehmen. Und das ist nicht schwer zu verstehen. Denn Bernadotte ist sich wahrscheinlich nicht nur dessen bewußt, daß die Nazis kein Interesse daran haben, Juden freizulassen – er hat ja außerdem kein Mandat seitens der schwedischen Regierung, sich für Nicht-Skandinavier zu engagieren.

Die einzigen schwedischen Beamten, die mit einem gewissen Interesse die Frage der zweitausend Juden aus Bergen-Belsen zu verfolgen scheinen, sind Gösta Engzell und Lennart Nylander. Am gleichen Tag, an dem Bernadotte seinen Brief an Storch schreibt, schickt Engzell ein Telegramm an die Botschaft in Berlin: »Interessiert zu erfahren ob Resultat zu erwarten Aktion Freilassung Juden aus Bergen-Belsen lt. unserer Chiffre 42.« Drei Tage zuvor hat Lennart Nylander dem Außenministerium mitgeteilt, daß er Peter Kleist die Liste jüdischer Gefangener, die er von Engzell bekommen hat, überreicht hat.«[21]

Interessanterweise ist Gilel Storch genau zu diesem Zeitpunkt zu einer ausschlaggebenden Entscheidung gekommen: Dies ist kein erfolgversprechender Weg, um die überlebenden Juden Europas zu retten. Überhaupt ist die schwedische Regierung kein brauchbarer Vermittler zwischen ihm und Heinrich Himmler.

Oder Heinrich Himmler ist zu der Einsicht gelangt, daß die schwedische Regierung kein brauchbarer Vermittler zwischen ihm und Gilel Storch ist.

45

Wer das Treffen arrangiert, wissen wir nicht. Wir wissen nur, daß es in der Wohnung von Ottokar von Knieriem stattfindet, im Stockholmer Stadtteil Östermalm.

Ottokar von Knieriem, oder Otto, wie er genannt wird, ist, wie wir bereits wissen, ein guter alter Freund von Gilel Storch. Tatsächlich sind sie Jugendfreunde. Ottos Vater, Woldemar von Knieriem, war Professor für Agronomie und später Rektor am Polytechnikum in Riga. Er gehörte auch zu Abraham Storchs nahen Bekannten, einer der Baltendeutschen, die in den Kreisen der jüdischen Bankiers verkehrten.

Sein Sohn Otto sollte jedoch den größten Teil seines Lebens außerhalb des Heimatlandes verbringen – zuerst als Offizier in der Armee des Zaren, dann schließlich als Bankier in Deutschland (eine Karriere, die ihn allerdings zeitweilig zurück nach Riga brachte).[1]

Die ganze Zeit über erhält er jedoch den Kontakt mit seinem Jugendfreund Gilel Storch aufrecht. Deshalb ist es ganz natürlich, daß Storch bei den Versuchen, seine Verwandten ausfindig zu machen, Knieriems Hilfe in Anspruch nimmt. Und es wurde noch natürlicher für sie, den Kontakt aufrechtzuerhalten, nachdem beide sich in Schweden angesiedelt hatten. Otto von Knieriems Schwester Elisabeth hatte sich vor vielen Jahren in Schweden niedergelassen und dort den Versicherungsdirektor Gunnar Palme geheiratet. Und seit Anfang der 1940er Jahre lebt auch Otto in Schweden.

Daß Ottokar von Knieriem enge Kontakte zu Deutschland aufrechterhalten hat, ist jedoch offensichtlich, auf jeden Fall den Aufzeichnungen der Stockholmer Polizei nach zu urteilen. Dort heißt es in einem Promemoria kurz nach Kriegsende, daß von Knieriem deutscher Staatsangehöriger ist und daß er, einer »vertraulichen Information zufolge«, früher »die besten Beziehungen zur deutschen Gesandtschaft und zur deutschen Handelskammer unterhalten hat, obwohl er angibt, mit Leib und Seele Antinazist zu sein und nur in seiner Eigenschaft als Geschäftsmann mit den nationalsozialistischen Behörden zusammenzuarbeiten«. Weiter informiert die Stockholmer Polizei darüber, daß von Knieriem »verdächtigt wird, hierzulande im Namen hochstehender deutscher Staatsangehöriger Geld deponiert zu haben, offensichtlich mit Hinsicht auf eine eventuelle Flucht dieser Personen nach Schweden für den Fall eines deutschen Zusammenbruchs. Einer bei der Kriminalpolizei eingegangenen Information zufolge steht von Knieriem auf der englischen sogenannten schwarzen Liste.«[2]

Was in diesem Promemoria nicht berichtet wird, ist, daß Ottokar von Knieriem eine kranke Hüfte hat. Er hat sogar eine so kranke Hüfte, daß er regelmäßig behandelt werden muß. Deshalb nimmt Ottokar von Knieriem mit außerordentlicher Befriedigung die Nachricht auf, daß sein Wundertäter und Freund Felix Kersten sich in Schweden niedergelassen hat.

»Wir nannten ihn als Kinder ›Onkel Knieriem‹«, erzählt Arno Kersten. »Mein Vater kannte ihn von vor dem Krieg. Und dann war er ja ein Onkel von Olof Palme.«[3]

Und kein Geringerer als Olof Palme, Sohn von von Knieriems Schwester Elisabeth, wird eine der lebendigsten Schilderungen der Zusammenkünfte geben, die bald in der Wohnung seines Onkels Otto in der Storgata in Stockholm stattfinden werden.[4]

Der achtzehnjährige Gymnasiast Olof Palme kann es – obwohl er ein höflicher und guterzogener junger Mann ist – nicht lassen, Onkel Ottos neuen Gast anzustarren. Der Mann ist unförmig dick. Und während Olof, seine Mutter und Onkel Otto um den Eßtisch in der großen Wohnung sitzen und am Kaffee nippen und an den Keksen knabbern, schlingt der neue Gast die Apfelsinenmarmelade direkt aus der Schale in sich hinein. Alle versuchen jedoch, so gut es geht, diesen Verstoß gegen die Etikette zu ignorieren – oder sie akzeptieren ganz einfach, daß Felix Kersten ein ungewöhnlicher Mensch ist. Denn Onkel Otto hat ihm ja schon lange fast magische Eigenschaften bescheinigt. Und offenbar teilt er diese Ansicht mit einem von Deutschlands mächtigsten Männern, Heinrich Himmler. Soviel hat Olof verstanden.

Felix Kersten hört erst auf, sich der Marmeladenschale zu widmen, als die Haushälterin plötzlich hereinkommt und die Ankunft eines neuen Gasts verkündet. Ein kleiner, und auch er fast korpulenter Mann betritt den Raum. Onkel Otto erzählt den um den Tisch versammelten Gästen, daß dies einer seiner ältesten Freunde aus Riga ist, Herr Gilel Storch.

Wir wissen wie gesagt nicht, wer diese erste Begegnung zwischen dem lettisch-jüdischen Flüchtling Gilel Storch und Heinrich Himmlers Masseur Felix Kersten initiiert hat. Kersten sagt, es sei von Knieriem gewesen. Storch sagt, Knieriem habe ihm von Kersten erzählt und den Kontakt zwischen ihnen hergestellt. Und Peter Kleist sagt, Walter Schellenberg habe der hinter dem Ganzen gesteckt.[5]

Aber wir wissen, daß Gilel Storch viele Jahre lang den Umstand betrauern sollte, Felix Kersten nicht ein Jahr früher getroffen zu haben.[6]

Es ist verwunderlich, daß die Einladung zum Tee bei Ottokar von Knieriem am Nachmittag des 25. Februar 1945 die erste Gelegenheit ist, bei der die beiden Männer sich begegnen. Beide sind ja trotz allem enge Freunde von Knieriem, und Kersten hält sich – mit Unterbrechungen – seit fast eineinhalb Jahren in Schweden auf. Doch als sie sich endlich begegnen, passiert unerhört viel in sehr kurzer Zeit.

An diesem Nachmittag ziehen sich die drei Herren Knieriem, Kersten und Storch nach dem Tee in ein Nebenzimmer zurück, um zu diskutieren. Da erfährt Gilel Storch, daß Herr Kersten im Begriff steht, eine Reise zu machen, hinunter nach Berlin zu seinem berühmten Patienten. Diese Information soll Gilel Storch sehr bald dazu veranlassen, eine Energie zu entwickeln, zu der nicht einmal er bis dahin fähig gewesen ist.

Schon am ersten Tag, in der Wohnung von Knieriems, stellt Storch, Kerstens Darstellung zufolge, diesem die erste entscheidende Frage:

»Herr Kersten, sind Sie bereit, bei Himmler einen direkten Vorstoß zu unternehmen und ihn zu bitten, die Liquidierung der Konzentrationslager zu stoppen?»

»Ich antwortete ja«, schreibt Kersten in seinen Memoiren.[7]

Dies war das erste in einer langen Reihe von Treffen zwischen den beiden Männern, Treffen, die stattfinden, solange der Krieg dauert. Denn jetzt, in den letzten dramatischen Wochen des Krieges werden die großen Taten zur Rettung von Menschenleben vollbracht.

»Sie trafen sich sehr häufig in der Linnégata 8, wo wir wohnten«, erzählt Arno Kersten. »Ich war damals noch ein Kind, aber es war immer spannend, wenn die Onkels sich unterhielten. Sie redeten sehr viel und sehr lange. Die Damen hielten sich in der Zwischenzeit in einem anderen Zimmer auf, wo sie über ihre Angelegenheiten sprachen. Ich erinnere mich noch daran, daß Gilel Storch ein sehr impulsiver Herr war. Er hatte Ansichten, und er war sehr redegewandt, und er war äußerst enthusiastisch und stand für das ein, was er sagte. Er redete nicht nur mit dem Mund. Er redete auch mit Händen und Füßen. Im Unterschied zu Otto Knieriem, der ein eher stiller Mann war. Er war reservierter. Außerdem war er unverheiratet und hatte keine Kinder, deshalb hatte er auch wenig Verständnis für Kinder. Die liefen nur herum und machten Lärm.«[8]

Als Felix Kersten am 2. März (einer anderen Quelle zufolge am 3. März) vom Flugplatz Bromma abfliegt – auch er wie vorher Bernadotte in einer Junkers 52 –, hat er einen Vorschlag von Herrn Gilel Storch, dem Repräsentanten des Jüdischen Weltkongresses in Schweden, in der Tasche. Diesen Vorschlag soll er seinem mächtigen Patienten in Berlin überbringen.

Gilel Storch hat endlich den Kanal gefunden, den er braucht, um direkt mit den Führern Nazi-Deutschlands über die Rettung der letzten noch lebenden Juden des besetzten Europas verhandeln zu können.

Interessanterweise hat Kersten an diesem Tag noch weitere Auftraggeber. Unmittelbar vor seiner Abreise hat er einen Anruf von Außenminister Günther bekommen, der völlig fassungslos ist. Bernadottes Auftrag, Skandinavier zu retten, ist bedroht![9]

Spät am Abend des 1. März hatte ein Diensthabender im Außenministerium eine dringende Meldung von der schwedischen Gesandtschaft in Berlin entgegengenommen. Die Mitteilung enthielt die Information, daß deutsche Behörden plötzlich die schwedische Aktion für »überflüssig« erklärt hatten. Der Grund dafür, hieß es, sei, daß »sämtliche Gefangenen, die geholt werden sollten, sich bereits per Eisenbahn auf dem Weg zum Sammelpunkt« befänden. Christer Lind, der Diensthabende im Außenministerium, hatte unmittelbar, wie dies von der Gesandtschaft verlangt worden war, Folke Bernadotte vom Inhalt der Mitteilung in Kenntnis gesetzt. Die Antwort, die Bernadotte Lind gab, ist bemerkenswert und verdient, zitiert zu werden. »Als ich Graf Bernadotte das oben Erwähnte mitteilte«, schreibt Lind, »bat er mich, in Berlin nachzufragen, ob dies bedeute, daß die ganze Aktion eingestellt würde, und daß ihn dieser Schritt der Deutschen außerordentlich erstaunte, da doch die Aktion auf ihr Begehren hin zustande gekommen sei.« Auf ihr Begehren hin!?! Man kann nur hoffen, daß Lind Bernadotte mißverstanden hat!

Der Bericht des Diensthabenden Lind endet mit den Worten: »Graf Bernadotte bat mich schließlich, darauf hinzuweisen, daß es inzwischen unmöglich sei, die Aktion abzublasen, und daß es das Beste wäre, wenn er auf jeden Fall hinführe, um die Frage zu klären.«[10]

Die Frage ist jedoch, wer die Frage klärt.

»Am 2. März traf Kersten in Berlin ein und reiste unmittelbar weiter nach Hartzwalde«, schreibt Himmlers Astrologe Wilhelm Wulff. »Als er ins Zimmer trat, sagte er: ›Ja, auf meinen schwachen Schultern ruht nun das Schicksal Deutschlands.‹« Wulf, offenbar kein großer Freund von Felix Kersten, schreibt, er habe für den pompösen Kommentar des Masseurs nur ein schwaches Lächeln übrig gehabt.[11]

Es ist nicht ganz deutlich, warum Herr Wulff seinerseits auf Kerstens Gut Hartzwalde gelandet ist. Selbst schreibt er, wie bereits erwähnt, er sei dort »alles andere als ein freier Mann« gewesen und auf dem Gut, »das zu jener Zeit ein getarntes Arbeitslager für Spezialisten und als solches eine Filiale des KZ-Lagers Ravensbrück war, … weiterhin gefangengehalten [worden]«.[12] Dennoch ist Wulff einer jener Männer, von denen Reichsführer Himmler sich abhängig gemacht hat. Vor jeder wichtigen Entscheidung konsultiert Himmler den Astrologen, und er bittet diesen häufig, sein und seiner mutmaßlichen Gegenspieler Horoskop zu erstellen. Diesen Dienst nehmen anscheinend auch Walter Schellenberg und Wulffs Gastgeber Felix Kersten zuweilen in Anspruch.[13]

In einem nach dem Krieg veröffentlichten Buch schreibt Wulff, er und Kersten hätten oft lange Gespräche geführt, wenn sie sich beide in Hartzwalde befanden. Und gerade bei diesem Besuch beginnt Kersten sofort, Wulff von einem Mann zu erzählen, den er kürzlich in Stockholm getroffen hat. Kersten nennt ihn »der Vogel«, aber sein richtiger Name ist Gilel Storch, und er ist Jude.

»Er ist ein ganz großer Mann«, erzählt Kersten begeistert, »der wichtigste Mann in der zionistischen Bewegung und im Weltkongreß der Juden. Er wird noch größer werden, wenn er nach Amerika geht, was demnächst stattfinden wird. Herr Wulff, Sie müssen diesen Mann unbedingt kennenlernen. Er soll mich in Amerika lancieren; ich will dort nach dem Kriege eine Praxis eröffnen. Ich brauche Hillel Storch, damit ich in große Kreise komme. – Mein lieber Wulff, ich kann Ihnen nur sagen, kommen Sie mit, da werden Sie Geld verdienen – Geld wie Heu! Wir machen das Geschäft zusammen.Das sage ich Ihnen, daß Sie mir dort in Amerika kein Horoskop unter 5000 Dollar fertigstellen. Wenn die Sache mit Herrn Storch klappt, habe ich mitzureden. Sie wollen doch auch mal zu Geld kommen, nicht wahr? Was Sie den Amerikanern aus dem Horoskop sagen, braucht ja gar nicht zu stimmen. Erzählen Sie ihnen etwas, das sie hören wollen, das ist die Hauptsache, und lassen Sie sich das gut bezahlen.« Wulff schreibt, Kersten habe seine Einwände gar nicht beachtet, sondern weitergesprochen: »Sie brauchen nur einzuwilligen. Ich werde dann Herrn Storch bei meiner Rückkehr mitteilen, was Sie und ich vorhaben. Herr Storch wird uns schon jetzt den Paß beschaffen, den wir haben wollen, gleichgültig wohin und nach welchem Land. Das kann ich alles für Sie machen.«

»Es sind hoffentlich keine gefälschten Pässe, Herr Kersten«, entgegnet Wulff. »Ich kann nicht glauben, bei aller Achtung vor Herrn Storch, daß seine Macht so weit geht, für jedes Land einen ordnungsgemäßen Paß ausstellen zu lassen.«

»Die Sache geht so vor sich: Herr Storch hat in seinem Büro eine Unmenge Pässe liegen, zumeist von südamerikanischen und mittelamerikanischen Nationen, z. B. auch von Haiti. Das sind alles echte Paßformulare, die von den dortigen Ländern beschafft wurden. Natürlich hat sie irgend jemand gestohlen, der Verbindung mit den dortigen offiziellen Stellen hatte. Die Pässe sind mit Nummern, sonstigen Signaturen und Ausführungen, die aber echt sind, versehen ... Vielleicht hat Herr Hillel Storch mit diesen Staaten irgendein Abkommen. Ich weiß darüber nicht so genau Bescheid. Aber glauben Sie mir, Herr Wulff, Sie können sich auf Herrn Storch verlassen. Wenn Sie nur wollen, die Sache könnte sofort in Ordnung gehen.«[14]

Wilhelm Wulffs Darstellung ist natürlich eine Stellungnahme in eigener Sache. Er mag Kersten nicht, und wie dieser nimmt er in seinen Memoiren die Rolle eines Mannes an, der im Dritten Reich inneren Widerstand geleistet habe, mit speziellem Zutritt zu Reichsführer Himmler. Aber die obige Schilderung ist dennoch interessant. Denn sie enthält so viele mit der Wahrheit übereinstimmende Fakten, daß man nicht umhin kann, zu dem Schluß zu kommen, daß eine Unterhaltung, die der von Wulff beschriebenen ähnelt, wirklich stattgefunden haben kann. Norbert Masur hat z. B. berichtet, wie er und Storch während des Krieges »falsche Pässe« beschafften und wozu diese benutzt wurden:

> Wir versuchten auf jeden Fall mit unseren geringen Möglichkeiten, in der Notlage, in die unsere Brüder bei den Nachbarländern im gesamten von den Nazis besetzten Gebiet geraten waren, Hilfe zu leisten. Es fing damit an, daß wir versuchten, für die Juden, die wir erreichen konnten, Pässe zu beschaffen ... Wir fanden ein südamerikanisches Konsulat, das bereit war, gegen eine gewisse Bezahlung Pässe auszugeben, und dies wurde wahrgenommen. Es lief mehr auf privater Basis ab, jeder versuchte, Bekannte zu finden, von denen man Fotos bekommen konnte – und bezahlen mußte man ja auch dafür –, und ich erinnere mich, daß in unserem Büro die Mädchen saßen und Bestätigungen für diese Pässe ausstellten. Weil wir fürchteten, sie würden nie ankommen. Das Papier druckten wir und wir schrieben »hiermit wird be-

> scheinigt – mit dem Konsulatsstempel –, daß der und der Bürger von X-land ist«. Und diese Bescheinigung wurde in zahlreichen Exemplaren ausgestellt, und der Konsul unterschrieb sie. Es waren gewissermaßen »echte falsche Pässe« – oder »falsche echte Pässe«, könnte man sagen – und das Merkwürdige war, daß sie ankamen, bei einigen sind diese Papiere angekommen. Und so sonderbar es auch klingen mag: es half! Zwar wurden die meisten trotzdem deportiert, aber sie kamen in eine besondere Abteilung nach Bergen-Belsen, wo sie leider entsetzlich an Hunger litten, aber nicht direkt ermordet wurden, und auf jeden Fall überlebten einige von ihnen.[15]

Es trifft also durchaus zu, daß Gilel Storch im Besitz einer großen Menge südamerikanischer Pässe war. Mit großer Wahrscheinlichkeit sind es die Juden in Bergen-Belsen, die südamerikanische Pässe erhalten haben, die Storch herauszubekommen hofft, früher mit Kleists, jetzt mit Kerstens Hilfe.[16] Auch die Beschreibung von Storchs Sehnsucht nach Amerika trifft zu, wie auch sein etwas übertriebener Ton. Und man kann nur konstatieren, daß Wulffs Darstellung, wenn sie der Wahrheit entspricht, einen einzigartigen Einblick darin gibt, wie Gilel Storch seine neue Bekanntschaft bearbeitet, um zu versuchen, an Reichsführer Himmler heranzukommen.

Wilhelm Wulff schreibt, daß Kersten sehr bald nach seiner Ankunft in Hartzwalde tägliche Fahrten nach Hohenlychen macht. »Himmler war krank, und täglich fuhr Kersten von Hartzwalde mit einem Wagen der Fahrbereitschaft der Feldkommandostelle Himmlers nach dem Krankenhaus Hohenlychen … zur Behandlung.«[17]

»Meine Diskussionen mit Himmler begannen am 5. März«, schreibt Kersten seinerseits in seinen Memoiren. »Er befand sich in einem sehr nervösen Zustand – und die Verhandlungen waren sehr schwierig und stürmisch.«[18]

Wulff zufolge kehrt Kersten jeden Abend in erregtem Zustand zurück. Und die ganze Zeit bittet er den Astrologen, in den Sternen zu lesen, wie sich der nächste Tag für ihn gestalten wird: »Sehen Sie mal schnell nach, wie wird die Besprechung morgen mit dem Reichsführer ausfallen…; kann ich das mit ihm machen? Ich komme diesmal gar nicht weiter mit ihm und weiß nicht mehr, was ich machen soll und welche Gründe ich ihm noch vortragen kann. Er will Bernadotte nicht empfangen; ich will aber, daß beide zusammenkommen. Außerdem muß ich mit meinen Sachen, die ich von Herrn Storch mitgebracht habe, weiterkommen. Sehen Sie mal schnell nach, wie wird es damit?»

»[So] lautete meistens der Wortschwall, mit dem er mich begrüßte«, schreibt Wulff.[19]

Himmler ist also diesmal schwer zu bearbeiten. Und er stellt sich besonders abweisend zu dem Vorschlag, den Kersten von seinem jüdischen Kontakt in Stockholm, Gilel Storch, mitgebracht hat. Dies geht aus Kerstens eigener Schilderung der Reise hervor.[20] Der Vorschlag umfaßt elf Punkte, die in vier Hauptpunkten zusammengefaßt werden können (Storchs Brief und Kerstens Schilderung differieren ein wenig. Kersten hat später darauf hingewiesen, daß es auch radikalere mündliche Abmachungen in ihrer Übereinkunft gegeben habe, unter anderem bezüglich der Rettung sämtlicher Lagerinsassen).[21] Der schriftliche Vorschlag läßt sich folgendermaßen zusammenfassen:

1. Erlaubnis, mehr Lebensmittel und Medikamente in die Konzentrationslager zu schicken. Erlaubnis für das Schwedische Rote Kreuz, die Lager zu betreten.
2. Freilassung von dreitausend namentlich genannten Personen – auf Listen, die Kersten mitgebracht hat – aus Bergen-Belsen.
3. Auslieferung anderer großer Gruppen jüdischer Lagergefangener nach Schweden und in die Schweiz. Für Schweden soll die Anzahl zwischen fünftausend und zehntausend betragen. Wenn dies nicht für möglich gehalten wird: Erlaubnis für den schwedischen Staat, die Gefangenen bis zum Kriegsende interniert und unter Aufsicht zu halten.
4. Zusage gesicherter Auskünfte über die Anzahl überlebender norwegischer, baltischer und dänischer Juden, sowie ihren Aufenthaltsort. Auskünfte über den Zustand der Lager.

Als er Storchs Forderungen vorträgt, so Kersten, erklärt Himmler ihm offen, daß er den neuen Befehl des Führers befolgen werde:

»Wenn das nationalsozialistische Deutschland untergehen soll«, erklärt Himmler seinem Masseur, »dann sollen seine Feinde und die Kriminellen in den Konzentrationslagern nicht die Genugtuung bekommen, als triumphierende Eroberer aus unserem Untergang aufzustehen. Sie sollen unseren Untergang teilen. Das ist des Führers direkter Befehl, und ich muß dafür sorgen, daß er bis ins letzte Detail ausgeführt wird.«[22] Heinrich Himmler hat nicht die geringste Absicht, sich noch einmal einem Wutanfall Hitlers auszusetzen. Er versteht sich immer noch, zumindest mit seiner halben Seele, als loyalen Apostel seines Erlösers.

Jeden Tag fährt Kersten zurück zu seinem Patienten in Hohenlychen, und jeden Tag versucht er von neuem, Himmler dazu zu überreden, sich Storchs Vorschlag zumindest anzusehen. Nach fünf Tagen hat er noch keinerlei Erfolg zu verzeichnen.[23] Der Reichsführer Himmler kann dem Druck seines »Magischen Buddhas« nicht oft widerstehen. Aber in dieser Frage ist er unnachgiebig. Adolf Hitler hat, so beschreibt Kersten es, Himmler verboten, die Juden leben zu lassen. Und diesmal wird Himmler nicht hinter dem Rücken seines Führers agieren.

Und was ist mit dem zweiten Auftrag, den Kersten mit auf die Reise genommen hat, dem des schwedischen Außenministers?

Folke Bernadotte hat hart an seinem neuen Projekt gearbeitet. Von Anfang an planten er und die schwedischen Behörden, daß die schwedische Expedition aus 340 Personen und 75 bis 100 Fahrzeugen bestehen sollte, darunter 36 Busse und 24 Sanitätsfahrzeuge, aber mit der Zeit war sowohl die Personal- als auch die Fahrzeugstärke etwas verringert worden. Die Fahrzeuge sollten mit roten Kreuzen und mit schwedischen Flaggen versehen sein.[24] Zum Chef des Kommandos wurde Oberst Gottfrid Björck ausersehen.

Als Expeditionsbasis war Schloß Friedrichsruh in Norddeutschland ausgewählt worden, das im Besitz der Familie Otto von Bismarcks war. Auch der gegenwärtige Besitzer hieß Otto von Bismarck, und er und seine schwedische Frau Ann-Marie hatten mit Freuden zugestimmt, die Expeditionsleitung zu beherbergen. Daß man sich für Friedrichsruh entschieden hatte, beruhte auf seiner günstigen Lage nicht weit entfernt vom Konzentrationslager Neuengamme, das jetzt zum Sammellager für Norweger wie Dänen bestimmt war. Der Plan sah vor, daß die Expeditionsfahrzeuge zu den verschiedenen Konzentrationslagern fahren und dort die skandinavischen Gefangenen abholen und sie dann in Neuengamme sammeln sollten.

Alles war mithin vorbereitet – und da kam der Knall: Die Aktion wurde seitens der Deutschen für »überflüssig« erklärt.

Wie es genau zugeht, daß die Situation sich löst, ist unklar. Wie auch unklar ist, wann dies geschieht. Bei Treffen zwischen schwedischen Diplomaten und Walter Schellenberg scheint die Situation sich bereits geklärt zu haben, noch ehe Bernadotte oder Kersten in Berlin eingetroffen sind. Am 3. März teilt Torsten Brandel von der schwedischen Botschaft mit, daß »für maximal 250 Teilnehmer der schwedischen Rotkreuz-Expedition endgültig die deutsche Bewilligung erteilt worden ist«.[25]

Doch als Bernadotte zwei Tage später in Berlin eintrifft, ist, seiner Darstellung in *Das Ende* zufolge, die Bedrohung der Expedition noch immer nicht ausgeräumt. Und Bernadotte sieht in Ernst Kaltenbrunner den dafür Verantwortlichen. Unmittelbar nach seiner Ankunft kommt es somit (laut *Das Ende*) zu einem Zusammenstoß zwischen Bernadotte und Kaltenbrunner. Dabei ergibt sich der folgende Wortwechsel:

> *K:* Ich beabsichtige nicht, an einer positiven Lösung der Fragen mitzuwirken, die Sie zur Sprache gebracht haben.
> *B:* Und ich kann nicht akzeptieren, daß einer von Himmlers Untergebenen ein Übereinkommen, das zwischen ihm und mir getroffen worden ist, zu sabotieren versucht.

»Das waren klare Worte und offene Fehde«, beschließt Bernadotte diesen Bericht.[26]

Ist die Durchführung der Expedition also immer noch bedroht? Und ist es, falls es sich so verhält, Bernadotte, der die Probleme endgültig löst? Oder kann es eine dritte Person sein – Kersten? Was war eigentlich in den Gesprächen zwischen Kersten und Himmler, soweit sie die Bernadotteaktion betrafen, geschehen?

Kersten selbst schreibt: »Ich machte mich sogleich ans Werk, als ich in Himmlers Hauptquartier ankam ... Glücklicherweise fand ich Himmler für Argumente empfänglich.«[27] An anderer Stelle schreibt er:

> Bei meinem Besuch am 3.3.45 wollte Himmler die Dänen und Norweger nicht freilassen, die schon zum größten Teil in Neu-Gammen [sic!] bei Hamburg zusammengeführt worden waren, dies mit Rücksicht auf die ablehnende Haltung, die Hitler in dieser Frage einnahm.
>
> Unter Aufbietung meiner ganzen Überredungskraft brachte ich Himmler schließlich dazu, sich bereit zu erklären, die Freilassung der internierten Frauen und Kinder mit Graf Bernadotte mindestens zu diskutieren. Weiter schlug ich vor, nachdem die Frauen und Kinder freigelassen worden wären, auch den Rest der norwegischen Studenten und der dänischen Polizisten freizulassen. Himmler sagte, »Ich tue, was ich kann, aber bitte quälen Sie mich nicht, ich bin kein freier Mann.«[28]

Auch Walter Schellenberg nimmt in seinen Memoiren die Ehre für sich in Anspruch, die Expedition gerettet zu haben.[29]

Ob die Expedition überhaupt jemals ernstlich bedroht war, ist schwer zu sagen, doch wenn es so war, ist das Hindernis auf jeden Fall rasch aus dem Weg geräumt. Am 5. März teilen die Deutschen mit, daß sie neuntausend skandinavische Gefangene in verschiedenen Lagern »gefunden« haben.[30] Es steht den

Schweden frei, diese Gefangenen jetzt zu holen. Mit, wie es scheint, einer Ausnahme: den Juden. Ein Lager fehlt nämlich auf der Liste der Deutschen. Das Lager heißt Theresienstadt, und dort sitzen alle dänischen Juden – genauer gesagt, fast alle deportierten skandinavischen Juden. Man nimmt nämlich an, daß die meisten deportierten norwegischen Juden bereits in Auschwitz ermordet worden sind.

Folke Bernadotte begreift schnell, daß die Deutschen nicht die Absicht haben, die skandinavischen Juden freizulassen.

»Ich merkte sofort«, schreibt Bernadotte in seinem Bericht, »daß besonders die Anzahl der Dänen sehr niedrig war und deshalb einige Kategorien unter den zu Transportierenden nicht eingerechnet waren. So fehlten die dänischen Polizisten und die norwegischen und dänischen Juden.«[31] Mit anderen Worten bekräftigt also Bernadotte hier, daß die Deutschen die Juden bewußt von der Rettungsexpedition ausgenommen haben. Gleichzeitig kann man hieraus (und aus späteren Telegrammen und Berichten) schließen, daß es kaum – wie behauptet worden ist – auf Bernadottes Initiative zurückzuführen ist, daß man vermied, Juden zu retten. Wie weitgehend die Schweden allerdings bereit waren, es in dieser Angelegenheit auf einen Konflikt mit den Deutschen ankommen zu lassen, ist eine zweite Frage.

Am 6. März, während eines Treffens zwischen den Schweden – unter ihnen Bernadotte – und dänischen Vertretern, kommt die Frage bezüglich der dänischen Juden zur Sprache. Im von Torsten Brandel abgefaßten Protokoll heißt es:

»Da der Krieg sich Prag nähert, sollten diese, obwohl es ihnen besonders gut geht, auch nach Neuengamme verlegt werden. Nach einiger Diskussion erklärten die Dänen auf direkte Anfrage, sie seien der Meinung, daß dies ratsam sei, auch wenn es vorübergehende Unzufriedenheit mit sich bringen würde. Die Angelegenheit solle mit Kaltenbrunner erörtert werden.«[32] Worauf Brandel sich bezieht, wenn er schreibt, den Juden in Theresienstadt gehe es »besonders gut«, ist der Umstand, daß dieses Lager lange als das Muster- und Vorzeigelager der Deutschen betrachtet wurde. Ein Besuch des Internationalen Komitees des Roten Kreuzes im Jahr zuvor war für das deutsche Propagandaministerium ein großer »Erfolg« gewesen. Was man nicht in Rechnung stellt, ist der Umstand, daß Theresienstadt seit Anfang 1942 im Prinzip ein Transitlager für Auschwitz ist. Von den 141 000 Juden, die zwischen 1941 und 1945 in Theresienstadt interniert waren, überlebten nur 20 000.[33] Noch leben jedoch die meisten dänischen Juden. Aber wie lange noch?

Die Frage der Juden wird folglich am nächsten Tag, dem 7. März, mit Obergruppenführer Kaltenbrunner angesprochen. Nach einem Mittagessen mit Kaltenbrunner teilt Bernadotte mit, er habe ein Versprechen erwirkt, daß »sowohl die dänischen Polizisten als auch sämtliche skandinavischen Juden nach Neuengamme überführt werden sollen«.[34] Das Problem scheint also gelöst zu sein. Aber schon am nächsten Tag wird die Frage der Juden erneut verhandelt, bei einem Treffen, an dem außer Bernadotte und Brandel u.a. der Deutsche Franz Göring teilnimmt. Und diesmal kommt man zu folgendem Ergebnis:

> Die Juden betreffend: Die meisten sind aus Auschwitz evakuiert worden. Die Juden sollten zuletzt abgeholt werden.[35]

Warum die Juden zuletzt abgeholt werden sollen, wird nicht klar. Der Weg hinunter nach Theresienstadt wird von Tag zu Tag gefährlicher, und Bernadotte hatte seinen ersten Bericht ans Außenministerium mit den Worten abgeschlossen: »Ich halte es für sinnvoll, daß zuerst die Lager geleert werden, die jetzt in der Gefahrenzone liegen.«[36] Vielleicht glaubt man trotz allem, daß es den Juden in Theresienstadt gutgeht? Oder sträuben sich die Deutschen weiterhin, wenn es um die Juden geht? Der Beschluß, die Juden als letzte abzuholen, scheint jedenfalls Bestand zu haben. Denn die Vorbereitungen sind jetzt im großen und ganzen abgeschlossen, und die schwedischen Expeditionsteilnehmer stehen bereit.

Am 9. März verläßt eine erste lange Fahrzeugkolonne – Busse, LKWs, Personenwagen, Motorräder – das Schonische Ausrüstungslager in Hässleholm. Auf die Seiten und Dächer der Fahrzeuge waren rote Kreuze und schwedische Flaggen gemalt. Und auf der Innenseite der Windschutzscheiben waren kleine Zettel aufgeklebt: »Rechts halten!« Schwedische Fahrer waren es nicht gewöhnt, auf dem Kontinent zu fahren.

Als die Kolonne nach einigen Stunden den Hafen von Malmö erreicht und bevor die zweite Kolonne Hässleholm verlassen hat, erhält man plötzlich eine unerwartete Order, und von unerwarteter Seite: Sämtliche Fahrzeuge müssen weiß gestrichen sein. Dies ist die einzige Möglichkeit, behaupten die Alliierten, zu vermeiden, daß sie bombardiert werden. Und dennoch können die Briten, heißt es, die Sicherheit der Expedition nicht garantieren. Sämtliche Mitwirkenden bei der Rettungsexpedition sind sich dessen bewußt, daß sie sich in Lebensgefahr begeben.

Die gesamte Anstreicherzunft Malmös wird mobilisiert, um die in Tarnfarben gemalten Fahrzeuge weiß zu streichen. Noch auf der Fähre nach Kopenhagen stehen schwedische Maler um die Busse und ziehen die letzten Pinselstriche.[37] Von jetzt an werden sie populär »Die weißen Busse« genannt, die schwedische Hilfsexpedition zur Entsetzung skandinavischer Gefangener aus deutschen Konzentrationslagern.

Åke Svenson, der Chef der zweiten Transportkolonne, hat seine Gefühle beschrieben, als er auf der Fähre hinüber ins deutschbesetzte Europa steht:

> An dem diesigen Morgen dauerte es nicht lange, bis die schwedische Küste aus unserem Blickfeld verschwand. Es war ein eigentümliches Gefühl, zu sehen, wie die Konturen des Landes sich auflösten und verschwanden, und gleichzeitig zu wissen, daß man keineswegs sicher sein konnte, wieder zurückzukehren. In dieser Stunde gingen wohl viele Gedanken zu den Frauen, Eltern und Kindern zu Hause.[38]

Die Aufgabe der schwedischen Expedition ist eigentlich ziemlich klar. Die meisten skandinavischen Gefangenen sind unter Aufsicht, man weiß, wo sie sich befinden, und man rechnet damit, sie ohne größere Probleme abholen zu können. Aber man ist nicht in bezug auf alle Gruppen von Gefangenen gleich sicher. Dies gilt zum Beispiel für jene, die sich den Deutschen zufolge gegenwärtig »auf Treck« befinden. Unter diesen »Marschierern« werden diejenigen genannt, die ihre Zeit in Auschwitz in Polen verbracht haben. Auch die Gefangenen aus dem Lager Groß-Rosen werden unter den »Marschierern« genannt. Schließlich weiß man, daß in einem Lager in der Nähe von Danzig eine Menge dänische und norwegische Kommunisten und zweihundert norwegische Polizisten interniert gewesen sind.[39] Das Lager heißt Stutthof. Leider, konstatiert man, befinden sich auch diese Gefangenen jetzt »auf Treck«, und der Landweg nach Deutschland ist ihnen abgeschnitten.[40]

»Was das Lager Stutthof betrifft«, schreibt Bernadotte in seinem Bericht, »sind wir somit zu spät gekommen, um die Verlegung nach Neuengamme auf dem Landweg durchführen zu können.«[41]

Während Stella und Ruth Grünspan weiter in der Krankenabteilung von Stutthof liegen, sehen sie zu, wie das Lager systematisch geleert wird. Bald, so kommt es ihnen vor, ist niemand mehr da außer ihnen. Stella weiß nicht, daß die Deutschen in einem anderen Teil des Lagers auch eine große Gruppe Norweger zurückgelassen haben. Aber Stella ist ihnen noch nicht begegnet.

46

Im Jahre 900 nach Christus erstreckte sich das deutsche Reich zwischen der Oder im Osten und dem Rhein im Westen. Im März 1945 ist Adolf Hitlers großdeutsches Reich zwischen denselben Flüssen zusammengedrängt. Und auf jeder Seite stehen große Armeen und bereiten sich auf die Invasion vor.

Doch bevor die westalliierten Streitkräfte für die endgültige Invasion gerüstet sind, hat man entschieden, eine Serie von Luftangriffen durchzuführen. Nach welchen Kriterien man seine Ziele wählt, ist unklar. Denn diese Luftoffensive soll in dem Angriff auf eine der schönsten Städte Europas gipfeln, Dresden, das Florenz an der Elbe. In der Nacht zwischen dem 13. und 14. Februar greifen achthundert britische Bomber die Stadt an, tags darauf übernimmt die amerikanische Luftwaffe. Als diese erste Bombenwelle vorüber ist, ist praktisch die ganze Stadt mit ihren Baudenkmälern und Kunstschätzen dem Erdboden gleichgemacht, und zwischen 35 000 und 135 000 Menschen sind umgekommen.

Warum dies als notwendig angesehen wurde, ist, wie gesagt unklar, und der Angriff auf Dresden ist als reine »Terrorbombardierung« bezeichnet worden. Doch hiernach sind die westalliierten Truppen auf jeden Fall bereit für den großen Schritt: den Rhein zu überqueren und ins Herz Deutschlands vorzustoßen.

Fritz Hesse ist noch nie zuvor in Stockholm gewesen. Und er kommt aus dem Staunen darüber nicht heraus, wie wunderbar es ist, in einem Land zu sein, das sich nicht im Krieg befindet. Dieses Gefühl bestärkt ihn noch in seiner Entschlossenheit, den ihm erteilten Auftrag mit der ganzen Energie, deren er mächtig ist, auszuführen. Fritz Hesse ist nach Stockholm gekommen, um Frieden zu schaffen.

In Schweden konnte man noch immer Frieden schaffen, davon war Joachim von Ribbentrop überzeugt gewesen, als er seinen vertrauten Mitarbeiter Hesse mit diesem Auftrag auf die Reise geschickt hatte. Aber wie vorgehen?

Sie waren gemeinsam zu der Ansicht gekommen, daß man den westlichen Alliierten die Kapitulation anbieten sollte, um dann alle seine Truppen nach Osten zu werfen, um die »bolschewistische Flut« aufzuhalten. Sollte der Westen sich weigern, auf dieses Angebot einzugehen, würde man – trotz der Vergewaltigungen von Frauen und Kindern und trotz der Deportationen von Männern zu Sklavenarbeit – damit drohen, seine »Tore nach Osten« zu öffnen und die bolschewistische Flut hereinrollen lassen. Diese Drohung würde die Westalliierten dazu veranlassen, ihren Beschluß zu überdenken! Die Schwierigkeit war ja natürlich, wie immer, Hitler dazu zu bewegen, irgendwelchen Friedensinitiativen zuzustimmen, vor allem wenn man das Wort »Kapitulation« benutzte. Also vermied man es, dieses Wort zu benutzen. Und zu Ribbentrops unerhörter Freude hatte Hitler tatsächlich geantwortet:

»Na ja, Sie können es ja versuchen, ich verspreche mir aber nicht viel davon.« Außerdem hatte Ribbentrop Kontakt mit seinem Erzfeind Himmler aufgenommen, und auch der hatte den Auftrag abgesegnet. Also konnte Hesse, wie zuvor schon Peter Kleist, als Repräsentant des Außenministers wie auch des Reichsführers gelten.

Außenminister Joachim von Ribbentrop mußte sich anstrengen, um die Tränen zurückzuhalten, als er am 17. Februar Fritz Hesse nach Stockholm schickte:

»Ja«, sagte er. »jetzt können wir wenigstens den Versuch machen, das deutsche Volk zu retten.«[1]

Fritz Hesse hat gute Freunde in Stockholm, sehr gute Freunde. Den Chef der deutschen Gesandtschaft, Thomsen, kennt er seit fünfundzwanzig Jahren. Es ist nur natürlich, daß Hesse als erstes zur Botschaft geht, als er in die schwedische Hauptstadt kommt.

Thomsen empfängt seinen Besucher herzlich und stellt ihn einem seiner engsten Mitarbeiter, Werner Dankwort vor. Man beginnt sogleich, die Pläne des neuen Friedensunterhändlers zu diskutieren. Hesse betont, er brauche die Zustimmung der schwedischen Regierung zu seiner Initiative. Können Dankwort und Thomsen ihn nicht bei Marcus Wallenberg d. Ä. einführen? Ihm ist gesagt worden, dieser Bankier würde ein geeigneter Kontakt sein. Dankwort erklärt

Hesse, Wallenberg sei verstorben und sein Sohn, auch er mit Vornamen Marcus, sei »für meine Sache … ungeeignet«. Dagegen sei es sinnvoll, dem anderen Sohn, Jacob Wallenberg, einen Besuch abzustatten.

Als erstes telefoniert Dankwort indessen mit dem schwedischen Außenministerium. Dort wird ihm bedeutet, die schwedische Regierung sei »unangenehm überrascht« von Hesses Plänen und könne sie nicht offiziell sanktionieren. Dennoch wird man Hesse nicht daran hindern, Kontakt zu den Alliierten aufzunehmen, vorausgesetzt, dies geschieht geheim.

Jacob Wallenberg empfängt den deutschen Gast in seinem Büro in Stockholms Enskilda Bank.

»Vor vier Monaten habe ich Roosevelt getroffen, und vor ein paar Wochen Churchill «, erzählt Wallenberg, Hesses späterer Darstellung zufolge. »Der Haß und die Furcht der Angelsachsen vor Deutschland sind so groß, daß es mir ausgeschlossen erscheint, sie umzustimmen. Sie haben nur ein Ziel, die Vernichtung Deutschlands, und davon sind sie nicht abzubringen. Als schwedischer Patriot bedauere ich dies zutiefst.«

Hesse versucht, mit Wallenberg zu diskutieren, zweieinhalb Stunden lang. Aber dieser bleibt bei seiner Meinung: Die Vorstellung, mit dem Westen zu verhandeln, müsse Hesse fallenlassen.

»Aber«, sagt Wallenberg plötzlich, »warum machen Sie den Versuch statt nach dem Westen nicht nach dem Osten? Wenn Sie Stalin rechtzeitig einen klar umrissenen Vorschlag machen, der ein eindeutiges Ja oder Nein ermöglicht, dann halte ich es für möglich, daß Sie Erfolg haben. Stalin ist nicht auf den Westen festgelegt.« Wallenberg sieht Hesse nachdenklich an. »Es ist schade, daß Sie nur den Auftrag haben, nach dem Westen hin zu verhandeln.«

Mit diesen Worten nimmt der schwedische Bankier, Hesses Darstellung zufolge, Abschied von seinem deutschen Gast.[2]

Das waren deutliche Worte, denkt Hesse, während er in einem noch immer winterlichen Stockholm umherwandert. Es hatte unbezweifelbar den Anschein, als wisse Jacob Wallenberg, wovon er redete. Vielleicht ist es trotz allem vollkommen unmöglich, mit den Alliierten überhaupt nur ins Gespräch zu kommen. Wie soll Hesse in diesem Fall seinen Friedensauftrag ausführen? Er ist ja, wie gesagt, nicht befugt, mit den Russen Kontakt aufzunehmen. Auf jeden Fall noch nicht.

Fritz Hesse überlegt eine Weile. Dann kehrt er entschlossen ins Hotel zurück und geht direkt zur Rezeption.

»Haben Sie möglicherweise ein Telefonbuch von Stockholm?« Der Portier ist nicht sicher, daß er den Gast kennt, dieser hat sich im Hotel ja kaum gezeigt.

»Selbstverständlich«, antwortet er zögernd. »Einen Augenblick nur.« Er geht ins Büro hinter der Rezeption und kommt nach ein, zwei Minuten mit einem reichlich dünnen Telefonbuch wieder. Schweden ist doch ein ziemlich kleines Land, denkt der Deutsche, während er bis zum Buchstaben S vorblättert. »Stolz«, »Stoor«, »Storbacka« ... »Storch»! Da steht es: »Gilel Storch, Direktor«. Fritz Hesse hat gefunden, wonach er gesucht hat.[3]

Es geht Adolf Hitler nicht gut. Das können alle in seiner Umgebung konstatieren. Im Verlauf des letzten Jahres scheint er um Jahrzehnte gealtert zu sein. Sein Gesicht ist aufgedunsen und verwüstet, seine Augen machen den Eindruck vollständiger Erschöpfung, er geht gebeugt, und seine Bewegungen und Reaktionen sind so langsam, daß seine Umgebung ihn fast als senil auffaßt, obwohl er erst sechsundfünfzig Jahre alt ist. Außerdem zittern sein einer Arm und die Hand unkontrolliert.

An welcher Krankheit leidet Hitler? Ist es die Parkinsonsche Krankheit, worauf immerhin das Zittern schließen lassen könnte? Oder leidet er, wie Walter Schellenberg vermutet, an einem Hirnschaden, den er sich beim Attentat von 20. Juli zugezogen hat? Oder hat Hitler einfach Überdosen einer der zahlreichen Drogen genommen, die sein Arzt Dr. Morell ihm verschrieben hat – angefangen bei großen Mengen Amphetamin und zuweilen Kokain, bis zu einer Mischung aus Strychnin und Belladonna, die er gegen seine Magenschmerzen nimmt, und bis hin zu den kleinen Kapseln mit Bakterien, die aus dem Stuhl eines bulgarischen Bauern gezüchtet wurden und ihm gegen dieselben Magenschmerzen verschrieben worden sind? Oder kann etwas Wahres an dem Gerücht sein, Hitler leide an Neurosyphilis? Felix Kersten zufolge hatte Himmler ihm bereits im Dezember 1942 ein geheimes medizinisches Journal gezeigt, in dem stand, Hitler leide an Syphilis (was Morells Aufzeichnungen nicht zu bestätigen scheinen).[4] Oder ist er ganz einfach deprimiert? Veranlassung dazu hat er, weiß Gott, genug!

Seit Hitler um Weihnachten eingesehen hatte, daß die deutsche Armee in den Ardennen nicht siegen würde, hatten seine Stimmungen unkontrolliert geschwankt. »An einem späten Abend in diesen Tagen blieb ich bei Hitler im Bunker … Ich habe ihn vorher und nachher nie wieder in einem solchen Zustand erlebt. Er sprach davon, sich jetzt das Leben zu nehmen, denn die letzte Aussicht, einen Erfolg zu erringen, sei zunichte gemacht worden. Er machte der Luftwaffe und den ›Verrätern‹ im Heer Vorwürfe … ›Ich weiß, der Krieg ist verloren. Die Übermacht ist zu groß …‹ Dann fing er sich wieder und sagte: ›Wir kapitulieren niemals. Wir können untergehen. Aber wir werden eine Welt mitnehmen.‹ Hitlers Worte habe ich nie vergessen. Über diese Unterredung habe ich bis heute mit niemandem gesprochen. Sie machte mir damals endgültig klar, daß Hitler niemals einlenken und alles mit in seinen Untergang ziehen würde.«[5]

Dennoch kann niemand in Hitlers Umgebung, und am wenigsten Heinrich Himmler, sich dazu durchringen, gegen Hitler anzugehen. Er hat noch immer eine erstaunliche Macht über sie alle. Vielleicht weil sein Wille, obwohl Hitler ganz offensichtlich mental und körperlich angeschlagen ist, immer noch ungebrochen ist.

»Ich soll also den Führer entfernen?« Himmler war stehengeblieben und starrte auf seinen engsten Berater.

»Herr Reichsführer«, antwortete Schellenberg mit fester Stimme. »Sie werden sich eines Tages wegen Ihrer Wankelmütigkeit vor der Geschichte verantworten müssen, weil sie durch Ihre offensichtliche Verblendung den Fortbestand des ganzen deutschen Volkes aufs Spiel gesetzt haben.«[6]

Am Abend des 10. März kehrt Felix Kersten ausgepumpt zu seinem Gut Hartzwalde zurück. Er geht sofort ins Zimmer des Astrologen Wilhelm Wulff.[7]

»Ah, Herr Wulff, gut, daß Sie hier sind! Der Reichsführer hat mich gebeten, Ihnen auszurichten, er möchte Sie morgen gern zu einer Beratung treffen.« Wulff betrachtet erstaunt den dicken Masseur. Es ist zu früh, die zuletzt gelieferten astrologischen Arbeiten auszuwerten, also was kann Himmler von ihm wollen? Vielleicht hat Schellenberg das Treffen arrangiert. Er hat Schellenberg ja seit über einem Monat nicht gesehen.

»Natürlich, Herr Kersten«, antwortet Wulff schließlich. »Wenn Sie morgen nach Hohenlychen fahren, begleite ich Sie gern.«

Am nächsten Morgen um zehn wartet ein Wagen vor dem Gutshaus Hartzwalde auf Himmlers zwei Gesundbeter. Es ist ein reichlich mitgenommener, aber noch voll tauglicher Volkswagen, den das Hauptquartier des Reichsführers hergeschickt hat.

Als sie das Gut verlassen, beginnt ein leichter Regen zu fallen, der die Landschaft in graue Nebel hüllt. Durch diesen erkennen die Männer bald die Körper toter Pferde am Straßenrand und primitive Kreuze, die Stellen markieren, an denen im vergangenen Winter Menschen erfroren sind. Es bietet sich einem kein erbaulicher Anblick, wenn man im März 1945 in Deutschland unterwegs ist. Die Fahrt geht über Menz, Fürstenberg und Ravensbrück. Nach einer Weile klart es auf, und plötzlich sind die Männer trotz allem von der Schönheit der brandenburgischen Landschaft beeindruckt. Die stillen Seen funkeln im hervorbrechenden Sonnenlicht, und die schwarze Erde zeugt schon von dem Leben, das trotz allem bald wieder in diesem verwüsteten Land aufsprießen wird. Wilhelm Wulff kann nicht umhin zu lächeln, als sie über die von Schlaglöchern übersäten Straßen holpern.

Als sie sich Hohenlychen nähern, werden die Straßen auf einmal besser. Und jetzt beginnt Felix Kersten zum ersten Mal zu sprechen. Er erzählt seinem Kollegen, was er *eigentlich* von ihm erwartet. Denn es ist Kersten selbst und nicht Himmler oder Schellenberg, der die Fahrt des Astrologen an diesem Morgen initiiert hat. Der Masseur wirkt nervös:

»Aber mein Lieber, Sie müssen Himmler jetzt aus dem Horoskop überzeugen, daß meine Sache in Schweden mit Hillel Storch für ihn wichtig ist. Sie müssen meine Aktion bei Himmler unterstützen, damit ich meine Sache durchbekomme und er mir eine große schriftliche Erklärung gibt, die ich mit nach Stockholm nehmen kann, um sie Storch zu überreichen.«

Wulff sieht seinen Mitpassagier verblüfft an. Kersten hat ihn unter Vorspiegelung falscher Tatsachen, oder zumindest mit Hilfe irreführender Andeutungen zum Mitkommen bewegt. Der Astrologe ist spürbar verärgert. Aber Kersten merkt nichts davon, er ist ganz damit beschäftigt, seine Angelegenheit darzulegen: Himmler weigert sich glatt, weitere Juden in die Schweiz oder nach Schweden ausreisen zu lassen, und schon gar nicht fünf- oder zehntausend. Nicht nach dem, was beim letzten Mal passiert ist!

»Sie können Himmler ja ruhig sagen, daß in seinem Horoskop verzeichnet stände, die Juden freizulassen, damit Herr Storch, dieser große gewaltige Mann, für ihn in Schweden und bei den Alliierten Vergünstigungen durchsetzen könnte. Ein Jude würde sich für Himmler einsetzen! So müssen Sie ihm die Sache erzählen! Wenn ich dann die Papiere von ihm heute ausgehändigt erhalte, werden wir abends darauf eine Pulle Sekt trinken und morgen die übrigen Pläne durcharbeiten.« Der Astrologe sieht seinen Mitpassagier ungläubig an.

»Mein lieber Herr Kersten«, erwidert er trocken. »Ich werde Himmler das Horoskop so deuten, wie ich es als Astrologe verantworten kann.«

Je mehr sie sich Hohenlychen nähern, um so ärgerlicher wird Wulff. Doch er kann nichts machen. Nicht in dieser Lage. Schließlich bremst der Fahrer an einer militärischen Straßensperre. Ein paar SS-Leute kontrollieren die Passierscheine. Dann fahren sie bis zur nächsten Sperre. Wulff kann feststellen, daß alle Kersten kennen. »Schönen guten Morgen«, sagt er jovial zu den SS-Wachen, nicht »Heil Hitler!« wie allgemein üblich. Schließlich fahren sie durch ein großes Gittertor auf ein parkähnliches Gelände, in dem Gruppen von Gebäuden verstreut sind. Dort, innerhalb des Gittertors, führt ein Kiesweg zu einem freien Platz, auf dem sie parken und aussteigen. Hier herrscht tadellose Ordnung, in krassem Gegensatz zu dem Zustand außerhalb der Tore.

Ein SS-Mann tritt auf sie zu, und Kersten begrüßt auch ihn herzlich. Der Mann führt sie zu einem alleinstehenden Haus in der Nähe, das auf allen Seiten von bewaffneten Männern bewacht wird. Sie sind zu Heinrich Himmlers derzeitiger Residenz gelangt. Wulff und Kersten werden eine Treppe in den ersten Stock hinaufgeleitet, wo sie in eine kleine Wachstube eintreten. Sie sprechen kein Wort miteinander.

Nach einer Weile, die ihnen wie eine Ewigkeit vorkommt, geht die Tür auf, und ein untersetzter, und etwas korpulenter Mann tritt ein. Kersten begrüßt ihn kühl. Dann wendet er sich zu Wulff, streckt die Hand aus und stellt die beiden einander vor. »Herr Wulff – Professor Gebhardt.« Der Astrologe bemerkt, daß Professor Gebhardt ihn neugierig betrachtet, während sie sich begrüßen. Dann geleitet er sie in das angrenzende Zimmer.

Heinrich Himmler sitzt in einem Plüschsessel am Fenster seines kleinen Wohnzimmers. Er ist eben erst aufgestanden, und Wulff findet, daß er nach Toilettenseife und billigem Kölnisch Wasser riecht. Kersten hat es sich bereits auf einem altmodischen Sofa bequem gemacht, als der Reichsführer sie willkommen heißt und Wulff einen Platz neben sich anbietet. Der Astrologe betrachtet den Raum: Einfache Vorhänge aus beigefarbenem und braun, grün und rot gemustertem Musselin hängen vor dem Fenster. Eine Lampe mit einem Milchglasschirm und einer Perlenfranse hängt an der Decke. Auf Wulff macht das ganze Dekor einen vulgären Eindruck. Hier hat Heinrich Himmler also seit Anfang des Jahres gehaust, als Hitler drohte ihn abzusetzen.

Das Gespräch dreht sich sogleich um das nächstliegende Thema: Himmlers Gesundheit. Wulff findet, daß der Reichsführer erholter wirkt als seit langem. Augenscheinlich hat Kerstens Behandlung gewirkt.

»Was glauben Sie, Herr Wulff«, fragt Himmler. »Wie sieht meine Zukunft aus? Wann werde ich wieder ganz gesund sein?« Der Astrologe entschuldigt sich damit, daß er seine letzten Daten noch nicht hat analysieren können.

»Es ist doch bemerkenswert, daß Sie das Unglück vom 9. Dezember vorhersagen konnten. Genau wie Sie gesagt haben, befand ich mich in Lebensgefahr. Ich steuerte an jenem Tag meinen Wagen im Dunkeln selbst, verfehlte den Weg und stürzte mit ihm einen etwa 40 Meter hohen Abhang hinab, auf das Geleise der Schwarzwaldbahn, just in dem Augenblick, als der Zug kam. Nur mit Mühe retteten wir uns.«

»Herr Reichsführer, die Korrektur Ihres Geburtsmoments hat dies ermöglicht. Ich glaube, von jetzt an werden meine Voraussagen sehr exakt sein.«

»Ausgezeichnet! Ausgezeichnet! Sie werden ja von Herrn Kerstens Plänen schon gehört haben. Was sagen Sie dazu?»

»Tja«, antwortet der Astrologe vorsichtig. »Ich kann keine astrologischen Hinderungsgründe erkennen. Im übrigen habe ich keine direkte Meinung.«

»Ich kann unmöglich Herrn Kersten dergleichen Zugeständnisse machen«, stößt Himmler aus. »Er verlangt die sofortige Überführung einer großen Anzahl von Judenhäftlingen ins Ausland, was ohne die Zustimmung Hitlers nicht geschehen kann, denn der Transport dieser Masse von Häftlingen würde auffallen und vor Hitler nicht verheimlicht werden können. Er hat zu viele Informanten. Ich kann Kersten aus diesem Grunde nur einen Teil der Punkte des mir vorgelegten Planes bewilligen. Doch nicht dies!« Himmlers Stimme klingt beinah flehend, wie die eines Kindes vor seinen Eltern. Er sieht zunächst Kersten an, dann Wulff. Dann lächelt er plötzlich und setzt sich im Sessel zurecht.

»Sie wollten mir jedoch, wie mir Herr Schellenberg mitteilte, die politische Lage nach dem neuen Welthoroskop für 1945 erklären. Ist das richtig?« Der Astrologe bestätigt dies. Er fügt vorsichtig hinzu, die ersten beiden Quartalshoroskope sähen keineswegs günstig aus, sie zeigten sogar katastrophale Konstellationen für das Hitlerreich an. Kersten hat sich inzwischen im Sofa zurückgelehnt. Er scheint jedes Interesse an der Konversation verloren zu haben.

Wulff hält jetzt den Zeitpunkt für gekommen, Himmler an den »Maiplan« zu erinnern. Dieser von Walter Schellenberg initiierte Plan läuft darauf hinaus, daß Himmler einen Putsch durchführen, Hitler absetzen, selbst die Macht übernehmen und gegenüber den Westalliierten kapitulieren soll.[8]

»Was Sie, Herr Wulff, und Herr Schellenberg verlangen«, sagt Himmler resigniert, ist ein Treuebruch … Aber als Soldat habe ich Hitler Treue geschworen, und meinen Eid kann ich nicht brechen. Alles, was ich geworden bin, verdanke ich ihm. – Nein, meine Herren, das geht nicht, das kann ich nicht.«

Zwei Stunden später lassen Felix Kersten und Wilhelm Wulff eine der führenden Gestalten des Dritten Reichs in ihrem mit »Blutakten und Blutkarteien« gefüllten Zimmer zurück. Himmler verbringt seine Tage in einem elenden Zustand, stellt Wulff fest – sein Leben vermittelt einen Vorgeschmack auf die Hölle. »Geschmäht und verachtet in aller Welt, […] zum gemeinsten aller Geschöpfe gestempelt, war er jetzt in Hohenlychen der Unglücklichste von allen, der sanft bettelte: ›Ersparen Sie mir weitere Erklärungen und Begründungen, ersparen Sie mir, Ihnen zu berichten, was ich in den letzten Monaten erlebt habe und durchleben mußte – ich kann nicht mehr!‹«

Während der Rückfahrt nach Hartzwalde spricht Kersten kein Wort. Er strahlt keine Bitterkeit aus. Auch keine Verärgerung. Felix Kersten drückt vollständige Passivität aus. Ausnahmsweise ist er einmal völlig unfähig, seinen Patienten zu beeinflussen, zumindest was dessen Zustimmung zur Ausreise von Juden nach Schweden angeht. Und jetzt weiß Kersten nicht mehr, was er tun soll.[9]

»Herr Storch? Herr Gilel Storch?»

»Ja«, antwortet die Stimme am anderen Ende der Leitung vorsichtig. »Mit wem spreche ich?»

»Mein Name ist Fritz Hesse. Mein Kollege Peter Kleist hat mir Ihren Namen gegeben.« Es bleibt still am anderen Ende. »Ich möchte Sie fragen, Herr Storch, ob Sie etwas dagegen haben, mich zu treffen. Vielleicht schon heute abend? Es handelt sich … ich möchte etwas für die Juden tun.« Es ist weiter still. Hesse glaubt fast hören zu können, wie der Mann am Hörer denkt.

»Ich möchte Sie gern treffen, Herr Hesse«, sagt Storch schließlich. »Kennen Sie das Grand Hotel?»

»Natürlich. Ich wohne im Grand Hotel.«

»Nun, dann wissen Sie ja, wo es liegt«, sagt Herr Storch, ohne erkennbare Logik. »Ich kann um sieben Uhr dort sein. Treffen wir uns im Restaurant?»

»Nein, kommen Sie auf mein Zimmer. Zimmer 113.«

»Gut! Ich bin gespannt zu hören, was Sie auf dem Herzen haben, Herr Hesse. So war doch Ihr Name, Hesse, nicht wahr?»

»Das ist richtig. Fritz Hesse.«

»Wie viele Juden haben Sie an der Hand? Was wollen Sie haben pro Kopf? Fünf bis sechs Dollar kann ich zahlen.«

»Herr Storch, vermute ich.« Hesse streckt die Hand aus. »Mein Name ist Fritz Hesse. Ich bin von Außenminister Ribbentrop hergeschickt.« Gilel Storch weiß bereits, wer der Mann vor ihm ist. Er hat im Verlauf des Nachmittags Svante Hellstedt im schwedischen Außenministerium angerufen und erfahren, daß Fritz Hesse einer der höchsten Beamten im Auswärtigen Amt ist.

»Bitte nehmen Sie Platz, Herr Storch.« Hesse weist auf das breite Sofa. »Kann ich Ihnen etwas Obst anbieten?« Storch hebt ablehnend die Hand. Hesse setzt sich ihm gegenüber, nimmt eine Apfelsine und beginnt sie mit einem Obstmesser systematisch zu schälen.

»Also Herr Storch, Sie wollten mit mir sprechen.« Storch blickt auf. Er traut seinen Ohren nicht.

»Ich hatte eher den Eindruck, daß *Sie* mit *mir* sprechen wollten ...«

Hesse lacht leichthin.

»Vielleicht können wir sagen, daß wir beide miteinander sprechen wollen. Wir haben ja ein gemeinsames Interesse. Sie wollen Juden retten. Ich will Deutsche retten.« Storch blickt den mysteriösen Deutschen an. Was spielt er für ein Spiel? Dann nickt er leicht.

»Fahren Sie fort, Herr Hesse.«

Der Deutsche holt tief Luft und beugt sich zu seinem Besucher vor.

»Herr Storch, die Regierung Deutschlands möchte Ihnen und dem Jüdischen Weltkongreß einen Vorschlag unterbreiten.« Storch verzieht keine Miene. »Wir wollen, daß Sie durchsetzen, daß die Alliierten Deutschland einen Monat lang nicht bombardieren. Wir wünschen, daß Sie und Ihr Vorsitzender Stephen Wise dies Präsident Roosevelt vortragen.«

Storch sagt noch immer nichts. Vielleicht kann man in einem der Mundwinkel ein kleines Lächeln ahnen. Fritz Hesse räuspert sich und fährt fort.:

»Im Gegenzug machen wir Ihnen ein großzügiges Angebot.« Er schaut seinen Besucher vielsagend an. »Meine Regierung ist bereit, eine halbe Million Juden aus Deutschland ausreisen und in einem Lager in einem neutralen Land unterbringen zu lassen.«

Es ist totenstill im Raum.

17

Die große Paketaktion. Gilel Storch und seinen Kollegen gelingt es, fast 80 000 Pakete an Juden in Konzentrationslagern zu liefern.

18

Außenrat Gösta Engzell wird mehr oder weniger verantwortlich für die improvisierte schwedische Flüchtlingspolitik während des Krieges.

19

Nach seiner Umsiedlung nach Stockholm im Herbst 1943 ist Felix Kersten gezwungen, in regelmäßigen Abständen zur Behandlung seines Patienten Himmler nach Deutschland zu reisen.

Anja Storch mit den drei Kindern: Eleonora, Ruth und Marcus. Je länger der Krieg dauert, desto einsamer und verlassener fühlt sich Anja.

21

Ottokar von Knieriem, ein alter Freund von Gilel Storch – und von Felix Kersten – verläßt bei Kriegsbeginn Lettland und läßt sich in Stockholm nieder.

22

Gert Löllbach, jüdischer Aktivist und Kollege von Storch und Masur.

23

Fritz Hollander, Arbeitskollege von Masur, aktiv im World Jewish Congress.

24

Norbert Masur und seine Frau Ella.

»Dies ist ein sehr großzügiges Angebot, das müssen Sie einsehen!« Hesse wird ungeduldig mit Herrn Storch. Er sagt ja nichts! Also fühlt Herr Hesse sich gezwungen fortzufahren:

»Aber damit wir uns auf dieses Arrangement einlassen, stellen wir eine absolute Bedingung: Keine Greuelpropaganda mehr gegen Deutschland! Damit muß Schluß sein!! Bestellen Sie Roosevelt das!« Dann beruhigt er sich etwas. »Wir versprechen, im Gegenzug dafür alles zu tun, um die Kriegführung zu humanisieren.«

Gilel Storch atmet tief durch. Dann beugt er sich zu dem Deutschen vor:

»Herr Hesse. Der Krieg kann nur von einem Land humanisiert werden, das selbst human ist.« Die beiden Männer starren sich einen Moment an. Dann lehnt Hesse sich zurück und lächelt verbindlich.

»Ich bin kein Nazi, Herr Storch. Ich bin Karrierediplomat.«

Storch mustert den Deutschen. »Dann kann ich Ihnen etwas Besseres dafür anbieten. Etwas viel Besseres: politisches Asyl, für Sie persönlich.« Fritz Hesse verzieht keine Miene, als er antwortet:

»Soweit ist es noch nicht gekommen, Herr Storch. Noch nicht.«

Gilel Storch erhebt sich vom Sofa. »Nun gut, Herr Hesse. Ich werde Sie mit Präsident Roosevelts persönlichem Gesandten hier in Stockholm zusammenbringen lassen. Sein Name ist Iver Olsen. Ich werde unser Gespräch auch gegenüber den Botschaftern der USA und Großbritanniens hier in Stockholm erwähnen.« Er streckt die Hand vor.

»Wir werden uns melden, Herr Hesse.«

Sowohl Gilel Storch als auch Fritz Hesse haben nach dem Krieg ihr Treffen im Grand Hotel beschrieben.[10] Die Darstellungen unterscheiden sich in einer Reihe von Details. Unter anderem verneint Storch, Hesse Geld angeboten zu haben. Und Hesse seinerseits erzählt, Herr Storch habe, als er sein Zimmer verließ, Tränen in den Augen gehabt. Entweder übertreibt Hesse, oder er hat etwas gesehen, das Storchs Familie nie zu sehen bekam.

Es ging also nicht mehr um Lastwagen. Oder um Geld. Jetzt ging es um etwas viel Größeres: einen Juden darum zu bitten, Präsident Roosevelt dazu zu überreden, mit Deutschland Frieden zu schließen. Oder zumindest die Bombardierungen einzustellen.

»Eine Frage, die man sich in diesem Zusammenhang stellen muß«, sagt der Politikwissenschaftler und Storch-Kenner Svante Hansson, »ist, wie es kommt, daß deutsche Agenten – von Klaus über Kleist bis zu Kersten, Schellenberg und

Hesse – es interessant finden, mit einer Person wie Storch zu verhandeln, der ja keine offizielle Stellung bekleidete, der keine Macht hatte, der kein Vermögen besaß, jedenfalls kein in diesem Zusammenhang nennenswertes Vermögen. Warum wollte man mit einer solchen Person verhandeln? Die Antwort lautet, daß dies natürlich nicht an Storch persönlich lag, sondern daß es auf dem Weltbild der Deutschen beruhte. Sie predigten ja und glaubten tatsächlich selbst an die Existenz einer heimlichen jüdischen Weltregierung, die hinter den Kulissen lenkend tätig war. Die Nazis waren davon überzeugt, daß es Juden waren, die in der Sowjetunion durch die Bolschewiken herrschten, und daß es Juden waren, die in der kapitalistischen Welt durch ihre Kontrolle über das Kapital herrschten. Das glaubten sie wirklich selbst.«

Diese Vorstellung scheint jede Logik herauszufordern, denn wie können die Nazis ihre Unfähigkeit, vor dem Krieg und am Anfang des Krieges irgendeine Nation der Welt dazu zu bewegen, Deutschlands Juden aufzunehmen, mit der Auffassung vereinbaren, daß die Juden heimlich diese Nationen lenken! Nichtsdestoweniger scheint genau dies der mentale Salto mortale zu sein, der das Denken der Nazis und nicht zuletzt Adolf Hitlers steuert. Und deshalb schreiben sie Gilel Storch und seiner Organisation mit dem anspruchsvollen Namen »Jüdischer Weltkongreß« ungeahnte Kräfte zu.

»Und Storch spielte ja seine Verbindungen nicht gerade herunter«, sagt Hansson, »sondern er posaunte es geradezu heraus, über wie gute Beziehungen zu führenden Repräsentanten dieser imaginären Weltregierung er verfügte.«[11]

Zeitigte der Kontakt zwischen Fritz Hesse und Gilel Storch irgendein Ergebnis?

»Natürlich wußte Storch, daß die Alliierten sich auf gar keinen Fall auf einen vorübergehenden Bombardierungsstopp einlassen würden«, sagt Svante Hansson. »Doch gleichzeitig sah er, wie wichtig es war, weiter mit den Deutschen zu diskutieren und den Kontakt aufrechtzuerhalten. Denn solange man diskutierte, so lange konnte man hoffen, daß sie die Juden am Leben lassen würden – als potentielles Tauschobjekt.«[12]

Gilel Storch (oder möglicherweise Fritz Hollander) ruft folglich den Repräsentanten des War Refugee Board Iver Olsen an und berichtet ihm von dem Treffen mit Hesse. Storch unterrichtet auch Herschel Johnson und Victor Mallet, den amerikanischen und den britischen Botschafter.[13]

»Herr Storch erschien am Nachmittag und sagte mir, daß Mr. Ivar Olesen [sic!] mich unter der und der Adresse am nächsten Nachmittag zum Tee erwarte.«[14]

Das Treffen zwischen Fritz Hesse und Iver Olsen findet am 8. März in der Wohnung des letzteren statt (und ist von beiden dokumentiert worden). Wie bei seinen Unterredungen mit Peter Kleist bewegt sich der Amerikaner Olsen natürlich an der Grenze des Erlaubten. Folglich beschließen die beiden Männer von vornherein, daß ihre Diskussion ausschließlich die Form des »persönlichen Austauschs von Ansichten über humanitäre Fragen« und keinen offiziellen Charakter haben soll. Unter dieser Voraussetzung ist auch Herschel Johnson einverstanden damit, daß das Treffen stattfindet.[15]

Fritz Hesse weiß, daß er die zivilen Aspekte ins Zentrum rücken muß, und er beginnt daher, mit Olsen über die Notwendigkeit der »Humanisierung« des Krieges zu sprechen:

»Ich bin mit der Vollmacht nach Stockholm gekommen, mich kräftig für eine Übereinkunft einzusetzen, daß der Rest des Krieges ohne weitere Vernichtung von Zivilpersonen ausgekämpft wird. Aufgrund der schweren Leiden, die das alliierte Bombardement der deutschen Zivilbevölkerung zugefügt hat, die jetzt zu fünfundsechzig Prozent obdachlos ist, haben gewisse Personen in der deutschen Führung den Wunsch ausgesprochen, den Krieg zu humanisieren und eine umfassende Übereinkunft zu treffen, die Leiden der Zivilbevölkerung zu lindern. Wissen Sie, Herr Olsen«, sagt Hesse und blickt den Amerikaner vielsagend an, »daß Sie in Berlin als großer Humanist bekannt sind, eine Person, mit der man über Flüchtlingsfragen diskutieren kann? Und es fällt mir schwer zu verstehen, daß Ihre Regierung gewillt ist, zu einer sinnlosen Vernichtung unschuldiger Zivilisten beizutragen, nur um begrenzte militärische Vorteile zu erreichen.«

»Herr Hesse«, antwortet Olsen säuerlich, »wenn Sie nicht überzeugt wären, daß die USA Zivilbevölkerungen angemessen behandelt, würden Sie sich nicht in Stockholm befinden. Nun gut, lassen Sie uns Ihren die Zivilbevölkerung betreffenden Plan genauer betrachten. Haben Sie einen konkreten Vorschlag, wie man die Juden retten kann?»

»Natürlich«, erwidert Hesse sofort. »Als ein Zeichen unseres aufrichtigen Wunsches, den Krieg zu humanisieren, sind wir bereit, mehrere hunderttausend Juden aus Deutschland ausreisen zu lassen, sobald die technischen Details ausgearbeitet worden sind.« Olsen fährt zusammen. Er erkennt das Angebot von seinen Gesprächen mit Kleist wieder. Aber diesmal wird es klar und deutlich ausgesprochen! Der Amerikaner wird nachdenklich:

»Sie haben eine Frage berührt«, sagt er (Hesses Darstellung des Gesprächs zufolge), »die eines der schwierigsten Probleme darstellt. Wenn Sie die jüdische Frage anschneiden, so gehen Sie auf Glas. [...] Roosevelt, davon bin ich überzeugt, ist bereit, das Letzte zu tun, um die Juden zu retten, aber Sie dürfen nicht vergessen, daß wir mit unseren Alliierten in dieser Frage konform gehen und daß wir vor allen Dingen England fragen müssen.«

»Sowjet-Rußland werden Sie also nicht fragen?»

»Nein! Sie müssen sich überhaupt davor hüten, daß etwas von unserem Gespräch den Sowjets bekannt wird. Die Sowjets haben überall ihre Spione, und sie werden alles tun, um ein derartiges Gespräch zu zerschlagen. Unsere Beziehungen sind zwar sehr gut, aber nicht so intim, wie viele Leute glauben.«

Olsen beschriebt diesen späteren Teil des Gesprächs nicht in seinem Bericht. Im Gegenteil, Botschafter Herschel Johnson bittet nachher das State Department, Moskau über die Unterredung zu informieren, denn er ist besorgt, hinter Hesses Vorstoß könne sich die Initiative für einen Separatfrieden verbergen. Außerdem, betont er, habe Hesse im Verlauf des Gesprächs verschiedene gehässige Kommentare über die Sowjetunion abgegeben.[16]

Es fällt Iver Olsen trotzdem schwer, Fritz Hesse ganz zurückzuweisen. Wenn es mit seinem Angebot von mehreren hunderttausend Juden wirklich etwas auf sich hat, kann man sich nicht einfach abwenden. Iver Olsen hat ja seinen Posten ausdrücklich zu dem Zweck angetreten, Juden zu retten! Außerdem beginnt Olsen, wie gesagt, ein Muster zu erkennen: Fritz Hesse, Peter Kleist, Felix Kersten. Ihre Berichte und ihre Vorschläge gleichen einander. Und alle drei sind in der einen oder anderen Weise mit Heinrich Himmler verbunden. Iver Olsen ist in der letzten Zeit immer mehr zu der Überzeugung gelangt, daß ein neues, großes Angebot der deutschen Seite wirklich nahe bevorsteht. Ein Angebot, das Tausende, vielleicht Hunderttausende von Juden umfaßt. Und dies läßt er die amerikanische Regierung wissen.[17]

Und wie reagiert die amerikanische Regierung auf Olsens Schlußfolgerung, und auf Hesses Vorschlag? Sie reagiert, indem sie sagt: »Verhandeln Sie weiter.«[18] Die Amerikaner haben schließlich erkannt, wie wichtig es ist, die Diskussion einfach in Gang zu halten. Aber auf wirkliche Verhandlungen mit den Deutschen werden sie sich nie einlassen. Unter gar keinen Umständen.

Als Fritz Hesse das Büro von Außenminister Ribbentrop betritt, kann er im ersten Augenblick nichts sehen. Die Rollos sind heruntergelassen, und das Zimmer ist stockdunkel. Er braucht einige Sekunden, um sich an das Dunkel zu gewöhnen, und erst da erkennt er eine Person im Bett. Es ist der Außenminister, er trägt trotz der Verdunkelung eine dunkle Sonnenbrille! Fritz Hesse tritt ans Bett.

»Willkommen, Hesse ...« Der Außenminister spricht mit schwacher, flüsternder Stimme. Er macht, so Hesse, den Eindruck eines sterbenden Mannes.

»Sie brauchen mir nicht zu berichten, Hesse. Ich weiß, daß alles vergeblich war. Auch alle anderen Herren haben mir gesagt, daß es keine Möglichkeit gibt, mit den West-Alliierten zu irgendwelchen Gesprächen zu kommen. Man will Deutschland eben ganz vernichten [...] Die Schweden schwimmen offenbar vollständig im Lager der West-Alliierten und wünschen ebenfalls unseren Tod.«

»Ich glaube nicht, Herr Außenminister, daß man so weitreichende Schlüsse ziehen kann. Lassen Sie mich berichten, was ich in Schweden erlebt habe.«

Hesse berichtet Ribbentrop über seine Begegnungen mit verschiedenen Personen in Stockholm – mit Jacob Wallenberg, mit Storch, mit Olsen. Er berichtet über ihre Reaktionen und trotz allem nicht gänzlich ablehnende Einstellung. Während er spricht, bemerkt er, daß Ribbentrop sich zu beleben beginnt. Er nimmt die Brille ab, und in seinen Augen wird ein Schimmer von Hoffnung erkennbar. Der Außenminister interessiert sich besonders für Hesses Bericht über das Gespräch mit Jacob Wallenberg. Und Hesse ist mit ihm darin einig, daß Wallenbergs Meinung Gewicht hat:

»So wie ich es sehe, haben wir zwei Möglichkeiten«, sagt er. »Entweder wir erhalten den Kontakt mit dem Westen aufrecht. Oder wir wenden uns nach Osten.« Die letztere Alternative ist natürlich nicht das, was Hesse empfiehlt. Aber jetzt hat er endgültig das Interesse des Außenministers geweckt.

Das Gespräch erstreckt sich bis tief in die Nacht. »Als sich unser Gespräch schließlich dem Ende näherte, war er wieder voller Feuer und Energie und ging, wie das so häufig bei ihm der Fall war, in der Beurteilung der Möglichkeiten über die Gegebenheiten der Lage weit hinaus.«[19] Ribbentrop ist jetzt, wie die meisten der führenden Männer des Dritten Reichs, ein Mann, der versucht, mit dem Tod zu feilschen. Und da ist man nicht länger realistisch.

Drei Tage später, am 16. März, wird Fritz Hesse wieder ins Büro des Außenministers gerufen. »Ich vergesse es nie«, schreibt er. »Es war ein klarer Vormittag, die Sonne schien, Fliegerangriffe waren nicht zu erwarten, da schlechtestes Wetter in England herrschte, so daß man an diesem Vormittag relativ ruhig sein konnte. Das Zimmer war aufgeräumt, die Schäden der letzten Luftangriffe notdürftig repariert. Ribbentrop ging lebhaft im Zimmer auf und ab und erwartete mich sichtlich bereits voller Ungeduld. ›Ich habe mir‹, so erklärte er mir, ›Ihre Berichte und die Ergänzungen, die Sie inzwischen dazu gemacht haben, genauestens durch den Kopf gehen lassen und habe daraufhin zweimal mit dem Führer über das Ergebnis Ihrer Fühlungnahme gesprochen. Sie werden überrascht sein, aber wir sind – nun ja, Sie sind das gewiß gewöhnt, Sie haben das wohl nicht das erste Mal erlebt – zu einem anderen Ergebnis gekommen als Sie. Wir wollen Sie zu Madame Kollontai schicken, um mit den Russen Besprechungen aufzunehmen. Ich habe Ihre Instruktionen bereits ausgearbeitet, sie werden in wenigen Stunden fertig sein, ich schicke sie dann nochmals zum Führer hinüber. Das Flugzeug ist bereitgestellt, Sie können entweder heute abend oder heute nacht noch nach Stockholm fliegen. Was sagen Sie dazu?‹«

Hesse schreibt, es habe ihm die Sprache verschlagen. Er konnte nichts sagen, am wenigsten aber irgendeine Begeisterung zeigen. Ribbentrop lächelte daraufhin und sagte: »Nun gut, wenn Sie wollen, dürfen Sie auch gleichzeitig mit Ihren geliebten Westlern verhandeln, aber es darf nicht offen geschehen. Vielleicht bringen Sie es fertig, zwei Eisen gleichzeitig im Feuer zu haben.«

Hesse bittet um einige Stunden Bedenkzeit.

»Gut«, antwortet Ribbentrop, »sehen wir uns nach dem Mittagessen wieder, wir werden dann die Angelegenheit gemeinsam mit Herrn Gauß und Herrn Dankwort besprechen.«

Am Nachmittag trifft man sich erneut in Ribbentrops Büro. Es wird angeregt darüber diskutiert, wie man bei der Kontaktaufnahme mit den Russen vorgehen sollte. Im Prinzip, erkennt Hesse, will man, daß er zu den Russen fast exakt das gleiche sagen soll wie zu den Alliierten! Nur mit umgekehrtem Vorzeichen: Deutschland ist notwendig, um das Gleichgewicht in Europa aufrechtzuerhalten, es gibt eine spezielle Affinität zwischen dem Bolschewismus und dem Nationalsozialismus usw. Ribbentrop scheint sich sogar selbst davon überzeugt zu haben, daß die Russen ihre wahren Freunde sind!

»Sie ahnen nicht, wie großartig Stalin mich 1939 aufgenommen hat. Die Russen sind phantastische Kerle – gerade, ehrlich, leicht zu verstehen –, keine Heuchler und Lügner wie die Angelsachsen.« Ribbentrop ist in bester Stimmung, und Hesse findet, daß er wie ein Botschafter Sowjet-Rußlands spricht, der die Aufgabe hat, »einen Nationalsozialisten davon zu überzeugen, daß Stalin ein Heiliger und die Bolschewisten die reinen Engel seien«.

Das Gespräch zieht sich wieder bis in die Nacht hinein. Irgendwann nach

Mitternacht klingelt das Telefon. Ribbentrop hebt ab, und binnen weniger Sekunden ist er kreideweiß.

»Bitte, wiederholen Sie noch einmal«, sagt er, schweigt dann und sagt nach einer halben Minute »danke schön« und legt auf. Dann wendet er sich zu der Gesellschaft um:

»Meine Herren, der Führer hat jede weitere Besprechung mit dem Ausland verboten. Ich danke Ihnen, Sie können gehen.«

Am nächsten Tag erfährt Hesse von Walter Hewel, Ribbentrops Kontaktmann im Führerhauptquartier, was sich abgespielt hatte.

»Ribbentrop«, berichtet Hewel, »hatte Hitler dazu bewegen können, einer Fühlungnahme mit den Russen zuzustimmen, und hatte ihm die Sprachregelung zum genauen Studium dagelassen. Erst gegen Abend war Hitler aber dazu gekommen, die Sprachregelung noch einmal in Ruhe zu lesen. Ob er inzwischen durch eine Spritze von Dr. Morell aufgeputscht war oder ob er sich aus anderen Gründen in einer energischeren Laune befand, sei dahingestellt. Auf jeden Fall zog er sich mit der Sprachregelung in sein Zimmer zurück, las sie wieder und wieder und legte zwischendurch auf seinem Grammophon Wagner-Platten auf. »Isoldes Liebestod« und den »Feuerzauber« aus der *Walküre* hat er sich in fast pausenloser Wiederholung vorgespielt. Das ist so stundenlang weitergegangen, bis er schließlich die Blätter nahm, sie zerriß und nach mir rief und sagte: ›Es hat alles keinen Sinn. Wer jetzt noch mit dem Feinde spricht, ist ein Verräter an der Idee. Wir fallen im Kampfe mit dem Bolschewismus, aber wir verhandeln nicht mit ihm! Gute Nacht!‹«[20]

Am 19. März erläßt Hitler einen Befehl an sämtliche Gauleiter: Wenn die feindlichen Armeen sich den zentralen Teilen Deutschlands nähern, soll alles von Wert, was auf ihrem Weg liegt, zerstört werden – alle Fabriken, alle Kraftwerke, alle Wasser- und Gaswerke, alle Staudämme, alle Verkehrsmittel, alle Kraftstoffdepots, alle Lebensmittel- und Kleidungsvorräte.

Als Rüstungsminister Albert Speer dagegen protestiert, erklärt Hitler: »Wenn dieser Krieg verlorengeht, dann hat das deutsche Volk keine Existenzberechtigung mehr und es hat daher keinen Zweck, darauf irgendwelche Rücksicht zu nehmen. Der Osten hat sich als der Stärkere erwiesen. Was nach diesem Kampf übrigbleibt, sind ohnehin nur die Minderwertigen, denn die Guten sind gefallen.«[21]

»Bis dahin«, sagt Speer nach dem Krieg, »... waren Deutschland und Hitler für mich eins gewesen. Doch nun sah ich beide als zwei Einheiten, die im Gegensatz zueinander standen.«[22] Wahrscheinlicher ist, daß – zumindest für Adolf Hitler – die Identifikation weiterbesteht. Aber jetzt ist Hitler bereit, sich selbst zu zerstören. »Zerstörung«, sagt er einer Quelle zufolge bei Kriegsende, »ist genau das, was ich will. Was für eine ausgezeichnete Illumination für meinen Endkampf.«[23]

Nicht nur die Juden sollen jetzt mit in Hitlers Götterdämmerung hinabgezogen werden. Oder, wie der Psychologe George Victor schreibt: »Am Ende war ganz Deutschland sein Sündenbock.«[24]

Um elf Uhr am Vormittag des 23. März macht Gilel Storch einen langen Spaziergang, von der Furusundsgata zur Linnégata auf Östermalm. Er muß spazieren gehen, um sich zu beruhigen. Sonst läuft er Gefahr, blutige Magengeschwüre zu bekommen vor lauter Spannung. Am Abend zuvor hat nämlich Felix Kersten angerufen. Er ist gerade aus Berlin zurückgekommen und hat erzählt, er habe glänzende Neuigkeiten. Kersten will jedoch keine näheren Angaben machen, bevor sie sich sehen.

Storch nimmt die Treppenstufen zu Kerstens Wohnung hinauf in großen Sätzen. Kaum klingelt er, da reißt Felix Kersten die Tür auf. Er strahlt.

»Herr Storch! Willkommen. Herein, herein.«

An diesem Vormittag wird Himmlers Masseur Gilel Storch eine Reihe von Briefen und Dokumenten zeigen, die von seinem Patienten und dessen Adjutanten Rudolf Brandt abgefaßt sind. Soviel wissen wir. Was wir nicht wissen, ist, ob auch das im folgenden abgedruckte Papier bei ebendieser Gelegenheit hervorgeholt wird.[25] Das Papier befindet sich jedoch in Storchs Dokumentensammlung, und Kersten wird dessen Inhalt später als seine größte Tat charakterisieren.[26] Der Inhalt ist zweifellos sensationell:

Ganz oben auf dem Blatt steht: VEREINBARUNG. Darunter ist folgendes zu lesen:

Hiermit bestätige ich, daß ich mit Medizinalrat Kersten Stockholm folgende Vereinbarung getroffen habe:

1) Daß ich den Befehl des Führers, die Konzentrationslager beim Herannahen der Alliierten in die Luft zu sprengen, mit sämtlichen Insassen, nicht weiter gebe und jede Sprengung verbiete. Ebenfalls die Tötung von Gefangenen.
2) Daß ein Konzentrationslager beim Herannahen der Alliierten ordnungsgemäß mit weißer Fahne zu übergeben ist.
3) Daß jede weitere Tötung von Juden eingestellt und verboten wird, und daß die Juden den anderen Konzentrationslager-Gefangenen gleichgestellt werden.
4) Daß die Konzentrationslager nicht geräumt und die Gefangenen dort gelassen werden, wo sie sich zur Zeit befinden, und daß alle Häftlinge Lebensmittelpakete aus Schweden empfangen dürfen.

Hohenlychen den 12. März 1945
um 2 Uhr nachmittags.
Im Namen der Menschlichkeit

Felix Kersten
Finnischer Medizinalrat
Stockholm

Heinrich Himmler
Reichsführer SS

Hier steht ja alles, wonach Gilel Storch verlangt hat, und noch mehr dazu! Die Juden sollen nicht getötet, die Lager sollen den Alliierten intakt übergeben, die Lebensmittelpakete sollen verteilt werden …

Es gibt nur ein Problem: die Vereinbarung ist nicht unterzeichnet. Weder von Felix Kersten noch von Heinrich Himmler. Ihre Namen stehen fein säuberlich in Maschinenschrift da, aber unterzeichnet hat keiner von beiden. Doch, es hat jemand unterzeichnet, zwei Personen sogar. Unter den Namen von Kersten und Himmler steht nämlich:

Die Richtigkeit des Originaldokuments bezeugen:

Elisabeth Lüben

Jacobus Nieuwenhuis

Und ihre Namenszüge stehen da, ganz deutlich. Elisabeth Lüben ist die Frau, die Felix Kersten seine »Schwester« nennt. Sie kennen sich seit den zwanziger Jahren in Berlin. Seit jener Zeit teilt Elisabeth Lüben mit der Familie Kersten die Wohnung, und sie reist fast immer mit Felix zusammen.

Es ist ja schön, daß Elisabeth Lüben unterschrieben hat (und in einer Erklärung vom November 1952[27] beteuern sie und der frühere holländische Gesandte in Schweden, Baron von Nagell, Himmler habe das Originaldokument unterschrieben).

Doch wo ist dieses Original?

Natürlich kann nicht ausgeschlossen werden, daß irgendwo ein unterschriebenes Original existiert. Oder daß Himmler die Zusagen gemacht hat, ohne etwas unterschreiben zu wollen. Dagegen sprechen indessen die persönlichen – und von Himmler bzw. Brandt unterzeichneten – Briefe, die Kersten aus Deutschland mitgebracht hat. Sie haben einen ganz anderen Ton – wohlwollend, doch zu nichts verpflichtend.[28] Himmlers Adjutant Rudolf Brandt schreibt beispielsweise am Tag vor Kersten Rückreise (und neun Tage, nachdem die »Vereinbarung« geschrieben worden sein soll):

> »Sehr verehrter, lieber Herr Kersten!
> Zu dem Vermerk, den Sie mir übergeben haben, möchte ich Sie versichern, daß die einzelnen Wünsche auf Befehl des Reichsführers SS wohlwollend geprüft werden. Eine endgültige positive Antwort läßt sich bei der kurzen zur Verfügung stehenden Zeit vor Ihrer Abreise leider nicht mehr ermöglichen. Ich werde dafür Sorge tragen, daß die Bearbeitung der verschiedenen Punkte so schnell wie es nur irgend geht durchgeführt wird. Die jeweils nach Vorlage durch den Reichsführer SS getroffenen Entscheidungen teile ich Ihnen unverzüglich mit.
> Herzliche Grüße
>
> *Stets Ihr R. Brandt*
> *SS-Standartenführer.*

»Storch war überaus zufrieden mit dem Ergebnis meiner Verhandlungen mit Himmler«, schreibt Kersten in seinem Tagebuch. »Ich habe das Gefühl, daß er nicht ganz überzeugt ist von allem, was ich ihm berichtet habe, und daß er fürchtet, ich verwechselte meine Wunschträume mit Tatsachen.« Doch dann fügt Kersten hinzu: »Am Ende unseres Gesprächs sagte Storch zu mir: ›Juden in der ganzen Welt werden Ihnen ewig dankbar sein.‹«[29]

Wir wissen wie gesagt nicht, ob Storch die »Vereinbarung« mit Himmler an diesem Vormittag zu Gesicht bekommen hat. Kersten wird faktisch in einem späteren Brief an Storch erklären, Himmler habe ihm eine *mündliche* »Bekräftigung« der Vereinbarung am Telefon gegeben, ungefähr eine Woche nach seiner Rückkehr nach Stockholm.[30]

Also ist Kersten an diesem ersten Vormittag Storch gegenüber vielleicht ehrlich gewesen und hat zugegeben, daß Himmler die Vereinbarung nicht unterschrieben hat, vielleicht nicht einmal diese Versprechen abgegeben hat. Einiges deutet daraufhin. Denn als Storch in den nächsten Tagen Telegramme an die Kollegen im World Jewish Congress und an schwedische und amerikanische Behörden schreibt, weist er auf *andere* Versprechen hin, die Kersten von Himmler erhalten haben soll. Zum Beispiel soll Himmler versprochen haben, mindestens fünftausend und vielleicht sogar zehntausend Juden aus deutschen Konzentrationslagern freizulassen, und sein Einverständnis gegeben haben, daß diese nach Schweden gebracht werden.[31] Ist dies denn wahr?

Wir wissen es nicht. Was wir wissen, ist, daß Kersten am Ende bei seinen Verhandlungen mit Himmler etwas erreicht haben muß – trotz der Probleme, die er, dem Bericht des Astrologen Wilhelm Wulff zufolge, gehabt hat. Denn er berichtet Storch an diesem Vormittag etwas, das er ganz einfach nicht erfunden haben kann. Wenn er es erfunden hätte, hätte es nämlich zu einer Katastrophe führen können – für ihn selbst und für Gilel Storch. »Auf meine Frage«, schreibt Kersten in einem Brief an Gilel Storch am 24. März, »hat Himmler sich bereit erklärt, persönlich mit Ihnen über diese Fragen zu verhandeln.«[32]

Der Reichsführer Heinrich Himmler hat den staatenlosen jüdischen Flüchtling Gilel Storch nach Berlin eingeladen, damit sie ihre Verhandlungen fortsetzen können. Von Angesicht zu Angesicht.

47

Vier Tage nach Kerstens Rückkehr findet im Palast des Erbfürsten am Gustaf Adolfs Torg in Stockholm eine Besprechung statt. Anwesend sind Graf Folke Bernadotte, Kabinettssekretär Erik Boheman und Erik von Post, der Chef der politischen Abteilung im schwedischen Außenministerium. Diese Männer sind nach Bernadottes und Kerstens jüngsten Berlinreisen der Meinung, Veranlassung zu haben, Folke Bernadottes Auftrag in Deutschland etwas zu revidieren. Das von Erik von Post am folgenden Tag, dem 27. März, niedergeschriebene Promemoria erhält folgenden Wortlaut:[1]

> Bei der gestrigen Zusammenkunft von Kabinettssekretär Boheman, Graf Bernadotte und dem Unterzeichneten wurden folgende Richtlinien für die geplanten Gespräche Graf Bernadottes mit Himmler festgelegt:
>
> In erster Linie sollte aufs Neue die Zustimmung zur Überbringung sämtlicher in Deutschland (Neuengamme) internierten Dänen und Norweger nach Schweden verlangt werden.
> Subsidiär sollte
> 1) verlangt werden, daß schwedisches Rotkreuz-Personal sich im gesamten Lager Neuengamme frei bewegen darf (ca. 50 000 Internierte);
> 2) angeboten werden, daß die schwedischen Rotkreuz-Busse für den Transport nicht skandinavischer Internierter in Deutschland zum Lager Neuengamme oder einem anderen geeigneten Lager verwendet werden können. In erster Linie dürften hier fünfundzwanzigtausend Französinnen in Frage kommen, die beim deutschen Rückzug aus Frankreich nach Deutschland gebracht und dort in einem Lager untergebracht wurden.

Mit anderen Worten ist man sich jetzt, zum ersten Mal, darin einig, daß auch Nicht-Skandinavier mit den weißen Bussen geholt werden dürfen, wenn auch in zweiter Linie. Diese Nicht-Skandinavier sind indessen definiert: fünfundzwanzigtausend Französinnen. Warum gerade Französinnen? Der Anlaß ist, daß von französischer Seite seit längerem Vorstöße beim schwedischen Außenministerium erfolgt waren, und auch Folke Bernadotte hat seit seinem Gespräch mit Nordling in Paris großes Interesse für die französischen Lagergefangenen gezeigt.[2]

Am Fuß der Seite mit von Posts Vermerk findet sich jedoch noch eine Anmerkung, die offenbar im nachhinein hinzugefügt wurde:

> Heute ist Obenstehendes durch eine Mitteilung an Bernadotte ergänzt worden, daß er, sofern es sich anbietet und für seinen obengenannten Auftrag keine Nachteile dadurch zu befürchten sind, die Überführung einer Anzahl von Juden nach Schweden verlangen soll.

Es hatte lange gedauert, es wurde als letzter Punkt berücksichtigt, aber nichtsdestoweniger war es schriftlich festgelegt: Die schwedische Rettungsaktion soll von nun an, »wenn keine Nachteile dadurch zu befürchten sind«, auch nicht-skandinavische Juden holen dürfen.

Dem Weißbuch des Außenministeriums zufolge ist diese Änderung von Bernadottes Auftrag mit größter Wahrscheinlichkeit ein Resultat der Anstöße seitens des lettischstämmigen Juden Gilel Storch.[3]

Storch war von Kerstens Wohnung direkt ins Außenministerium gegangen.

Die Mitglieder der schwedischen Expedition erreichten in der Nacht zwischen dem 12. und 13. März Schloß Friedrichsruh. »Der Ort war zweifellos gut gewählt«, kommentiert der Leiter der Transportkolonne, Åke Svenson. »Es gab genügend gute und gegen Sicht von oben relativ geschützte Zeltplätze im Wald, und überall war der Boden trocken und eben.« Außerdem ergaben sich Möglichkeiten, »beim Holzfällen Kräfte und Kondition aufzubauen«.[4]

Der erste Tag verging damit, das Lager einzurichten. Doch bereits am zweiten Morgen erfahren die Mitglieder des ersten Zugs, daß sie sich bald auf die Reise machen werden – nach Sachsenhausen bei Berlin. Oberst Björck berichtet, daß sich in Sachsenhausen zweitausenddreihundert Skandinavier aufhalten sollen. Mit anderen Worten, sagt er, werden die zwölf Busse mehrere Fahrten hin und zurück machen müssen, um alle Skandinavier nach Neuengamme zu holen.

Früh am nächsten Morgen soll der Zug sich nach Sachsenhausen aufmachen. Der Rest des Kommandos muß einige Tage auf eine Benzinlieferung warten. Sie sollen nämlich auf »eine lange Reise nach Süddeutschland und Österreich gehen, um die Skandinavier in den am weitesten entfernten Lagern einzusammeln«.[5] Unter diesen war offenbar nicht das Lager Theresienstadt in der Tschechoslowakei.

»Um die empfohlene Uhrzeit starteten wir unsere erste Reise«, schreibt Åke Svenson, der Führer des Sachsenhausen-Zugs. »Unsere Kolonne wurde außer von der üblichen Mannschaft samt Offizieren von Major Almqvist, Dr. Ulf Nordwall und einer unserer Krankenschwestern, Schwester Ingeborg, begleitet. Außerdem hatten wir einen SS-Offizier und an die zehn Gestapo-Herren, alle in Zivil, dabei. Auf unsere Frage, welchen Zweck die Anwesenheit der Letzteren verfolgte, konnten wir keine klare Antwort bekommen. Sie sollten nicht die Internierten bewachen, denn die Deutschen hatten verlangt, daß wir diese Aufgabe übernehmen sollten … Doch nach und nach wurde uns klar, daß diese Begleiter nicht unsere Passagiere bewachen sollten, sondern uns.«

Die Fahrt nach Süden verläuft zunächst ohne Zwischenfälle. Die Busse folgen dem Lauf der Elbe, und Svenson ist erstaunt darüber, wie unberührt viele der Dörfer und Kleinstädte, durch die sie fahren, trotz allem sind. Aber kurz vor Berlin stoßen sie auf die ersten Straßensperren. Sie begreifen, daß sie sich jetzt der Ostfront nähern.

In der Nähe von Spandau hören die Schweden plötzlich einen Luftalarm, und kurz darauf sind in regelmäßigen Abständen Detonationen zu hören. »Wir fuhren jedoch weiter«, schreibt Svenson, »und wollten das Konzentrationslager so schnell wie möglich erreichen, da wir befürchteten, daß auch dieses getroffen worden war. So kamen wir dem Zentrum des Angriffs immer näher. Daß wir passieren durften, beruhte wohl auf einem Mißverständnis seitens der Polizei und der Wachmannschaften. Sie glaubten offenbar, die Rotkreuz-Kolonne sei gekommen, um sich an den Rettungsarbeiten in dem bombardierten Gebiet zu beteiligen. Allmählich gab es jedoch kein Weiterkommen mehr, da der Weg von eingestürzten und brennenden Häusern völlig versperrt war. Als wir anhielten, und die Deutschen begriffen, daß unsere Kolonne nicht gekommen war, um ihre verletzten Landsleute zu transportieren, wurden sie ziemlich sauer und befahlen uns, unmittelbar den Weg freizumachen.«

Die schwedischen Busse müssen sich jetzt am Straßenrand zusammendrängen und warten, bis der Bombenangriff vorbei und die Straße wieder geräumt ist. Sie sitzen bis zum späten Abend fest. Schließlich kommt ein »kleiner, zivil gekleideter Deutscher« zu ihnen. Es lädt die Schweden ein, sich in seinem Keller vor den Bomben in Sicherheit zu bringen. »Wir gingen mit dem Deutschen«, schreibt Svenson, »und vergalten ihm seine Freundlichkeit, indem wir ihm Zigaretten und seiner Frau Schokolade anboten. Hierüber war der Deutsche so erfreut, daß er verschwand, um seine letzte Flasche selbstgemachten Weins zu holen, die er eigentlich hatte aufheben wollen, um den Frieden zu feiern. Doch, wie er sagte, wenn er noch einen Frieden erlebte, würde das kaum etwas sein, wobei einem Deutschen nach Feiern zumute wäre.«

Svenson wundert sich über die Haltung seines Gastgebers: Für die Nazis, »die hohen Herren«, wie er sie nennt, hat der Deutsche nichts übrig. Das ganze Hitlerregime war ein großes Unheil. »Dennoch hatte dieser vernünftige und nette Deutsche nicht die geringste Vorstellung davon, er selbst oder seinesgleichen könnten gegen das Naziregime opponieren. Bei ihm wie bei allen anderen Deutschen, denen ich später begegnete, waren die Autoritätsgläubigkeit und der Respekt vor der Obrigkeit so tief verwurzelt, daß sie von der Möglichkeit der Opposition nicht einmal geträumt hätten.«

Allmählich lassen die Detonationen nach, und die schwedische Gruppe kann sich wieder auf den Weg machen. Gegen Mitternacht erreichen sie ihr Ziel: das Konzentrationslager Sachsenhausen.

»Im Dunkeln konnte man vom Lager nicht viel sehen«, schreibt Svenson. »Aber im Schein einiger großer Feuersbrünste erkannte man doch, daß der Weg an endlosen Mauern entlangführte, hinter denen lange Reihen von Baracken zu sehen waren.« An einem großen Tor in der Mauer macht die Spitze halt. Der Lagerkommandant, SS-Standartenführer Keindl, »ein kleiner, eleganter, auf den ersten Blick sehr liebenswürdiger Bayer«, nimmt sie in Empfang. Er teilt den Schweden mit, daß er sich um sie gesorgt und den ganzen Abend auf sie gewartet hat.

Die Busse dürfen nicht ins Lager fahren. Alle Verhandlungen mit dem Lagerkommandanten und seinem Stab müssen außerhalb des Tors geführt werden.

»Schließlich war alles klar. Die Tore wurden geöffnet, ein paar Scheinwerfer wurden eingeschaltet, und wir erlebten einen eigenartigen Anblick. Eine gewaltige Kolonne stand mit Front zum Tor aufgestellt, Glied auf Glied, fünf Mann in jedem, in exakter preußischer Ausrichtung. Es waren dreihundertfünfzig Skandinavier, die, wie wir nachher hörten, sieben Stunden lang auf demselben Fleck gestanden und auf uns gewartet hatten, ebenso besorgt um unser Schicksal wie um ihr eigenes. Als sie die weißen Busse erblickten, ging ein leises Raunen durch die Menge. Nicht einmal die Anwesenheit der Deutschen konnte eine solche Gefühlsäußerung verhindern. Wir Schweden waren sehr still. Uns allen saß ein großer Klumpen in der Brust, und ich glaube, daß die meisten von uns in diesem Moment von unerhört starken Empfindungen ergriffen waren.«[6]

Die Norweger und Dänen werden in die Busse geschleust, auf Begehren des Kommandanten in alphabetischer Ordnung. Als alles klar ist, zeigt es sich, daß dreihundertneunundvierzig Skandinavier eingestiegen sind, nicht dreihundertfünfzig. In letzter Minute haben die Deutschen Arne Delie zurückgehalten, den Mann, der am 9. April 1940 den Befehl über eine Küstenbatterie im Oslofjord führte, die einen großen Truppentransporter mit neuntausend Deutschen versenkte.

Die skandinavischen Gefangenen scheinen in guter Verfassung zu sein. Sie haben regelmäßig Lebensmittelpakete erhalten, die ihnen geschickt wurden, und sehen tatsächlich, obgleich eine Reihe von ihnen an Diarrhöe leidet, relativ wohlgenährt aus.[7]

Das kann man kaum von den Gefangenen des Lagers sagen, zu dem sie unterwegs sind.

»Neuengamme – Lager des Schreckens«. So heißt eins der Kapitel im Buch des Expeditionsteilnehmers Sven Frykman über die Rettungsexpedition. Die skandinavischen Gefangenen sollten nach Neuengamme in Norddeutschland gebracht werden. Doch das Lager war, als die Expedition dort eintraf, kaum unbewohnt. Im Gegenteil, es war zum Bersten gefüllt. Denn hierhin hatten die Deutschen viele der Gefangenen verlegt, die man auf den Rückzügen aus beispielsweise Osteuropa und Frankreich mitgenommen hatte.[8] Ein paar Wochen zuvor hatte ein Bericht ans Außenministerium davon gesprochen, daß sich die Sterblichkeitsrate in Neuengamme »aufgrund skandalöser hygienischer Verhältnisse« auf zweitausend (von achtzigtausend) pro Monat belief.[9]

Hierhin sollten die dänischen und norwegischen Gefangenen also gebracht werden. Es war zwar beabsichtigt, im Lager eine skandinavische Abteilung einzurichten, in der eine Delegation des schwedischen Roten Kreuzes zumindest teilweise für die Verhältnisse zuständig sein sollte. Doch wer wußte, wie dies funktionieren würde?

»In dem berüchtigten Neuengamme sollten wir jetzt unsere neuen Freunde abliefern«, schreibt Svenson. »Das war sehr bitter, trotz der Versicherungen, die uns gegeben worden waren, daß unsere Schützlinge eine besonders begünstigte Stellung haben sollten.«[10]

In den folgenden zehn Tagen machen Åke Svenson und seine Mitarbeiter weitere fünf Fahrten zwischen Sachsenhausen und Neuengamme. Dann setzt der Expeditionsleiter Gottfrid Björck den Fahrten ein Ende. »Die Situation war so«, schreibt Svenson, »daß Oberst Björck nicht glaubte, die Verantwortung dafür übernehmen zu können, daß weitere Internierte in dieses Lager gebracht wurden.«[11] Und jetzt ist plötzlich auch der Lagerkommandant Pauli nicht mehr bereit, weitere Skandinavier in dem überfüllten Lager aufzunehmen.[12] Die Schlußfolgerung ist: Ein Teil von Neuengamme muß geräumt werden, um Platz für die neuangekommenen Skandinavier zu schaffen. Und wie soll das vor sich gehen? Ja, die Deutschen nehmen zweitausend nicht-skandinavische Gefangene aus dem Lager, und das schwedische Rotkreuz-Kommando transportiert sie fort.[13] Einem unbekannten Schicksal entgegen, muß man hinzufügen.

»Dies war ein sehr unangenehmes Dilemma«, schreibt Åke Svenson. »Wir waren nach Deutschland gekommen, um Dänen und Norwegern zu helfen, aber absolut nicht, um den Deutschen dabei behilflich zu sein, ihre Gefangenen von einem Lager zum anderen zu fahren.« Genau dies jedoch ist der Auftrag, den Svenson jetzt ausführen soll. Er beschreibt, wie er zum ersten Mal mit seinem weiß gestrichenen Bus in Neuengamme steht und auf seine erste Last nicht-skandinavischer Gefangener wartet. Er kann nicht umhin zu bemerken, daß diese ganz und gar nicht so aussehen wie die Menschen, die er gerade aus Sachsenhausen hertransportiert hat:

> Wir konnten jetzt sehen, wie die Deutschen ihre Internierten im allgemeinen behandelten, Franzosen, Belgier, Holländer, Polen und Russen. Es war furchtbar. Diesmal mußten uns die Deutschen in das eigentliche Lager hineinfahren lassen, da die Mehrzahl der Passagiere das kurze Stück von den Baracken bis zur Landstraße nicht gehen konnten. Aus diesen Baracken wurde eine Sammlung von Lebewesen getrieben, geschubst und geführt, die kaum noch menschlich wirkten. Ausgemergelt bis zu einem Grad, daß man es nicht für möglich gehalten hätte, zusätzlich geschwächt durch hochgradige Dysenterie und andere Krankheiten, stolperten und krochen diese armen Menschen in unsere Busse … Es gab einzelne, die zu kraftlos waren, um ein Stück Brot zu halten. Mit Drohungen, Stößen und Kolbenschlägen trieben die deutschen Lagerwachen sie in die Busse … Die Fahrten selbst waren absolute Alpträume. Obwohl alles getan wurde, um den Gefangenen ihre Lage zu erleichtern, und trotz eines großen Aufgebots an Ärzten und Krankenschwestern blieben viele auf der Strecke … Ich bin selbst nicht leicht zu rühren, aber ich schäme mich nicht zuzugeben, daß ich beim Anblick dieser Lebewesen, für die jede menschliche Hilfe zu spät kam, weinte. Aber einige der Unglücklichen kommen vielleicht wieder in ihre Heimat zurück.[14]

Der Busfahrer Sten Olsson hat auch erzählt, wie er einen Bus mit Polen von Neuengamme zu zwei unbekannten Lagern in der Nähe von Hannover brachte:

> Am achtundzwanzigsten März machten wir eine Fahrt von Neuengamme nach Hannover. Und es war eine der schwersten, die wir erlebt haben …
>
> Von den Menschen, die wir nach Hannover brachten, sind vielleicht nicht mehr viele am Leben, während ich diese Zeilen schreibe. So wie diese Menschen behandelt wurden, ist es zu Hause in Schweden nicht einmal erlaubt, Tiere zu behandeln. Ich sah mit eigenen Augen, wie ein Wächter einen Gefangenen so auf den Kopf schlug, daß er umsank. Dieser Gefangene verstarb

> später in der Nacht in einem Bus. Es hieß, daß bei dieser Tour sieben Menschen starben. Ich habe persönlich zwei Tote aus dem Bus getragen.[15]

Bis zum 27. März sind viertausendachthundert Skandinavier nach Neuengamme verlegt worden – hauptsächlich aus Sachsenhausen und aus Dachau und anderen Lagern in Süddeutschland. Es heißt, daß folgende Skandinavier noch nicht geholt worden sind: eintausendvierhundert dänische Polizisten, circa zweihundert norwegische und dänische Frauen in Ravensbrück, eintausend »Zuchthausgefangene« und die dänischen Juden in Theresienstadt.[16] Am Tag zuvor ist im Außenministerium ein Promemoria geschrieben worden. Darin steht folgendes:

> Am Mittwoch, dem 28. März, ist die Abfahrt einer größeren Expedition über Torgau und Mühlberg nach Oschatz geplant, um dänische Polizisten abzuholen (rund eintausendvierhundert). Nach der Rückkehr dieser Expedition nach Neuengamme ist vorgesehen, daß der Hauptteil des Rote Kreuz-Kommandos nach Schweden zurückkehrt.[17]

Und was dann? Wer soll die dänischen Juden in Theresienstadt und die »Zuchthausgefangenen« holen? Daß sie noch immer mit auf der Liste stehen, geht aus dem am 27. März geschriebenen Promemoria hervor. Doch Pläne, wie und wann man sie holen wird, werden nicht formuliert. Es heißt nur, daß »der Hauptteil des Rote Kreuz-Kommandos« nach Schweden zurückkehren soll!

Eine Woche später, am 2. und 3. April, wird in einigen weiteren Promemorien erwähnt, daß man im Begriff steht, einen großen Teil des Kommandos nach Hause zu schicken. Die Vertragszeit der Expeditionsteilnehmer ist abgelaufen. Weiterhin zählt man die Aktionen auf, die vor dem Abschluß stehen:

- Der Transport von schwedischstämmigen deutschen Frauen und ihren Kindern von Berlin nach Lübeck für die Weiterbeförderung nach Schweden ist im großen und ganzen abgeschlossen.
- Bernadotte gibt an, von Himmler die Genehmigung dafür erhalten zu haben, die dänischen Polizisten von Neuengamme nach Dänemark weiterzutransportieren.
- Die Abholung der skandinavischen Frauen aus Ravensbrück ist ebenfalls eingeplant, und auch diese sollen direkt nach Schweden gebracht werden.

Und ganz unten am Fuß eines dieser Promemorien steht: »Die Zuchthausgefangenen werden derzeit abgeholt, während der Transport von Juden nach Neuengamme noch nicht begonnen hat.«[18]

Also wann soll er beginnen?

Die Erzählung von der Rettung der dänischen Juden ist einer der kontroversesten Aspekte der Geschichtsschreibung über die schwedische Rote Kreuz-Expedition. Und vor allem in diesem Zusammenhang hat Folke Bernadotte scharfe Kritik hinnehmen müssen.

Bernadotte erwirkte wie gesagt Anfang März von Kaltenbrunner die Genehmigung, die skandinavischen Juden nach Neuengamme zu bringen.[19] Es besteht kein Zweifel daran, daß es sich hierbei um eine aktive Initiative seitens Bernadottes handelte.

Doch gleichzeitig haben die Schweden in Abstimmung mit den deutschen Behörden beschlossen, die Juden als letzte zu holen. Eine einsichtige Erklärung dafür wird nicht gegeben, aber es ist vermutet worden, der Grund sei der, daß sich die Deutschen der erteilten Genehmigung zum Trotz sperren. Diese Deutung wird durch die Darstellung des dänischen Arztes Johannes Holm, *Sandheden om de hvide busser*, bekräftigt. Holm gehörte der dänischen Gesandtschaft in Berlin an und war auch einer der Verantwortlichen in »Det Danske Hjælpekorps«, das gegen Ende der Bernadotteaktion eine immer größere Rolle spielen wird.

Holm, der sich zu diesem Zeitpunkt bei den Schweden in Friedrichsruh aufhält, hat von Bernadotte zwar die Information bekommen, daß man plane, die dänischen Juden zu holen, aber er stellt fest, daß die Juden bei den anschließenden Besprechungen auf Friedrichsruh fast nie genannt werden. Holm beschließt, die Frage bei dem leitenden Gestapooffizier am Ort, SS-Obersturmbannführer Dr. Rennau zur Sprache zu bringen, der zuvor die Aufgabe gehabt hatte, die skandinavischen Juden zu lokalisieren[20].

Da ich inzwischen mit Dr. Rennau auf verhältnismäßig vertrautem Fuß stand, griff ich bei ihm die Frage der Abholung der dänischen Juden auf. Dr. Rennau verhehlte nicht, daß es sich dabei um ein nahezu unlösbares Problem handelte. Er erzählte mir, er habe das Problem dem [Gestapochef] Gruppenführer Müller gegenüber erwähnt, als wir beide in Berlin gewesen waren. Es existierte ein Befehl von höchstem Ort, daß keine dänischen Juden aus Theresienstadt fortgebracht werden durften. Gruppenführer Müller hatte außerdem hervorgehoben, daß man in Neuengamme nicht die Juden mit den

> dänischen und norwegischen Gefangenen vermischen könne, die Arier waren …
>
> Dr. Rennau erklärte mir, selbst, wenn Himmler die Genehmigung erteilt habe, die dänischen Juden in Theresienstadt abzuholen, so gebe es unter seinen Untergebenen so großen Widerstand, daß er bezweifelte, daß dies durchführbar sei.[21]

Die einzige Chance, die Juden herauszubekommen, meint Rennau, sei, wenn es gelänge, die Genehmigung zu erhalten, sie direkt nach Schweden zu bringen und nicht mit den »Ariern« in Neuengamme zu vermischen. Holm betont in seinem Buch, Graf Bernadotte habe unterstrichen, daß man in Schweden die dänischen Juden gern aufnehmen wolle.[22]

Um den Monatswechsel März/April sind die Möglichkeiten, die dänischen Juden zu holen, rasch immer geringer geworden. Die Ostfront und die Westfront stehen kurz vor der Vereinigung bei Dresden, und wenn dies eintritt, wird die Passage hinunter nach Theresienstadt ab sofort nicht mehr möglich sein.[23]

Daß die Lage für die Gefangenen in Theresienstadt auch aus anderen Gründen bedrohlich zu werden beginnt, geht mit wünschenswerter Deutlichkeit aus einem Gespräch zwischen Schellenberg und Bernadotte Anfang April hervor. Schellenberg berichtet bei dieser Gelegenheit, Hitler habe bestimmt, daß die Lager Buchenwald, Bergen-Belsen und wahrscheinlich auch Theresienstadt evakuiert werden sollten, wobei die Gefangenen gezwungen sein würden, zu Fuß eine Strecke von rund dreihundert Kilometern Länge zurückzulegen. Zwar fügt Schellenberg hinzu, er habe Himmler überreden können, diesen Befehl nicht ausführen zu lassen. Doch wie wir sehen werden, hat Himmler nicht immer das letzte Wort in dieser Frage (leider gibt Bernadotte kein Datum an, wann er diese Information von Schellenberg bekommt, wir entnehmen jedoch dem Zusammenhang, daß es spätestens am 8. April geschehen sein kann. Und dieses Datum wird, wie wir noch sehen werden, von entscheidender Bedeutung sein).[24]

Bernadotte beschließt seinen Bericht über diese Berlinreise mit einigen eigenen Schlußfolgerungen. Unter anderem schreibt er: »Wenn die Kriegslage es erlaubt, sämtliche Juden und Zuchthausgefangenen (800 + 800) nach Neuengamme zu transportieren, werden vom Kommando des Schwedischen Roten Kreuzes rund 8500 skandinavische Gefangene betreut worden sein.«[25]

Mit anderen Worten: Man denkt noch immer an die Juden, doch man weiß nicht, ob man sie wird holen können.

Also was geschieht jetzt? Der Geschichtsschreibung des Dänen Johannes Holm zufolge geschieht dies:[26]

»Am 8. April war Graf Bernadottes letzter Tag in Friedrichsruh« schreibt Holm, »weil er am nächsten Tag von Berlin nach Stockholm fliegen sollte. Er rief die schwedischen Offiziere in Friedrichsruh zu einer Stabsbesprechung zusammen, um Gefangenentransporte zu diskutieren, und Major Frykman bat mich, daran teilzunehmen.

Während der Sitzung legt Frykman – der den nach Schweden zurückkehrenden Oberst Björck als Expeditionsleiter ersetzt hat – einen Plan für die weiteren Transporte vor. Er unterläßt es, Theresienstadt zu erwähnen. Seiner eigenen Darstellung zufolge meldet sich daraufhin Johannes Holm zu Wort:

»Ich machte sie darauf aufmerksam, daß in Theresienstadt noch immer vierhundert dänische Juden waren, und man von dänischer Seite großen Wert darauf legte, daß sie hergeholt würden, und daß die militärische Lage es absolut notwendig machte, rasch zu handeln. Graf Bernadotte berichtete daraufhin, er habe das Problem bezüglich der dänischen Juden mit Schellenberg diskutiert, wobei dieser ihm erklärt habe, die Idee, die Schweden sollten versuchen, die dänischen Juden aus Theresienstadt fortzubringen, sei im Reichssicherheitshauptamt auf Widerstand gestoßen. Schellenberg habe darauf hingewiesen, daß ein solcher Versuch seitens der Schweden sich auf die Transporte der skandinavischen Gefangenen auswirken könnte. Graf Bernadotte habe deshalb Schellenberg versprochen, den Transport der dänischen Juden aufzugeben.«

Holm schreibt, er habe diesen Bescheid an Frants Hvass, den Leiter der sozialpolitischen Abteilung des dänischen Außenministeriums weitergeleitet. »Er war natürlich sehr empört und beschloß, Graf Bernadotte sofort aufzusuchen. Er kam dann zurück zu Finn Nielsens »Büro«, immer noch sehr aufgebracht, weil er von Bernadotte die gleiche Erklärung bekommen hatte wie ich, warum sie beschlossen hatten, den Transport nach Theresienstadt aufzugeben.«

Holm zufolge fassen er und Hvass jetzt einen Beschluß: Wenn die Schweden nicht agieren wollen, muß der Transport von Theresienstadt als eine rein dänische Aktion durchgeführt werden. Die Dänen haben zu diesem Zeitpunkt, da ein großer Teil des schwedischen Kommandos nach Hause zurückgekehrt ist, Bernadottes Erlaubnis bekommen, eine große Anzahl von Kraftfahrzeugen nach Friedrichsruh hinunterzubringen, um bei der weiteren Rettungsarbeit zu helfen. Rein technisch ist also eine dänische Aktion möglich. Doch das Hauptproblem bleibt weiterhin bestehen: Wie die Erlaubnis der Deutschen bekommen, die Juden nach Schweden zu transportieren? »Nur Dr. Rennau konnte dies erwirken«, ist Holms Schlußfolgerung, »und es war meine Aufgabe zu versuchen, ihn dazu zu veranlassen, die erforderliche Genehmigung von Gestapo-Hauptquartier in Berlin zu beschaffen.«

Hvass und Holm diskutieren, wie man vorgehen soll, um Rennau zu überzeugen, und Hvass schlägt vor, daß man ihm »in Aussicht stellt, er könne nach dem Krieg eine Aufenthaltsgenehmigung in Dänemark erhalten, wenn es gelänge, alle dänischen Gestapo-Gefangenen vor Kriegsende nach Dänemark zu bringen.«

Als Holm später am Tag Kontakt mit Rennau aufnimmt, zeigt es sich, daß dieser der Idee tatsächlich nicht ganz abgeneigt ist. Er kann sich durchaus vorstellen, einen Versuch zu machen, vom Gestapochef Müller die Genehmigung zur Freilassung der Juden in Theresienstadt zu erwirken, »auch wenn er betonte, daß ein solcher Versuch voraussichtlich mißlingen würde«.

Holm, der Rennau kennengelernt hat, indem er ihn zu verschiedenen seiner Aufträge gefahren hat, bietet sich natürlich auch diesmal als Chauffeur an.

»Das Reichssicherheitshauptamt war zu diesem Zeitpunkt in Wannsee untergebracht«, schreibt Holm. »Ich setzte Rennau um 16.00 Uhr vor dem Haupteingang ab und verabredete mit ihm, dort um 18.00 Uhr wieder auf ihn zu warten. Als Dr. Rennau um 18.00 Uhr herauskam, beurteilte er die Lage keineswegs optimistisch. Mehrere der Personen, die mit diesen Fragen befasst waren, hatte er nicht angetroffen, auch Gruppenführer Müller nicht, der verreist war. Er hatte in der Angelegenheit also keinen endgültigen Bescheid bekommen können. Dieser sollte telefonisch nach Friedrichsruh durchgegeben werden, wenn Müller zurückgekehrt war.« Die Lage ist also unverändert, aber nicht hoffnungslos. Und es gilt jetzt, sich sehr taktisch zu verhalten.

»Bevor wir die Rückreise antraten«, schreibt Holm, »fragte Rennau mich, was ich davon hielte, den Kollegen im Reichssicherheitshauptamt, mit denen er gerade verhandelt habe, einige Lebensmittel zu überreichen. Weil ich Dr. Rennaus Ansicht teilte, daß dies vielleicht zukünftige Verhandlungen erleichern würde, fuhren wir auf das Kasernengelände zum Hauptbüro, und Dr. Rennau lieferte eines unserer Essenpakete für die Transportfahrten als Abendessen für seine Kollegen ab. Sie kamen mit Dr. Rennau zusammen hinunter auf die Straße, um sich für die Lebensmittel zu bedanken, auf die sie sich schon sehr freuten, und ich benutzte die Gelegenheit, ihnen für das Wohlwollen zu danken, mit dem sie unsere Frage behandelt hatten. Ich erzählte auch, daß wir reichlich Lebensmittel hätten, und dies sei lediglich ein kleines Zeichen unserer Dankbarkeit. Leider hätte ich keine weiteren Lebensmittelpakete im Wagen, doch ich versprach, wenn wir uns das nächstemal träfen, mehr mitzubringen.«

Am nächsten Tag warten Holm und Rennau gespannt auf das Gespräch aus Berlin. Gleichzeitig hören sie die Sendungen der BBC und studieren auf einer

Karte die Stellung der Fronten. Sie sehen ein, daß eine Expedition nach Theresienstadt sehr schnell aufbrechen muß, wenn sie noch eine Chance haben soll durchzukommen, bevor die Fronten sich vereinigen. Also werden Vorbereitungen gemacht, um schon innerhalb weniger Stunden einen dänischen Konvoi nach Theresienstadt schicken zu können. Am späten Nachmittag taucht einer der schwedischen Expeditionsleiter, Hauptmann Folke, in Friedrichsruh auf, und Holm geht mit ihm und einem der anderen Schweden, dem Arzt Hans Arnoldsson, in »Bollows Gasthaus«, um dort zu Abend zu essen. Während des Essens berichtet Holm von seiner und Rennaus Fahrt nach Berlin und von den Plänen, einen dänischen Konvoi nach Theresienstadt zu schicken. Hauptmann Folke sagt sofort, daß es viel zu riskant sei, die langsamen dänischen Fahrzeuge für eine solche Reise zu benutzen. Man sollte benzinbetriebene Fahrzeuge nehmen, meint Folke, und über solche verfügen die Schweden.

Hauptmann Folke ist sich zwar, laut Holm, darüber im klaren, daß Bernadotte Schellenberg versprochen hat, daß das schwedische Kommando darauf verzichtet, die dänischen Juden zu holen. »Aber er meinte«, schreibt Holm, »er könne von Major Frykman die Erlaubnis bekommen, schwedische Busse zu benutzen, wenn der Transport unter dänischer Leitung durchgeführt würde.«

Früh am nächsten Morgen trifft Holm wieder den Deutschen Rennau. Dieser hat noch keine telefonische Nachricht aus Berlin bekommen. Aber er hat sich die Frontstellungen näher angesehen und verrät Holm jetzt, daß seiner Meinung nach die Expedition nach Theresienstadt Friedrichsruh auf der Stelle verlassen müsse. Die Tatsache, daß Müller nicht angerufen hat, sieht er nicht als ausschließlich negativ an. »Denn andererseits liegt auch keine direkte Ablehnung vor.«

Rennau schlägt jetzt vor, daß man sich auf die Abfahrt des Konvois noch am selben Tag vorbereitet und er und Holm noch einmal nach Berlin fahren, um mit Müller zu verhandeln. Holm ist schockiert: »Ich fragte ihn, ob es nicht zu gefährlich sei, den Konvoi direkt nach Theresienstadt zu schicken, da wir ja Gefahr liefen, in Berlin die erforderliche Genehmigung zur Herausholung der dänischen Juden nicht zu bekommen. Seine Antwort überraschte mich sehr: ›Wenn wir in Berlin nicht die erforderliche Genehmigung bekommen, fahren wir trotzdem direkt nach Theresienstadt. Ich habe so gute Beziehungen in Prag, und ich kenne den Lagerkommandanten Rahn, daß ich die dänischen Juden in Theresienstadt bestimmt in die Busse bekomme.‹«

Es ist immer noch Morgen, als sich alle in »Bollows Gasthaus« treffen – Rennau, Holm, die dänischen Leiter und die schwedischen Offiziere. Man beschließt, daß der Konvoi nach Theresienstadt bereits um zwölf Uhr am selben

Tag abgehen soll. Man wird schwedische Busse nehmen, in gewissen Fällen mit dänischen Fahrern, und der Konvoi soll, trotz des – laut Holm – zuvor Gesagten, von Hauptmann Folke geführt werden. Rennau berichtet, er habe mit dem Lagerkommandanten Pauli in Neuengamme gesprochen, und dieser habe verlangt, daß die Busse auf dem Weg nach Süden vierhundert französische »Ehrengefangene« mitnehmen, die im Konzentrationslager Flossenbürg abgeliefert werden sollen. Von dort sollen sie anschließend in die Schweiz gebracht werden. Die Schweden sind froh, diesen Auftrag ausführen zu können, aber der daraus resultierende Umweg bringt es mit sich, daß der Konvoi noch längere Zeit benötigen wird, bis er in Theresienstadt eintrifft. Und jetzt eilt es. Man muß sich außerdem dessen bewußt sein, daß auch wenn es dem Konvoi gelingt, nach Theresienstadt durchzukommen, die Gefahr besteht, daß man es nicht zurück schafft. Man will für diesen Fall versuchen, statt dessen die Schweiz zu erreichen.

Der schwedische Expeditionsleiter Sven Frykman hat beschrieben, wie es zuging, als die Expeditionsmitglieder anschließend über den sehr riskanten Auftrag informiert wurden.

> Das schwedische Personal stellte sich auf, der Kommandochef wies auf die außerordentliche Gefährlichkeit der bevorstehenden Fahrt hin und erklärte, jeder Einzelne möge gründlich überlegen, ob er mitfahren wolle oder nicht. Man könne niemandem einen Vorwurf machen, der aus Rücksicht auf Ehefrau und Kinder oder sonstige Familienverhältnisse von der Teilnahme an der Expedition zurücktreten möchte. Diejenigen, die nicht wünschten, an der Fahrt teilzunehmen, sollten einen Schritt vortreten. Keiner rührte sich vom Fleck. Es war ein stolzer Augenblick.[27]

Während der Konvoi sich langsam in Bewegung setzt, werfen sich Rennau und Holm also in Holms bedeutend schnelleren Personenwagen und begeben sich nach Berlin, um zu versuchen, den Gestapochef Müller zu treffen. Sie wissen, daß die Personen, mit denen sie im Reichssicherheitshauptamt verhandeln wollen, gegen vier Uhr am Nachmittag ihre Büros verlassen, sie haben also keine Zeit zu verlieren.

Auf dem Weg nach Berlin erzählt Rennau Holm, daß er sich um seine Familie sorgt. Seine Frau und seine neunzehnjährige Tochter befinden sich in Brünn in der Tschechoslowakei. »Wir diskutierten sehr offen, wie sich die Zukunft für ihn gestalten würde«, schreibt Holm. »Ich versprach ihm, mit dem Abteilungsleiter Hvass und Minister Mohr, der zu diesem Zeitpunkt in Hamburg war, über die Möglichkeiten zu reden, sowohl ihn als auch seine Familie nach Dänemark zu holen. Gleichzeitig planten wir, wenn dies möglich sein sollte, seine Frau und Tochter aus Böhmen mit zurück nach Friedrichsruh zu nehmen.«

Während sie sich Berlin nähern, beginnen die beiden Männer, sich für die Gespräche, die sie hoffentlich bald führen werden, eine Strategie zurechtzulegen. Rennau sagt, er sei nicht besonders optimistisch, doch er schlägt vor, sie sollten die Herren unmittelbar vor der entscheidenden Phase in den Verhandlungen zu einem »Bestechungsessen« einladen. Sie stimmen darin überein, daß in dieser Phase des Krieges ein Restaurantbesuch kaum in Frage kommen dürfte, und schon gar nicht an diesem Ort. Anderseits »lag ja kein Hindernis vor, ihnen im Büro des Reichssicherheitshauptamts in Wannsee eine gute Mahlzeit zu servieren«. Holm hatte in weiser Voraussicht den Wagen beladen: »Der Bevollmächtigte Finn Nielsen und ich hatten gemeinsam sechs große Pappkartons mit Essen gepackt, das Leckerste, über das wir verfügten. Jedes Paket enthielt ein Pfund Butter, ein Pfund Fett, ein Kilo Schinken, ein großes Stück Wurst, zwei Sorten Käse, ein Stück Schweinefleisch im eigenen Saft, ein Paket Leberpastete, Weißbrot, Roggenbrot, Kekse, fünfzig Zigaretten, ein paar dicke Zigarren und eine Flasche Schnaps. Außerdem hatte ich mehrere Proviantpakete zum direkten Verzehr unterwegs für uns selbst und eventuelle Gäste. Wir einigten uns, daß Dr. Rennau allein im Reichssicherheitshauptamt verhandeln, aber ich um 18.00 Uhr vor der Tür warten sollte, um zu hören, wie die Verhandlungen liefen, und ob möglicherweise ein Souper angebracht war.«

Während Rennau also im Reichssicherheitshauptamt verhandelt, fährt Holm in dem einst so schönen Wannsee herum. Offenbar rechnen sowohl Rennau als auch er damit, ihre Verhandlungspartner nach dem Ende der normalen Arbeitszeit noch eine Weile festhalten zu können.

Um 18 Uhr fährt Holm zum Reichssicherheitshauptamt zurück. »Dr. Rennau kam sogleich heraus«, schreibt er, »und erklärte, daß es nicht allzu gut gehe, daß aber auch keine Ablehnung auf einen unserer Wünsche vorliege. Er habe der Gesellschaft deshalb vorgeschlagen, eine Essenspause zu machen. Ich kam nun mit all den leckeren Dingen hinauf, die wir im Wagen hatten, und nahm nicht weniger als zwei Flaschen Schnaps mit.«

Die deutschen SS-Offiziere und nicht zuletzt der Gestapochef Müller, der ebenfalls anwesend ist, sind hoch erfreut, als sie die leckere Mahlzeit erblicken. Bald ist die Stimmung auf dem Höhepunkt. »Beide Flaschen waren geleert, bevor wir zu Ende gegessen hatten«, schreibt Holm. »Als man danach die Verhandlungen wieder aufnimmt, hatte ich den Eindruck, daß rund um den Tisch vollkommene Harmonie herrschte. Ich stand mit ihnen allen auf gutem Fuß, und sie behandelten mich mit ausgesuchter Liebenswürdigkeit.«

Jetzt dauert es nicht lange, bis die Verhandlungen in voller gegenseitiger Übereinstimmung abgeschlossen werden können. Alle vorbereiteten Papiere werden rasch unterzeichnet und mit den erforderlichen Stempeln versehen. Die dänischen Juden können in Theresienstadt abgeholt werden.

»Als jetzt alle unsere Wünsche erfüllt und die Papiere in Ordnung waren, ging ich zusammen mit Gruppenführer Müller und Dr. Rennau zum Wagen hinunter und holte für jeden der vier Herren, mit denen wir verhandelt hatten, ein großes, wohlgefülltes Lebensmittelpaket. Ich nahm die Gelegenheit wahr, zu sagen, daß dies als ein Dank für die Hilfe zu sehen sei, die wir im Reichssicherheitshauptamt erhalten hatten, und ich hatte den Eindruck, daß wir als Freunde auseinandergingen. Die einzige Schwierigkeit, die noch bestand, war, wie der Bescheid, daß die dänischen Juden freigelassen werden dürften, ins Lager Theresienstadt und zum Reichsstatthalter von Böhmen, zu dessen Gebiet Theresienstadt gehörte, gelangte. Man versprach im Reichssicherheitshauptamt, den Bescheid telefonisch wie telegraphisch zu übermitteln zu versuchen.«

Gegen neun Uhr am Abend verlassen Rennau und Holm Wannsee. Holm fährt seinen deutschen Kollegen nach Potsdam, wo dessen Vater und eine Schwester leben. Dann fährt er selbst zurück nach Wannsee, wo er bei Freunden übernachtet.

Am nächsten Morgen um sieben sitzen die beiden Verbündeten wieder im Auto. Sie beschließen, die Autobahn nach Dresden zu nehmen, obwohl sie dabei praktisch die sowjetische Front streifen. Das Wichtigste ist jetzt jedoch, so schnell wie möglich Theresienstadt zu erreichen. Die Straße bis Dresden ist erstaunlicherweise nahezu unbeschädigt. Aber als sie in der prächtigen Barockstadt Dresden eintreffen, bekommt Johannes Holm einen Schock. Vom Stadtkern ist fast nichts übrig. Während ihres dreitägigen Bombardements im Februar haben die Alliierten die Stadt praktisch dem Erdboden gleichgemacht.

Doch sobald sie Dresden verlassen, setzt wieder die idyllische Landschaft ein. »Man hatte«, schreibt Holm, »auf dieser Strecke nicht den Eindruck, sich ein einer Kriegszone zu befinden. Die Fahrt hinauf ins Erzgebirge ist etwas vom Schönsten, das ich auf meinen Reisen in Deutschland erlebt habe.«

Gegen Mittag am gleichen Tag, dem 13. April, erreichen Holm und Rennau Theresienstadt. Sie fahren direkt ins Lager hinein. »Es stellte sich als Irrtum heraus«, schreibt Holm, »da sonst niemand ins Ghetto hinein durfte.« Als die Wache Rennaus Papiere kontrolliert und gesehen hatte, daß er Obersturmbannführer war, gewann die Autoritätsgläubigkeit die Oberhand, und der Wagen wurde sogleich durchgelassen.

Während Rennau ins Büro des Lagerkommandanten geht, wartet Holm mit dem Wagen »auf dem großen Platz mitten in der Stadt«. Denn als solche war Theresienstadt bekannt, als »die Judenstadt«. Hier, hieß es, durfte jüdisches soziales und kulturelles Leben blühen. Familienmitglieder durften zusammen wohnen, und hier wurde Konzerte und Theatervorstellungen gegeben, es gab zuweilen sogar Kunstausstellungen. »Diese Judenstadt«, wie Åke Svenson sie später beschreiben sollte, »war ein sehr interessantes nationalsozialistisches soziales und rassenpolitisches Experiment. Juden, die man aus irgendeinem Grund nicht liquidieren wollte oder zu liquidieren wagte, war es hier erlaubt, in strenger Abgeschiedenheit von der Außenwelt ein fast normales Leben zu leben.«[28]

Es trifft zu, daß Theresienstadt teilweise dafür gedacht war, die Juden aufzunehmen, die die Deutschen nicht als erste hatten hinrichten wollen, und zu diesen gehörten wahrscheinlich die dänischen Juden. Es trifft ebenfalls zu, daß das Lager eine beinah idyllische Fassade aufwies und als Schauplatz eines bekannten deutschen Propagandafilms gedient hatte. Aber wahr ist auch, daß von den einhunderteinundvierzigtausend Menschen, die sich während des Krieges in Theresienstadt aufgehalten hatten, achtundachtzigtausend in Vernichtungslager deportiert worden waren. Von den dreiundfünfzigtausend, die im Lager blieben, sind dreiunddreißigtausend, mehr als die Hälfte, dort gestorben, in der »Judenstadt Theresienstadt«.[29]

»Am Morgen des 13. April, eines Freitags, ging ich wie gewöhnlich zu meinem Büro.« So beginnt Dänemarks Oberrabbiner Dr. Friediger seine Erzählung über diesen schicksalhaften Tag. »Um elf Uhr stürzte ein tschechisches Mädchen in mein Zimmer und schrie: ›Vor dem Hauptquartier steht ein dänisches Auto!‹ Ich dachte, sie wolle sich einen Spaß mit mir erlauben. Sie müssen wissen, ich hatte ihr mehrfach erzählt, ich hätte von unserer Heimreise geträumt, und daß sie kommen und uns abholen würden, entweder mit einem Flugzeug oder mit dreißig oder vierzig Bussen aus Kopenhagen.«[30]

Viele Menschen im Lager sahen an jenem Vormittag den dänischen Wagen. Doch dann verschwand er plötzlich, und die Menschen glaubten, sie hätten eine Fata Morgana gesehen oder zu halluzinieren begonnen. Doch am Nachmittag wird der Rabbiner Friediger plötzlich ins Büro des Lagerkommandanten gerufen, und dort trifft er den medizinischen Attaché an der dänischen Gesandtschaft in Berlin, Dr. Johannes Holm. Dr. Holm erzählt dem verblüfften Rabbiner, daß alle dänischen Juden mit Bussen des schwedischen Roten Kreuzes nach Schweden gebracht sollen.

»Ich stelle mir vor«, erzählt Friediger später, »daß selbst, wenn sich in diesem Augenblick der Himmel vor mir geöffnet hätte, die Großartigkeit dieses Anblicks den Effekt nicht übertroffen hätte, den Holms Mitteilung auf mich hatte. Ich saß wie festgefroren auf dem Stuhl, und mein Gesichtsausdruck war offenbar so sonderbar, daß Dr. Holm sich veranlasst sah, die Mitteilung zu wiederholen, und der Lagerkommandant bezeugte, in einem höflicheren Tonfall, als ich es gewöhnt war, die Richtigkeit der Mitteilung.[31]

Johannes Holm beginnt jetzt gemeinsam mit dem Rabbiner, die Namenslisten dänisch-jüdischer Gefangener durchzugehen, die er mitgebracht hatte. »Es zeigte sich«, schreibt Holm, »daß einige derer, die auf der Liste standen, tot waren, und ich erfuhr ihren Todestag und das Todesjahr. Der Oberrabbiner fügte der Liste noch eine Reihe von Namen hinzu. Es zeigte sich, daß einige der dänischen und der staatenlosen [aber aus Dänemark deportierten] Juden sich mit Juden anderer Nationalitäten im Lager verheiratet hatten. Ich vertrat die Meinung, daß wir diese selbstverständlich mitnehmen mußten, und Dr. Rennau und der Lagerkommandant zeigten dafür Verständnis. Ebenso wurde es als natürlich angesehen, daß die im Lager geborenen Kinder dänischer Eltern mitkamen. Eine Anzahl von dänischen Juden hatte sich im Lager mit Juden einer anderen Nationalität verlobt, und die Frage war jetzt, ob diese mitgenommen werden konnten. Ich fragte den Oberrabbiner, was er selbst meinte. In einem Teil der Fälle, meinte er, sei die Beziehung so locker, daß er sich nicht dafür einsetzen könne, den Partner mitzunehmen. Doch in anderen Fällen fand er, sie sollten mitgenommen werden, da das Paar ernsthaft an Heirat denke. Gleichzeitig betonte er, daß wenn dies erforderlich sein würde, die Hochzeiten vielleicht vor der Abreise aus Theresienstadt stattfinden könnten. An diesem Tag wurden vier dänische Hochzeiten im Lager gehalten.«[32]

Nach diesem bemerkenswerten Auswahlprozeß vereinbaren Holm und Rennau mit dem Kommandanten, daß die dänischen Juden für die Abfahrt am Sonntagmorgen, den 15. April bereit sein sollen. Die schwedischen Busse werden im Laufe des Samstags erwartet.

In der Zwischenzeit fahren Rennau und Holm nach Prag, um die letzten Formalitäten beim Reichsstatthalter zu regeln.

Anschließend fahren sie weiter nach Brünn, um Frau und Fräulein Rennau abzuholen.[33]

In der Nacht von Samstag auf Sonntag treffen die schwedischen Busse in Theresienstadt ein. Die Expeditionsteilnehmer sind vollkommen ausgepumpt. Sie haben ihre französischen »Ehrengefangenen« – Bischöfe, Minister und andere hohe Beamte – in Flossenbürg nicht absetzen können, weil das Lager, einer Auskunft zufolge, sich in Auflösung befindet und evakuiert wird (einer anderen Auskunft zufolge gibt Hauptmann Folke den Gedanken auf, die Franzosen abzusetzen, als er sieht, zu welcher Sklavenarbeit die Gefangenen in diesem Lager gezwungen werden).[34] So sind die vierhundert Franzosen mitgekommen nach Theresienstadt, wo sie, nach Verhandlungen zwischen Rennau und dem Lagerkommandanten, einquartiert werden. Die neueingetroffenen schwedischen und dänischen Expeditionsteilnehmer legen sich jetzt schlafen.

»Während wir für einige Stunden schliefen«, berichtet Åke Svenson, besorgte deutsches und jüdisches Personal das Beladen der Busse. Als wir aufwachten, war alles klar, und vierhundertvierundzwanzig dänische Juden beiderlei Geschlechts und aller Altersgruppen saßen schon fix und fertig in unseren Bussen. Wir bekamen leichte Bedenken, als wir die Berge von Gepäck sahen, die auf den Dächern der Busse verstaut waren. Es war recht deutlich, daß unsere neuen Passagiere nicht mit völlig leeren Händen nach Dänemark zurückkehren würden.«[35]

Rabbi Friediger erinnert sich, daß er am Freitag und Samstag im dänischen Teil des Lagers umherwanderte und unter anderen eine Familie mit zwei Kindern traf, die weinend inmitten ihrer Habseligkeiten saß und nicht imstande war zu packen.

Als die Busse mit den dänischen Juden früh am Morgen des 15. April auf ihrem Weg in die Freiheit durchs Lager fahren, haben sich die zurückbleibenden Gefangenen zu Tausenden an der Straße aufgestellt, um Abschied von ihnen zu nehmen. Auf dem Marktplatz von Theresienstadt spielt ein Orchester, und Menschen weinen und winken, als die Dänen vorüberfahren. Zum ersten Mal seit dem Besuch des Internationalen Roten Kreuzes im Jahr zuvor darf die rigorose Disziplin einer etwas lockereren Haltung Platz machen. Zum ersten Mal wagen es die Gefangenen, offen die Zigaretten zu rauchen, die sie diesmal von den Busfahrern bekommen haben. Während sie gleichzeitig neue Hoffnung verspüren – jetzt steht das Kriegsende nahe bevor –, schleicht sich Angst in ihre Herzen: Jetzt fahren die Dänen davon, sie bleiben zurück.

»Wir näherten uns den Toren des Ghettos«, erinnert sich Friediger. »Sie wurden geöffnet – und wir waren freie Menschen. Niemand sagte ein Wort. Wir brachten ganz einfach keinen Laut heraus.«[36]

Die Schweden und ihre dänischen Kollegen manövrieren ihre Fahrzeuge geschickt zwischen der amerikanischen und der russischen Front hindurch, dabei lassen sie sich von den Frontberichten im Radio leiten. Manchmal sind sie so nahe daran, daß sie die Front hören können. Aber sie kommen tatsächlich durch. In der Nacht versuchen sie alle, ein wenig auszuruhen, irgendwo in der Nähe von Berlin. »Das Dröhnen der Bombardements über Berlin hielt uns die ganze Nacht wach«, erzählt Axel Molin, einer der schwedischen Zugführer. Dann fährt man ohne Unterbrechung weiter, unter anderem durch Potsdam, das zwei Tage zuvor noch eine unzerstörte Stadt gewesen ist. Am 17. April um 7 Uhr rollen die weißen Busse über die Grenze nach Dänemark.[37]

Von Dänemarks siebentausendsiebenhundert Juden sind nur einhundertzwanzig der Vernichtung zum Opfer gefallen – die Hälfte in Konzentrationslagern, die zweite Hälfte bei Fluchtversuchen oder durch Selbstmord.[38] Diese Ziffer ist einzigartig für ein von den Deutschen besetztes Land. Und zu einem großen Teil ist dies Schwedens Verdienst.

Doch was soll man zu Johannes Holms Darstellung sagen, wie der Beschluß, die dänischen Juden zu holen, gefaßt wurde?

Interessanterweise erklärt Axel Molin auf direkte Anfrage, Johannes Holm bei der Ankunft mit den Bussen in Theresienstadt weder getroffen noch gesehen zu haben. Und weder Sven Frykman noch Åke Svenson erwähnen Holms Namen in ihren Berichten über die Theresienstadt-Expedition, obwohl Frykman angibt, der Bescheid, daß man die dänischen Juden abholen könne, sei am 12. April von Rennau überbracht worden.[39]

Was die Rolle Holms betrifft, besteht jedoch kein Zweifel, daß er in Theresienstadt war und schon am Freitag, dem 13. April dort eintraf. Das geht ja mit aller Deutlichkeit aus der Erzählung des Rabbiners Friediger hervor. Die israelische Historikerin Leni Yahil gibt außerdem Holm die Ehre dafür, gemeinsam mit Rennau die Befreiung der dänischen Juden erwirkt zu haben, und sie stützt sich dabei auf eine offizielle dänische Darstellung, die von H. H. Koch verfasst worden ist.[40] Auch die staatlich sanktionierte Dokumentation des Dänen Jørgen Hæstrup und die Darstellung des dänischen Geschichtsprofessors Jørgen Barfod stützen Holms Version des Ablaufs der Ereignisse.[41]

Aber die kompliziertere Frage ist natürlich die, ob Holm diese Genehmigung *gegen Bernadottes Willen* erwirkte.

Holm schreibt, wie oben erwähnt, daß er das Thema Theresienstadt mit den Schweden Hans Arnoldsson und Harald Folke in »Bollows Gasthaus« aufgegriffen habe und daß Hauptmann Folke dabei erklärte, sich über Bernadottes

Versprechen gegenüber Schellenberg im klaren zu sein, auf die Heraufholung der dänischen Juden zu »verzichten«. Gleichzeitig soll Folke also gesagt haben, daß man wohl die Erlaubnis des Expeditionsleiters Frykman bekommen könnte, die schnelleren schwedischen Fahrzeuge zu benutzen, wenn die Expedition »unter dänischer Leitung« durchgeführt werde.[42] Aber was sagen Folke und Frykman selbst über diese Episode?

In seinem Buch *Röda korsexpeditionen till Tyskland* schreibt Sven Frykman folgendes:

> Die Wahl zwischen dänischen und schwedischen Transportmitteln war nicht schwierig; es war ganz natürlich, die schwedischen Busse zu benutzen, teils, weil unsere benzinbetriebenen Fahrzeuge eine höhere Reisegeschwindigkeit hatten als die dänischen, teils, weil es für uns eine Ehrensache war, diese Aufgabe zu lösen, für die das Schwedische Rote Kreuz durch Graf Bernadotte so intensiv gearbeitet hatte.[43]

Frykman deutet also mit keinem Wort an, daß Folke Bernadotte die Abholung der dänischen Juden »aufgegeben« hätte. Eher im Gegenteil! Interessanterweise hat Frykman seinen Kollegen Harald Folke als Mitautor, so daß man vermuten darf, daß auch Folke hinter dieser Version steht. Aber gleichzeitig muß man den Umstand im Auge behalten, daß das Buch im Auftrag und mit Unterstützung der dänischen Regierung und des Schwedischen Roten Kreuzes herausgegeben wurde.[44]

Welche anderen Quellen gibt es, um zu erforschen, inwieweit Bernadotte und/oder die schwedische Regierung den Gedanken aufgegeben hatten, die Dänen zurückzuholen? Man kann ins Archiv des Außenministeriums gehen und nachschauen, was in der Korrespondenz und in den Telefongesprächen zwischen Berlin und Stockholm zum aktuellen Zeitpunkt gesagt wird:

Im Archiv des Außenministeriums finden sich unter anderem Folke Bernadottes Berichte über seine Begegnungen in Berlin. Anfang April hatte Bernadotte ja sowohl Heinrich Himmler als auch Walter Schellenberg wieder getroffen, und nach seiner Rückkehr nach Schweden schrieb er sogleich einen sieben Seiten umfassenden Bericht.[45] Interessanterweise wird das Wort »Juden«, dem Bericht nach zu urteilen, in den Gesprächen mit Schellenberg und Himmler nicht ein einziges Mal erwähnt. »Theresienstadt« wird nur einmal genannt, im Zusammenhang damit, daß Schellenberg Bernadotte von den geplanten Todesmärschen berichtet. Die Schlußfolgerung muß also lauten, daß Bernadotte bei diesen Besprechungen nicht nachdrücklich auf die dänischen Juden hingewiesen hat. Anderseits sind keine Anzeichen dafür zu erkennen, daß er aufgefordert worden ist, diesen Teil der Expedition »aufzugeben«. Es ist natürlich möglich, daß dies bei völlig informellen Gesprächen mit Schellenberg geschah.

So weit Bernadottes Bericht. Welche anderen Spuren kann man im Archiv des Außenministeriums finden?

Am 7. April um 10 Uhr – also dem Tag vor Bernadottes angeblicher Äußerung gegenüber Holm, man habe die Pläne, die dänischen Juden zu holen, »aufgegeben« – geht eine telefonische Mitteilung von Hauptmann Folke im Außenministerium ein.[46] Darin spricht Folke über die verschiedenen Expeditionen und teilt unter anderem folgendes mit:

> *Die Juden:* Wahrscheinlich die überwiegende Anzahl weiterhin in Theresienstadt sowie ein Teil laut Auskunft auf dem Marsch nach Westen werden in der nächsten Woche heraufgeholt.

Mit anderen Worten hat Hauptmann Folke zu diesem Zeitpunkt keine Information darüber erhalten, daß man darauf verzichten will, die dänischen Juden zu holen. Im Gegenteil, man scheint konkrete Pläne zu haben, sie zu holen.

Am nächsten Tag, dem 8. April – dem Tag, an dem Bernadotte seine Absicht erklärt haben soll, auf die Expedition nach Theresienstadt zu verzichten – geht folgende Mitteilung der schwedischen Gesandtschaft in Berlin ein:

> PM
> Betrifft: Unterredung zwischen Graf Bernadotte und Polizeikommissar Göring am 8. April 1945.
> [...]
> [...]
> 5. Göring reist am 9. nach Buchenwalde und Bergenbelsen, um dort die Lage bezüglich der dänischen und norwegischen Juden zu untersuchen. Laut Auskunft von Göring hat Rennau Anweisung erhalten, daß die dänischen Juden in Theresienstadt sofort geholt werden sollen.[47]

Dieses Dokument enthält höchst aufschlußreiche Information. Erstens beruht sein Inhalt offenbar auf direkten Auskünften von Bernadotte. Und hier findet sich nicht die geringste Andeutung, er wolle darauf verzichten, die Juden zu holen. Im Gegenteil.

Zweitens erwähnt Bernadotte nicht nur Theresienstadt, sondern auch Buchenwald. Und in Buchenwald befinden sich einige der wenigen überlebenden norwegischen Juden. Zwar erklärt der norwegische Seemannspastor Conrad Vogt-Svendsen, daß Bernadotte zuvor kein Interesse für die norwegischen Juden gezeigt habe[48], doch hier tut er es offenbar.

Drittens heißt es, daß Rennau, laut Franz Göring, schon am 8. April die Anweisung erhalten habe, »daß die dänischen Juden in Theresienstadt sofort geholt werden sollen«.

Interessanterweise kehrt Görings Name in einer telefonischen Mitteilung am folgenden Tag wieder, von Rittmeister Ankarcrona an Folke Bernadotte, der am selben Tag in Stockholm zurückerwartet wird:

> Kriminalkommissar Göring reist heute, am 9., nach Theresienstadt, um sämtliche Juden dort zu sammeln, welche wahrscheinlich am Donnerstag, dem 12. oder Freitag, dem 13. geholt werden können.[49]

Was bedeutet das? Es gibt keinen Beleg dafür, daß Göring wirklich die Juden in Theresienstadt gesammelt hätte, zumal Holms dänisches Auto das erste Anzeichen für die Juden in Theresienstadt ist, »daß sich etwas tut«. Aber dennoch finden sich hier Indizien dafür, daß die Genehmigung, die dänischen Juden abzuholen, schon am 8. April erfolgt sein kann! Wie können wir diese Angaben mit Holms Schilderung des Festmahls im Reichsicherheitshauptamt vereinbaren?

Verhielte es sich nicht so, daß nicht allein Holm, sondern auch der schwedische Expeditionsleiter Sven Frykman angeben, die Genehmigung sei am 12. April eingegangen, und zwar von Rennau, so würden diese Telefonprotokolle Zweifel über Holms ganze Erzählung werfen. Doch wie die Dinge liegen, muß man vielleicht den alternativen Schluß ziehen, daß genau wie Rennau Holm zuvor gesagt hat, ein Beschluß Himmlers tatsächlich auf niedrigerer Ebene gestoppt werden kann, und daß auch die Genehmigung beispielsweise des Gestapochefs Müller eingeholt werden muß, was folglich am 12. April geschieht.[50]

Der obigen Dokumentation kann man also keine Hinweise darauf entnehmen, daß die dänischen Juden ihrem Schicksal überlassen werden sollen – auch wenn sie ganz eindeutig bis zuletzt haben warten müssen, wodurch sie ebenso wie die Teilnehmer der Expedition in Lebensgefahr gebracht wurden.

Es gibt jedoch ein Zeichen, ein kleines Zeichen dafür, daß nicht alle die Frage betreffenden Informationen in der schriftlichen Dokumentation des Außenministeriums zu lesen sind. Und dieses Zeichen findet sich im offiziell sanktionierten Bericht keines Geringeren als des Expeditionsleiters Sven Frykman. Auf

Seite 102 seines Buchs schreibt Frykman, wie die weißen Busse am 12. April zu der Fahrt nach Theresienstadt aufbrechen. Zu diesem Zeitpunkt hat die schwedische Botschaft einen großen Teil ihrer Aktivitäten in die Basis der Rotkreuzexpedition nach Friedrichsruh verlegt, um den ständigen Bombardierungen in Berlin zu entgehen. Als die Busse abfahren, befindet sich Schwedens Botschafter in Deutschland, Minister Arvid Richert, in der Nähe. Frykman, der selbst in Friedrichsruh geblieben zu sein scheint, beschreibt das Geschehen:

> Zur festgesetzten Zeit dröhnte die weiße Kolonne an Friedrichsruh vorüber, wo der Botschafter Richert gerade mit dem Außenministerium in Stockholm telefonierte. Aufgrund der zugespitzten Lage wies man daraufhin, daß das Kommando keine allzu großen und unnötigen Risiken einginge, und als Botschafter Richert mitteilte, es solle eine Fahrt nach Theresienstadt durchgeführt werden, wurde er aufgefordert, diese Reise mit aller Macht zu verhindern zu versuchen. Der Botschafter antwortete nur: »Leider kann ich daran nichts ändern. Ich sehe von meinem Fenster aus, daß die Kolonne schon auf dem Weg nach Süden ist.«[51]

Nicht Folke Bernadotte versucht die Expedition zu behindern. Es ist das schwedische Außenministerium, und in letzter Instanz vielleicht die schwedische Regierung. Die oben zitierte Dokumentation des Außenministeriums spiegelt dagegen nicht die Sichtweise der Regierung, sondern die Bernadottes und der Expeditionsteilnehmer.

Die Frage ist dann, ob es möglich ist, Johannes Holms Darstellung mit dem Bild in Übereinstimmung zu bringen, das die Dokumentation des Außenministeriums von Folke Bernadottes Einstellung vermittelt. Johan Bjurling, der einen Aufsatz eben über die Theresienstadtexpedition geschrieben hat, unternimmt einen Versuch. Und er wählt unter anderem eine Passage aus Åke Svensons Buch *De vita bussarna* als Ausgangspunkt für seine Schlußfolgerung: »Die Verhandlungen, die Graf Bernadotte während dieser Reise mit den Deutschen führte, hatten erfreuliche Ergebnisse gezeitigt. Himmler hatte sich einverstanden erklärt, daß alle weiblichen und alle kranken männlichen Internierten einer skandinavischen Nationalität nach Schweden gebracht würden. Außerdem war es im Prinzip beschlossen, daß auch die dänischen Juden geholt werden sollten, doch diese Aktion mußte um einige Tage verschoben werden, während die Deutschen die erforderlichen Vorbereitungen trafen.«[52] Svenson sagt also, daß die Aktion um einige Tage verschoben werden mußte. Bjurling hakt an diesem Punkt ein und spekuliert darüber, daß Holms Deutung von Bernadottes Aussage am 8. April ein sprachliches Mißverständnis zugrunde liege. Holm könnte ganz einfach die schwedischen Wörter »uppge« [aufgeben] und »uppskjuta« [aufschieben] verwechselt haben, als er in seinem Buch schreibt, Bernadotte habe »Schellenberg versprochen, den Transport der dänischen Juden aufzugeben«. Bjurlings Verständnis der Situation läuft darauf hinaus, daß Bernadotte aus taktischen Gründen nicht drängen wollte, was die skandinavischen Juden betraf, um die Freilassung übriger Skandinavier nicht zu gefährden. Aber er beabsichtigte nicht, ganz auf die Heimholung von Juden zu verzichten.[53]

Bjurlings Erklärung fußt natürlich auf einer wohlwollenden Interpretation, und es läßt sich nicht beweisen, daß Holm nicht genau hörte, was er angab gehört zu haben, oder, alternativ, daß er die Unwahrheit sagt. In diesem Zusammenhang ist jedoch ein Kommentar erwähnenswert, den der Botschaftsrat Lennart Nylander, der sich ja nachweislich für die Juden stark gemacht hat, über Bernadottes Verhandlungen abgegeben hat:

> Aus praktischen wie aus taktischen Gründen wurde den dänischen und norwegischen Gefangenen Priorität gegeben, aber bei den Verhandlungen in Berlin und Schönhausen hörte ich Bernadotte häufig der Hoffnung Ausdruck verleihen, daß die begonnene Hilfsexpedition ausgeweitet werden könnte, so daß sie unabhängig von der Rasse auch andere als Skandinavier umfassen könnte.[54]

Johan Bjurling beschließt seinerseits seinen Aufsatz mit folgender Feststellung:

> Ich habe in meinem Material nichts gefunden, was beweist, daß Folke Bernadotte persönlich dagegen gewesen wäre, Juden mit nach Schweden zu nehmen. Dagegen gibt es Gründe anzunehmen, daß bis zum Transport aus Theresienstadt Skandinavier den Vorzug erhalten vor skandinavischen Juden und daß alle Skandinavier, auch die jüdischen, den Vorzug erhalten vor anderen Nationalitäten …[55]

Bedauerlicherweise handelt es sich dabei um die gleiche Rangfolge der Bevorzugung, wie sie von den Deutschen praktiziert wird. Deshalb richtete sich die schwedische Hilfsexpedition an denen aus, die auf dem obersten Tritt der Leiter saßen, die in die Hölle hinabführte. An denen also, die bis dahin am besten durchgekommen waren.

Inzwischen ist es Mitte April 1945. Mehr als zwei Wochen zuvor, am 27. März, hat die schwedische Regierung den Beschluß gefaßt, »subsidiär« zu versuchen, fünfundzwanzigtausend Französinnen zu befreien und, »wenn keine Nachteile dadurch zu befürchten sind«, auch eine Anzahl nicht-skandinavischer Juden zu befreien. Was ist aus diesem Beschluß geworden? Die Antwort lautet: Nichts.

Zwar heißt es in einem Telegramm der Regierung an die schwedische Botschaft in Paris, daß »Bernadotte bei Himmler auch vorgeschlagen [habe], 25 000 französische Frauen von Ravensbrück nach Neuengamme zu verlegen. Dieser Vorschlag abgewiesen ...« Doch in seinem eigenen Bericht über sein Treffen mit Himmler erwähnt Bernadotte keine 25 000 französischen Lagerinsassen, sondern nur »ein von mir überreichtes Verzeichnis französischer Bürger« und daß »diese sämtlich eine Ausreisegenehmigung aus Deutschland erhielten«.[56]

Von nicht-skandinavischen Juden: nichts, nirgendwo. Doch, an einer Stelle wird etwas gesagt: Gösta Engzell schreibt am 6. April einen Brief an Arvid Richert mit Anfragen wegen jüdischer Gefangener, die bei ihm eingegangen sind. Er beschließt den Brief mit den Worten: »Uns ist klar, daß diesbezüglich gegenwärtig nichts zu machen ist.«[57]

Gilel Storch erlebt hektische Tage. Sobald er Ende März Himmlers Einladung nach Berlin erhalten hat, beginnen die Teleprinter zu rattern. Storch schickt Anfragen an alle seine Kollegen in der ganzen Welt. Was meinen sie? Soll er fahren?[58] Interessanterweise funktioniert das Telegraphenwesen während des Krieges nicht auf dieselbe Weise wie in Friedenszeiten. Storchs Anfragen gehen keineswegs direkt an die Adressaten. Sie werden weitergeleitet, über diplomatische Kanäle. Somit hören in den USA nicht Stephen Wise oder Nahum Goldmann als erste von Gilel Storchs Plänen, sondern Präsident Franklin D. Roosevelt. Und in London gelangt Storchs Anfrage nicht als erstes in die Hände von Adler-Rudel und Zelmanovits, sondern in die von Premierminister Winston Churchill.

Und wenn Storchs Kollegen sich freuen sollten über die Möglichkeiten, die sich hier auftun, so teilen sie diese Freude keineswegs mit den Alliierten.

Am 25. März wird folgende Mitteilung von der britischen Botschaft in Stockholm weitergeleitet:

> Unter keinen Umständen darf Storch Genehmigung erteilt werden, nach Deutschland zu reisen … Storch ist lettischer, staatenloser Jude. Sehr reich, ein Wichtigtuer und in gewisser Hinsicht fast ein Verrückter (z. B. wurden 17 seiner Familienmitglieder von den Deutschen ermordet, aber er bat die Wilhelmstraße um eine Bescheinigung der guten Arbeit, die er für die Juden ausgeführt hat und bat später das [schwedische] Außenministerium um ein ähnliches Dokument).[59]

Einige Tage später stellt das Foreign Office für Winston Churchill ein Promemoria zusammen. Darin heißt es, daß man beschlossen habe, Storchs Telegramm nicht an die Jewish Agency weiterzuleiten. Außerdem schlägt man vor, daß Großbritannien sich in keiner Weise für diesen Plan einsetzt. Das Promemoria schließt mit dem für das Foreign Office so typischen Standpunkt, daß »jüdische Gemeinschaften« bereit seien, »um jeden Preis« auf der Rettung von Juden zu bestehen.

Churchills Antwort, die vier Tage später kommt, halt folgenden Wortlaut: »I agree. No truck with Himmler.« (»Stimme zu. Kein Verhandeln mit Himmler.«)[60]

Auch den Amerikanern Herschel Johnson und Iver Olsen in Stockholm stockt der Atem vor Schreck, als sie Storchs Telegramm sehen – und auch sie scheinen die Weiterleitung des Telegramms zu unterbinden.[61] Zum ersten sind Johnson und Olsen überaus skeptisch, was Verhandlungen direkt mit Himmler angeht. Zum zweiten läßt die Vorstellung, daß Gilel Storch ganz allein mit dem in der gegenwärtigen Lage vielleicht höchsten Führer des Dritten Reichs sprechen soll, die Amerikaner rot sehen. »Wir sind, aufgrund unserer persönlichen Kenntnisse der Fähigkeiten Storchs, der Ansicht«, schreiben sie ans State Department, »daß es höchst unklug von ihm wäre zu fahren, sofern er nicht in Begleitung eines hochrangigen Vertreters der Neutralen reist, der sich mit diesen Fragen vollständig auskennt und die Diskussionen dominieren kann.«[62]

Das Objekt ihrer Aufmerksamkeit, Gilel Storch, befindet sich selbst in glücklicher Unwissenheit über das großpolitische Spiel, das um ihn her vor sich geht. Er fährt in seinen Vorbereitungen fort, möglicherweise verwundert darüber, daß er noch keine Antwort von seinen Kollegen aus dem Ausland erhalten hat.

Dies heißt indessen nicht, daß der Gedanke an die Reise hinunter zu Himmler Storch völlig unbekümmert lässt. Erstens soll gerade die Schlußoffensive gegen Berlin eingeleitet werden, und es wird ein schonungsloses Bombardement der Alliierten erwartet. Zweitens ist Gilel Storch ja Jude – und seit Kriegsausbruch hat kein Jude Heinrich Himmler von Angesicht zu Angesicht gegenübergestanden, ohne daß ein Gewehrlauf auf ihn gerichtet gewesen wäre. Nicht viele Juden, die noch ihre fünf Sinne beisammen haben, würden vermutlich auch nur auf den Gedanken kommen, nach Deutschland zu reisen – ohne eine Armee im Rücken. Und Gilel Storch hat nicht nur keine Armee. Er hat nicht einmal ein Land. Gilel Storch ist staatenlos. Mit anderen Worten steht er nicht unter dem Schutz irgendeiner Nation, er ist, aus diplomatischer Sicht, allein.

Dies letzte macht Storch und seiner Familie vielleicht am meisten Sorgen.

»Alle seine Freunde in der Gemeinde rieten ihm davon ab zu fahren«, erzählt seine Tochter Eleonora. »Und Mama war geradezu hysterisch. Sie hatte damals drei Kinder, in einem fremden Land, dessen Sprache sie nicht beherrschte. Sie hatte Angst davor, daß er führe, ein Jude in Deutschland, ohne Schutz durch das schwedische Konsulat.«[63]

Und was ist die Einstellung der schwedischen Regierung dazu, Storch fahren zu lassen? Denn in der Tat sind es die Schweden, die zu guter letzt den Beschluß zu fassen haben. Obwohl die erste Stellungnahme des amerikanischen State Departments und des War Refugee Board zu dieser Frage mit dem Satz beginnt: »Das Departement und der WRB sind nicht (wiederhole: nicht) einverstanden damit, daß Storch nach Berlin reist …«, so werden sie später diesen Standpunkt etwas revidieren. Der Beschluß wird statt dessen der schwedischen Regierung überlassen, unter der Voraussetzung, daß eine eventuelle Diskussion mit Himmler sich ganz auf humanitäre Fragen beschränkt, und unmittelbar abgebrochen wird, wenn sie zu »politisch« wird.[64]

»[Außenminister] Günther war ja sehr interessiert«, erzählt Gösta Engzell sechsunddreißig Jahre später. »Und wir fanden ja alle, daß dies eine außerordentliche Gelegenheit war, das erste Mal, daß Himmler immerhin seine Zustimmung dazu gab, einen Juden zu empfangen, aus Schweden.«[65]

Die schwedische Regierung hat also nichts dagegen, daß der Flüchtling Gilel Storch zu Verhandlungen mit Himmler nach Deutschland fährt! Doch was ist mit seiner fehlenden Staatsangehörigkeit? Storch bittet unmittelbar die schwedische Regierung um einen provisorischen schwedischen Paß – Schweden hat ja für so viele andere Juden in einer Notsituation provisorische schwedische Pässe ausgestellt. Und laut Felix Kerstens Bericht stellen sich Ministerpräsident Per Albin Hansson ebenso wie der Justizminister und der Staatssekretär im Außenministerium Engzell positiv zu diesem Begehren.[66]

Und so nimmt Gilel Storch am 28. März 1945 die Einladung des Reichsführers Heinrich Himmler, zu Verhandlungen von Angesicht zu Angesicht nach Berlin hinunterzukommen, an.[67]

Am Tag darauf erhält er einen Brief von Felix Kersten:

Ich will die Gelegenheit benutzen, wörtlich Herrn Himmlers Worte wiederzugeben, die er anläßlich Ihrer Reise geäußert hat: »Ich versichere bei meinem Leben und meiner Ehre, daß Hernn Storch nichts geschehen wird.«

Durch meine lange Bekanntschaft mit Herrn Himmler weiß ich, daß er zu seinem Wort steht, aber um Ihnen die größtmögliche Sicherheit zu bieten, werde ich Sie selbstverständlich auf Ihrer Reise nach Deutschland begleiten und übernehme Ihnen und Ihrer Organisation gegenüber die Verantwortung dafür, hoch verehrter Herr Storch, daß Sie nicht nur aufs Beste empfangen werden, sondern auch wohlbehalten nach Schweden zurückkehren.[68]

Somit scheint alles bereit zu sein für Gilel Storchs Reise. Doch eine Frage bleibt: Worüber sollen er und Himmler diskutieren. Denn wenn Himmler schon versprochen hat, zwischen fünf- und zehntausend Juden nach Schweden ausreisen zu lassen, dann gibt es wohl nicht mehr viel zu diskutieren. Oder hat er es gar nicht versprochen? Wie wir bald sehen werden, deutet manches darauf hin, daß Himmler Kersten nie das Versprechen gab, fünf- bis zehntausend Juden freizulassen. Und wie steht es mit dem Versprechen, die Konzentrationslagerhäftlinge nicht zu liquidieren? Hat Himmler wirklich versprochen, die Lager mit sämtlichen Gefangenen und intakt an die Alliierten zu übergeben? Oder hat er es nicht getan? Hier deutet manches darauf, daß Himmler tatsächlich Maßnahmen ergriffen hat. In einem Brief vom 10. März an vier hohe Nazifunktionäre mit Verantwortung für die Konzentrationslager – unter anderem Ernst Kaltenbrunner und Oswald Pohl – schreibt Himmler, daß er Nachricht von einer Typhusepidemie in Bergen-Belsen erhalten habe. Er fordert, daß »unverzüglich dieser Seuche mit allen medizinischen Hilfsmitteln entgegengetreten wird« und »weder am Einsatz von Ärzten noch an Medikamenten« gespart werden darf. Und er fügt hinzu: »Die Gefangenen stehen unter meinem besonderen Schutz.«[69]

Daß Himmler sich wirklich entschlossen hat, die »Gefangenen zu schützen«, geht auch aus einem Vorfall neun Tage später, am 19. März hervor. An diesem Tag trifft der für die jüdischen Lager verantwortliche Oswald Pohl zusammen mit u. a. dem früheren Auschwitz-Kommandanten Rudolf Höß in Bergen-Belsen ein. Sie bringen einen Befehl von Reichsführer Himmler an den Lagerkommandanten Hauptmann Josef Kramer mit. Der Befehl lautet, daß »kein einziger Jude mehr« getötet werden soll und daß die Todeszahlen mit allen Mitteln reduziert werden müssen.[70]

Dies ist ein sehr wichtiger Befehl, der für die Bewertung von Heinrich Himmlers Agieren gegen Kriegsende von zentraler Bedeutung ist. Vermutlich wurde dieser Befehl teilweise als Ergebnis der Verhandlungen Kerstens mit Himmler erlassen, teilweise als Ergebnis paralleler Verhandlungen zwischen dem Vorsitzenden des Internationalen Roten Kreuzes Burckhardt und Ernst Kaltenbrunner. Burckhardt vertritt wie Kersten die Interessen einer dritten Seite: In Burckhardts Fall ist der Vertreter des World Jewish Congress in Genf, Gerhart Riegner, die treibende Kraft im Hintergrund. In Kerstens Fall ist es Gilel Storch.

Daß Kersten wirklich entscheidenden Einfluß auf die Entscheidung gehabt hat, die Lagerinsassen leben zu lassen, wird von Walter Schellenberg bekräftigt. Am 7. April soll nämlich Himmler (via Schellenberg) Jean-Marie Musy ein Versprechen geben, die Lager vor der Ankunft der Alliierten nicht zu evakuieren. Doch erst auf Drängen von Kersten hin. Schellenberg schreibt: »In dieser Frage übte Dr. Kersten, der sich zu diesem Zeitpunkt in Stockholm befand, großen Einfluß auf Himmler aus, und er war mir eine große Hilfe.«[71]

Doch dieses wichtige Versprechen, die Lagerinsassen leben zu lassen, wird sehr bald – schon binnen weniger Stunden – und in dramatischer Weise, umgestoßen werden. Zumindest wenn man Gilel Storch Glauben schenken darf.

48

Der Abend des 7. April 1945 ist ein normaler Abend. So normal wie ein Abend denn sein kann für einen jüdischen Flüchtling, der sich bereit macht, nach Nazi-Deutschland zu fahren und mit dem Henker der Juden, Heinrich Himmler, zu verhandeln. Anja Storch hat ihrem Mann ein spätes Abendessen zubereitet, der getreu seiner Gewohnheit rechtzeitig nach Hause gekommen ist, um seine schlafenden Kinder zu studieren. Anja hat sich mit vielem abgefunden – seinen späten Gewohnheiten (und mit wem trifft er sich eigentlich nachts?), seinem Desinteresse an der Familie (zumindest was die investierte Zeit betrifft), sogar mit seinen unangenehmen Gesprächspartnern. Doch wie soll sie sich damit abfinden, daß er nach Nazi-Deutschland fahren und Himmler treffen will?! Anja sitzt schweigend dabei, während Gilel gierig das Essen hinunterschlingt. Er hat einen guten Appetit. Und es ist offensichtlich, daß er seine Aufmerksamkeit nicht auf Anja richten will. Gilel weiß, was sie fühlt, und will sich nicht beeinflussen lassen. Er hat nämlich seinen Entschluß gefaßt, und zwar endgültig. Natürlich haben ihm viele abgeraten, aber seine Kollegen im World Jewish Congress – Norbert Masur, Fritz Hollander, sogar Rabbi Ehrenpreis – haben ihn gleichzeitig verstehen lassen, daß es viel wert sein kann, wenn er es wagt zu reisen. Tatsächlich kann es die einzige Chance sein, die Juden, die sich noch in den Konzentrationslagern befinden, zu retten. Und deren Anzahl beträgt zu diesem Zeitpunkt, glaubt man, zwischen dreihundertfünfzig- und vierhunderttausend.

Anja steht plötzlich vom Tisch auf, nimmt seinen leeren Teller und geht hinaus. Ohne ein Wort zu sagen. In diesem Moment klopft es an der Tür. Heftig. Es ist Mitternacht. Gilel wirft einen Blick auf seine Frau, die aus der Küche gekommen ist. Sie meint eine Andeutung von Erschrecken in seinem Gesicht lesen zu können. Und so geht sie zur Tür und öffnet. Herein stürzt der Mann, den Anja zum ersten Mal an einem Nachmittag vor drei Jahren im Grand Hotel Saltsjöbaden getroffen hat.

»Herr Storch«, keucht Edgar Klaus und ringt nach Luft. Gilel meint zu sehen, wie er sich die Hand übers Herz legt. »Herr Storch, Kaltenbrunner hat befohlen, Bergen-Belsen in die Luft zu sprengen! Morgen früh, um sechs, legen sie Dynamit unter die Baracken.«

Gilel Storch hat später erzählt, er habe in dieser Nacht die gleiche Mitteilung von Peter Kleist bekommen, der sich ebenfalls in Stockholm aufhält.[1] Und was tut Gilel Storch: Er wirft sich in seinen Mantel und beginnt zu laufen. Von der Furusundsgata auf Gärdet bis zur Linnégata auf Östermalm.

»In jener Nacht, während er auf das Gespräch mit Himmlers Kanzlei wartete«, berichtet Storchs Freund Karl Berman, »zog sich Gilel, wie er selbst erzählt hat, ein Herzleiden zu, das ihm, so glaube ich, durch sein ganzes restliches Leben folgte.«[2]

Felix und Irmgard Kersten schliefen natürlich schon, als sie vom lauten Klopfen an der Wohnungstür geweckt wurden. Felix hatte seinen Morgenrock angezogen und war zur Tür gegangen, um zu öffnen. Er war nicht verwundert, als er Gilel vor der Tür erblickte. Er konnte sich nicht vorstellen, daß es jemand anders hätte sein können.

»Kaltenbrunner hat befohlen, Bergen-Belsen zu sprengen!« stößt Storch hervor, während er mit großen Schritten durch die Halle in Kerstens Arbeitszimmer geht. Kersten folgt ihm. Er weiß, wohin Storch will, und es bedarf keiner weiteren Worte zwischen ihnen. Kersten hebt nur den Telefonhörer und meldet ein Gespräch zu Heinrich Himmlers privater Nummer an, 1-4-5. Danach müssen sie warten, stundenlang – Storch zufolge vier Stunden –, um mit Himmlers persönlichem Adjutanten, dem SS-Oberst Rudolf Brandt, sprechen zu können.

»Es ist möglich, doch man weiß es nicht sicher, daß Storch selbst in dieser Nacht auch direkt mit Brandt sprach«, sagte Svante Hansson. »Einige Angaben sprechen dafür, Storch selbst drückt sich vage aus.«[3]

Storch hat einer Reihe von Personen von dieser Episode erzählt, Freunden wie Historikern. Dem holländischen Kersten-Forscher N. W. Posthumus gegenüber gibt er an, selbst mit Brandt gesprochen zu haben. Und er sagt bei dieser Gelegenheit auch, daß Ottokar von Knieriem während des Gesprächs anwesend gewesen sei:

> In der Nacht des 7. April 1945, als ich erfuhr, daß Kaltenbrunner trotz der Versprechen, die Himmler dem Medizinalrat Kersten gegeben hatte, den Befehl gegeben hatte, das Lager Bergen-Belsen zu sprengen, begab ich mich zusammen mit Herrn von Knieriem zu Medizinalrat Kersten, und dort saßen wir vier Stunden zusammen und warteten auf ein Gespräch mit Himmlers Hauptquartier. Medizinalrat Kersten sprach in dieser Nacht mit verschiedenen Personen, unter anderem mit Dr. Brandt, Himmlers persönlichem Sekretär, mit dem ich in dieser Nacht ebenfalls sprechen konnte. Das Lager sollte von ungarischen SS-Leuten, die eigens für diesen Auftrag ausgewählt waren, in die Luft gesprengt werden. Dr. Brandt wollte mir zuerst nicht glauben, doch später in dieser Nacht rief Dr. Brandt noch einmal Herrn Medizinalrat Kersten zurück und teilte mit, daß alle Maßnahmen getroffen worden seien, um sicherzustellen, daß das Lager von Kaltenbrunner nicht in die Luft gesprengt würde.[4]

»Vater erzählte uns, er habe zu Brandt gesagt: ›Herr Brandt, Sie haben Ihre Offiziersehre befleckt‹«, berichtet Storchs Tochter Eleonora.[5]

Zum Zeitpunkt dieses Telefonats leben noch circa sechzigtausend Menschen in Bergen-Belsen.[6] Doch sie leben unter entsetzlichen Verhältnissen. Die Flecktyphusepidemie, deretwegen Himmler einen Monat zuvor Alarm geschlagen hat, hat keineswegs eingedämmt werden können, und sie allein fordert zweihundertfünfzig bis dreihundert Tote pro Tag.[7] Hunger und andere Krankheiten fordern mindestens noch einmal so viele. Als britische Truppen eine Woche später Bergen-Belsen befreien, finden sie fünfundfünfzigtausend bis sechzigtausend ausgemergelte Gefangene und dreizehntausend nicht begrabene Leichen. Von den Überlebenden werden dreizehntausend nach der Befreiung sterben.[8]

Doch mehr als vierzigtausend Menschen werden lebend aus dieser Hölle herauskommen. Denn Bergen-Belsen wird nicht in die Luft gesprengt.

Die Frage ist: War es das Eingreifen Storchs und Kerstens in der Nacht vom 7. auf den 8. April, das diese vierzigtausend Menschen gerettet hat. Existierte überhaupt jemals ein Befehl, das Lager zu sprengen?

Können wir überhaupt sicher sein, daß das Telefongespräch mit Brandt in dieser Nacht tatsächlich stattfand? Kersten scheint diese Episode nämlich nicht geschildert zu haben. Wir haben nur Gilel Storchs Aussage dazu.[9]

Fragt man Storchs Kollegen in der Schweiz, Gerhart Riegner, so scheint er zu der Auffassung zu neigen, die Information über die bevorstehende Sprengung von Bergen-Belsen könne falscher Alarm gewesen sein.

»Es existieren andere Berichte, denen zufolge keine Gefahr bestand«, sagt Riegner. »Ich kann dies nicht beurteilen. Ich weiß, laut Storch verhinderten sie, daß etwas geschah, und erreichten, daß Kaltenbrunner gestoppt wurde. Ob Kaltenbrunner wirklich derartige Absichten hatte oder nicht, kann ich nicht entscheiden.«[10]

Daß Bergen-Belsen bedroht war, wenn nicht von der Sprengung, so zumindest von der »Evakuierung«, wird auch von Aussagen Walter Schellenbergs während des Kriegs und danach angedeutet. Zu ungefähr diesem Zeitpunkt hatte Schellenberg ja zu Folke Bernadotte gesagt, Hitler habe »bestimmt, daß die Lager Buchenwald, Bergen-Belsen und wahrscheinlich auch Theresienstadt evakuiert werden sollten, wobei die Gefangenen gezwungen sein würden, auf Fußmärschen eine Strecke von rund 300 Kilometern zurückzulegen«.[11]

Auf eine direkte Frage von Gilel Storch wird Schellenberg nach dem Krieg schreiben:

> Auf der Grundlage der Versicherungen, die Himmler mehrfach abgab, gelang es, teils dadurch, daß Befehle nicht weitergegeben wurden, teils durch eine intime Zusammenarbeit mit Dr. Brandt, die Lager nicht zu evakuieren. Wenn Kaltenbrunner zwischenzeitlich trotzdem Evakuierungsbefehle gab, gegen Himmlers Versprechen, gelang es dennoch, einen ansehnlichen Teil der Lager vor der Evakuierung zu bewahren. Es handelte sich hauptsächlich um die Lager Buchenwald, Bergen-Belsen, Theresienstadt und viele andere Lager in Süddeutschland.[12]

Buchenwald soll durch ein Eingreifen Himmlers am 10. April gerettet worden sein, nachdem Kaltenbrunner im Widerspruch zur Order seines Chefs eine

Evakuierung befohlen hatte.[13] Und in diesem Brief gibt Schellenberg also an, daß Bergen-Belsen in ähnlicher Weise durch Kaltenbrunners Kontreorder bedroht gewesen sei. Es gibt somit zumindest Indizien dafür, daß das Lager bedroht war.

Der israelische Historiker Dov Dinur ist, im Unterschied zu Riegner, fest davon überzeugt, daß das Telefongespräch aus Kerstens Wohnung in der Nacht vom 7. auf den 8. April Bergen-Belsen rettete.

»Wir haben erstens Zeugenaussagen von Menschen, die zu diesem Zeitpunkt in Bergen-Belsen waren – der World Jewish Congress hat ja nach dem Krieg die Zeugenaussagen von Überlebenden gesammelt. Und ein Teil von denen, die in Bergen-Belsen saßen, sagte, ›ja, wir haben gesehen, wie sie Dynamit unter die Baracken legten‹. Ich habe mindestens acht oder neun Zeugenaussagen hierzu gesehen.«[14]

Dinurs Auffassung wird teilweise gestützt durch die polnische Jüdin Gita Frister, die nach dem Krieg nach Schweden kam. Sie selbst sah keinen Sprengstoff, hörte jedoch von anderen davon:

»Als ich im Februar 1945 nach Bergen-Belsen kam«, berichtet sie, hörten wir als erstes von den anderen Gefangenen, daß das Lager vermint sei und gesprengt werden sollte, bevor es den Alliierten übergeben würde.«[15]

Es gibt einen interessanten, wenn auch ein wenig mystifizierenden Brief, der möglicherweise ein gewisses Licht über diese Episode werfen kann. Der Brief wurde Kersten am 10. April von Folke Bernadotte überbracht, als dieser von seinem dritten Besuch in Berlin zurückkam. Er ist jedoch zwei Tage zuvor von Himmlers Adjutant Rudolf Brandt geschrieben worden und hat folgenden Wortlaut:

Berlin, den 8.April 1945

Sehr verehrter, lieber Herr Kersten!

In Ergänzung meines Briefes vom 21.3.1945 kann ich Ihnen leider noch keine positiven Angaben machen. Die Schwierigkeiten bei der Feststellung sind infolge der durch die Bombenangriffe hervorgerufenen Verlagerungen und Verzögerungen doch erheblich gross. Ich kann Sie nur versichern, daß ich mich nach wie vor bemühe, die Erhebungen mit der größtmöglichen Beschleunigung von den zuständigen Stellen vornehmen zu lassen. Ich muß Sie, so leid es mir tut, erneut um Geduld bitten.

Vielleicht freut es Sie zu hören, daß vom Reichsführer SS für das Lager Bergen-Belsen ein Sonderkommissar eingesetzt worden ist, der von ihm genaue Richtlinien erhalten hat. [...]

Brandts Brief geht weiter mit der Beschreibung eines »interessanten Film[s] über Theresienstadt«, einer Erwähnung dessen, daß viele von Ungarns Juden »zurückgelassen« wurden, und der Information, daß Himmler dem Internationalen Roten Kreuz die Genehmigung gegeben habe, Theresienstadt zu besuchen.[16]

Wie soll man diesen Brief verstehen? Offenbar handelt es sich um einen Versuch, Kersten – oder Storch? – zu besänftigen und um Geduld zu bitten. Aber ist es nur eine Entschuldigung dafür, daß es Brandt und Himmler nicht gelungen ist, seit Kerstens Abreise am 21. März etwas zu erreichen? Oder bezieht der Brief sich auf etwas, was zwischenzeitlich geschehen ist? Der Brief ist trotz allem am 8. April geschrieben, nur wenige Stunden nach dem angeblichen Telefongespräch aus Kerstens Wohnung.

»Der Brief ist an die Juden geschrieben«, sagt Dov Dinur. »Das ist ganz offensichtlich. Würde ein hoher SS-Offizier Himmlers Masseur um Entschuldigung bitten?! Warum?« Dinur ist davon überzeugt, daß der Brief tatsächlich in direkter Fortsetzung des in der Nacht zuvor geführten Telefonats steht. Und natürlich stützt er sich dabei auf den Satz, der sich auf Bergen-Belsen bezieht: »Im Brief steht, Himmler habe einen Sonderkommissar nach Bergen-Belsen geschickt. Wir wissen heute, wer dieser Mann war. Es war Kurt Alexander Becher.«

SS-Obersturmbannführer Kurt Becher – der Mann, der ungarisch-jüdische Millionäre im Austausch gegen ihren gesamten Besitz rettete – war, als die sowjetische Armee sich Budapest näherte, zum Chef des Evakuierungsstabs« ernannt worden. »Evakuierung« bezog sich in diesem Fall nicht auf Menschen, sondern auf Besitzgegenstände. Informationen zufolge, die nach dem Krieg zugänglich wurden, benutzte Kurt Becher 25 000 Lastwagen und Eisenbahnwaggons, um Gegenstände im Wert von 6 000 000 000 Schweizer Franken aus Ungarn abzutransportieren. Der überwiegende Teil dieser Gegenstände gehörte Juden.[17] Doch Becher nahm auch etwas anderes aus Budapest mit. Er ließ eine Anzahl von Juden mitfahren, den ganzen Weg bis zur Schweizer Grenze, als Beweis für seine humanitäre Haltung. Unter diesen Juden befand sich sein inzwischen ewiger Begleiter, Rezsö Kasztner.

Anfang April bietet Heinrich Himmler dem treuen Becher einen neuen Auftrag an: Er fragt ihn, ob er »Reichskommissar für sämtliche Konzentrationslager« werden möchte. Becher nimmt an, und ein paar Tage später wird er, genau wie Dinur hervorhebt, nach Bergen-Belsen geschickt. Interessanterweise fährt Becher nicht allein. Er hat den Juden Rezsö Kasztner bei sich (der also freiwillig nach Deutschland gekommen ist), in eine SS-Uniform gekleidet![18] Becher und Kasztner haben nämlich eine Form von symbiotischer Beziehung: Kasztner will Juden retten, Becher will der Nachwelt beweisen, daß er Juden gerettet hat. Dazu braucht er einen Zeugen, eine »lebende Lebensversicherung«. Dieser Zeuge ist Rezsö Kasztner.[19]

»Am 10. April trafen Becher und Kasztner in Bergen-Belsen ein«, berichtet Dov Dinur. »Das wissen wir aus einem Brief, den Kasztner unmittelbar danach an Saly Mayer geschickt hat, und aus einem Buch, das er nach dem Krieg schrieb. Kasztner schreibt, daß sie bei ihrer Ankunft sogleich zum Lagerkommandanten gingen und diesen zu überreden versuchten, das Lager intakt den Alliierten zu übergeben. Der Kommandant gab zurück: ›Oh, aber ich habe Befehl von Hitler, keinen einzigen der Gefangenen am Leben zu lassen.‹ Da erwiderte Becher: ›Nun gut, rufen wir Himmler an.‹ Und so geschah es. Auf diese Weise gelang es, den Kommandanten dazu zu bringen, den Engländern das Lager intakt zu übergeben.«

Dinur vertritt die Ansicht, es gebe noch ein weiteres Dokument, das bekräftige, daß Becher und Kasztner an diesem Tag wirklich in Bergen-Belsen waren: »Es handelt sich um ein kleines Heft, geschrieben von einer Zivilperson, die in der Nähe des Lagers wohnte und prinzipiell alles, was in der Umgebung geschah, dokumentierte. Und in dem Heft steht, daß an diesem Tag der hohe SS-Offizier Becher in Gesellschaft eines in Zivil gekleideten Mannes mit Namen Kasztner eingetroffen sei.«[20]

»Dies sind also alle Fakten, und sie passen zusammen«, stellt Dinur fest. »Am 8. April, früh am Morgen, erreichen Kersten und Storch telefonisch Himmlers Kanzlei. Einige Stunden später schickt Brandt einen Brief an Kersten, und Himmler schickt Becher nach Bergen-Belsen, mit einem Befehl an den Lagerkommandanten, das Lager nicht zu sprengen. Alle Puzzleteile passen zusammen!«

Dinur stößt sich nicht an der Tatsache, daß Becher und Kasztner erst zwei Tage nach dem Telefonat in Bergen-Belsen ankommen und damit nach dem Zeitpunkt, zu dem das Lager eigentlich hätte gesprengt werden sollen: »Nein, ich glaube nicht, daß die Zeitangaben, die Storch bekam, exakt sein müssen, aber Bechers und Kasztners Reise sowie Kasztners Bericht weisen darauf hin, daß die Bedrohung real war, und daß sie beseitigt wurde.« Dinur ist also, im Gegensatz zu Riegner, davon überzeugt, daß Storch und Kersten in jener Nacht das Lager Bergen-Belsen und seine Gefangenen vor dem Untergang retteten: »Wenn es nicht jemanden wie Storch in Stockholm gegeben hätte, der tat, was er tat, sobald er seine Information bekommen hatte, wären 60 000 Menschen ermordet worden.«[21]

Auch diese Erzählung hat einen Epilog: Nachdem sie mit Bergen-Belsens Lagerkommandanten gesprochen haben, ziehen Becher und Kasztner auf ihrer gemeinsamen Kampagne zur Rettung von Juden weiter. Das nächste Lager, das sie erreichen – und retten –, ist, laut Becher, Neuengamme, wo die skandinavischen Gefangenen zusammengelegt worden sind. Danach retten sie, immer noch laut Becher, auf ähnliche Art und Weise Mauthausen und Dachau.[22] Der Historiker Yehuda Bauer, der sich auf Rettungsaktionen von Juden während des Krieges spezialisiert hat, ist bereit, Kurt Becher zumindest für einen Teil davon das Verdienst zuzuerkennen. »Er war«, schreibt Bauer, »ein überzeugter, wenn auch oberflächlicher und opportunistischer Nationalsozialist – von solcher Art, wie es viele Massenmörder waren. Becher hat wahrscheinlich getötet, wahrscheinlich auch gemordet, ganz sicher aber Menschen bestohlen und erpreßt – und möglicherweise einigen hunderttausend Menschen das Leben gerettet.«[23]

Kurt Becher wurde einer von denen, die mit Walter Schellenberg um den bei Kriegsende so begehrten Titel »rettender Engel der Juden« wetteifern sollten. Und Becher sollte in dieser Rolle besonders erfolgreich sein. Er hatte ja seine »lebendige Lebensversicherung« Rezsö Kasztner bei sich. Als Becher nach dem Krieg, am 7. Juli 1947, während der Kriegsverbrecherprozesse in Nürnberg von den Alliierten verhört wird, taucht plötzlich Rezsö Kasztner auf. Was folgt, ist eine surrealistische Diskussion zwischen den beiden Männern. Becher behauptet, sich an nichts in den letzten Tagen in Budapest erinnern zu können. Kasztner frischt daraufhin seine Erinnerung auf, indem er Becher daran erinnert, daß er Himmler dazu überredet habe, Budapests Juden leben zu lassen.[24]

Es gelingt Kurt Alexander Becher, den Gerichten einzureden, er habe sich bei seinem Wirken für Nazi-Deutschland ausschließlich »administrativer Arbeit« gewidmet. Als später in den fünfziger Jahren deutsche Staatsanwälte auf einen schriftlichen Befehl Himmlers an Becher stoßen, demzufolge er die Hinrichtungstätigkeit eines Teils der Einsatzkommandos zu koordinieren habe, kommt diesen Staatsanwälten das Dokument ebenso rasch wieder abhanden.[25] Vielleicht liegt dies daran, daß Kurt Alexander Becher zu diesem Zeitpunkt einer von Deutschlands reichsten und einer von Bremens einflußreichsten Männern ist. Und das wird er bleiben.

Rezsö Kasztner geht es nicht annähernd so gut. Er wird 1957 in seiner neuen Heimat Israel von einem Rechtsextremisten ermordet, weil er »seine Seele an Satan verkauft« habe.

Gilel Storch will eine Bekräftigung haben, daß Himmler diesmal sein Versprechen hält. Und er wendet sich deshalb an Folke Bernadotte.

Am 11. April 1945 schreibt Storch deshalb einen Brief an Bernadotte, der soeben aus Berlin zurückgekehrt ist.[26]

Folke Bernadotte antwortet ihm einige Tage später:

> Sehr geehrter Herr Storch,
> In Beantwortung Ihres Briefes vom 11.d.M. kann ich Ihnen mitteilen, daß ich im Rahmen meiner Verhandlungen mit Reichsführer Himmler Klarheit dahingehend bekommen habe, daß die Konzentrationslager für Juden in Deutschland nicht evakuiert werden, sondern daß diese Lager der zuständigen alliierten Militärbehörde intakt übergeben werden dürften.
>
> Die hierbei besonders erwähnten Lager waren Theresienstadt, Bergen-Belsen und Buchenwalde *[sic!]*.[27]

Bernadotte bezieht sich hier vermutlich auf die Informationen von Schellenberg, und diese Gespräche führte er ja, wie oben beschrieben, spätestens am 8. April.[28]

Aber für Gilel Storch ist dies auf jeden Fall die erste unabhängige Bekräftigung dessen, daß Himmler seine Kersten gegebenen Versprechen zu halten gedenkt.

Das Problem ist, daß Himmler nicht einmal jetzt zu seinem Beschluß zu stehen wagt. Am 14. April schickt er plötzlich zwei Telegramme ab, eins an den Lagerkommandanten von Dachau, eins an dessen Kollegen in Flossenbürg. In diesen Telegrammen heißt es: »Das Lager ist umgehend zu evakuieren. Kein Gefangener darf lebend in die Hände des Feindes fallen.«[29] Der Beschluß, die Gefangenen zu retten, gilt nicht mehr.

»Himmler war in schweren seelischen Nöten«, berichtet Walter Schellenberg. »Was sollte er tun? Er konnte Hitler nicht erschießen, er konnte ihn nicht vergiften, er konnte ihn nicht verhaften lassen, denn die ganze Militärmaschine würde dadurch lahmgelegt.« Schellenberg versucht, seinen Chef zu der Einsicht zu bringen, daß dieser jetzt nur noch die Wahl zwischen zwei Möglichkeiten habe: Entweder geht er zu Hitler und zwingt ihn zur Abdankung, oder er setzt ihn mit Waffengewalt ab!

»Ich kann so mit Hitler nicht reden«, protestiert Himmler bedrückt. »Er würde einen Tobsuchtsanfall bekommen und mich auf der Stelle niederschießen!«[30]

Es ist der 13. April. Schellenberg und Himmler machen einen Waldspaziergang in der Nähe des Sommerhauses in Wustrow, in dem der Reichsführer sich derzeit aufhält. Heinrich Himmler ist unerhört gehetzt, fast an der Grenze eines Nervenzusammenbruchs. Nie ist der Konflikt zwischen seinem Bedürfnis, die eigene Haut zu retten, und dem Bedürfnis, etwas Größerem als er selbst – nämlich Adolf Hitler – anzugehören und darin aufzugehen, so auf die Spitze getrieben worden. Und jetzt, zu allem Überfluß, drängen ihn seine engsten Vertrauten, Felix Kersten und Walter Schellenberg, er solle sich mit einem Juden treffen!

»Wie könnte ich das tun, mit Kaltenbrunner, der mir auf den Füßen steht«, stößt Himmler aus, laut Schellenberg. »Ich wäre ihm vollkommen ausgeliefert!«[31]

Himmler versucht alles, um das Treffen mit dem Juden Gilel Storch aufzuschieben (und er hat es, unter dem Vorwand, verreist zu sein, schon mehrfach aufgeschoben). Schellenberg versucht ebenso hartnäckig, seinen Chef davon zu überzeugen, daß der Termin »sowohl aus Gründen gegenüber Herrn Kersten als auch aus den grundsätzlichen Erwägungen« nicht länger hinausgeschoben werden kann.

»Himmler spürte die grundsätzliche Seite seiner Begegnung mit Herrn Storch«, schreibt Schellenberg, »da er fühlte, mit einer solchen Aussprache eine Handlung zu vollziehen, die gerade für ihn zu Lebzeiten Hitlers ungeheure Konsequenzen haben mußte, sowohl gegenüber seinen Parteikollegen als auch gegenüber der Judenschaft. Dies war mit ein Grund seines dauernden Hin- und Herschwankens. Ich bestärkte ihn mit allen Mitteln, die Besprechung wahrzunehmen, vielleicht selbst nur aus einer Ahnung heraus, daß diese Besprechung einmal von symbolischer Bedeutung sein könnte.«[32]

Schellenbergs Wille ist, wie so häufig, stärker als Himmlers. Der Reichsführer stimmt am Ende, nach quälenden inneren Kämpfenen, einem Treffen mit Gilel Storch endgültig zu.

Als Folke Bernadotte am 9. April von Berlin nach Stockholm zurückkehrte, hatte er zwei Norweger mit an Bord. Der Rektor der Universität Oslo, Professor Seip, und seine Frau hatten die Erlaubnis erhalten, nach Hause zurückzukehren – was Bernadotte sich später als Verdienst anrechnen wird, wozu aber in mindestens ebenso hohem Maß Kersten beigetragen hat.[33] Als Professor Seip nach Stockholm kommt, trifft er sofort Niels Christian Ditleff, mit dem er früher schon über die Distanz hinweg zusammengearbeitet hat. Und was Seip Ditleff berichtet, läßt diesen unmittelbar Kontakt mit dem Außenministerium aufnehmen:

> Professor Seip hat nach seiner Ankunft hier berichtet, es könne vermutet werden, daß die norwegischen Gefangenen in Stutthof, und eventuell auch andere Gefangene, von den Deutschen von Stutthof zur Hela-Halbinsel gebracht wurden und sich noch unter deutscher Herrschaft befinden. Die Deutschen hatten offenbar vorgeschlagen, daß das Schwedische Rote Kreuz diese Gefangenen an einen anderen Ort im noch nicht besetzten Deutschland transportieren sollte, was das Schwedische Rote Kreuz ablehnen mußte. Jetzt stellt sich die Frage, ob es nicht Möglichkeiten gibt, diese Gefangenen, die so besonders wertvolles Menschenmaterial für den Wiederaufbau in Norwegen sind, mit Hilfe des Schwedischen Roten Kreuzes per Schiff oder Flugzeug nach Lübeck oder, besser noch, auf dänisches oder schwedisches Territorium zu überführen.[34]

»Der Winter ging zu Ende«, erinnert sich Stella Grünspan. »Wir waren nicht mehr viele Gefangene in Stutthof. Aber die Deutschen waren noch da. Manchmal glaubten wir Flugzeuge zu hören. Weit entfernt, aber trotzdem. Wir begannen tatsächlich zu hoffen, daß der Krieg bald vorüber wäre. Vielleicht würden die Deutschen es nicht schaffen, uns zu verlegen, wie sie unsere Mitgefangenen verlegt hatten. Vielleicht würden wir sogar überleben.«

Tatsächlich hatten, wovon die Gefangenen nichts wußten, die Russen schon lange das Gebiet um Danzig und den größeren Teil Polens erobert. Die sowjetische Armee stand nämlich schon kurz vor Berlin. Doch man hatte einen kleinen Halbkreis um Danzig herum in den Händen der Deutschen belassen. In diesem Halbkreis lag auch Stutthof.

»Die Tage vergingen«, erzählt Stella. »Dann, eines Tages, es kann im März oder April gewesen sein, hörten wir Kanonendonner. Jetzt bestand kein Zweifel mehr: Die Front näherte sich! Wir wußten nur nicht, ob wir Freude oder Angst empfinden sollten. Vielleicht würden wir von unseren Alliierten getötet? Vielleicht würden sie das Lager bombardieren? Ich lief hinüber zu meiner Schwester Ruth, die sich wie ich noch in der Krankenstube befand. Ich kroch neben ihr auf die Pritsche. Wenn etwas passierte, so wollte ich, daß wir zusammen stürben. Und gerade als sie sich anders hingelegt hatte, um mir Platz zu machen, passierte es. Die Bombe schlug ein. Die Krankenbaracke, in der wir uns befanden, begann zu brennen, um uns her lagen tote und verwundete Menschen, sogar auf der Pritsche unter uns. Wie durch ein Wunder war ausgerechnet unsere Pritsche, die von meiner Schwester und mir, verschont geblieben.«

Es war im März, genauer gesagt am 28. März, als die Krankenbaracke in Stutthof von sowjetischen Flugzeugen bombardiert wurde. Achtundzwanzig Menschen wurden getötet, fünfunddreißig verletzt. Vier Tage später nimmt die sowjetische Armee Danzig ein. Aber Stutthof, dreißig Kilometer entfernt, verbleibt in den Händen der Deutschen.

»Die Überlebenden unserer Krankenstube wurden in eine Baracke verlegt«, erinnert sich Stella. »Doch dort konnten wir nicht lange bleiben. Ich weiß nicht genau, wie lange. Es war schwer, im Lager die Zeit zu messen, aber ich erinnere mich, daß eines Tages die Deutschen kamen und sagten, wir müßten auf der Stelle das Lager verlassen. Wer auf seinen Beinen stehen könne, sollte gehen, denn das Lager sollte geräumt werden.«

Die letzten Gefangenen in Stutthof – die zurückgelassen worden waren, weil sie krank waren, die zurückgelassen worden waren, weil sie privilegiert waren – werden jetzt gesammelt, um wie ihre früheren Mitgefangenen einen Marsch mit unbekanntem Ziel anzutreten.

»Hinter mir wurden die Tore von Stutthof geschlossen«, erzählt Stella. »Dort hatte ich die vergangenen acht Monate meines Lebens gelebt. Dort war meine

Mutter gestorben. Wir standen draußen, circa eintausend Gefangene, mit dünnen Decken über unserer Gefangenenkleidung. An den Füßen trugen wir Holzschuhe. Die Deutschen brüllten uns an: »Schnell, schnell!« Wir begannen, die Straße entlang zu gehen. Eine endlos lange Straße. Wer nicht das Tempo nicht halten konnte oder aus dem Glied fiel, wurde auf der Stelle getötet. Ich hörte ständig Pistolenschüsse und fragte mich, wohin die Deutschen uns eigentlich bringen wollten. Und wohin sie während des vergangenen Winters all die anderen Menschen gebracht hatten. Was hatten sie mit uns vor?»

»Ich konnte nur schwer gehen, denn ich war immer noch mitgenommen, aber ich schleppte mich trotzdem voran. Für Ruth war es schlimmer. Sie hatte noch immer Fieber und konnte sich nicht bewegen. Also stützte ich sie, zog sie, trug sie. Und wußte, daß wir nicht mehr lange so weitermachen konnten. Wir bewegten uns vorwärts, langsam, langsam, und fielen immer weiter zurück im Glied. Nach einiger Zeit entdeckte ich, daß wir von männlichen Gefangenen umgeben waren. Dann tauchten plötzlich zwei Männer auf, links und rechts von Ruth. Sie fassten sie unter den Armen und begannen, sie vorwärts zu schleppen. Dann lächelten sie mir zu. Ich konnte loslassen. Die beiden Männer waren Juden aus Lettland, wie sich später zeigte.«

Fünf, sechs Tage lang wandert Stella, in unmittelbarer Nähe der beiden Männer, die ihre Schwester führen. Sie sind auf dem Weg nach Nordwesten, soviel ist ihr klar.

»Der Frühling war nah. Das sah ich, denn die Sonne wärmte schüchtern unsere Körper. Aber noch lag Schnee, und wir froren an den Füßen. Wir hatten auch Hunger, aber niemand gab uns etwas zu essen. Schließlich, nach einem Marsch von einigen Tagen, erreichten wir die Halbinsel Hel. Waren wir jetzt am Ziel? Und was war dann unser Ziel? Ich bekam keine Antwort auf meine Fragen, weder von mir selbst noch von jemand anders. Denn der sonnige Frühlingstag wurde plötzlich zur Nacht. Über unseren Köpfen dröhnten Hunderte von Flugzeugen heran. Sie verdunkelten die Sonne. Dort, auf der Halbinsel Hel, wurden wir jetzt mit einem gigantischen Bombenangriff empfangen, einem »Bombenteppich«. Paradoxerweise wußten wir nicht, ob wir erschrocken oder glücklich sein sollten. Vielleicht kamen sie, um uns zu befreien? Vielleicht würden die Deutschen jetzt fliehen, und uns zurücklassen? Doch dann begannen die Bomben in meiner unmittelbaren Nähe zu fallen. Ich grub rasch ein Loch in den Sand. Dort hinein legte ich Ruth, und selbst legte ich mich auf sie. Falls wir getroffen würden, würden wir zusammen getroffen …«

»Nach einer Weile wurde es wieder still. Ich hatte Schmerzen, zuerst wußte ich nicht richtig warum, aber dann merkte ich, daß es die Sandmassen waren, die gegen meinen Körper drückten. Ich lebte noch, und Ruth auch! Aber statt des Dröhnens vom Himmel hörten wir jetzt ein noch erschreckenderes Geräusch: ›Schnell, schnell, weitergehen!‹ Die Deutschen zwangen uns von der Erde hoch, und wir wurden schnell wieder in Reihe in dem von neuem strahlenden Sonnenlicht aufgestellt. Als wir unsere Wanderung fortsetzten, blickte ich mich um und schaute. Die Toten und Verwundeten blieben am Strand liegen. Vielleicht sollte ich sie beneiden?»

»Wir kamen nicht weit, bevor der nächste Bombenangriff einsetzte. Diesmal entstand eine Panik. Die Deutschen flohen in alle Richtungen, und wir Gefangenen auch. Ich lief um mein Leben und bekam irgendwie Ruth mit. Wir versuchten, ein Dach zu finden, unter dem wir uns verstecken konnten, sahen aber nichts. Schließlich entdeckte ich einen großen, mit Baumwurzeln beladenen Wagen. Darunter verkrochen wir uns. Doch innerhalb von Sekunden entdeckte ich, daß der Wagen angespannt war, mit Pferden. Ich zog Ruth heraus, keine Sekunde zu früh. Von den Bomben erschreckt, rasten die Pferde davon und zogen den Wagen mit. Ich hörte die quietschenden Räder und die wiehernden Pferde. Dann war es wieder still. Die Deutschen kamen hervor, sammelten uns wieder und stellten uns erneut in langen Reihen auf. Dann setzten wir unsere Wanderung ins Unbekannte fort. Und auf beiden Seiten von Ruth gingen getreulich die beiden lettischen Juden mit ihren helfenden Armen.«

Wir wissen, daß die von Stella beschriebene Episode sich Ende April abspielte, denn da gaben die Deutschen Stutthof auf. Sie führten die restlichen Gefangenen, alle, die sich auf den Beinen halten konnten, zu Fuß zur nahegelegenen Halbinsel Hel. Dort wurden sie auf Kähne und Frachtschiffe geladen, für eine Fahrt hinaus aufs Meer. Zurück nach Deutschland.

»Wir wurden auf ein Schiff geladen«, erzählt Stella. »Die erste Gruppe in den Laderaum, die zweite an Deck. Meine Schwester und ich landeten ganz unten. Auf uns wurde eine neue ›Schicht‹ von Menschen geworfen. Wir schnappten nach Luft. Körper wurden gegen unsere Körper gepresst, wir bekamen keine Luft, und Ruth war kurz vor dem Ersticken. Alle versuchten, sich aus der Menschenmasse zu befreien, Menschen traten auf Menschen. Es war schrecklich. Da, plötzlich, hörte ich eine Stimme, die ich kannte. Jemand rief nach uns. Ich schaute auf. Dort stand einer der lettischen Männer. Er streckte eine Hand aus und zog Ruth und mich hoch an Deck. Wir atmeten tief durch. Frische Luft! Nicht alle waren so glücklich dran wie wir.«

»Zehn Tage fuhren wir auf dem Meer, ohne Essen und Trinken. Leichen wurden ständig über die Reling geworfen, ohne Begräbniszeremonien. Wir hatten Glück, unsere neuen Freunde hatten Essensreste aus dem Lager mitgenommen und teilten sie mit Ruth und mir. Ich erinnere mich nur an den Namen eines der Männer. Er hieß Frommerman.«

Stella begegnete diesem Mann viele Jahre später, als sie Stella Tschaikowski geworden war und als Konzertpianistin und Professorin an der Musikhochschule in Göteborg arbeitete. »Er kam nach einem Klavierkonzert, das ich gegeben hatte, zu mir. Ich sah, daß er vollkommen geschockt war. Erst als er mich auf der Bühne gesehen hatte, war ihm klar geworden, daß ich die Pianistin war. Und ich war auch sehr ergriffen. Ich hatte jeden Tag seit dem Krieg an ihn und seinen Freund gedacht.«

Dort draußen auf dem Meer war es ihnen nicht einmal in den Sinn gekommen, ihre Mitgefangenen nach dem Namen zu fragen. Alle Energie war nötig, um zu überleben.

»Das Geisterschiff setzte seine Reise fort, Tag und Nacht hörten wir die brummenden Motoren. Doch wohin waren wir unterwegs? Bei einer Gelegenheit näherten wir uns der Küste. Ich konnte sehen, daß die Menschen am Strand, Deutsche, in alle Richtungen flüchteten. ›Die Rettung ist nahe‹, dachte ich. Aber unser Schiff fuhr einfach immer weiter.«

Niemand sagte den Gefangenen, wohin sie fuhren. Und diese hatten gelernt, nicht zu fragen und nicht zu spekulieren.

»Eines Nachts erwachte ich plötzlich, nicht von einem Geräusch, sondern weil es totenstill war«, erzählte Stella weiter. »Die Schiffsmotoren waren verstummt, und das Schiff machte offenbar keine Fahrt. Ich schaute über die Reling und sah nur die hohen schwarzen Wellen, die gegen das Schiff schlugen. Aber dann hörte ich ein Geräusch von der anderen Seite. Ich drehte mich um und sah, daß die Besatzung und alle SS-Wachen dabei waren, in ein anderes Schiff umzusteigen. Dann waren laute Motoren zu hören, und die Deutschen fuhren davon. Sie hatten uns und das Schiff unserem Schicksal überlassen. Es dauerte nicht lange, bis wir verstanden, daß man uns zurückgelassen hatte, damit wir sterben sollten. In diesem Moment gaben sich die Norweger zu erkennen.«

Auf dem Schiff, auf dem Stella sich befand, waren vierzig von Stutthofs norwegischen Gefangenen gelandet. Sie waren gesondert in einer Gruppe zusammen gehalten worden und waren, im Unterschied zu den anderen Gefangenen, wohlgenährt. Die meisten dieser Norweger waren Polizisten oder politische Gefangene, mindestens einer war Kapitän oder U-Boot-Kommandeur.

»Sie kamen jetzt zu uns, um uns zu beruhigen, uns entsetzte, weinende Menschenwracks. ›Es eilt‹, sagten sie. ›Wahrscheinlich liegen Minen unter dem Schiff. Wir müssen es hier wegbekommen.‹ Die Norweger forderten vollständigen Gehorsam, und bekamen ihn. Wir waren es gewohnt zu gehorchen, sie organisierten uns in kürzester Zeit. Alle, sagten sie, sollten ihre Decken aufs Deck legen. Es war Frühling, und wir froren dort draußen auf dem Meer. Aber wir gehorchten, und bald lagen große Haufen von Wolldecken an Deck. Jetzt ließen die Norweger uns die Decken zu einem riesigen Segel zusammenknoten, das sie am Schiff befestigten. Dann stiegen ein paar von ihnen in ein kleines Rettungsboot, das sie uns baten, ins Wasser zu lassen. Sie banden das Boot am Schiff fest und begannen zu rudern. Im Dunkel der Nacht begann das große Geisterschiff langsam sich vorwärts zu bewegen, mit Hilfe unseres Wolldeckensegels und zweier Riemen. Nach einer halben Stunde hörten wir die Explosion. Ich werde wohl nie erfahren, ob sie uns zugedacht war. Aber wir waren außer Gefahr.

Unser neues Segelschiff fuhr weiter und näherte sich im Laufe der Nacht der Küste. Ein paar hundert Meter von Land entfernt liefen wir schließlich auf Grund. Unsere norwegischen Retter sammelten uns wieder. Sie baten uns, ruhig zu bleiben, während sie uns mit unserem einzigen kleinen Ruderboot an Land bringen würden. ›Wir tun das«, sagten sie, ›auch wenn es den ganzen Tag dauert. Verlaßt den Strand nicht, bis alle an Land gekommen sind.‹ Ich und meine Schwester waren unter den ersten, die hinüber gerudert wurden. Ein paar Stunden später kamen unsere lettischen Freunde. Sie holten ihr letztes Stück Brot heraus und teilten es in vier Stücke. Dann holten sie etwas Schnaps hervor. ›Den haben wir aufgespart, um ihn bei einer von zwei Möglichkeiten zu trinken‹, sagten sie, ›entweder, wenn wir befreit werden, oder kurz vor unserem Tod.‹ Dann stießen wir alle an, auf die Freiheit. Danach legte ich mich auf dem Strand hin, um zu schlafen.

Ich weiß nicht, wie lange ich schlief, aber der Traum, den ich hatte, war der grauenvollste meines Lebens: Ich sah deutsche Soldaten, ich sah überall Blut, ich hörte Schreie und Gewehrsalven ganz in meiner Nähe. Ich konnte noch denken, ›dies ist nur ein Traum, denn wenn es Wirklichkeit ist, will ich nicht mehr leben‹ – zum ersten Mal in meinem Leben dachte ich, daß ich sterben wollte. Dann erwachte ich – und mein Traum ging weiter. Am Strand hatte eine lange Reihe von deutschen Marinesoldaten sich aufgestellt. Sie schossen lange Salven mit ihren Maschinengewehren. Sie schossen nicht auf uns, sondern auf das Schiff, auf das Ruderboot, auf all die Menschen, die ins Wasser gesprungen waren. Sie lachten, während sie auf alles zu zielen versuchten, was sich bewegte. Fröhliche Jungen auf dem Jahrmarkt. Dieses makabre Schauspiel dauerte so lange, bis keiner auf dem Schiff oder im Wasser mehr lebte. Nach und nach wurde es still. Ganz still. Die Lebenden waren verstummt vor Entsetzen. Die Toten waren … still.

Die ersten, die zu reden begannen, waren die Deutschen. Nachdem sie ihre Pflicht getan hatten, bekamen sie plötzlich große Eile. Sie sammelten uns, die auf dem Strand waren, rasch zusammen und stellten uns in Viererreihen auf. Die ganze Kolonne begab sich dann von neuem auf die Wanderung, einem unbekannten Ziel entgegen.

Nach einer Weile kamen wir in einen Wald. Wir gingen tiefer und tiefer zwischen die Bäume. ›Dies muß das Ende sein‹ dachte ich. ›Hier werden sie die letzten Überlebenden hinrichten.‹ Aber wir gingen immer weiter. Schließlich kamen wir aus dem Wald heraus und befanden uns in einem Gelände mit Einfamilienhäusern. Wir sahen Menschen, die draußen auf ihren Veranden saßen und ihren Morgenkaffee tranken und frühstückten. Sie sahen uns nur an, ich meinte Lachen zu hören.

Nach vielleicht zwei Stunden Marsch kamen wir an einen offenen Platz, der wie eine Art Marktplatz aussah. Dort waren, entdeckten wir, schon mehrere tausend andere Gefangene versammelt. Vermutlich waren sie aus anderen Konzentrationslagern evakuiert worden. Der Ort hieß Neustadt/Holstein, hörten wir. Nach einer Weile begann die Menschenmasse sich zu bewegen. Eine riesige Kolonne wurde gebildet und bewegte sich in Richtung Hafen. Ich und meine Freunde landeten fast ganz am Schluß. Wir wußten wie üblich nicht, wohin wir unterwegs waren. Doch nach einiger Zeit sahen wir plötzlich das Ziel unserer Wanderung, ein riesiges Schiff lag dort und wartete auf uns. Mit erheblicher Eile fingen die Deutschen an, die Gefangenen auf das Schiff zu treiben. Sie benutzten Peitschen und Pistolen, um uns so schnell wie möglich an Bord zu bekommen. Ich stand ja ganz hinten und wurde mit der Menschenmasse vorwärtsgedrängt, die die Deutschen vor sich hertrieben.

Plötzlich, mitten in dem ganzen Tumult, hörten wir es: Fliegeralarm. Unsere Wachen flohen in alle Richtungen. Wir Gefangenen konnten nirgendwohin fliehen, weder die, die schon auf dem Schiff waren, noch wir, die noch auf dem Hafengelände standen. Wir konnten nur eins tun: Wir hatten gerade etwas wässerige Suppe bekommen, deshalb hatten wir beide eine Suppenschale. Diese Suppenschalen hielten wir uns krampfhaft über den Kopf.

Dann fiel die erste Bombe, direkt auf das Schiff. Dann die nächste, und noch eine. Sie trafen alle das Schiff, für den Hafen schienen die Piloten sich überhaupt nicht zu interessieren. Innerhalb weniger Minuten war das große Schiff vor mir gesunken, von einem gigantischen Flammenmeer und einem ebenso gigantischen Ozean verschlungen. Dann verschwanden die Bombenflugzeuge in der Ferne. Wir, wir, die noch lebten, standen wie gehorsame Kinder da und warteten auf unsere Bewacher. Sie kamen schließlich aus ihren Verstecken. Auf den

Rücken hatten sie große Rucksäcke. Die nahmen sie ab. Aus dem Inneren der Rucksäcke holten sie Wurst, Zucker und Brot, und streckten uns die Hände hin. ›You must be hungry‹, sagten sie. ›Here, have some food.‹«[35]

49

Stockholm, den 12. April 1945

Lieber Herr Storch,
Versuchte vergeblich, Sie telefonisch zu erreichen, daher in aller Eile dieser Zettel. Frau Wacker hat gerade Himmler angerufen, er will uns am Samstag treffen. Wir müssen also spätestens Samstag morgen reisen.

Mit besten Grüßen
Felix Kersten[1]

Heinrich Himmler hat schreckliche Angst, den Juden aus Schweden zu treffen, und er wird deshalb am selben Tag das Treffen mit Gilel Storch noch einmal verschieben. Ein letztes Mal. Denn als Schellenberg am Tag darauf, am 13. April, seinen langen Spaziergang mit Himmler im Wald von Wustrow macht, entscheiden sie, daß es jetzt kein Zurück mehr gibt. Die Begegnung muß stattfinden. Am selben Tag werden zwei Plätze für den Flug Stockholm – Berlin unter dem Namen Kersten reserviert.[2]

Um fünf Uhr am Morgen des 16. April explodiert der Himmel östlich von Berlin im Feuer aus über 8000 Artilleriegeschützen und Raketenabschußrampen, als Marschall Schukow und eine Stunde später Marschall Konew mit drei Millionen Mann über die Flüsse Oder und Neiße setzen. Die sowjetische Schlußoffensive gegen Berlin ist eingeleitet.

Gilel Storchs Problem ist, daß er seinen schwedischen Paß noch nicht bekommen hat. Und er begreift nicht, warum es so lange dauert. Gösta Engzell im Außenministerium versichert Storch, daß sich alles regeln wird, doch nichts scheint zu geschehen. Außer daß Engzell am 16. April zwei Dokumente ausstellt, eins für Felix Kersten, eins für Gilel Storch. Auf Storchs Dokument steht:

> Hiermit wird bescheinigt, daß Herr Gilel Storch, der in den nächsten Tagen nach Berlin reist, um über die Freilassung gewisser Gefangener zu verhandeln, mit dem Schwedischen Außenministerium zusammenarbeitet. Die schwedische Botschaft in Berlin ist gebeten worden, seinen Schutz zu garantieren. Alle zivilen und militärischen Behörden werden gebeten, ihm bei Bedarf jede gesetzliche Hilfe und Schutz zu gewähren.
>
> *Stockholm, den 16. April 1945*
>
> *Gösta Engzell*
>
> *Leiter der Rechtsabteilung des Außenministeriums*[3]

Dies ist ein Passierschein, ein Hilfsdokument. Aber es ist kein Paß. Und so sehr Storch es auch anschaut, es verwandelt sich nicht in einen Paß. Und jetzt sind es nur noch drei Tage!

»Am Tag vor unserer Abreise«, schreibt Felix Kersten einige Jahre nach dem Krieg, »erzählte Herr Engzell mir, daß Außenminister Günther zwar Herrn Storchs Reise mit Wohlwollen betrachtete, daß er ihm aber keinen schwedischen Paß geben wollte.«[4]

»Ich erhielt von Günther den Bescheid, daß die Regierung Storch nicht zum schwedischen Staatsangehörigen machen wolle«, bekräftigt Engzell sechsunddreißig Jahre später. »Zwar hatte die schwedische Regierung früher, genau wie Herr Storch hervorhob, an nicht-schwedische Bürger Pässe ausgegeben. Aber jetzt handelte es sich ja darum, auf höchstem Niveau zu handeln und Himmler persönlich an der Nase herumzuführen. Und weil Kersten wußte, daß Storch nicht schwedischer Staatsangehöriger war, bestand das Risiko, daß Himmler wußte, daß der Paß falsch war, und das würde die Situation ja nur verschlimmern. Es war ein prinzipieller Beschluß, es schien besser zu sein, mit offenen Karten zu spielen. Aber«, beeilt sich Engzell hinzuzufügen, »die Regierung war dennoch sehr daran interessiert, Storch fahren zu lassen. Und da eine persönliche Einladung Himmlers vorlag, schien ja keine Gefahr für ihn zu bestehen.«[5]

Als Gilel Storch an diesem Abend, dem Abend vor seiner Abreise, zu Felix Kersten geht, ist er davon überzeugt, daß Christian Günther ihn daran hindern will, nach Berlin zu fahren. Vielleicht haben die Alliierten mit dem schwedischen Außenminister gesprochen? Vielleicht will Günther selbst nicht, daß der Erfolg von Folke Bernadottes Unternehmung aufs Spiel gesetzt wird – viele der skandinavischen Gefangenen sind ja noch in Neuengamme. Eins ist sicher: An andere Erklärungen glaubt Storch nicht. Und noch etwas ist sicher: Er hat nicht die Absicht, klein beizugeben. Er hat sich lange auf diese Verhandlungen mit Himmler vorbereitet, und er hat fest vor, sie durchzuführen.

Kerstens Sohn Arno, damals ein kleiner Junge, erinnert sich sehr genau an den Abend des 18. April. Er erinnert sich auch noch daran, daß Storch seine Frau Anja mit zu ihnen nach Hause brachte. Es war spät, sehr spät für einen kleinen Jungen, doch Arno konnte nicht schlafen. »Seine Frau«, erzählt er, »war ja entsetzt. Sie war so entsetzt, daß sie in unserer Wohnung stand und schrie, unverblümt: ›Ich springe in den Mälaren, wenn du fährst! Ich springe in den Mälaren, wenn du fährst!‹«[6]

50

Am Morgen des 19. April ist eine kleine Junkers auf dem Flugplatz Bromma gelandet. Die Maschine ist offenbar deutsch. Am Heck ist ein großes Hakenkreuz aufgemalt. Daß die Maschine so klein ist, obwohl die Reise so weit ist, hat seine Erklärung: Nur zwei Passagiere sind an diesem Morgen eingebucht – ein Herr Felix Kersten und ein Herr Gilel Storch. Die geplante Abgangszeit von Bromma ist 12 Uhr. Die erwartete Ankunftszeit in Berlin ist 16.30 Uhr. Doch der Flug kann kaum als Routineflug bezeichnet werden.

»Sie sollten in einer deutschen Maschine fliegen, ohne Jägerschutz«, sagt der jüdische Aktivist Gert Löllbach. »Die alliierten Bombardements gingen Tag und Nacht weiter. Es war eine sehr gefährliche Angelegenheit.«[1]

Doch die beiden Reisenden sind mit den Risiken wohl einverstanden. Sie haben ihre Reise lange geplant.

»Um zehn Uhr am Vormittag des 19. April kam Felix Kersten in mein Büro gestürzt«, erzählt Gösta Engzell nach dem Krieg. »Er war furchtbar erregt. Storch, berichtete er, habe ihn gerade angerufen und ihm mitgeteilt, er wolle nicht fahren. Ich erinnere mich noch gut daran, Kersten stand da in Knickerbockern und Sportkleidung und sagte: ›Die Maschine wartet. Sie geht um Zwölf!‹«[2]

Storch ist also zwei Stunden vor der Abreise abgesprungen!

»Er gab viele Erklärungen«, erzählt sein Kollege Fritz Hollander. »Aber ich glaube im Grunde, daß es letztlich seine Frau war, die ihn dahingehend beeinflußte, daß die Gefahr für ihn als Flüchtling, ohne Paß, größer sein würde als für die meisten anderen. Und ich nehme an, das trifft zu. Die Angst anderer, die eigene Angst, man kann es nie beurteilen. Aber ich verstehe sehr gut, daß sie nicht allein in einem fremden Land zurückbleiben wollte.«[3]

»Mutter war hysterisch«, erzählt Eleonora. »Sie versteckte seinen Paß, ich meine, er hatte ja keinen Paß, aber sie versteckte seine Papiere, seinen Fremdenpaß.«[4]

Was ist jetzt zu tun? Die Maschine wartet, wie gesagt, auf dem Flugplatz Bromma. Und in Berlin wartet Heinrich Himmler. Für Felix Kersten ist dies eine Katastrophe. Teils, kann man vermuten, ist er überzeugt, daß nicht nur seine, sondern auch Walter Schellenbergs und Heinrich Himmlers Zukunft zu einem erheblichen Teil von dieser Reise abhängt. Teils geht es trotz allem um das Leben von Tausenden von Gefangenen. Doch was kann Kersten tun? Er kann Storch ja nicht zwingen mitzufahren!

Als Norbert Masur und seiner Frau die Frage gestellt wird, ob er sich vorstellen kann, nach Berlin zu fliegen und Heinrich Himmler zu treffen, sind es noch zwei Stunden bis zum geplanten Start der Maschine.

»Norbert Masur erklärte, er sei bereit zu fahren«, berichtet Gert Löllbach. »Und ich muß sagen, daß ich dies damals, und vielleicht noch mehr heute, als eine unerhört mutige und selbstlose Entscheidung betrachtet habe. Er war damals vierundvierzig Jahre alt. Es war ein phantastischer Beweis für die Qualität seiner Persönlichkeit und seines Charakters.«[5]

»Meine Mutter sagte zu mir, Vater führe nach Malmö«, erzählt der Sohn Kurt Masur. So hat sie gesagt: ›Papa fährt nach Malmö‹. Sie rechnete nicht damit, daß er lebend zurückkommen würde.«[6]

Norbert Masur ist wie Gilel Storch beides, Einwanderer und Jude. Doch im Unterschied zu Storch ist er kein Flüchtling. Masur ist schwedischer Staatsangehöriger und hat einen schwedischen Paß. Und er unterscheidet sich von Storch noch in einer weiteren Hinsicht: Norbert Masur ist, wie Gert Löllbach es ausdrückt, »ein geborener Diplomat«.[7]

»Alle, die mit ihm zusammenarbeiteten, daran erinnere ich mich, waren immer froh darüber, ihn zum Chef zu haben«, erzählt Kurt Masur. »Man bekam immer klaren Bescheid, er war gerade heraus, hörte zu und entschied sich. Und dann konnte man weiterarbeiten. Er redete nicht viel, sondern handelte. Er war, meiner Meinung nach, ein wenig zu zurückhaltend, auch privat. Hatte nicht viele Freunde, liebte Schach über alles, und wenn man Schach spielt, braucht man nicht soviel zu reden.«

Masur war also ein Mensch, der dafür bekannt war, viel zu bewirken, ohne groß Aufhebens von sich zu machen. Der Sohn Kurt erzählt, daß sein Vater sich schon vor dem Krieg aktiv für die Rettung von deutschen Juden eingesetzt habe. Er war ja selbst in den zwanziger Jahren aus Deutschland gekommen und hatte noch acht Geschwister und viele andere Verwandte in Hamburg. Auch seine Frau Ella kam aus Hamburg und hatte noch ihre Familie dort.

»Er holte kurz vor dem Krieg meine Großmutter und meine Tante und noch viele andere Verwandte nach Schweden«, erzählt Kurt. »Eine meiner ersten Erinnerungen ist, daß sein Bruder Erwin, der mit seiner Frau noch in Hamburg lebte, von der Gestapo festgenommen wurde. Die Nazis fanden, daß er zu viele Kontakte mit Sozialisten und Kommunisten hatte. Mein Onkel hat mir später erzählt, daß eines Tages, als er dort in Haft saß, ein Gestapomann in seine Zelle kam und sagte: ›Nehmen Sie Ihren Rasierapparat mit und gehen Sie zum Offizier hinein.‹ Erwin ging mit zum Büro, und da saß mein Vater. Er war von Stockholm hinuntergefahren und direkt zur Gestapo gegangen. Und er holte ihn heraus, aus dem Gefängnis und aus Deutschland. Erwin und seine Frau landeten später in England.«[8]

Es ist vielleicht kein Zufall, daß ausgerechnet Norbert Masur – ein Mann, der das Kunststück fertiggebracht hatte, nicht nur mit Gilel Storch gut auszukommen, sondern auch mit der Führung der Mosaischen Gemeinde – ausgewählt wurde, um nach Berlin zu reisen und mit Himmler zu verhandeln. Und der Aussage des Kollegen Fritz Hollander zufolge ist es auch kein Zufall, wer ihn auswählt:

»Ich weiß, warum die Amerikaner ihn nahmen, warum sie ihn dem schwedischen Außenministerium vorschlugen. Weil er ruhiger war als Storch und älter als ich. Iver Olsen und die schwedische Regierung schlossen mich von vornherein aus, denn ich war zu jung.«[9]

Gilel Storch irrte sich vielleicht nicht gänzlich, als er behauptete, daß sich ein Gedanke, wenn auch unausgesprochen, hinter der Tatsache verbarg, daß er keinen schwedischen Paß bekam.

»Norbert wußte, wie gefährlich es war«, meint Fritz Hollander. »Ich begleitete ihn hinaus zum Flugzeug, ich weiß, wie er sich fühlte. Aber wie so viele andere wuchs er mit der ihm plötzlich zufallenden Aufgabe.«[10]

Masur und Kersten erhalten von Gösta Engzell je ein Dokument, das gleiche Dokument, wie es ursprünglich für Gilel Storch ausgestellt worden war. Sie führen außerdem im Gepäck ein weiteres Dokument mit, eine Bescheinigung, die Norbert Masur als seine einzige Lebensversicherung betrachten kann, als er sich jetzt, als Jude und gegen Adolf Hitlers Willen und Wissen, nach Berlin begibt, um heimlich mit Heinrich Himmler zu verhandeln. Dieses zweite Dokument ist von Walter Schellenberg aufgesetzt und hat folgenden Wortlaut:

BESCHEINIGUNG

Es wird gebeten, Herrn Medizinalrat Felix Kersten und den in seiner Begleitung reisenden Herrn ohne Vorzeigen der Ausweispapiere die Grenze passieren zu lassen.

In Vertretung
Schellenberg
SS-Brigadeführer, Generalmajor
der Waffen-SS und Polizei[11]

Norbert Masur wird keinen Paß benötigen. Er benötigt nicht einmal einen Namen. Norbert Masur ist lediglich »der in seiner Begleitung reisende Herr«.

»Um zwei Uhr am Nachmittag des 19. April hob die mit einem Hakenkreuz geschmückte deutsche Maschine mit Kersten und mir als einzigen Passagieren von Bromma ab.« So beginnt Norbert Masur seine Schilderung der Reise, die er und Felix Kersten in den letzten bebenden Minuten des Krieges unternehmen, um sicherzustellen, daß die Juden, die die vier Jahre der Vernichtung bisher überlebt haben, nicht in einem letzten Wagnerschen Schlußakt von ihren Henkern mit in den Untergang gerissen werden.[12]

Masur und Kersten kennen einander nicht. Sie sind sich nur einmal ganz flüchtig begegnet.[13] Masur ist allem Anschein nach auch in Storchs und Kerstens gemeinsame Angelegenheiten nicht näher einbezogen gewesen. Doch während der Flugreise nach Berlin haben die beiden Männer vier Stunden Zeit zum gegenseitigen Kennenlernen und um sich auf ihr wichtiges Treffen vorzubereiten.

Masur hat unmittelbar das Gefühl, in Felix Kersten einen sicheren und zuverlässigen Reisegenossen zu haben. Kersten ist mehr als willig, dem relativ uneingeweihten Masur Ratschläge zu geben, und gemeinsam legen sie jetzt ihre Verhandlungsstrategie fest. Es ist interessant zu sehen, daß Kersten während ihres mehrstündigen Gesprächs im Flugzeug nicht mit einem Wort Heinrich Himmlers früheres Versprechen erwähnt, zwischen fünf- und zehntausend Juden aus deutschen Konzentrationslagern freizulassen und sie nach Schweden reisen zu lassen. Auch von Storch hat Masur diese Information nicht gehört, und er kennt sie daher nicht.[14] Es ist zweifellos eine plausible Schlußfolgerung, daß das Versprechen nie gegeben wurde, oder zumindest, daß es zum Zeitpunkt der Reise nicht gilt. Ebenso ist es eine plausible Schlußfolgerung, daß trotz Heinrich Himmlers eventuellen mündlichen Versprechungen die Gefahr für die Juden in den Konzentrationslagern noch immer besteht. Dies wird nicht zuletzt dadurch deutlich, daß Himmler nur fünf Tage zuvor den Kommandanten in Dachau und Flossenbürg den Befehl erteilt hat, daß »kein Gefangener lebend in die Hände des Feindes fallen« darf.[15] Am Tag darauf war überdies Bergen-Belsen von den Engländern befreit worden, und deren schockierende Entdeckungen sowie Berichte aus Buchenwald hatten, späteren Zeugenaussagen zufolge, Hitler veranlaßt, erneut zu befehlen: Kein Gefangener, der in der Lage ist zu gehen, darf in den Lagern bleiben![16]

Felix Kersten und Norbert Masur sind sich darüber im klaren, daß diese Reise von entscheidender Bedeutung sein wird. Wenn sie sie nur durchführen können, ohne Schaden zu nehmen.

Während das Motorgeräusch der Ju 52 vertrauenerweckend in seinen Ohren schnurrt, nimmt Masur die Gelegenheit wahr, über das norddeutsche Flachland hinauszuschauen. Die Frühjahrsaussaat ist abgeschlossen. Auf den Straßen sind keine Soldaten oder Transportkolonnen zu sehen, nur hier und da ein paar friedliche Bauern. Masur erlebt das trügerische Gefühl, sich überhaupt nicht über einem Land im Krieg zu befinden, einem unerbittlichen Krieg, in dem bis zum letzten Blutstropfen gekämpft wird. Einem Krieg, in dem keiner über irgendetwas verhandeln will. Keiner, außer ein desperater Heinrich Himmler. Und seine Opfer.

»Für mich als Jude war es ein grauenvoller Gedanke«, schreibt Masur, »daß ich mit dem Mann zusammentreffen und verhandeln sollte, der einer der Hauptverantwortlichen für die Ausrottung von Millionen Juden war.«

Während die Sonne langsam am Himmel sinkt, nähert sich das Flugzeug mit dem Hakenkreuz am Heck Berlin. Niemand hat sie behindert, niemand hat sie beschossen. Und jetzt ist es plötzlich offenbar, daß sie sich über einem Kriegsschauplatz befinden. Während die Ju 52 über Tempelhof kreist, kann Norbert Masur das neue Gesicht der einstmals so großartigen Metropole Berlin sehen. Zerbombte Häuser, Fabriken ohne Dach, verbarrikadierte Straßen. Wozu ist der Mensch nicht fähig …

Jetzt, das wissen Kersten und Masur, kommt bald der entscheidende Augenblick: Wird Masur hereingelassen?

»Als das Flugzeug in Tempelhof landete«, schreibt Felix Kersten in seinen Memoiren, wurden wir von einer Gruppe Polizisten, einem halben Dutzend gut gekleideter Männer mit den Worten ›Heil Hitler!‹ empfangen. Masur zog höflich seinen Hut und sagte: ›Guten Abend‹.«[17]

»Auf dem Flugplatz Tempelhof zeigte mein Reisegenosse seinen Paß«, berichtet Masur. »Ich behielt meinen in der Tasche. Ich hatte kein Visum, denn nur Himmler und seine Umgebung wußten von meinem Besuch, der vor den übrigen nationalsozialistischen Führern geheimgehalten wurde.«

Die Flugplatzpolizisten akzeptieren Kerstens und Masurs Dokument. Das erste Gefahrenmoment ist überstanden. Doch jetzt ist es sechs Uhr am Abend, und die Sonne steht besorgniserregend tief am Himmel. Masur und Kersten sind sich dessen bewußt, daß mit Einbruch der Dunkelheit die Flugzeuge der Alliierten über Berlin erscheinen werden. Dennoch ist niemand zum Flughafen gekommen, um sie abzuholen. Doch, der Wagen der schwedischen Botschaft ist gekommen, aber der Fahrer bietet ihnen nur an, in die Stadt zu fahren. Und Masur und Kersten wollen nicht in die Stadt. Sie wollen nach Hartzwalde, zum Gut der Familie Kersten, 70 Kilometer von Berlin entfernt. Es ist eine schrecklich lange Strecke zu fahren, wenn die Bomben fallen, und das werden sie in ein paar Stunden tun. Um auf andere Gedanken zu kommen, beginnt Norbert Masur sich mit den Beamten zu unterhalten, die ihn auf dem Flugplatz umkreisen:

»Es war nicht schwer festzustellen, daß sie kriegsmüde und desillusioniert waren; fünf bis sieben Stunden Luftangriffe jede Nacht, fünf bis sieben Stunden im Luftschutzkeller, ohne Schlaf, das war selbst für starke Nerven zuviel. Die Luftangriffe begannen jeden Abend mit einzigartiger Pünktlichkeit, wie nach einem Fahrplan. Kurz nach Einbruch der Dunkelheit begannen die Angriffe der russischen Flugzeuge, die Amerikaner machten weiter, und den Abschluß bildeten die Engländer.«

Vier Stunden lang sitzen, stehen, spazieren Felix Kersten und Norbert Masur in Tempelhof. Dann taucht er plötzlich auf, der Wagen.

»Herr Kersten! Ich bitte tausendmal um Verzeihung für die Verspätung«, sagt

25

26

Folke Bernadotte

Raoul Wallenberg

Beide sollten ihre Aufträge in enger Zusammenarbeit mit den jüdischen Aktivisten in Stockholm durchführen.

27

28

Schwedens Botschafter in Berlin, Arvid Richert (links), im Gespräch mit Hans Frank, Generalgouverneur von Polen und Hitlers persönlicher Anwalt.

29

Gilel Storch mit einem Teil der jüdischen Flüchtlinge, die nach Kriegsende nach Schweden kamen.

30

Ernst Kaltenbrunner, Himmlers engster Vertrauter, als Gefangener der Alliierten nach dem Krieg.

31

Tage Erlander und Gilel Storch 1961.

32

Gilel Storch zeigte keine Scheu im Umgang mit Machthabern. Auch denjenigen, die ihn respektierten, fiel es zuweilen schwer, seine Hartnäckigkeit zu akzeptieren. Hier zusammen mit Israels Premierminister Levi Eshkol in den sechziger Jahren.

33

der SS-Offizier, während er die Hacken zusammenschlägt und den Arm zum Hitlergruß erhebt. »Die Telefonverbindungen mit Stockholm haben nicht richtig funktioniert, und wir waren nicht sicher, ob Sie kommen würden.« Kersten antwortet mit einem Nicken, der Offizier öffnet die Wagentür, dem Anschein nach, ohne Masurs Anwesenheit zu registrieren, und die beiden Männer steigen hinten ein.

»Der Wagen startete sofort«, schreibt Masur. »Es war schon Nacht. Der Mond schien. Gespenstisch zeichneten sich die Ruinen der Häuser ab. Der Fahrer jagte durch die Stadt, die wie ausgestorben schien. Nur dann und wann ein einsamer Wanderer, der sofort heranstürmte, um das Auto anzuhalten und mitgenommen zu werden. Der Nahverkehr in Berlin war bereits auf ein Minimum zusammengeschrumpft. Wir fuhren an Trümmerhaufen von zerstörten Häusern vorbei, durch die schmalen Öffnungen der Panzersperren. Ein paar Mal mußten wir Umwege nehmen, um Straßen, die durch neue Bombenangriffe unbefahrbar geworden waren, zu vermeiden.«

»Endlich, nachdem wir mindestens eine halbe Stunde durch Berlin gefahren waren, kamen wir hinaus auf die Landstraße. Es dauerte nur ein paar Minuten, bis wir von einer Militärpatrouille angehalten wurden, die den Fahrer aufforderte, die Scheinwerfer auszuschalten, da Luftalarm ausgelöst worden war. Das Nachtprogramm der Berliner hatte begonnen. Wir mußten entscheiden, ob wir im Wald in Deckung gehen oder die Fahrt mit abgeblendeten Scheinwerfern im Dunkeln fortsetzen wollten. Wir beschlossen weiterzufahren.

Die Flakscheinwerfer begannen zu spielen, mächtige Lichtkegel strebten zum Himmel. Nach einer Weile stiegen wir aus dem Wagen, um dieses in all seiner Grausigkeit faszinierende Schauspiel zu betrachten. Von allen Seiten hörten wir das Brummen von Flugzeugen, die unser Fahrer mit seinem durch die Erfahrung geschärften Gehör als russisch identifizierte. Wir sahen bunte Leuchtbomben sich wie Teppiche ausbreiten und langsam niederschweben. Wir beobachteten, wie die Flugzeuge im Scheinwerferlicht eingefangen wurden, hörten aber die Luftabwehr nicht. Ich fragte den Fahrer nach dem Grund und erhielt die sehr bezeichnende Antwort, die Flak sei an die Front geschickt worden.«

»Wir setzten unsere Fahrt im Dunkeln fort – an plötzlich auftauchenden Autos, zumeist Militärfahrzeugen vorbei – durch Oranienburg, das bei einem Bombenangriff einige Tage zuvor zerstört worden war. Für mich hatte der Name Oranienburg einen düsteren Klang. Dort hatten mehrere meiner nächsten Verwandten Bekanntschaft mit den Schrecken der Konzentrationslager geschlossen, bevor es mir gelang, sie nach Schweden zu holen.«

Die Konzentrationslager Ravensbrück und Sachsenhausen, bei Oranienburg, liegen beide in der Nähe von Kerstens Gut Hartzwalde. Und als der Wagen durch Oranienburg fährt, weiß Masur, daß sie nicht mehr weit vom Ziel entfernt sind.«

»Endlich, kurz vor Mitternacht, waren wir am Ziel«, schreibt er. »Dort sollten wir auf Himmler warten.«[18]

Doch diese Mitternacht ist nicht irgendeine Mitternacht. Als es zwölf Uhr schlägt in der Nacht zwischen dem 19. und 20. April stehen Heinrich Himmler und Walter Schellenberg zusammen mit Professor Gebhardt im Krankenhaus Hohenlychen und stoßen auf Adolf Hitlers Geburtstag an. Er wird sechsundfünfzig. Und Heinrich Himmler hat anderes zu tun, als mit einem Juden außerhalb von Berlin Landesverrat zu begehen.

»Verängstigt und erschöpft von den mehrfachen Aufregungen und Erlebnissen ... waren sie in Hartzwalde eingetroffen«, schreibt der Astrologe Wilhelm Wulff, der sich zu diesem Zeitpunkt auf Kerstens Gut befand. »Herr Masur, ein kleiner, zarter Jude mit schmalem Kopf und klugen Augen, war grünlich weiß und schaute uns ängstlich und erschrocken an. Kein Wort brachte er bei der Begrüßung über seine Lippen. Kersten hatte seine frische Gesichtsfarbe ebenfalls verloren. Aber Kersten fasste sich schnell und fragte mich, ob Schellenberg schon anwesend sei. Kerstens Schwester Elisabeth und seine Sekretärin nahmen ihnen das Gepäck und ihre sonstigen Reiseutensilien ab. Als die Herren sich erholt hatten, stellte Kersten mich Herrn Masur vor. Selbstverständlich wurde ich nicht als Himmlers Astrologe vorgestellt, sondern als ›Sanskritforscher‹ – so hieß es im Befehl Himmlers. Diese Unwissenheit machte mich verlegen, so daß ich versuchte, das Wort zu verbessern in ›Sanskritist«; denn Sanskritologe war ich nicht.[19]

Hartzwalde liegt im Dunkeln. Die Bombenangriffe auf Berlin und Oranienburg am Morgen haben das Elektrizitätsnetz zerstört. Das einzige, was funktioniert, ist die direkte Telefonverbindung zu Himmlers Hauptquartier. Dennoch kann keiner sich hinlegen und schlafen. »Es war nicht das ständige Brummen neuer Flugzeuge auf dem Weg nach Berlin, das mich wach hielt«, schreibt Masur, »es war die Spannung vor dem bevorstehenden Treffen, das Gefühl, daß das Schicksal Tausender von Juden vielleicht von meinen Worten abhängig war ... Besonders dachte ich in diesen Stunden an die Gefangenen in Ravensbrück, das nur dreißig Kilometer von uns entfernt war.«

Die Gesellschaft hat sich im Salon versammelt, ohne Licht und Radio. »Das Gespräch begann mit seinen [Masurs] Eindrücken, die er auf der Fahrt vom

Tempelhofer Feld bis nach Hartzwalde empfangen hatte. Er war noch sehr aufgeregt und beunruhigt über die Schrecknisse und die brennenden Straßenzüge. Masur blickte zuerst Kersten an, wandte sich dann zu mir und sagte: ›Meine Herren, wir‹ – damit meinte er die Juden – ›sind quitt mit den Deutschen. Wer werden nichts unternehmen und uns nicht rächen. Das Nazi-Regime war für Deutschland ein sehr schlechtes Geschäft.‹ Kersten hatte schon früher einmal erzählt, daß Hillel Storch eine ähnliche Ansicht vertrat.«

Die Konversation im Salon kommt jedoch nicht richtig in Gang. »Mir war Schweigen befohlen«, schreibt Wulff, »und Kersten wartete auf ein Ferngespräch aus dem Hauptquartier Himmlers … Schellenberg ließ sich für nachmittags ansagen … aber er kam nicht.«[20]

Walter Schellenberg ist viel zu aufgebracht, um zu bleiben und an der makabren Geburtstagshuldigung in Hohenlychen teilzunehmen. Er erträgt Himmlers Unentschlossenheit nicht: Im einen Augenblick sagt der Reichsführer, ohne zu zweifeln, daß er sich jetzt Hitlers entledigen müsse. Im nächsten Moment stößt er mit glänzenden Augen auf das Wohlergehen des Führers an. Zwischenzeitlich ist er so nervös, daß man nicht mit ihm reden kann. Walter Schellenberg beschließt, allein zu Kerstens Gut hinauszufahren.[21]

»Ich erreichte Gut Hartzwalde um 2.30 nachts«, schreibt Schellenberg. »Tiefe Dunkelheit hatte sich über das Gut gesenkt.« Schellenberg tritt in den Salon, wo er Wulff und Kersten antrifft. Wulff bemerkt, daß der Neuankömmling völlig erschöpft wirkt. Er hat offenbar mehrere Tage nicht geschlafen. Sie begrüßen einander in aller Kürze, dann zieht der Astrologe sich zurück, um Kersten und Schellenberg nicht zu stören. Er glaubt dennoch zu wissen, worüber die beiden Männer in dieser Nacht diskutieren. »Schellenberg versuchte Kersten davon zu überzeugen, daß es im Interesse Deutschlands läge, die in Norwegen stationierten Truppenteile durch Schweden durchzulassen, damit Verstärkung an die Ostfront käme.«

Kersten ist jedoch mehr daran interessiert, das Thema Juden zu diskutieren, als sich über die große Politik zu unterhalten. Und als sie später im dunklen Schlafzimmer weitersprechen – die beiden müssen in dieser Nacht ein Zimmer teilen –, hört Kersten von Himmlers andauerndem Zögern und seinem Unwillen, weitere Zugeständnisse zu machen. Kersten ist sehr empört. »Er meinte jetzt«, schreibt Schellenberg, »daß irgendwelche erfolgreichen Ergebnisse der Verhandlungen zwischen Himmler und Herrn Masur kaum noch möglich sein würden, aber Himmler könne ja trotzdem eine Geste des guten Willens zeigen!«[22]

Damit beenden sie ihre Unterhaltung. Die beiden Männer gehen gegen vier Uhr morgens zu Bett, und das Schweigen senkt sich über Hartzwalde. Der nächste Tag ist ein wichtiger Tag. Dann kommt nämlich, wenn er seiner Entscheidung treu bleibt, Reichsführer Heinrich Himmler zu Besuch.

Fünfzehn Meter unter der Erde, direkt unter dem Garten der alten Reichskanzlei, liegt ein Bunker. Er besteht aus achtzehn kleinen engen und unbequemen Räumen und einem schmalen Gang in der Mitte. Das hinterste Zimmer, am weitesten von der Treppe entfernt, die zur Reichskanzlei hinaufführt, ist Adolf Hitlers Schlafzimmer. Daneben liegt sein Arbeitszimmer, und von dort gelangt man leicht in das Schlafzimmer Eva Brauns, seiner Geliebten. Es gibt jedoch noch eine Familie, die bald in der Höhle unter der Reichskanzlei wohnen wird: Joseph Goebbels, mit Frau und sechs Kindern, hat beschlossen, auch in dieser schweren Stunde Adolf Hitler so nahe wie möglich zu sein. Propagandaminister Joseph Goebbels liebt seinen Führer vorbehaltlos – im Unterschied zu, wie Adolf Hitler bald bitter erfahren wird, gewissen anderen. Ja, es hat den Anschein, als habe Goebbels' Loyalität in der letzten Zeit noch zugenommen. Wie einer seiner Biographen schreibt: »In Konflikt- und Krisenzeiten entstand zwischen Goebbels und Hitler eine magnetische Anziehung.«[23]

An ebendiesem Tag, dem 20. April 1945, soll im Bunker unter der Reichskanzlei und im Garten darüber ein Empfang stattfinden. Das Eintreffen der Gäste wird kurz vor der Lagebesprechung um zwölf Uhr erwartet, und dann ziehen sich die Festlichkeiten bis in den Abend hin, mit gewissen Unterbrechungen für Beratungen.

Während Göring, Ribbentrop, Goebbels, Speer und Himmler ihre herzlichsten Glückwünsche darbringen, laufen die Wochenschau-Kameras. »Er wirkte eher wie siebzig als wie sechsundfünfzig«, erinnert sich einer der Anwesenden. »Ich würde sein Aussehen als physisch senil beschreiben.« Alle, die an Hitler vorbeiparadieren, versuchen ihn zu überreden, nach Süden zu fliehen, in den Berghof. Doch er antwortet ihnen: »Ich muß hier in Berlin eine Entscheidung erzwingen – oder ich werde untergehen.« Kann Hitler immer noch bezweifeln, daß die Niederlage unausweichlich ist? Ja, so scheint es. Den versammelten Gästen erklärt er, er sei davon überzeugt, daß die Russen vor Berlin ihre bis dato blutigste Niederlage erleiden werden.

Am Nachmittag kommt eine Delegation der Hitlerjugend in den Garten. Ihr werdet Berlin verteidigen, Straße für Straße, Haus für Haus, erklärt Hitler feierlich den Jungen, die gerade mal in den Stimmbruch gekommen sind. Dann dankt er ihnen und befestigt das Eiserne Kreuz an einigen verschmutzten Hitlerjugend-Uniformen. Hitler versucht, seine eine Hand hinter dem Rücken zu halten, nicht ahnend, daß die Wochenschaukameras jedes Zittern einfangen. Dann streichelt er einem der Jungen die Wange. In dem Moment drückt einer der Fotografen ab. Auf dem Bild sieht man, wie das Gesicht des Jungen leuchtet, hingerissen.

Am Abend laden Hitler und seine Geliebte einen Teil des intimen Kreises – die Adjutanten, die Sekretärinnen, die Ärzte – zu einem Glas Champagner ins Wohnzimmer des Bunkers ein. Dann zieht sich Hitler zurück, ungewöhnlich früh für seine Verhältnisse. Eva Braun nimmt die Gruppe mit die Treppe hinauf in den immer noch intakten Salon der Reichskanzlei. Das einzige verbliebene Möbelstück, ein von Albert Speer entworfener großer Tisch, ist festlich gedeckt. »Alle kamen mit«, erinnert sich Hitlers Privatsekretärin Traudel Junge. »Wir tranken Champagner und tanzten zur Musik einer einzigen Platte, die jemand mitgebracht hatte. Es wurde hysterisch gelacht. Es war furchtbar; ich konnte es bald nicht mehr aushalten und ging wieder nach unten, ins Bett.«[24]

Doch zu diesem Zeitpunkt hat Heinrich Himmler Berlin bereits verlassen.

Norbert Masur hätte nie geglaubt, daß er in aller Gemütlichkeit mit einem SS-General frühstücken würde. Walter Schellenberg seinerseits hat den Eindruck, daß der Neuankömmling »nervös« ist. Also tut er sein Bestes, um ihm zu helfen, sich zurechtzufinden. Während sie Kaffee trinken und ihr Omelett essen, erzählt Schellenberg Herrn Masur von seinen früheren Bemühungen, Juden zu retten, und von seiner und Himmlers Begegnung mit dem ehemaligen Schweizer Präsidenten Musy. Himmler sei empfänglich für Argumente und Wünsche, erklärt er. Das Problem sei Hitler.

Norbert Masur kann nicht umhin, Walter Schellenberg zu mögen, »ein junger Mann, in Zivil, mit gutem, fast weichen Aussehen, nicht der harte Nazityp, den ich erwartet hatte. Er wirkte sehr deprimiert, hielt den Krieg für verloren und schaute pessimistisch in Deutschlands Zukunft.« Masur hat Schellenbergs Darstellung entnommen, daß Deutschlands Zusammenbruch viel früher zu erwarten ist, als er hat ahnen können. Es kann sich nur noch um Wochen handeln, vielleicht nur Tage. Was den Nazi deprimiert, macht dem Juden Hoffnung. Das Gespräch versetzt Masur sogar in richtig heitere Stimmung. Bis plötzlich die Bomben zu fallen beginnen!

»An jenem Vormittag hätte man Kersten und Masur beobachten sollen«, schreibt Wulff, »welche Angst sich auf ihren Gesichtern eingrub – sie vermuteten nämlich einen Bombenangriff. Es handelte sich aber tatsächlich nur um die übliche Tageszeit, in der die Mannschaften der ›Muna‹ die Blindgänger entschärften ...«

Die Geschwader von Flugzeugen ziehen den ganzen Tag über ihre Köpfe hinweg. Aber Explosionen sind nicht mehr zu hören. Wenn man von dem dumpfen Grollen der russischen Kanonen an der Front absieht.

Norbert Masur wird aus Hartzwalde nicht schlau. Er hat nach dem Mittagessen beschlossen, sich mit einem Spaziergang auf Kerstens Gut die Zeit zu vertreiben, und kann feststellen, daß hier eine sehr seltsame Sammlung von Menschen anzutreffen ist: »Alle Arbeiter und Angestellten«, bemerkt er, »männliche und weibliche, haben fünf bis acht Jahre Konzentrationslager hinter sich. Sie gehörten einer religiösen Sekte an, irgendeine Entsprechung zu den Zeugen Jehovas. Auf dem Hof halten sich auch eine große Menge Flüchtlinge auf, aus dem östlichen und mittleren Deutschland. Die meisten sind Verwandte von Kersten, glaubt Masur. Während er in seine eigenen Gedanken vertieft umhergeht, beansprucht plötzlich jemand seine Aufmerksamkeit.

»Herr Masur«, ruft Walter Schellenberg. »Haben Sie Lust, einen Waldspaziergang mit mir zu machen?»

Masur nickt, und gemeinsam schlagen sie einen Pfad hinter dem Hof ein. Das Gespräch geht da weiter, wo es am Morgen unterbrochen worden ist, und auf einmal erkennt Schellenberg, daß der Gast aus Schweden keinerlei Absicht hat, sich der Entscheidungsangst Himmlers anzupassen.

»Ich werde unter allen Umständen spätestens am Montag Berlin verlassen«, sagte Masur. »Ob ich bis dahin Herrn Himmler getroffen habe oder nicht.«

»Ich wußte«, schreibt Schellenberg, »daß Himmler versuchen würde, die Zusammenkunft immer wieder hinauszuschieben, und mußte alles daransetzen, das Treffen bald zustandezubringen.«[25] Um fünf Uhr am Nachmittag fährt Schellenberg deshalb nach Wustrow, um auf Himmlers Rückkehr von Hitlers

Geburtstagsfeier zu warten. Und dafür zu sorgen, daß Himmler weiterfährt nach Hartzwalde. Er soll lange warten.

Als Heinrich Himmler an diesem Abend die Wendeltreppe aus dem tieferen Teil von Hitlers Bunker hinaufgeht, hat er seinen Führer zum letzten Mal lebend gesehen. Das ahnt er.

Nachdem er die langen Gänge mit ihren luft- und wasserdichten Schotten hinter sich gelassen hat, tritt Himmler schließlich ins Freie. Der Boden unter ihm bebt. Der Himmel dröhnt, fällt auf seine Stadt nieder, und zermalmt sie. Heinrich Himmler kann nicht zu dem verabredeten Treffen mit Schellenberg fahren, solange die Bomben so dicht fallen. Er kann nur stehen bleiben und machtlos das schreckliche Schauspiel beobachten. Dies muß Adolf Hitler gemeint haben, als er sagte: »Wenn der Krieg verloren geht, wird auch das deutsche Volk untergehen.«

Spät in der Nacht wird Himmler Wustrow erreichen und seinen engsten Ratgeber Schellenberg treffen. Schellenberg wird dem Reichsführer eröffnen, daß er in dieser Nacht tatsächlich zwei Treffen geplant hat. Eins jetzt, sofort, auf Kerstens Gut Hartzwalde. Ein zweites um sechs Uhr am Morgen, in Hohenlychen. Folke Bernadotte ist nämlich gerade in Berlin eingetroffen.

»Wie kann ich zwei Besucher zur gleichen Zeit empfangen!?« stößt Himmler aufgebracht hervor. »Können wir nicht beide Begegnungen verschieben?«[26]

Norbert Masur sitzt im großen Salon in Hartzwalde. Der Raum hat eine Wärme, das entgeht ihm nicht. Vielleicht ist es das freundliche Mondlicht, das durch die Fenster leuchtet – der Mond, der still und vielleicht ein wenig traurig den Wahnsinn beleuchtet, der auf der Erde vor sich geht. Vielleicht ist es die Wärme des knisternden Kaminfeuers, oder der flackernde Schein der Kerzen, Norbert Masur hat keine Angst mehr. Er ist nur ein wenig angespannt. Wird

Heinrich Himmler, wenn er durch die Tür tritt, wie ein Mann auf der Höhe der Macht auftreten, oder wird er vom Schatten der Niederlage gezeichnet hereinkommen? Wird er sich wie ein Massenmörder gegenüber seinem Opfer verhalten oder wie ein todgeweihter Gefangener vor seinem Richter? Plötzlich steigt die Empörung in Masur hoch, die Empörung bei dem Gedanken, in Kürze von Angesicht zu Angesicht einem Mann gegenüberzustehen, der so viele Millionen Menschenleben auf seinem Gewissen hat. Er blickt hinüber zu Felix Kersten auf der anderen Seite des Salons, doch dieser scheint in eigene Gedanken versunken.

Die große Uhr im Salon schlägt. Masur schaut auf das Zifferblatt: es ist halb drei in der Nacht. Die Zeit ist langsam vergangen, diese letzten Stunden nach Mitternacht ist sie gekrochen. Masur spürt plötzlich Ungeduld. In diesem Moment hört er den Kies draußen knirschen. Kein Motorgeräusch, nur Knirschen. Felix Kersten hört es auch, denn er steht plötzlich auf. Masur schaut seinen Gastgeber an. Dann erhebt auch er sich aus seinem Sessel. Eine Wagentür wird zugeschlagen. Kersten verläßt den Raum und geht hinaus auf den Hof. Masur bleibt stehen, wie versteinert, und lauscht den Stimmen draußen. Sie sprechen gedämpft, er hört nicht, was sie sagen, aber er hört, daß das Gespräch intensiv ist, engagiert. Sprechen sie über ihn?

Nach einigen Minuten sind von neuem Schritte auf dem Gartenweg zu hören, dann die Treppe herauf zur Haustür. Sie wird geöffnet und schlägt wieder zu. Norbert Masur fühlt sein Herz schlagen, schneller und schneller, ihm wird plötzlich schwindelig, und er muß sich an der Stuhllehne festhalten. Das Geräusch von Kleidung, gedämpfte Stimmen. Dann wird die Tür aufgestoßen. Und da steht Heinrich Himmler.

»Guten Tag.« Himmler ist mit fünf großen Schritten bei Masur und streckt ihm die Hand entgegen. Masur räuspert sich. »Guten Tag«, erwidert er und ergreift Himmlers Hand. Eine Sekunde lang drücken sie die Handflächen aneinander und sehen sich in die Augen. Dann läßt der Reichsführer los.

»Sie kennen vermutlich bereits Brigadeführer Schellenberg. Und Standartenführer Brandt.« Himmler hört sich förmlich an, während er auf die beiden Männer zeigt, die unmittelbar hinter ihm stehen. Masur nickt Schellenberg zu und reicht dem anderen Mann die Hand. Dies ist also der oft erwähnte Rudolf Brandt …

»Herr Reichsführer, bitte sehr.« Kersten zeigt auf den gedeckten Kaffeetisch mitten im Raum. Alle bewegen sich dorthin. Alle außer Himmler. Er steht wie angewurzelt und starrt ins Kaminfeuer. Masur weiß nicht, was er tun soll, und bleibt ebenfalls stehen.

»Deutschland ist ein Land, das seit mindestens einer Generation keinen Frieden erlebt hat.« Es klingt, als spräche Himmler zu sich selbst, wie er da steht und ins Feuer starrt. »Als der erste Weltkrieg ausbrach, war ich vierzehn Jahre alt. Kaum war der Krieg zu Ende, begann der Bürgerkrieg, und beim Spartacus-Aufstand, der dann stattfand, spielten Juden eine führende Rolle.« Jetzt wendet Himmler sich um und sieht Norbert Masur an. Dann blickt er zum Kaffeetisch, und sie setzen sich.

Die anderen folgen ihnen. Felix Kersten läßt sich im Sessel neben Himmler nieder. Masur nimmt gegenüber Platz. Schellenberg und Brandt setzen sich ein wenig zur Seite. In dieser Nacht sind sie nicht, wie sonst so oft, Hauptpersonen. In dieser Nacht sind sie Statisten, in einem Schauspiel, dessen Hauptpersonen ein Naziführer und ein Jude sind.

Es ist ganz still. Himmler beugt sich vor und nimmt ein Stück Kuchen. Alle können das knirschende Geräusch von den Zähnen des Reichsführers hören. Die Spannung im Raum ist mit dem Messer zu schneiden.

»Fräulein Eva!«

Kersten hat in die Küche hinausgerufen.

Eine junge Frau tritt leise und schnell ins Zimmer und schenkt den fünf Männern Kaffee ein. Dann verschwindet sie ebenso schnell. Himmler scheint sie nicht bemerkt zu haben.

»Die Juden sind ein fremdes Element in Deutschland. So ist es immer gewesen.« Der Reichsführer beißt erneut vom Kuchen ab und wischt einen Krümel fort, der an der Wange hängen geblieben ist. »Ein fremdes Element, das Irritation hervorruft.«

Masur schaudert, aber Himmler scheint seine Reaktion gar nicht zu bemerken. »Mehrmals sind sie aus Deutschland vertrieben worden«, fährt er fort. »Immer sind sie wiedergekommen.« Dann ein neuer Biß vom Kuchen. Masur muß sich zwingen, diesen Dr. in Ausrottungstechnologie anzuschauen, der sich in die Rolle des Geschichtslehrers kleidet.

»Sie verstehen«, fährt Himmler seinem gedachten Schüler zugewandt fort, »nachdem wir die Macht übernommen haben, suchten wir diese Frage ein für allemal zu lösen. Ich plante eine sehr humane Lösung, durch Auswanderung. Aber«, und jetzt blickt er Kersten an, wie um Unterstützung zu suchen, »es ging nicht. Ich habe mein Bestes getan. Ich habe mit amerikanischen Organisationen verhandelt, um eine rasche Auswanderung durchzuführen. Aber nicht einmal die judenfreundlichen Länder wollten die Juden hereinlassen!«

»Herr Himmler …« Der Reichsführer schaut verblüfft auf – als habe er gerade entdeckt, daß der Jude ihm gegenüber etwas anderes ist als eine Theaterkulisse. »Es ist«, sagt Masur, »nie mit internationalem Recht und herkömmlichen Rechtsbegriffen vereinbar gewesen, Menschen plötzlich aus dem Land zu vertreiben, in dem ihre Väter und Vorväter gelebt haben.«

Himmler blickt einen Augenblick verwundert auf den gleichaltrigen Mann, der ihm gegenüber sitzt. Dann beschließt er offenbar, seinen Monolog wieder aufzunehmen.

»Der Krieg brachte uns mit den proletarisierten ostjüdischen Massen in Berührung. Wir konnten einen solchen Feind nicht in unserem Rücken haben. Die jüdischen Massen waren infiziert, sie schufen schwere Epidemien, besonders Flecktyphus. Ich habe selbst Tausende meiner besten SS-Männer durch diese Seuchen verloren.« Himmler nickt zu Brandt und Schellenberg hinüber.

Genau das haben sie befürchtet, Kersten, Schellenberg und Brandt. Daß Himmler zu diesem Treffen kommt und vor dem Juden Masur eine lange Verteidigungsrede hält. Wie kann man die Vernichtung vor einem Juden verteidigen!? Deshalb sind sie und deshalb ist Masur nicht hergekommen! Und auch Heinrich Himmler sollte nicht deshalb hergekommen sein. Norbert Masur scheint ihre Gedanken zu lesen:

»Herr Reichsführer«, sagt er noch einmal, diesmal vorsichtig. »Herr Reichsführer, könnten wir nicht darüber reden, was in der gegenwärtigen Lage praktisch getan werden kann. Es sitzen eine große Anzahl Juden in deutschen Konzentrationslagern …«

»Um diese Epidemien einzudämmen, mußten wir Krematorien bauen, in denen wir die Leichen der unzähligen Juden verbrennen konnten, die diesen Krankheiten erlagen. Tuberkulose, Flecktyphus … Es war furchtbar.« Jetzt bekam der Monolog des Reichsführers etwas nahezu Hysterisches: »Deutschland war enormen Gefahren ausgesetzt. Das versteht man im Ausland nicht! Und daraus will man uns jetzt einen Strick drehen!«

Masur starrt den Mann vor sich an. Er sah so elegant aus, als er in seiner gut sitzenden, mit Rangabzeichen und Orden geschmückten Uniform eintrat, und so harmlos. Bis er zu reden anfing. Masur ist tief erschüttert, aber er kann nicht diplomatisch reagieren, um dieser widerwärtigen Rede ein Ende zu machen.

»Herr Himmler«, versucht er,« ich möchte nur über die Konzentrationslager sprechen.«

»Konzentrationslager …« Der Reichsführer schnaubt ein wenig. »Ihren schlechten Ruf haben diese Lager durch den unglücklich gewählten Namen bekommen. Man hätte sie Erziehungslager nennen sollen.« Dann blickt er wieder in die Runde, um Bekräftigung zu bekommen. Jemand nickt eher unmerklich. »Dank dieser Lager hatte Deutschland im Kriegsjahr 1941 die niedrigste Kriminalitätsrate seit Jahrzehnten. Die Gefangenen mußten hart arbeiten, aber das muß auch das ganze deutsche Volk tun. In den Lagern« – jetzt hebt Himmler einen Zeigefinger – »wurden die Gefangenen streng, aber gerecht behandelt!«

Jetzt kann Norbert Masur sich nicht mehr zurückhalten:

»Herr Himmler«, sagt er mit unterdrückter Wut. »Ich habe einen großen Teil meiner Familie, Familien meiner Freunde und meine Kameraden aus der Kindheit in diesen … Erziehungslagern verloren!«

»In diesem Augenblick«, schreibt Masur in seinem Buch, »fühlte ich mich als der Stärkere von uns beiden, als Sprecher des gebeugten, doch nie ausrottbaren Rechts. Und ich glaube, daß Himmler die Schwäche seiner Position erkannte.« Norbert Masur kann jetzt, nach einer fünfundvierzig Minuten langen Lektion, endlich das Gespräch auf das eigentliche Thema lenken, über das zu verhandeln Kersten und er hergekommen sind: die Rettung der Juden in den Konzentrationslagern. Er holt ein paar Papiere aus seiner Aktentasche, und während sich Himmler auf seine Kaffeetasse konzentriert, rückt Masur näher an Kersten heran. Sie werden dies gemeinsam durchführen. So haben sie es auf dem Flug herunter abgesprochen. Sie haben sich auf drei Hauptforderungen geeinigt, und die legen sie Himmler jetzt vor:

Erstens: Alle noch lebenden Juden in Deutschland sollen da bleiben dürfen, wo sie sich derzeit befinden, und nicht zwangsevakuiert werden.

Zweitens: Wenn eine Evakuierung von Juden in ein neutrales Land, beispielsweise in der Regie des Roten Kreuzes, noch praktisch durchführbar ist, soll sie erlaubt werden.

Drittens: Den Lagerkommandanten soll befohlen werden, die Juden gut zu behandeln, und die Lager den Alliierten zu übergeben, wenn die Fronten eines der Lager erreichen.

Außerdem überreicht Masur die Namenslisten, die er vom Außenministerium erhalten hat, und bittet darum, die Menschen, deren Namen darauf enthalten sind – Schweden, Franzosen, Holländer, Juden und Norweger –, freizulassen.[27]

Nicht daß Himmler nicht verhandeln will. Es sieht sich tatsächlich höflich die Listen an und hört sich die Forderungen an. Er ist anscheinend sogar bereit, sich auf Detailfragen einzulassen. Masur und Kersten haben nur das Problem, daß jeder Punkt auf der Tagesordnung Himmler zu einer neuen Rechtfertigungsrede zu führen scheint. Als Masur etwas später auf seine Uhr schaut, sieht er, daß sie eineinhalb Stunden »gesprochen« haben, ohne das geringste Ergebnis zu erzielen. Er schielt zu Kersten hinüber, der nickt, und dann übernimmt der Masseur. Mit gemeinsamen Kräften gelingt es ihnen bald, das Gespräch auf den richtigen Kurs zu bringen. »Besonders betonten wir immer wieder«, schreibt Masur, »daß eine Evakuierung der Gefangenen von Ravensbrück nach Schweden erlaubt werden sollte.«

Nach einer neuerlichen Diskussion steht Himmler plötzlich auf: »Ich möchte mit Herrn Brandt und Herrn Kersten allein sprechen!« Schellenberg und Masur sehen sich an. Dann erheben auch sie sich und verlassen gemeinsam den Salon.

Zwanzig Minuten später werden sie wieder hereingerufen. Heinrich Himmler steht in der Mitte des Salons, breitbeinig. Flankiert von Brandt und Kersten. Himmler sieht fast triumphierend aus:

»Ich bin bereit, tausend jüdische Frauen aus dem Konzentrationslager Ravensbrück freizulassen«, erklärt er feierlich. »und Sie können sie durch das Rote Kreuz holen lassen. Wir können sie jedoch *auf keinen Fall* Jüdinnen nennen. Dies ist sehr wichtig! Wir können sie, sagen wir, Polinnen nennen.« Himmler erklärt anschließend, er beabsichtige, auch die französischen Frauen in Ravensbrück freizulassen, die auf der Liste des Außenministeriums stehen, fünfzig Juden in norwegischen Lagern sowie eine Anzahl holländischer Juden in Theresienstadt, »wenn das Rote Kreuz sie holen kann«.

Norbert Masur atmet tief durch. Er hat einen Augenblick lang das Gefühl, daß Himmler ihn fast freundlich anlächelt.

»Was die Beendigung der Zwangsevakuierungen und die Übergabe der Lager an die Alliierten angeht«, sagt der Reichsführer, »werde ich mein Bestes tun, Ihren Wünschen nachzukommen.«

Tausend Jüdinnen, denkt Masur. Es können mehr werden. Wenn man nur die Busse des Roten Kreuzes wieder zurückbekommen kann nach Ravensbrück.

In dieser Nacht sprach Norbert Masur zweieinhalb Stunden mit Himmler. »Eine halbe Stunde war ich allein mit ihm, ein freier Jude Auge in Auge mit dem gefürchteten und erbarmungslosen Gestapochef, der fünf Millionen jüdische Menschenleben auf dem Gewissen hatte.« Die Begegnung hatte unerhörte Forderungen an Masurs Selbstbeherrschung gestellt. Doch er hatte, was Heinrich Himmler betraf, einen wichtigen Punkt verstanden: Im Gegensatz zu Adolf Hitler war er Pragmatiker, auch in seinem Verhältnis zu den Juden. Himmler handelte nicht gefühlsmäßig. Er ließ Millionen von Juden ermorden aus Pflichttreue, aus Zynismus und vielleicht aus Opportunismus. Nicht weil er so schrecklich viel gegen sie hatte.

»Als es tagte, gingen Himmler und Masur Arm in Arm in der frischen Morgenluft von Hartzwalde spazieren, ehe sie sich verabschiedeten. – Der Judenschlächter Himmler neben dem Juden Norbert Masur, dem Vertreter des »Jüdischen Weltkongresses«. Himmler sagte: ›Ja, wenn wir uns zehn Jahre früher kennengelernt hätten, Herr Masur, wäre es niemals zu diesem Krieg gekommen!«

Wilhelm Wulff berichtet nicht, wie er erfahren hat, daß Heinrich Himmler diese verblüffende Äußerung machte.

Um fünf Uhr am Morgen fährt der Wagen des Reichsführers vor der Tür von Hartzwalde vor. Norbert Masur bleibt mit Brandt und Schellenberg zurück, während Kersten und Himmler zum Wagen gehen. Himmler sieht plötzlich mitgenommen aus.

»Oh, Herr Kersten, wir haben große Fehler gemacht«, sagt er still. »Wenn ich noch einmal von vorne beginnen könnte, würde ich vieles anders machen. Aber jetzt ist es zu spät. Ich habe immer tun wollen, was recht war. Oft war ich gezwungen, gegen meine innere Überzeugung zu handeln. Glauben Sie mir, Kersten, es war bitter für mich. Aber Hitler befahl, und Goebbels und Bormann hatten schlechten Einfluß auf ihn. Wie ein loyaler Soldat war ich gezwungen zu gehorchen, denn kein Staat kann ohne Gehorsam und Disziplin überleben.« Himmler lächelt seinen Masseur traurig an. »Nun – jetzt gehört mein Leben mir selbst, denn es hat keinen Wert mehr. Ich entscheide selbst, wie lange ich leben will. Was glauben Sie, wird die Geschichte über mich sagen? Kleine Menschen, die Rache suchen, werden der Nachwelt ein falsches und pervertiertes Bild der großen Dinge geben, die ich weitsichtig für Deutschland getan habe. Ich werde die Schuld tragen für die Fehler anderer. Nun«, sagt Himmler und rafft sich wieder etwas auf, »was spielt das für eine Rolle! Der wertvollste Teil des deutschen Volkes, die Creme der Nation, wird mit uns untergehen. Was von Deutschland übrigbleibt, ist uninteressant. Mit den Überbleibseln dürfen die Alliierten gern tun, was sie wollen!« (Wenn Kersten Himmler hier richtig zitiert, kann man feststellen, daß der Reichsführer immer noch die Wertsetzungen seines Führers aufsaugt, fast buchstabengetreu!)

Dann seufzt Heinrich Himmler, der moralischste aller Massenmörder, und geht zu seinem Wagen. Der Fahrer hält die Tür zum Fond auf, und Himmler steigt ein. Dann wendet er sich nach draußen zu seinem Masseur, und als er ihm die Hand hinstreckt, hat er Tränen in den Augen:

»Kersten, ich danke Ihnen von ganzem Herzen für die Jahre, die Sie mir geschenkt haben, und die Linderung, die Sie mir verschafft haben. Grüßen Sie Ihre Frau und Ihre Kinder. Denken Sie nicht schlecht von mir. Helfen Sie meiner armen Familie, wenn Sie können. Leben Sie wohl!«

Kersten nimmt Himmlers Hand. Dann läßt der Fahrer den Wagen an, Schellenberg tritt hinzu und setzt sich neben Himmler in den Wagen. Und dann fahren sie davon. Zu ihrem Treffen mit Graf Folke Bernadotte.[28]

51

»Nachdem Himmler uns verlassen hatte, schliefen wir ein paar Stunden«, schreibt Masur, »oder versuchten es zumindest. Meine innere Spannung hatte nachgelassen. Nun galt es, so schnell wie möglich nach Berlin zu kommen, und dann nach Stockholm, um mit dem Außenministerium und dem Roten Kreuz die Maßnahmen für die bewilligte Evakuierung zu diskutieren.«

Um zehn Uhr am Morgen verlassen Masur und Kersten Hartzwalde und machen sich auf den Weg nach Berlin. Sechsunddreißig Stunden zuvor sind sie denselben Weg gekommen. Doch da war es dunkel, von den Bombenexplosionen und vom Mondlicht abgesehen. Und Masur war unter den herrschenden Umständen nicht in der Lage gewesen, Details wahrzunehmen. Aber jetzt kann er Deutschland sehen, seine Heimat Deutschland – das Land und das Volk, dem er in ebenso hohem Maß wie dem Judentum seine Sprache und Kultur, seine Wertmaßstäbe und seine sozialen Gewohnheiten verdankt. Norbert Masur erkennt das Land nicht wieder.

»Unterwegs«, schreibt er, »sah ich ein Bild, das sich tief in meine Erinnerung eingegraben hat: Das Herrenvolk auf der Landstraße. Ein Fuhrwerk nach dem anderen. Die Wagen beladen mit altem Hausrat, der vor der Flucht rasch zusammengerafft worden ist. Zwischen dem Gerümpel: Frauen, Kinder, Greise. So zog dieses Gefolge menschlichen Elends von Stadt zu Stadt, bei Wind und Wetter, auf der Flucht vor der Front.«

Wenig später fahren sie an Oranienburg vorbei. Und sind plötzlich gezwungen anzuhalten, um einen Todesmarsch vorbeizulassen, aus dem Konzentrationslager Sachsenhausen!

Masur wird plötzlich sehr bewußt, daß sie so schnell wie möglich Bernadotte erreichen müssen. Vermutlich hat der Graf sein Treffen mit Himmler bereits beendet und ist vielleicht wieder in Berlin.

Es gelingt dem Chauffeur mit Mühe, an den Marschkolonnen halbtoter Lagergefangener, den endlosen Flüchtlingstrecks und mit verwundeten Soldaten vollgestopften Fahrzeugen vorbeizukommen. Einmal werden sie sogar angehalten und gebeten, Verwundete mit nach Berlin zu nehmen. »Wir konnten jedoch weiterfahren«, schreibt Masur. »Die Straße wurde freier, und bald waren wir in Berlin. Jetzt sah ich die Millionenstadt bei Tageslicht. Ein gespenstischer Anblick! Ein Ruinenfeld von gigantischen Ausmaßen. Die Fassaden der Häuser halb zerstört, das Innere der Häuser wie weggeblasen. Selten ein unbeschädigtes, bewohnbares Haus.

Masur und Kersten fahren direkt zur schwedischen Botschaft, um nach Möglichkeit Graf Bernadotte anzutreffen. Er ist nicht da, also beschließen sie, zum Gestapohauptquartier weiterzufahren und nach Franz Göring zu suchen, Schellenbergs Mitarbeiter, der auf deutscher Seite die Transporte des Roten Kreuzes überwacht. Sie finden ihn. »Er teilte uns mit«, schreibt Masur, »daß die Transportkolonne des Schwedischen Roten Kreuzes in Friedrichsruh sei und im Begriff stehe, nach Schweden zurückzukehren. Er wolle versuchen, Graf Bernadotte zu erreichen, um die Kolonne nach Ravensbrück umzudirigieren.«[1]

Während Kersten und Masur, mit »schweren Schwimmwesten« versehen, sich in ein großes deutsches Truppentransportflugzeug mit Ziel Kopenhagen setzen, ist Folke Bernadotte gerade nach Friedrichsruh aufgebrochen. Dort hat die schwedische Transportkolonne eben die Evakuierung aller skandinavischen Gefangenen von Neuengamme nach Dänemark abgeschlossen, ein Schritt, zu dem die Deutschen zwei Tage zuvor plötzlich ihre Zustimmung gegeben hatten. Der schwedische Botschafter Arvid Richert hat Bernadotte zwar mitteilen lassen, dieser solle *nicht* nach Friedrichsruh zurückfahren, »sondern direkt nach Lübeck reisen, um sich dort der heimreisenden Kolonne anzuschließen«.[2] Doch Folke Bernadotte hat andere Pläne. Er hat vor, die Busse nach Süden zu dirigieren. Zum Konzentrationslager Ravensbrück bei Berlin.

Heinrich Himmler hat Bernadotte nämlich gerade ein phantastisches Versprechen gegeben.

Es war nicht leicht gewesen am Tag zuvor, Heinrich Himmler zu erreichen. Sobald Bernadotte in Berlin eintraf, erhielt er von Schellenberg den Bescheid, Himmler sei »in Berlin nicht antreffbar«. »Ich betonte, ich müsse unbedingt am nächsten Morgen nach Friedrichsruh zurückkehren«, schreibt Bernadotte, »und bat Schellenberg, alles in seiner Macht Stehende zu tun, um ein Treffen in der Nacht vom 20. auf den 21. April zu arrangieren.« Einige Stunden später erhielt Bernadotte die Mitteilung, Himmler werde im Laufe der Nacht in Hohenlychen erwartet.

»Es war ein ganz eigentümliches Gefühl, an diesem Tag in Berlin einzutreffen – dem 20. April, der früher so enthusiastisch von den dem Führer treu ergebenen und bewundernden Menschen gefeiert wurde«, schreibt Bernadotte. »Jetzt war Berlin eine stille Stadt, Barrikaden waren errichtet, die Menschen gingen umher und warteten auf das, was kommen sollte.« Still, bis Bernadotte am Nachmittag das Dröhnen der russischen Kanonen hört. Doch da ist er bereits auf dem Weg nach Hohenlychen.

Professor Gebhardt empfängt den Schweden in seinem Krankenhaus. Es ist ihm noch nicht gelungen, Kontakt mit Himmler zu bekommen, berichtet er. Aber vielleicht möchte der Graf mit ihm zu Abend essen und anschließend eine Runde durch das Krankenhaus machen? Bernadotte nimmt dankend an und verbringt die Nacht unter anderem damit, bei den Operationen einiger verwundeter Soldaten zuzuschauen. Um 0.30 klingelt das Telefon. Der Reichsführer wird um sechs Uhr am Morgen zum Frühstück erwartet.

Zwischen den Bissen sitzt Heinrich Himmler und klopft sich mit den Fingernägeln an die Schneidezähne. Schellenberg hat Bernadotte erzählt, daß dies ein deutliches Zeichen von Nervosität bei ihm sei. Es ist sechs Uhr in der Frühe, und der Frühstückstisch in Hohenlychen quillt über von Leckereien. Der Reichsführer ißt mit gutem Appetit, als habe er lange nichts zu sich genommen. Außerdem wirkt er sehr müde, fast ausgelaugt. Aus Bernadottes Beschreibung in *Das Ende* geht nicht hervor, ob er weiß, daß der Reichsführer gerade die Nacht in Verhandlungen mit einem schwedischen Juden verbracht hat. Auf jeden Fall scheint Bernadotte keines der Resultate, die er bald erreichen wird, zu diesem früheren Treffen in Beziehung zu setzen. Im Gegenteil, von seinem Gesichtspunkt aus scheinen Himmlers plötzliche Zugeständnisse wie ein Blitz aus heiterem Himmel zu kommen!

Diesmal, zeigt es sich, will der Reichsführer mit dem schwedischen Grafen keineswegs über die große Politik sprechen. Er will über Lagergefangene sprechen! Nicht skandinavische Lagergefangene – Bernadottes Begehren, diese von Dänemark weiterfahren zu lassen nach Schweden, wird unmittelbar abgelehnt –, sondern über nicht-skandinavische Lagergefangene. Und zum ersten Mal gibt Himmler seine Zustimmung zu mehr als dem, was Bernadotte begehrt!!

Bernadotte beschreibt nach seiner Rückkehr, wie er an diesem Morgen mit Himmler »über die französischen Frauen in Ravensbrück, ein paar Kilometer von Hohenlychen entfernt, sprach und um Zustimmung bat, sie nach Schweden zu bringen«. Die Antwort, die er bekam, war bemerkenswert. Himmler sagte nämlich, »ich dürfe so viele Frauen mitnehmen, wie ich wollte, egal von welcher Nationalität«. (In *Das Ende* ist die Beschreibung etwas anders. Dort heißt es: »Er erklärte, daß er nicht bloß seine Zustimmung dazu gebe, sondern daß er auch wünsche, daß wir die Frauen aller Nationalitäten wegführen sollten, weil Ravensbrück gewiß binnen kurzem evakuiert werden müsse.«)[3]

Nach diesem verblüffenden Bescheid begibt sich Folke Bernadotte zurück nach Friedrichsruh, um dem Rotkreuz-Kommando mitzuteilen, daß man unmittelbar nach Ravensbrück zurückfahren müsse.

Einige Tage später gibt die Leitung des Schwedischen Roten Kreuzes bekannt, daß »dem Schwedischen Roten Kreuz eine neue Aufgabe anvertraut worden ist, indem die Genehmigung erteilt wurde, daß auch Zivilinternierte anderer Nationen, insbesondere französische Frauen durch das Schwedische Rote Kreuz von Ravensbrück (nördlich von Berlin) über Dänemark nach Schweden überführt werden«.[4]

»Meine Order besagte, daß wir in erster Linie versuchen sollten, Französinnen, Holländerinnen und Belgierinnen mitzubekommen«, schreibt der Transportkolonnenchef Åke Svenson, der sich im dänischen Padborg befindet, als die Order von Frykman ihn erreicht. »Soweit der Platz dies noch erlaubte, sollten wir danach Polinnen mitnehmen.« An einer anderen Stelle schreibt Svenson: »Laut Order sollten wir versuchen, in erster Linie alle westeuropäischen Frauen zu retten.«[5]

Johannes Holm, seinerseits, schreibt, daß »Arnoldsson von Graf Bernadotte die Erlaubnis bekommen [habe], eine ›Ladung‹ französischer Gefangener aus Ravensbrück zu holen«, und andere dänische Teilnehmer schreiben, daß die Nazis nur die Abholung von »Westvölkern« aus dem Lager erlaubt hätten.[6]

Aber ist dies wirklich wahr? Ist dies wirklich das, worauf Himmler und Bernadotte sich geeinigt haben?

Gehen wir zurück zu dem ursprünglichen Versprechen, das Heinrich Himmler in der Nacht in Hartzwalde Norbert Masur gab:

> 1000 jüdische Frauen sowie einige Französinnen laut der Liste des Außenministeriums, interniert in Ravensbrück, sollen freigegeben und sollen unmittelbar vom Schwedischen Roten Kreuz geholt werden.

So steht es in Masurs Bericht an das Außenministerium.[7] Masur schreibt auch, es sei eine Bedingung, daß hierüber nichts publiziert würde, und in seinem Buch zitiert er Himmler wie folgt:

> Die jüdischen Frauen in Ravensbrück sollen jedoch nicht als Jüdinnen bezeichnet werden; wir können sie, sagen wir, Polinnen nennen.[8]

Auch Felix Kersten liefert unmittelbar nach der Heimkehr einen Bericht ab, und darin heißt es:

> Nach langen Diskussion versprach Herr Himmler uns, rund 1000 jüdische Frauen aus dem Konzentrationslager Ravensbrück zu befreien und sie mit der schwedischen Rotkreuzkolonne nach Schweden transportieren zu lassen. Die Herren Schellenberg und Brandt versicherten mir in unseren internen Diskussionen, dass, wenn dies technisch möglich sei, die Anzahl sich wesentlich erhöhen werde.[9]

Dies sind ganz offensichtlich nicht die gleichen Bescheide, wie sie das Rotkreuzkommando erhält. »Tausend jüdische Frauen« sind in »Zivilinternierte anderer Nationalitäten, besonders französische Frauen« verwandelt. Das fragliche Lager ist jedoch dasselbe: Ravensbrück. Was, kann man sich fragen, ist in der Zwischenzeit passiert?

Daß die Anzahl der Frauen, die in Ravensbrück abgeholt werden sollen, sich im Lauf der Nacht »wesentlich erhöht«, scheint klar zu sein (auch wenn Bernadotte in seinen zwei Fassungen nicht eindeutig ist, *wann* er die Erlaubnis erhält, so viele Frauen zu holen, »wie ich wollte«, ob am 21. April oder bei einem späteren Treffen am 23. April; Hans Arnoldsson gibt in seinem Buch an, daß sie zunächst den Auftrag erhalten, lediglich tausend Frauen zu holen[10]). Daß Schellenberg die Absicht hatte, Himmler dazu zu bewegen, die Anzahl der Jüdinnen zu erhören, geht jedoch aus Kerstens oben zitiertem Bericht hervor. Masur schreibt auch nach dem Krieg, Schellenberg habe ihm später erzählt, er habe während der Autofahrt nach Hohenlychen Himmler »bearbeitet« und dabei »die Ausweitung von Himmlers Versprechen erreicht«.[11] Ob sich also die Anzahl im Laufe der Nacht erhöht oder nicht, so besteht in dieser Hinsicht kein Widerspruch zwischen den verschiedenen Berichten.

Doch die Frage ist, was mit den ganzen Jüdinnen geschah. Wie verwandelten sich »1000 Jüdinnen sowie einige Französinnen laut der Liste des Außenministeriums« (Kersten gibt die Zahl mit »3 Französinnen und 1 Franzose«[12] an) in »auch Zivilinternierte anderer Nationen, insbesondere französische Frauen aus Ravensbrück«?

Eine Möglichkeit ist natürlich, daß Himmler zu Masur und Kersten das eine und zu Bernadotte etwas anderes sagt. Wie kann man dies ausschließen?

In diesem Zusammenhang ist es interessant, daß bei dem Frühstückstreffen in Hohenlychen noch eine dritte Person anwesend war – eine Person, die auch bei dem Treffen in Hartzwalde zugegen war. Ihr Name ist Walter Schellenberg, und auch er hat seine Erlebnisse niedergeschrieben.

In seiner Darstellung der ersten Begegnung, der mit Masur, berichtet Schellenberg, daß man zunächst die Frage der Erhaltung der Lager und der Beendigung des Tötens aller Juden diskutiert. Himmler betont, er habe dies bereits früher sichergestellt. Danach schreibt Schellenberg:

> Ich wußte, daß Himmler auch bereit war, Herrn Masur jüdische Frauen aus Ravensbrück zu übergeben, da er von Hitler die Genehmigung dazu erhalten hatte, sämtliche Polinnen aus Ravensbrück freizugeben. Er hatte mir schon vorher gesagt, daß man dann sehr gut auch die jüdischen Frauen einbeziehen könne, weil er ja die Möglichkeit hatte, auf Nachfrage zu erklären, es habe sich um Polinnen gehandelt.

Schellenberg schildert kurz, wie er und Masur anschließend in ein Zimmer gehen und die verschiedenen Punkte besprechen, und daß er, nachdem alle wieder versammelt sind, sich bemüht, die Zusammenkunft so rasch wie möglich abzuschließen, damit er und Himmler zu Bernadotte weiterfahren können.

Das anschließende Treffen beschreibt Schellenberg folgendermaßen:

> Wir kamen pünktlich um 6.00 Uhr in Hohenlychen an – also am 21. 4. – und konnten sogleich mit Graf Bernadotte frühstücken. Ich hoffte, daß das von mir seit langem ersehnte offene Gespräch zwischen Himmler und dem Grafen jetzt endlich stattfinden würde *[Schellenberg denkt hier vermutlich an seine Hoffnung, daß Bernadotte als Friedensmakler zwischen Himmler und Eisenhower agieren würde; A.d.V.].* Himmler wich dem erneut aus. Es kam zu einem allgemeinen Gespräch, in dem Himmler in einem neuen Angebot dem Graf die Einwilligung gab, alle Polinnen aus Ravensbrück nach Schweden zu transportieren.

Schellenberg zufolge gilt das neue Angebot an Bernadotte also für »alle Polinnen aus Ravensbrück»!. Er beginnt danach eine ausführliche Darlegung, in seinem Text und vielleicht auch vor Bernadotte, wie Himmler Hitler dazu gebracht habe, ihm die Erlaubnis zu geben, gerade Polinnen freizulassen. Danach beschreibt Schellenberg Bernadottes Reaktion:

> Graf Bernadotte dankte für dieses Angebot und fragte seinerseits, ob es nicht möglich sei, die dänischen und norwegischen Gefangenen nach Schweden zu transportieren. Himmler erklärte sich nicht in der Lage, dem zuzustimmen, aber er war einverstanden, daß die Evakuierung von dänischen und norwegischen Gefangenen nicht weitergehen sollte, falls Neuengamme durch Militäraktionen fallen sollte *[mit anderen Worten hat Himmler die bisherige Überführung von Skandinaviern aus Neuengamme ins besetzte Dänemark als eine Gefangenenevakuierung von der Front betrachtet, A.d.V.].*

Darauf, schreibt Schellenberg, bedankt sich Bernadotte für das Entgegenkommen, und »die Zusammenkunft klang in einem allgemeinen Gespräch und mit einem offiziellen Abschied aus«.[13]

Schellenberg erwähnt also mit keinem Wort irgendwelche Französinnen, auch nicht Frauen einer anderen Nationalität. Die einzigen Gefangenen, die laut dieser Darstellung genannt werden, sind, außer den Skandinaviern, Polinnen. Zwar sagt Himmler nicht wörtlich »Jüdinnen«, doch er gibt die Erlaubnis, »alle Polinnen« (von denen ein großer Teil wahrscheinlich Jüdinnen sind[14]) fortzubringen, und demzufolge, was er vorher Schellenberg wie auch Masur gegenüber betont hat, können Jüdinnen in dieser Gruppe einbezogen werden, vorausgesetzt, sie werden »Polinnen« genannt.

Damit besteht wenig Zweifel daran, daß das Bernadotte gemachte Angebot das gleiche ist wie das, das zuvor in dieser Nacht auch Masur gemacht worden ist.

Wo, fragt man sich, kommen die Französinnen ins Bild? Und warum sollen Polinnen, der Order des Leiters der Transportkolonne Svenson zufolge, als letzte mitgenommen werden, »soweit es der Platz erlaubt«? Und warum erscheint, trotz Himmlers Zusage an Masur, das Wort »Juden« überhaupt nicht in den neuen Anweisungen des Kommandos?

Natürlich besteht die Möglichkeit, daß Schellenberg lügt und daß Himmler, trotz allem, Bernadotte etwas ganz anderes versprochen hat als er vorher Masur versprach. Doch warum schreibt dann der Chef der politischen Abteilung des Außenministeriums, Erik von Post, in einem Promemoria drei Tage später, er habe die Schweizer Regierung davon unterrichtet, daß »die Möglichkeit bestehe, nicht-deutsche Internierte aus Konzentrationslagern in Süddeutschland zu holen«, und daß er es bewußt unterlassen habe zu erwähnen, »daß dieses Zugeständnis von den Herren Kersten und Mazur erwirkt« worden sei?[15] Von Post bekräftigt also, daß die Zusage, mit der Bernadotte nach Hause kommt, von Kersten und Masur erwirkt wurde. Aber er definiert die Zusage als eine Genehmigung, »nicht-deutsche Internierte« aus den Lagern zu holen!

Und liest man weitere Dokumente des Außenministeriums in dieser Angelegenheit, so erkennt man bald, daß hier eine Tendenz vorliegt: Die schwedische Regierung hat einen Wunsch, Himmler bewilligt einen *anderen* Wunsch, nämlich Masurs. Die schwedische Regierung löst das Problem, indem sie ein wenig – ein klein wenig – mit der Sprache arbeitet. So schafft man es, daß der eigene Wunsch und der bewilligte Wunsch ein und dasselbe werden! Man betrachte folgende kleine Episode:

Als Masur und Kersten am Samstagabend mit dem Zug aus Kopenhagen in Stockholm eintreffen, nehmen sie unmittelbar Kontakt mit dem Außenministerium auf. Kersten geht am Sonntag zu Außenminister Günther, Norbert Masur besucht Gösta Engzell am Tag darauf, Montag, dem 23. April. Beide liefern schriftliche Berichte ab, Kersten am 23. April, Masur am 24. April.[16] Aus diesen wurde oben teilweise zitiert.

Am 25. April schreibt dann Außenrat Gösta Engzell ein Promemoria für Günther über Masurs und Kerstens Reise zu Himmler.[17] Er beschreibt zunächst in Kürze den Hintergrund. Darauf folgt eine Liste der Zusagen, die Masur und Kersten von Himmler bekommen haben.

Diese folgt im großen und ganzen Masurs und Kerstens Berichten. Mit einem entscheidenden Unterschied: Während Masur schreibt, daß Himmler versprochen hat:

> 1000 in Rawensbrück internierte jüdische Frauen sowie einige Französinnen laut der Liste des Außenministeriums sollen freigelassen und unmittelbar vom Schwedischen Roten Kreuz geholt werden

steht in Engzells Darstellung *derselben* Episode:

> Freilassung von circa 1000 Frauen verschiedener Nationalität aus dem Lager in Ravensbrück wurde versprochen, darunter 300 Französinnen. Dies ist in der Hauptsache bereits durchgeführt.

Hier bezieht Engzell sich also nicht auf das Bernadotte von Himmler gegebene Versprechen. Er bezieht sich auf das Versprechen, das Himmler Masur und Kersten gegeben hat! Und dennoch steht hier »1000 Frauen verschiedener Nationalität« und kein Wort über Jüdinnen.

Was wird hier eigentlich gespielt?

Gespielt wird, daß Schweden Französinnen befreien möchte.

Schon seit langem hat es von französischer Seite Hinwendungen ans Außenministerium wegen einer schwedischen Intervention zugunsten der französischen Frauen in den Lagern gegeben. Es ist vor allem der Kabinettssekretär Erik Boheman, auch neu ernannter Botschafter in Paris, der diese wiederholten Anfragen entgegennimmt. In den letzten Monaten des Krieges gehen von der holländischen und der belgischen Regierung ähnliche Wünsche ein.[18]

Daß diese Wünsche ständig im Bewußtsein der Schweden präsent sind, geht aus der Tatsache hervor, daß Arvid Richert schon am 20. April also am Tag vor dem Treffen Bernadottes mit Himmler, in einem Promemoria schreibt, »Bernadotte sollte alles tun, um die restlichen Französinnen herüberzuholen, sobald die Neuengamme-Transporte abgeschlossen sind«.[19] Die Prioritierung ist also schon vor den Treffen mit Himmler klar: Skandinavier zuerst, Französinnen als zweites. Und danach Angehörige anderer westlicher Länder.

Warum, kann man sich fragen, mißt Schweden diesen Wünschen westeuropäischer Regierungen so großes Gewicht bei? Die Antwort dürfte aus einem Brief zu entnehmen sein, den der schwedische Gesandte in Kopenhagen zwei Wochen später an Außenminister Günther schickt:

An seine Exzellenz den Minister des Äußeren.

> Das Wirken des Schwedischen Roten Kreuzes für die Rückholung von Dänen und Norwegern sowie von Frauen aus Ländern der Alliierten und ihr Transport in schwedischen Bussen durch Dänemark hat hier im Lande, besonders nachdem die Presse inzwischen Gelegenheit gehabt hat, näher über das Geschehene zu berichten, allgemeine und große Zufriedenheit hervorgerufen und gleichzeitig Schweden etwas von der Sympathie zurückgewonnen, die unser Land früher genossen hat und die sich aufgrund der Ereignisse in jüngerer Zeit in gewissem Maße verflüchtigt hat. Besonders gelobt wird Graf Folke Bernadotte, der sich hierzulande hohe Achtung und warme Sympathien erworben hat.[20]

Wie die bereits erwähnte holländische Untersuchungskommission im Jahre 1947 konstatieren sollte, »wurde Druck auf Schweden ausgeübt, auf Seiten der Alliierten in den Krieg einzutreten. Für die beste Methode, diesem Druck zu widerstehen, hielt man in Schweden eine humanitäre Aktion. Diese würde nicht nur das Ansehen Schwedens in den alliierten Ländern vermehren, es würde auch die Neutralität Schwedens selbst in den Augen der Engländer und Amerikaner nützlich, ja vielleicht unumgänglich machen.«[21]

Schweden benötigte Goodwill bei den Alliierten und bei seinen nordischen »Brudervölkern«. Weniger bei der polnischen Regierung. Und eine jüdische Regierung, deren Goodwill man gewinnen könnte, gab es nicht.

Das war der Grund, warum die Anweisung der schwedischen Regierung an Bernadotte am 27. März 1945 lautete: in erster Linie Skandinavier. In zweiter Linie Nicht-Skandinavier, vor allem Französinnen. In dritter Linie, »sofern es sich anbietet und wenn keine Nachteile dadurch zu befürchten sind …«, Juden.[22]

Schwedische Entscheidungsträger deuteten in der Schlußphase des Krieges häufig an, daß man Juden befreien wollte, in dieser Frage aber behutsam agieren mußte, weil die Nazis am wenigsten dazu bereit waren, gerade Juden freizulassen. Dies trifft sicher zu. Doch in der Nacht zwischen dem 20. und 21. April gab Heinrich Himmler der schwedischen Regierung die Chance, ihre Prioritäten neu zu bestimmen. Man ergriff sie nicht.

Es war kein böser Wille. Es war auch kein Antisemitismus, zumindest nicht primär. Es war Realpolitik.

Also was passiert jetzt? Was spielt sich ab, als die schwedischen und dänischen Expeditionsteilnehmer Ende April 1945 nach Ravensbrück fahren? Folgen wir Åke Svensons Erzählung:[23]

»Es war eine großartige Aufgabe, die mir anvertraut wurde, schwer, aber dankbar«, schreibt Svenson. »Was uns Schweden in Deutschland vielleicht am meisten empört hatte, war, daß die Nazis ihre weiblichen politischen Gefangenen ebenso schlecht behandelten wie die männlichen. Jetzt einen Teil dieser unglücklichen Frauen retten zu können, war großartig. Meine Order beinhaltete, daß wir in erster Linie versuchen sollten, Französinnen, Holländerinnen und Belgierinnen mitzubekommen. Soweit der Platz dies erlaubte, sollten wir danach Polinnen mitnehmen. Es war vorgesehen, die Frauen bis Kopenhagen zu bringen.«

Die Kolonne startet um vier Uhr am Morgen des 22. April von Padborg in Dänemark. Sie besteht aus fünfundzwanzig Fahrzeugen. »Wir fuhren diesmal über Kiel«, schreibt Svenson, durch das wir seit der ursprünglichen Heimreise nicht mehr gekommen waren. Es war nicht schwer zu erkennen, daß die Stadt in den sechs Wochen, die seitdem vergangen waren, noch stärker zerstört worden war.« In Lübeck hält die Kolonne bei der Schwedischen Kirche, um Lebensmittelpakete einzuladen. Dann geht es weiter.

»Wir fuhren anfangs in der Nähe der Ostseeküste über Wismar und Sternberg. Von dort nahmen wir kleine Straßen in südöstlicher Richtung und passierten die Seen Plauer See, Kölpin und Müritz. Wie gewöhnlich in diesen letzten Wochen war die Fahrt anstrengend wegen eines unerhörten Gedränges auf den Landstraßen und einer äußerst lebhaften Tieffliegeraktivität. Als wir in Neustrelitz auf die große Landstraße nach Berlin kamen, wurde es besonders schwierig. Die Flucht aus der Hauptstadt war in vollem Gange, Truppen und Zivile drängten sich auf den Straßen. Alle wirkten desperat und niemand hatte Lust, einer ausländischen Kolonne Platz zu machen, die gegen den Strom der großen Völkerwanderung fuhr.« Die schwedische Kolonne ist also nicht weit von den Straßen unterwegs, auf denen Masur und Kersten vierundzwanzig Stunden zuvor gefahren sind. Doch inzwischen ist Oranienburg gefallen, und als die Schweden in Ravensbrück eintreffen, begegnen sie einem beunruhigten Lagerkommandanten:

»Der Kommandant sah die Lage als äußerst ernst an«, schreibt Svenson. »Falls die Russen von Nassenheide nach Norden vorstießen, könnten sie in ein paar Stunden in Ravensbrück sein, es gebe weder Truppen noch Wegsperren, die sie nennenswert aufhalten könnten.« Für die Gefangenen und die Männer, die gekommen sind, um sie zu holen, ist es vielleicht beunruhigender, daß der Lagerkommandant Fritz Suhren gegenüber Schellenbergs Mitarbeiter Franz Göring enthüllt hat, er habe »via Kaltenbrunner ausdrückliche Order des Führers bekommen, die Gefangenen festzuhalten und vor der Ankunft des Feindes zu liquidieren«.[24] Wenn dies zutrifft, so enthüllt Suhren diesen Befehl den Schweden nicht (was Franz Göring damit erklärt, daß er Himmlers Adjutant Rudolf Brandt veranlaßt habe, Suhren eine Kontraorder zu erteilen[25]). Im Gegenteil. Er erklärt jetzt den verblüfften Schweden, er wünsche, daß sie im Prinzip das ganze Lager leerten (hier kommt die Unklarheit bezüglich der von Himmler zugesagten Anzahl Frauen ins Bild, denn Arnoldsson war bis dahin der Meinung, daß sie nur eintausend holen sollten).[26]

»Der Kommandant hielt es für ratsam, daß wir einlüden und sofort wieder losführen«, schreibt Svenson. »Das wollten wir jedoch nicht, denn die Erfahrungen der letzten Tage hatten uns gelehrt, wie gefährlich es war, im Dunkeln zu fahren. Ohne Beleuchtung konnte man auf den überfüllten Landstraßen kaum vorankommen, und mit Licht forderte man die überall präsenten alliierten Jagdflugzeuge heraus.«

Die Schweden bestehen darauf, nicht in der Nacht zu fahren, und Suhren gibt am Ende klein bei. Die Mannschaft wird in einer leeren Baracke untergebracht, während die Krankenschwestern von Suhrens Adjutant zu einem der Zimmer der SS-Frauen geführt werden. »Er fragte jedoch gleichzeitig, ob das Gerücht stimme, daß eine der schwedischen Schwestern Gräfin sei. Ich dachte an unsere einfache ungekünstelte Schwester Maria [Bernadotte], die es verabscheute, Aufhebens von sich zu machen und nichts von einem Titel wissen wollte, aber als ich die Beflissenheit des Deutschen sah, konnte ich mir das Vergnügen nicht verkneifen zu erzählen, daß eine unserer Schwestern nicht nur Gräfin, sondern auch eine Nichte des schwedischen Königs sei. Dies machte einen ungeheuren Eindruck, der zunächst angebotene Raum genügte jetzt nicht mehr, sondern der Deutsche hastete davon, um eine standesgemäßere Unterkunft zu besorgen. Offenbar mußte eine der weiblichen Lagergrößen Platz machen, denn als er zurückkam, hatte er ein sehr elegantes Zimmer mit Seidendecken, Spiegeln und allen möglichen Annehmlichkeiten beschafft.«

Am nächsten Morgen besteigen die Lagergefangenen die Busse. »Auf dieser Reise bekamen wir hauptsächlich Französinnen als Passagiere«, schreibt Svenson. Frykman ist präziser: Von den 800 Frauen waren 650 Französinnen und der Rest belgische, holländische und polnische Frauen«, schreibt er in seinem Buch. In dem Bericht, den Frykman am gleichen Tag bei der Ankunft in Lübeck abgibt, steht: »786 Französinnen, Holländerinnen und Belgierinnen aus Ravensbrück sind jetzt in Lübeck, werden heute weitertransportiert, treffen voraussichtlich morgen in Kopenhagen zur Weiterfahrt nach Schweden ein.«[27]

Frykman schreibt, viele der Gefangenen seien stark geschwächt gewesen und mühsam auf die weißen Busse zu gestolpert, die in der Morgendämmerung leuchteten.« Ihm wird auch bald klar, daß Suhren eine Anzahl Französinnen zurückhält – teils Frauen, an denen die Deutschen medizinische Experimente durchgeführt hatten, teils Frauen von hoher Herkunft und Stellung –, und er tut sein Äußerstes, um auch diese Frauen mitzubekommen.[28] Dann fahren sie ab.

»Ich entschied mich für den gleichen Weg wie auf der Hinreise«, schreibt Svenson über die Heimfahrt. »Das Gedränge und Durcheinander auf den Landstraßen war jetzt möglicherweise noch schlimmer als am Vortag. Über weite Strecken war der Verkehr infolge der alliierten Flugaktivitäten zum Erliegen gekommen; die Fahrzeuge standen verlassen am Straßenrand, während die Menschen in einem nahegelegenen Wald Schutz gesucht hatten.«

Als die Kolonne in Lübeck eintrifft, wird gerade das letzte Kontingent von Deutschlandschweden auf Schiffe gebracht. Doch die Busse aus Ravensbrück fahren weiter ins dänische Padborg, wo man die Lagergefangenen abliefert. In dieser Nacht haben die Expeditionsteilnehmer Gelegenheit, mit den Französinnen über ihre schrecklichen Erlebnisse im Lager zu sprechen, und dann bekommt man ein paar Stunden Schlaf. Bereits am nächsten Morgen sollen die Busse nämlich wieder nach Ravensbrück zurückfahren.

Jetzt werden die Reisen richtig gefährlich. »Es gab jetzt keine Möglichkeit mehr, den Jagdfliegern auszuweichen«, schreibt Svenson. »Hätten wir normale Sicherheitsgesichtspunkte gelten lassen, wären wir fast den gesamten Tag am Straßenrand stehen geblieben wie die deutschen Fahrzeuge. Dann hätten wir keine Transporte mehr durchführen können. Wir hatten unseren Auftrag auszuführen, und wir wußten, daß Ravensbrück jederzeit fallen konnte, wenn es nicht schon gefallen war. Für mich war es eine schwere Verantwortung, die Fortsetzung des Marsches zu befehlen. Wir vertrauten auf unsere weiße Farbe, unsere Flaggen und unsere Embleme, doch wer konnte wissen, ob diese Schutzmittel respektiert würden, besonders weil es außer jedem Zweifel stand, daß sie von den Deutschen missbraucht worden waren.« Ein paar Tage später werden auch die schwedischen Busse beschossen, und ein schwedischer Fahrer, Erik Wilhelm Ringman, sowie dreizehn Lagergefangene, werden getötet.

Langsam fahrend und dicht zusammenbleibend kommt Svensons Kolonne auf den jetzt fast verlassenen Straßen voran. »Wir konnten nicht für jeden Tiefflieger die Wagen räumen, sondern mußten das Risiko in Kauf nehmen und weiterfahren. Es kitzelte in der Magengrube, wenn man ihr Brummen über der Kolonne hörte, aber es hieß nur weiterfahren.« Als sie sich Berlin nähern, nimmt die Fliegeraktivität ab, aber statt dessen gerät die Kolonne »mitten in die wildeste Flucht aus der Hauptstadt«. Berlin ist jetzt umzingelt, und die Truppen und Zivilisten, denen es gelungen ist, noch herauszukommen, drängen in Panik nach Norden. Alle erdenklichen Fahrzeuge werden benutzt, sogar Feuerwehrautos mit Menschen, die sich an Leitern und Schläuche klammerten.« Alle sind, wie Svenson später erklärt, von einem einzigen Gedanken erfüllt: »nach Westen über die Elbe zu kommen und sich den Engländern oder Amerikanern zu ergeben. Der Schreck vor den Russen war bei Militärs wie bei Zivilisten enorm.«

Weil die Kolonne so langsam vorwärts kommt, schaffen die Busse es vor Einbruch der Dunkelheit nicht bis Ravensbrück. Also suchen die Schweden einen Waldweg, auf dem sie die Busse über Nacht abstellen. Im Morgengrauen fahren sie das letzte Stück bis zum Lager.

Seit Svenson zuletzt in Ravensbrück war, hat Arnoldsson mit einer Anzahl Lastwagen weitere Kontingente aus dem Lager geholt. Jetzt ist der Kommandant äußerst nervös und sehr daran interessiert, das Lager so schnell wie möglich zu evakuieren. Doch Svenson hat immer noch seine Verhaltensorder: »Der Order zufolge sollten wir in erster Linie alle westeuropäischen Frauen retten. Durch Gespräche mit den Französinnen auf dem vorigen Transport wußten wir, daß es noch mehrere schwerkranke französische und belgische Frauen im Lager gab. Diese mußten wir jetzt suchen, und das nahm viel Zeit in Anspruch.« Danach trifft man auf ein Kontingent gesunder Holländerinnen, die ihnen mitteilen, daß zwanzig ihrer Landsmänninen sich auf einem Außenkommando einige Kilometer östlich des Lagers befinden. Svenson schickt daraufhin einen Bus los, um auch diese Holländerinnen zu holen. Doch wen nimmt man außerdem mit? Man will ja Angehörige »westlicher Länder«.

»Irgendwie hörten wir ein Gerücht, es gebe auch Engländerinnen im Lager«, schreibt Svenson. Der Kommandant wollte dies anfänglich nicht zugeben. Eine holländische Krankenschwester konnte jedoch über die Nummer und den Namen einer englischen Frau Auskunft geben. Wir setzten Danziger auf die Spur, er fand die fragliche Frau und mit Hilfe von Auskünften, die diese ihrerseits geben konnte, konnten wir schließlich nicht weniger als zweiundzwanzig Engländerinnen und Amerikanerinnen herausholen. Das war eine erfreuliche Überraschung.«

Es sind jetzt in den Bussen sechzehn Französinnen, siebenundneunzig Holländerinnen, dreiundfünfzig Belgierinnen, zwanzig (oder 22, je nachdem, welchen Bericht man liest) Engländerinnen, und sogar eine Chinesin. Aber dies sind nur zweihundertsechzig Personen.[29] Dies ist der Augenblick, in dem sich die schwedische Rotkreuzexpedition nach Deutschland von einer Hilfsexpedition für Skandinavier und Westeuropäer in eine Expedition zur Entsetzung von Europas Juden verwandelt. Denn was Åke Svenson als nächstes tut, ist, siebenhundertsechs polnische Frauen in die Busse zu holen, laut Frykman »hauptsächlich polnische Jüdinnen«.[30] Und so wird es weitergehen. Von nun an verläßt Buslast auf Buslast, später Eisenbahnwagen mit polnischen Frauen Ravensbrück. Insgesamt holt man schließlich 5911 Polen heraus. Dazu 1615 staatenlose Juden, 1124 Deutsche (von denen einige, so wird behauptet, Lagerwachen sind), 290 Ungarn, 191 Balten und 28 Slowaken. Und diese Menschen werden in Schweden mit offenen Armen empfangen.

Inga Gottfarb hat beschrieben, wie sie im Hafen von Malmö eine der ersten größeren Gruppen befreiter Juden, hauptsächlich aus Ravensbrück, empfängt:

> Ein alter Rotkreuzoffizier fuhr manchmal mit der Fähre hinüber nach Kopenhagen, nahm dort die Geretteten entgegen und begleitete sie zurück nach Malmö. An diesem Abend sprang er rasch an Land und kam direkt auf mich und meine Freunde zu:
>
> »Ich habe 158 Juden im Achtersalon. Ich dachte, es wäre besser für Sie, sie gesammelt zu haben, also habe ich sie aus verschiedenen Nationalitätsgruppen zusammengebracht, viele sind staatenlos oder Balten. Sie sind in einem entsetzlichen Zustand, Gerippe. Sie sind jahrelang im Lager gewesen. Ich habe versprochen, ihnen schnell den Rabbiner zu schicken. Und Sie‹, sagte er zu mir. ›Sie müssen sofort zu den Krankenwagen gehen. Viele Juden da sind so krank, daß sie nicht mehr viele Tage zu leben haben. Gehen Sie über die Bahngleise, dahin, wo die Krankenwagen anhalten. Sie haben meine Erlaubnis, sie zu besuchen. Seien Sie vorsichtig, sie sind nicht einmal entlaust. Einige husten gefährlich, andere haben vermutlich Dysenterie, Typhus oder andere ansteckende Krankheiten. Fassen Sie die Menschen nicht an« …
>
> Es war pechschwarz in den Wagen, die Luft dick, die Menschen husteten und röchelten. Es wurde still, wenn ich einige der wenigen Wörter sagte, die ich auf Jiddisch oder Polnisch konnte, oder mit Schalom grüßte.
>
> Wieder bei der Fähre sah ich, wie die 158 Juden von Soldatinnen und Mitarbeitern des Roten Kreuzes zu einer Küche geführt wurden, wo sie etwas warme Suppe bekamen. Ausgemergelt und in Lumpen gehüllt stolperten sie vorwärts – Juden aus Deutschland, die fünf, sechs Jahre im Lager verbracht hatten. Alle waren in dem unbeschreiblich grauenhaften Rigaer Ghetto gewesen. Die meisten hatten in vielen Lagern gesessen.

Ein Mann sagte: »Unsere Körper sind hier, aber unsere Seelen haben wir für immer verloren.«[31]

Niemand weiß, wie hoch der Anteil von Juden an den insgesamt 20 937 Gefangenen war, die bis zum Kriegsende mit den weißen Bussen nach Schweden gebracht wurden. Die Ziffer wird oft als irgendwo zwischen 3500 und 6500 liegend angegeben.[32] Wie hoch die Anzahl auch gewesen sein mag, so macht sie die Expedition des Schwedischen Roten Kreuzes zu einer der erfolgreichsten Hilfsaktionen zur Entsetzung von Juden während des ganzen Zweiten Weltkriegs.

52

Zur gleichen Zeit, als die ersten schwedischen Busse Ravensbrück verlassen, bricht Adolf Hitler in seinem Bunker in Berlin zusammen. Seine letzten Hoffnungen sind soeben zunichte gemacht worden.

Am Tag zuvor hatte die Rote Armee sich Berlin so weit genähert, daß der Bunker fast in Schussweite lag. Da, als alles düsterer aussah denn je, hatte Adolf Hitler wie üblich eine Offenbarung, eine Offenbarung von etwas, was das Kriegsglück umkehren und Deutschland zum Sieger machen würde (genau wie eine gute Woche zuvor, als er hörte, daß der Präsident der USA, Franklin D. Roosevelt, plötzlich verstorben war. »Der Führer«, berichtete ein leidgeprüfter Ribbentrop am Tag darauf seinem Stab, »ist im siebten Himmel«).

»Steiner«, sagte Adolf Hitler zu sich selbst, während die Detonationen der Granaten im Bunker widerhallten. »Felix Steiner«. Es war ein magischer Name. Der SS-Obergruppenführer Felix Steiner hatte sich einen Namen gemacht als derjenige, dem es im Februar gelungen war, die Truppen Marschall Schukows in Schach zu halten. Jetzt befand sich Steiner mit seiner zu diesem Zeitpunkt stark dezimierten »elften Panzerarmee« – die aus weniger als fünfzig Panzern bestand, von denen viele ohne Treibstoff waren – circa 45 km nordöstlich von Berlin.

»Gegenangriff!« murmelte Hitler mit wachsender Erregung, während er auf eine Karte starrte. Er war auf die Lösung gekommen: Steiner würde seine Truppen nach Südosten bewegen und sich mit aller Kraft Schukows rechter Flanke entgegenwerfen.

Der Befehl an Steiner ging sofort hinaus, und den ganzen Nachmittag und

Abend des 21. April und den Morgen des 22. wartete Hitler mit wachsender Erregung auf die Siegesmeldungen. Sie kamen nicht.

Bei der Führerkonferenz am Nachmittag des 22. April erfährt Hitler, daß Berlin zu zwei Dritteln umzingelt ist. Er verlangt jetzt zu erfahren, wie es um Steiners Gegenangriff steht. Der neue Generalstabschef Hans Krebs – Guderian ist entlassen – ist gezwungen, Hitler die niederschmetternde Nachricht zu überbringen: Steiner hat sich nicht von der Stelle bewegt.

Die Reaktion ist dramatisch: Hitlers Kopf bewegt sich ruckartig, und er beginnt schwer zu atmen. Dann brüllt er, daß alle außer den Generälen und Bormann den Raum verlassen sollten. Die Männer hasten so schnell wie möglich aus dem Raum. Als die Tür geschlossen wird, springt Hitler auf. Hin und her schwankend und mit dem rechten Arm gestikulierend, brüllt er, er sei nur von Verrätern und Lügnern umgeben. Alle, schreit er, seien zu niedrig und zu mittelmäßig, um seine großen Ziele zu begreifen. Er sei ein Opfer von Korruption und Feigheit, und jetzt hätten alle ihn im Stich gelassen. Vor allem die Waffen-SS habe ihn im Stich gelassen. Dann stöhnt er noch etwas über Steiner und läßt sich in seinen Sessel fallen. Mit bebender Stimme sagt er: »Der Krieg ist verloren«, das einzige, was ihm nun noch bleibe, sei zu sterben. Dann wird sein Gesicht kreideweiß, sein Körper wird von heftigen Krämpfen geschüttelt. Schließlich wird er ganz still, sein Kiefer entspannt sich, er starrt nur vor sich hin. So bleibt Adolf Hitler minutenlang sitzen, während die Anwesenden ihn entsetzt ansehen. Schließlich kehrt die Farbe in sein Gesicht zurück, er zuckt zusammen. Bormann, Keitel und Burgdorf treten vorsichtig zu ihm und reden auf ihn ein, die Zuversicht und die Hoffnung nicht aufzugeben. Wenn er die Hoffnung verliere, sei wirklich alles verloren. Sie bitten ihn, Berlin sofort zu verlassen und sich zum Berghof zu begeben. Hitler schüttelt langsam den Kopf und sagt mit Grabesstimme: »Wenn Sie gehen wollen, steht Ihnen frei, das zu tun. Ich werde hier in Berlin mein Ende finden.«

Adolf Hitler rechnete mit unverbrüchlicher Loyalität. Und die bekam er, fast bis in den Tod. Vielleicht lag die Erklärung darin, daß er nichts anderes erwartete von einer Umgebung, die er – und die sich selbst – eigentlich nur als eine Verlängerung von Adolf Hitler selbst sah.

Hitler erholt sich allmählich von seinem Anfall und läßt nach einer Weile seine Mitarbeiterinnen zu sich rufen. Als sie eintreten, ist Eva Braun schon bei ihm. Hitlers Gesicht ist ausdruckslos, seine Augen glänzen. Er sagt, er befiehlt den fünf Frauen im Raum, sich binnen einer Stunde fertig zu machen, um nach Süden zu fliegen.

»Alles ist verloren, hoffnungslos verloren«, sagt er.

Die Frauen stehen wie erstarrt. Keine sagt ein Wort. Dann geht Eva Braun zu Hitler und ergreift seine Hände. Sie lächelt sanft, wie zu einem traurigen Kind, und sagt:

»Aber du weißt doch, daß ich bei dir bleibe, warum willst du mich also wegschicken.« Eine der anderen anwesenden Frauen, die Sekretärin Traudl Junge, erinnert sich, daß Hitlers Augen sich plötzlich beleben. »Er sah sie an«, erzählt Traudl Junge, »und küßte sie dann, ohne auf uns zu achten, mitten auf den Mund. Es war das erste und einzige Mal, daß wir ihn Eva so berühren sahen.« Traudl Junge und Gerda Christian sagen da ebenfalls wie aus einem Mund, daß sie bleiben wollen, worauf auch Constanze Manziarly und Elsa Krüger in den Chor einstimmen. »Er nahm meine Hand mit seiner einen«, erzählt Junge, »und die von Gerda und Constanze mit seiner anderen und hielt sie fest und sagte: ›Wenn nur meine Generäle so tapfer gewesen wären wie ihr!«[1]

SS-Obergruppenführer Fegelein, Eva Brauns Schwager, hatte vor der Tür gestanden, als Hitler zuvor seinen Tobsuchtsanfall bekam, und alles gehört. Er ging unmittelbar zum Telefon und rief Heinrich Himmler in Hohenlychen an. Fegelein erzählte dem sprachlosen Reichsführer, Hitler habe geschrien, die deutsche Wehrmacht habe ihn die ganze Zeit betrogen, und jetzt lasse ihn auch die SS im Stich.

Das Paradoxe ist, daß Himmler sich gerade zu diesem Zeitpunkt tatsächlich entschlossen hat, von seinem Führer abzurücken oder zumindest den großen Schritt zu tun, ihm zuwiderzuhandeln. Er hat Walter Schellenberg beauftragt, Graf Folke Bernadotte nachzufahren und ihn zu bitten, den Westmächten offiziell die Kapitulation Deutschlands zu übermitteln.

»Ich gebe zu, daß Deutschland besiegt ist«, sagt Himmler resigniert zu Folke Bernadotte. Sie sitzen in einem Zimmer der Lübecker »Dienststelle« der schwedischen Gesandtschaft. Es ist mitten in der Nacht zwischen dem 23. und 24. April, und die beiden Männer sind gerade nach einem Bombenangriff aus dem Luftschutzraum heraufgekommen.

»Um so große Teile Deutschlands wie möglich vor einer russischen Invasion zu verschonen«, fährt Himmler fort, »bin ich bereit, an der Westfront zu kapitulieren, um die Truppen der Westmächte so schnell wie möglich nach Osten vorrücken zu lassen. Dagegen bin ich nicht bereit, an der Ostfront zu kapitulieren.« Jetzt will Himmler wissen, ob Bernadotte bereit ist, diese Mitteilung an den schwedischen Außenminister weiterzuleiten, so daß dieser die Westmächte von Himmlers Vorschlag informieren kann.

»Ich bin nicht bereit, Ihre Mitteilung an den schwedischen Außenminister weiterzubefördern«, antwortet Bernadotte, »wenn Sie nicht versprechen, daß auch Dänemark und Norwegen in die Kapitulation eingeschlossen werden.« Himmler stimmt dieser Forderung zu. Bernadotte bittet ihn daraufhin, einen Brief an Außenminister Günther zu schreiben. Dann fragt er Himmler, was er zu tun gedenke, falls er auf seinen Vorschlag keine positive Antwort bekomme.

»In diesem Fall«, antwortet Himmler, »werde ich den Oberbefehl über die Ostfront übernehmen und im Kampf fallen.«

Bevor sie auseinandergehen, bittet Himmler schließlich Bernadotte, wenn es ihm möglich sein sollte, ein Treffen zwischen ihm und Eisenhower zu arrangieren.

»Dies ist«, sagt Himmler, »der bitterste Tag in meinem Leben.«

Noch am gleichen Tag fliegt Folke Bernadotte zurück nach Stockholm. Er begibt sich unverzüglich zum Außenministerium, und am späten Abend wird eine Zusammenkunft zwischen Bernadotte, Günther, Boheman und den Botschaftern der USA und Großbritanniens, Johnson und Mallet organisiert. Zwei Tage später erhält Bernadotte eine Antwort, unterzeichnet vom neuen Präsidenten der USA, Harry Truman: »Eine deutsche Kapitulation«, schreibt Truman, »wird nur unter der Bedingung akzeptiert, daß es sich um eine vollständige Kapitulation an allen Fronten und sowohl gegenüber Großbritannien als auch der Sowjetunion und den USA handelt.«[2]

Am 25. April haben die Armeen Schukows und Konews den Ring um Berlin geschlossen. Die deutsche Hauptstadt ist isoliert, und die Russen bereiten sich darauf vor, in den Stadtkern vorzustoßen. Propagandaminister Joseph Goebbels fertigt eine Proklamation an die Einwohner Berlins aus:

»Unsere Herzen dürfen nicht wanken und nicht beben. Es muß unser stolzer Ehrgeiz sein, den bolschewistischen Ansturm, der aus dem Osten über das

Herzland Europas hereinbricht, an den Mauern unserer Reichshauptstadt zu brechen.«[3]

Der Endkampf um Berlin wird zu einem zugleich surrealistischen und makabren Drama. Während, wie ein Militärarzt es ausdrückt, »verwirrte junge Männer, aus halb Europa unter Zwang hierher gebracht« – Jungen des Volkssturms, milchgesichtige Kadetten aus Kiel, aus Skandinavien, Belgien und Frankreich zusammengezogene SS-Leute – mit ihren Handfeuerwaffen in den Straßen Berlins stehen, stoßen die sowjetischen Panzer, von Flugzeugen unterstützt, zum Stadtkern von Berlin vor und pulverisieren auf ihrem Weg das, was von der Stadt noch vorhanden ist. Verwundete deutsche Soldaten bleiben wie befohlen auf ihren Posten, sie haben die Wahl, vom nächsten russischen Tank getötet zu werden oder auf der Stelle wegen Desertion erschossen zu werden. Die Verwundeten, die zu den Operationsbunkern geschleppt oder getragen werden, sind oft bewußtlos. Die Ärzte hören dann Berichte von den Straßenkämpfen draußen: »Die Jüngsten, viele unter sechzehn, brüllen da draußen vor Schrecken.«[4]

Die Gerüchte, die den sowjetischen Truppen vorausgeeilt sind, waren nicht übertrieben. In Berlin sollte die Anzahl ziviler Opfer die der militärischen weit übertreffen. In den letzten Tagen zogen betrunkene Horden russischer Soldaten umher und suchten zwischen den Ruinen nach Opfern. Die niedrigste Schätzung der Anzahl von Vergewaltigungen während des Endkampfes um Berlin ist 90 000. Die tatsächliche Anzahl ist vermutlich wesentlich höher.[5]

Unmittelbar vor dem Ende versuchten Tausende Berliner, hauptsächlich Frauen, Kinder und Verletzte, sich in Tunneln und Gängen unter der Stadt vor den Russen zu verstecken. Es heißt, Adolf Hitler habe, als er hiervon erfuhr, befohlen, die Tunnel zu fluten.[6]

»Was wollen Sie noch mit einem Volk erreichen, dessen Männer sogar dann nicht mehr kämpfen, wenn ihre Frauen vergewaltigt werden!« Joseph Goebbels schnaubt und wendet sich an seine Mitarbeiter. »Und Sie«, sagt er, »warum haben Sie mit mir zusammengearbeitet? Jetzt wird Ihnen das Hälschen durchgeschnitten! Aber wenn wir abtreten, dann soll der Erdkreis erzittern!«[7]

Nach seinem Ausbruch am 22. April hatte Hitler Goebbels zu sich gerufen.

Und dessen Frau Magda. Und ihre sechs Kinder. Magda Goebbels galt als sehr weltgewandte Dame, eine der führenden Frauengestalten der nationalsozialistischen Elite. Alle wußten, daß sie dem Führer nahe stand, einige meinten, sie sei in ihn verliebt. Alle wußten auch, daß die Familie Goebbels beschlossen hatte, mit ihrem Führer zu sterben. Die ganze Familie Goebbels. Mutter, Vater und Kinder. Obwohl die Kinder natürlich nichts wußten.

Um fünf Uhr am Nachmittag des 22. April bittet Frau Goebbels das Kindermädchen, die Kinder für einen Besuch beim Führer fertigzumachen. Sie sind alle überglücklich. Onkel Adi, wie sie Hitler nennen, gibt ihnen immer Kuchen und Schokolade. Mama Magda sagt lächelnd: »Jeder von euch kann ein Spielzeug mitnehmen, aber nicht mehr.«

Die Familie Goebbels wird in den Bunker einziehen, um das Ende mit ihrem Führer zu teilen. Und das Betonloch fünfzehn Meter unter der alten Reichskanzlei ist bald von Lärm und Kinderlachen erfüllt. Im Raum nebenan sitzt Eva Braun und schreibt einen Abschiedsbrief an ihre beste Freundin Herta. Sie entschuldigt sich, daß der Brief etwas konfus sei, weil die Kinder von Goebbels solchen Lärm machen.

Fünf Tage später erreichen die letzten authentischen Nachrichten aus der Außenwelt den Bunker. Und Adolf Hitler bekommt den Schock seines Lebens.

Sowohl Harry Truman als auch Winston Churchill hatten Heinrich Himmlers Kapitulationsangebot glatt zurückgewiesen. Das hatten sie Folke Bernadotte sehr klar gemacht. Doch eine gewisse leise Genugtuung gönnte man sich auf westalliierter Seite dennoch darüber, daß Heinrich Himmler diesen Schritt getan hatte. Und nur einen Tag später erwähnt Anthony Eden, der britische Außenminister, die interessante Initiative gegenüber einem britischen Nachrichtenchef in San Francisco. Dieser wiederum erzählt es einem Kollegen bei der Nachrichtenagentur Reuter, und am 28. April wird in den Nachrichtensendungen in der ganzen Welt verbreitet, daß Reichsführer Himmler den Westmächten eine deutsche Kapitulation angeboten hat.

Bernadotte hört die Nachricht an diesem Nachmittag im Atlantic Radio. Großadmiral Dönitz, der Chef der deutschen Marine, hört ebenfalls von der Geschichte und nimmt sogleich Kontakt zu Himmler auf, der sie abstreitet. Einer von Goebbels' Mitarbeitern wiederum hört von Himmlers Angebot in Radio Stockholm. Doch derjenige, der schließlich Adolf Hitler die Nachricht übermittelt, ist ein Angestellter im Pressedienst des Propagandaministeriums, Heinz Lorenz. Lorenz' Aufgabe ist es, wichtige Auslandsnachrichten zu übersetzen und dem Führerbunker zur Kenntnis zu bringen.

Am 28. April um neun Uhr am Abend trifft Lorenz mit der Reutermeldung in der Hand im Bunker ein. Er trifft Goebbels, Bormann und Ribbentrops Kontaktmann Walter Hewel. Sie teilen ihm mit, Hitler sitze in einer Besprechung, doch Lorenz könne seinen Bericht Hitlers Kammerdiener Heinz Linge geben und ihn bitten, den Bericht an Hitler weiterzuleiten. Einer anderen Version zufolge ist es Lorenz selbst, der Hitler den Bericht übergibt, während dieser gerade einen der neugeborenen Welpen des Hundes Blondi streichelt.[8]

Der Ausbruch, den die an diesem Abend im Bunker Anwesenden erleben, kann sich zweifellos mit dem messen, dessen Zeugen sie sechs Tage zuvor waren. Doch für Adolf Hitler ist dies viel schlimmer. Es ist der eigentliche Todesstoß. Himmlers Initiative ist für ihn der endgültige Verrat – so fasst er es auf. Denn wenn es einen gegeben hat, auf den er sich immer verlassen zu können glaubte, dann ist dies Heinrich Himmler. An dem Tag, an dem der »treue Heini«, sein Kronprinz, ihn verrät, ist ihm nichts mehr geblieben. Vielleicht hat Hitler von Himmlers früheren Gewissensqualen gewußt, vielleicht nicht. Aber er hat nie an seiner Macht über diesen anscheinend unansehnlichen und sehr ergebenen und gewissenhaften Schreibtischmörder gezweifelt. Jetzt hat er sie verloren.

In dieser Nacht wird Hermann Fegelein, Himmlers Verbindungsoffizier beim Führerhauptquartier und zugleich Eva Brauns Schwager, aus dem Bunker nach oben geführt und im Garten der Reichskanzlei hingerichtet – teilweise vermutlich als Opfer für Hitlers Zorn auf Himmler. »Eva weinte«, erzählt Traudl Junge. »Ihre Schwester sollte bald ein Kind zur Welt bringen.«[9] Danach befiehlt Hitler, daß Himmler verhaftet werden solle, und einige Stunden später schließt er Himmler aus der Partei aus und enthebt ihn aller seiner Ämter.

»Niemals darf ein Verräter mir als Führer nachfolgen«, sagt er mit heiserer und zitternder Stimme.[10]

Danach bereitet sich Adolf Hitler auf das Ende vor.

Es gibt, davon ist Hitler seit langem überzeugt, nur zwei Lebewesen auf Erden, die ihm unverbrüchlich die Treue halten, bis zum Ende: der Hund Blondi und die Geliebte Eva Braun. Jetzt, wo sogar der »treue Heini« ihn verraten hat, verspürt Hitler plötzlich das Bedürfnis, Eva Braun für ihre Treue zu belohnen. Sie soll, beschließt er, Frau Hitler werden.

In dieser Nacht wird alles vorbereitet für die symbolische Zeremonie – symbolisch vor Eva Braun, symbolisch auch vor dem deutschen Volk: Bisher hatte er ihnen allen gehört. »Meine Ehefrau ist Deutschland«, soll Hitler gesagt haben. Nun wird er die einzige von ihnen belohnen, die sich wirklich seiner Hingabe würdig erwiesen hat. Und damit wird er ihr auch die Ehre zuteil werden lassen, die sie, wie er jetzt weiß, am höchsten schätzt: den rituellen Tod des Führers zu teilen.

Doch zuerst muß Adolf Hitler noch eine andere wichtige Angelegenheit erledigen.

Es ist zwei Uhr in der Nacht, und die Sekretärin Traudl Junge ist gerade eingeschlafen, als sie mit dem Bescheid geweckt wird, der Führer erwarte sie unverzüglich in seinem Arbeitszimmer. »Ich wusch mir rasch das Gesicht und stieg zu seinem Arbeitszimmer hinunter«, erzählt sie. »Ein Tisch in der Ecke war festlich gedeckt – Gläser, kleine Teller, Besteck –, doch ich wußte nicht, wofür. Er war sehr ruhig, als ich eintrat, und freundlich wie immer. Er nahm meine Hand. Wie es mir gehe, fragte er. Ob ich mich ein bißchen ausgeruht hätte? Ich sagte ja, und er führte mich in das große Konferenzzimmer und sagte, ich sollte mich bequem hinsetzen. Was er zu diktieren hätte, würde eine Weile brauchen, und es würde anschließend so schnell wie möglich abgetippt werden müssen.« Dann diktiert Adolf Hitler Traudl Junge sein politisches Testament – sein letztes Manifest, für die Nachwelt. Je länger sie schreibt, desto seltsamer wird Traudl Junge zumute: »Wissen Sie, da waren wir nun«, erzählt sie, »alle, ich war überzeugt, zum Untergang verurteilt – das ganze Land zum Untergang verurteilt –, und hier, in dem, was er mir diktierte, war kein Wort des Mitleids oder des Bedauerns, nur eine schreckliche, schreckliche Wut.«[11]

Das Bemerkenswerte an diesem politischen Testament, oder eher an dem Haß, der darin zum Ausdruck kommt, ist, daß dieser sich nicht gegen Deutschlands Gegner in dem Krieg richtet, den man gerade im Begriff ist zu verlieren. Die Sowjetunion oder die Russen werden in dem Dokument nicht ein einziges Mal genannt. Die Westalliierten werden zweimal genannt, vor allem in dem folgenden, fast anerkennenden Satz: »Ich habe weiter nie gewollt, daß nach dem ersten unseligen Weltkrieg ein zweiter gegen England oder gar gegen Amerika entsteht.« Diejenigen, die dagegen in diesem Testament immer wieder genannt werden, und jedes Mal mit der, wie Traudl Junge sagt, schrecklichen Wut, sind die Juden. Adolf Hitler kann nicht einmal angesichts seines bevorstehenden Todes seine Besessenheit von diesem Volk ablegen:

> Es ist unwahr, daß ich oder irgendjemand anderer in Deutschland den Krieg im Jahre 1939 gewollt haben. Er wurde gewollt und angestiftet ausschliesslich von jenen internationalen Staatsmännern, die entweder jüdischer Herkunft waren oder für jüdische Interessen arbeiteten.

> Es werden Jahrhunderte vergehen, aber aus den Ruinen unserer Städte und Kunstdenkmäler wird sich der Hass gegen das letztlich verantwortliche Volk immer wieder erneuern, dem wir alles zu verdanken haben: dem internationalen Judentum und seinen Helfern.

In diesem Stil geht es weiter, Stück für Stück. Und Hitlers politisches Testament endet mit den Worten: »Vor allem verpflichte ich die Führung der Nation und die Gefolgschaft zur peinlichen Einhaltung der Rassegesetze und zum unbarmherzigen Widerstand gegen den Weltvergifter aller Völker, das internationale Judentum.«[12]

Dies sind die letzten dokumentierten Worte seines Lebens.

Was die Alliierten nie verstehen konnten oder wollten, war, daß Hitlers stärkste Triebkraft und wichtigstes Ziel nicht Expansion war. Es war rassische »Säuberung«.

Oder wie Heinrich Himmler es ausdrückte: »Der Krieg, den wir führen, ist in seinem Hauptinhalt ein Rassenkrieg.«[13]

Am Morgen nach der Hochzeit haben sowjetische Bodentruppen sich dem Führerbunker von drei Seiten genähert. Gleichzeitig sind alle telefonischen Verbindungen zwischen Berlin und der Außenwelt unterbrochen. Während vier Mann mit den Abschriften von Hitlers Testament den Bunker verlassen, beginnen Eva Braun und Adolf Hitler sich auf ihren bevorstehenden Tod vorzubereiten. Gegen sechs Uhr am Abend versammelt Hitler die engsten Mitarbeiter in seinem Arbeitszimmer. Er erklärt, falls nicht noch ein Wunder geschehe (Hitler hofft mit anderen Worten noch immer ...), so würden er und seine Frau den Tod suchen. Dann verteilt er Zyanidkapseln an die Anwesenden. Es ist eine dürftige Abschiedsgabe, räumt er seinen Sekretärinnen gegenüber ein. Plötzlich fragt Goebbels, ob die Kapseln nicht zu alt und damit nicht mehr richtig wirksam sein könnten. Hitler sieht mit einem Schaudern, daß die Kapseln von dem Verräter Himmler kommen. Er ruft unmittelbar seinen neuen Arzt, Dr. Stumpfegger, herbei und fragt diesen, wie man sich dessen versichern könne, daß das Zyanid wirksam sei. Der Arzt schlägt vor, es an Blondi auszuprobieren. Ein weiterer Arzt wird hereingerufen. Und während Adolf Hitler zusieht, wird der Inhalt der Kapsel seinem geliebten Hund eingezwungen. Blondi stirbt auf der Stelle.

Am nächsten Tag ziehen Adolf und Eva Hitler sich schließlich zurück in ihr Zimmer, um den Tod zu suchen. Der Adjutant Günsche hat den ausdrücklichen

Befehl erhalten: Das Paar soll zehn Minuten in Ruhe gelassen werden, bevor jemand den Raum betreten darf. Danach werden ihre Körper hinaufgetragen in den »Ehrenhof«, mit Benzin übergossen und verbrannt. Hitler hat nämlich kurz zuvor erfahren, wie die italienischen Partisanen die Leiche des ermordeten Diktators Mussolini und seiner Geliebten behandelt haben. Er will sichergehen, daß ihm und seiner Frau Eva ein ähnliches Schicksal erspart bleibt. »Ich wünsche nicht, nach meinem Tode in einem russischen Panoptikum ausgestellt zu werden«, soll er zu Günsche gesagt haben.[14]

Für alle im Bunker sollen die nächsten zehn Minuten die unwirklichsten in ihrem ganzen Leben werden. Ohne Vorwarnung, wird erzählt, ist von oben Musik zu hören, wo eine Reihe von Personen offenbar angefangen haben, in der total zerstörten Kantine der Reichskanzlei zu tanzen und zu trinken. An der Telefonvermittlung sitzt Rochus Misch. Er bekommt, heißt es, den Befehl, in der Kantine anzurufen und um Ruhe zu bitten. »Ich versuchte es immer wieder, bekam aber keine Antwort; die hörten wahrscheinlich das Telefon gar nicht. Dann schickte ich den Jungen hinauf, um Bescheid zu sagen, aber ich bin überzeugt, daß er zu spät kam.«

Otto Günsche hält währenddessen Wache vor Hitlers Zimmer. Plötzlich hört er heraneilende Schritte. Er dreht sich um und sieht Magda Goebbels. Sie läuft auf die Tür zu und hämmert dagegen. Günsche weiß nicht, wie er sich verhalten soll, also klopft er, rein instinktiv an Hitlers Tür und öffnet sie. Im gleichen Moment drängt sich Magda Goebbels vorbei und stürzt ins Zimmer. Ein paar Sekunden später kommt sie schluchzend wieder heraus. Hitler hat sie hinausgeworfen.

Dann kommen weitere Personen herbeigelaufen. Alle sind verzweifelt. Alle wollen zu Hitler hinein. Aber jetzt stoppt Günsche sie. Auch Traudl Junge steht wie gelähmt vor der Tür. »Als die Tür sich hinter Hitler und Eva geschlossen hatte, wollte ich nur noch raus«, erzählt sie. »»Ich wollte nicht mehr so schreckliche Angst haben.« Doch dann, plötzlich, fallen Junge die Kinder ein, Goebbels' Kinder. Natürlich hat niemand daran gedacht, ihnen zu essen zu geben! Also geht sie in die Küche, und als sie eintritt, sieht sie die sechs Kinder um den Tisch sitzen. Sie sehen ausnahmsweise wirklich bedrückt aus. Sie sind vergessen worden.

Junge holt Brot und Schinken und macht ihnen belegte Brote. »Es war seltsam, wie rasch sie das aufmunterte, wie schnell sie anfingen zu plappern.« Plötzlich ist das Geräusch eines Schusses zu hören. Erst wird es totenstill. Dann ruft eins der Kinder, Helmut, fröhlich:

»Gut getroffen!«

Helmut hat zu diesem Zeitpunkt selbst noch sechsunddreißig Stunden zu leben. Dann wird seine Mutter ihm das Leben nehmen.[15]

Binnen eines Tages geht die Nachricht vom Tod Adolf Hitlers hinaus in den Äther. Martin Bormans Sohn, auch er Martin genannt, hat einige Tage zuvor sein Internat, die nationalsozialistische Eliteschule Feldafing, verlassen und ist zu einem Gasthof in der Nähe von Salzburg gefahren worden, in dem einige der engsten Mitarbeiter seines Vaters zusammengekommen sind. Um zwei Uhr in der Nacht auf den 1. Mai hören sie die Nachricht von Hitlers Tod. »Ich erinnere mich noch genau daran, doch ich kann die Stille dieses Augenblicks, die ... ja, ... also ... Stunden dauerte, nicht beschreiben. Niemand sagte ein Wort, doch schon bald darauf gingen die Leute hinaus, zuerst einer – dann knallte ein Schuß, dann ein anderer, und dann wieder ein anderer. Drinnen fiel kein Wort, es war nichts zu hören außer den Schüssen draußen, doch man spürte, daß dies das einzige war, was uns übrigblieb – daß wir alle sterben müßten.«[16]

Als Adolf Hitler stirbt, fällt das Dritte Reich wie ein Kartenhaus in sich zusammen. Am 30. April kapitulieren die deutschen Streitkräfte südlich der Alpen, am 2. Mai Berlins Garnison, am 4. Mai kapitulieren die Truppen in Norddeutschland. Und am 7. Mai findet in Eisenhowers Hauptquartier in Anwesenheit aller Alliierten eine formelle Kapitulationszeremonie statt.

»Ohne ihren Führer zerplatzte die Bewegung wie eine Seifenblase«, schreibt John Toland. »Es gab keine Schlupfwinkel fanatischer Gefolgsmänner, die Hitlers Kreuzzug hätten fortsetzen wollen ... Was als die mächtigste und furchtbarste politische Gewalt des zwanzigsten Jahrhunderts gegolten hatte, verschwand über Nacht. Seit dem Ende Napoleons hat kein Tod eines Herrschers das von ihm errichtete Regime so schnell und so vollständig zusammenbrechen lassen.«[17]

Für viele Menschen in Nazi-Deutschland kam die Mitteilung von Adolf Hitlers Tod dem Erwachen aus einem Traum gleich. Einem Traum, der gut und böse zugleich, der aber entschieden ihr eigener gewesen war. Hinreichend viele Menschen im Europa der Nazis hatten ihre Handlungen sowohl aus Überzeugung als auch mit Freude ausgeführt. Viele von ihnen waren intelligente und schöpferische Individuen, Menschen, die in einer anderen Zeit für ihre großen Werke in den Geschichtsbüchern hätten landen können. Doch nicht einmal diese begabten und selbständigen Menschen hatten ihre eigene Phantasie von der Adolf Hitlers freihalten können. Oder sie ohne ihn aufrechterhalten können.

Wenige haben dies besser formuliert als Hitlers Architekt und Rüstungsminister, das Organisationstalent Albert Speer, der einzige von den führenden Männern in der Nazipartei, der nach dem Krieg den Versuch einer Selbstprüfung unternahm:

> Ich habe mir schon manchmal die Frage vorgelegt, was ich nun getan hätte, wenn ich mich für das, was Hi[tler] auf anderen Gebieten tat, mitverantwortlich gefühlt hätte. Leider ist da die Antwort, wenn ich ehrlich bleibe, negativ [– die Aufgaben, die Hitler mir anvertraut hatte, zuerst in der Architektur und dann in Regierungsstellung, seine »Freundschaft«, die tiefe Überzeugung, die er ausstrahlte, die Macht, die seine Gunst mir schenkte, all dies war ganz einfach überwältigend und war mir so unentbehrlich geworden, daß ich vermutlich alles geschluckt hätte, um mich daran zu klammern]. Meine Stellung als Architekt, die schönen Aufgaben waren mir so unentbehrlich geworden, daß ich fast alles geschluckt hätte.[18]

Man kann nicht umhin darüber nachzudenken, wie viele Menschenleben hätten verschont werden können, wenn Graf Stauffenberg mit seinem Attentat fast ein Jahr zuvor Erfolg gehabt hätte.

Gegen Mitternacht am 8. Mai 1945 ist der Zweite Weltkrieg in Europa offiziell vorüber (auch wenn er in Asien weitergeht). Die Nachricht wird mit ekstatischer Begeisterung begrüßt. Auf dem Trafalgar Square und vor dem Buckingham Palace in London versammeln sich Hunderttausende jubelnder Menschen, während König George VI. und seine Familie im offenen Wagen durch das Menschenmeer fahren. Auf den Avenues von New York und auf der Kungsgata in Stockholm spielen sich ähnliche Szenen ab. Doch während die Massen jubeln, kommt niemand darum herum, an den unfassbaren Preis zu denken, den die Menschheit für Hitlers Phantasie hat bezahlen müssen. Kein einzelner Mensch in der Weltgeschichte hat eine derartige Wirkung auf die Existenz so vieler Individuen und so vieler Völker gehabt. Das blühende jüdische Leben in Osteuropa ist für immer verschwunden. Von den 3 300 000 Juden Polens sind 3 000 000 ermordet, der Rest in alle Winde zerstreut.

Insgesamt sind zwischen fünf und sechs Millionen europäische Juden – fast zwei Drittel der jüdischen Bevölkerung im von Deutschland besetzten und mit Deutschland alliierten Europa – in den Ghettos und Konzentrationslagern der Nazis oder durch ihre Erschießungskommandos ermordet worden.[19] Doch die Juden sind nicht die einzigen Opfer der Nazis. Mindestens eine halbe Million Roma und Sinti, eine Viertel Million geistig und körperlich Behinderte und unzählige Homosexuelle, Zeugen Jehovas, Kommunisten, politische Oppositionelle, polnische Akademiker und Widerstandskämpfer sind untergegangen, weil sie von den Nazis als minderwertig oder als bedrohlich angesehen wurden. Zusammengenommen sind vielleicht fünf Millionen Nicht-Juden auf diese Art und Weise gestorben. Aber der Krieg hat noch viel mehr Opfer gezeitigt und wird weitere fordern. Man hat ausgerechnet, daß alles in allem zwischen vierzig und fünfundsechzig Millionen Menschen in der Welt, Militärangehörige und Zivilpersonen, im Verlauf von Hitlers sechsjähriger Mordorgie ihr Leben verloren haben.[20] Oder betrachtete er sie vielleicht, wie er Eva Braun betrachtete: als Gesellschaft während eines sechs Jahre dauernden Selbstmords? Hitler beschrieb den Krieg ja einmal folgendermaßen: »Ich bin ganz davon überzeugt, daß dieser Krieg sich nicht um ein Haar von dem Kampf unterscheidet, den ich einst in mir selbst ausgekämpft habe.«[21]

Während die Welt jubelt, läuft Heinrich Himmler in einem Wald in Norddeutschland umher, als Pirat verkleidet.

Adolf Hitler hatte vor seinem Tod seinen »Nachfolger« bestimmt, es war nicht Heinrich Himmler. Es war der Chef der Marine, der Erschaffer der U-Bootflotte, Großadmiral Dönitz. Dönitz hatte im Prinzip nur eine Aufgabe: zu kapitulieren, so hübsch wie möglich. Und gleichzeitig dafür zu sorgen, daß so wenige deutsche Soldaten und Zivilisten wie möglich in die Hände der Russen fielen. Dönitz war vielleicht in erster Linie aufgrund seiner Adolf Hitler erwiesenen Loyalität gewählt worden. Und er würde, solange dies möglich war, das Testament seines Führers befolgen, nicht zuletzt mit Hinsicht auf Hitlers ehemaligen vermuteten »Kronprinz« Heinrich Himmler. Karl Dönitz erkannte Himmler somit keinerlei Amt zu. Himmler war jetzt nicht einmal mehr Mitglied der NSDAP. Dies hatte den früheren Reichsführer schwer geschockt.

Doch er meinte dennoch, daß ihm noch etwas geblieben war, seine schrumpfende SS, sein »Staat im Staate«. Und als Himmler am 1. Mai in einem vergeblichen Versuch, Dönitz zu folgen, sich in seinem Mercedes nach Flensburg begibt, wird er wie ein mittelalterlicher Landsknechtsführer von einer SS-Eskorte begleitet. Himmler hat nämlich noch immer große Ambitionen.

Als sie sich Kiel nähern, gerät die Gesellschaft plötzlich in einen alliierten Bombenangriff. Die Eskorte taucht in den Schlamm, um dem Angriff zu entgehen, während Himmler mit einem Sturzhelm auf dem Kopf im Wagen stehen bleibt und ruft: »Disziplin, meine Herren, Disziplin.« Nachdem der Angriff vorüber ist, kehren die Truppen zu ihrem Häuptling zurück, und sie können weiterfahren. Eine Weile sitzt Werner Best in Himmlers Wagen, und später, in Flensburg, trifft Himmler den früheren Finanzminister und neuernannten Außenminister, Schwerin von Krosigk.

»Graf Schwerin, was soll nur aus mir werden?« fragt der immer pathetischere Himmler seinen womöglich ebenso verwirrten Kollegen.

»Wie ich es sehe, stehen Ihnen drei Wege offen«, antwortet von Krosigk. »Der erste ist, sich den Schnurrbart abzurasieren, sich mit einer Perücke und mit einer dunklen Brille zu verkleiden und zu versuchen, vollständig zu verschwinden. Ich vermute, daß Sie selbst dann bald entdeckt werden, und Ihr Ende kaum sehr ruhmreich sein würde. Der zweite Weg ist, daß Sie sich erschießen, obwohl ich als Christ Ihnen dazu kaum raten kann. Aber das ist eine Frage, die Sie für sich selbst entscheiden müssen. Was ich Ihnen wirklich empfehle, ist der dritte Weg: Fahren Sie geradewegs zu Montgomerys Hauptquartier und sagen Sie: ›Ich bin Heinrich Himmler. Ich übernehme die volle Verantwortung für alles, was die SS getan hat.‹ Was dann geschehen wird, wer kann das sagen? Falls es sich als Ihr Ende erweisen sollte, wird es zumindest der ehrenvollste Abgang sein.«[22]

Heinrich Himmler entscheidet sich wie üblich dafür, nichts zu tun. Er schwebt statt dessen wie ein unwillkommener, doch schwer abzuweisender Gast in Dönitz' Domäne umher. Am 5. Mai versammelt er seine engsten SS-Männer um sich und erklärt, daß er nie aufgeben werde, sondern in Schleswig-Holstein eine eigene Regierung bilden und als deren Führer Friedensgespräche mit den Westalliierten einleiten wolle. Dann verteilt er Ministertitel an die verblüfften SS-Männer.

Am nächsten Tag wird Himmler von Dönitz formell abgewiesen. Zunächst weigert er sich, Flensburg zu verlassen, doch dann merkt er, wie mehr und mehr Männer seiner Eskorte einfach verschwinden. Schließlich, am 8. Mai, als Deutschland offiziell kapituliert hat, tut Himmler den ersten Schritt in von Krosigks Dilemmalösung Nummer eins: zu verschwinden. Er geht ins Badezimmer und rasiert sich den Schnurrbart ab. Dann bindet er eine schwarze Augenklappe über das eine Auge, wirft seine Ausweispapiere fort und ersetzt sie durch Papiere, die Heinrich Hitzinger gehört haben, einem Mann, der der Gestapoabteilung »geheime Feldpolizei« angehört hatte, aber hingerichtet worden war.

Zwei Tage später, am 10. Mai, ver läßt Heinrich Himmler Flensburg mit seiner engsten »Truppe«, die in vier Wagen Platz findet. Und es ist nicht irgendeine »Truppe«. An Himmlers Seite sind noch immer sein treuer Adjutant Rudolf Brandt und sein Arzt Professor Gebhardt. Alle haben inzwischen ihre Rangabzeichen abgenommen und geben sich als Mitglieder der »geheimen Feldpolizei« aus.

Nach ein paar Tagen erreicht die Gesellschaft die Elbmündung. Da ist Schluß. Die Entfernung über das Wasser beträgt acht Kilometer. Die verkleideten Männer sind also gezwungen, ihre Wagen zu verlassen und, wie all die anderen Hunderttausende von Flüchtlingen überall in Deutschland, ihre planlose Flucht zu Fuß fortzusetzen. Es gelingt ihnen, ein Fischerboot zu finden, das sie zusammen mit einigen anderen Flüchtlingen auf die andere Seite übersetzt. Dort angekommen, gehen sie zu Fuß weiter. Während der folgenden fünf Tage ziehen Heinrich Himmler und seine Gesellschaft in den Wäldern umher und schlafen auf Bauernhöfen oder unter freiem Himmel.

Eines Tages, bei Bremervörde, stoßen sie plötzlich auf eine von den britischen Militärbehörden errichtete Straßensperre. Ihnen ist sofort klar, daß sie eine Reisegenehmigung brauchen, um die Sperre passieren zu können. Ein Mann in der Gruppe, Kiermaier, wird hineingeschickt, um bei den Briten eine solche Reisegenehmigung zu beantragen. Ein zweiter Mann steht auf der Lauer, um zu sehen, ob Kiermaier festgehalten wird. Die »geheime Feldpolizei« steht schließlich auf der schwarzen Liste der Briten. Kiermaier wird festgehalten. Und die Gesellschaft schleicht sich davon.

Um zwei Uhr am 23. Mai, also zwei Wochen nach der Kapitulation, trifft ein Konvoj im Vernehmungslager 031 ein. Sie haben eine Gruppe verdächtiger Männer bei sich, die an einer Straßensperre auf einer Brücke bei Bremervörde festgenommen worden sind. Dies ist an und für sich nichts Ungewöhnliches – die Briten halten ständig heimkehrende Soldaten an, um ihre Papiere zu kontrollieren, und wenn etwas unklar ist, werden sie zur Vernehmung mitgenommen. Auch diese Männer durchlaufen die üblichen Vernehmungsroutinen, doch gegen vier Uhr wird dem Befehlhabenden des Vernehmungslagers, Captain Selvester, mitgeteilt, daß drei der Neuankömmlinge Schwierigkeiten machen und fordern, dem ranghöchsten Offizier vorgeführt zu werden. Weil festgenommene Soldaten sich in der Regel ruhig verhalten, um so wenig Verdacht wie möglich zu erregen, wird Selvester neugierig. Er bittet seine Untergebenen, die Männer hereinzulassen, einen nach dem anderen. Der Erzählung des Captains zufolge geschieht dann folgendes:

Der erste Mann, der in mein Büro kam, war schmächtig, sah krank aus und war in eine abgerissene Uniform gekleidet. Aber ihm folgten sofort zwei weitere Männer. Beide waren groß und wirkten soldatisch, einer schlank und der andere kräftig. Der kräftige Mann hinkte etwas. Ich spürte etwas Ungewöhnliches und befahl einem meiner Sergeanten, die beiden Männer unter strenge Bewachung zu nehmen und niemandem zu erlauben, ohne meine Genehmigung mit ihnen zu sprechen. Sie wurden aus meinem Büro hinausgebracht, worauf der Schmächtige die schwarze Klappe abnahm, die er über dem linken Auge trug, und eine Brille aufsetzte. Seine Identität war sofort erkennbar, und er sagte mit sehr leiser Stimme: ›Heinrich Himmler‹.

Der Captain ruft sofort bewaffnete Wachen in sein Büro und fordert Unterstützung durch einen Nachrichtenoffizier an. Als dieser eingetroffen ist, bittet man Himmler, seinen Namen zu schreiben, um zu prüfen, ob die Handschrift stimmt. Danach nimmt Selvester eine Leibesvisitation seines Gefangenen vor. Dieser muß sich ausziehen, und der Captain findet bald eine kleine Messingkapsel mit einer Ampulle darin. Als er Himmler fragt, was in der Ampulle sei, antwortet dieser, es handele sich um ein Medikament gegen seine Magenkrämpfe. Eine Minute später findet der Captain eine weitere Messingkapsel im Futter von Himmlers Jacke. Aber diese ist leer. Jetzt hegt Selvester keinen Zweifel mehr: Es sind Giftampullen. »Ich begriff, daß die Ampulle irgendwo am Körper des Gefangenen versteckt sein mußte. Also zieht man Himmler nackt aus, durchsucht seine Haare und alle Körperöffnungen. Findet aber nichts. »In dieser Lage bat ich ihn nicht, den Mund zu öffnen, denn ich sah ein, daß, falls er die Ampulle dort versteckte, und wir versuchten, sie herauszuholen, dies eine unerwünschte Reaktion auslösen könnte. Ich ließ jedoch dicke Käsebrote und Tee kommen, die ich Himmler anbot, in der Hoffnung, sehen zu können, wenn er etwas aus dem Mund entfernte. Ich beobachtete ihn genau, während er aß, doch ich sah nichts.«

Im Verlauf des Abends trifft ein hochstehender Nachrichtenoffizier aus dem Stab von General Montgomery ein, Oberst Michael Murphy. Er erklärt Himmler, er werde bei ihm und seinen Leibwachen eine weitere Leibesvisitation vornehmen. Himmler streckt sich daraufhin und erklärt, wer er ist, offenbar in der Hoffnung, Respekt zu erwecken. Er erklärt auch, er führe einen Brief an General Montgomery mit. Dies hilft ihm nicht. Es wird eine weitere Leibesvisitation bei Himmler durchgeführt, wieder ohne Ergebnis. Oberst Murphy beschließt daraufhin, Himmler zum fünfzehn Kilometer entfernten Armeehauptquartier zu überführen.

Himmler, der sich geweigert hat, eine britische Uniform anzuziehen, trägt nur ein Hemd, Unterhosen und eine Armeewolldecke um die Schultern, als er zu dem speziellen Vernehmungszentrum gebracht wird. Dort trifft er einen neuen britischen Offizier, Edwin Austin. Austin hat zwei Tage zuvor den SS-General Hans Prützmann vernommen und hilflos mitansehen müssen, wie Prützmann, nachdem er eine Zyankapsel zerbissen hat, stirbt. Austin ist fest entschlossen, dies nicht noch einmal geschehen zu lassen. Und besonders nicht bei diesem Gefangenen.

Sobald Himmler den Raum betritt, zeigt Austin auf eine Couch.

»Das ist Ihr Bett. Ziehen Sie sich aus!« sagt er auf Deutsch. Himmler starrt den Offizier vor sich nur an. Dann wendet er sich an den bis dahin passiven Dolmetscher:

»Er weiß nicht, wer ich bin«, sagt er verwirrt.

»Doch. Ich weiß es«, antwortet Austin. »Sie sind Himmler. Ziehen Sie die Kleider aus!« Himmler starrt weiter Austin an, der nur zurückstarrt. Dann setzt sich Himmler schließlich auf die Couch und beginnt, sich auszuziehen.

In diesem Moment treten Oberst Murphy und ein Armeearzt mit Namen C. J. L. Wells ein, um ihren Gefangenen zu inspizieren. Sie vermuten immer noch, daß Himmler Gift verbirgt. Als er nackt ist, untersuchen sie noch einmal seinen ganzen Körper – seine Ohren, seine Achselhöhlen, sein Haar, seinen After. Weiterhin nichts. Jetzt fordert der Arzt Himmler auf, den Mund zu öffnen, was Himmler tut. Wells erblickt ihn unmittelbar, den kleinen schwarzen Knoten, der aus einem Spalt zwischen den Zähnen im rechten Unterkiefer hervorschaut.

»Kommen Sie näher ans Licht«, sagte der Arzt. »Öffnen Sie den Mund.«

Himmler gehorcht noch einmal. Als Doktor Wells zwei Finger in seinen Mund steckt, tut er zunächst nichts. Bis der Doktor die Finger nach der kleinen schwarzen Spitze ausstreckt. Da dreht Heinrich Himmler heftig den Kopf und beißt den Arzt kräftig in den Finger.

»Es hat es geschafft!« schreit Wells. Die beiden anderen Männer werfen sich über Himmler, drücken ihn zu Boden und drehen ihn auf den Bauch, um ihn am Schlucken zu hindern. Der Arzt drückt ihm die Hände um den Hals, damit er das Gift ausspuckt. Aber es ist zu spät. Heinrich Himmler ist schon leblos.

»Er starb«, erzählt Austin. »Und als er tot war, breiteten wir eine Decke über ihn und gingen hinaus.«[23]

53

»Als der Frieden kam, war ich in Malmö, und ich sah, wie die Menschen auf die Nachricht vom Frieden reagierten. Norwegische Studenten, schwedische Jugendliche, alle waren überschwenglich vor Freude. Aber ich, ich wußte nicht, ob ich mich freuen sollte darüber, daß Frieden war, oder ob ich weinen sollte, weil ich meine Freude nicht mit meinen siebzehn Verwandten teilen konnte, die im Baltikum umgebracht worden waren. In einer ähnlichen Gemütsverfassung befand sich vermutlich das sechzehnjährige Mädchen, das ich dort unten traf, und das mir weinend erklärte, es weine, obwohl der Frieden da sei, weil sein Vater vor seinen Augen in die Gaskammer gebracht worden war. Und von ihren anderen Verwandten lebte auch niemand mehr. Es gibt Menschen, die ganz einfach übriggeblieben sind, die nicht in des Wortes eigentlicher Bedeutung arbeitsfähig sind. Mit all dieser Trauer, die mich erfüllte, konnte ich mich nicht dazu bringen, meinen Bericht niederzuschreiben.«

So erklärt Gilel Storch knapp drei Wochen nach Kriegsende, warum er es nicht geschafft hat, einen versprochenen Bericht über seine Arbeit während des Krieges niederzuschreiben.[1]

»Er war so traurig darüber, daß er nicht mehr hatte tun können, daß er nur in den letzten Jahren des Krieges etwas tun konnte, als die Deutschen sahen, daß es nicht gut für sie ausgehen würde«, erzählt Storchs Tochter Eleonora. »Er wünschte, er hätte mehr retten können. Seine ganze Familie ist umgekommen, die Familie meiner Mutter …«[2]

Von den circa 70 000 Juden, die es am Tage des Einmarschs der deutschen Truppen in Lettland gab, sollten nur 1000 den Krieg überleben. Zweihundert von ihnen in Lettland, als Partisanen oder von lettischen Familien versteckt, der Rest in Konzentrationslagern in Europa.[3] Während einiger Monate sah es so aus, als ob das Lager Stutthof bei Danzig zu einer Freistatt für einen Rest des lettischen Judentums werden könnte. Aber auch diese Hoffnung wurde in den Todesmärschen im Frühjahr 1945 zunichte.

»Wir wissen nicht genau, wie unsere Familie starb«, erzählt Gilel Storchs Schwester Judith, die den Krieg in Israel überlebte. »Was wir wissen, ist, daß meine Mutter nach Riga zog, unmittelbar nach der Ankunft der Deutschen. Sie starb dort, genau wie meine Geschwister Wulf und Zenja und ihre Familien. Meine Schwester Genija war dagegen in Dvinsk geblieben, wo ihr Mann als Arzt arbeitete. Und es gelang ihnen, bis 1943 zu überleben – er war ein so guter Arzt, und die Deutschen konnten ihn brauchen. Doch schließlich kamen auch sie an die Reihe. Zuerst ermordeten sie Genija, dann ihren Mann.«[4]

Als Gilel Storch Ende 1942 die Hoffnung aufgab, lebten also immer noch Genija und ihr Mann.

Gilels Bruder Mulija und seine Frau und ihr Sohn waren ja unmittelbar vor dem deutschen Einmarsch von den Russen fortgebracht worden, und dann, soweit man gehört hatte, erschossen worden. Man hörte auf jeden Fall nach dem Krieg nichts von ihnen.

Anjas Familie erlitt das gleiche Schicksal wie die Familie Gilels.

»Meine Großmutter Sara, die sich von mir verabschiedet hatte, als der Pilot an unsere Tür kam«, sagt Eleonora, wurde im Bikernieki-Wald gejagt und dort ermordet.«[5]

Aber was geschah mit Judiths und Gilels Schwester Rosa, die zusammen mit ihrem Verlobten Lettland verlassen hatte, um in Frankreich zu studieren?

»Rosa und Moisej versteckten sich die zwei letzten Kriegsjahre auf einem Dachboden«, berichtet Marcus Storch. »Sie waren dort ohne ihre Tochter Nora, die sie bei einer französischen Bauernfamilie versteckt hatten.«

Rosa stand psychisch unter starkem Druck, vor allem, weil sie gezwungen war, ihre einjährige Tochter von sich zu geben. Und weil sie so isoliert waren, sie und Moisej. Es gab nur eine Person, ihre Nachbarin, eine junge Frau, die davon wußte, daß sie auf dem Dachboden wohnten, und ihnen mit Essen half.

Dann, eines Tages, kam die Befreiung:

»Moisej wagte sich zum ersten Mal nach draußen auf die Straße«, erzählt ihr Enkel, Jean-Christophe Gay. »Er wollte versuchen, eine Stelle zu finden, wohin er Rosa bringen konnte, damit sie sich erholte. Es ging ihr sehr schlecht. Er fand auch ein Erholungsheim und kehrte nach ein paar Tagen zurück, um sie zu holen. Doch als er auf den Dachboden kam, war sie verschwunden.«

»Während Rosa allein dort oben war«, erzählt Marcus Storch, »mußte sie Schritte auf der Treppe gehört und Angst bekommen haben. Vermutlich glaubte sie, daß es deutsche Soldaten waren, die ihr Versteck entdeckt hatten. Denn Rosa nahm sich das Leben.«

»Es waren natürlich keine deutschen Soldaten«, fügt Marcus hinzu. »Es waren Amerikaner.«[6]

Nach dem Krieg verschwindet die letzte geringe Hoffnung, die Anja und Gilel gehabt haben, daß jemand aus ihrer Familie überlebt haben könnte. Und Gilel Storch betäubt, wie üblich, seinen Schmerz mit Arbeit. Vor allem gilt seine Arbeit den neu angekommenen Flüchtlingen.

»Er versuchte, Familien zusammenzuführen«, erzählt sein Sohn Marcus. »Man schaffte, soweit ich weiß, die erste IBM-Datenmaschine in Schweden an, um Abgleichungen zu machen. Das war in der Grev Magnigata hier in Stockholm, und viele Familien wurden so wieder zusammengeführt.«[7]

»Er beschäftigte sich viel damit, Familien zusammenzubringen«, bekräftigt auch Eleonora. Doch Gilel versuchte auch, bei der Schaffung neuer Familien zu helfen. »Er bezahlte sechshundert Hochzeiten, für Menschen, die er gar nicht kannte, Aussteuer und Feiern eingeschlossen.« Besonders war ihm daran gelegen, baltische Juden zu vereinigen. Und es war mit den weißen Bussen ja eine Anzahl baltischer Juden ins Land gekommen.

»Ich ging zur Ausländerkommission«, erzählte Storch nach dem Krieg, »und ich sagte: Helfen Sie ihnen, zusammenzusein. Da mieteten sie ein Pensionat für sie, Neglinge. Und die meisten verheirateten sich miteinander!«[8]

Unerfreulicher waren Vorwürfe, die nach dem Krieg gegen Gilel Storch erhoben wurden, daß er teilweise das Geld anderer baltischer Juden, Geld, das ihm anvertraut worden war, zur Finanzierung seiner Rettungsaktionen benutzt habe. Diese Vorwürfe konnten nie erhärtet werden. Dagegen war Buchführung kaum seine starke Seite, zumindest nicht, wenn es um Rettungsaktionen und Wohltätigkeit ging. »Viele kamen einfach hinauf ins Büro und suchten Hilfe, um ein neues Leben beginnen zu können, Geld leihen und so weiter«, erzählt Eleonora. »Er nahm nie eine Quittung. Und dann, als Papa starb, kamen viele Menschen zu uns ins Büro und sagten: ›Hier ist ein Scheck.‹ ›Für was denn?‹ fragte Marcus. ›Das haben wir von deinem Vater geliehen und wollen es gern zurückgeben.‹ Aber es hatte ja nie eine Buchführung gegeben und also waren auch keine Quittungen da.«

Gilel soll sich auch in größeren Zusammenhängen mit Flüchtlingsfragen befassen. Er engagiert sich unter anderem für die Versuche, die Engländer dazu zu veranlassen, Flüchtlinge nach Palästina zu lassen. Und er ist einer der ersten, die sich darum bemühen, Mittel von verwaisten Konten bei u. a. schwedischen Banken freizubekommen.

Gilel unterhält somit auch weiterhin Kontakte mit den politischen Machthabern, in Schweden und im Ausland. Doch in seinem Umgang mit diesen Machthabern nimmt er auch weiterhin eine ungewöhnliche, und nicht selten provozierende Haltung ein. Gert Löllbach erinnert sich sehr gut an eine Sitzung im Außenministerium kurz nach dem Krieg:

»Zur festgesetzten Zeit waren alle da, außer Herrn Storch. Man wartete, und als er nicht kam, wurde trotzdem angefangen. Nach etwa einer Viertelstunde flog plötzlich die Tür auf. Herein kam Herr Storch, offensichtlich völlig außer Atem und mit dem fernen Blick, den er manchmal hatte. Er ging langsam um den Tisch herum, so machte er mehrere Runden. Schließlich blieb er hinter Gösta Engzells Stuhl stehen, legte den rechten Arm über Engzells rechte Schulter, ließ die Hand in Engzells linke Brusttasche gleiten, angelte eine Zigarette heraus, wandte sich an die übrigen Anwesenden und fragte, ob jemand Feuer habe.«[9]

Manche tolerieren oder schätzen sogar Storchs ungewöhnliche Umgangsformen und Auftritte. Andere sind hellauf entsetzt. Das Verhältnis zur Mosaischen Gemeinde wird nach dem Krieg noch zerrütteter, wenn das überhaupt noch möglich ist. Denn jetzt scheut Storch nicht davor zurück, der Gemeinde Unterlassungen bei der Hilfe für jüdische Flüchtlinge während des Krieges vorzuwerfen. Am 3. März 1947 erhält er vom Vorsitzenden der Gemeinde, Gunnar Josephson, einen Brief:

Nachdem bekannt geworden ist, daß Sie bei einem Mittagessen für den 2. Vorsitzenden der Jewish Agency, I. Grünbaum, am 21. Februar in einer Rede die Mosaische Gemeinde in derselben unqualifizierten und unwahrhaftigen Art und Weise angegriffen haben wie schon so häufig zuvor, sieht die Flüchtlingssektion der Mosaischen Gemeinde sich nach reiflicher Überlegung gezwungen festzustellen, daß für eine weitere Zusammenarbeit zwischen der Gemeinde und Ihnen keine Basis mehr besteht [...]

Ihre andauernde und gehässige Verleumdungskampagne gegen die Gemeinde und Ihre verschiedentlichen Versuche, das Ansehen der Gemeinde im In- und Ausland herabzusetzen, schaden leider nicht nur der Gemeinde, sondern allen jüdischen Interessen. Der Wert der großen Einsätze in der Hilfsarbeit, die Sie sicher leisten wollten und zweifellos geleistet haben, wird durch ihre ständigen Versuche, die Atmosphäre im jüdischen Leben hierzulande zu vergiften, gemindert.[10]

Gilel Storch fühlte nach dem Krieg nicht nur Trauer. Er empfand auch Bitterkeit gegenüber denen, die seiner Ansicht nach nicht genug getan hatten, um Juden zu retten. Vor allem fühlte er sich übersehen. Nicht viele sprachen nach Kriegsende über Storchs großen Einsatz, nicht einmal in jüdischen Kreisen, in denen Norbert Masur mit seiner Reise zu Himmler der große Held geworden war. Und es war Norbert Masur, der Gegenstand des tragischsten Ausdrucks von Storchs Bitterkeit werden sollte.

»In meinen Gesprächen mit Storch war Masurs Reise zu Himmler ein ständig auf verschiedene Weise und in unterschiedlichen Zusammenhängen wiederkehrendes Thema«, berichtet Svante Hansson, der Storchs Bekanntschaft erst machte, als dieser ein alter Mann war. »Die Tatsache, daß Storch sich selbst nicht verzeihen konnte, nicht gefahren zu sein, hat sein späteres Leben vergiftet, glaube ich. Er war von dieser Geschichte wie besessen. Es hatte den Anschein, als ob alles andere, das getan worden war, daneben verschwand oder bedeutungslos wurde.«[11]

Storch und Masur, die zusammen so Großes geleistet und einander so außerordentlich gut ergänzt hatten, sollten nach dem Krieg bittere Feinde werden. Und leider war ihr Schicksal nicht einmalig:

»Manchmal könnte man glauben, daß das, was damals geschah, eine Art dritter Weltkrieg war, als alle diese Unterhändler, oder viele von ihnen, einander in die Haare gerieten«, sagte Hansson. »Es fing an mit Bernadotte. Er gab sein Buch *Das Ende* über die Verhandlungen mit Himmler heraus. In diesem Buch wird Kerstens Name nicht genannt. Warum, weiß ich nicht. Aber es ist eine Tatsache, daß Kerstens Name nicht genannt wird.«[12] Auch die Namen Norbert Masur und Gilel Storch sind nicht erwähnt. Weder in Bernadottes Teil des Buchs. Noch in Walter Schellenbergs Nachschrift.

Bei Kriegsende befindet sich Walter Schellenberg in Stockholm. Er ist mit Hilfe Folke Bernadottes nach Schweden gekommen, dem äußeren Anschein nach, um eine Übereinkunft wegen einer deutschen Kapitulation in Norwegen zu treffen.[13] In Wirklichkeit jedoch, um bei Bernadotte Schutz zu suchen.

»Schellenberg war ein guter Schauspieler«, erzählt Folke Bernadottes Frau Estelle. »[Mir] konnte er nie etwas vormachen, aber Folke meinte, er habe seine

Erfolge bei Himmler in hohem Maße Schellenberg zu verdanken ... Es war eine heikle Situation. Weil ich Amerikanerin war, sah Folke ein, daß ich mich weigern würde, Schellenberg unter unserem Dach zu haben. Aber er betonte, wie wichtig es gerade im Moment sei, Schellenbergs Anwesenheit in Schweden geheim zu halten, um die Rückkehr der Konzentrationslagergefangenen nicht zu gefährden. Aber natürlich wurden der britische und der amerikanische Militärattaché unterrichtet [vom schwed. Außenministerium], und die trafen sich auch tatsächlich bei uns zu Hause mit ihm.«

»Mein Vater betrachtete ihn als hundertprozentig unschuldig«, sagt Bertil Bernadotte. »Vater war ein sehr positiver Mensch. Mutter sagte immer, eine seiner Tugenden sei auch eine Schwäche. Wenn er jemanden traf, den er mochte, ignorierte er das Negative.«[14]

Hier ist zu erwähnen, daß Walter Schellenberg auch eine Nacht bei Gilel Storch zu Hause übernachtete. »Meine Frau sagte, ich sollte ihm Gift geben!«[15]

In Bernadottes Fall gibt es möglicherweise einen weiteren Grund dafür, daß er Schellenberg in seiner Nähe haben möchte: Es heißt, dieser habe nicht nur die Nachschrift zu *Das Ende* verfaßt, sondern bei dem ganzen Buch mitgewirkt, es vielleicht sogar als ghost writer selbst geschrieben (obwohl Bernadotte ganz offensichtlich zu einem großen Teil von seinen früheren Berichten an das Außenministerium ausgeht, die ja auf Schwedisch verfaßt sind).[16] Ob dies zutrifft, und wer, falls es so ist, beschließt, alle Hinweise auf Kersten auszulassen, bleibt unklar. Vermutlich ist es Bernadotte selbst – Schellenberg erwähnt in seinen Memoiren Kersten wie Masur bei verschiedenen Gelegenheiten.

Doch der Beschluß, alle Hinweise auf Kersten auszuschließen, wird sich rächen.

Gegen Ende 1945 hatte Felix Kersten angefangen, sich Sorgen zu machen, gelinde gesagt. Er hatte schon am 16. Januar für sich, seine Frau Irmgard und seine drei Söhne die schwedische Staatsangehörigkeit beantragt. Anfang Februar war im Außenministerium eine informelle, aber überaus hitzige Diskussion darüber geführt worden, ob der Antrag befürwortet werden solle oder nicht. Zwei sprachen dafür, drei waren dagegen. Einer der Gegner, Sven Grafström, schrieb am gleichen Tag in sein Tagebuch: »Kersten ist nach meinem Dafürhalten ein Kriegsverbrecher, nicht mehr und nicht weniger.«[17]

Es gab andere, die in bezug auf Kersten ähnliche Gefühle zum Ausdruck brachten, unter anderem der britische Botschafter in Stockholm, Sir Victor Mallet:

»Ich kenne Kersten als Nazi und durch und durch niederträchtigen Menschen. Er hat seinen Wohnsitz in Stockholm und hat dort eine große Sammlung von Gemälden zusammengebracht. Sie sind angeblich holländisch, doch in diesem Punkt habe ich wenig Informationen.«[18]

Doch neben solchen Urteilen gab es andere, die Kersten in einem ganz anderen Licht darstellen. Außenminister Günther nahm, zu Kerstens großem Kummer, nach dem Krieg nicht offen für ihn Partei, sollte jedoch nichtsdestoweniger in einem Brief an Gösta Engzell folgendes Urteil abgeben:

> Es verhält sich zweifellos so, daß Kersten unglaublich viel geleistet hat, wenn es darum ging, Menschen aus den Klauen der Nazihenker zu befreien. In vielen Fällen erfolgte dies auf meinen direkten Wunsch und unter Angabe meinerseits, um welche Personen es sich handelte. Außerdem kann man ohne Übertreibung sagen, daß durch seine Vermittlung die große Rettungsaktion unter Bernadottes Leitung zustande kam.[19]

Folke Bernadotte ist unbestreitbar davon angetan, daß Günther diese Worte nicht öffentlich äußert. Als Bernadotte sein Buch *Das Ende* veröffentlicht und Felix Kersten keinerlei Anerkennung zuteil werden lässt, wird Kersten desperat. Als Bernadotte außerdem nichts unternimmt, um Kerstens Einbürgerungsantrag zu unterstützen, wird dieser rachelüstern.[20] Und er ist es, der gemeinsam mit dem damals angesehenen britischen Historiker Hugh Trevor-Roper das Gerücht über Bernadottes aktiven Unwillen, Juden zu retten, in Umlauf bringen wird.

Hugh Trevor-Roper hat selbst nicht viel für Bernadotte übrig, vielleicht weil dieser in einem Brief sein Buch »Hitlers letzte Tage« kritisiert hat (einem Brief, den Trevor-Roper sogar, zusammen mit einer Entgegnung, in späteren Auflagen seines Buchs veröffentlichen wird), vielleicht weil er Bernadottes Arbeit wirklich kritisch beurteilt. Auf alle Fälle schreibt Trevor-Roper im Jahre 1953, als Bernadotte nicht mehr lebt, einen Artikel in der Zeitschrift *Atlantic Monthly*, worin er Kersten in den Himmel hebt. Über Bernadottes Anteil an der Rotkreuzexpedition fällt er das folgende summarische Urteil:

»Was Graf Bernadottes Aktivitäten in diesen Verhandlungen betrifft, ist nicht viel zu sagen, denn er war ganz einfach ein Repräsentant – ›ein Transportoffizier und nichts anderes‹, wie einer von Himmlers Helfern ihn später beschrieben hat.«

Der eigentliche Angriff setzt jedoch an einer ganz anderen Stelle desselben

Artikels ein. Trevor-Roper zitiert hier ein Gespräch, das Himmler mit Kersten geführt haben soll (und verläßt sich damit offenbar auf Kerstens Angaben). Himmler sagt, dieser Darstellung zufolge:

»Graf Bernadotte versteht die Judengefahr. Er weigert sich, Juden mit nach Schweden zu nehmen. Und jetzt sprechen Sie zu deren Gunsten und behaupten, Schweden würde sie aufnehmen! Wem von Ihnen soll ich glauben?»

Trevor-Roper zitiert auch ein Gespräch, das Himmler mit »einem SS-General« geführt haben soll (wahrscheinlich dem General der Waffen-SS Gottlob Berger, ein Gespräch, das Berger – ein guter Freund von Kersten – bezeugt, doch erst im März 1953, d. h. nach Trevor-Ropers Artikel). Himmler wird folgendermaßen zitiert:

»Denken Sie nur! Was für eine Überraschung! Graf Bernadotte weigerte sich, Juden mitzunehmen! Sie sehen, wie nordische Menschen denken! Die verstehen das jüdische Problem. Aber inzwischen habe ich dem guten Dr. Kersten mein Versprechen gegeben und muß es halten: Graf Bernadotte muß die Juden nehmen, ob es ihm gefällt oder nicht …«[21]

Drei Jahre später gibt Felix Kersten seine Memoiren über die Kriegsjahre heraus. Trevor-Roper schreibt das Vorwort. In diesem Vorwort wird er das nennen, was einigen als der stärkste Beweis für Bernadottes Antisemitismus gilt: einen Brief – von dem Trevor-Roper lediglich eine Kopie gesehen hat –, der am 10. März 1945 von Bernadotte an Himmler geschrieben wurde:

Sehr geehrter Herr Himmler
Die Juden sind in Schweden ebenso wenig wünschenswert wie in Deutschland. Deshalb verstehe ich Ihre Einstellung in der Judenfrage vollkommen. Ich höre von dem Mediziner Kersten, daß Sie 5000 Juden freigelassen haben, die nach Schweden fahren dürfen. Ich kann dies nicht gutheißen, da ich nicht wünsche, Juden mitzunehmen. Weil ich es jedoch offiziell nicht ablehnen kann, sie zu transportieren, bitte ich Sie, Herr Himmler, dies selbst zu tun! Der Mediziner Kersten hat kein Mandat, über die Freilassung von Juden zu verhandeln, und hat dies privat getan. Ich vertrete die gleiche Einstellung zu Transporten von Franzosen, Holländern und Belgiern nach Schweden.

Es würde mich freuen, wenn ich so lange wie möglich Norweger, Dänen und sogar Polen in den weißen Bussen des Roten Kreuzes nach Schweden führen kann. Dem Mediziner Kersten zufolge sind Sie, Herr Himmler, bereit, alle Skandinavier an einem Ort namens Neuengamme freizulassen.

Ihre »V»-Waffen treffen in London nicht so gut. Ich füge eine Skizze mit englischen militärischen Zielen bei.

General Schellenberg war so freundlich zu versprechen, diesen Brief Ihnen persönlich zu überbringen, damit er nicht in falsche Hände gerät.

Hochachtungsvoll,
Ihr
F. Bernadotte[22]

Der Brief wird heute als Fälschung angesehen.[23] »Folke schrieb seine Briefe nicht selbst«, sagt seine Sekretärin Barbro Wessel, »und dies ist sowieso nicht seine Sprache.«[24]

»Vieles läßt darauf schließen, daß dieser Brief durch Kersten zustande kam«, sagt Svante Hansson, »entweder daß er ihn selbst schrieb, oder daß jemand ihn in seinem Auftrag schrieb. Er räumte später in einem Gespräch mit Storch und einem anderen Vertreter der World Jewish Congress ein, daß dieser Brief ›eine halbe Fälschung‹ sei, was immer das auch bedeuten mag.«[25]

Storch selbst antwortet, auf einer Tonbandaufnahme mit Gösta Engzell und Svante Hansson, auf Engzells Frage, ob Kersten den Brief tatsächlich gefälscht habe:

»Seine sogenannte Schwester [also Elisabeth Lüben, A. d. V.]. Er war wütend auf Bernadotte.«[26]

Auf einer anderen Aufnahme erzählt Storch: »Knieriem und ich sagten oft zu Kersten: ›Sie haben so viele gute Dinge getan. Aber jetzt gehen Sie mit Lügen gegen Bernadotte vor. Und Sie zerstören Ihren guten Ruf.‹ Knieriem bat ihn fast auf den Knien, diese Fälschung zu unterlassen.«[27]

Am 14. Mai 1948 wird der Staat Israel ausgerufen, nachdem die Vereinten Nationen ein halbes Jahr zuvor vorgeschlagen haben, das britische Mandatsgebiet in einen arabischen und einen palästinensischen Staat zu teilen. Die jüdische Hauptorganisation, Jewish Agency, akzeptiert den Teilungsvorschlag. Das taten Palästinas Araber und die arabischen Staaten nicht. Das Resultat war ein Bürgerkrieg, der sich nach der Ausrufung des Staates Israel zu einem Krieg zwischen Israel und den umgebenden arabischen Staaten entwickelt. Die neue Organisation der Vereinten Nationen beginnt jetzt, nach einem geeigneten Vermittler in diesem Konflikt zu suchen. Mitte Mai sickert durch, daß der Vorsitzende des

Schwedischen Roten Kreuzes angefragt werden soll. Der Auftrag wird allgemein als ziemlich hoffnungslos abgesehen.

Bernadotte zieht sich mit seiner Frau Estelle nach Stora Karlsö zurück, um sich zu bedenken. »Wir wußten, daß die Aufgabe unerhört groß war und sich vielleicht als vollkommen unlösbar herausstellen würde«, berichtet er später. »Wir sagten uns, daß wenn ich – gesetzt den Fall, der Posten würde mir definitiv angeboten – absagte, ich vermutlich mein ganzes Leben bereuen würde, nicht einmal den Versuch gemacht zu haben, die schwierige Situation einer Klärung zuzuführen.«

Am 20. Mai akzeptiert Bernadotte die Vermittlerrolle in dem Konflikt, nachdem er vom Generalsekretär der Vereinten Nationen, Trygve Lie, gefragt worden ist. »Ihm war bewußt, daß er vielleicht nur eine Erfolgschance von eins zu hundert hatte«, erzählt Estelle Bernadotte, »aber wegen dieser minimalen Chance nahm er an.«[28]

Der Auftrag wird sich in der Tat als ungemein schwierig erweisen. »Vom 15. Juni an, kurz nachdem der [vorübergehende] Waffenstillstand in Kraft getreten war«, schreibt Bernadotte, hielt ich Konferenzen mit den Parteien in Kairo und Tel Aviv, um ihre Einstellung zur Zukunft Palästinas zu erkunden.« Bernadotte begreift sofort, daß es schwer werden wird, zu einer Einigung zu gelangen. »Die Parteien waren nicht bereit, Kompromisse einzugehen. Die mit Hinsicht auf die Zukunft Palästinas zum Ausdruck gebrachten Auffassungen gingen weit auseinander, und beide Parteien beharrten unnachgiebig auf ihren jeweiligen Positionen. Während die Araber von ihrer Ablehnung einer wie auch immer beschaffenen Teilung nicht abrückten, bestanden die Juden ebenso hartnäckig auf der Vorstellung von einem unabhängigen jüdischen Staat gemäß dem Beschluß der Vereinten Nationen vom 29. November 1947 und auf unbegrenzter Einwanderung.«[29]

Am 27. Juni legt Bernadotte einen Vorschlag zur Lösung des Konflikts vor. Er wird von Juden und Arabern gleichermaßen verworfen. Und bald kann nicht einmal der stets optimistische Bernadotte die Augen davor verschließen, daß sein Auftrag heftige Emotionen auslöst. Nach einer Pressekonferenz in Tel Aviv schreibt er selbst: »Der Raum war vollgepackt mit Menschen. Von den Gesichtern vieler der am nächsten Sitzenden konnte ich ablesen, daß ihnen sowohl meine Vorschläge als auch ich selbst in höchstem Maße zuwider waren,«[30]

Das Mißtrauen gegenüber Bernadotte wächst, und auch seine Motive werden nun in Frage gestellt, vor allem von der jüdischen extremen Rechten in Israel.

Im August 1948 kehrt Folke Bernadotte zu einem dringend erforderlichen dreiwöchigen Urlaub nach Schweden zurück. Er ist erschöpft und enttäuscht.

Kurze Zeit vor der Rückkehr des Vermittlers der Vereinten Nationen nach Stockholm hat Gilel Storch Kontakt mit dem Schwedischen Roten Kreuz aufgenommen. Henrik Beer, der damalige Generalsekretär des SRK, erinnert sich noch vierzig Jahre später an Storchs Anruf: »Im Sommer 1948 warnte er mich – was sicher auch für ihn nicht ungefährlich war, daß Extremisten planten, Folke Bernadotte zu ermorden.«

»Es war eine Konferenz hier«, berichtet Storch. »Eine internationale Konferenz. Es kamen drei junge Juden, Revisionisten, die sagten, sie seien Repräsentanten aus Israel. Ich erfuhr, daß sie planten, Bernadotte zu ermorden. Das teilte ich daraufhin Henrik Beer und Bernadotte mit, und ich sagte zu diesen drei Jungen, sie sollten Schweden auf der Stelle verlassen, sonst würde ich die Polizei bitten, sie festzunehmen.«[31]

Storchs Anruf hat laut Henrik Beer zur Folge, daß Bernadotte, solange er in Schweden ist, unter Schutzbewachung gestellt wird.[32] Aber am 1. September verläßt er Schweden, um sich, mit sehr gemischten Gefühlen, wieder in den Nahen Osten zu begeben.

Im August und September sieht es danach aus, als stehe Bernadottes ganze Mission kurz vor einem totalen Scheitern. Weder die Vereinten Nationen noch das Außenministerium der USA scheinen ihn noch nennenswert zu unterstützen. Dennoch ist Bernadotte fest entschlossen, nicht aufzugeben. Er will diesen Konflikt lösen!

In den folgenden Monaten arbeitet der schwedische UN-Vermittler also einen neuen Plan aus, teilweise nach geheimen Verhandlungen mit Vertretern des britischen und des amerikanischen Außenministeriums. Diesem neuen Plan zufolge soll Jerusalem weder Israel noch den Arabern gehören, sondern soll internationalisiert werden, wie in dem ursprünglichen Teilungsplan der Vereinten Nationen. Israel soll ganz Galiläa behalten dürfen, doch dafür soll die ganze Wüste Negev Jordanien überlassen werden. Ralph Bunche, der mit Bernadotte zusammenarbeitet, und der sein Nachfolger als Vermittler in diesem Konflikt werden soll, erinnert sich daran, wie Bernadotte zu diesem Beschluß gelangte: »Nach einer schlaflosen Nacht rief Bernadotte um fünf Uhr in der Früh an und sagte, auch wenn er zunächst gedacht habe, den Arabern nur den Teil der Wüste Negev zu geben, der südlich des 31. Meridians lag, habe er jetzt beschlossen, sie für sich zu gewinnen, indem er die ganze Wüste Negev vom Staat Israel trennte.«[33] Bernadotte will in seinem Vorschlag auch ein kraftvolles Votum für das

Recht der arabischen Flüchtlinge einschließen, entweder in ihre Häuser zurückkehren zu dürfen oder eine Kompensation zu erhalten. Kati Martin, die Autorin des Buchs *Döden i Jerusalem*, kommentiert die Lage vor der Präsentation von Bernadottes Plan wie folgt:

> Auf dem Papier schien dies eine gute Lösung für ein im wesentlichen unlösbares Problem zu sein. Doch Bernadotte verlangte nicht wenig von der neuen Nation. Dieser anständige, wenngleich ein wenig naive Mann unterschätzte die Wut und die Fremdheit bei den Menschen, die seinen Plan unterstützen mußten, wenn dieser jemals etwas anderes werden sollte als eine Anzahl hoffnungsvoller Wörter auf einem Stück Papier. Er verlangte von Menschen, die in ihrem schwarzen Dunkel gerade das erste Dämmern der Selbständigkeit erblickt hatten, daß sie gerecht und großzügig sein sollten gegenüber Menschen, die nur darauf aus waren, sie zu zermalmen. Von Yitzchak Shamir bis zu Ben Gurion waren die Israelis, obwohl sie jetzt plötzlich eine Machtposition innehatten, nicht in einer solchen Stimmung, daß sie den Worten der Welt Glauben schenken wollten. Es war noch nicht lange her, daß die Nation fast ausgelöscht worden war, und jetzt war sie nicht bereit, sich auf eine andere Stärke zu verlassen als ihre eigene. In israelischen Augen war Bernadotte in erster Linie eine unabhängige Person aus einem unbeteiligten Land. Was wußte er vom Kampf ums Überleben?[34]

Am 16. September legt Folke Bernadotte seinen zweiten Friedensplan vor. Am Tag darauf, dem 17. September, landet die weiße Maschine des UN-Vermittlers auf einem Flugplatz in der Nähe der Stadt Ramallah, nicht weit von Jerusalem. Es soll ein kurzer Besuch werden, nur einen Tag. Dann will Bernadotte nach Paris fliegen, wo er mit seiner Frau Estelle zusammentreffen und ihren Geburtstag feiern will.

Nach einem kurzen Besuch beim Befehlshaber der Arabischen Legion, Norman Lash, begibt sich Bernadotte mit einer Eskorte nach Jerusalem. Dort wird im CVJM-Gebäude das Mittagessen eingenommen. Am Nachmittag besucht man das sogenannte Government House und anschließend eine jüdische Landwirtschaftsschule. Danach ist es Zeit, zum CVJM-Haus im Zentrum von Jerusalem zurückzukehren, um das letzte Treffen des Tages, mit dem Militärgouverneur im jüdischen Teil Jerusalems, vorzubereiten.

Die Kolonne besteht jetzt aus drei Wagen, Bernadotte sitzt auf der Rückbank des letzten. Die Fahrt zur Stadt geht ziemlich schnell. Sie sind fast am Ziel, als an einer Anhöhe im Stadtteil Katamon plötzlich ein Jeep vorfährt und die Wagenkolonne stoppt. Die Situation wirkt recht harmlos, man vermutet, daß es sich um eine Straßenkontrolle handelt. Aus dem Jeep springen plötzlich drei Männer, sie laufen an den beiden ersten Wagen vorbei und gehen direkt zu Bernadottes Wagen. Einer der Männer reißt plötzlich sein Maschinengewehr hoch und richtet es auf den Rücksitz, auf dem Bernadotte und sein Helfer Oberst Serot sitzen. Dann schießt er. Bernadotte wird kaltblütig ermordet, und auch Serot fällt den Kugeln des Mörders zum Opfer.

Der Mörder und seine Helfer gehörten der extremnationalistischen Sternliga an – und man kennt heute ihre Identität.

Der Mord wird den neuen Staat in seinen Grundfesten erschüttern. Am Tag danach verfügt der Ministerpräsident Ben Gurion ein Ausgangsverbot in Jerusalem. Häfen und Flughäfen im ganzen Land werden geschlossen. Die israelische Regierung bittet um die Unterstützung der Allgemeinheit »in totaler Einigkeit gegen den Feind mitten unter uns« und um ihre Hilfe, »um die Befleckung unseres Landes durch den Terrorismus aufzuheben«. Ben Gurions Stimme bebt vor Zorn, als er am 23. September vor dem jungen israelischen Parlament spricht:

> Es erfüllt mich mit großer Trauer, mit einer tragischen Tat beginnen zu müssen … furchtbar und schändlich, daß eine Bande von Gangstern, Feiglingen und erbärmlichen Ränkeschmieden den Gesandten der Vereinten Nationen und seinen Assistenten Sérot ermordet hat … Dieses verabscheuenswürdige Verbrechen ist umso furchtbarer, weil es sich gegen die höchste menschliche Institution unserer Zeit, die Vereinten Nationen richtet … Während das Verbrechen in der Verkleidung des sogenannten Patriotismus auftritt, was falsch, korrumpiert und abscheulich ist, greift es in Wirklichkeit die Ehre des jungen Israel an, die Ehre eines selbständigen Staats, der noch um seine Existenz kämpft, und die Tat befleckt Jerusalem, die Heilige Stadt, mit dem Blut Unschuldiger …[35]

Die Sternliga wurde von der Regierung Israels zur Terrororganisation erklärt und aufgelöst. Doch der Mord wurde nie offiziell aufgeklärt, und die Mörder gingen straffrei aus.

Im Jahr nach dem Mord an Bernadotte sollte Gilel Storch, zuerst in *Judisk Krönika* und danach in einer Anthologie über Folke Bernadotte den einzigen Artikel veröffentlichen, den er im Laufe seiner Karriere zu schreiben vermochte. Er hat den Titel »Ein jüdischer Dank«.[36]

»Ich erinnere mich, daß Vater nach dem Mord Estelle Bernadotte aufsuchte und ihr sein Beileid aussprach«, erzählt Storchs Tochter Eleonora. »Er fand es so schrecklich, und Estelle Bernadotte sagte: ›Der das getan hat, muß ein sehr unglücklicher Mensch gewesen sein.‹ Ich weiß noch, wie Vater nach Hause kam, er war ungeheuer beeindruckt: ›Was für eine Dame!‹«[37]

Es dauert mehr als acht Jahre, bevor Felix Kersten und seine Familie die schwedische Staatsangehörigkeit bekommen, eine Verzögerung, die nicht zuletzt Christian Günther bedauert. »Ich war«, schreibt er in einem Brief an Engzell, »immer der Ansicht, daß es nur recht und billig wäre, wenn Kersten die schwedische Staatsangehörigkeit bekäme. Dies habe ich mehrfach und bei verschiedenen Anlässen betont. An das leere Gerede über Kerstens dunkle Vergangenheit habe ich nie geglaubt, und es hat sich ja nie auch nur im geringsten bestätigt.«[38]

Die Holländer legen eine bedeutend höhere Wertschätzung für Kersten an den Tag als die Schweden. Im Mai 1950 erhält Kersten sogar den holländischen Oranien-Nassau-Orden aus der Hand von Prinz Bernhard für seine Verdienste um Holland während des Krieges: er soll die Massendeportation des holländischen Volkes wie auch die Liquidierung u.a. der Stadt den Haag verhindert haben.[39] Man stützt sich dabei unter anderem auf Untersuchungen, die der holländische Forscher Professor Posthumus durchgeführt hat. Doch auch in diesem Land ist Kersten einer Umwertung nicht entgangen. Im Jahre 1972 beschließt das niederländische Institut für Kriegsdokumentation unter Führung des Historikers Louis de Jong, Kerstens Anspruch, das holländische Volk gerettet zu haben, erneut zu untersuchen. De Jong kommt zu dem Ergebnis, der Deportationsplan habe nie existiert, Kerstens Tagebuch, auf dem seine Memoiren aufbauen, sei mehrere Jahre nach dem Krieg geschrieben worden, und die von ihm vorgelegten historischen Beweise seien oft verfälscht worden. »Dies bedeutet nicht«, lautet der Schlußsatz der holländischen Studie, »daß Kersten nicht einen sehr positiven Einfluß auf andere Versuche hatte, Menschen aus den Konzentrationslagern zu befreien.« Die Holländer weisen darauf hin, daß »Kersten gezwungen gewesen sein kann, die Deportationsgeschichte aufgrund seiner Situation in Schweden 1945 zu erfinden … einer Situation, die teilweise von Graf Bernadotte verursacht worden ist.«[40]

Wie Folke Bernadotte ist Felix Kersten eine Person geworden, die starke Emotionen weckt, und die häufig zu Stellungnahmen »für« oder »gegen« verleitet hat. Doch genau wie Bernadotte und letztlich auch Storch ist Kersten viel zu komplex, und seine Beweggründe sind allzu vielfältig, als daß sie zu eindeutigen Urteilen berechtigten.

»Kersten ist eine sehr rätselhafte Person«, sagt Svante Hansson. »Mein Eindruck, soweit ich mir ein Urteil erlauben kann, ist der, daß Kersten fürchtete, seine Verbindungen mit Himmler vor allem und anderen hochstehenden Personen im Dritten Reich würden ihn nach dem Ende des Krieges kompromittieren. Folglich kann es sich bei Kerstens Agieren zumindest teilweise darum gedreht haben, sich ein Alibi zu verschaffen. Aber das ist trotz allem zweitrangig. Das Wesentliche ist ja, daß Kersten tatsächlich eingriff und versuchte, Menschen zu retten. Ob seine Motive weniger lauter waren, spielt doch jetzt keine Rolle mehr.«[41]

Wenn Zweifel hinsichtlich des Engagements von Kersten am Beginn des Krieges aufkamen, so ist das Bild gegen dessen Ende bedeutend klarer: Es besteht keinerlei Zweifel, daß Kersten neben seinen Verdiensten um die Bernadotteexpedition direkt am Zustandekommen des Treffens zwischen Masur und Himmler beteiligt war, was vermutlich entscheidend war für die Befreiung Tausender von Frauen aus Ravensbrück. Und aller Wahrscheinlichkeit nach beeinflusste er Himmler dahingehend, nicht alle Gefangenen vor der Ankunft der Alliierten in den Lagern zu evakuieren oder zu liquidieren.

»Kersten war unbestreitbar ein außergewöhnlicher Mensch«, sagt heute der jüdische Aktivist Gerhart Riegner. »Und daß er über diese Fähigkeit verfügte, Einfluß auf Himmler auszuüben, war ein Geschenk des Himmels! Ich weiß nicht, wie man es sonst erklären soll …«[42]

Kersten hatte es nicht leicht, in Schweden akzeptiert zu werden, und es war in den ersten Jahren nach dem Krieg auch nicht einfach für ihn, Patienten zu bekommen. Die daraus resultierenden finanziellen Schwierigkeiten und den Verlust von Besitz in Deutschland führte er als Erklärung dafür an, daß er durch seinen Anwalt Knut Littorin hartnäckig versuchte, eine Entschädigung für seine Bemühungen während des Krieges zu erhalten, teils von der schwedischen Regierung (sowie auch der französischen und belgischen), aber vor allem von jüdischen Organisationen. In einem Brief an Littorin schreibt Kersten 1949, der Jüdische Welt-Kongress habe ihm bei Kriegsende 10 000 Dollar versprochen, wovon er jedoch nur 5000 schwedische Kronen erhalten habe, und er bittet Littorin darum, sich mit dem World Jewish Congress in New York in Verbindung zu setzen und mehr Geld zu fordern. »Professor Posthumus«, schreibt Kersten, »ist der Ansicht, das Mindeste, was man mir von jüdischer Seite anbieten könne, seien 50 000 Dollar.«[43]

Weder von der schwedischen Regierung noch vom World Jewish Congress scheint Kersten größere Geldbeträge zu bekommen. Von Jacob Wallenberg erhält er jedoch im Jahre 1951 55 000 Kronen für »Auslagen, die Sie in meinem Auftrag während des Krieges hatten«.[44]

In den fünfziger Jahren bekommt Felix Kersten schließlich die schwedische Staatsangehörigkeit, und seine Familie schlägt in Schweden Wurzeln. Kerstens Arbeitsfeld wird jedoch auch weiterhin hauptsächlich außerhalb seiner neuen Heimat liegen. Er baut sich schnell einen neuen Patientenstamm auf dem Kontinent auf und verbringt einen großen Teil des Jahres im Ausland.

Eines Tages im Jahre 1960 fährt Felix Kersten mit seiner Frau Irmgard auf der Autobahn zwischen Hannover und Dortmund. Plötzlich befallen ihn fürchterliche Brustschmerzen. Kersten wird schnell nach Hamm ins Krankenhaus gebracht: Er überlebt den Herzinfarkt nur um wenige Tage. Felix Kersten stirbt, wie er gelebt hat: unterwegs.

Hier hätte die Erzählung von Felix Kersten enden können. Doch das ist nicht der Fall. Denn die Gerüchte, die über ihn in Umlauf waren – jene Gerüchte, auf die u. a. Victor Mallet angespielt hat –, er habe für Heinrich Himmler Kunst mit nach Schweden gebracht, sollten ihn weiterverfolgen, auch nach seinem Tod. In jüngster Zeit haben diese Vorwürfe erneut Aktualität gewonnen, seit man in vielen Ländern, und nicht zuletzt in Schweden begonnen hat, den Verbleib jüdischen Besitzes aus der Zeit des Zweiten Weltkriegs zu untersuchen. Und so ist Felix Kersten wieder ins Blickfeld geraten. Anlaß dazu geben unter anderem nachrichtendienstliche Informationen vom Kriegsende. Amerikanische Geheimdienstquellen geben unter anderem an, daß Kersten »möglicherweise gestohlene Kunstwerke besitzt, die für Himmler bei ihm deponiert waren«, und aus Finnland wird im November 1945 an amerikanische Behörden gemeldet, Kersten »könne von Himmler geraubte Kunst angenommen haben«.[45]

Kerstens Sohn Arno kommentiert diese alten Anklagen folgendermaßen:

»Wir kamen als Flüchtlinge hierher. Und man muß bedenken, daß wir alles verloren hatten, was wir besaßen. Vater hatte alles verloren, sein Vermögen, seinen Wohnsitz, seinen Hof, alles war ja weg. Und wir kamen mit Rucksäcken nach Schweden wie Flüchtlinge. Und es ist klar, daß es ihm in der Lage gelang, ein Teil Möbel und Wertgegenstände und manches, was in Deutschland war, mitzubringen, aber auch das, was in Holland war, kam nach dem Krieg nach

Schweden. Denn es hatte in Holland überlebt, also wurde es nach Schweden geschickt. Da kamen diese falschen Beschuldigungen auf, daß er Himmler gebeten haben sollte, gewisse Personen zu ermorden, jüdische Personen, um sich dann deren Kunstschätze aneignen zu können. Es war ja eine unglaubliche Anklage. Und von der konnte er sich ja reinwaschen, dadurch, daß die holländische Regierung und die holländische Königin sich für ihn verbürgten. Wilhelminas Mann, Prinz Heinrich, war ja bei uns zu Hause gewesen und hatte diese Kunstschätze gesehen, sowohl in seiner Wohnung in Holland als auch in Hartzwalde. Da konnten sie sich dafür verbürgen, daß diese Kunstschätze schon vor dem Krieg da waren, lange bevor er anfing, Himmler zu behandeln. Aber in einem fremden Land ist es sehr schwer für Privatpersonen, sich von solchen furchtbaren Anklagen reinzuwaschen.«[46]

Zwei Jahre nach dem Krieg schreibt Kerstens Anwalt Knut Littorin einen Brief an den schwedischen Justizminister Herman Zetterberg. Darin heißt es:

> Aus Anlaß unseres Gesprächs bei meinem Besuch in der vergangenen Woche, bei dem Kerstens Gemälde zur Sprache kamen, habe ich einen Sachverständigen mit der Schätzung sämtlicher Gemälde Kerstens beauftragt. Dies hat Direktor Strandman von der Firma A.B. Fritzes Kgl. Hofbuchhandel übernommen, ein autorisierter Gutachter für Kunstwerke. Aus der im Original beigefügten Schätzungsurkunde geht hervor, daß sämtliche Gemälde zusammengenommen einen Wert von 23950 Kronen haben.
>
> Kersten hat mir gegenüber erklärt, er habe die Bilder in Holland gekauft, mit Ausnahme einiger weniger wertvoller, hier in Stockholm erworbener Gemälde, beispielsweise die von Baron B. v. Dellwig …[47]

Nähere Angaben darüber, um was für Kunstwerke es sich handelt, enthält der Brief nicht, und die Schätzungsurkunde ist Littorins Kopie nicht beigefügt. Aber nach Kerstens Tod wurde ein Vermögensverzeichnis erstellt. Darin ist neben vielem anderen eine Anzahl von Gemälden aufgeführt: 9 Ölgemälde, 16 auf Holz gemalte Bilder und 2 Aquarelle. Der Wert sämtlicher Bilder wird mit Beträgen zwischen fünf und fünfundsiebzig Kronen angegeben. Sie werden sämtlich als unsigniert aufgeführt.[48] Ob sich hinter diesen unsignierten Gemälden holländische Kunstwerke verbergen, bleibt unklar.

Noch eine weitere Person in dieser Erzählung erwarten nach Kriegsende große Schwierigkeiten im Umgang mit den schwedischen Behörden. Als hätte es nicht schon vorher gereicht …

Edgar Klaus ist von Abschiebung bedroht gewesen, seit er 1941 nach Schweden kam, und doch ist es ihm gelungen, ein ums andere Mal, durch Befürwortung seitens seines Wohltäters, des Außenrats Gösta Engzell, Aufschub zu erhalten. Doch Klaus' Glück soll nicht ewig währen. Es soll exakt so lange währen, wie der Krieg dauert. Dann werden die schwedischen Behörden sich als unerbittlich erweisen.

Edgar Klaus wird unmittelbar nach Kriegsende, zusammen mit anderen Repräsentanten des nationalsozialistischen Deutschlands, in ein Internierungslager verbracht, und am 7. Juli bekräftigt der Verwaltungsgerichtshof endgültig, daß er abgeschoben werden soll.[49] Gösta Engzell hat nichts einzuwenden.

Das hat hingegen Edgar Klaus. Er ist verzweifelt. Fieberhaft beginnt er, aus dem Quartier Hälsingmo Briefe an seine schwedischen Kontakte zu schreiben, nicht zuletzt Gilel Storch, um diese dazu zu bewegen, sich für ihn einzusetzen. Auch sein Anwalt, Arran Hamilton, schreibt am 27. Juli an Storch: »Wie Sie vielleicht schon wissen, muß ein ehemaliger Deutscher, um die Erlaubnis zu erhalten, in Schweden zu bleiben, besondere Dienste erbracht haben. Dr. Edgar Klaus meint, der erste gewesen zu sein, der schon 1943 Initiativen für die Befreiung von Juden aus deutschen Konzentrationslagern ergriff. Dr. Klaus hat mir berichtet, zu diesem Zweck Dr. jur. Bruno [Peter] Kleist – den damaligen Ministerialdirigenten im Außenministerium – und Herrn Gilel Storch zusammengeführt zu haben. Diese Initiative hat auch zu einem Resultat geführt.« Hamilton fügt dem Brief an Storch eine Bescheinigung bei, die er diesen zu unterschreiben bittet, eine Bescheinigung, die das Obenstehende bekräftigt. Gilel Storch unterschreibt nicht.[50]

»Edgar bekam während des Krieges Geld von Storch, um Juden zu retten«, berichtet Klaus' Ehefrau Lilian, jetzt Lilian Brunes. »Dies erfuhr ich erst nach dem Krieg, und es hat mich unangenehm berührt.«

Klaus' junge Frau war lange im Unklaren über die Tätigkeit ihres Mannes in Schweden. »Ich erfuhr nie, was passierte. Er war ja kein gewöhnlicher Mensch. Hatte keine Bekannten, war sehr schweigsam. Aber er hatte massenhaft Geld. Wir lebten großartig, wohnten im Winter im Carlton und im Sommer in Saltsjöbaden. Er gab die ganze Zeit Geld aus. Und dann bekam er neues. Er unterhielt ein Kinderheim finanziell.«

Lilian Brunes hat keine Ahnung, wie ihr Mann seinen Lebensunterhalt verdiente, sie vermutete, daß er sein Geld von den Bergwerken bezog, die er in Jugoslawien besaß. »Aber vieles blieb im Dunkeln. Wenn wir in Saltsjöbaden waren, fuhr er täglich in die Stadt, nur um den Anzug zu wechseln. Zuerst glaubte ich, er sei Denunziant für die Deutschen, er provozierte ja die ganze Zeit Menschen, über Hitler zu reden. ›Die Deutschen werden den Krieg verlieren‹ sagte er ständig. Ich war sehr gut mit Bruno Kreisky und seiner Frau befreundet, die ja in Stockholm wohnten. Er erlaubte ihnen nicht, mich zu treffen.«

Lilian Brunes wußte nicht, daß ihr Mann eine Art Verbindungsglied zwischen den Deutschen und den Russen sein sollte, und glaubt nicht, daß er es, falls dies so war, für Geld tat. »Nein, ich glaube, er wurde von schierer Abenteuerlust getrieben.«[51]

Klaus bleibt nicht lange im Internierungslager Hälsingmo. Sein Herzleiden wird jetzt so schwer, daß er ins Krankenhaus nach Gävle verlegt wird. Aber auch dort ist seine Bewegungsfreiheit eingeschränkt. Am 10. Oktober schreibt Klaus aus dem Krankenhaus einen Brief an den verantwortlichen Leiter von Hälsingmo:

Hochgeehrter Herr Direktor Larsson!
Hiermit erlaube ich mir, Sie zu bitten, die Erlaubnis zu erwirken, daß ich mich bei gutem Wetter eine halbe bis eine Stunde täglich an der frischen Luft bewegen kann. Entweder im Garten des Krankenhauses oder in der Allee.

Leider muß ich Ihnen mitteilen, daß sich meine Gesundheit nicht verbessert, sondern eher bedeutend verschlechtert hat.

Als erfahrener Mensch können Sie sich leicht vorstellen, welche Auswirkung eine solche moralische Depression auf einen Herzkranken hat.

Nichtsdestoweniger ist die Behandlung hier erstklassig (4 Ärzte).

Doch auch mit der besten ärztlichen Kunst ist es leider nicht möglich, ein neues Herz hineinzuzaubern.

Ich bitte Sie deshalb, hoch geehrter Herr Direktor, den hiesigen Oberärzten mitzuteilen, daß Sie Ihre Erlaubnis dazu geben, daß ich mich ein wenig im Freien bewegen kann, dies kann ja nur eine gute Wirkung auf meine Gesundheit haben. Sogar bei Ihnen in der Unterkunft, konnten ja alle Internierten sich den ganzen Tag im Freien aufhalten, wodurch das Erkrankungs- und Ansteckungsrisiko vermindert wird.

Ich glaube nicht, Herr Direktor, daß Sie einen Verdacht hegen, ich könnte fliehen. Ich kann ja kaum fünf Minuten gehen, bevor ich stehen bleiben und mich erholen muß.

Hochachtungsvoll
E. Klaus[52]

Klaus' Wunsch, sich im Freien aufhalten zu dürfen, wird bewilligt. Die Ärzte sind über seinen Gesundheitszustand sogar so besorgt, daß sie zu seinen Gunsten intervenieren und darauf hinweisen, daß er nicht vernehmungsfähig ist.[53] Vielleicht hat dies eine gewisse Wirkung auf die Behörden, doch wenn, dann nur marginal. Das Datum für die Abschiebung von Edgar Klaus wird nämlich festgesetzt, auf den 1. April 1946.

Was dann geschieht, ist Gegenstand zahlreicher Spekulationen gewesen. Und die Spekulationen hängen mit der Person Edgar Klaus zusammen. Denn welche Rolle hat dieser Mann eigentlich während des Krieges in Stockholm gespielt?

Manche, darunter die Forscherin und Expertin für das Thema Sonderfrieden, Ingeborg Fleischhauer, haben Edgar Klaus als das wichtigste Glied zwischen Deutschland und der Sowjetunion nach dem Beginn der Kriegshandlungen zwischen diesen beiden Ländern betrachtet.[54] Als solcher solle er also eine außerordentlich große Bedrohung nicht nur für die Westalliierten, sondern auch für Schweden dargestellt haben. Gösta Engzells Interesse daran, ihn im Lande zu halten, erscheint in diesem Zusammenhang unbegreiflich.

Andere indessen haben Edgar Klaus als Betrüger angesehen, einen Mann, der in seinem Zimmer gesessen und russische Radiosendungen hörte, deren Inhalt er anschließend als nachrichtendienstlich relevantes Material weitergab. Ein Mann, der mit seinem angenehmen Auftreten seine Umgebung düpierte und reich belohnt wurde. »Er schrieb Dokumente und Berichte über meine Verwandten für mich«, erzählt Storch, »Verwandte, die bereits tot waren, und sagte, er habe sie gerettet! Und er bekam 10 000 Kronen von mir. Klaus war ein Bluffer, ein kolossaler Bluffer. Er schrieb, er habe Kontakt mit Frau Kollontaj gehabt. Kleist erzählte mir später, die Deutschen hätten Klaus durchschaut und gewußt, daß Klaus bluffte.«

Storch verbrachte, wie Klaus und Madame Kollontaj, häufig die Sommer im Grand Hôtel Saltsjöbaden, und er sagte, er wisse, wie Klaus es angestellt habe, den Deutschen weiszumachen, er kenne die sowjetische Botschafterin: »Im Grand Hôtel Saltsjöbaden aß man in zwei Schichten zu Abend, eine zwischen sechs und sieben, eine zweite zwischen sieben und acht. Er arrangierte es so, daß sie ihn an den gleichen Tisch setzten wie Kollontaj. Und wenn die Deutschen kamen und ihn im Hotel besuchten, konnte er auf seinen Tisch verweisen!«

Storch erkennt zwar an, daß Klaus der Kontaktmann zwischen ihm selbst und Peter Kleist war, und er bezeichnet ihn als »Spion«. Die Vorstellungen aber, die Klaus über seine eigene herausragende Rolle verbreitete, hält er für Humbug.[55]

Doch wenn Klaus ein Bluffer ist, bleibt seine sonderbare Leidenschaft für die

Erreichung eines Sonderfriedens zwischen Deutschland und der Sowjetunion bestehen. Wie kann man dieses starke Engagement verstehen?

Der 1. April rückt näher. Und die Abschiebung von Edgar Klaus aus Schweden wird vorbereitet. Alle Briefe und Anrufe von Klaus, seiner Frau Lilian und seinem Anwalt Hamilton sind vergeblich gewesen. Jetzt gibt es kein zurück mehr.

Dennoch wird die Abschiebung von Edgar Klaus auch diesmal nicht vollzogen. Denn an dem betreffenden Tag, dem 1. April, trifft bei der staatlichen Ausländerkommission folgende Mitteilung ein:

> Hiermit teile ich Ihnen mit, daß Dr. Edgar Klaus in der vergangenen Nacht plötzlich verstorben ist, wodurch seine verschiedenen Angelegenheiten nichtig geworden sind, und ich bin dankbar dafür, daß er nicht nach Deutschland abgeschoben wurde – wiewohl dies ja ausschließlich auf den ärztlichen Stellungnahmen beruhte.
>
> *Stockholm, den 1. April 1946*
> *Arran Hamilton*[56]

»Sensationelle Zeugenaussage in USA: Russischer Friedensdelegat in Stockholm ermordet. Stalins Sibirienkamerad in Hotel vergiftet.« So lautet die Schlagzeile von Stockholms *Tidningen* am 23. April 1948. »Nicht nachweisbares Herzgift kann ›natürliche‹ Symptome ergeben«, lautet eine andere Überschrift, in Svenska Dagbladet. Die Gerüchte nach Klaus' Tod verbreiten sich rasch. Es wird spekuliert, daß die Russen oder eine andere fremde Macht den mächtigen Spion ermordet haben. Auch andere Theorien zirkulieren: Klaus' Ehefrau Lilian glaubt beispielsweise, daß ihr Mann Selbstmord beging.

»Er war so aufgebracht und nervös«, erzählt sie. »Er bat mich, ihn an diesem Tag nicht zu besuchen, und dann war er tot. Und alle seine Papiere waren vernichtet.«[57] Auch Storch war der Meinung, Klaus habe Selbstmord begangen:

»Ich erinnere mich noch daran, als Klaus starb«, erzählt Eleonora Storch-Schwab. »Papa lief in der Wohnung hin und her und sagte: ›Herr Gott, Klaus hat sich das Leben genommen!‹«[58]

Wenn man den Ärzten glauben soll, besteht jedoch kein Zweifel daran, daß Klaus einem Herzinfarkt erlag, am selben Tag, an dem er abgeschoben werden sollte.[59]

»Dann, als er gestorben war, erfuhr ich, daß er von seiner ersten Frau überhaupt nicht geschieden war«, erzählt Lilian Brunes. »Sie saß während des Krieges im

Lager. Ich bot ihr das Bergwerk in Jugoslawien an, das Edgar mir testamentarisch vermacht hatte. Aber sie wollte nur seine Anzüge haben. Und das Bergwerk nahm dann sowieso Tito.«[60]

Edgar Klaus scheint also eine gewisse Neigung dazu gehabt zu haben, ein doppeltes Spiel zu spielen, in seinem politischen wie in seinem privaten Leben. Diese Schlußfolgerung wird sich als wahrer erweisen, als viele, unter ihnen Gilel Storch, hatten ahnen können.

Es ist anscheinend ein Mysterium, daß Gösta Engzell während des gesamten Krieges die Abschiebung des Edgar Klaus verhinderte – und daß er, als dieser 1942 dennoch gezwungen war, Schweden zu verlassen, dafür sorgte, daß er unmittelbar eine neue Einreisegenehmigung erhielt. Man kann sich fragen, was Engzell dazu trieb, zumal er ja von dem deutschen Botschaftsrat von Grolman klare Hinweise darauf erhalten hatte, daß Klaus »mit ›Ostfragen‹ beschäftigt war«.[61]

Wenn Engzell in dieser Frage von anderen Ministerien bedrängt wurde, berief er sich meistens auf »Kompensationsgesichtspunkte«, und zwar in erster Linie im Zusammenhang mit den Warschauschweden.[62] Doch die Warschauschweden kamen ja nach und nach frei, und das kaum durch Klaus' Bemühungen. Dennoch schützte Gösta Engzell ihn bis zum Frühjahr 1945.

Über Engzells Motive kann man nur spekulieren. Doch manches deutet daraufhin, daß zumindest einer der Gründe, daß er Klaus nicht nach Deutschland abschieben wollte, mit einem Brief zu tun hat, den er 1943 empfing.[63] Der Brief kam aus Dänemark und war die Antwort auf eine Anfrage, die das Außenministerium an dänische Behörden gerichtet hatte, ob es zutreffe, daß Klaus, wie er selbst angegeben habe, früher einen dänischen Paß besessen hatte. Die Antwort aus Dänemark lautet:

Auskünfte über *Edgar Klaus*

Edgar (K) Claus ist am 15. 10. 1879 in Riga geboren.
Sein ursprünglicher Name war Joseph Klaus.
Vater: **Itzig Markus Klaus**: Geb. ca. 1833 in Bausche in Kurland nahe Riga.
Mutter: **Chaja Hausman**
Der fragliche Mann ist Jude und ehemaliger russischer Staatsangehöriger. Ist nie dänischer Staatsangehöriger gewesen.

Edgar Klaus' Vater, Itzig Markus Klaus, kam aus der kleinen, sehr jüdischen Stadt Bauska (jiddisch Boysk) im südlichen Kurland. In jener Zeit war der größere Teil des heutigen Lettland unter russischer Herrschaft. Und die Lage hatte sich für die Juden gegen Ende des 18. und Anfang des 19. Jahrhunderts dramatisch verschlechtert.[64] Teils waren sie Opfer des in Rußland ganz allgemeinen Antisemitismus. Teils wurden sie jetzt, im Rahmen der aktuellen Russifizierungstendenzen im Lande, auch wegen ihrer häufig engen Bande zu den Baltendeutschen verdächtigt.

Itzig war ein Mann mit Ambitionen, und er war vor allem nicht gewillt, ein Opfer der Umstände zu werden. Kurz nachdem das Verbot für Juden, sich in der Hauptstadt Riga niederzulassen, im Jahre 1841 aufgehoben worden war, zog er dorthin und trat außerdem unmittelbar zum Protestantismus über. Bei seiner Taufe erhielt Itzig den neuen Namen Johann. Es war besser, Baltendeutscher zu sein, als unter der zweifachen Unterdrückung zu leiden, die mit einer jüdischen Existenz verbunden war. Nichtsdestoweniger heiratete Johann eine Jüdin, Chaja Hausmann. Sie ließen sich auf einem Gut bei Riga nieder, dessen Verwaltung Johann, der ausgebildeter Landwirt war, übernommen hatte.

Johann Klaus, der ja aus einem kleinen orthodoxen jüdischen shtetl kam, war wie verzaubert von dem deutsch geprägten reichen kulturellen und sozialen Leben in der Hauptstadt und ließ sich von einer Art deutschnationalem Geist beeinflussen. Dennoch trug er seinen Ursprung mit sich, während er gleichzeitig auf die russische Kultursphäre schielte. Johann Klaus schwebte also sein ganzes Leben in gewisser Weise zwischen verschiedenen Welten. Diese Verhaltensweise sollte er auf seinen Sohn Joseph Edgar übertragen.[65]

»Er war eigentlich Schneider!« platzt Gilel Storch viele Jahre nach dem Krieg während eines Gesprächs mit Svante Hansson heraus. »Und seine Tochter lebt als Jüdin in Holland!«[66]

Edgar Klaus war also jüdischer Abstammung! Und Gösta Engzell wußte es. Er wußte auch, welches Schicksal Klaus erwartete, wenn dieser nach Deutschland abgeschoben würde, weil er erkannte, daß auch die Deutschen Bescheid wußten.

Auf eine direkte Frage hin hatte von Grolman nämlich »mit der Antwort gezögert«, schließlich aber eingeräumt, daß Zweifel an Klaus' arischer Abstammung bestünden. Am Ende, schreibt Engzell, gab von Grolman zu, »daß diese Zweifel sich darauf bezögen, ob Klaus Volljude oder Halbjude sei«.[67]

Dies ist die Erklärung dafür, daß die Deutschen am 8. April Edgar Klaus seinen Paß abnahmen, obwohl sie, und vor allem der Chef des Amtes Abwehr,

Canaris, ihm immer noch große Bedeutung beimaßen und ihnen daran gelegen war, seine Dienste in Anspruch zu nehmen!

»Klaus war nicht der einzige jüdische Agent im Dienste des Amtes Abwehr, aus welchem Grund, ist unklar«, sagt Svante Hansson. »Und ich weiß nicht, und ich weiß nicht ob jemand anders weiß, was Klaus dazu antrieb, sich auf dieses Spiel einzulassen.«[68]

Nicht nur Svante Hansson fragt sich nach Edgar Klaus' Motiv. Auch die schwedische Regierung spekuliert in ihren verschiedenen Promemorien darüber, was Klaus antreibt. Karl Höjer schreibt bei einer Gelegenheit:

Der Grund dafür, daß Klaus, wiewohl selbst Jude, seine Dienste dem nationalsozialistischen Deutschland zur Verfügung stellte, kann kaum mehr als einer sein, nämlich daß er nicht nur sein Leben retten wollte, sondern wenn möglich auch sein bedeutendes wirtschaftliches Vermögen in den von Deutschland beherrschten Gebieten.«[69]

Vielleicht trifft das zu. Vielleicht ist Edgar Klaus eigentlich nur auf eins aus: in einem gefahrvollen Dasein zu überleben, physisch und materiell. Und vielleicht hat er von Kindesbeinen an gelernt, daß die akkumulierte Sicherheit umso größer ist, je mehr Stühle man besetzt. Vielleicht kann man sogar seine ansonsten schwer verständlichen Anstrengungen, einen Sonderfrieden zwischen Deutschland und der Sowjetunion zu erreichen, in diesem Licht betrachten? Denn durch seine scheinbar einzigartigen Kontakte macht er sich für einige unentbehrlich und für andere interessant. Dieses Verhalten kann Klaus gerettet haben, für eine Weile. Aber letzten Endes, muß man wohl konstatieren, war es, falls es so war, ein Trugschluß. Oder, wie der amerikanische Journalist H.B. Swope an einer Stelle sagt:

»Ich kenne kein Rezept für Erfolg, aber dagegen eins für Mißerfolg: es allen recht machen zu wollen.« Klaus war mit so vielen gut Freund gewesen, daß er am Ende von allen verlassen wurde.

Edgar Klaus ist, seinen extremen Paradoxen zum Trotz, nicht ganz atypisch, sei es für diejenigen, die an Projekten zur Rettung von Juden beteiligt waren, oder sei es auch nur für den gemeinen Mann während des Kriegs. Auf eine Weise kann man sogar sagen, daß sein Verhalten an das Agieren ganzer Gemeinwesen und Staaten in dieser Zeit des Bösen erinnert. Edgar Klaus hatte vermutlich keine Vision, oder ein Ziel, das er sich setzte und auf das er dann konsequent hinarbeitete. Edgar Klaus schlängelte sich durchs Dasein. Er versuchte, sich einer unmöglichen Wirklichkeit anzupassen. Genau wie es der schwedische

Staat machte. Auch die schwedische Regierung nahm Peilung auf, versuchte die herrschenden Machtstrukturen zu erkennen und sich blitzschnell danach einzurichten. In der ehrenwerten Absicht, zu vermeiden, in das europäische Blutbad hineingezogen zu werden. In der ehrenwerten Absicht zu überleben. Wenn nicht immer moralisch, so doch physisch.

Vielleicht war es typisch, daß eine Person wie Arvid Richert ausgewählt wurde, um Schweden im nationalsozialistischen Deutschland zu repräsentieren. Richert hatte seine Position als Chef der Botschaft in Berlin nämlich aufgrund seiner »offenen Haltung« gegenüber den neuen deutschen Machthabern bekommen. Richerts Einstellung wurde indessen, allem Anschein nach, nicht primär von einem politischen Pathos gelenkt, sondern von einer »Auffassung, daß es sinnlos war, Widerstand gegen die Übermacht zu leisten«, wie sein Biograph Karl Molin schreibt. Richert empfahl durchgehend Zurückhaltung gegenüber den Deutschen. Weil, wie er meinte, alle Proteste vergeblich wären und Gefahr liefen, kontraproduktiv zu wirken. Aber auch, weil Schweden »die Chance wahrnehmen« sollte, sich in Deutschland ein gutes Ansehen zu schaffen. Es würde uns in der Zukunft zugute kommen. Es sei, meinte Richert, »für Schweden lebenswichtig«, die öffentliche Meinung in eine stärker prodeutsche Richtung zu lenken.[70]

Diese seine Mission verfolgte Arvid Richert allerdings leidenschaftlich. Doch vermutlich nicht, weil er auf den Barrikaden kämpfen wollte – für ein nationalsozialistisches Schweden, oder für etwas anderes. Sondern weil er sich einordnen wollte. Um jeden Preis. Was die Nachgiebigkeit und die Anpassung bei führenden Personen in vielen Demokratien der Welt veranlasste, waren sicherlich Machtträume, aber vermutlich in ebenso hohem Maß Selbsterhaltungstrieb. Sie wußten, daß sie einen Preis würden zahlen müssen, welchen Weg sie auch wählten. Aber sie versuchten auszurechnen, welcher Weg am wenigsten kosten würde. Und wie die meisten Menschen rechneten sie damit, daß die Opfer sie nicht würden bestrafen können. Wie ein Vertreter der UNO und Überlebender aus Auschwitz aus Anlaß eines anderen Völkermords sagte, der ein halbes Jahrhundert später hingenommen wurde, nämlich der in Ruanda:

> Wir werden hier auf der Welt nie ein Ende der Völkermorde erreichen, wenn die Staatsmänner nicht wissen, daß sie, wenn sie sehen, was geschieht, aber es unterlassen einzugreifen, zur Verantwortung gezogen werden. Ich weiß von keinem Staatsmann, der zur Verantwortung dafür gezogen wurde, daß er oder sie einen Völkermord nicht verhindert hat.[71]

Obwohl Arvid Richert einer der ersten war, die Informationen über die außergewöhnliche Grausamkeit empfingen, der Juden und andere verfolgte Gruppen im deutsch besetzten Europa ausgesetzt waren, ließ er sich durch dieses Wissen nicht von seinem gesetzten Ziel abbringen, sich mit Deutschland gut zu stellen und Schweden aus dem Krieg herauszuhalten. Er entschied sich deshalb dafür, von seinen neuen Informationen abzusehen, oder ihnen zumindest nicht das Gewicht zu geben, das sie verdienten.

Arvid Richert war ein Mann mit äußerst gut entwickelten Fühlern. Auf diese Weise war er typisch für die Haltungen und das Verhalten eines im Normalfall wohlmeinenden und demokratischen Gemeinwesens. Ein Gemeinwesen, das am Ende richtig handelte, doch erst, als dies opportun war oder zumindest als risikofrei angesehen wurde, und vielleicht ein paar Jahre zu spät.

»Ich glaube, daß Arvid Richert tatsächlich die allermeisten von uns repräsentiert«, sagt der Historiker Karl Molin. »Das ist vielleicht das Erschreckende.«[72]

Was Schweden betrifft, war der Zweite Weltkrieg wie für so viele demokratische Staaten eine Frage der Risikoabwägung, eine Gratwanderung zwischen Überleben und Moral. Und weil die Sicherheit immer an die erste Stelle gesetzt wurde, waren es selten Staaten, die die großen humanitären Initiativen ergriffen, oder die die Rettungsarbeit ankurbelten. Es waren kleine, vom Staat unabhängige Organisationen, in zahlreichen Fällen sogar einzelne Individuen, die diese Rolle spielen mußten. Häufig waren es Individuen, die sich außerhalb des Mainstreams der Gesellschaft bewegten, die vielleicht sogar als ein bisschen verrückt galten. Fast immer waren sie Individualisten, Menschen, die ihren eigenen Weg gingen, Menschen, die nicht in erster Linie versuchten, sich dem Kollektiv anzupassen. Mit Hinsicht auf das Resultat konnte dies von Vorteil, doch auch von Nachteil sein:

»Gilel Storch hatte einen großen Vorteil als Verhandelnder«, sagte Svante Hansson. »Auf jeden Fall bei seinen Kontakten mit schwedischen Behörden. Und das war, daß er sich weigerte, die Spielregeln der Bürokratie zu befolgen. Das war vielleicht auch der große Unterschied zwischen seiner Art zu agieren und der Art und Weise, wie die führenden schwedischen Juden agierten. Sie waren in Schweden aufgewachsen, sie kannten die Spielregeln, sie wußten, wie man mit den Behörden umzugehen hatte. Storch kannte vielleicht die Spielregeln, das ist nicht leicht zu wissen. Aber er weigerte sich entschieden, sie zu befolgen. Und das trug dazu bei, daß er als Verhandelnder effektiv war.«[73]

»Er war ein Mann mit einer enormen Willensstärke«, sagt sein Aktivistenkollege Gerhart Riegner. »Tief verwurzelt in seiner Tradition. Tief engagiert für das

Überleben des jüdischen Volkes. Kein leichter Mensch im Umgang. Bei einer Diskussion konnte er stundenlang für seinen Standpunkt kämpfen, was es zuweilen recht schwer machte, mit ihm zusammenzuarbeiten. Manchmal muß man ja, trotz allem, Kompromisse schließen. Das lag ihm nicht. Und auch wenn man zu einem Kompromiss gelangt war, konnte er plötzlich zurückkommen und die ganze Diskussion noch einmal von vorn aufrollen. Aber so war seine Persönlichkeit. Fürchterlich stur zuweilen, aber so stark engagiert, und so vollständig überzeugt von der Notwendigkeit dessen, was er tat, daß es eigentlich unmöglich war, ihn zu kritisieren. Man sah ja, wie stark sein Gefühl war, und wie sehr er helfen wollte.«[74]

Doch was erreichten diese Individuen am Rande der Gesellschaft? Wie gelang es ihnen, die Hindernisse zu überwinden, die nicht nur von den Deutschen, sondern auch innerhalb der eigenen Gesellschaft errichtet wurden? Tatsache ist, daß sie während des größeren Teils des Krieges mit dem Kopf gegen die Wand liefen. Im Prinzip erlebten sie fünf furchtbar frustrierende Jahre. Fast alle großen Rettungsaktionen fanden nämlich im letzten Kriegsjahr statt, als die meisten der vorgesehenen Opfer der Nazis schon lange tot waren. Aber dann, als sie schließlich mit ihren Anstrengungen erfolgreich waren und die Regierungen allmählich empfänglich wurden, kann man zweifellos davon sprechen, daß es diese kleinen Organisationen und einzelnen Individuen waren, die die Entwicklung vorantrieben und sie in gewissen Fällen entscheidend beeinflußten.

»Verhandlungen, die hier und dort geführt wurden, über die Freilassung einiger tausend Juden, mit Hilfe von Korruption oder verschiedenen Druckmitteln, waren sicherlich wichtig«, sagt Riegner heute. »Doch der entscheidende Einsatz, und das entscheidende Ziel, war die Erhaltung der Lager, und der Gefangenen. Es handelte sich um 300 000 bis 400 000 Menschen. Und das haben wir erreichen können – meiner Meinung nach teils durch meine Anstrengungen, den Präsidenten des Internationalen Roten Kreuzes dazu zu veranlassen, bei der deutschen Führung zu intervenieren, und teils durch die Gespräche, die Storch, Kersten, Masur und Bernadotte direkt mit den nationalsozialistischen Führern führten. Und nimmt man dann noch die Bemühungen um die Budapester Juden hinzu, so gelang es uns, gemeinsam mit dem War Refugee Board, mindestens eine halbe Million Menschen zu retten, vielleicht sogar einige mehr.«

Gerhart Riegner ist zu recht stolz über das, was er und seine Kollegen geleistet haben. Dennoch waren wenige dieser Aktivisten nach dem Krieg zufrieden oder glücklich:

»Wir hätten es ein Jahr früher tun sollen, eineinhalb Jahre früher«, sagt Riegner traurig. »Wir hätten nie sechs Millionen retten können, aber wir hätten wohl eine halbe Million zusätzlich retten können, oder eine Million. Doch die Länder arbeiteten nicht zusammen. Die Briten ließen niemanden herein, die Amerikaner änderten ihre Einstellung nicht. Sie hatten nicht genug Phantasie einzusehen, daß dies eine außergewöhnliche Situation war.«[75]

Riegners Kollege Fritz Hollander hat eine wohlwollendere Erklärung, oder vielleicht eine nachsichtigere Haltung, für die Reaktion der Umwelt auf die menschliche Katastrophe, die sich vor ihren Augen abspielte:

»Es war schwer für die Leute, für alle Menschen, selbst für die Juden, zu begreifen, was wirklich vor sich ging. Wenn wir es begriffen hätten, alle Menschen, daß es nicht um Gefängnis ging, daß es nicht um Geld ging, sondern daß es ums Leben ging, dann wäre niemand umgekommen, denn dann hätte jeder einen anderen retten können. Und wenn zehn Millionen je einen gerettet hätten, wäre keiner umgekommen.«[76]

54

Es war die Stunde des Wolfes, die Zeit, zu der die allermeisten Menschen, wenn sie kein schweres Problem plagt, schlafen. Die Zeit, in der der Schmerz für die, die keine Ruhe gefunden haben, meistens am größten ist. In der Wohnung in der John Ericssonsgata im Stockholmer Stadtteil Kungsholmen herrschten schon lange Dunkelheit und Schweigen. Der Wecker war auf sieben Uhr gestellt.

Plötzlich schrillt ein intensives Klingeln durch die Wohnung. Marcus fährt zusammen und blickt auf den Wecker: es ist 4.10. Dann klingelt es noch einmal. Jetzt sitzt er kerzengerade im Bett und reißt den Hörer an sich.

»Hallo!« sagt er.

Am anderen Ende hört man Knistern. Sonst nichts. Nur Knistern. Marcus weiß nicht, was er davon halten soll. Ist das ein Scherz? Er will schon den Hörer auflegen, als er plötzlich am anderen Ende eine Stimme hört:

»Hallo, hallo! Nicht auflegen, um Himmels willen, legen Sie nicht auf!« Der Mann am anderen Ende der Leitung, denn es ist eine Männerstimme, eine ältere Männerstimme, spricht eine seltsame Mischung aus Deutsch und Russisch. »Legen Sie nicht auf, die Verbindungen sind schrecklich schwierig, ich glaube nicht, daß ich mit einem neuen Gespräch durchkomme, wenn Sie auflegen.«

»Hallo, wer ist denn da«, sagt Marcus, ein wenig brüsk.

»Mein Name ist Storch«, sagt die Stimme am anderen Ende. »Ich rufe aus Riga an.« Es ist einige Sekunden still.

»Jaha«, sagt Marcus mißtrauisch. Es gibt keine Storchs mehr in Riga, soweit er weiß. »Und was wünschen Sie?»

»Heißen Sie auch Storch? Ich habe die Telefonistin gebeten zu untersuchen, ob es jemand mit dem Namen Storch in Stockholm gibt.«

»Ja, ich heiße Storch«, antwortet Marcus widerwillig. »Und wer sind Sie?»

»Ich heiße Mulija, Mulija Storch.«

Mulija Storch ... Jetzt weiß Marcus, daß es ein Schwindel ist. Der Krieg ist seit zwanzig Jahren vorbei, und Mulija ist seit noch mehr Jahren tot.

»Kennen Sie einen Gilel Storch ... möglicherweise?« fragte der Fremde.

»Ja, ich kenne Gilel Storch«, antwortet Marcus langsam. Der Mann am Hörer beginnt zu lachen, fast hysterisch. »Dann habe ich ihn gefunden! Gilel Storch ist mein Bruder. Ich bin Mulija, Mulija Storch!«

»Jaha«, sagt Marcus noch einmal.

»Mulija, ich bin 1907 geboren. Gilel ist mein großer Bruder, er ist 1902 geboren. Sie müssen mir glauben! Wir waren sieben Geschwister – Gilel, Genija, Zenja, Rosa, Wulf und Judith. Und dann ich, Mulija. Gilel wohnte ganz oben, als wir klein waren, im Zimmer rechts von der Treppe, ich wohnte im Zimmer links, und unsere Eltern, Abraham und Alta wohnten unten. Gilel war sehr energisch, als er klein war, er machte und tat. Aber wir ließen ihn, denn er war unser großer Bruder, und unser aller Idol. Dann verheiratete sich Gilel mit Anja Westermann. Meine Frau hieß Sonja, und unser Sohn Menja. Bitte, glauben Sie mir! Wie kann ich Gilel erreichen?»

Marcus schweigt lange. Schließlich sagt er: »Geben Sie mir Ihre Telefonnummer. Ich werde mit Gilel Storch sprechen, und dann rufe ich wieder an.«

»Es ist sehr schwer, hier anzurufen«, fleht der Mann, und Marcus kann seine Verzweiflung hören. »Man muß über Moskau anrufen, und ich wohne hier in Riga zur Untermiete, neu zugezogen.«

»Ich verstehe«, antwortet Marcus. »Ich bin es gewöhnt, in der Sowjetunion anzurufen, das ist kein Problem. Wenn Sie mir Ihre Telefonnummer geben, verspreche ich, Sie zurückzurufen.«

»Am nächsten Morgen fuhr ich direkt zu meinem Vater«, erzählt Marcus Storch. »Und ich erzählte ihm von dem seltsamen Telefongespräch in der Nacht. Er sagte zuerst gar nichts. Dann erzählte ich ihm, was der Mann, der sich Mulija nannte, gesagt hatte, in welchen Zimmern sie geschlafen hätten und so weiter. Da wurde mein Vater leichenblass. Es war schockierend zu sehen, denn ich verstand plötzlich, daß der Mann, der angerufen hatte, tatsächlich der war, für den er sich ausgab. Als mein Vater sich etwas gefaßt hatte, sagte er: ›Alles, was er sagt, stimmt ... Es muß Mulija sein ...‹ Ich habe ihn nie so fassungslos gesehen, weder vorher noch nachher. Dies bedeutete in gewisser Weise, daß sein gesamtes Weltbild durcheinander geriet. Einer aus seiner Familie hatte wirklich den Krieg überlebt. Aber was hatte Mulija in all diesen Jahren gemacht?»

Noch am selben Tag telefoniert Gilel mit seinem Bruder. Mulija erzählt, daß er und seine Familie 1941 wirklich von den Russen fortgebracht wurden, unmittelbar vor der Invasion durch die Deutschen. Aber sie waren nicht erschossen worden.

»Ich habe im Lager gesessen«, erzählt er. »Von 1941 bis jetzt, über zwanzig Jahre war ich in Sibirien. Ich blieb auch da, nachdem sie mich aus dem Lager entlassen haben. Ich bin gerade erst nach Riga zurückgekehrt. Ich teile eine Wohnung mit drei meiner Kameraden, die gleichzeitig gekommen sind. Wir wohnen alle zur Untermiete. Und ich werde auch meinen Sohn nachholen.«

»Menja«, antwortet Gilel. »Was ist mit Menja?»

»Er saß auch im Lager. Mit uns. Aber er wurde krank, psychisch krank, deshalb haben sie ihn in ein Heim gesteckt. Aber jetzt hole ich ihn her, hierher zu mir, in die Wohnung.«

»Aber Mulija, ihr könnt nicht in Riga wohnen! Ihr müßt herkommen und hier bei uns wohnen! Es geht mir sehr gut in Stockholm, wir haben eine große Wohnung. Ich kläre das sofort, gehe morgen zum Außenministerium und kläre alles.«

Es ist still im Hörer.

»Aber Mulija, komm wenigstens her und sieh dich um. Wir müssen uns doch sehen!«

»Es dauerte ein paar Jahre«, erzählt Marcus. »Aber schließlich kam Mulija. Es war phantastisch. Sie waren unzertrennlich, saßen den ganzen Tag zusammen und redeten, als seien sie keine Sekunde ihres Lebens voneinander getrennt gewesen. Vater kaufte Mulija Kleider, damit er wie ein Mensch aussah. Er hat sich so darüber gefreut, die ganze Familie zu treffen, und inzwischen war ich verheiratet und hatte Kinder. Er hatte Souvenirs für uns mitgebracht – einen frisch produzierten Fotoband über Riga, der aussah, als sei er aus den dreißiger Jahren, und irgendeine Schokolade, die niemand essen konnte. Wir haben alle diese Fotos von ihm, wie er mit Tobbe und Flisa auf dem Schoß dasitzt und vor Freude strahlt.«

»Dann eines Tages, nach ein paar Wochen«, erzählt Marcus, »kam er morgens zum Frühstück und sagte: ›Ich fahre nach Hause.‹ Vater sah ihn an und glaubte, er habe nicht richtig gehört. ›Warum?‹ fragte er. ›Du kannst Menja herholen, das ist kein Problem, das weißt du.‹ ›Es ist nicht Menja‹, antwortete Mulija. ›Ich bin es. Ich kann die Sprache in diesem Land nicht, und ich habe kein Recht, hier zu sein. Ich habe in diesem Land keine Steuern bezahlt.‹ Mein Vater versuchte, etwas einzuwenden, aber Mulija unterbrach ihn: ›Das Schlimmste von allem ist doch, daß ich der Propaganda in Russland, alles im Westen sei schrecklich, vielleicht nicht geglaubt habe. Aber es war trotzdem eine Art und Weise, das Dasein zu ertragen. Jetzt sehe ich, daß sie gelogen haben, und daß mein Leben sinnlos gewesen ist. Ich will nach Riga zurückfahren und mit meiner Lüge weiterleben.‹«

»Und dann reiste er wieder ab«, fährt Marcus fort. »Er zog irgendwann in Riga mit einer Frau zusammen, Mathilda, und gemeinsam kümmerten sie sich um Menja, der damals über vierzig Jahre alt war, und schizophren. Wir haben Mulija nicht mehr gesehen. Er starb 1984, ein Jahr nach meinem Vater.«

»Für meinen Vater sollte Mulijas Rückkehr von den Toten zu einer Quelle großer Freude und großen Schmerzes werden. Denn zwar hatte er einen Bruder gewonnen, von dem er nicht einmal in seinen wildesten Phantasien geträumt hatte, er könnte ihn wiedersehen. Aber es ging Gilel auch auf, daß vermutlich er derjenige war, der Mulijas Leben zerstört hatte. Denn warum hatten die Russen Mulija so viele Jahre im Lager sitzen lassen, wenn nicht deswegen, weil sein Bruder, der Kapitalist, einmal vor langer Zeit nach Schweden geflohen war?«[1]

Danksagung

Ein Dokumentarfilm im Schwedischen Fernsehen hat meistens ein Länge von 58 Minuten. Das Dokudrama *Handelsresande i liv* (»Himmlers Masseur und Schwedens Extratour«*)*, aus dem dieses Buch hervorgegangen ist, war eine Stunde und 58 Minuten lang. Das gab mir die Möglichkeit, ungefähr zehn Prozent des von mir gesammelten Materials zu benutzen. Als Carola Stuart, Lektorin im Verlag Prisma, mich im März 1998 fragte, ob ich nicht Lust hätte, ein auf dieser Erzählung aufbauendes Buch zu schreiben, konnte ich deshalb, obwohl ich zu diesem Zeitpunkt darauf eingestellt war, diese ganze Geschichte hinter mir zu lassen, nicht nein sagen. Also verlängerte ich die Leihfrist der Bücher, holte die Papiere aus meinem Archiv und stellte alles wieder ins Regal. Und dann fing ich wieder von vorn an. Durch Carolas Vorschlag erhielt ich die Möglichkeit, die ganze spannende Geschichte zu erzählen, die ich während der dreijährigen Vorbereitung und bei der Arbeit an dem Film zusammengetragen hatte. Und dafür bin ich dankbar.

Bei der Arbeit an diesem Buch haben viele Menschen mir unschätzbare Hilfe geleistet. Ein Teil dieser Menschen hat den Krieg miterlebt und konnte mir Eindrücke aus erster Hand vermitteln von dem, was damals geschah. Viele dieser Menschen waren alt, als ich ihnen begegnete, und manche leben heute nicht mehr. Ich bin unendlich dankbar dafür, daß ich die Gelegenheit bekam, mit dem neunundneunzigjährigen Gösta Engzell zu sprechen, nur wenige Monate vor seinem Tod. Seine Erinnerung an die Kriegsjahre und seine Eindrücke aus jener Zeit waren glasklar. Ich bin sehr dankbar dafür, Storchs Aktivistenkollegen Gert Löllbach und Storchs Tochter Eleonora Storch-Schwab vor der Arbeit an dem Film getroffen zu haben; so bekam ich die Chance, ihre Eindrücke zu bewahren und sie jetzt niederzuschreiben. Eine Reihe anderer Personen ist für die Durchführung des Projekts unentbehrlich gewesen: Bengt Berg, der viele Tage mit mir in den Archiven verbrachte – damals ahnten wir nicht, daß jedes einzelne Blatt uns von Nutzen sein würde; Uno Hedin, dessen Radiosendung über Gilel Storch und Felix Kersten mich anregte, und der mich in der Folgezeit mit gutem Rat und mit Ideen inspiriert hat; Lars Hallberg in *Riksarkivet*, dessen spontanes Engagement für das Projekt zur Entdeckung von immer neuen bislang versteckten Schätzen in bezug auf Storchs Vergangenheit führte; Kersti Levy und Gunilla Sondén in der Bibliothek der Jüdischen Gemeinde, die auch mit ihrem persönlichen Engagement und mit Toleranz hinsichtlich langer Leihfristen meine Arbeit ernorm erleichtert haben; Karl Molin, der mein Manuskript einer sachlichen Prüfung unterzog und mir viele gute Hinweise gab; die Mitarbeiter des Verlags Prisma, deren gediegene Arbeit und echtes Interesse das Ergebnis meiner Arbeit so ansehnlich gemacht haben: Cheflektor Lars Axelsson, die Grafikerin Birgitta Östbye; meine Sprachberater: Leopold Adler, Egon Brill, Gita Frister, Marina Burstein, Stefania Zachariasz und Carita Wikberg; Bia Reizenstein, die als Trainingswand fungierte; die Familie Gronowitz sowie die Stiftung San Michele, die mir Platz zur Verfügung stellten, wo ich Ruhe und Inspiration zum Schreiben fand; die vielen Personen, die mich an ihrem persönlichen Wissen über Storch, Kersten, Masur und all die anderen Akteure in dieser Geschichte teilhaben ließen: Marcus Storch, Judith Storch-Levy, Arno Kersten, Kurt Masur, Fritz Hollander, Rosa Koklin, Miriam Nathanson, Dov Dinur, Svante Hansson, Paul Levine, Nina Einhorn, Gerhart Riegner, Karl Berman, Valentine Lasmane, Haim Lewensohn, Peter Forslund, Erik Graffman, Lilian Brunes, Sune Persson, Göran Josephson, Stella Tjaikowski und viele andere. Ich möchte auch meiner Partnerin Agneta Åkesson danken, die über vier Jahre lang mit diesem Projekt gelebt und mir Mut gemacht hat.

Und schließlich Tulla, Hedvig Hammarskjöld, die kurz vor der Drucklegung dieses Buchs starb. Du warst diejenige, die mich am meisten bestärkt hat, und der mutigste Mensch, den ich gekannt habe.

Anmerkungen

1 |

1 Gespräch mit Marcus Storch, 19. März 1997; Storchs Paß, in Marcus Storchs Besitz; Statens Utlänningskommission, passbyrån, F2BA:515, Einreisedossier Nr. 778719, Riksarkivet.
2 Association of Latvian and Estonian Jews, S. 262.
3 Association of Latvian and Estonian Jews, S. 264.
4 Gespräch mit Marcus Storch, 19. März 1997.
5 Gespräch mit Gunilla Storch, November 1998.

2 |

1 Zit. in Victor, S. 67.
2 Zit. in Victor, S. 129.
3 Kubizek, S. 199.
4 Kubizek, S. 195.
5 Toland, S. 56.
6 CIC Interview mit Paula Hitler, 5. Juni 1946. Zitiert in Toland.
7 Hitler, Mein Kampf, S. 59f.
8 Frank, Im Angesicht des Galgens, S. 330f.
9 Korrespondenz zwischen Dr. Hans Dietrich Röhrs und Rittmeister von Schuh. Korrespondenz zwischen Röhrs und John Toland. Vgl. Toland, S. 333.
10 Victor, S. 89.
11 Victor, S. 168.
12 Victor, S. 181.
13 Gustave Gilbert, S. 131.

3 |

1 Gespräch mit Judith Storch-Levy, 2. März 1997.
2 Rauschning, Gespräche mit Hitler, S. 12.
3 Gespräch mit Gerhart Riegner, 4. Juni 1996.

4 |

1 Brief von Gilel Storch an Kungl. Socialstyrelsen, 23. August 1940. Statens Utlänningskommission, kanslibyrån, F1B:2385, Zentraldossier für Gilel Storch, riksarkivet.
2 Bescheinigung von Jan Wingård, AB Förenade Superfosfatfabriker, 20. 11. 1942. Svenska World Jewish Congress Archiv, C4, Central Zionist Archives (Kopie im Besitz d. Verf.).
3 Brief von Storch ans schwed. Außenministerium, 9. September 1940. Riksarkivet (Kopie im Besitz d. Verf.); Bescheinigung AB Östersjöprodukter, 2. Oktober 1939. Svenska World Jewish Congress Archiv, C4/517, Central Zionist Archives.
4 Brief von Storch an E. Björkman, Skandinaviska Banken, 4. Mai 1942. Svenska World Jewish Congress Archiv, C4/517; Brief von Storch an Jensen, 24. Dezember 1940. Svenska World Jewish Congress Archiv, C4/528; Brief von Storch an Statens Industrikommission. Svenska World Jewish Congress Archiv, C4/528; Kreditbescheinigung Svensk Varuclearing, 16. Juni 1941. Svenska World Jewish Congress Archiv, C4/517; Brief von Uhma & Hoh an E. Höltzermann, 9. April 1941. Svenska World Jewish Congress Archiv, C4/528; Brief von Storch an Svensk Varuclearing, 28. August 1942. Svenska World Jewish Congress Archiv, C4/517; Bescheinigung von Erik Malmström, 11. Dezember 1942. Svenska World Jewish Congress Archiv, C4. Central Zionist Archives (Kopien im Bes. d. Verf.).

5 Sämtliche Briefe in Statens Utlänningskommission, Paßamt, F2BA:515, Einreisedossier Nr. 778719, Riksarkivet.
6 Levine, S. 29; Kushner, S. 32; zit. in Levine, S. 29; Lindberg, S. 36f.
7 Hammar, S. 367. Zit. in Lindberg, S. 37.
8 Levine, S. 106.
9 Lindberg, S. 123–158.
10 Koblik, »Om vi teg ...«, S. 63; Lindberg, S. 136f.
11 Lindberg, S. 312.
12 Levine, S. 108.
13 Gespräch mit Eleonora Storch-Schwab, 3. Juni 1996.
14 Brief von Lundberg ans Außenministerium, Paßamt, 6. Juli 1940. Statens Utlänningskommission, Paßamt, F2BA:515, Einreisedossier Nr. 778719, Riksarkivet.

5 |

1 Gespräch mit Arno Kersten, 29. März 1996; Kersten, »Samtal med Himmler«, S. 24–27; Kersten, Memoarer, S. 10, 294–298; Besgen, S. 22; Kessel, S. 40–45; W.N. Rau, »Kurze Zusammenfassung über die Hilfstätigkeit zu Gunsten der Niederlande des Finnischen Medizinalrats Felix Kersten«, 4. Oktober 1948, S. 1. Svenska World Jewish Congress Archiv, C4/570, Central Zionist Archives.
2 Beschreibung von Felix Kerstens Leben. Kopie von Arno Kersten.
3 Ebenda.
4 Zitiert in dem Film »Kuka oli Felix Kersten?« (»Wer war Felix Kersten?«), Mandart Production, Helsinki; A. D. 682/86 år 1920, finnisches Reichsarchiv.
5 Gespräch mit Arno Kersten, 29. März 1996; Konstitutionsutskottets memorial nr. 9. Bihang till Riksdagens protokoll 1953. Protokoll över justitiedepartementsärenden den 17 oktober 1952, S. 5–21.
6 Kessel, S. 22; Besgen, S. 16; A.D. 682/86 å
7 S. Fußnote 11.
8 Dokument im finnischen Reichsarchiv. Zit. im Film »Kuka oli Felix Kersten?«, vgl. Fußnote 4.
9 S. Fußnote 11.
10 Brief von Prinz Henrik der Niederlande an Felix Kersten, 27. Oktober 1928. Übersetzung bezeugt von Knut Littorin. UD 1920 års HP1692, Riksarkivet.
11 Kersten, »Samtal med Himmler«, S. 10–13; Kessel, S. 19–39; Besgen, S. 14–21; Beschreibung von Felix Kerstens Leben. Kopie von Arno Kersten; Lundberg, S. 14–17; Felix Kerstens Darstellung seines Lebens, 12. Juni 1945, S. 1, UD 1920 års HP1692, Riksarkivet; V.PROMEMORIA betr. Felix Kersten und seinen Antrag auf schwedische Staatsangehörigkeit (Uno Willers), 14. Juni 1952, S. 1ff., UD 1920 års HP1692, Riksarkivet; Beschreibung von Kerstens Leben, S. 1f., Svenska World Jewish Congress Archiv, C4/495, Central Zionist Archives; Protokoll över justitiedepartementsärenden den 17 oktober 1952, Konstitutionsutskottets memorial nr 9, S. 5–11. Bihang till Riksdagens protokoll 1953.
12 Kersten, »Samtal med Himmler«, S. 28.

6 |

1 Promemoria von Unger, 31. Juli 1940. Statens Utlänningskommission, Paßamt, F2BA:515, Einreisedossier Nr. 778719, Riksarkivet.
2 Stellungnahme des Ausländerausschusses vom 8. August 1940; Auszug aus dem Protokoll der Sozialverwaltung, unterzeichnet von Bengt Åman, 8. August 1940. Beide in Statens Utlänningskommission, Paßamt, F2BA:515, Einreisedossier Nr. 778719, Riksarkivet.
3 Ärztl. Attest, Statens Utlänningskommission, kanslibyrån, F1B:2385, Zentraldossier für Gilel Storch, Riksarkivet.

4 Brief von Storch an die Sozialverwaltung, 23. August 1940. Statens Utlänningskommission, kanslibyrån, F1B:2385, Zentraldossier für Gilel Storch, Riksarkivet. S. auch Svenska World Jewish Congress Archiv, C4/515, Central Zionist Archives.

5 Auszüge aus dem Protokoll der Sozialverwaltung, unterzeichnet von Bengt Åman, 30. August 1940. Statens Utlänningskommission, Paßamt, F2BA:515, Einreisedossier Nr. 778719, Riksarkivet.

6 Bericht der Kriminalabtlg. der Polizei Stockholm, 6. Amtsstelle, 21. Januar 1941. Statens Utlänningskommission, geheimes Archiv, F2A:197, Kontrolldossier über Gilel Storch, Riksarkivet.

7 Promemoria von Robert Paulson, 31. Mai 1940. Statens Utlänningskommission, geheimes Archiv, F2A:197, Kontrolldossier über Gilel Storch, Riksarkivet.

8 Promemoria der Polizei Stockholm, 18. Februar 1946. Statens Utläbnningskommission, geheimes Archiv, F2A:197, Kontrolldossier über Gilel Storch, Riksarkivet.

9 Brief von Gilel Storch ans Außenministerium, 9. September 1940. Statens Utlänningskommission, kanslibyrån, F1B:2385, Zentraldossier fürGilel Storch, Riksarkivet.

10 Die Verhöre mit Storch, Kruuse af Verchou und Gissin sind im Detail wiedergegeben in einem Promemoria der Stockholmer Polizei vom 18. Februar 1946. Statens Utlänningskommission, geheimes Archiv, F2A:197, Kontrolldossier über Gilel Storch, Riksarkivet; Brief von Storch an Ginzburg, 3. September 1940, Svenska World Jewish Congress Archiv, C4. Central Zionist Archives (Kopie im Besitz d. Verf.).

7 |

1 Victor, S. 188.
2 Sereny, S. 254.
3 Sereny, S. 188.
4 Frank, »Diensttagebuch«, S. 336. Zit. in Victor, S. 187.
5 Himmlers Memorandum, 25. Mai 1940, zit. in Bauer, S. 95.
6 Kersten, Memoarer, S. 294.
7 Kersten, Memoarer, S. 122.
8 Führertagung SS-Oberabschnitt E. Breslau, 19.1.1935. Bundesarchiv NS 19/1092, zit. in VJHZ 5, 1957, S. 195.
9 Manvell und Fraenkel, S. 55.
10 Padfield, S. 249.
11 Semmler, S. 178f. Zit. in Manvell und Fraenkel, S. 203.
12 Manvell und Fraenkel, S. 81.
13 Kersten, Memoarer, S. 122.
14 Sereny, S. 792.
15 Speer, Spandau, S. 219.
16 Victor, S. 94.
17 Padfield, S. 273.
18 Speer, Der Sklavenstaat, S. 29.
19 Yahil, Die Shoah, S. 213.
20 Sereny, S. 389.

8 |

1 Brief von Storch an Jensen, 24. Dezember 1940. Svenska World Jewish Congress Archiv, C4/528. Central Zionist Archives.

2 Chana-Rachil und Eleonora Storchs Antrag auf Einreisegenehmigung, 7. September 1940. Statens Utlänningskommission, Paßamt, F2BA:515, Einreisedossier Nr. 778719, Riksarkivet.

3 Bericht der Kriminalabteilung der Stockholmer Polizei, 21. Januar 1941. Statens Utlänningskommission, geheimes Archiv, F2A:197, Kontrolldossier betreffend Gilel Storch, Riksarkivet.

4 Promemoria mit der Unterschrift »E. B.«, 23. Dezember 1940. Statens Utlänningskommission, geheimes Archiv, F2A:197, Kontrolldossier betreffend Gilel Storch, Riksarkivet.
5 Einreisegesuch für Chana-Rachil und Eleonora Storch, 14. Dezember 1940. Bescheinigung von Svante Hellstedt, 23. Dezember 1940. Statens Utlänningskommission, Paßamt, F2BA:515, Einreisedossier Nr. 778719. Riksarkivet.
6 Bericht der Abtlg. 6 der Polizei Stockholm, 18. Februar 1941. Statens Utlänningskommission, geheimes Archiv, F2A:197, Kontrolldossier über Gilel Storch, Riksarkivet.
7 Brief von Storch an Kalm, 28. Oktober 1942. Svenska World Jewish Congress Archiv, C4/528. Central Zionist Archives.
8 Berichte der 6. Abtlg. der Polizei Stockholm, 21. Januar 1941 und 18. Februar 1941. Statens Utlänningskommission, geheimes Archiv, F2A:197, Kontrolldossier über Gilel Storch, Riksarkivet.

9

1 Gespräch mit Marcus Storch, 19. März 1997; Gespräch mit Eleonora Storch-Schwab, 3. Juni 1996.
2 Protokoll verfaßt von Bengt Åman, 28. Februar 1941. Statens Utlänningskommission, kanslibyrån, F1B:2385, Zentraldossier für Gilel Storch, Riksarkivet.
3 Brief von Storch an Jensen, 24. Dezember 1940. Svenska World Jewish Congress Archiv, C4/528. Central Zionist Archives.
4 Promemoria geschrieben von Gilel Storch, 12. Dezember 1940. Statens Utlänningskommission, Paßamt, F2BA:515, Einreisedossier Nr. 778719, Riksarkivet; Gespräch mit Marcus Storch, 19. März 1997.
5 Brief von Lennart Nylander an Svante Hellstedt, 3. Februar 1941. Statens Utlänningskommission, Paßamt, F2BA:515, Einreisedossier Nr. 778719, Riksarkivet.
6 Statens Utlänningskommission, Paßamt, F2BA:515, Einreisedossier Nr. 778719, Riksarkivet.
7 Halder, S. 5, zit. in Victor, S.198.
8 Salminen, »Att vara bäst var det enda som dög«, *Dagens Nyheter*, 5. Februar 1998, S. B3.
9 Statens Utlänningskommission, Paßamt, F2BA:515, Einreisedossier Nr. 778719, Riksarkivet.
10 Fest, Hitler, S. 1013.
11 Tonbandaufnahmen mit Gilel Storch, 10. April und 5. Mai 1981. Kopien von Svante Hansson.
12 Gespräch mit Marcus Storch, 19. März 1997.
13 Gespräch mit Eleonora Storch-Schwab, 3. Juni 1996.

10

1 Carl E. Palm, 16. Juni 1941. Statens Utlänningskommission, kanslibyrån, F1B:1192, Zentraldossier für Edgar Klaus, Riksarkivet.
2 Fleischhauer, S. 50f.; vgl. auch Carlgren, »Svensk underrättelsetjänst 1939–45«.
3 Promemoria über Werner Georg Boening. Stockholmspolisen, 8. Februar 1947. Statens Utlänningskommission, geheimes Archiv, F2A:76, Edgar Klaus, Kontrolldossier, Riksarkivet.
4 Fleischhauer, S. 44.
5 Verhörprotokoll, Edgar Klaus vor dem Ausländerausschuß, 20. Dezember 1945, S. 3. Statens Utlänningskommission, geheimes Archiv, F2A:76, Edgar Klaus, Kontrolldossier, Riksarkivet.
6 Fleischhauer, S. 39.
7 Fleischhauer, S. 37.
8 Verhörprotokoll, Edgar Klaus vor dem Ausländerausschuß, 20. Dezember 1945. Statens Utlänningskommission, geheimes Archiv, F2A:76, Edgar Klaus, Kontrolldossier, Riksarkivet.
9 Fleischhauer, S. 44.
10 Ebda.
11 Fleischhauer, S. 45f.

11 |

1 Zit. bei Toland, S. 846.
2 Yahil, Die Shoah, S. 360.
3 Gespräch mit Volker Wiener, Dezember 1997; Brief von Volker Wiener, 23. Dezember 1997; Brief des Bundesarchivs (Frau Eggert), 9. Dezember 1997.
4 Yahil, Die Shoah, S. 420.
5 Deutsche Wochenschau, 567/41 (auch 566/41), Bundesarchiv, Berlin.
6 Gespräch mit Marcus Storch, 3. Dezember 1998.
7 Gespräch mit Valentine Lasmane, Dezember 1998.
8 Gespräch mit Valentine Lasmane, Dezember 1998; Encyclopedia of the Holocaust: Latvia, S. 852.
9 Kaufman, in Association of Latvian and Estonian Jews, S. 356.
10 Yahil, Die Shoah, S. 419.
11 Brief von Storch an von Knieriem, 5. Juli 1941. Svenska World Jewish Congress Archiv, C4/528. Central Zionist Archives.
12 Svenska World Jewish Congress Archiv, C4/517, C4/528. Central Zionist Archives.

12 |

1 Promemoria betr. Werner Georg Boening. Stockholmspolisen, 8. Februar 1947. Statens Utlänningskommission, geheimes Archiv, H-Dossier betr. Boening, Werner Georg, Riksarkivet.
2 Wie Anm. 1.
3 Protokoll von Verhör vor dem Ausländerausschuß, 20. Dezember 1945. Statens Utlänningskommission, geheimes Archiv, F2A:76, Edgar Klaus, Kontrolldossier, Riksarkivet.
4 Verhör mit Klaus, 18. Oktober 1945. Zit. in Fleischhauer, S. 58.
5 Fleischhauer, S. 58.
6 Verhör mit Klaus, 18. Oktober 1945. Zit. in Fleischhauer, S. 65.
7 Kersten, Memoarer, S. 119–121; Manvell und Fraenkel, S. 115.
8 Padfield, S.342f.
9 Ausspruch Himmlers vom 21. Juni 1944. NS 19/HR19, Bundesarchiv, Koblenz. Zit. in Fleming, S. 66.
10 Fleming, S. 63.
11 Sereny, S. 373
12 Kersten, Memoarer, S. 119ff.
13 Konstitutionsutskottets memorial nr 9. Bihang till Riksdagens protokoll 1953. Protokoll över justitiedepartementsärenden den 17 oktober 1952, S. 16.
14 Kersten, »Samtal med Himmler«, S. 33f.; Besgen, S. 25f.
15 Kersten, »Samtal med Himmler«, S. 124.
16 Kerstens Bericht über sein Leben, 12. Juni 1945, S. 4. UD 1920 års HP1692, Riksarkivet.
17 Kersten, »Samtal med Himmler«, S. 126f.
18 Gespräch mit Arno Kersten, 29. Juni 1996.
19 Wulff, S. 9 u. S.126.
20 Brief von Storch an Röhsner, 9. September 1941. Svenska World Jewish Congress Archiv, C4/517. Central Zionist Archives. (Kopie im Besitz d. Verf.).
21 Telegramm von Judith Storch, 28. September 1941. Svenska World Jewish Congress Archiv, C4/517. Central Zionist Archives.
22 Storch an Fraenkel, 9. Oktober 1941. Allmänna säkerhetstjänstens öppnade brev, F5DE:10, Riksarkivet.

13 |

1 Zit. in Manvell u. Fraenkel, S. 82f.
2 Yahil, Die Shoah, S. 436.

14 |

1 Kersten, Memoarer, S. 93ff.

15 |

1 Abgehörtes Telefonat, 13. März 1943. Statens Utlänningskommission, geheimes Archiv, F10A:10, Einreisedossier für Edgar Klaus, Riksarkivet.
2 Promemoria betr. den deutschen Staatsangehörigen, Bergwerksbesitzer Edgar Klaus, 2. Oktober 1943. Statens Utlänningskommission, geheimes Archiv, F2A:76, Edgar Klaus, Kontrolldossier, Riksarkivet.
3 Lka 1 S, 24. März 1942, Rikspolisen, P 2744. Zit. in Fleischhauer, S. 80.
4 Fleischhauer. S. 81
5 Ebda.
6 Lkl S, 20. Mai 1942, Rikspolisen, P 2744. Zit. in Fleischhauer, S. 87.

16 |

1 Brief von Gilel Storch an Baron Pilar, 10. Juli 1942. Svenska World Jewish Congress Archiv, C4. Central Zionist Archives. (Kopie im Bes. d. Verf.).
2 Brief von Gilel Storch an I. Levitin, 28. März 1942; an Mr and Mrs Solomon Misroch, 29. März 1942; an M. Koppel, 30. März 1942.
Sämtlich in Svenska World Jewish Congress Archiv, C4. Central Zionist Archives (Kopien im Bes. d. Verf.); an G. Koppel, 19. April 1942 (Kopie im Bes. d. Verf.).
3 Brief von Gilel Storch an Mr. J. Levy, Haifa, 10. Juli 1942. Allmänna säkerhetstjänstens öppnade brev. F5DE:10, Riksarkivet.
4 Svenska World Jewish Congress Archiv, C4. Central Zionist Archives (Kopie im Bes. d. Verf.).
5 Promemoria von Gösta Engzell, 7. September 1942, UD 1920 års HP1049, Riksarkivet; Gespräch mit Svante Hansson, 4. Juni 1996.
6 Rautkallio, S. 161.
7 Kersten, Memoarer, S. 141.
8 Rautkallio, S. 161.
9 Kersten, »Samtal med Himmler«, S. 136.
10 Kersten, »Samtal med Himmler«, S. 139–140.
11 Kersten, »Samtal med Himmler«, S. 140.
12 Finnische Übersetzung von Kersten, »Felix Kersten as Himmler's personal physician«, S. 149. Zit. in Rautkallio, S. 258; Kerstens Bericht über sein Leben, 12. Juni 1945, S.7. UD 1920 års HP1692, Riksarkivet.
13 Zit. in Rautkallio, S. 168.
14 Brief von Kivimäki an Kersten, 15. Januar 1946 (Abschrift). Svenska World Jewish Congress Archiv, C4/1744. Central Zionist Archives.
15 Rautkallio, S. 258; s. auchCohen/Svensson, S. 70–92.
16 Rautkallio, S. 180–257.
17 Kersten, »Samtal med Himmler«, S.55.
18 Brief, den Kersten am 11. Mai 1940 an Himmler geschickt haben will. UD 1920 års HP1692, Riksarkivet.
19 Kersten an Witting,17. August 1942. Kopie von Uno Hedin, im Bes. d. Verf.
20 Witting an Kersten, 28. august 1942. Kopie von Uno Hedin, im Bes.d. Verf.
21 Dokument gefunden von Boris Salomon im »Reichsärztearchiv« in Berlin. Gezeigt im Film »Kuka oli Felix Kersten?« (Wer war F.K.?) Mandart Production, Helsinki.
22 Fleischhauer, S. 90.
23 Geheimes Promemoria betr. den deutschen Staatsangehörigen, Bergwerksbesitzer Edgar Klaus,, 2. Oktober 1943. Statens Utlänningskommission, geheimes Archiv, F2A:76, Edgar Klaus, Kontrolldossier, Riksarkivet.

24 Wie Anm. 23; Fleischhauer, S. 89f.
25 Robert Paulson, 18. August 1942. Statens Utlänningskommission, geheimes Archiv, F2A:76, Edgar Klaus, Kontrolldossier, Riksarkivet.
26 Fleischhauer, S. 52f; Arne Ruth, »Svenska staten registrerade judar«. Dagens Nyheter, 10. November 1997.
27 Wie Anm. 23.
28 Bericht an Rittmeister S. Brunnström, Kgl. Außenministerium, 18.8.1942. Statens Utlänningskommission, geheimes Archiv, F10A:10, Einreisedossier für Edgar Klaus, Riksarkivet.
29 Falsches Alter, Zenja war erst dreißig Jahre alt.
30 Wie Anm. 28.

17

1 Brief von Klaus an Lilian Allgoth. Zit. in Fleischhauer, S. 97.
2 28. November 1942. Rikspolisen, P 2774. Zit. in Fleischhauer, S. 98.
3 Promemorien betr. Edgar Klaus, verfaßt von Karl Höjer, 11. März und 9. Juni 1943. Statens Utlänningskommission, geheimes Archiv, F2A:76, Edgar Klaus, Kontrolldossier, Riksarkivet.
4 Fleischhauer, S. 98.
5 Lindberg, S. 164f; Levine, S. 99–102.
6 Levine, S. 100.
7 Lindberg, S. 165.
8 Folke Malmar an Gösta Engzell, #53, 9. Februar 1939. UD 1920 års HP1049, Riksarkivet.
9 Levine, S. 100.
10 Levine, S. 104f.
11 Levine, S. 80.
12 Botschaftsrat Svante Hellstedt. Zit. in Lindberg, S. 281.
13 Boheman, »På vakt«, vol. 2, S. 9. Zit. in Lindberg, S. 281.
14 Levine, S. 82f.
15 Promemoria, verfaßt von Gösta Engzell, 7. 9. 1942. UD 1920 års HP1049, Riksarkivet.
17 Aftonbladet, 14. August 1941, S. 10.
18 S.Kapitel 16, Anm. 2.
19 Gespräch mit Dov Dinur, 3. März 1997.
20 Gespräch mit Paul Levine, 18. März 1997.

18

1 S. u.a. Yahil, Die Shoah, S. 492f.; Sereny, S. 428–432; Reitlinger, S. 152ff; Arad et al. S. 347–350.
2 Sereny, S. 429f.; Yahil, Die Shoah, S. 492f.; Göran von Otters handschriftlicher Brief an Botschaftssekretär Lagerfelt in London, 23. Juli 1945 sowie Lagerfelts Aide-Memoire, 7. August 1945. UD 1920 års HP1051, Riksarkivet.
3 Ebda.
4 Ebda.
5 Ebda.
6 Ebda.
7 Koblik, »Om vi teg …«, S. 67.
8 Bericht von K.Y. Venuel, 20. August 1942. Begleitschreiben von Post an Kumlin. UD 1920 års HP 1ET, Riksarkivet; Rehnberg, Anna Maria, »Förintelsen känd redan 1942«. *Svenska Dagbladet* 25.8. 1992; Carlsson, S. 200.
9 Brief von Richert an Abteilungsleiter Kumlin. DU 1920 års HP1049, Riksarkivet.
10 Göran von Otters handschriftl. Brief an Botschaftssekretär Lagerfelt in London, 23. Juli 1945 sowie Lagerfelts Aide-Memoire, 7. August 1945. DU 1920 års HP1051, Riksarkivet.
11 Göran von Otters Brief an Lagerfelt, wie Fußnote 10.

12 Gespräch mit Gerhart Riegner, 4. Juni 1996.
13 Gespräch mit Gerhart Riegner, 4. Juni 1996; Laqueur und Breitman, S. 115–134.
14 Wie Anm. 12.
15 Ausspruch von Paul T. Culbertson, zit. in Wyman, S. 43.
16 Ausspruch von Elbridge Durbrow. Zit. in Wyman, S. 44.
17 Gespräch mit Gerhart Riegner, 4. Juni 1996.
18 Brief von Storch an »Gentlemen«, 10. September 1942. Svenska World Jewish Congress Archiv, C4/578. Central Zionist Archives.
19 Gespräch mit Paul Levine, 18. März 1997.
20 Laqueur und Breitman, S. 14.
21 Wie Anm. 17.

19 |

1 Levine, S. 136.
2 Dagens Nyheter, 2. Januar 1943. Zit. in Koblik, »Om vi teg ...«, S. 41; Levine, S. 148f.
3 Öhrvall an Kumlin, 3. Dezember 1942. UD 1920 års HP1070, Riksarkivet; Levine, S. 138.
4 Telegramm der Regierung an die schwed. Botschaft in Berlin, #83, 30. November 1942. Riksarkivet; Engzell an Richert, #146, 30. November 1942. Riksarkivet; Richert an Söderblom, #105, 1. Dezember 1942. Riksarkivet. Sämtlich in UD 1920 års HP1070.
5 Regierung an Richert, #84, 3. Dezember 1942. DU 1920 års HP1070. Riksarkivet.
6 Brief der Mosaischen Gemeinde über die Flüchtlingsfrage an South African Jewish War Appeal, 19. April 1944. UD 1920 års HP1050, Riksarkivet.
7 Brief von Storch an Legationsrat Hellstedt, 30. Oktober 1942. Statens Utlänningskommission, Paßamt, F2BA:515, Einreisedossier Nr. 778719, Riksarkivet; Tonbandaufnahme mit Gilel Storch, 10. April 1981. Kopie von Svante Hansson.
8 Svenska World Jewish Congress Archiv, C4/588. Central Jewish Archives.
9 Brief von Storch an Erlander, 26. Oktober 1942. Svenska World Jewish Congress Archiv, C4. Central Zionist Archives (Kopie im Bes. d. Verf.); Gesuch um schwed. Einreisevisum, mit Notizen, 30. Oktober 1942, Statens Utlänningskommission, Paßamt, F2BA:515, Einreisedossier Nr. 778719, Riksarkivet.
10 UD, 1. Februar 1943. Statens Utlänningskommission, Paßamt, F2BA:515, Einreisedossier Nr. 778719, Riksarkivet.
11 Svenska World Jewish Congress Archiv, C4/588, Central Zionist Archives.
12 Svenska World Jewish Congress Archiv, C4/579, Central Zionist Archives.
13 Koblik, »Om vi teg ...«, S. 58ff.; Segerstedt Wiberg und Lomfors, S. 126f.
14 Zusammenfassung der Flüchtlinge betreffenden Maßnahmen der Mosaischen Gemeinde im Brief an South African Jewish Appeal, 19. April 1944. UD 1920 års HP1050, Riksarkivet.
15 Promemoria von Engzell, 21. April 1939. Zit. in Koblik, »Om vi teg ...«, S. 176f.
16 Wie oben Anm. 15.
17 Gespräch mit Göran Josephson, 20. Oktober 1998.
18 Gespräch mit Miriam Nathanson, 26. Januar 1999.
19 Gottfarb, S. 81; Brief von Gunnar Josephson an Hugo Valentin, Dezember 1937. Zit. in Gottfarb, S. 89.
20 Gespräch mit Dov Dinur, 3. März 1997.
21 Gespräch mit Gerhart Riegner, 4. Juni 1996.
22 Kleist, Die europäische Tragödie, S. 210f.
23 Ebda.
24 Ebda.
25 Fleischhauer, S. 111.
26 Ribbentrop, S. 262. Zit. in Fleischhauer, S. 111.
27 Ribbentrop, S. 264. Zit. in Fleischhauer, S. 113.

20

1 Wykes, S. 140.
2 Wykes, S. 113f.
3 Kersten, Memoarer, S. 90–91.
4 Kessel, S. 213.
5 Manvell und Fraenkel, S. 282f.
6 Bauer, S. 168.
7 War Department, Office of Assistant Chief of Staff, G-2, 18. Mai 1943, Magic Summary Nr. 57, in: National Archives RG 457, Records of the National Security Agency, SRS 605, S. 4f. Zit. in Fleischhauer, S. 82; Telegramm des Gesandten der USA in Schweden, Herschel Johnson, Nr. 1715, 5. Juli 1942. National Archives RG 226, OSS, Stockholm Folder Nr. 1, Office of the Chief, Dispatches received from neutral countries, 1941–42. Zit. in Fleischhauer, S. 91; Telegramm der deutschen Botschaft in Lissabon, Nr. 1675, 27. Mai 1942. Büro des Staatssekretärs, Akten betreffend Russland, Bd. 8, 1. März 1942–30. Juni 1942, 33119. Politisches Archiv des Auswärtigen Amts, Bonn. Zit. in Fleischhauer, S. 91; Telegramm der deutschen Gesandtschaft in Stockholm, Nr. 3412, 28. November 1942. Büro des Staatssekretärs, Akten betreffend Russland, Bd. 9, 33481-2. Politisches Archiv des Auswärtigen Amts, Bonn. Zit. in Fleischhauer, S. 108.

21

1 S. Wyman, S. 104–123.
2 US State Department. Foreign relations of the United States 1943, vol. 1, S. 134–137. Zit. in Wyman, S. 105.
3 Protokoll der Bermudakonferenz, 20. April. US State Department. Foreign relations of the United States 1943, vol. 1, S. 155. Zit. in Wyman, S. 114f.
4 US State Department. Foreign relations of the United States 1943, vol.1, S. 173f. Zit. in Wyman, S. 119.
5 Wyman, S. 120.
6 New York Times, 29. April 1943. Zit. in Wyman, S. 122.
7 Segerstedt Wiberg und Lomfors, S. 134; Adler-Rudel, S. 220–221.
8 Adler-Rudel, S. 221–227; Koblik, »Om vi teg …«, S. 69; Levine, S. 200, 207; Gösta Bagge, Minnesanteckningar, 15. April 1843, S. 839f, 18. Mai 1943, S. 854, Riksarkivet; Aide-Memoire, Britische Gesandtschaft Stockholm, 22. Mai 1943. UD 1920 års HP1049, Riksarkivet.
9 Adler-Rudel, S. 222.
10 Storch an Kubowitzki, 18. Februar 1943. Svenska World Jewish Congress Archiv, C4. Central Zionist Archives (Kopie im Bes. d. Verf.).
11 Memorandum über »skandinavische Sektion des World Jewish Congress«, 22. Januar 1945. »A140/231«. Svenska World Jewish Congress Archiv, C4. Central Zionist Archives (Kopie im Bes. d. Verf.).
12 Gunnar Josephson an Gilel Storch, Antwort auf Schreiben vom 28. Januar 1946. Kopie von Uno Hedin, im Bes. d. Verf.
13 Gespräch mit Gert Löllbach, 19. März 1997.

22

1 Promemorien von Karl Höjer, 11. März 1943, 9. Juni 1943, 1. Juli 1943. Brief von Höjer an Engzell, 2. Oktober 1943. Statens Utlänningskommission, geheimes Archiv, F2A:76, Edgar Klaus, Kontrolldossier, Riksarkivet.
2 Handschriftl. Promemoria von Gösta Engzell, 27. Mai 1943. Statens Utlänningskommission, geheimes Archiv, F4:2, »Safedossier« 199 betreffend Edgar Klaus, Riksarkivet.
3 Promemoria von Höjer, 1. Juli 1943. Statens Utlänningskommission, geheimes Archiv, F4:2, »Safedossier« 199 betreffend Edgar Klaus, Riksarkivet.

4 Promemoria von Gösta Engzell, 27. Mai 1943. Statens Utlänningskommission, geheimes Archiv, F2A:76, Edgar Klaus, Kontrolldossier, Riksarkivet.
5 Brief von Arran Hamilton an Magnus Hallenberg, UD, 13. August 1943; Brief des Außenministeriums an Karl Höjer, 14. August 1943, Riksarkivet (Kopie im Bes. d. Verf.).

23 |

1 Kessel, S. 162.
2 Kersten, »Samtal med Himmler«, S. 146; Kerstens Lebensbericht, 12. Juni 1945, S. 9. DU 1920 års HP1692, Riksarkivet.
3 Kersten, »Samtal med Himmler«, S. 148.
4 Kersten, a.a.O., S. 149.
5 Ebda.
6 Kersten, a.a.O., S. 151.
7 Kersten, a.a.O., S. 157f.
8 Kersten, a.a.O., S. 159; Kerstens Lebensbericht, 12. Juni 1945, S. 10. UD 1920 års HP1692, Riksarkivet.
9 Kersten, a.a.O., S. 159; Kerstens Lebensbericht, 12. Juni 1945, S. 11f. UD 1920 års HP1692, Roksarkivet.
10 Brief von Richert an Kerstens Anwalt Knut Littorin, 19. Dezember 1946. Konstitutionsutskottets memorial nr 9. Bihang till Riksdagens protokoll 1953. Protokoll över justitiedepartementsärenden den 17 oktober 1952, S. 10.
11 Brief von Günther an Littorin, 28. November 1946. UD 1920 års HP1692, Riksarkivet; Grafström, S. 501.
12 Kersten, Memoarer, S. 187f.
13 Gespräch mit Arno Kersten, 29. März 1996.
14 Brief von Julie Graffman an ihren Sohn Erik Graffman. Kopie von Erik Graffman.
15 Kersten, Memoarer, S. 188.
16 Ebda.
17 Ebda.
18 Ebda.; Bauer, S. 169.
19 Kersten, a.a.O., S. 189f.
20 Kersten, Memoarer, S. 190f.; Brief aus Arno Kerstens privater Sammlung.
21 OSS Dispatch, Taylor an OSS, 27. Juli 1944. National Archives, RG 226, Entry 134, Box 304, Folder 5: Stockholm, May-July 1944. Zit. in Hindley, S.65.
22 Hewitts Bericht vom Mai 1953, Institut für Zeitgeschichte, München, F44/3; Schellenberg, »Final Report«, 30. September 1946, S.59. Beide zit. in Bauer, S. 169f.
23 Wie oben Anm. 22.
24 Kersten, Memoarer, S. 193.
25 Heinrich Himmlers Posener Rede, 6. Oktober 1943, zit. nach Sereny, S. 470ff.
26 Bauer, S. 170.
27 Brief von Günther an Engzell, 4. November 1948; Brief von Günther an Littorin, 28. November 1946. Beide in UD 1920 års HP1692, Riksarkivet.
28 Kerstens Lebensbericht, 12. Juni 1945. UD 1920 års HP1692, Riksarkivet; Kersten, Memoarer, S. 187; Bauer, S. 241; Konstitutionsutskottets memorial nr 9. Bihang till Riksdagens protokoll 1953. Protokoll över justitiedepartmentsärenden den 17 oktober 1952, S. 10.

24 |

1 Gustaf von Dardel an Staffan Söderblom, 17. November 1941. UD 1920 års HP1056, Riksarkivet.
2 Engzell an von Dardel, #37, 31. August 1943. UD 1920 års HP1056, Riksarkivet.

3 Tonbandaufnahme mit Gilel Storch, 24. September 1979. Kopie von Svante Hansson.
4 Hilberg, S. 563. Zit. in Levine, S. 234.
5 Kirschhoff, S. 209. Zit. in Levine, S. 235; Yahil, »The Holocaust«, S. 575.
6 Telefonat zwischen Richert und dem Außenministerium, #100, 30. September 1943, UD 1920 års HP1056, Riksarkivet.
7 Dardel ans Außenministerium, 2. Oktober 1943, UD 1920 års HP1056, Riksarkivet.
8 TT 2. Oktober 1943. UD 1920 års HP1056, Riksarkivet.
9 Koblik, »Om vi teg ...«, S. 72.
10 Telegramm von Wise ans Außenministerium. UD 1920 års HP1057, Riksarkivet. Zit. in Levine, S. 245.
11 Zusammenfassung der Flüchtlingsarbeit der Mosaischen Gemeinde im Brief an South African Jewish War Appeal, 19. April 1944. UD 1920 års HP1050, Riksarkivet.
12 Gespräch mit Fritz Hollander, 29. März 1996.
13 Rede von Norbert Masur, 9. April 1967. Kopie von Kurt Masur.
14 Gespräch mit Gert Löllbach, 19. März 1997.
15 Adler-Rudel, S. 225.
16 Gespräch mit Gert Löllbach, 19. März 1997.
17 Wie oben, Fußnote 16.
18 Rede von Norbert Masur, wie oben Fußnote 13.
19 Bericht der schwed. Sektion des World Jewish Congress, 27. Mai 1945. Fritz Hollanders Redebeitrag, S. 4. Svenska World Jewish Congress Archiv, C4/393. Central Zionist Archives.

25 |

1 Wyman, S. 80.
2 Morgenthau Diaries 688II, S. 100,223-T, Franklin D. Roosevelt Library, Hyde Park, NY. Zit. in Wyman, S. 83, 179.
3 Wyman, S. 188.
4 S. Wyman, S. 178–192.
5 Hilberg, vol. 3, table B-3, S. 1220.
6 Executive Order 9417. Zit. in Wyman, S. 209.
7 Hindley, S. 53.

26 |

1 Rosenfeld, S. 8.
2 Bauer, S. 237.
3 Rosenfeld, S. 8.
4 Danielsson an Günther,19. Januar 1944. UD 1920 års HP582, Riksarkivet.
5 Sereny, S. 506f.
6 Ebda.
7 Anger, S. 15.
8 Ebda.
9 Brief von Ivan Danielsson an Günther, 21. März 1944. #58, UD 1920 års HP582, Riksarkivet.
10 Gespräch mit Haim Lewensohn, Dezember 1998.
11 Bericht von Margolis an Joint, 20. November 1944, War Refugee Board, Box 45, Folder: Other evacuation projects through Sweden. FDR Library. Zit. in Hindley, S. 73, Fußnote 38.
12 Memorandum über die »skandinavische Sektion des World Jewish Congress«, 22. Januar 1945. »A140/231«. Svenska World Jewish Congress Archiv, C4. Central Zionist Archives (Kopie im Bes. d. Verf.).
13 Bauer, S. 257.

14 Bauer, S. 258.
15 Telegramm von Veesenmayer an Auswärtiges Amt, 22. Juli 1944. Zit. in Bauer, S. 264; Eichmanns Aussage, Bauer, S. 264; Bechers Aussage in Nürnberg, Yad Vashem Archives 3/2/48. Zit. in Bauer, S. 264.
16 Penkower, S. 186.
17 Bauer, S. 258.
18 Gespräch mit Miriam Nathanson, 26. Januar 1999.
19 Schwed. Regierung an Botschaft in Budapest, #28, 24 März 1944, UD 1920 års HP1094. Riksarkivet.
20 Brief von Masur an Ehrenpreis, 18. April 1944. Zit. in Koblik, »Om vi teg ...«, S. 216.
21 Promemoria, nicht unterschrieben, 3. Mai 1944. Svenska World Jewish Congress Archiv, C4/542. Central Zionist Archives
22 Gespräch mit Fritz Hollander, 29. März 1996.
23 Bauer, S. 249.
24 Svenska World Jewish Congress Archiv, C4/314. Central Zionist Archives.
25 Koblik, »Om vi teg ...«, S. 87–94, 106–119.

27 |

1 Philipp, S. 31.
2 Rosenfeld, S. 24.
3 Rosenfeld, S. 25.
4 Rosenfeld, S. 26.
5 Gespräch mit Miriam Nathanson, 26. Januar 1999.
6 Hilberg, S. 547; Gilbert, S. 200; Stark, S. 50ff.; Braham, S. 667; Koblik, »Om vi teg ...«, S. 74.
7 Bauer, S. 264f.
8 Friling, S. 267. Zit. in Bauer, S. 273.
9 Bauer, S. 275.
10 Ebda.
11 Bauer, S. 278.
12 Bauer, S. 281f.
13 Cabinet Papers 65, 12. Juni 1944. Public Records Office, Kew, England. Zit. in Penkower, S. 188.
14 Public Records Office, London/FO 371/42807/WR 170/3/48. Zit. in Bauer, S. 296.
15 Anger, S. 42.
16 Promemoria von Engzell, #8:B/39, 3. April 1944, UD 1920 års HP1094, Riksarkivet. Zit. in Levine, S. 263.
17 Brief von Danielsson an Boheman, #54, 25. April 1944. UD 1920 års HP1094, Riksarkivet. Zit. in »Räddningen: Budapest 1944«, S. 33f.
18 Regierung an die schwed. Botschaft in Budapest, #109, 11. Mai 1944, UD 1920 års HP1095, Riksarkivet.
19 Tonbandaufnahme mit Gilel Storch, 24. September 1979. Kopie von Svante Hansson; Memorandum betr. Aktivität des WJC in Ungarn, Svenska World Jewish Congress Archiv, C4/314; Namenslisten ungarischer Juden, Svenska World Jewish Congress Archiv, C4/583. Central Zionist Archives.

28 |

1 Philipp, S. 72.
2 Rosenfeld, S. 26.
3 Rosenfeld, S. 27.
4 Ebda.

5 Wyman, S. 245.
6 Wyman, S. 245; Bauer, S. 316–319.
7 Hilberg, S. 547; Gilbert, S. 200; Stark, S. 50ff.; Braham, S. 667; Koblik, »Om vi teg ...«, S. 74.
8 Danielsson ans Außenministerium, 24. 6. 1944. Zit. in »Räddningen: Budapest 1944«, S. 47ff.
9 Wyman, S. 302; Fotografien, Yad Vashem, Jerusalem.
10 Operations Division, 26. Juni 1944, Record Group 165 (1). Zit. in Wyman, S. 292.
11 Bauer, S. 401.
12 Memorandum betr. Aktivitäten des schwed. WJC in Ungarn, Svenska World Jewish Congress Archiv, C4/314. Central Zionist Archives.
13 Brief von Gilel Storch an Wilhelm Carlgren, UD, 9. August, 1979. Svenska World Jewish Congress Archiv, C4/433. Central Zionist Archives.
14 Tonbandaufnahme mit Gilel Storch und Engzell, 2. April 1981. Kopie von Svante Hansson.
15 Brief von Ehrenpreis an af Klercker, 29. Juni 1944; Brief von Sven Grafström an af Klercker, 29. Juni 1944; Svenska World Jewish Congress Archiv, C4/433, Central Zionist Archives.
16 Tonbandaufnahme mit Storch und Engzell, 2. April 1981. Kopie von Svante Hansson.
17 Per Anger ans Außenministerium, 3. Juli 1944. Zit. in »Räddningen: Budapest 1944«, S. 126f.
18 Rosenfeld, S. 28.
19 Penkower, S. 196.

29 |

1 Sereny, S. 525f.

30 |

1 Fleischhauer, S. 229.
2 S. u.a. Erik Carlsson, »Sverige och tysk motståndsrörelse under andra världskriget«.
3 Promemoria, 8. Juli 1944, Polizei Stockholm. Zit. in Fleischhauer, S. 242.
4 OSS dispatch, Taylor to OSS, 6. Juli 1944, #302, 12. Juli 1944, #312, okt.-43–juli -44, National Archives RG 226, entry 134, Box 303, 304. Stockholm IN. Zit. in Fleischhauer, S. 243; Hindley, S. 57.
5 Wie oben, Anm. 4.
6 *New York Daily News, Stockholmstidningen, Expressen*, 23. April 1948.
7 Carlsson, S. 331–336; Promemoria, wahrscheinlich von McEwan an den britischen Legationsrat, 1. Oktober 1944. Foreign Office 188/460/, Public Records Office. Zit. in Carlsson, S. 331f.; Work with OSS Washington 1939–45, vol. 4, Erik S. Eriksons Archiv, Riksarkivet. Zit. in Carlsson, S. 336.

31 |

1 Carlgren, »Sverige och Baltikum«, S. 64
2 Carlgren, a.a.O., S. 66–68.
3 Promemoria der schwedischen Polizei, 4. Juni 1948; Brief von Kriminalpolizeiintendent Hasselrot an Statens Utlänningskommission, 29. Mai 1948; Bescheinigung von Sigurd Curman, 28. Februar 1947; Bescheinigung von Folke Bernadotte, 14. Februar 1947. Sämtlich in Bruno Peter Kleists Zentraldossier, Invandrarverket.
4 Fleischhauer, S. 251; Hindley, S. 54; Promemoria von Engzell, 7. Juli 1944. DU 1920 års HP1050, Riksarkivet; Kleist, »Die europäische Tragödie«, S. 245.
5 Brief von Anwalt Arran Hamilton an Storch, 27. Juli 1945. Svenska World Jewish Congress Archiv, C4/591. Central Zionist Archives.
6 Kleist, Die europäische Tragödie. S. 245.
7 Kleist, Die europäische Tragödie. S. 245f.

8 Bruno Peter Kleists Zentraldossier, Invandrarverket.
9 Adler-Rudel, S. 238.
10 Hindley, S. 54.
11 Hindley, S.73, Fußnote 38.
12 Olsen an Pehle, 12. Juni 1944. War Refugee Board, Box 72, File: Sweden. FDR Library. Zitiert bei Hindley, S. 54.
13 Kleist, Die europäische Tragödie, S. 246.
14 Kleist, Die europäische Tragödie, S. 247.
15 Kleist, Die europäische Tragödie, S. 247.
16 Vortrag von Storch auf der Sitzung vom 27. Mai 1945. Archiv des Svenska World Jewish Congress, C4/359. Central Zionist Archives.
17 Telegramm von Johnson ans State Department, 28. Juni 1944, War Refugee Board, Folder: German Proposals through Sweden. FDR Library. Zitiert bei Hindley, S. 55.
18 Wie oben Anm. 17.
19 Hindley, S.55.
20 Telegramm von Johnson ans State Department, 28. Juni 1944, War Refugee Board, Folder: German Proposals through Sweden. FDR Library. Zit. in Hindley, S. 55.
21 Telegramm von Johnson ans State Department, 3. Juli 1944, War Refugee Board, Folder: German Proposals through Sweden. FDR Library, Zit. in Hindley, S. 56.
22 Promemoria von Gösta Engzell, 7. Juli 1944. UD 1920 års HP1050, Riksarkivet.
23 Gespräch mit Svante Hansson, 4. Juni 1996.
24 Gespräch mit Gösta Engzell, 29. März 1996.
25 Bauer, S. 336.

32 |

1 Kersten, Memoarer, S. 201f.
2 Hoffman, S. 381, zit. in Carlsson, S. 341.
3 Padfield, S. 491.
4 Bauer, S. 179f.
5 Bauer, S.179f.
6 Fleischhauer, S. 324, Anm. 82.
7 Carlsson, S. 285.
8 Padfield, S. 491.
9 Manvel und Fraenkel, S.
10 Padfield, S. 509.

33 |

1 Bauer, S. 344.
2 Bauer, S. 317–321.
3 Bauer, S. 323.
4 Dokumente zitiert bei Bauer, S. 340f.
5 Bauer, S. 346f.
6 Penkower, S. 202–203; Bauer, S. 46.
7 Rosenfeld, S. 45.
8 Veesenmayer an Ribbentrop, 28. August 1944. National Archives, T120/4355/E422181. Vgl. Bauer, S. 337. Auch in Cole, S. 63.

34 |

1 Hindley, S. 60; Storchs Bericht über die Arbeit im Relief and Rehalibitation Department, 27. Mai 1945, S. 3. Archiv des schwedischen World Jewish Congress, C4/359. Zentral Zionist Archives.

2 Wyman, S. 230; Hindley, S. 74, Anm.47.
3 Hindley, S. 60; Fleischhauer, S. 260.
4 Kleist, Die europäische Tragödie, S. 247–249.
5 Ebda. S. 247–249.
6 Ebda.
7 Telegramme von Johnsen ans State Department vom 3. Juli , 15. Juli und 27. September 1944. War Refugee Board, Box 70, Folder: German Proposals through Sweden. Franklin D. Roosevelt Library. Zit. bei Hindley, S. 59–61.
8 Kleist, a.a.O., S. 247–249.
9 Storchs Bericht über die Arbeit im Rahmen des Relief and Rehabilitation Department, 27. Mai 1945, S. 3–4. Svenska World Jewish Congress, Archiv, C4/359. Central Zionist Archives; Fleischhauer, S. 260; Telegramm von Johnsen ans State Deoartment, 14. Oktober 1944. War Refugee Board, Box 70, Folder: German Proposals through Sweden, Franklin D. Roosevelt Library. Zit. bei Hindley, S. 61; Penkower, S. 269.
10 Fleischhauer, S. 260.
11 Penkower, S. 369–370, Anm. 59. Penkower bezieht sich auf eine Mitteilung von Olsen an O'Dwyer vom 15. Juni 1945. War Refugee Board, Box 72, Franklin D. Roosevelt Library, Hyde Park, N.Y.
12 Gespräch mit Svante Hansson am 4. Juni 1996.
13 Telegramm des Baltisch-jüdischen Hilfskomitees an Kubowitzki, undatiert (vermutlich 11. Dezember) 1944. Svenska World Jewish Congress Archiv, C4/587. Central Zionist Archives.
14 Storchs Bericht über die Arbeit im Rahmen des Relief and Rehabilitation Department, 27. Mai 1945, S. 4. Svenska World Jewish Congress Archiv, C4/359. Central Zionist Archives.
15 Brief von V. Salnais an K. Zarins vom 11. August 1944. Allmänna Säkerhetstjänstens öppnade brev, F5DE:10, Riksarkivet.
16 Brief von Storch an Feldhuhn, Karlin, Nisse, Jedwabnik, Mühlmann und Pinkowitz in New York vom 9. September 1942. Allmänna Säkerhetstjänstens öppnade brev, F5DE:10, Riksarkivet.
17 Von Gösta Engzell verfaßtes Promemoria vom 7. Juli 1944. UD 1920 års HP1050, Riksarkivet; Wyman, S. 229; Penkower, S. 269–270; Koblik: »Om vi teg ...«, S. 160.
18 Bericht von Olsen, 22. November 1944. Zit. in Koblik: »Om vi teg ...«, S.237–238.
19 Gespräch mit Marcus Storch, 19. März 1997.
20 Gespräch mit Valentine Lasmane, Dezember 1998.
21 Tonbandaufnahme mit Storch vom 10. April 1981. Kopie von Svante Hansson.

35 |

1 Hilberg, Destruction of the European Jews, 1961, S.232.
2 Encyclopedia of the Holocaust: Latvia, S.851.
3 Gespräch mit Valentine Lasmane, Dezember 1998; Lasmane, S. 124–130 (Interview mit Israel Michelson); Robinson, Kap. 2, 3; Gespräch mit Haim Lewensohn, Dezember 1998.
4 Max Kaufmann in Association of Latvian and Estonian Jews, S. 357.
5 Isaak Kleiman in Schneider, S. 103–104.
6 Telegramm des Baltisch-jüdischen Hilfskomitees an Kubowitzki, undatiert C4/587. Central Zionist Archives.
7 Gespräch mit Valentine Lasmane, Dezember 1998; Lasmane, S. 124–130 (Interview mit Israel Michelson); Robinson, Kap. 2, 3; Gespräch mit Haim Lewensohn, Dezember 1998.
8 Telegramm des Baltisch-jüdischen Hilfskomitees an Kubowitzki, undatiert (vermutlich 11. Dezember) 1944. Svenska World Jewish Congress Archiv, C4/587. Central Zionist Archives.
9 Von Engzell verfaßtes Promemoria vom 7. Juli 1944. D U 1920 års HP 1050, Riksarkivet.
10 Koblik, »Om vi teg ...«, S. 160.

11 Telegramm von Storch an die Federation of Lithuanian Jews, 12. August 1944. Svenska World Jewish Congress Archiv, C4/583. Central Zionist Archives.
12 Telegramm von Storch an Kubowitzki, 4. Oktober 1943. Svenska World Jewish Congress Archiv, C4/579. Central Zionist Archives.
13 Brief von Samuel Nisell an Leon lapidus vom 6. Dezember 1944. Svenska World Jewish Congress Archiv, C4/378. Central Zionist Archives.
14 Protokoll Nr. 5, World Jewish Congress svenska sektion, 4. Dezember 1944. Svenska World Jewish Congress Archiv, C4/394. Central Zionist Archives.
15 Penkower, S. 270.
16 Brief von Storch an Olsen, 23. Mai 1944. Svenska World Jewish Congress Archiv, C4. entral Zionist Archive (Kopie im Besitz der Verf.).
17 Gespräch mit Fritz Hollander, 29. März 1996.

36 |

1 Gespräch mit Karl Berman, 28. Februar 1997.
2 OSS-Bericht, Taylor an OSS, 5. Mai 1944. National Archives 226, Entry 134, Box 304, Folder: 5, Stockholm, May-June 1944. Zit. von Hindley, S. 65 (Kerstens Identität bestätigt von Richard Breitman).
3 Der finnische Gesandte Gripenberg an Außenminister Ramsay am 7. Mai 1944. Henrik Ramsays samling, vol 3. Finska riksarkivet. Zit. v. Rautkallio, S. 256.
4 Gespräch mit Karl Berman, 28. Februar 1997.
5 Gespräch mit Dov Dinur, 3. März 1997.
6 Gespräch mit Eleonora Storch-Schwab, 3. Juni 1996.
7 Gespräch mit Marcus Storch, 31. Januar 1999.
8 Gespräch mit Gert Löllbach, 19. März 1997.
9 Weil, S. 121.
10 Gespräch mit Eleonora Storch-Schwab, 3. Juni 1996.

37 |

1 Gespräch mit Fritz Hollander, 29. März 1996.
2 Gespräch mit Fritz Hollander, 29. März 1996.
3 Telegramm von Storch an Ehrenpreis, 27. Juni 1944. Svenska World Jewish Congress Archiv, C4/581. Central Zionist Archives.
4 Sitzungsprotokoll der schwedischen Sektion des World Jewish Congress, 27. Mai 1845. Svenska World Jewish Congress Archiv, C4/393. Central Zionist Archives.
5 Protokoll svenska WJC, 14. November 1944, S. 3. Svenska World Jewish Congress Archiv, C4/394. Central Zionist Archives.
6 Gespräch mit Miriam Nathanson, 26. Januar 1999.
7 Sitzungsprotokolle 1944–45 der schwedischen Sektion des World Jewish Congress. Svenska World Jewish Congress Archiv, C4/394. Central Zionist Archives.
8 Leon Lapidus: Rapport om arbetet inom Relief and Rehabilitation Department, World Jewish Congress, konstituierende Sitzung , 27. Mai 1945. Svenska World Jewish Congress Archiv, C4/359. Central Zionist Archives.
9 Gerhart Riegners Gedenkrede an Gilel Storch, 3. Juni 1996, Stockholms Judiska Församling (Kopie im Besitz d. Verf.).
10 Penkower, S. 223–224.
11 Leon Lapidus: Rapport om arbetet inom Relief and Rehabilitation Department, World Jewish Congress konstituerande sammanträde, 27. Mai 1945. Svenska World Jewish Congress Archiv, C4/359. Central Zionist Archives.
12 Leon Lapidus: wie Anm. 11.
13 Gespräch mit Fritz Hollander, 29. März 1996.

14 Gespräch mit Eleonora Storch-Schwab, 3. Juni 1996.
15 Gespräch mit Svante Hansson, 4. Juni 1996.
16 Telegramm von Storch, 6. September 1944. Svenska World Jewish Congress, Archiv, C4. Central Zionist Archives (Kopie im Besitz d. Verf.).
17 Leon Lapidus:Rapport om arbetet inom Relief and Rehabilitation Department, World Jewish Congress konstituerande sammanträde, 27. Mai 1945. Svenska World Jewish Congress Archiv, C4/359. Central Zionist Archives; Report of the work of World Jewish Congress, Swedish Section, anförande av L. Lapidus. Svenska World Jewish Congress Archiv, C4/590. Central Zionist Archives.
18 Brief des Außenministeriums (Unger) an Generalkonsul Westring in Oslo, 4. Dezember 1944; PM angående livsmedelspaket till civila norska fångar och krigsfångar i Tyskland, 13. November 1944. Beide in UD 1920 års HP 1617, Riksarkivet.
19 Promemoria vom 25. 10. 1944, vermutlich vom schwedischen Außenministerium an Fritz Hollander. Svenska World Jewish Congress Archiv, C4/585. Central Zionist Archives.
20 »Press conference with Hillel Storch, President of the Swedish section of the World Jewish Congress«, Oktober 1947, S. 2. Svenska World Jewish Congress Archiv, C4/557. Central Zionist Archives.
21 Protokoll Nr. 6, World Jewish Congress svenska sektion, 12. Dezember 1944, S. 2. Svenska World Jewish Congress Archiv, C4/394.Central Zionist Archives; Brief an den Botschaftsrat Hellstedt im Außenministerium von Gilel Storch, 19. März 1945. DU 1920 års HP1051, Riksarkivet; Leon Lapidus, Rapport om arbetet inom Relief and Rehabilitation Department, World Jewish Congress konstituerande sammanträde, 27. Mai 1945. Svenska World Jewish Congress Archiv, C4/359. Central Zionist Archives.
22 Brief von Barber an Hollander, 13. Februar 1945. Svenska World Jewish Congress Archiv, C4. Central Zionist Archives (Kopie im Besitz d. Verf.).
23 Yahil, Die Shoah, S. 761f.
24 Penkower, S. 223–246.
25 Penkower, S. 225–226; Encyclopedia of the Holocaust: »Red Cross, International«, S. 1228–1230; Wyman, S. 283–284; Yahil, »The Rescue of Danish Jewry«, S. 302–313; Reitlinger, S.454–455.
26 Penkower, S. 226.
27 Gespräch mit Gerhart Riegner, 4. Juni 1996.
28 Penkower, S. 225.
29 Protokoll Nr. 3, World Jewish Congress, svenska sektionen, 2. November 1944, S. 2 (Hollander); Förberedande möte, Svenska World Jewish Congress, 26. Oktober, S. 1 (Storch), dasselbe Dokument S. 3 (Treffen mit dem Schwedischen Roten Kreuz, 28. Oktober). Sämtliche im Svenska World Jewish Congress Archiv, C4/394. Central Zionist Archives; Telegramm von Storch an Riegner, 2. November 1944. Svenska World Jewish Congress Archiv, C4/586. Central Zionist Archives.
30 Sitzungsbericht über das Treffen zwischen Svenska World Jewish Congress und Hjälp Krigets Offer, 26. Oktober 1944. Svenska World Jewish Congress Archiv, C4/394. Central Zionist Archives.
31 Leon Lapidus, Rapport om arbetet inom Relief and Rehabilitation Department, World Jewish Congress' konstituerande sammanträde, 27. Mai 1945. Svenska World Jewish Congress Archiv, C4/359. Central Zionist Archives; Report of the work of *World Jewish Congress*, Swedish section, Bericht von L. Lapidus. Svenska World Jewish Congress Archiv, C4/590. Central Zionist Archives; auch »samtal med prof. Ehrenpreis«, 28. Oktober 1944. Svenska World Jewish Congress Archiv C4/394. Central Zionist Archives.
32 Gespräch mit Eleonora Storch-Schwab, 3. Juni 1996.
33 Protokoll Nr. 3, Svenska World Jewish Congress, S. 5. Svenska World Jewish Congress Archiv, C4/394. Central Zionist Archives

38

1 Berg, S. 11.
2 Anger, S. 46.
3 Philipp, S.89.
4 Anger, S. 46.
5 Handschriftl. Redemanuskript, vermutlich am 22. Oktober 1944 von einem Mitglied der schwedischen Sektion des WJC gehalten (beginnt m. d. W. »Auf Initiative von Herrn Adler Rudel ...«, nicht unterzeichnet, Notizen am Rand scheinen Storchs Handschrift zu sein). Svenska World Jewish Congress Archiv, C4/394. Central Zionist Archives.
6 Küng, S. 33–34.
7 Rosenfeld, S.34.
8 Berg, S.11–12.
9 Rosenfeld, S. 34.
10 Ebda.
11 Ebda.
12 Brief von Raoul Wallenberg an Maj von Dardel. Zitiert in Philipp, S. 98.
13 Zit. in Rosenfeld, S. 86.
14 Cole, S. 182.
15 Cole, S. 171–182; Anger, S. 54; Bericht von Wallenberg, 6. August 1945. Zit. in »Räddningen: Budapest 1944«, S. 169.
16 Affidavit Lakatos, 10. Juni 1947; Veesenmayer an Auswärtiges Amt, 10. Oktober 1944. Beide zit. in Hilberg, S. 854–855.
17 Brief von Raoul Wallenberg an Kálámán Lauer, 29. 9. 1944. Zit. in Rosenfeld, S. 45–46.
18 Zeugenaussage von Ernst Kienast. Zit. bei Hilberg, S. 856.
19 Bauer, S. 360.
20 Kasztner, S. 131; Affidavit Becher in Nürnberg. Zit. in Reitlinger, S. 517 und in Manvell und Fraenkel, S. 206.
21 Berg, S. 17.
22 Berg, S. 17–18.
23 Cole, S. 66.
24 Bericht von Tommy Lapid. Küng, S. 51–52.
25 Philipp, S. 111.
26 Zit. in Rosenfeld, S. 86.
27 Bericht von Tommy Lapid, Küng, S. 52–53.
28 Bericht von Jonny Moser, an Elsa Björkman Goldschmidt. Zit. in Küng, S. 55.
29 Brief von Storch an Ehrenpreis, 13. November 1944. Svenska World Jewish Congress Archiv, C4/586. Central Zionist Archives.
30 Telegramm von Storch an Stephen Wise, Nahum Goldmann, Arieh Tartakover, 28. November 1944. Svenska World Jewish Congress Arvhiv, C4/588. Central Zionist Archives.
31 Telefongespräch Sam Nisell – Fritz Hollander vom 8. November 1944. Svenska World Jewish Congress Archiv, C4/394. Central Zionist Archives.
32 Protokoll Nr. 4, Svenska World Jewish Congress, S. 1f. Svenska World Jewish Congress Archiv, C4/394. Central Zionist Archives.
33 Brief von Ehrenpreis an Storch, 5. Dezember 1944. Svenska World Jewish Congress Archiv, C4/586. Central Zionist Archives.
34 Telegramm von Storch an Zelmanovits, 16. Januar und 8. Februar 1945. Svenska World Jewish Congress Archiv, C4/588. Central Zionist Archives; Telegramm von Ehrenpreis an World Jewish Congress, New York, 18. Dezember 1944. Svenska World Jewisch Congress Archiv, C4/586. Central Zionist Archives.
35 Brief von Storch an Olsen, 16. April 1945. Svenska World Jewish Congress Archiv, C4/543. Central Zionist Archives.

36 Leon Lapidus, Rapport om arbetet inom Relief and Rehabilitation Department, World Jewish Congress' konstituerande sammanträde, 27. Mai 1945. Svenska World Jewish Congress Archiv, C4/359; Brief von Storch an Engzell, 27. Februar 1945, Kopie von Uno Hedin im Besitz d. Verf.; Telegramm von Klee, Riegner an Storch, 31. Januar 1945, DU 1920 års HP1050, Riksarkivet.

37 Telegramm weitergeleitet an Storch durch Stettinius über die amerikanische Botschaft in Stockholm, 15. März 1945. Svenska World Jewish Congress Archiiv, C4/492. Central Zionist Archives.

38 Brief von Storch an Bernadotte, 4. März 1945. Svenska World Jewish Congress Archiv, C4/562. Central Zionist Archives.

39 Brief von Storch ans IRC, Dr. Ernhold, 19. März 1945. Svenska World Jewish Congress Archiv, C4/421. Central Zionist Archives; Brief von Storch an Botschaftsrat Hellstedt, schwed. Außenministerium, 21. März 1945, Kopie von Uno Hedin im Besitz d. Verf.

40 Brief von Storch an Bernadotte, 4. März 1945. Svenska World Jewish Congress Archiv, C4/562. Central Zionist Archives; Gespräch mit Svante Hansson, 4. Juni 1996; Storch,»Ett judiskt tack«, in »Folke Bernadotte af Wisborg«, S. 307. Kopie im Besitz von Eleonora Storch-Schwab; Brief von Storch an Dr. Ernhold, IRK, 19. März 1945, Svenska World Jewish Congress Archiv, C4/421. Central Zionist Archives.

41 Gespräch mit Gerhart Riegner, 4. Juni 1996.

39 |

1 Bernadotte, *Das Ende*, S. 7–12. [Da die deutsche Übersetzung von 1945 nicht immer zuverlässig ist, sind die hier zitierten Passagen aus Bernadottes Buch nach der von Lena Einhorn zitierten schwedischen Fassung teilweise neu übersetzt. Die Seitenangaben beziehen sich trotzdem auf die deutsche Übersetzung von 1945. A. d. Ü.]

2 Sechster Bericht der holländischen parlamentarischen Untersuchungskommission. Zitiert im Memorial Nr. 9 des Konstitutionsausschusses. Anhang zu Riksdagens protokoll 1953. Protokoll över justitiedepartementsärenden den 17 oktober 1952, S.17.

3 Sechster Bericht der holländischen parlamentarischen Untersuchungskommission. Zitiert in Memorial Nr. 9 des Konstitutionsausschusses. Anhang zu Riksdagens protokoll 1953. Protokoll över justitiedepartementsärenden den 17 oktober 1952, S. 17.

4 Schreiben 1343 der Gesandtschaft in Berlin ans schwed. Außenministerium, 5. Dezember 1943. Zit. in Kungl.Utrikesdep.: 1945 års svenska hjälpexpedition, S. 5.

5 Handschreiben von Post-Söderblom, 19. Januar 1944. Zit. in Kungl. Utrikesdep., 1945 års svenska hjälpexpedition, S. 5.

6 Kersten, Memoarer, S. 226.

7 Kersten, Memoarer, S. 226–227.

8 Kungl. Utrikesdep.: 1945 års svenska hjälpexpedition till Tyskland, S. 6–7.

9 Brief von Günther an Advokat Knut Littorin, 28. November 1946. Svar på bifogad historieskrivning av Littorin. DU 1920 års HP1692, Riksarkivet.

10 Gottfarb, S. 117.

11 Knut-Lennart Havaas, »Greve Folke Bernadotte; fågel eller fisk? En granskning av grevens influens till och på Bernadotteaktionen, före och under denna aktions genomförande på vårvintern 1945.« C-uppsats, Historiska Institutionen, Göteborgs Universitet, vårterminen 1995.

12 Kungl. Utrikesdep.: 1945 års svenska hjälpexpedition, S. 5–6; Ditleff, S. 10–11.

13 Norges forhold ... III, S. 377–379. Zit. in Havaas, S. 18.

14 Kungl. Utrikesdep.: 1945 års svenska hjälpexpedition, S. 8.

15 Ditleff, S. 8–9; Gottfarb, S. 117; Havaas, S. 21.

16 Gottfarb, S. 117.

17 Ebda.

18 J. Hæstrup, S. 414–420; D.A.Seip, S. 302–390. Zitiert von Havaas, S. 24; Gottfarb, S. 122; Ditleff, S. 14.
19 Gottfarb, S. 118; Havaas, S. 19.
20 Gottfarb, S. 118.
21 Scharffenberg, S. 26.33; Norges forhold ...III, S. 353–362; Seip, S. 302–390. Zit. in Havaas, S. 18.
22 Bernadotte, Das Ende, S. 13–15.
23 Bernadotte, Das Ende, S. 15.
24 Kungl. Utrikesdep.: 1945 års svenska hjälpexpedition, S. 9.
25 Bernadotte, Das Ende, S. 16. [S. A. d. Ü. zu Anm. 1.]
26 Handschriftliche Notiz von Prinz Carl ans Außenministerium, 15. Februar 1945. UD 1920 års HP1596, Danmark, Riksarkivet.
27 Kungl. Utrikesdep.: 1945 års svenska hjälpexpedition, S. 19f.
28 Havaas, S. 34.3
29 Gottfarb, S. 128.

40 |

1 Kungl. Utrikesdep.: 1945 års svenska hjälpexpedition, S. 15.
2 Kerstens Darstellung, bezeugt durch Günther. Svenska World Jewish Congress Archiv, C4/570. Central Zionist Archives. Auch zitiert in Konstitutionsutskottets memorial nr. 9. Bihang till Riksdagens protokoll 1953. Protokoll över justitiedepartementsärenden den 17 oktober 1952, S. 8.
3 Gespräch mit Arno Kersten, 29. März 1996.
4 Gespräch mit Arno Kersten, 29. März 1996.
5 Kerstens Bericht über sein Leben, 12. Juni 1945, S. 14, UD 1920 års HP1692. Riksarkivet.
6 Brief von Günther an Engzell, 4. November 1948, UD 1920 års HP1692. Riksarkivet.
7 Kerstens Bericht über sein Leben, 12. Juni 1945, S. 14–15, UD 1920 års HP1689, Riksarkivet.
8 Brief von Himmler an Kersten, 12. Dezember 1944. UD 1920 års HP1689. Riksarkivet.
9 Gespräch mit Arno Kersten, 29. März 1996.

41 |

1 Gerhart Riegner, Rede zum Gedenken an Gilel Storch, 3. Juni 1996. Stockholms Jüdische Gemeinde.
2 Nürnberger Prozeß: Zeugenaussagen von Becher, Höss, Gerdes und Wisliceny. Zit. in Reitlinger, S. 462, 470, 472; Rennaus Bekräftigung gegenüber Holm. Holm, S. 144; Werner Grothmans Aussage in Nürnberg, 4. Januar 1947. Zit. in Bauer, S. 379, Anm.7; Schellenbergs Aussage vom 13. November 1945 über Gespräch mit Kaltenbrunner am 10. April 1945. Zit. in Bauer, S. 379; Polnische Information darüber, daß die zivilen Gefangenen in Auschwitz liquidiert werden sollen, 25. September 1944. Sternbuchs Information über Himmlers Pläne, alle Lagergefangenen ausrotten zu lassen, 5. Oktober 1944. Zit. in Penkower, S. 255; Karl Wolffs Aussage gegenüber Allan Dulles, 19. März 1945. Zit. in Padfield, S. 573; Ravensbrücks Kommandant Suhrens Aussage gegenüber Franz Göring, 22. April 1945. Zit. in Padfield, S. 592 und in Fleming, S. 179–180; Kaltenbrunner gegenüber Hesse im Februar 1945. Hesse, S. 199; Wulff, S. 185.
3 Telegramm von Himmler an die Kommandanten in Dachau und Flossenbürg, 14. April 1945. U.S. National Archives. Zit. in Fleming, S.178.
4 Kersten über Ausspruch Himmlers vom 11. März 1945. Kersten, Menoiren, S. 277.
5 Adler–Rudel, S. 238.
6 Bauer, S. 385; Telegramm von Riegner an Storch vom 7. Dezember 1944. Svenska World Jewish Congress Archiv, C4/586. Central Zionist Archives.

7 Bauer, S. 353; Penkower, S. 258.
8 Penkower, S. 253–260; Bauer, S. 353f; Wyman, S. 249–250; Schellenberg, Memoiren, S. 430. Zit. in Manvell, S. 199; Musys Bericht. Zit. in Bauer, S. 353f. und in Penkower, S. 256–258; Brief von Schellenberg an Kersten, 2. April 1945. Svenska World Jewish Congress Archiv, C4/488, Central Zionist Archives.
9 Padfield, S. 571.

42 |

1 Havaas, S. 21.
2 Gottfarb, S. 119.
3 Kungl. Utrikesdep.: 1945 års svenska hjälpexpedition, S. 17.
4 Kungl. Utrikesdep.: 1945 års svenska hjälpexpedition, S. 12.
5 Kogon, S. 157. Zit. in Yahil, Die Shoah, S. 714; Nationalencyklopedi: Auschwitz; Hilberg, S. 1219; Encyclopedia Britannica: Höss.
6 Nationalencyklopedi: Auschwitz.
7 Yahil, Die Shoah, S. 713.
8 Yahil, Die Shoah, S. 764.
9 Goldhagen, S. 327–328.
10 Yahil, Die Shoah, S. 731.
11 Goldhagen, S. 330. Zitiert Broszat, S. 248; Encyclopedia of the Holocaust: Death Marches, S. 354.
12 Bauer, S. 380.
13 Encyclopedia Britannica: The World Wars: World War II: The Soviet advance to the Oder, January–February 1945; Toland, S. 1044f.
14 Toland, S. 1045.
15 Yahil, Die Shoah, S. 716.
16 Höss, S. 145f.
17 Encyclopedia Britannica: Auschwitz; Yahil, Die Shoah, S. 716; Aftenposten, 8.5.85. Zit. in Havaas, S.29.
18 Katz, S. 200–208. Zit. in Yahil, Die Shoah, S. 720f.
19 Yahil, Die Shoah, S. 719.
20 Yahil, Die Shoah, S. 720f; Châtel und Ferree: »The Forgotten Camps: Stutthof.« Internet Seite: www2.3dresearch.com/june/Vincent/Camps/StutthofEng.html
21 Stella Tjajkowskis unpublizierte Aufzeichnungen; Gespräch mit Stella Tjajkowski, 2. Februar 1999.
22 Yahil, Die Shoah, S. 720.
23 Stella Tjajkowskis unpublizierte Aufzeichnungen; Gespräch mit Stella Tjajkowski, 2. Februar 1999.
24 Gilbert, S. 216.
25 Yahil, Die Shoah, S. 721.
26 Gilbert, S. 216.
27 Yahil, Die Shoah, S. 721.
28 Padfield, S. 553.
29 Raoul Wallenberg an Maj von Dardel, 8. Dezember 1944. Zit. in Philipp, S. 126–127.
30 Rosenfeld, S. 70.
31 Anger, S. 87–88; Szalais Schilderung nach dem Krieg, zit. in Braham, S. 874; Rosenfeld, S. 70–71; Küng, S. 59–60.
32 Rosenfeld, S. 71.
33 Braham, S. 872–875.
34 Anger, S. 86.
35 Rosenfeld, S. 97.

36 Rosenfeld, S. 98.
37 Ebda.
38 Rosenfeld, S. 100.
39 Räddningen, S. 12.
40 Philipp, S. 166.
41 Rosenfeld, S. 114–120.
42 Vgl. u.a. Schiller, Varför ryssarna tog Raoul Wallenberg.
43 Rosenfeld, S. 114.
44 Anger, S. 139.
45 Anger, S. 136.
46 Anger, S. 132.
47 Aussage von Bernhard Rensinghoff, zit. in Rosenfeld, S. 120.
48 Zitiert in Küng, S. 74–75.
49 Anger, S. 139–140.
50 Anger, S. 140.
51 Rosenfeld, S. 130.

43 |

1 Telegramm von Grünbaum an Storch, 23. Januar 1945. UD 1920 års HP1050. Riksarkivet.
2 Brief von Zelmanovits an Storch, 23. Januar 1945. Svenska World Jewish Congress Archiv, C4/588. Central Zionist Archives.
3 Brief von Norbert Masur und Fritz Hollander an World Jewish Congress in London, 5. Februar 1945. Svenska World Jewish Congress Archiv, C4/376. Central Zionist Archives.
4 Telegramm von Boström ans schwed. Außenministerium, 21. Januar 1945; Brief von Boström an Boheman, 23. Januar 1945; Telegramm von von Post an Richert, 25. Januar 1945; Promemoria , schwed. Außenministreium, 19. Februar 1945. Sämtlich in UD 1920 års HP1050, Riksarkivet.
5 Brief von Nylander an von Post, 7. Januar 1945. Zit. in Koblik, »Om vi teg ...«, S. 251–253.
6 Kleist, Die europäische Tragödie, S. 248.
7 Brief von Nylander an von Post, 7. Januar 1945. Zit. in Koblik, »Om vi teg ...«, S. 253.
8 Brief von von Post an Nylander, 9. Januar 1945. Zit. in Koblik, »Om vi teg ...«, S. 253.
9 Promemoria von Johnson ans Außenministerium, 27. Januar 1945; Brief von von Post an Richert, 27. Januar 1945; Beide in UD 1920 års HP 1050, Riksarkivet.
10 Telegramm von von Post an Richert, 25. Januar 1945. Zit. in Koblik, »Om vi teg ...«, S. 253–254; Brief von von Post an Richert, wie oben Anm. 9.
11 Brief von Richert an von Post, 29. Januar 1945. UD 1920 års HP 1050, Riksarkivet.
12 Telegramm von Storch an Goldmann, Kubowitzki und Tartakower, 30. Januar 1945. Svenska World Jewish Congres Archiv, C4/543. Central Zionist Archives.
13 Regierung an die Botschaft in Berlin,3. Februar 1945; Regierung an Botschaft in Bern, 3. Februar 1945; Promemoria vom Außenministerium 19. Februar 1945. Sämtliche in UD 1920 års HP 1050. Riksarkivet.
14 Telegramm von Richert ans Außenministerium, 7. Februar 1945. UD 1920 års HP1050. Riksarkivet.
15 Telegramm von Estrap ans Außenministerium, 8. Februar 1945. Telegramm von Regierung an Botschaft in Berlin, 10. Februar 1945. UD 1920 års HP1050. Riksarkivet.
16 Telegramm von Richert ans Außenministerium, 7. Februar 1945. UD 1920 års HP1050. Riksarkivet.
17 PM om diplomatisk aktion i Berlin till förmån för judarna, 19. Februar 1945; Richert an von Post, 11. Februar 1945; Regierung an Richert, 12. Februar 1945; Richert an Regierung, 13. Februar 1945. Sämtlich in UD 1920 års HP1050. Riksarkivet.
18 Kung. Utrikesdep.: 1945 års svenska hjälpexpedition, S. 26.

19 Briefe zwischen Klaus und Storch, 14., 16., 25. Februar. Svenska World Jewish Congress Archiv, C4/571. Central Zionist Archives.
20 Fleischhauer, S. 277.
21 Ebda.
22 Promemoria von Gösta Engzell, 12. Februar 1945. UD 1920 års HP1050. Riksarkivet.
23 Die Vorgänge werden in einem Brief von Storch an Klaus vom 16. Februar 1945 beschrieben. Svenska World Jewish Congress Archiv, C4/571. Central Zionist Archives.
24 Promemoria von Gösta Engzell, 12. Februar 1945. UD 1920 års HP1050.Riksarkivet.
25 Vgl. auch Telegramm der Regierung an die Botschaft in Berlin vom 12. Februar 1945. UD 1920 års HP1050. Riksarkivet.
26 Report of the work of the World Jewish Congress, Swedish section, S. 7. Svenska World Jewish Congress Archiv, C4/590. Central Zionist Archives.
27 Kungl. Utrikesdep.: 1945 års svenska hjälpexpedition, S. 18. Wiedergegebene Meldungen aus Svenska Dagbladet und Aftonbladet, 9. Februar 1945. UD 1920 års HP1050. Riksarkivet.
28 Penkower, S. 261; Franz Göring, »Auszug aus meinem Tagebuch über die Befreiung von Menschen aus den deutschen Konzentrationslagern«, S. 1–5. Svenska World Jewish Congress Archiv, C4/488. Central Zionist Archives.
29 Bauer, S. 362; Brief von Schellenberg an Kersten, 2. April 1945. Svenska World Jewish Congress Archiv. C4/495. Central Zionist Archives.
30 Penkower, S. 261; Franz Göring, »Auszug ...«, wie oben Anm. 28.
31 Promemoria von Ditleff, 5. Februar (dem Außenministerium überreicht am 7. Februar). UD 1920 års HP1618, Riksarkivet.
32 Kungl. Utrikesdep.: 1945 års svenska hjälpexpedition, S. 18.
33 Ditleff, S. 8; Bernadottes Bericht über die Treffen mit Himmler zwischen dem 16. und 21. Februar 1945. UD 1920 års HP1618, Riksarkivet.
34 Telegramm des Außenministeriums an Richert, 10. Februar 1945. UD 1920 års HP1618, Riksarkivet.
35 Telegramm von Richert ans Außenministerium, 11. Februar 1945. UD 1920 års HP1618, Riksarkivet.
36 Promemoria von Richert ans Außenministerium, 6. Februar 1945. UD 1920 års HP1618, Riksarkivet.
37 Kungl. Utrikesdep.: 1945 års svenska hjälpexpedition, S. 19. Das Weißbuch stützt sich indessen auf ein Dokument, das von Kerstens persönlicher Assistentin Elisabeth Lüben unterzeichnet ist, 1. September 1948.
38 Telegramm von Brandel an von Post, 14. Februar 1945. UD 1920 års HP1618, Riksarkivet.
39 Wyman, S.250–251; Franz Göring, »Auszug aus meinem Tagebuch über die Befreiung von Menschen aus den deutschen Konzentrationslagern«, S. 4–5. Svenska World Jewish Congress Archiv, C4/495. Central Zionist Archives. Manvell und Fraenkel, S202.

44

1 Bernadotte, Das Ende, S. 17. Vgl. auch A.d.Ü. zu Kap. 39, Anm. 1.
2 Bernadotte, Das Ende; »Dagboksanteckningar från greve Folke Bernadotte angående sammanträffanden i Berlin under tiden 16–21 februari 1945«. UD 1920 års HP1618, Riksarkivet. Vgl. auch Protokoll der mdl. Darstellung am 5. Mai 1945, UD 1920 års HP1619, Riksarkivet.
3 Hesse, S. 378.
4 Kungl. Utrikesdep.: 1945 års svenska hjälpexpedition, S. 21.
5 Zusammenfassung in Manuskriptform, kein Verf. genannt. Svenska World Jewish Congress Archiv, C4/632. Central Zionist Archives; Manvell und Fraenkel, S. 204.
6 Brief von Storch an Engzell, 19. Februar 1945. Svenska World Jewish Congress Archiv, C4. Central Zionist Archives. Auch in UD 1920 års HP1050, Riksarkivet.

7 Telegramm von Storch an World Jewish Congress USA, 22. Februar 1945. Svenska World Jewish Congress Archiv, C4. Central Zionist Archives (Kopie im Besitz der Verf.).
8 Promemoria von Gösta Engzell, 12. Januar 1945. UD 1920 års HP1050, Riksarkivet.
9 Kleist, Die europäische Tragödie, S. 249f.
10 Dokumente in UD 1920 års HP1618, Riksarkivet; Prinz Carl an Bernadotte, 12. Februar 1945. Svenska Röda korset, Folke Bernadotte, II:7 v 2. Zit. in Koblik, »No truck with Himmler«, S. 179, 192 (Fußnote 26); Kungl. Utrikesdep.: 1945 års svenska hjälpexpedition, S. 20.
11 Handschriftl Brief von Günther an Richert, 13. Februar 1945. UD 1920 års HP1618, Riksarkivet.
12 Richert an Günther, 1. März 1945. UD 1920 års HP1618, Riksarkivet.
13 Manvell und Fraenkel, S.202; Padfield, S. 565.
14 Headquarters 12th Army Group Interrogation Center APO655, Annex NOXIII, Visits of Count Bernadotte to Berlin. Prisoner:O7Grf Kaltenbrunner, Ernst, 28 June 1945. National Archives, Washington (DA) Record Grou 238. Kopie im Besitz der Verf.
15 Bernadotte, Das Ende, S. 32–45; »Dagboksanteckningar från greve Folke Bernadotte angående sammanträffanden i Berlin under tiden 16–21 februari 1945«. UD 1920 års HP1618, Riksarkivet. S. auch Referat des Berichts vom 5. Mai 1945, UD 1920 års HP1619, Riksarkivet
16 Telegramm des Außenministeriums an die schwedische Botschaft in London, 23. Februar 1945. UD 1920 års HP1618, Riksarkivet.
17 Vgl. u.a. Havaas, S. 37, bezugnehmend auf Karlsson, S. 93–96.
18 Brief von Storch an Bernadotte,23. Februar 1945. Svenska World Jewish Congress Archiv, C4/588. Central Zionist Archives.
19 Brief von Bernadotte an Storch, 26. Februar 1945. Svenska World Jewish Congress Archiv, C4/562. Central Zionist Archives.
20 Bernadotte, S. 32–45; »Dagboksanteckningar från greve Folke Bernadotte angående sammanträffanden i Berlin under tiden 16–21 februari 1945«. UD 1920 års HP1618, Riksarkivet.
21 Telegramm der Regierung (unterzeichnet G.E.) an Botschaft in Berlin, 26. Februar 1945; Brief von Nylander an von Post, 23. Februar 1945. Beide in UD 1920 års HP1050, Riksarkivet. Nylanders Brief ist der einzige, den die Verf. gefunden hat, in dem Bernadotte bei seiner ersten Reise nach Berlin mit der Frage der jüdischen Gefangenen in Verbindung gebracht wird. Nylander erwähnt dort, daß es Bernadotte war, der ihm die von Engzell zusammengestellte Liste jüdischer Gefangener übergeben hat.

45

1 Gespräch mit Claës Palme, Februar 1997.
2 Promemoria der Kriminalabteilung der Stockholmer Polizei betreffend den ehemaligen lettischen Staatsangehörigen Gilel Storch, Abschnitte über von Knieriem, datiert 14. September 1945 und 18. Februar 1946. Statens Utlänningskommission, Geheimarchiv, F2A:197, Kontrolldossier bez. Gilel Storch, Riksarkivet.
3 Gespräch mit Arno Kersten, 29. März 1996.
4 Olof Palme, »Dödsruna över Gilel Storch«, Stockholmstidningen, 30. April 1983.
5 Kersten, »Samtal med Himmler«, S. 231; Tonbandaufnahme mit Gilel Storch, 10. April 1981. Kopie von Svante Hansson; Interview mit Storch, Judisk Krönika, nr.1 1981, S. 13; Kleist, S. 248f.
6 Rede von Gilel Storch 1958, Kopie im Besitz der Verf.
7 Kersten, Memoarer, S. 275.
8 Gespräch mit Arno Kersten, 29. März 1996.
9 Kungl. Utrikesdep.: 1945 års svenska hjälpexpedition, S. 23–24; Kersten, Gespräche mit Himmler, S. 232; Mitteilung von von Post an Richert, 1. März 1945. UD 1920 års HP1618, Riksarkivet.

10 Handschriftl. Mitteilung von Christer Lind, 1. März 1945, 22.15 Uhr. UD 1920 års HP1618, Riksarkivet; s. auch Brandel an Bernadotte, 1. März 1945. UD 1920 års HP1618, Riksarkivet.
11 Wulff, S. 180.
12 Wulff, S. 9.
13 Claudia von Schierstedt, »Wilhelm Theodor Heinrich Wulff – Himmlers Astrologe«. Internet: http://www.hermes–astrologie.com/wulff.htm
14 Wulff, S. 182ff.
15 Rede von Norbert Masur, 9. April 1967. Kopie von Kurt Masur.
16 Kerstens Lebensbericht, 12. Juni 1945, S.17. UD 1920 års HP1692, Riksarkivet; Brief von Storch an Kersten, 2. März 1945 (Punkt 3). Kopie von Arno Kersten.
17 Wulff, S. 180.
18 Kersten, Memoarer, S. 276.
19 Wulff, S. 181.
20 Kersten, Memoarer, S. 276ff.
21 Brief von Storch an Kersten, 2. März 1945. Kopie von Arno Kersten; Koblik, »Om vi teg ...«, S. 131–132; Brief von Kersten an Masur, 17. April 1955. C2/1744, Central Zionist Archives.
22 Kersten, Memoarer, S. 277.
23 Wulff, S. 186.
24 UD an Botschaft in Berlin, 24. Februar 1945.UD 1920 års HP1618, Riksarkivet; von Post an bernadotte, 28. Februar 1945. UD 1920 års HP1618, Riksarkivet; Axel Molin, »Röda korset visar världshistoria«, S. 3; Koblik, »Om vi teg ...«, S. 132.
25 Promemoria von von Post, 3. März 1945. UD 1920 års HP1618, Riksarkivet.
26 Bernadotte, Das Ende, S. 51.
27 Kersten, Samtal med Himmler, S. 232.
28 Kerstens Bericht über sein Leben, 12. Juni 1945, S. 19–20, UD 1920 års HP1692, Riksarkivet.
29 Schellenberg, Memoiren, S. 355.
30 Promemoria, Gespräch Albrecht–Brandel–Göring, 5. März 1945. UD 1920 års HP1618, Riksarkivet.
31 Bernadottes Bericht, 15. März 1945. UD 1920 års HP1618, Riksarkivet.
32 Promemoria Gespräch Bernadotte–Mohr–Hvass–Brandel–Giron–Hultgren, 6. März 1945. UD 1920 års HP1618, Riksarkivet
33 Lundberg, S. 37; Nationalencyklopedin: Theresienstadt.
34 Promemoria bezüglich Mittagsgespräch Graf Bernadotte – Kaltenbrunner am 7. März 1945. UD 1920 års HP1618, Riksarkivet.
35 Promemoria betreffend Gespräch mit Göring am 8. März. UD 1920 års HP1618, Riksarkivet.
36 Bernadottes Bericht über die Gespräche mit Himmler zwischen dem 16. und 21. Februar 1945. UD 1920 års HP1618, Riksarkivet.
37 Molin, »Röda korset visar världshistoria«, S. 3; Koblik, »Om vi teg ...«, S. 132; Lundberg, S. 40; Svensson, S. 19f.
38 Svensson, S. 20.
39 Yahil, Die Shoah, S. 720.
40 Promemoria, Auskünfte und Vorschläge seitens Görings, 7. März 1945. UD 1920 års HP1618, Riksarkivet.
41 Bernadottes Bericht, 15. März 1945. UD 1929 års HP1618, Riksarkivet.

46

1 Hesse, S. 373–430; Fleischhauer, S. 274; Svante Hansson, »Redogörelse för ›affären Hesse‹« (fußt auf Storchs Bericht). Kopie von Svante Hansson; Penkower, S. 273; Hindley, S. 63–65; Kleist, S. 249; Toland, S. 852.

2 Hesse, S. 405f.

3 Hesse, S. 408ff.; Fleischhauer, S. 274; Svante Hansson, »Redogörelse för ›affären Hesse‹« (fußt auf Storchs Bericht). Penkower, S. 273; Hindley, S. 63–65; Kleist, S. 249.

4 Kersten, Memoarer, S. 165–171; Padfield, S. 246, 407–411, 483, 558, 560; Schellenberg, Memoiren, maschinenschriftl. Fassung im Besitz von Storch, S. 28. Svenska World Jewish Congress Archiv, C4/494. Central Zionist Archives; Toland, S. 1019ff., 1023–29.

5 Below, S. 398. Zit. in Sereny, S. 570f.

6 Schellenberg, Memoiren, S. 356; Zit. in Padfield, S. 564; Schellenberg, Memoiren, maschinenschriftl. Fassung im Besitz von Storch, S. 27. Svenska World Jewish Congress Archiv, C4/494. Central Zionist Archives.

7 Wulff, S. 186ff.

8 Schellenberg, Memoiren, S.000. Zit. in Padfield, S.564.

9 Wulff, S. 194.

10 Svante Hansson, »Redogörelse för ›affären Hesse‹« (basiert auf Storchs mdl. Bericht). Kopie von Svante Hansson; Hesse, S. 408ff.; Bandaufnahme mit Storch, 19. April 1981. Kopie von Svante Hansson.

11 Gespräch mit Svante Hansson, 4. Juni 1996.

12 Gespräch mit Svante Hansson, 4. Juni 1996.

13 Svante Hansson, »Redogörelse för ›affären Hesse‹« (basiert auf Storchs mdl. Bericht). Kopie von Svante Hansson; Hindley, S. 63.

14 Hesse, S. 412.

15 Hindley, S. 63.

16 Telegramm von Johnson ans State Department, 9. März 1945. National Archives, RG 59, CDF 740.00119 EW/3-945, Confidential File, Reel 214. Zit. In Hindley, S. 64f.; Penkower, S.273f: Hesse, S. 414ff.; Engzell an Richert, 22. März 1945, UD 1920 års HP1051, Riksarkivet.

17 Johnson ans State Department, 7. März 1945. War Refugee Board, Box 70, Folder: German proposals through Sweden, Franklin D. Roosevelt Library. Zit. In Hindley, S. 63.

18 Telegramm des State Department an Herschel Johnson, 13. März 1945. War Refugee Board, Box 70, Folder: German proposals through Sweden, Franklin D. Roosevelt Library. Zit. In Hindley, S. 65.

19 Hesse, S. 420.

20 Hesse, S. 424f.

21 Sereny, S. 584.

22 Sereny, S. 568.

23 Victor, S. 215.

24 Victor, S. 216.

25 Svenska World Jewish Congress Archiv, C4, Central Zionist Archives (Kopie im Besitz der Verf.). Auch in Knut Littorins Sammlung den Medizinalrat Felix Kersten betreffend, vol. 4, »Himmler«, Riksarkivet. Auch in Konstitutionsutskottets memorial nr. 9, protokoll över justitiedepartementsärenden den 17 oktober 1952, S. 9, sowie in Kersten, Memoarer, S. 277.

26 Konstitutionsutskottets memorial nr. 9, protokoll över justitiedepartementsärenden den 17 oktober 1952, S. 9, sowie in Kersten, Memoarer, S. 277.

27 Bescheinigung von Elisabeth Lüben vom 9. November 1952, von von Nagel vom 10. November 1952. Knut Littorins Sammlung den Medizinalrat Felix Kersten betreffend, vol. 4, »Himmler«, Riksarkivet.

28 Brief von Himmler an Kersten, 21. März 1945. Brief von Brandt an Kersten, 21. März 1945. Svenska World Jewish Congress Archiv, C4/570, Central Zionist Archives. Auch in Kersten, Samtal med Himmler S. 236f. und UD 1920 års HP1692, Riksarkivet.

29 Kersten, Memoarer, S. 284.

30 Dokumente von Kersten: »Samtal i Stockholm – avskrift av mina originalanteckningar, Stockholm den 17 april 1945«; Brief von Kersten an Storch, 29. März 1945. Beide in Svenska World Jewish Congress Archiv, C4/570. Central Zionist Archives.

31 Telegramm von Storch an Wise, Tartakower und Goldmann, 27. März 1945. Telegramm von Storch an Lady Reading, Rubinstein, Zelmanovits, Jewish Agency, Adler-Rudel, 27. März 1945. Svenska World Jewish Congress Archiv, C4/570. Central Zionist Archives. UD 1920 års HP1051, Riksarkivet; Brief von Storch an Herschel Johnson, 27. März 1945. Svenska World Jewish Congress Archiv, C4/543. Central Zionist Archives. Vgl. Auch Kerstens Briefe an Storch, 24. März und 27. März 1945. Svenska World Jewish Archives, sowie UD1920 års HP1692, Riksarkivet. Auch in Kersten, Samtal med Himmler, S. 240ff..

32 Brief von Kersten an Storch, 24. März 1945. Svenska World Jewish Congress Archiv, C4, Central Jewish Archives, sowie UD 1920 års HP1692, Riksarkivet. Auch in Kersten, Samtal med Himmler, S. 240ff.

47 |

1 Promemoria vom 27. März 1945. UD 1920 års HP1619, Riksarkivet.

2 Königl. Außenministerium: 1945 års svenska hjälpexpedition, S. 25; Havaas, S. 41f.; Referat einer Stellungnahme von Graf Folke Bernadotte beim Informationstag der Presse am 5. Mai 1945, S. 1. UD 1920 års HP1619, Riksarkivet.

3 Kungl. Utrikesdep.: 1945 års svenska hjälpaktion, S. 25–27.

4 Svenson, S. 30.

5 Svenson, S. 31.

6 Svenson, S. 31, 39.

7 Svenson, S. 57.

8 Havaas, S. 37.

9 Dardel ans Außenministerium, 28. Februar 1945. UD 1920 års HP 1618, Riksarkivet.

10 Svenson, S. 40.

11 Svenson, S. 55 und 57; S. 12 (Björcks Vorwort).

12 Holm, S. 86.

13 Havaas, S. 37; Promemoria Nr. 6 des schwed. Außenministeriums, 27. März 1945, UD 1920 års HP1619, Riksarkivet.

14 Svenson, S. 55–59.

15 Sten Olsson, in Frykman, S. 163.

16 Promemoria bezüglich der Bernadotte-Rotkreuzexpedition, 27. März 1945. UD 1920 års HP1619, Riksarkivet.

17 Promemoria des Außenministeriums, 26. März 1945. UD 1920 HP1619. Riksarkivet.

18 Promemoria bezüglich der Bernadotte-Rotkreuzexpedition, 3. April 1945 und 4. April 1945. Promemoria bezüglich der Rücksendung eines Teils der Bernadotte-Rotkreuzexpedition nach Schweden, 3. April 1945. Promemoria von Folke Bernadotte, 9. April 1945. Promemoria, Telefonat von Hauptmann Folke, 4. April 1945. UD 1920 års HP1619, Riksarkivet; Molin, »Operation de Vita Bussarna«, S. 6;VPM von Wiman an Möller, 19. April 1945. UD 1920 års HP1618, Riksarkivet.

19 Promemoria bezüglich der Rotkreuzaktion, zur Lage bei Graf Bernadottes Abreise von Berlin am 19. März 1945. UD 1920 års HP1618, Riksarkivet.

20 Promemoria, Unterredung im Zusammenhang mit der Rotkreuzaktion, 27. März 1945. UD 1920 års HP1619, Riksarkivet.

21 Holm, S. 112f.

22 Holm, S. 113.

23 Yahil, Die Shoah, S. 875; Holm, S.113.

24 Notizen über Gespräche u.a. während Graf Folke Bernadottes Aufenthalt in Deutschland vom 29. März bis 8. April 1945, S. 5. UD 1920 års HP1619, Riksarkivet.

25 Notizen über Gespräche u. a. während Graf Folke Bernadottes Aufenthalt in Deutschland vom 29. März bis 8. April 1945, S. 7, UD 1920 års HP1619, Riksarkivet.
26 Holm, S. 112–131.
27 Frykman, S. 102.
28 Svenson, S. 92f.
29 Nationalencyklopädin: Theresienstadt.
30 Yahil, »The Rescue of Danish Jewry", S. 315f.
31 Yahil, »The Rescue of Danish Jewry", S. 316.
32 Holm, S. 125.
33 Holm, S. 112–131.
34 Molin, S, 8; Frykman, S.105f.
35 Svenson, S. 94.
36 Yahil, »The Rescue of the Danish Jewry", S. 316f.
37 Molin, S. 8f.
38 Yahil, »The Rescue of the Danish Jewry", S.318f.
39 Bjurlings Gespräch mit Molin, 10. März 1998, Bjurling, S. 14; Frykman, S. 101–122; Svenson, S. 79, 82–105.
40 Yahil, »The Rescue of the Danish Jewry", S. 316; Koch, S. 81f.
41 Barfod, S. 41–43; Hæstrup, S. 278–280; Zit. In Havaas, S. 30:
42 Holm, S. 117.
43 Frykman, S. 101f.
44 Havaas, S. 61.
45 Notizen über Gespräche u. a. während Graf Folke Bernadottes Aufenthalt in Deutschland vom 29. März bis 8. April 1945,. UD 1920 års HP1619, Riksarkivet.
46 Promemoria, telefonische Mitteilung von Hauptmann Folke am 7. April 1945, 10.00Uhr. UD 1920 års HP1619, Riksarkivet.
47 PM, 8. April 1945. UD 1920 års HP1619, Riksarkivet
48 Vogt-Svendsen, S. 161f. Zit. In Havaas, S. 45.
49 PM, telefonische Mitteilung von Botschaftssekretär Brandel in Berlin, 9. April 1945, 10.15 Uhr. UD 1920 års HP1619, Riksarkivet.
50 Holm, S. 113.
51 Frykman, S. 102.
52 Svenson, S. 79.
53 Bjurling, S. 16.
54 Handschriftlicher Brief Nylander – Kromnow, 3. März 1953. Zit. In Kungl. Utrikesdep.: 1945 års svenska hjälpexpedition, S. 36.
55 Bjurling, S. 17.
56 Regierung an schwedische Botschaft in Paris, 12. April 1945. Notizen über Gespräche u.a. während Graf Folke Bernadottes Aufenthalt in Deutschland vom 29. März bis 8. April 1945, S. 3. UD 1920 års HP1619, Riksarkivet.
57 Engzell an Richert, 6. April 1945. UD 1920 års HP1051, Riksarkivet.
58 Telegramm von Storch an Wise, Goldmann, Tartakower, via Außenminister Stettinius, 27. März 1945. Telegramm von Storch an Lady Reading, Rubinstein, Zelamnovits, Adler Rudel, 27. März 1845. Svenska World Jewish Congress Archiv, C4/570, Central Zionist Archives; Mallet ans Foreign Office, 27. März 1945. Foreign Office, FO 371,51194. Zit. In Koblik, »No Truck with Himmler«, S. 184; Telegramm von Johnson ans State Department, 28. März 1945. War Refugee Board, Box 70, Folder: German Proposals through Sweden, FDR Library. Zit. In Hindley, S. 66.
59 Nachrichtliche Mitteilung der britischen Botschaft in Stockholm, 25. März 1945. FO 188, 525. Zit. In Koblik, »No Truck with Himmler«, S. 184.
60 Promemoria für Churchill über Kersten/Himmler, 1. April 1945. FO 371, 51194. Eden an

Churchill, 1. April 1945, Churchills Kommentar 5. April 1945. FO 954, 23. Zit. In Koblik, »No Truck with Himmler", S. 184f.

61 Hindley, S. 76f, Fußnote 89.

62 Telegramm von Johnson ans State Department, 28. März 1945. War Refugee Board, Box 70, Folder: German Proposals through Sweden, FDR Library. Zit. In Hindley, S. 66f.

63 Gespräch mit Eleonora Storch-Schwab, 3. Juni 1996.

64 State/Board till Johnson/Olsen, 3. April 1945. War Refugee Board, Box 70, Folder: German Proposals through Sweden. FDR Library. Zit. in Hindley, S. 66f.

65 Tonbandaufnahme mit Gösta Engzell und Gilel Storch, 2. April 1981. Kopie von Svante Hansson.

66 Brief von Kersten an Masur, 17. April 1955. C2/1744. Central Zionist Archives.

67 Brief von Storch an Kersten, 28. März 1945. Zitiert in Kersten, »Samtal med Himmler«, S. 246; Telegramm von Storch an Brodetzky und Adler-Rudel, 31. März 1945. UD 1920 års HP1051, Riksarkivet; Telegramm von Storch an Wise, Goldmann, Tartakower, 31. März 1945, Svenska World Jewish Congress Archiv, C4/543, Central Zionist Archives.

68 Brief von Kersten an Storch, 29. März 1945. Svenska World Jewish Congress Archiv, C4/570. Central Zionist Archives.

69 Brief von Himmler an Pohl, Glücks, Grawitz und Kaltenbrunner. Kopie an Gebhardt und Kersten, unterzeichnet von Rudolf Brandt, 10. März 1945. Publiziert in Kersten, »Samtal med Himmler«, S. 295.

70 Nürnberger Prozeß, eidesstattliche Erklärung von Höss. Zit. In Reitlinger, S. 463.

71 Schellenberg, Memoiren (publizierte Version), S. 431.

48

1 Penkower, S. 279.

2 Gespräch mit Karl Berman, 28. Februar 1997.

3 Gespräch mit Svante Hansson, 4. Juni 1997.

4 Storch gegenüber Posthumus, 1. August 1955, S. 3f. Svenska World Jewish Congress Archiv, C4. Central Zionist Archives (Kopie im Besitz der Verf.).

5 Gespräch mit Eleonora Storch-Schwab, 3. Juni 1996.

6 Reitlinger, S. 526; Encyclopaedia Judaica, Vol. 4, S. 610; Gedenkbuch: »Opfer der Verfolgung der Juden unter der nationalsozialistischen Gewaltherrschaft« (Koblenz, Bundesarchiv, 1986; 2 Bde), S. 1761f.

7 Reitlinger, S. 526.

8 Reitlinger, S. 530f.; Encyclopaedia Judaica, vol. 8, S. 859.

9 Storch an Dinur. Gespräch mit Dinur, 3. März 1997; Storch an Hansson. Gespräch mit Hansson, 4. Juni 1996; Storch an Penkower, 2. Mai 1981. Penkower, S. 279; Storch an Posthumus, 1. August 1955, S. 3f. Svenska World Jewish Congress Archiv, C4. Central Zionist Archives (Kopie im Besitz der Verf.); Storch an Fleming, 6. September und 10. Dezember 1976. Fleming, S. 178; World Jewish Congress Rescue Committee, undatiert. Svenska World Jewish Congress Archiv, C4/630. Central Zionist Archives; Sune Persson, Notizen für Examensarbeit, 24. Februar 1982. Svenska World Jewish Congress Archiv, C4/551. Central Zionist Archives.

10 Gespräch mit Gerhart Riegner, 4. Juni 1996.

11 Notizen über Gespräche u.a. während Graf Folke Bernadottes Aufenthalt in Deutschland vom 29. März bis 8. April 1945, S. 5. UD 1920 års HP1619, Riksarkivet.

12 Brief von Storch an Schellenberg, 16. Juni 1945. Brief von Schellenberg an Storch, 17. Juni 1945. Svenska World Jewish Congress Archiv, C4/495. Central Zionist Archives.

13 Manvell und Fraenkel, S. 209.

14 Gespräch mit Dov Dinur, 3. März 1997.

15 Gespräch mit Gita Frister, 1. März 1999.

16 Kersten, »Samtal med Himmler«, S. 234; Felix Kerstens Papiere. Im Besitz von Arno Kersten;

Svenska World Jewish Congress Archiv, C4/570. Central Zionist Archives; UD 1920 års HP1692, Riksarkivet.
17 Bauer, S. 376f.
18 Encyclopaedia of the Holocaust: Kasztner, Rezsö; Reitlinger, S. 529.
19 Bauer, S. 391f.
20 Gespräch mit Dov Dinur, 3. März 1997; unpubliziertes Dokument, geschrieben von Dinur, Kopie im Besitz der Verf,; Brief von Kasztner an Mayer, 11. April 1945, im Besitz Dinurs. Zit. in Bauer, S. 392, Anm. 24; Reitlinger, S. 530.
21 Gespräch mit Dov Dinur, 3. März 1997.
22 Bauer, S. 392.
23 Bauer, S. 332.
24 YV/Nürnberg Zeugenaussage 929 von Becher, 7. Juli 1947, S. 19–22. Zit. In Bauer, S. 393.
25 Bauer, S. 325–334.
26 Storch an Bernadotte, 11. April 1945. Svenska World Jewish Congress Archiv, C4/562. Central Zionist Archives.
27 Bernadotte an Storch, 17. April 1945. Svenska World Jewish Congress Archiv, C4/550. Central Zionist Archives.
28 Notizen über Gespräche u.a. während Graf Folke Bernadottes Aufenthalt in Deutschland vom 29. März bis 8. April 1945, S. 7. UD 1920 års HP1619, Riksarkivet.
29 National Archives, Washington. Zit. in Fleming, S. 178.
30 Schellenberg, Memoiren, maschinenschriftliche Fassung, S. 28f. Svenska World Jewish Congress Archiv, C4/494. Central Zionist Archives. Auch in Schellenbergs Nachschrift zu Bernadottes *Das Ende*, S.108f.
31 Zit. in Penkower, S. 279f.
32 Schellenberg, Memoiren, maschinenschriftliche Fassung, S. 29. Svenska World Jewish Congress Archiv, C4/494. Central Zionist Archives. Siehe auch Brief von Storch an Schellenberg vom 16. Juni 1945 und Schellenbergs Antwort vom 17. Juni 1945, Punkt 7, wo Schellenberg erzählt, warum Himmler das Treffen verschob. Svenska World Jewish Congress Archiv, C4/495. Central Zionist Archives.
33 Kersten, »Samtal med Himmler«, S. 299; Notizen über Gespräche u.a. während Graf Folke Bernadottes Aufenthalt in Deutschland vom 29. März bis 8. April 1945, S. 3. UD 1920 års HP1619, Riksarkivet; Bernadotte, *Das Ende*, S. 72; Seip, S.299–302. Zit. in Havaas, S. 52.
34 Ditleff ans Außenministerium, 11. April 1945. UD 1920 års HP1619, Riksarkivet.
35 Stella Tjajkowski, unveröffentlichter Bericht; Gespräch mit Stella Tjajkowski, 2. Februar 1999.

49 |

1 Handschriftl. Brief von Kersten an Storch, 12. April 1945. Svenska World Jewish Congress Archiv, C4. Central Zionist Archives (Kopie im Besitz der Verf.).
2 Koblik, »Om vi teg«, S. 139.
3 Bescheinigung, ausgefertigt von Gösta Engzell, 16. April 1945. Svenska World Jewish Congress Archiv, C4. Central Zionist Archives (Kopie im Besitz der Verf.).
4 Brief von Felix Kersten an Norbert Masur, 17. April 1955. C2/1744. Central Zionist Archives.
5 Tonbandaufnahme mit Gösta Engzell und Gilel Storch, 2. April 1981. Kopie von Svante Hansson.
6 Gespräch mit Arno Kersten, 29. März 1996.

50 |

1 Gespräch mit Gert Löllbach, 19. März 1997.
2 Tonbandaufnahme mit Gösta Engzell und Gilel Storch, 2. April 1981. Kopie von Svante Hansson.

3 Gespräch mit Fritz Hollander, 29. März 1996.
4 Gespräch mit Eleonora Storch-Schwab, 3. Juni 1996.
5 Gespräch mit Gert Löllbach, 19. März 1997.
6 Gespräch mit Kurt Masur, 19. März 1997.
7 Gespräch mit Gert Löllbach, 19. März 1997.
8 Gespräch mit Kurt Masur, 19. März 1997.
9 Gespräch mit Fritz Hollander, 29. März 1996.
10 Gespräch mit Fritz Hollander, 29. März 1996.
11 Bescheinigung von Walter Schellenberg, 19. April 1945. Svenska World Jewish Congress Archiv, C4/570. Central Zionist Archives. Auch abgedruckt in Kersten, »Samtal med Himmler«, S. 305.
12 Masur, »En jude talar med Himmler«, S. 7.
13 Brief von Kersten an Masur, 17. April 1955. C2/1744. Central Zionist Archives.
14 Brief von Masur an Kersten, 6. Juni 1955. C2/1744. Central Zionist Archives.
15 National Archives, Washington. Zit. in Fleming, S. 178.
16 Nürnberger Prozesse, D, 749, Aussage von Rudolf Höss. Zit. in Reitlinger, S. 534.
17 Kersten, Memoarer, S. 285
18 Masur, »En jude talar med Himmler«, S. 7ff.
19 Wulff, S. 207.
20 Wulff, S. 207f.
21 Schellenberg, Memoiren, maschinenschriftl. Fassung, S. 31–35. Svenska World Jewish Congress Archiv, C4/494. Central Zionist Archives; Kersten, »Samtal med Himmler", S. 309; Kersten, Memoarer, S. 285f; Kerstens Bericht über sein Leben, 12. Juni 1945. UD 1920 års HP1619, Riksarkivet.
22 Schellenberg, Memoiren, maschinenschriftl. Fassung, S. 34. Svenska World Jewish Congress Archiv, C4/494. Central Zionist Archives; Kersten, Memoarer, S. 285; Wulff, S. 208f.
23 Fröhlich, »Joseph Goebbels: The Propagandist«, in Smelser und Zitelman, S. 60.
24 P. Hartmann, zitiert in Padfield, S. 587f; Toland, S. 1072ff.; Trevor-Roper, S. 111; Sereny, S. 615.
25 Schellenberg, Memoiren, S. 359; maschinenschriftl. Fassung, S. 35. Svenska World Jewish Congress Archiv, C4/494. Central Zionist Archives; Masur, »En jude talar med Himmler", S. 13f; Wulff, S. 208f.
26 Toland, S. 1071.
27 Masurs Bericht ans Außenministerium, 24. April 1945. UD 1920 års HP1051, Riksarkivet.
28 Masur, »En jude talar med Himmler«, S. 14–31; Masurs Bericht ans Außenministerium, 24. April 1945. UD 1920 års HP1051, Riksarkivet; Schellenberg, Memoiren, maschinenschriftl. Fassung, S. 37f. Svenska World Jewish Congress Archiv, C4/494. Central Zionist Archives; Wulff, S. 211f; Kersten, Memoarer, S. 285–292; Kersten, »Samtal med Himmler«, S. 310–318; Kerstens Lebensbericht, 12. Juni 1945, S. 21ff. UD 1920 års HP1692, Riksarkivet.

51 |

1 Masur, »En jude talar med Himmler«, S. 31ff; Masurs Bericht ans Außenministerium, 24. April 1945. UD 1920 års HP1051, Riksarkivet.
2 Promemoria, telefonische Nachricht von Richert ans Außenministerium, 20. April 1945. UD 1920 års HP1619, Riksarkivet.
3 Bernadotte, *Das Ende*, S. 75ff.; Referat des Berichts von Folke Bernadotte am Informationstag für die Presse, 5. Mai 1945. UD 1920 års HP1619, Riksarkivet.
4 Undatiertes Kommuniqué des Schwedischen Roten Kreuzes, vermutlich 28. April. UD 1920 års HP 1619, Riksarkivet.
5 Svenson, S. 114, 127.
6 Holm, S. 145; Kjerulf-Jensen/Mörch, S. 115f. Zit. in Havaas, S. 48.

7 Masurs Bericht ans Außenministerium, 24. April 1945, UD 1920 års HP1051, Riksarkivet.
8 Masur, »En jude talar med Himmler«, S. 25.
9 Kerstens Bericht ans Außenministerium, 23. April 1945. UD 1920 års HP1051, Riksarkivet.
10 Arnoldsson, S. 122.
11 Brief von Masur an Kersten, 6. Juni 1955, S.2. C2/1744. Central Zionist Archives.
12 Kerstens Bericht ans Außenministerium, 23. April 1945. UD 1920 års HP1051, Riksarkivet.
13 Schellenberg, Memoiren, maschinenschriftl. Fassung, S. 37f. Svenska World Jewish Congress Archiv, C4/494. Central Zionist Archives.
14 Koblik, »Om vi teg ...«, S. 141.
15 Promemoria vom Leiter der politischen Abteilung des Außenministeriums, 24. April 1945. UD 1920 års HP1689, Riksarkivet.
16 Brief von Masur an Engzell (worin er seinen »gestrigen Besuch« erwähnt), 24. April 1945; Bericht Kerstens an Günther, 23. April 1945. Beide in UD 1920 års HP1051, Riksarkivet; Kersten, Memoarer, S. 293.
17 Promemoria von Gösta Engzell, 25. April 1945. UD 1920 års HP1051, Riksarkivet.
18 Königl. Außenministerium: 1945 års svenska hjälpexpedition, S. 25; Botschaft in London ans Außenministerium, 1. Februar 1944; Grafström ans Svea Hovrätt, 1. Dezember 1944; Promemoria bezgl. Evakuierungsfahrzeuge, 1. März 1945; Sverker Åström ans Schwed. Komitee für internationale Hilfstätigkeit, 26. März 1945 und 28. März 1945; Promemoria wegen Plänen, belgische und französische weibliche Internierte aus Deutschland nach Schweden zu holen, 17. April 1945. Sämtlich in UD 1920 års HP 1689, Riksarkivet.
19 Promemoria von Richert, 20. April 1945, UD 1920 års HP1619, Riksarkivet.
20 Brief von Dardel an Günther, 3. Mai 1945. UD 1920 års HP1596, Riksarkivet.
21 Sechster Bericht der holländischen parlamentarischen Untersuchungskommission. Zit. in Memorial Nr. 9 des Konstitutionsutskottet. Anhang zum Protokoll des schwed. Reichstags 1953. Protokoll över justitiedepartementsärenden den 17 oktober 1952, S. 17.
22 Promemoria, 27. März 1945. UD 1920 års HP1619, Riksarkivet.
23 Svenson, S. 113–142.
24 Ausspruch des Kommandanten von Ravensbrück, Suhren, gegenüber Franz Göring, 22. April 1945. Franz Göring, »Auszug aus meinem Tagebuch ...«, S. 16. Svenska World Jewish Congress Archiv, C4/495. Central Zionist Archives. Auch zit. in Padfield, S. 592, Fleming, S. 179f.
25 Ausspruch des Kommandanten von Ravensbrück, Suhren, gegenüber Franz Göring. Franz Göring, »Auszug aus meinem Tagebuch ...«, S. 16. Svenska World Jewish Congress Archiv, C4/495. Central Zionist Archives.
26 Arnoldsson, S. 122f.
27 Frykman, S. 137; Promemoria, telefonische Nachricht von Frykman ans Außenministerium, 23. April 1945. UD 1920 års HP1619, Riksarkivet.
28 Frykman, S. 137f.
29 Promemoria der Botschaft in Kopenhagen ans Außenministerium, 28. April 1945. UD 1920 års HP1619, Riksarkivet.
30 Frykman, S. 141.
31 Gottfarb, S. 166f.
32 Koblik, »Om vi teg ...«, S. 141.

52 |

1 Padfield, S. 592f; Toland, S. 1078f; Trevor-Roper, Hitlers letzte Tage, 189ff.; Sereny, S. 623f.
2 Bernadotte, »Das Ende«, S. 81ff.
3 Toland, S. 10.
4 E.-G. Schenck, zit. in Padfield, S. 597.
5 Bürgermeister E. Reuter, zit. in Padfield, S. 597.

6 Victor, S. 214.
7 Toland, S. 1076.
8 Padfield, S. 595ff.; Trevor-Roper, Hitlers letzte Tage, S. 166ff.; Sereny, S. 642.
9 Sereny, S. 641.
10 Padfield, S. 597.
11 Sereny, S. 643.
12 Maser, Hitlers Briefe und Notizen, S. 355ff.; The private and political testaments of Adolf Hitler, April 29, 1945. United States, Office of United States Chief of Counsel for Prosecution of Axis Criminality, Nazi Conspiracy und Aggression, 8 vols. And 2 suppl. Vols. Govt. Printing Office, Washington, 1946–1948, VI, 259–263, Doc. No. 3569-PS.
13 Himmlers Rede in Sonthofen, 21. Juni 1944. Zit. In Bauer, S.136.
14 Toland, S. 1102.
15 Sereny, S. 645ff.
16 Sereny, S. 651f.
17 Toland, S. 1107.
18 Sereny, S. 763.
19 Nationalencyklodedin: Förintelsen; Hilberg, S. 1202–1220; Gilbert, S. 245.
20 Encyclopaedia Britannica; Nationalencyclopedin; Hilberg, S. 1799; Myriam Novitch,»Gypsy Victims of the Nazi Terror«. Ian Hancock, »Roma: Genocide of in the Holocaust". The Patrin Web Journal, http://www.geocities.com/Paris/5121/terror resp. genocide.htm: Witnesses: »On Gypsies", http://remember.org/witness/wit.vic.gyp.html.
21 Zitiert in Victor, S. 67.
22 Manvell und Fraenkel, S. 223f.
23 Padfield, S. 600–612; Manvell und Fraenkel, S. 227ff.

53 |

1 Rede von Gilel Storch bei der Konferenz mit der schwedischen Sektion des Jüdischen Weltkongresses, 27. Mai 1945. Svenska World Jewish Congress Archiv, C4/323. Central Zionist Archives.
2 Gespräch mit Eleonora Storch-Schwab, 3. Juni 1996.
3 Encyclopedia of the Holocaust: Latvia.
4 Gespräch mit Judith Storch-Levy, 2. März 1997.
5 Gespräch mit Eleonora Storch-Schwab, 3. Juni 1996.
6 Brief von Jean-Christophe Gay an Marcus Storch, 28. Januar 1999. Kopie von Marcus Storch; Gespräch mit Marcus Storch, 19. März 1997; Gespräch mit Judith Storch-Levy, 2. März 1997.
7 Gespräch mit Marcus Storch, 19. März 1997.
8 Tonbandaufnahme mit Gilel Storch, 5. Mai 1981. Kopie von Svante Hansson.
9 Gespräch mit Gert Löllbach, 19. März 1997.
10 Brief von Gunnar Josephson an Gillel Storch, 3. März 1947. Kopie von Uno Hedin, im Besitz der Verf.
11 Gespräch mit Svante Hansson, 4. Juni 1996.
12 Gespräch mit Svante Hansson, 4. Juni 1996.
13 Bernadotte, S. 130.
14 Marton, S. 83.
15 Tonbandaufnahme mit Gilel Storch, 5. Mai 1981. Kopie von Svante Hansson.
16 Trevor-Roper, im Vorwort zu Kersten, Memoarer.
17 Graftström, 2. Februar 1945, S. 631f.
18 Mallet ans Foreign Office, 25. Februar 1945. FO 371, 48026. Zit. in Koblik, »No truck with Himmler«, S. 175.
19 Brief von Günther an Engzell, 4. November 1948, UD 1920 års HP1692, Riksarkivet.

20 Konstitutionsutskottets memorial nr. 9. Bihang till Riksdagens protokoll 1953. Protokoll över justitiedepartementsärenden den 17 oktober 1952, S. 18.
21 Trevor-Roper, Atlantic Monthly, S. 43ff; Klarstellung von Gottlob Berger, 28. März 1953. Kopie im Besitz der Verf.
22 Marton, S. 239.
23 S. u.a. Gottfarb, 130.
24 Marton, S. 239.
25 Gespräch mit Svante Hansson, 4. Juni 1996.
26 Tonbandaufnahme mit Storch und Engzell, 2. April 1981. Kopie von Svante Hansson.
27 Tonbandaufnahme mit Storch, 10. April 1981. Kopie von Svante Hansson.
28 Marton, S. 40f.
29 Sten Söderberg, »Medlingen, sammanställning ur Folke Bernadottes rapporter«, in »Folke Bernadotte af Wisborg, svensken och världsmedborgaren«, S. 226.
30 Marton, S. 165.
31 Tonbandaufnahme mit Storch, 19. April 1981. Kopie von Svante Hansson.
32 Brief von Henrik Beer an Marcus Storch, 29. April 1983. Kopie im Besitz der Verf.
33 Marton, S. 194.
34 Marton, S. 195.
35 Marton, S. 209.
36 Storch, »Ett judiskt tack", in »Folke Bernadotte af Wisborg, svensken och världsborgaren«, S. 305–308.
37 Gespräch mit Eleonora Storch-Schwab, 3. Juni 1996.
38 Brief von Günther an Engzell, 4. November 1948. UD 1920 års HP1692, Riksarkivet.
39 Hugh Trevor-Roper, Vorwort zu Kersten, Memoarer; Konstitutionsutskottets memorial nr. 9. Bihang till Riksdagens protokoll 1953. Protokoll över justitiedepartementsärenden den 17 oktober 1952, S. 6.
40 Marton, S. 240.
41 Gespräch mit Svante Hansson, 4. Juni 1996.
42 Gespräch mit Gerhart Riegner, 4. Juni 1996.
43 Brief von Kersten an Littorin, 17. September 1949. Knut Littorins Sammlung, den Medizinalrat Felix Kersten betreffend, vol. 1, div. Briefe Kerstens an Littorin 1946–49 (s. auch andere Briefe in dieser Mappe, sowie in vol. 4, Mappe »Utrikesministern«, und vol. 2, Mappe »World Jewish Congress«), Riksarkivet.
44 Brief von Jacob Wallenberg, 5. Oktober 1951.
45 National Archives, XL-11568, 1.19, Finnland; National Archives, ohne Referenz, nur »Sweden«. Kommission für jüdischen Besitz in Schweden während des Zweiten Weltkriegs, UD1997:05.
46 Gespräch mit Arno Kersten, 29. März 1996.
47 Brief von Littorin an Zetterberg, 4. März 1947. Knut Littorins Sammlung den Medizinalrat Felix Kersten betreffend, vol.1, div. Briefe Kerstens an Littorin 1946–49, Riksarkivet.
48 Felix Kerstens Vermögensverzeichnis, registriert am 30. März 1961 beim Amtsgericht in Stockholm.
49 Brief der staatl. Ausländerkommission ans Bayerische Hilfswerk, 5. November 1954. Statens Utlänningskommission, kanslibyrån, F1B:1192, Zentraldossier für Edgar Klaus, Riksarkivet..
50 Brief von Hamilton an Storch, 27. Juli 1945. Svenska World Jewish Congress Archiv, C4/566. Central Zionist Archives; Brief von Klaus an Storch, 2. Oktober und 4. Oktober 1945. Svenska World Jewish Congress Archiv, C4/591, 592. Central Zionist Archives.
51 Gespräch mit Lilian Brunes, April 1997.
52 Brief von Klaus an Larsson, 10. Oktober 1945. Statens Utlänningskommission, kanslibyrån, F1B:1192, Zentraldossier für Edgar Klaus, Riksarkivet.

53 Bescheinigung von Dr. med. G. Brun, 18. November 1945. Statens Utlänningskommission, kanslibyrån, F1B:1192, Zentraldossier für Edgar Klaus, Riksarkivet.
54 Ingeborg Fleischhauer, Die Chance des Sonderfriedens.
55 Tonbandaufnahme mit Gilel Storch, 10. April 1981. Kopie von Svante Hansson.
56 Brief von Arran Hamilton an die staatliche Ausländerkommission, 1. April 1946. Statens Utlänningskommission, kanslibyrån. F1B:1192, Zentradossier für Edgar Klaus, Riksarkivet.
57 Bayerisches Hilfswerk an staatliche Ausländerkommission, 25. Mai 1945. Statens Utlänningskommission, kanslibyrån, F1B:1192, Zentraldossier für Edgar Klaus, Riksarkivet.
58 Gespräch mit Eleonora Storch-Schwab, 3. Juni 1996.
59 Attest des Unterarztes i.V. Lennart Müller, 30. September 1945. Statens Utlänningskommission, kanslibyrån, F1B:1192, Zentraldossier für Edgar Klaus, Riksarkivet.
60 Gespräch mit Lilian Brunes, April 1999.
61 Handschriftl. Promemoria von Gösta Engzell, 27. Mai 1943. Statens Utlänningskommission, hemliga arkivet, F4:2, »Kassenschrankdossier« 199 betr. Edgar Klaus, Riksarkivet.
62 Promemoria betr. Klaus von Bengt Åman, 2. Oktober 1943. Promemoria von Höjer an Günther, 2. Oktober 1943. Statens Utlänningskommission, hemliga arkivet, F2A:76, Edgar Klaus, Kontrolldossier, Riksarkivet.
63 Abschrift, zus. mit Engzells Visitenkarte, eines undatierten dänischen Briefes über Klaus, aber die Jahreszahl ist auf die Visitenkarte geschrieben. Statens Utlänningskommission, hemliga arkivet, F4:2, »Kassenschrankdossier« 199 betr. Edgar Klaus, Riksarkivet.
64 Mendel Bobe, »Four hundred years of the Jews in Latvia«, in Association of Latvian and Estonian Jews, S. 36.
65 Fleischhauer, S. 30f.
66 Tonbandaufnahme mit Gilel Storch, 10. April 1981. Kopie von Svante Hansson.
67 Promemoria von Engzell, 27. Mai 1943. Statens Utlänningskommission, hemliga arkivet, F2A:76, Edgar Klaus, Kontrolldossier, Riksarkivet.
68 Gespräch mit Svante Hansson, 4. Juni 1996.
69 VPM von Karl Höjer an Günther, 2. Oktober 1943. Statens Utlänningskommission, hemliga arkivet, F2A:76, Edgar Klaus, Kontrolldossier, Riksarkivet.
70 Svenskt biografiskt lexikon: Arvid Richert (verfaßt von Karl Molin).
71 Thomas Bürgenthal. In der Sendung »Dokument utifrån«, 10. April 1999, SVT = Schwedisches Fernsehen.
72 Gespräch mit Karl Molin, 6. April 1999.
73 Gespräch mit Svante Hansson, 4. Juni 1996.
74 Gespräch mit Gerhart Riegner, 4. Juni 1996.
75 Gespräch mit Gerhart Riegner, 4. Juni 1996.
76 Gespräch mit Fritz Hollander, 29. März 1996.

54 |

1 Gespräch mit Marcus Storch, 4. April 1998.

Literaturverzeichnis

Adler-Rudel, P., »A Chronicle of Rescue Efforts«, in *Publications of the Leo Baeck Institute*, Year Book XI, S. 213–241, East and West Library, London 1966.

Anger, Per, *Med Raoul Wallenberg i Budapest: Minnen från krigsåren i Ungern*. Stockholm, Norstedts, 1979.

Arad, Yitzhak, Gutman, Yisrael, und Margaliot, Abraham, Hrsg., *Documents on the Holocaust: Selected Sources on the Destruction of the Jews of Germany and Austria, Poland and the Soviet Union*, Yad Vashem, Jerusalem 1981.

Arnoldsson, Hans, *Natt och dimma*. Stockholm, Bonniers, 1945.

Association of Latvian and Estonian Jews in Israel, *The Jews in Latvia*. Ben Nun Press, Tel Aviv 1971, Tel Aviv 1971.

Barfod, Jørgen, *Redning fra Ragnarök*. Årsskrift för Frihetsmuseets vänner, Kopenhagen 1983.

Bauer, Yehuda, *Freikauf von Juden? Verhandlungen zwischen dem nationalsozialistischen Deutschland und jüdischen Repräsentanten von 1933 bis 1945*. Frankfurt am Main, Jüdischer Verlag, 1996.

Below, Nicolaus von, *Als Hitlers Adjutant 1937–45*. Mainz 1980.

Berg, Lars Gustafson, *Vad hände i Budapest*, Stockholm, Forsner, 1949.

Bernadotte, Graf Folke, *Das Ende. Meine Verhandlungen in Deutschland im Frühjahr 45 und ihre politischen Folgen*. Zürich/New York 1945.

Besgen, Achim, *Der stille Befehl: Medizinalrat Kersten, Himmler und das Dritte Reich*. München, Nymphenburger, 1960.

Bjurling, Johan, *De vita bussarna och de skandinaviska judarna: Historien om en transport till Theresienstadt*. B-uppsats, Historiska institutionen, Uppsala Universitet, 1998.

Boheman, Erik, *På vakt: Från attaché till sändebud. Minnesanteckningar*, Bd. 1, Stockholm 1963.

Braham, Randolph L., *The Politics of Genocide: The Holocaust in Hungary*. Volumes 1 and 2, Columbia University Press, New York, 1981.

Broszat, Martin, »The Concentration Camps 1933–1945«, in Krausnik, H. et al., *Anatomy of the SS State*. London, Collins, 1968.

Carlgren, Wilhelm, *Svensk underrättelsetjänst 1939–45*. Stockholm, Liber, 1985.

Ders., *Sverige och Baltikum*. Stockholm, Publica, 1993.

Carlsson, Erik, *Sverige och tysk motståndsrörelse under andra världskriget*. Lund, Lund University Press, 1998.

Cohen, W. B. und Svensson, J., »Finland and the Holocaust«, in *Holocaust and Genocide Studies*, vol. 1 (1995), S. 70–92.

Cole, Tim, »The ghettoization of the 'Jewish' community in Budapest during the Second World War«. Ph. D. diss., Downing College, University of Cambridge, 1997.

Dietrich, Otto, *12 Jahre mit Hitler*. München 1955.

Ditleff, Niels Christian, *Da Tysklandsfangene ble reddet*. Oslo, Tanum, 1955.

Encyclopedia of the Holocaust, Israel Gutman, Hrsg., New York, Macmillan, 1990, 1995.

Fest, Joachim, *Hitler*. Frankfurt, Ullstein, 1973.

Fleischhauer, Ingeborg, *Die Chance des Sonderfriedens: Deutsch-sowjetische Geheimgespräche 1941–1945*. Berlin, Siedler, 1986.

Fleming, Gerald, *Hitler and the Final Solution*. London, Hamish Hamilton, 1985.

Frank, Hans, *Das Diensttagebuch des deutschen Generalgouverneurs in Polen*. Stuttgart, Deutsche Verlags-Anstalt, 1975.

Ders., *Im Angesicht des Galgens. Deutung Hitlers und seiner Zeit auf Grund eigener Erlebnisse und Erkenntnisse*. München, Beck, 1953.

Frilin, Tuvia, »Ben Gurion Vehashoah«. Diss. Hebrew University, Jerusalem 1990.

Frykman, Sven, *Röda korsexpeditionen till Tyskland*. Stockholm, Bonniers 1945.

Gilbert, G. M., *Nürnberger Tagebuch. Gespräche der Angeklagten mit dem Gerichtspsychologen*. Frankfurt, Fischer, 1962.

Gilbert, Martin, *Atlas of the Holocaust*. Bnei Brak, Israel, Pergamon/Steimatzky, 1988.

Goldhagen, Daniel Jonah, *Hitlers willige Vollstrecker. Ganz gewöhnliche Deutsche und der Holocaust*. Berlin, 1996.

Gottfarb, Inga, *Den livsfarliga glömskan*. Wiken, 1986.

Grafström, Sven, *Anteckningar 1938–1944*. Stockholm, Samf. för utg. av handskrifter rörande Skandinaviens historia, 1989.

Ders., *Anteckningar 1945–1954*. Stockholm, Samf. för utg. av handskrifter rörande Skandinaviens historia, 1989.

Hæstrup, Jørgen, *Til landets bedste*. Kopenhagen, Gyldendal, 1966, 1977.

Haffner, Sebastian, *Anmerkungen zu Hitler*, München 1978.

Halder, Franz, *Hitler as Warlord*. London, Putnam's, 1950.

Hammar T., *Sverige åt svenskarna. Invandringspolitik, utlänningskontroll och asylrätt 1900–1932*. Phil. Diss., Stockholm, 1964.

Havaas, Knut-Lennart, »Greve Folke Bernadotte; fågel eller fisk? En granskning av grevens influens till och på Bernadotteexpeditionen, före och under denna aktions genomförande på vårvintern 1945«. C-uppsats, Historiska Institutionen, Göteborgs Universitet, Frühjahrssemester 1995.

Hesse, Fritz, *Das Spiel um Deutschland*. München, List, 1953.

Hilberg, Raoul, *The Destruction of the European Jews*. Revised and definite edition. New York, Holmes & Meier, 1985.

Hindley, Meredith, »Negotiating the Boundary of Unconditional Surrender: The War Refugee Board in Sweden and Nazi Proposals to Ransom Jews, 1944–1945«, *Holocaust and Genocide Studies* 10, Nr. 1 (1996), S. 52–77.

Hitler, Adolf, *Mein Kampf*. München 1932.

Höß, Rudolf, *Kommandant in Auschwitz. Autobiographische Aufzeichnungen*, hrsg. von M. Broszat, Stuttgart, Deutsche Verlags-Anstalt, 1958 und München (dtv)1963 und öfter.

Hoffman, Peter, *The History of the German Resistance 1933–1945*. Cambridge, Mass., MIT Press, 1977.

Holm, Johannes, *Sandheden om de hvide busser*. Kopenhagen, Samleren, 1984.

Karlsson, Eric, *Vi førte dem tilbage til livet*. Kopenhagen, 1981.

Kasztner, Rezsö, Hrsg., *Der Bericht des jüdischen Rettungskomitees aus Budapest, 1942–43*. Budapest, 1946.

Katz, Josef, *One who came back: The Diary of a Jewish Survivor*. New York, Herzl Press and Bergen-Belsen Memorial Press, 1973.

Kersten, Felix, *Samtal med Himmler: Minnen från Tredje riket 1939–1945*. Stockholm, Ljus, 1947.

Ders., *The Kersten Memoirs, 1940–1945,* London, Hutchinson, 1956; dt. Ausgabe (nur teilw. textgleich): *Totenkopf und Treue.* Hamburg 1952, 1953.

Kessel, Joseph, *The Magic Touch.* London, Hart-Davis, 1961.

Kirschhoff, H., »SS-Gruppenführer Werner Best and the Action against the Danish Jews – October 1943«, *Yad Vashem Studies,* vol. 24, 1994, S. 195–222.

Kjerulf-Jensen, K., und Mörch, E. T., *Saadan kom de Hjem.* Kopenhagen, 1945.

Kleist, Peter, *Die europäische Tragödie.* Göttingen, K. W. Schütz, 1961.

Ders., *Zwischen Hitler und Stalin 1939–1945.* Bonn, Athenäum, 1950.

Koblik, Steven, »No Truck with Himmler«: The Politics of rescue and the Swedish Red Cross Mission March–May 1945». *Scandia,* vol. 51, 1985, S. 173–195.

Ders., *Om vi teg skulle stenarna ropa,* Om Sverige och judeproblemet 1933–1945. Stockholm, Norstedts, 1987.

Koch, H. H., »Træk af Socialministeriets Arbejde under Besættelsen», in *Centraladministrationen 1848–1949.* Kopenhagen 1950.

Kogon, Eugen, *Der SS-Staat: Das System der deutschen Konzentrationslager.* Frankfurt am Main, 1946, 1965.

Kubizek, August, *Adolf Hitler. Mein Jugendfreund.* Graz/Göttingen 1953.

Kugelberg, Bertil, und Ihlen, Joakim, *Grannar emellan.* Stockholm 1945.

Küng, Andres, *Raoul Wallenberg. Igår, idag.* Stockholm, Timbro, 1985.

Kungliga Utrikesdepartementet, *1945 års svenska hjälpexpedition till Tyskland. Förspel och förhandlingar.* Stockholm 1956.

Kushner, Tony, *The Holocaust and the Liberal Imagination.* Oxford, Blackwell, 1994.

Lapidus, Leon, »Report on the work in the Relief and Rehabilitation Department«. Presented at the Swedish section of the World Jewish Congress, constituent meeting, 27 May 1945. Archives of the Swedish Section of the World Jewish Congress, C4/359, Central Zionist Archives, Jerusalem.

Laqueur, Walter, und Breitman, Richard, *Breaking the Silence.* New York, Simon and Schuster, 1986.

Lasmane, Valentine, *Pari Jurai 1944./45.g.* Stockholm, Memento, 1990.

Levine, Paul, »From Indifference to Activism«: Swedish Diplomacy and the Holocaust, 1938–1944«. Ph. D. diss., Uppsala Universitet, 1996.

Lewandowski, Jósef, *Swedish Contribution to the Polish Resistance Movement During World War Two (1939–1942).* Uppsala Universitet, 1979.

Lindberg, Hans, *Svensk flyktingpolitik under internationellt tryck 1936–1941.* Stockholm, Allmänna Förlaget, 1973.

Lindfors, Torsten, Hrsg., *Folke Bernadotte af Wisborg, Svensken och världsmedborgaren.* Stockholm, Lindfors, 1949.

Lundberg, Lennart, *De Vita bussarna.* Stockholm, unpubliziertes Manuskript.

Manvell, Roger, und Fraenkel, Heinrich, *Himmler. Kleinbürger und Massenmörder.* Frankfurt/Berlin, 1965.

Marton, Kati, *Döden i Jerusalem. En bok om Folke Bernadotte.* Stockholm, Fischer & Co., 1995.

Maser, Werner, *Hitlers Briefe und Notizen. Sein Weltbild in handschriftlichen Dokumenten.* Unveränderter Nachdruck der 2. Ausgabe 1973, Düsseldorf 1988.

Masur, Norbert, *En jude talar med Himmler.* Stockholm, Bonniers, 1945.

Molin, Axel, *Operation de vita bussarna.* Norrköping, Bernadotteföreningen, 1989.

Ders., *Röda Korset visar världshistoria.* Norrköping, Bernadotteföreningen. 1989.

Norweg. Außenministerium, *Norges Forhold til Sverige under krigen 1940 og 1945*. 3 Bde. Oslo, 1947–1949.

Padfield, Peter, *Himmler*. New York, Henry Holt, 1990.

Penkower, Monty Noam, *The Jews were expendable. Free World Diplomacy and the Holocaust*. Urbana, University of Illinois Press, 1983.

Persson, Sune, *Folke Bernadotte*. Stockholm, The Swedish Institute, 1998.

Philipp, Rudolph, *Raoul Wallenberg*. Höganäs, Wiken, 1981.

Räddningen. Budapest 1944. De svenska hjälpinsatserna. Rapporter ur UD:s arkiv. Stockholm, Fischer & Co., 1997.

Rauschning, Hermann, *Gespräche mit Hitler*. Zürich 1940.

Rautkallio, Hannu, *Finland and the Holocaust*. New York, Holocaust Library, 1987.

Reitlinger, Gerald, *Die Endlösung. Hitlers Versuch der Ausrottung der Juden Europas 1939–1945*. Berlin, 7. Aufl. 1992.

Ribbentrop, Joachim von, *Zwischen London und Moskau. Erinnerungen und letzte Aufzeichnungen*. Leoni am Starnberger See, Druffer-Verlag, 1953.

Robinson, E. Manuskriptentwurf über Israel Michelson. Kopie im Besitz der Verf.

Rosenbaum, Ron, *Explaining Hitler. The Search for the Origin of his Evil*. New York, Random Hause, 1998.

Rosenfeld, Harvey, *Raoul Wallenberg*. New York, Holmes & Meier, 1995.

Scharffenberg, Johan, *Folke Bernadotte og det svenske reddningskorps 1945*. Oslo, Tanum, 1958.

Schellenberg, Walter, *Memoiren*. Köln, Politik und Wirtschaft, 1956.

Schiller, Bernt, *Varför ryssarna tog Raoul Wallenberg*. Stockholm, Natur och Kultur, 1991.

Schneider, Gertrude, Hrsg., *The Unfinished Road. Jewish Survivors of Latvia look back*. New York, Praeger, 1991.

Segerstedt Wiberg, Ingrid und Lomfors, Ingrid, *När Sverige teg om nazisternas förföljelser*. Stockholm, Norstedts Juridikförlag, 1991.

Seip, Didrik Arup, *Hemma och i fiendeland 1940–1945*. Stockholm, Norstedts, 1950.

Semmler, Rudolf, *Goebbels, the Man next to Hitler*. London, Westhouse, 1947.

Sereny, Gitta, *Albert Speer: Sein Ringen mit der Wahrheit*. München, Kindler, 1995; Goldmann TB, 2001.

Smelser, Ronald, und Zitelmann, Rainer, The Nazi Elite. London, Macmillan, 1993.

Sondern, Frederic, »Adolf Hitler's Last Days«, *Secrets & Spies*. Pleasantville, New York, Reader's Digest Association, 1964.

Speer, Albert, *Erinnerungen*. Berlin 1969.

Ders., *Spandauer Tagebücher*. Frankfurt a. M./Berlin/Wien, Propyläen, 1975.

Ders., *Der Sklavenstaat. Meine Auseinandersetzung mit der SS*. Stuttgart 1981.

Stark, Tamás, »Hungary's Human Losses in World War II«, *Uppsala Multiethnic Papers* 33. Uppsala Universitet, 1995.

Strindberg, Axel, *Det stora hakkorståget*. Stockholm, Gidlund, 1976.

Svenson, Åke, *De vita bussarna*. Stockholm, Bonniers, 1945.

Toland, John, *Adolf Hitler*. Bergisch Gladbach, Lübbe, 1971; Bastei Lübbe TB, 6. Aufl. 1996.

Trevor-Roper, H. R., *Hitlers letzte Tage*. Frankfurt 1973.

Ders., »Kersten, Himmler and Count Bernadotte«, *Atlantic Monthly*, Febr. 1953, S. 43–45.

Victor, George, *Hitler: The Pathology of Evil*. Washington, Brassey's, 1998.

Vogt-Svendsen, Conrad, *Med Guds ord i fiendeland*. Bergen 1948.

Wasserstein, Bernard, *Britain and the Jews of Europe, 1939–1945*. London, Clarendon for The Institute of Jewish Affairs, 1979.

Weil, Dina, *In a Troubled Age*. London, Minerva Press, 1997.

Wulff, Wilhelm, *Tierkreis und Hakenkreuz. Als Astrologe an Himmlers Hof*. Gütersloh, Bertelsmann, 1968.

Wykes, Alan, *Reichsführer SS Himmler*. München, Moewig, 1981.

Wyman, David S., *The Abandonment of the Jews: America and the Holocaust 1941–1945*. New York, The New Press, 1998.

Yahil, Leni, *Die Shoah. Überlebenskampf und Vernichtung der europäischen Juden*. München, Luchterhand, 1998.

Dies., *The Rescue of Danish Jewry: Test of a Democracy*. Philadelphia, The Jewish Publication Society of America, 1969.

Personengalerie

SALOMON ADLER-RUDEL: Repräsentant der Jewish Agency in London. Nach Stockholm entsandt, um Rettungsaktionen für Juden zu organisieren.

PER ANGER: Botschaftssekretär an der Schwedischen Botschaft in Budapest während des Krieges. Kollege von Raoul Wallenberg.

KURT BECHER: einer von Himmlers engsten Mitarbeitern, hauptsächlich in Budapest tätig. Arbeitet mit dem jüdischen Aktivisten Rezsö Kasztner zusammen.

FOLKE BERNADOTTE: zweiter Vorsitzender des Schwedischen Roten Kreuzes und de facto erster Mann.

WERNER BOENING: Experte der Deutschen Botschaft für »Filmfragen«. Deutscher Geheimspion und Kontaktmann von Edgar Klaus.

JOEL BRAND: jüdischer Aktivist in Budapest, nach Istanbul entsandt, um Kontakte zwischen den Nazis und den Alliierten zu vermitteln.

RUDOLF BRANDT: Heinrich Himmlers Adjutant. Kontaktperson bei Telefongesprächen zwischen Kersten und Himmler.

WILHELM CANARIS: Admiral, Chef des Amtes Ausland/Abwehr der Deutschen Wehrmacht. Schickt Edgar Klaus nach Stockholm, um Kontakte zwischen Deutschland und der Sowjetunion herzustellen.

IVAN DANIELSSON: Schwedischer Botschafter in Budapest.

MARCUS EHRENPREIS: Oberrabbiner in Stockholms Mosaischer Gemeinde. Vorsitzender der schwedischen Sektion des World Jewish Congress.

ADOLF EICHMANN: verantwortlich für die Deportationen von Juden aus ganz Europa in die Vernichtungslager. Gegen Kriegsende hauptsächlich in Budapest tätig.

GÖSTA ENGZELL: Außenrat, Leiter der Rechtsabteilung des schwedischen Außenministeriums während des Krieges, zuständig für Flüchtlingsfragen.

TAGE ERLANDER: Staatssekretär im Sozialministerium von 1938 bis 1944.

KURT GERSTEIN: Leiter der »Desinfektionseinheit« in der Hygieneabteilung der Waffen-SS. Verantwortlich für die Lieferungen von Zyklon B in die Konzentrationslager. Trifft den Schweden Göran von Otter in einem Zug zwischen Warschau und Berlin.

JOSEPH GOEBBELS: Propagandaminister im Dritten Reich, Hitler bedingungslos loyal ergeben.

ANDOR »BANDI« GROSZ: jüdischer Agent in Budapest mit schillernder Vergangenheit, gleichzeitig mit Joel Brand nach Istanbul entsandt.

STELLA GRÜNSPAN (TJAJKOWSKI): polnische Jüdin. Nach der Liquidierung des Ghettos in Lodz landet sie zunächst in Auschwitz und danach im Konzentrationslager Stutthof bei Danzig.

CHRISTIAN GÜNTHER: seit dem Herbst 1939 schwedischer Außenminister.

FRITZ HESSE: von Außenminister Ribbentrop gegen Kriegsende nach Stockholm entsandt, um mit den Alliierten zu verhandeln.

REINHARD HEYDRICH: Chef des Reichssicherheitshauptamts bis zu seinem Tod 1942. Heinrich Himmlers engster Mann und für die Planung der Vernichtung der Juden verantwortlich.

HEINRICH HIMMLER: Reichsführer SS, einer der mächtigsten Männer des Dritten Reichs, für die Vernichtung verantwortlich.

FRITZ HOLLANDER: Geschäftsfreund von Masur, jüdischer Aktivist. Aktiv in der schwedischen Sektion des World Jewish Congress.

MIKLÓS HORTHY: Ungarns Staatsoberhaupt 1920–1944.

HERSCHEL JOHNSON: Amerikanischer Botschafter in Stockholm.

GUNNAR JOSEPHSON: Buchhändler, während des Krieges Vorsitzender der Mosaischen Gemeinde in Stockholm.

TRAUDL JUNGE: Adolf Hitlers persönliche Sekretärin.

ERNST KALTENBRUNNER: Heydrichs Nachfolger als Chef des Reichssicherheitshauptamts. Obwohl formal Himmlers engster Mitarbeiter, wird er in gewisser Weise Himmlers und vor allem Schellenbergs Gegenspieler.

REZSÖ KASZTNER: jüdischer Aktivist in Budapest während des Krieges.

FELIX KERSTEN: In Estland geborener Massagetherapeut mit finnischer Staatsangehörigkeit. Heinrich Himmlers »magischer Buddha«. 1941 zum finnischen Medizinalrat ernannt.

EDGAR KLAUS: Aus Lettland stammender Geschäftsmann, kommt 1941 nach Schweden und betätigt sich als Spion für das Amt Abwehr. Versucht vor allem Kontakte zwischen Deutschland und der Sowjetunion herzustellen.

PETER KLEIST: »Osteuropaexperte« der Nationalsozialistischen Partei. Arbeitet sowohl im Auftrag Himmlers als auch Ribbentrops. Bei der Befreiung der Estland-Schweden im Spiel. Einer von Edgar Klaus' Kontakten zur Naziführung.

OTTOKAR VON KNIERIEM: in Lettland geborener Bankier, guter Freund von Gilel Storch.

ALEKSANDRA KOLLONTAJ: Sowjetische Botschafterin in Stockholm.

VALENTINE LASMANE: lettische Aktivistin, arbeitet für den Lettischen Zentralrat in Ventspils.

KÁLÁMAN LAUER: in Ungarn geborener jüdischer Geschäftsmann in Stockholm, Kollege von Raoul Wallenberg.

ELISABETH LÜBEN: Felix Kerstens sogenannte »Schwester«, in Wahrheit seine engste Mitarbeiterin, die ihn auf allen Reisen begleitet.

NORBERT MASUR: in Deutschland geborener jüdischer Geschäftsmann in Stockholm. Aktiv in der Mosaischen Gemeinde und jüdischer Aktivist. Tätig in der schwedischen Sektion des World Jewish Congress.

SALY MAYER: Schweizer Repräsentant der jüdischen Hilfsorganisation Joint. Zu Verhandlungen mit dem Nazi Kurt Becher entsandt.

ISRAEL MICHELSON: lettischer Jude aus Ventspils.

JEAN-MARIE MUSY: ehem. Präsident der Schweiz, sympathisiert mit den Nazis. Engagiert sich gegen Kriegsende in Rettungsaktionen für Juden.

LENNART NYLANDER: seit 1940 schwedischer Botschaftsrat in Moskau, nimmt 1941 in Riga Kontakt mit Storchs Familie auf. Nach 1942 Handelsrat und danach Botschaftsrat in Berlin.

IVER OLSEN: Repräsentant des amerikanischen War Refugee Board in Schweden, auch Agent für den amerikanischen Nachrichtendienst OSS.

GÖRAN VON OTTER: Botschaftssekretär an der schwedischen Botschaft in Berlin. Begegnet auf einer Reise zwischen Warschau und Berlin Kurt Gerstein.

ROBERT PAULSON: Amtsleiter bei der Stockholmer Sozialbehörde. Versieht deutsche Spione mit geheimen Informationen über Flüchtlinge in Schweden.

ERIK VON POST: bis 1944 Botschaftsrat an der schwedischen Botschaft in Berlin, danach Chef der politischen Abteilung des Außenministeriums. Nimmt von von Otter die Informationen über die Vernichtung entgegen.

JOACHIM VON RIBBENTROP: Außenminister von Nazi-Deutschland.

ARVID RICHERT: schwedischer Botschafter in Berlin während des Krieges.

GERHART RIEGNER: Abgesandter des World Jewish Congress in Genf, versucht, die Kenntnis von der systematischen Vernichtung der Juden an die Alliierten zu vermitteln.

WALTER SCHELLENBERG: Chef der Gegenspionageabteilung im Reichssicherheitshauptamt. Nach Heydrichs Tod Heinrich Himmlers engster vertrauter in der nationalsozialistischen Führung.

EDUARD SCHULTE: deutscher Industrieller, Chef der Giesche-Werke. Versucht, das Wissen um die Vernichtung an das Weltjudentum zu vermitteln.

ALBERT SPEER: Hitlers Architekt und seit 1943 Rüstungsminister. Bei den Nürnberger Prozessen zu zwanzig Jahren Haft verurteilt. Veröffentlichte nach seiner Freilassung mehrere Bücher über Nazi-Deutschland.

CLAUS SCHENK VON STAUFFENBERG: Stabschef beim Befehlshaber des Ersatzheeres. Führer der deutschen Widerstandsbewegung gegen Adolf Hitler.

ANJA STORCH: Gilel Storchs Ehefrau. Bleibt mit ihrer Tochter in Riga, als Gilel 1940 das Land verläßr.

ELEONORA STORCH: Gilels und Anjas Tochter, 1938 in Riga geboren.

GILEL STORCH: lettisch-jüdischer Geschäftsmann, kommt 1940 als Flüchtling nach Schweden.

STAFFAN SÖDERBLOM: Außenrat, Chef der politischen Abteilung des schwedischen Außenministeriums. Später Botschafter in Moskau.

HANS WAGNER: Leiter des Abwehr-Büros in Stockholm und Edgar Klaus' Arbeitgeber. Empfänger geheimer Informationen vom Amtsleiter beim Kontrollbüro der Sozialbehörde, Robert Paulson.

RAOUL WALLENBERG: schwedischer Geschäftsmann, 1944 Botschaftssekretär an der schwedischen Botschaft in Budapest.

STEPHEN WISE: amerikanischer Rabbiner und führender jüdischer Aktivist. Vorsitzender der Weltexekutive des World Jewish Congress.

WILHELM WULFF: Heinrich Himmlers Astrologe. Lebt während eines Teils des Krieges auf Kerstens Gut Hartzwalde bei Berlin.

Personenregister